Dogmatik in der Moderne

herausgegeben von

Christian Danz, Jörg Dierken, Hans-Peter Großhans
und Friederike Nüssel

47

Die protestantische Theologie des 20. Jahrhunderts und der Deutsche Idealismus

Rezeption – Kritik – Transformation

Herausgegeben von
Jörg Noller und Burkhard Nonnenmacher

Mohr Siebeck

Jörg Noller ist Privatdozent für Philosophie an der LMU München.
orcid.org/0000-0002-1070-156X

Burkhard Nonnenmacher ist apl. Professor für Systematische Theologie an der Ev.-Theologischen Fakultät der Universität Tübingen und Vertretungsprofessor für Dogmatik und Religionsphilosophie am Institut für Systematische Theologie der Universität Hamburg.
orcid.org/0000-0001-5987-7198

ISBN 978-3-16-162058-4 / eISBN 978-3-16-162307-3
DOI 10.1628/978-3-16-162307-3

ISSN 1869-3962 / eISSN 2569-3913 (Dogmatik in der Moderne)

Die Deutsche Nationalbibliothek verzeichnet diese Publikation in der Deutschen National-bibliographie; detaillierte bibliographische Daten sind über *https://dnb.de* abrufbar.

Publiziert von Mohr Siebeck Tübingen 2023. www.mohrsiebeck.com

Das Buch wurde von Gulde Druck in Tübingen auf alterungsbeständiges Werkdruckpapier gedruckt und dort gebunden.

Printed in Germany.

Vorwort

Der vorliegende Sammelband ist aus einer Tagung hervorgegangen, die vom 17.–18. September 2018 in der Carl Friedrich von Siemens Stiftung in München stattgefunden hat. Die Herausgeber bedanken sich auch an dieser Stelle noch einmal herzlich für die großzügige Förderung der Tagung durch die Carl Friedrich von Siemens Stiftung. Zu danken ist auch dem LMU Open Access Fonds sowie der Evangelischen Landeskirche in Württemberg für einen großzügigen Zuschuss, ohne den der Sammelband nicht open access hätte erscheinen können. Wir möchten uns außerdem vielmals bei Jakob Grüner für die wie gewohnt zuverlässige redaktionelle Unterstützung bei der Drucklegung des vorliegenden Bandes bedanken.

München/Tübingen, im Juni 2023
Jörg Noller, Ludwig-Maximilians-Universität München, und
Burkhard Nonnenmacher, Universität Tübingen

Inhaltsverzeichnis

Einleitung

Jörg Noller und Burkhard Nonnenmacher

1. Protestantismus und Idealismus

Karl Barth stellt am Ende des Hegel-Kapitels seiner 1946 in erster Auflage erschienenen Geschichte der neueren Theologie folgende Frage:

> Ob der moderne Mensch und auch der moderne Theologe ihn [Hegel] besser verstanden und aufgenommen hätte, wenn die bewußten theologischen Bedenken nicht gegen ihn anzumelden wären, wenn er auf der ganzen Linie gleich noch einen Schritt weiter gegangen, von der Theologie aus gesehen gleich noch ein wenig ernsthafter gewesen wäre?[1]

Im übernächsten Satz beantwortet Barth diese Frage, sein Hegel-Kapitel abschließend, folgendermaßen: „Aber dann wäre Hegel nicht Hegel gewesen und so müssen wir uns damit zufrieden geben, ihn als den, der er war zu verstehen: eine große Frage, eine große Enttäuschung, vielleicht doch auch eine große Verheißung."[2] Bereits solche Sätze geben Anlass, darüber nachzudenken, inwiefern in Barths Hegelrezeption neben aller Kritik an Hegel nicht auch eine Hegel würdigende Komponente auszumachen ist, die bei aller Kritik an Hegel durchaus auch die Frage nach einer möglichen Transformation der hegelschen Position in den Blick nimmt. Nur weil man hierüber nachdenken kann, wird Barth freilich noch nicht zum Hegelianer. Wohl aber darf daran erinnert werden, dass so sicher sich Barth einerseits darin ist, Hegel die *„Nicht-Erkenntnis der Freiheit Gottes"*[3] vorwerfen zu dürfen, so sehr zollt er andererseits Hegel doch auch Anerkennung als „Vollender und Überwinder der Aufklärung"[4].

Barths Hegelkritik als eine bloße Kritik eines übertriebenen Vernunftoptimismus zu verbuchen, zeigt sich schon damit als einseitig. Seine Kritik an Hegel ist nicht nur Kritik an einer nach Kant vermeintlich in die alte Metaphysik vor Kant zurückgefallenen Position. Vielmehr ist auch zu fragen, inwieweit Barth mit Hegel die Einschätzung teilt, dass es einer Aufklärung jener Aufklärung bedarf, für die nicht länger der Gott der sogenannten Natürlichen Theologie allererst in der Trinitätslehre „inwerts" erkannt wird, wie Luther einschärft,[5] sondern für die

---

[1] Vgl. K. Barth, *Die protestantische Theologie im 19. Jahrhundert. Ihre Vorgeschichte und ihre Geschichte*, 6. Aufl., Zürich 1994, 378.

[2] Barth, *Protestantische Theologie*, 378.

[3] Barth, *Protestantische Theologie*, 376 (Hervorh. im Original).

[4] Barth, *Protestantische Theologie*, 366.

[5] Vgl. Luther, WA 49, 239,26–29.

genau umgekehrt, der trinitarische Gott zu einer bloßen Introduktion dessen zu werden droht, was sie als überzeitlichen, ein für alle Mal feststehenden vernünftigen Kern aller rationalen Theologie festlegen zu können glaubt.

Bereits Lessings Idee eines „wechselseitigen Diensts von Vernunft und Offenbarung"[6] hat hiergegen im 18. Jahrhundert Protest angemeldet. Die idealistischen Entwürfe Hegels und Schellings, aber auch Schleiermachers entfalten diesen Protest jeweils auf ihre Weise nach Kant weiter. Dem reformatorischen Erbe verpflichtet, werden sie dabei insbesondere von der Frage umgetrieben, inwieweit die Art und Weise, wie Kant Vernunft und Offenbarung „konzentrisch"[7] anordnet, ja inwiefern sein gesamter moraltheologischer Fundierungsversuch der Inhalte der christlichen Tradition selbst noch einmal einer Revision unterzogen werden muss.

Bereits die Denker des Idealismus kommen in dieser Frage zu unterschiedlichen Ergebnissen. Die Auseinandersetzungen zwischen Schleiermacher und Hegel oder auch die zwischen Schelling und Hegel belegen das eindrücklich. Viele Entwürfe der protestantischen Theologie des 20. Jahrhunderts sind nun wiederum undenkbar ohne diesen Hintergrund. Denn auch z.B. bei Troeltsch, Otto, Barth, Tillich, Pannenberg oder Falk Wagner klingt noch die Frage nach einer angemessenen Reaktion auf die Aufklärungstheologie des 18. Jahrhunderts und die kantsche Vernunftkritik nach, gepaart mit der Frage, was von den Reaktionsentwürfen des Idealismus im 19. Jahrhundert zu halten ist.

Auch und gerade deshalb sagt Barth, dass mit Hegel durchaus „[e]in theologischer Frühling nach langer Winterszeit" angebrochen zu sein *„schien* [kurs. v. Hgg.]"[8], um sogleich freilich nur um so bissiger die Frage zu stellen, „warum [...] Hegel für die protestantische Welt nicht etwas Ähnliches [wurde] wie Thomas von Aquino für die katholische Welt geworden ist"[9]. Genau diese Frage sieht Barth dann darin beantwortet, dass Hegels Position als eine „Philosophie des Selbstvertrauens"[10] zu beschreiben ist, über die letztlich folgendes Votum gefällt werden muss:

Indem Gott sich offenbart, hat ihn der Religionsphilosoph [d.h. Hegel] schon eingesehen in der Vorläufigkeit dieses seines Tuns und hat den Hebel schon in der Hand, den er bloß niederzudrücken braucht, um von Gottes *Offenbaren* weiterzukommen zu der höheren Stufe des göttlichen *Offenbarseins*, in dem alles Gegebene, alle Zweiheit aufgehoben, alles Reden und Hören gegenstandslos geworden und in reines Wissen, das Wissen des menschlichen Subjekts, zurückverwandelt ist, wie es aus diesem ursprünglich hervorgegangen ist.[11]

---

[6] G. E. Lessing, *Die Erziehung des Menschengeschlechts*, § 36 f., in: Ders., Werke, hg. v. G. Göpfert, Bd. VIII, München 1979, 489–510, hier: 498.
[7] Vgl. Kant, AA 6, 12.
[8] Barth, *Protestantische Theologie*, 366.
[9] Barth, *Protestantische Theologie*, 342.
[10] Barth, *Protestantische Theologie*, 349.
[11] Barth, *Protestantische Theologie*, 376.

Man könnte auch sagen: Barth wiederholt hier die alte Mahnung, dass man Gott nicht in der Tasche haben kann, unterstellt Hegel, diese Mahnung zu missachten, und deutet dessen Entwurf deshalb als eine bloße Projektion endlicher Subjektivität, der das „Hören" verloren gegangen ist, indem sie sich selbst verabsolutiert. Dennoch gesteht Barth Hegel aber nicht nur zu, „dass er ohne Abstrich und Konzession auch Christ und zwar lutherischer Christ sein wollte"[12], sondern darüber hinaus hebt Barth ausdrücklich hervor, dass es in seinen Augen eben bei aller Kritik, die er gegenüber Hegel vorbringt, eben dennoch gerade Hegel ist, der sich nach Kant des „Offenbarungscharakters der absoluten Wahrheit"[13] erinnert und die „Theologie" in kritischer Auseinandersetzung mit Schleiermacher daran gemahnt, dass es ihr „um die *Wahrheit* gehen müßte", wie Barth sagt, und nicht nur

um Lebensäußerung im Allgemeinen, nicht um irgendwelche Ausdrücke, Aussagen, Bekenntnisse, Beteuerungen, Symbole irgendeiner Unaussprechlichkeit, nicht um eine Art redendes Musizieren, nicht um eine Beschreibung von Zuständen und Sachverhalten […], sondern um Wahrheit, um eine solche Erkenntnis, die ihre Begründung nicht in irgend einer Gegebenheit als solcher, sondern in deren Verknüpfung mit dem letzten Ursprung alles Gegebenseins hat.[14]

In der Tat erinnern solche Sätze Barths momenthaft fast an Hegels eigene, 1 Kor 13,1 aufgreifende, gegen Schleiermacher gemünzte Aussage in der Hinrichs-Vorrede, die lautet:

Was wäre die christliche Gemeinde ohne diese Erkenntnis [Gottes]? Was ist eine Theologie ohne Erkenntnis Gottes? Eben dasselbe, was eine Philosophie ohne dieselbe ist, ein tönend Erz und klingende Schelle![15]

Schon die zuvor zitierten, kritischen Äußerungen Barths gegenüber Hegel machen jedoch deutlich, dass die Rezeption idealistischen Gedankenguts in der protestantischen Theologie des 20. Jahrhunderts freilich nicht nur ein Fortleben von Debatten des 19. Jahrhunderts ist, sondern vielmehr eine kritische Auseinandersetzung mit ihnen, die eigene Wege zu gehen versucht. Das zeigt sich auch bei Paul Tillich, wenn es bei ihm z.B. bereits in *Kairos und Logos* 1926 mit Blick auf den Inkarnationsgedanken[16] heißt:

Die Idee wird konkret, sie individualisiert sich, sie geht in die Geschichte ein, sie erfährt ein Schicksal. Hier und nirgends so wie hier zeigt sich die Größe des Hegelschen Denkens […] und doch ist seine Lösung unzulänglich. […] Der Philosoph stellt sich an den Punkt der Geschichte, wo die Geschichte ihr entscheidendes Wort gesprochen hat, wo der ganze Weg

---

[12] Barth, *Protestantische Theologie*, 368.

[13] Barth, *Protestantische Theologie*, 370.

[14] Barth, *Protestantische Theologie*, 372.

[15] G. W. F. Hegel, *Hinrichs-Vorrede*, in: Ders., *Berliner Schriften*, hg. v. W. Jaeschke, Hamburg 1997, 62–86, hier: 84.

[16] Vgl. Tillich, GW 5, 69.

übersehen werden kann, wo der Kreis sich geschlossen hat. [...] Es fehlt die Möglichkeit, daß alles Vergangene in einem neuen Kairos neu gesetzt wird.[17]

Nicht nur würdigt und kritisiert nämlich auch Tillich Hegel in solchen Aussagen ausdrücklich. Vielmehr will auch diese Kritik Tillichs an Hegel nicht einfach nur mit der Kritik des späten Schelling an Hegel identisch sein, denn eben auch gerade Schelling traut sich Tillich noch vorzuwerfen, dass auch er letztlich „sich selbst gleichsam in das absolute Zeitalter"[18] stellt, 1 Kor 13,12 missachtet und darin selbst nicht vor jener überpräsentischen Eschatologie gefeit ist, für die Hegel in einer langen Tradition kritisiert worden ist.

Auf der anderen Seite ziehen genau solche Vorwürfe aber auch Rückfragen nach sich. Eine zentrale Frage besteht dabei zweifelsohne darin, wie man es denn umgekehrt in der Betonung einer futurischen Eschatologie vermeiden will, nicht in ein anderes Problem zu geraten, nämlich das Problem, Gottes Offenbarung in Christus zu relativieren. Bereits bei Hegel selbst heißt es in der Göschel-Rezension deshalb, dass diejenigen, die einerseits „dem Glauben an die Offenbarung Gottes treu bleiben" wollen, andererseits jedoch der These folgen wollen, „daß Gott nicht zu erkennen sei", Gefahr laufen, zu behaupten,

Gott habe sich in Christus den Menschen geoffenbart, und zwar habe er dies von sich geoffenbart, daß er sich nicht geoffenbart, daß er sich nicht zu erkennen gegeben hat. Sie nehmen an, Gott habe sich zum Menschen verendlicht, die Endlichkeit in sich und sich in die Endlichkeit gesetzt, er sei aber *nur* das abstrakte Unendliche, das von der Endlichkeit ganz entfernt gefaßt werden müsse.[19]

Wolfhart Pannenberg hat diese Überlegungen Hegels emphatisch aufgegriffen. Etwa das in folgender, direkt auf Hegels Argumentation in der Seinslogik[20] rekurrierender Aussage:

Die Vorstellung des Unendlichen, die dem Endlichen nur entgegengesetzt wird, ist, wie Hegel gezeigt hat, noch nicht wahrhaft als unendlich gedacht, weil sie noch durch die Abgrenzung gegen anderes bestimmt wird, durch Abgrenzung vom Endlichen nämlich. Das so gedachte Unendliche ist selbst noch Etwas gegen Anderes, also endlich. Wahrhaft unendlich ist das Unendliche erst, wenn es seinen eigenen Gegensatz zum Endlichen zugleich übergreift.[21]

Allein die Frage bleibt freilich, wie dies zu denken ist, und ob vor diesem Hintergrund überhaupt noch eine „Transzendenz Gottes" mit der Rede von Gottes „Offenbarung" zusammengedacht werden kann. Ohne dass hier der Ort wäre, näher an Pannenbergs Antwort auf diese Frage unter der Überschrift „Offenbarung als Geschichte" zu erinnern, und ohne dass hier der Ort ist, zu diskutie-

---

[17] Tillich, GW 5, 71.

[18] Tillich, GW 5, 54.

[19] G. W. F. Hegel, *Göschel-Rezension*, in: Ders., *Berliner Schriften*, hg. v. W. Jaeschke, Hamburg 1997, 318–353, hier: 327 f.

[20] Vgl. G. W. F. Hegel, GW 21, 124–143, hier bes.: 131,23–28.

[21] Pannenberg, ST I, 432.

ren, unter welchem Begriff der „Prolepse" die von Hegel benannte Gefahr geachtet und dennoch umgekehrt dem von Tillich mit Blick auf Hegel Monierten Rechnung getragen ist, sei mit diesem Verweis auf Pannenbergs Hegelrezeption hier nur festgehalten, dass die protestantische Theologie des 20. Jahrhunderts selbstverständlich nicht nur unmittelbare Reaktionen auf idealistisches Gedankengut entfaltet, sondern immer auch darauf hin zu befragen ist, inwiefern in ihr bestimmte Positionen jeweils auch und gerade andere Positionen des 20. Jahrhunderts in ihrer Auseinandersetzung mit dem „Deutschen Idealismus"[22] mitaufzunehmen versuchen.

So ist etwa auch zu fragen, was eigentlich Autoren wie Barth, Tillich, Pannenberg oder auch Falk Wagner Ernst Troeltschs These von der „Unvereinbarkeit eines konstruierten Allgemeinbegriffs mit einem konkreten, individuellen historischen Gebilde"[23] entgegensetzen, beziehungsweise wie sie mit Troeltschs These umgehen, dass schlicht „jede Konstruktion des Christentums aus einem absolut sich vollendenden Begriff scheitert"[24].

Ähnliches gilt mit Blick auf Rudolf Ottos Begriff des „Numinosen", nimmt man ihn zum Anlass, näher über das Verhältnis von Profanem und Sakralem nachzudenken, gefolgt von der Frage, wie das Unendliche bei Otto eigentlich dazu kommt, als das „ganz Andere" im endlichen Geist Raum zu greifen, beziehungsweise von welchen Autoren Otto in der Auseinandersetzung mit dieser Frage geleitet wird, von welchen Autoren er sich in diesem Zusammenhang distanziert und welche systematischen Weichenstellungen hierbei im Zentrum stehen. Bekanntlich hat bereits Pannenberg in genau dieser Frage Otto kritisiert und von Schleiermachers Ansatz zu unterscheiden versucht.[25] Darüber hinaus spielt auch und gerade in diesem Zusammenhang freilich noch eine wichtige Rolle die Frage, ob man, wie etwa Falk Wagner, am prominent bei Anselm begegnenden Gedanken festhalten will, dass der „Grund der Christologie"[26] nicht allein im *finis intermedius* der Schöpfung gründet, dem Heil des Menschen, sondern im *finis ultimus* derselben, der der Göttlichkeit Gottes und der *gloria Dei* verpflichtet ist, wie es in der lutherischen Orthodoxie etwa noch bei Johann Friedrich König[27] unter direkter Bezugnahme auf 1 Kor 15,28 heißt.[28] Falk Wagner hat etwa diesen

---

[22] Wir verwenden im Folgenden den Ausdruck „Deutscher Idealismus" und nicht die Bezeichnung „Klassische deutsche Philosophie", um dadurch noch stärker eine thematische Einheit idealistischer Denker wie Kant, Fichte, Schelling und Hegel, zu bezeichnen, die für die theologische Rezeption im 20. Jahrhundert von besonderer Bedeutung war. Die Bezeichnung „Klassische deutsche Philosophie" impliziert dagegen ein noch breiteres Spektrum von Denkern wie u.a. Friedrich Heinrich Jacobi, Salomon Maimon und Karl Leonhard Reinhold.

[23] Troeltsch, KGA 5, 144.

[24] Troeltsch, KGA 5, 146.

[25] Vgl. Pannenberg, ST I, 155.

[26] F. Wagner, „Vorlesung über Christologie", in: Ch. Danz/M. Murrmann-Kahl (Hgg.), *Zwischen historischem Jesus und dogmatischem Christus*, 2. Aufl., Tübingen 2011, 355–359.

[27] J. F. König, *Theologia positiva acroamatica*, hg. u. übers. v. A. Stegmann, Tübingen 2006, I. Teil, § 166.

[28] König, *Theologia positiva acroamatica*, I. Teil, § 299.

finis ultimus – *seiner* Auseinandersetzung mit Hegel folgend – auch noch als das die Trinitätslehre und die Christologie verbindende „Sich-sich-Offenbarsein Gottes"[29] zu denken versucht hat und dabei das Verhältnis von immanenter und ökonomischer Trinität betreffende Überlegungen Hegels aufgegriffen.[30] Überlegungen, die freilich abermals zur oben erinnerten, durch Schelling bereits vorbereiteten, an 1 Kor 13,12 orientierten Kritik Barths und Tillichs an Hegel zurückführen.

Nun besteht die Protestantische Theologie des 20. Jahrhunderts freilich ebenso wenig nur aus Troeltsch, Otto, Barth, Tillich, Pannenberg und Wagner, wie sich die Positionen im Deutschen Idealismus nach Kant in Schleiermacher, Hegel und Schelling erschöpfen. Vielmehr sollte hier nur unter Bezugnahme auf die im vorliegenden Band hauptsächlich zu Wort kommenden Autoren in aller Kürze insbesondere am Beispiel der Hegelrezeption der protestantischen Theologie des 20. Jahrhunderts ein wenig verdeutlicht werden, wofür der Untertitel des vorliegenden Bandes generell stehen will:

Nämlich für die systematische Frage danach, inwiefern a) die Entwürfe Schleiermachers, Hegels und Schellings nach Kant in der protestantischen Theologie des 20. Jahrhunderts nachwirken, inwieweit b) Rezeption, Kritik und Transformation dabei eng miteinander verknüpft sind, sowie c) ob und wenn ja, inwiefern dies daran liegt, dass genau jene Diskussionen, die bereits zwischen Schleiermacher und Hegel einerseits oder Schelling und Hegel andererseits geführt worden sind, in gewandelter Form auch noch einmal in Entwürfen des 20. Jahrhunderts virulent sind. Gedacht ist dabei an so zentrale Probleme wie die Frage, unter was für einer Art der Hinwendung zum Begriff der Religion die alte Lehre vom *Testimonium spiritus sancti internum* nach Kant aufrecht erhalten werden kann, oder auch schlicht an das wohl zentrale Problem, wie auf Kants „Kritik aller Theologie aus speculativen Principien der Vernunft"[31] systematisch reagiert werden kann, falls *einerseits* nach Kant zentrale Inhalte der Tradition (Trinität, Inkarnation, Satisfaktion) nicht nur als das übrig bleiben sollen, zu dem sie das Prokrustesbett der Aufklärungstheologie vielfach gemacht hat, aber *andererseits* auch nicht einfach nur zu einer Theologie vor Kant zurückgekehrt werden soll, die Kants Vernunft- und Metaphysikkritik schlicht ignoriert.

2. Inhaltsübersicht

Die Beiträge des vorliegenden Sammelbandes setzen sich mit diesem komplexen Problemfeld der Rezeption, Kritik und Transformation des Deutschen Idealismus auseinander, indem sie auf folgende *Schwerpunktthemen* fokussieren:

---

[29] Wagner, *Vorlesung*, 359.
[30] Ebd., vgl. G. W. F. Hegel, GW 20, 551 ff. (=§§ 567–571).
[31] Vgl. Kant, KrV, B 659–670.

Inwiefern stehen Kritik und Transformation der Entwürfe des Idealismus in der protestantischen Theologie des 20. Jahrhunderts in einem Exklusions- oder Inklusionsverhältnis? Inwiefern wird diese Frage von den Autoren im 20. Jahrhundert selbst reflektiert? Inwiefern wird von den Autoren des 20. Jahrhunderts versucht, den Deutschen Idealismus mit anderen philosophischen Traditionen (z.B. der Existenzphilosophie und der Phänomenologie) zu verbinden? Wie hängt der Protestantismus des 20. Jahrhunderts mit dem spezifisch protestantischen Hintergrund des Deutschen Idealismus zusammen? Welche Differenzen gibt es im Verständnis der Wahrung des reformatorischen Erbes? Inwiefern unterscheidet sich zudem das jeweilige Verständnis des Verhältnisses von Theologie und Philosophie? Wie verhalten sich überdies der Gottes-, Menschen-, Freiheits- und Religionsbegriff der Autoren des 20. Jahrhundert und der Autoren des Deutschen Idealismus zueinander? Und schließlich: Welche neuen systematischen Probleme entstehen in der Kritik am Idealismus im 20. Jahrhundert? Inwiefern wird hier von den Autoren des 20. Jahrhunderts auch und gerade die Frage berücksichtigt, ob vermeintlich „neue" Probleme im Idealismus bereits verhandelt worden sind, und wenn ja, mit welchen Methoden wird dieser Behandlung begegnet?

Aus der Fülle dieser Fragen und den Konstellationen ihrer Verhandlung im 19. und 20. Jahrhundert können die Beiträge des vorliegenden Bandes freilich nur Weniges exemplarisch herausgreifen. Und dennoch scheint auch genau das angesichts der geistigen Lage der Gegenwart noch aktuell. Nicht nur rund ein Jahrhundert nach den Entwürfen des Deutschen Idealismus kämpft nämlich die protestantische Theologie des 20. Jahrhunderts noch mit Problemen, die bereits die idealistischen Autoren beschäftigten. Vielmehr beschäftigen auch heute noch, im 21. Jahrhundert, noch einmal ein Jahrhundert später also, die Systematische Theologie der Gegenwart viele der Fragen, die bereits die Autoren des Idealismus nach Kant beschäftigt haben, allen anderen voran vielleicht die Frage, was eigentlich das religiöse Bewusstsein ist, was sein Gegenstand ist, wie es sich zu diesem verhält, beziehungsweise dieser zu ihm.

Darüber hinaus erscheint es auch und gerade in der heutigen Gegenwart wichtig, in der „Spiritualität" alles und nichts sein kann, daran zu erinnern, dass die Frage nach ihrer Bestimmtheit innerhalb der christlich Tradition eine reiche Geschichte aufzuweisen hat, die mehr zu bieten hat, als eine bloße Beiordnung einzelner Sätze, nämlich einen Zusammenhang einzelner Fragen und Probleme, die gerade in ihrem systematischen Zusammenhang zu einem geistigen Inhalt werden. Dass dieser systematische Zusammenhang in der christlichen Tradition dabei freilich nicht erst nach Kant entsteht, muss hier nicht erwähnt werden. Ebenso wenig bedarf es an dieser Stelle jedoch einer Rechtfertigung der besonderen Stellung der Beschäftigung mit der neueren Theologiegeschichte innerhalb der Systematischen Theologie. Pannenberg plausibilisiert sie mit folgender Aussage: „Die Beschäftigung mit der neueren Theologiegeschichte ermöglicht es [...], sozusagen den Stellenwert der verschiedenen heute verfochtenen Positionen im Spektrum der theologischen Gesamtlage zu bestimmen."[32]

Ob es überhaupt Sinn macht von einer theologischen „Gesamtlage" zu sprechen, ein Begriff, den Pannenberg kritisch von Franz Hermann Reinhold von Frank übernimmt,[33] kann man jedoch ebenfalls fragen. Auch mag es gute Gründe dafür geben, einer allzu eilfertigen Bejahung dieser Frage, mit einem Misstrauen zu begegnen. Ebenso gibt es aber gute Gründe dafür, ein Misstrauen in genau dieses Misstrauen zu pflegen. Denn will man wirklich behaupten, dass die Theologie seit Kant nicht durch ein gemeinsames Problembewusstsein geprägt worden ist? Pannenberg hat dies mit folgender Einschätzung verneint:

> Zwar ist der Stoff der theologischen Lehren grundlegend im Zeitalter der Patristik formuliert und im Mittelalter, sowie für die evangelische Theologie besonders in der altprotestantischen Dogmatik des 17. Jahrhunderts zusammengefaßt worden. Aber die Problemlage war damals eine andere. Im 18. Jahrhundert bahnte sich das Bewußtsein der bis heute bestehenden Gesamtlage an, doch erst im 19. Jahrhundert hat die Theologie das volle Bewußtsein dieser neuzeitlichen Problemlage der christlichen Theologie erreicht. Darin ist es begründet, daß die heutigen Positionen in der Theologie ihre Wurzeln immer noch in dieser jüngeren Vergangenheit haben und als heutige Positionen nur im Bezug auf die Theologiegeschichte des 19. Jahrhunderts verstanden, gewürdigt und in die Gesamtlage eingeordnet werden können.[34]

Die Frage, ob sich das 19. Jahrhundert in dieser Aussage über Gebühr gewürdigt findet, sei hier nicht vorschnell entschieden. Mit allem Nachdruck unterstrichen sei jedoch Pannenbergs Prämisse, dass es durch die Aufklärungstheologie des 18. Jahrhunderts vermittelt ein Bewusstsein von einem „gemeinsame[n] Band" gibt, „das alle noch so verschiedenen Positionen der modernen evangelischen Theologie verbindet und vor einem Auseinanderfallen in eine chaotische Vielfalt bewahrt, wo man dann auch nicht mehr sinnvoll miteinander streiten und argumentieren könnte."[35]

Nun gibt es ein solches Band freilich nur, solange ein bestimmtes Problembewusstsein aufrechterhalten bleibt, von dem sich vernünftigerweise niemand entschuldigen kann, auch wenn das, was dabei als das gemeinsame Band genauer bestimmt wird, wiederum selbst eine Frage der Perspektive ist. Doch auch der Umstand, dass die Frage nach dem, wie ein gemeinsames Band der Theologie nach Kant beschrieben werden kann, eine Sache der Perspektive ist, heißt freilich genau nicht, dass dieses Band nicht existiert und dass das 19. und 20. Jahrhundert in der protestantischen Theologie nicht durch ein gemeinsames Problembewusstsein geprägt worden sind. Vielmehr gilt lediglich, dass dieses gemeinsame Problembewusstsein selbst wiederum vielfältig dargestellt wird und auch genau damit, dass es vielfältig dargestellt wird, fortgewoben wird.

---

[32] W. Pannenberg, *Problemgeschichte der neueren evangelischen Theologie. Von Schleiermacher bis zu Barth und Tillich*, Göttingen 1997, 14.

[33] Vgl. Pannenberg, *Problemgeschichte*, 13 f.

[34] Pannenberg, *Problemgeschichte*, 15.

[35] Pannenberg, *Problemgeschichte*, 15.

Eben deshalb ist beispielsweise Pannenbergs *Problemgeschichte der neueren evangelischen Theologie*[36] auch nicht identisch mit Tillichs *Vorlesungen über die Geschichte des christlichen Denkens*[37] oder mit Barths *Die protestantische Theologie im 19. Jahrhundert*[38]. Gleichwohl verhandeln alle diese drei hier nur beispielhaft genannten Vorlesungen vor dem Hintergrund der kantschen Vernunftkritik Autoren wie Schleiermacher und Hegel sowie die Frage, aus welchen systematischen Problemen deren Positionen geboren wurden und zu welchen systematischen Problemen diese führten. Auch genau das ist aber schon ein gemeinsames Band und Pannenberg weist deshalb zurecht darauf hin, dass die harte Konsequenz davon, wenn ein solches gemeinsames Problembewusstsein verloren ginge, darin bestünde, dass man nicht mehr sinnvoll streiten und diskutieren könnte.

Das alles mag eine Binsenweisheit sein. Nur ändert das nichts an der Tatsache, dass jenes Band letztlich darin besteht, welche Fäden die jeweilige Gegenwart gegenwärtig hält und aufeinander bezieht. Exakt diesem Umstand sieht sich der vorliegende Band verpflichtet. Sein Ziel kann es dabei freilich nicht sein, das Verhältnis der protestantischen Theologie des 20. Jahrhunderts zu den Entwürfen des Deutschen Idealismus erschöpfend zu behandeln. Die Idee zur dem Band zugrundeliegenden Tagung war es vielmehr nur, unterschiedliche Perspektiven zu versammeln unter der Frage, inwiefern die im Rahmen der protestantischen Theologie des 20. Jahrhunderts diskutierten Antworten des 19. Jahrhunderts auf das 18. Jahrhundert, im 21. Jahrhundert weiter diskutiert werden müssen.

Mitnichten ist damit behauptet, dass die protestantische Theologie des 20. Jahrhunderts allein durch ihre Auseinandersetzung mit dem idealistischen Erbe und dessen Reaktion auf die Aufklärungstheologie des 18. Jahrhunderts bestimmt ist. Wohl aber rückt der vorliegende Band diese Thematik in den Fokus mit der Überzeugung, dass die in diesem Fokus liegenden Zusammenhänge auch heute noch für die Entwicklung systematisch theologischer Positionen eine große Relevanz haben. Nämlich das schon allein deshalb, weil sich systematisch theologische Positionen der Gegenwart freilich auch gerade in Abhängigkeit davon entwickeln, ob sie im 20. Jahrhundert erfolgte Aufgriffe *von* –, beziehungsweise Kritik *an* vorausgegangenen Positionen nur fraglos übernehmen, oder wiederum einer erneuten Prüfung unterziehen.

Möglich bleibt letzteres freilich nur, wenn die vielfältigen Perspektiven gegenwärtig gehalten werden, die es mit Blick auf die Frage nach der Rezeption, Kritik und Transformation des Deutschen Idealismus in der Protestantischen Theologie des 20. Jahrhunderts zu bedenken gibt. Eben hierzu versucht der vorliegende Band einen kleinen Beitrag zu leisten. Dabei nicht nur wahllos Perspektiven zu sammeln, gehörte auch zu seiner Entstehungsidee. Nicht nur wurden deshalb die oben genannten Schwerpunktthemen allen Beitragenden bereits bei der Einla-

---

[36] Vgl. Fußnote 32.
[37] Vgl. Tillich, GWE 1, hier: Teil II: Aspekte des Protestantismus im 19. und 20. Jahrhundert.
[38] Vgl. Fußnote 1.

dung zur dem Band zugrundeliegenden Tagung als mögliche Leitfragen vorgeschlagen. Vielmehr leitete die Herausgeber auch die Idee, dieselben Autoren im Idealismus durch jeweils unterschiedliche Autoren im 20. Jahrhundert zu beleuchten, aber ebenso dieselben Autoren des 20. Jahrhunderts zu mehreren Autoren des Idealismus zu hören.

Die Gliederung der Beiträge des vorliegenden Bandes betreffend erschien es dabei als sinnvoll, diese nicht an den im 20. Jahrhundert rezipierten Autoren des Idealismus zu orientieren, sondern vielmehr umgekehrt an den idealistisches Gedankengut rezipierenden Autoren des 20. Jahrhunderts.

Den Anfang machen in dieser Ausrichtung zwei Sektionen zu Ernst Troeltsch und Rudolf Otto. *Friederike Nüssel* setzt sich dabei zunächst mit Troeltschs Schleiermacherrezeption auseinander und *Christian König* insbesondere mit Troeltschs Kritik an Hegel. *Roderich Barth* lenkt dann den Blick auf Ottos Auseinandersetzung mit Kant und Fries. *Peter Schüz* dagegen widmet sich Ottos Goetherezeption.

Es folgen zwei Sektionen zu Paul Tillich und Karl Barth. *Burkhard Nonnenmacher* konzentriert sich hier auf Tillichs kritische Würdigung Hegels. *Christian Danz* dagegen setzt sich mit der Schelling-Rezeption des frühen Tillich auseinander. *Jörg Noller* richtet dann den Blick auf Barth und fokussiert zunächst besonders auf dessen Auseinandersetzung mit Kant und Hegel. *Manuel Zelger* arbeitet darauf systematische Bezugs- und Differenzpunkte der Verhältnisbestimmung von Trinität und Offenbarung bei Barth und Hegel heraus.

Schließlich wenden sich zwei Sektionen Wolfhart Pannenberg sowie Falk Wagner und damit dem späteren 20. Jahrhundert zu. *Christine Axt-Piscalar* setzt sich hier mit Pannenbergs Schleiermacherrezeption auseinander und fokussiert auf Pannenbergs Verhältnisbestimmung von Subjektivitätstheorie und Metaphysik. *Gunter Wenz* widmet sich darauf Pannenbergs Hegelrezeption und geht der Frage nach der Transformation des hegelschen Erbes in Pannenbergs Verhältnisbestimmung von Offenbarung und Geschichte nach. *Folkart Wittekind* lenkt dann den Blick auf die Idealismusrezeption Wagners und untersucht, worin deren theologische Funktion bei Wagner besteht. *Jörg Dierken* schließlich widmet sich Wagners Hegel-Rezeption und fokussiert auf den Begriff der Anerkennung.

Umrahmt werden diese Sektionen durch zwei weitere Beiträge. *Winfried Lücke* unternimmt am Ende des Bandes einen Ausblick auf Debatten der Gegenwart und untersucht systematische Bezüge und Differenzen zwischen Alvin Plantinga und Hegel. *Jan Rohls* dagegen eröffnet die Auseinandersetzung mit Hegel, nämlich das mit einer Erinnerung an die Wirkmächtigkeit des hegelschen Erbes im 19. Jahrhundert bei Daub, Marheineke, Strauß, Baur, Biedermann und Pfleiderer, die freilich eine zentrale Rolle in der Vorgeschichte der Rezeption, Kritik und Transformation des idealistischen Erbes im 20. Jahrhunderts spielt.

Diese kurze Einführung in die Idee des vorliegenden Bandes abschließend, bleibt den Herausgebern nur noch, sich noch einmal herzlich bei allen Beitragenden zu bedanken. Wir sind glücklich darüber und finden es großartig, in wie vielen Facetten und Perspektiven in den einzelnen Beiträgen das Thema des Bandes beleuchtet wird. Dass noch viele weitere Autoren und Themen hätten verhandelt werden können, ist ebenso offensichtlich. Dass dies nicht geschehen ist, liegt in der schieren Fülle an Möglichkeiten, die es hier gibt. Autoren, die man an dieser Stelle naheliegenderweise ebenfalls erwarten könnte, brauchen hier deshalb nicht extra genannt zu werden. Abhilfe zu schaffen ist solcher Stückwerkhaftigkeit allein, obgleich vermutlich auch wieder nur bedingt, durch einen weiteren Band.

Hegels Idealismus und die protestantische Theologie

Jan Rohls

Als Hegels Heidelberger Schüler Hermann Friedrich Wilhelm Hinrichs seinen 1818 in die preußische Hauptstadt berufenen Lehrer um ein Vorwort zu seiner Dissertation bat, kam dieser der Bitte 1821 nur nach längerem Zögern nach. Grund für sein Zögern dürfte die auch religionspolitisch angespannte Situation nach den Karlsbader Beschlüssen und dem Beginn der „Demagogenverfolgung" gewesen sein. Hegel äußerte gegenüber Creuzer die Befürchtung, in den Verdacht des Atheismus zu geraten. Auch Hinrichs war sich der prekären Lage bewusst und hielt es für ratsam, den Titel seiner Publikation zu ändern. Statt „Philosophische Begründung der Religion durch die Wissenschaft" sollte er nun weniger programmatisch und damit unverfänglicher lauten „Philosophische Begründung der von Jacobi, Kant, Fichte und Schelling gemachten Versuche, die Religion wissenschaftlich zu erfassen und nach ihrem Hauptinhalt zu entwickeln"[1]. Die Dissertation erschien schließlich unter dem Titel „Die Religion im inneren Verhältnisse zur Wissenschaft" 1822, und Hegels Vorrede beginnt mit der Feststellung, dass es ein Zustand unseligster Entzweiung sei, wenn Glaube und Vernunft, beide im innersten Selbstbewusstsein des menschlichen Geistes wurzelnd, sich im Widerstreit befänden. Unter dem Glauben versteht Hegel weder das bloß subjektive Überzeugtsein, die Gewissheit als solche noch das Credo, das kirchliche Glaubensbekenntnis losgelöst von der Gewissheit, sondern die Einheit beider. Zu einem Konflikt zwischen Glauben und Denken komme es dann, wenn sich das Denken in Gestalt des abstrakten Verstandes kritisch gegen den Inhalt des Glaubens wende. Dadurch werde Gott ins unerkennbare Jenseits verpflanzt und der religiöse Mensch auf seine eigene Endlichkeit und das leere Gefühl zurückgeworfen. Das ist für Hegel das Ergebnis der Aufklärung. „Nach dem Gesagten bestimmt sich das Übel, in welches die Aufklärung die *Religion* und die *Theologie* gebracht hat, als der Mangel an *gewußter Wahrheit, einem objektiven Inhalt, einer Glaubenslehre.*"[2] Die Theologie sei in diesem Fall auf historische Gelehrsamkeit und die dürftige Exposition subjektiver Gefühle reduziert. In der Philosophie korrespondiere dem die Verstandeseinsicht, dass der Mensch von Gott nichts wissen könne. Er flüchte sich daher in die Innerlichkeit des Gefühls und halte

---

[1] W. Jaeschke (Hg.), *Hegel-Handbuch. Leben–Werk–Schule*, Stuttgart/Weimar 2003, 279.

[2] G. W. F. Hegel, *Theorie-Werkausgabe*, auf der Grundlage der Werke von 1832–1845 neu edierte Ausgabe, Redaktion E. Moldenhauer und K. M. Michel, Bd. 11, Frankfurt a.M. 1970, 50.

dieses sogar für die einzige Form, in der die Religiosität ihre Echtheit bewahre. Die Zurückführung der Religion auf das Gefühl hält Hegel aber für etwas, das dem Wesen der Religion zuwider ist, und ohne Schleiermacher ausdrücklich zu erwähnen, holt er gegen ihn aus:

> Gründet sich die Religion im Menschen nur auf ein Gefühl, so hat solches richtig keine weitere Bestimmung, als das *Gefühl seiner Abhängigkeit* zu sein, und so wäre der Hund der beste Christ, denn er trägt dieses am stärksten in sich und lebt vornehmlich in diesem Gefühle.[3]

Sieht man einmal von der Polemik ab, so widerspricht es in der Tat Hegels Verständnis von Religion, ihr allgemeines Wesen im Gefühl der schlechthinnigen Abhängigkeit zu erblicken:

> Der Geist hat aber in der Religion vielmehr seine Befreiung und das Gefühl seiner göttlichen Freiheit; nur der freie Geist hat Religion und kann Religion haben; was gebunden wird in der Religion, ist das natürliche Gefühl des Herzens, die besondere Subjektivität; was in ihr frei wird und eben damit wird, ist der Geist.[4]

Doch nicht nur die Bestimmung des Wesens der Religion als Gefühl schlechthinniger *Abhängigkeit* wird von Hegel kritisiert, sondern auch ihre Charakterisierung als *Gefühl*. Denn das Gefühl sei bloße Form und könne als solche jeden beliebigen Inhalt haben. Ihm eigne daher keine Dignität an sich, vielmehr sei es als solches völlig unbestimmt und rein subjektiv. Wenn man das Gefühl zur Quelle der Religion erkläre, so liefere man sie dem Eigendünkel und der Selbstsucht aus. Damit will Hegel keineswegs bestreiten, dass es einen Zusammenhang zwischen Religion und Gefühl gibt.

> Allein ein ganz anderes ist, ob solcher Inhalt wie Gott, Wahrheit, Freiheit aus dem Gefühle geschöpft [werden], ob diese Gegenstände das Gefühl zu ihrer Berechtigung haben sollen oder ob umgekehrt solcher objektive Inhalt als an und für sich gilt, in Herz und Gefühl erst einkehrt und die Gefühle erst vielmehr wie ihren Inhalt, so ihre Bestimmung, Berichtigung und Berechtigung von demselben erhalten.[5]

Gegenüber der Gefühlstheologie betont Hegel die Erkennbarkeit Gottes zwar nicht für den endlichen Verstand, wohl aber für die spekulative Vernunft, und er begründet dies mit dem christlichen Gedanken der Offenbarung Gottes.

Für Hegel legte sich die Abgrenzung seiner eigenen Auffassung einer Versöhnung von Glaube und Vernunft von der Gefühlstheologie Schleiermachers deshalb nahe, weil der erste Band von dessen Dogmatik „Der christliche Glaube" soeben erschienen war. Dies dürfte auch den Ausschlag dafür gegeben haben, dass Hegel im Sommersemester 1821 erstmals über die „Philosophie der Religion" las, eine Vorlesung, die er 1824, 1827 und 1831 wiederholte. Einer breiteren Öffentlichkeit zugänglich wurde sie allerdings erst durch die Ausgabe, die Philipp

---

[3] Hegel, *Theorie*-Werkausgabe, Bd. 11, 58.
[4] Hegel, *Theorie*-Werkausgabe, Bd. 11, 58.
[5] Hegel, *Theorie*-Werkausgabe, Bd. 11, 60.

Marheineke wenige Monate nach Hegels Tod 1832 im Rahmen der „Freundes-
ausgabe" veröffentlichte. Bis dahin war man für Hegels philosophische Behandlung der Religion auf die „Phänomenologie des Geistes" von 1806 und die „Enzyklopädie der philosophischen Wissenschaften" angewiesen, die 1817 in Heidelberg erschien und die 1827 und 1830 in jeweils überarbeiteter Fassung neu
aufgelegt wurde. Bei Marheinekes Ausgabe der Religionsphilosophie handelte es
sich allerdings um eine Kompilation aus einem frühen und zudem knappen Manuskript Hegels und verschiedenen Vorlesungsnachschriften. Wie stark sie von
den Nachschriften der späten Kollegs abweicht, lässt sich zeigen, wenn man den
Schluss der Kompilation mit dem Schluss von Hegels Manuskript von 1821, der
Nachschrift von 1827 und dem von Strauß angefertigten Auszug aus einer Nachschrift von 1831 vergleicht. Bei Marheineke heißt es:

> der Zweck dieser Vorlesungen war eben, die Vernunft mit der Religion zu versöhnen, diese
> in ihren mannigfaltigen Gestaltungen als notwendig zu erkennen und in der offenbaren
> Religion die Wahrheit und die Idee wiederzufinden. Aber diese Versöhnung ist selbst nur
> eine partielle, ohne äußere Allgemeinheit; die Philosophie ist in dieser Beziehung ein ab-
> gesondertes Heiligtum, und ihre Diener bilden einen isolierten Priesterstand, der mit der
> Welt nicht zusammengehen darf und das Besitztum der Wahrheit zu hüten hat.[6]

Die Versöhnung von Religion und Vernunft ist danach auf den kleinen Kreis der
Philosophen beschränkt. Das entspricht Hegels Manuskript, wo davon die Rede
ist, dass sich die Religion in die Philosophie flüchten solle. „Aber Philosophie
partiell – Priesterstand isoliert – Heiligtum."[7] Hegel schließt mit den Worten, dass
es die Philosophie nicht kümmere, wie es der Welt gehen mag. Und ähnlich heißt
es bei Marheineke, dass es nicht Sache der Philosophie sei, wie die empirische
Gegenwart aus ihrem Zwiespalt herausfinde. Das ist in den Nachschriften der
späteren religionsphilosophischen Kollegs offenbar anders. In der Nachschrift
zum Kolleg von 1827 ist von der Versöhnung von Vernunft und Religion nicht
nur in der Philosophie, sondern auch in der Weltlichkeit die Rede. In Strauß'
Auszügen aus einer Nachschrift von 1831 heißt es von der Realisierung der christlichen Religion in der Weltlichkeit, dass sie darin bestehe, „daß sich ein sittliches
und rechtliches Staatsleben organisiere"[8]. Und zur Bewährung der Religion im
Denken bemerkt die Nachschrift schließlich:

> Das Denken ist jetzt der Geist, der Zeugnis geben will. Im Glauben ist der wahrhafte
> Inhalt, aber in der Form der Vorstellung; es muß ihm nun die Form des Denkens gegeben
> werden. Die Philosophie, welche dies vollzieht, stellt sich damit nicht über die Religion,
> sondern nur über die Form des Glaubens als Vorstellung.[9]

---

[6] Hegel, *Theorie*-Werkausgabe, Bd. 17, Frankfurt a.M. 1969, 343 f.

[7] G. W. F. Hegel, *Vorlesungen über die Philosophie der Religion*, Teil 3: Die vollendete
Religion, neu hg. v. W. Jaeschke, Hamburg 1995, 97.

[8] Hegel, *Vorlesungen über die Philosophie der Religion*, Teil 3: Die vollendete Religion, 289.

[9] Hegel, *Vorlesungen über die Philosophie der Religion*, Teil 3: Die vollendete Religion, 289.

1. Marheineke und Daub

Nicht nur hat Hegel sich entschieden von protestantischen Theologen wie Schleiermacher abgegrenzt und gegenüber einer Dogmatik, die das Gefühl zum allgemeinen Wesen der Religion erklärte, verlangt, dass die Religion zumal in neuerer Zeit einer Rechtfertigung durch die Vernunft bedürfe. Auch auf Seiten der zeitgenössischen protestantischen Theologie fehlte es nicht an Angriffen gegen Hegel. Der im damaligen religionspolitischen Kontext gefährlichste war der Vorwurf des Pantheismus und der Unpersönlichkeit Gottes, der von dem Erweckungstheologen Friedrich August Gotttreu Tholuck 1823 in dessen Briefroman „Guido und Julius. Die Lehre von der Sünde und vom Versöhner, oder: Die wahre Weihe des Zweiflers" gegen Hegel vorgebracht wurde[10]. Auch wenn sich Hegel in der zweiten Auflage seiner „Enzyklopädie" gegen diesen Vorwurf zur Wehr setzte, ließen protestantische Theologen nicht nur des 19. Jahrhunderts nicht davon ab, ihn als Pantheisten zu bezeichnen und damit zugleich zu disqualifizieren[11]. Neben diesen Kritikern Hegels gab es aber seit den zwanziger Jahren des 19. Jahrhunderts einige protestantische Theologen, die sich seinem Programm einer Versöhnung von Religion und Vernunft, Glauben und Wissen anschlossen. Zu den frühesten theologischen Anhängern Hegels, die mit entsprechenden Veröffentlichungen hervorgetreten sind, gehört der nachmalige Pfälzer Kirchenpräsident Isaak Rust, dessen Werk „Philosophie und Christentum oder Wissen und Glauben" 1825 erschien. Die erste Dogmatik, die sich dann zur Philosophie Hegels bekannte, war die zweite Auflage und gründliche Neubearbeitung der „Grundlehren der christlichen Dogmatik als Wissenschaft", die Marheineke 1827 veröffentlichte. Marheineke war Schleiermachers lutherischer Kollege an der Dreifaltigkeitskirche und an der Berliner Fakultät, an die er 1811 von Heidelberg gewechselt war. Als Hegel den Ruf nach Berlin erhielt, wurde Marheineke sein begeisterter Herold in der Theologie, der davon überzeugt war, dass Hegels Philosophie die Versöhnung von Christentum und Philosophie, Glauben und Wissen aufgewiesen habe. Es waren diese Überzeugung und das öffentliche Verstummen seines bisherigen philosophischen Mentors Schelling, die ihn dazu führten, seine 1819 noch an Schelling orientierten „Grundlehren" im Anschluss an Hegel umzuarbeiten. In seiner „Vorrede" geht Marheineke davon aus, dass die zeitgenössische Dogmatik mit sich selbst entzweit, nämlich in den Gegensatz von Supranaturalismus und Rationalismus zerfallen sei, was zu einer Verzweiflung der Theologie an ihrer eigenen Wissenschaftlichkeit geführt habe. An die Stelle des wissenschaftlichen Denkens sei die Flucht in die Unmittelbarkeit der Religion und Frömmigkeit getreten. Dagegen möchte Marheineke den Gegensatz

---

[10] F. A. G. Tholuck, *Guido und Julius. Die Lehre von der Sünde und vom Versöhner, oder: Die wahre Weihe des Zweiflers*, Hamburg 1823, 234; 2. Auflage, Hamburg 1825, 231.
[11] Vgl. W. Pannenberg, *Gottesgedanke und menschliche Freiheit*, Göttingen 1972, 78–113; Jaeschke, *Hegel-Handbuch*, 505–525.

zwischen Supranaturalismus und Rationalismus aufheben. Denn das Falsche am Supranaturalismus sei die Lehre von einer göttlichen Offenbarung, die der Vernunft fremd und äußerlich ist, das Falsche am Rationalismus hingegen die Lehre von einer Vernunft, die von der göttlichen Offenbarung nichts weiß[12]. Allerdings habe der gereinigte evangelische Glaube in diesen Gegensatz der beiden theologischen Richtungen zerfallen müssen, um zum Begriff und zum Wissen zu gelangen. Denn auf die Spitze getrieben, höben die gegensätzlichen Richtungen sich auf und gingen zugrunde. „Das aber, worin sie zu Grunde gehen, ist das, worin sie *an sich* eins sind, und wodurch sie nun auch aus der Entzweiung in die Einheit zurückkehren; es ist der Begriff, das Wissen, die Wissenschaft."[13] Der Supranaturalismus, der als Bewahrer des objektiven Inhalts der Wissenschaft auftrete, werde hingegen zum autoritären Dogmatismus, der Rationalismus, der die subjektive Form behaupte, zum inhaltslosen Nihilismus. Zwar bestreitet Marheineke nicht das partielle Recht des Rationalismus in seinem Vorgehen gegen die dem Denken fremde Autorität der supranaturalen Offenbarung:

Allein statt nun über das kritische, negative Verfahren selbst hinauszugehen und sich zu etwas Besserem aufzuheben, hat das Denken sich gegen den substanziellen Inhalt, gegen das Gehaltvolle des Supernaturalismus gekehrt, sich einzig und allein an seine abstracte Form gehalten, und ist als Negation des Seyns in diesem seinen leeren Formalismus seinem verdienten Schicksal nicht entgangen und in den Nihilismus gefallen, welcher die geistlose Seele des Rationalismus ist.[14]

Das von allem objektiven Inhalt entleerte Denken halte sich zuletzt nur noch an seiner eigentümlichen Individualität, und in der Religion sei dieses völlig Individuelle das Gefühl. Marheineke verweist in diesem Fall nicht auf seinen Kollegen Schleiermacher als das Haupt der Gefühlstheologie, sondern auf dessen Gewährsmann Friedrich Heinrich Jacobi. Die Reduktion der Religion auf das individuelle Gefühl kommentiert er so:

Dies war daher die Seite, an welcher der Rationalismus, nachdem er die Religion im Denken verflüchtiget, sie noch wieder unterzubringen scheinen konnte, daß er sie nach der Zeit der Aufklärung in der *Jacobischen* Lehre zu einem solchen Gefühl, zu einem Glauben machte, der das Wissen ganz außer sich hat, dem dieses ein Fremdes und Aeußerliches ist.[15]

Das Gefühl bejahe, was der Verstand verneine, und umgekehrt. Dagegen sieht es Marheineke als das wahre Bedürfnis der Zeit an, den Glauben mit dem Wissen und das Wissen mit dem Glauben zu versöhnen. Anders als zur Zeit der Reformation genüge es jetzt nicht mehr, eine falsche Lehre mit der Bibel oder der Tradition zu widerlegen, sondern es müsse eine neue, philosophische Entwicklung des Dogmas versucht werden. Die Dogmatik bedürfe somit der Philosophie, und zwar der neueren Philosophie:

---

[12] Ph. Marheineke, *Die Grundlehren der christlichen Dogmatik als Wissenschaft*, 2. Auflage, Berlin 1827, XIV.

[13] Marheineke, *Grundlehren*, XVII.

[14] Marheineke, *Grundlehren*, XXI.

[15] Marheineke, *Grundlehren*, XXII.

In der Philosophie, besonders von Cartesius bis auf Hegel, zeigt sich der in der Wahrheit forschende Geist in seiner Bewegung durch alle seine wesentlichen Momente, und als das größte Verdienst des zuletzt genannten tiefen Denkers ist wohl eben dieses anzusehen, daß er die ganze Geschichte der Philosophie (und nicht bloß ihrer Vergangenheit nur) speculativ in sich aufgenommen und concentrirt hat.[16]

Dass Religion und Wissenschaft, Glauben und Wissen positiv aufeinander bezogen sind, liegt für Marheineke daran, dass das Wissen bereits im Glauben enthalten ist und der Glaube das Bedürfnis hat, sich als Wissen zu explizieren, um sich vor dem Aberglauben und Unglauben zu schützen. Insofern der menschliche Geist sich in der Religion oder im Glauben denkend auf Gott beziehe, werde er von Gott in sein Denken aufgenommen. Diese Figur der Hegelschen Religionsphilosophie greift Marheineke auf, wenn er vom menschlichen Geist erklärt: „Sein [des menschlichen Geistes, J.R.] wahres Sicherheben zu Gott durchs Denken ist aber stets zugleich ein Erhobenseyn, das Eingerücktseyn des menschlichen Denkens Gottes in das göttliche Denken Gottes."[17] Die Religion sei nicht nur an und für sich die Wahrheit, sondern sie enthalte auch die Aufforderung, durch Vermittlung der Vernunft der Wahrheit gewiss zu werden. Die Religion erscheine nämlich in verschiedenen Zuständlichkeiten, von denen das Gefühl die erste und allgemeinste sei. Wie Hegel ist auch Marheineke der Auffassung, dass das Gefühl als reine Rezeptivität fähig sei, „das Verschiedenste und Entgegengesetzte als Inhalt in sich aufzunehmen"[18]. Aus der Natur und der Sinnlichkeit stammend sei das Gefühl zunächst Naturgefühl, also nicht Gefühl Gottes oder religiöses Gefühl, das immer schon durch den Gedanken vermittelt sei. Damit verbindet sich eine implizite Absage an Schleiermachers Bestimmung des allgemeinen Wesens der Religion als Gefühl schlechthinniger Abhängigkeit:

Das Gefühl kann seine Abkunft aus dem Natürlichen und Sinnlichen nicht verläugnen, und es ist wahres Abhängigkeitsgefühl, nämlich Gefühl der Abhängigkeit von der Natur und Sinnlichkeit, und deshalb unfrei, den Geist beschränkend und niederdrückend, und so wenig das Prinzip der Religion, daß vielmehr, wo diese ist, die Abhängigkeit aufgehoben, das Gefühl befreit und erhoben, sie das befreiende und erhebende ist.[19]

Diese erste und unterste Stufe, in der er noch völlig durch seine natürlichen Gefühle bestimmt sei, werde überwunden, wenn der Mensch sich zu einem denkenden Wesen entwickle. „Die andere, dem Gefühl höhere und dem Begriff der Religion entsprechende Zuständlichkeit hat die Religion *im Denken*."[20] Das Denken aber trete zunächst in Gestalt des reflektierenden Verstandes auf, der das Ich und dessen Bewusstsein zum Prinzip der Religion mache und deren unendlichen Inhalt in endliche menschliche Gedanken verwandle. Wie für die Gefühlsreligion

---

[16] Marheineke, *Grundlehren*, XXVI.
[17] Marheineke, *Grundlehren*, 13.
[18] Marheineke, *Grundlehren*, 19.
[19] Marheineke, *Grundlehren*, 21 f.
[20] Marheineke, *Grundlehren*, 24.

sei auch für die Verstandesreligion der unendliche Inhalt der Religion ein uner-
kennbares Jenseits. Das aufgeklärte Verstandesdenken kritisiere zwar das dürre,
geistlose Formelwesen der Orthodoxie, sei aber seinem Prinzip und Ursprung
nach mit ihm identisch. Die höchste Stufe der Zuständlichkeit der Religion sieht
Marheineke erst erreicht mit dem Begriff oder der Vernunft. „Die christliche
Religion lehrt dieses in der Vorstellung, daß nur durch die Einigung und Einheit
des menschlichen Geistes mit dem göttlichen jener aller Erkenntniß Gottes und
der göttlichen Wahrheit fähig sey, und nur darin ist der menschliche Geist der
vernünftige."[21] Erst mit der Vernunft sei die Stufe des Wissens erreicht, in dem
Gefühl und Verstand in ihren wahren Grund zurückgegangen sind. Erst das Wissen sei dem unendlichen Inhalt des Glaubens angemessen, so dass es zu einer
Aufhebung des Glaubens in das Wissen komme. „Das Wissen kann nur darauf
ausgehen, den Glauben in sich aufzuheben, aber so hat es den Glauben in sich. In
dem Elemente des Glaubens beginnt und vollendet sich das Wissen, so sind beide
eins, ohne doch einerlei zu seyn."[22] Marheineke ist somit der Auffassung, dass das
Wissen bereits im Glauben impliziert sei, so dass es keinen Widerspruch zwischen
Glauben und Wissen geben könne. Zumal für das Christentum als die von der
Natur- und der Kunstreligion unterschiedene offenbare Religion gelte, dass es
keine Geheimnisse mehr enthalte, da es alle offenbar und somit wissbar gemacht
habe:

Das Christenthum aber, indem es die Versöhnung des mit sich entzweiten menschlichen
Geistes ist, ist die Aufhebung, und hiemit zugleich die Offenbarung aller Geheimnisse. Es
ist selbst das sich Offenbaren des göttlichen Geistes in der Einheit mit dem menschlichen, in
dieser Einheit aber das Wissen.[23]

Diese enge Verbindung von Glauben und Wissen erleichtert den Übergang von
der Religion in die Dogmatik. Er kommt laut Marheineke dadurch zustande,
dass das im Glauben implizierte Wissen zur Wissenschaft wird, die das Wissen
der Religion zu ihrem Inhalt hat. Dabei seien an der Dogmatik eine philosophische und eine traditionelle Seite zu unterscheiden. Die philosophische Seite
sieht Marheineke in der Tätigkeit der spekulativen Vernunft, während er die
traditionelle Seite mit dem geschichtlichen Aspekt der Religion, mit der Bibel und
dem kirchlichen Bekenntnis in Verbindung bringt. Zur Erkenntnis der göttlichen
Wahrheit in Schrift und Bekenntnis bedürfe es aber wiederum über die historische Kenntnis hinaus der spekulativen Vernunft. „Dieses alles weiset genugsam
hin auf das Prinzip der göttlichen Wahrheit außer der Schrift und Kirche, welches
allein ein innerliches, die Vernunft und das vernünftige Wissen ist."[24] Die Dogmatik sei daher die Einheit des traditionellen und des spekulativen Wissens, die
durch den göttlichen Geist bewirkt werde. „Das vernünftige Wissen der Wahrheit

---

[21] Marheineke, *Grundlehren*, 33.
[22] Marheineke, *Grundlehren*, 38.
[23] Marheineke, *Grundlehren*, 44.
[24] Marheineke, *Grundlehren*, 64.

ist zunächst als ein Wissen von Gott das Wissen durch Gott, das Wissen in seinem Geiste und durch ihn."[25] In diesem Wissen sei das Ich über sich und die Subjektivität seines isolierten Selbstbewusstseins hinaus. Es sei in Gott und Gott in ihm, so dass Gott dem Menschen offenbar sei, ohne dass dies vom Menschen bewirkt wäre. „In dem menschlichen Geiste ist Gott sich nicht durch diesen, sondern durch sich selbst offenbar, und so auch dem menschlichen Geiste offenbar. Dieser als Vernunft ist in ihm aufgehoben."[26] Das Verhältnis von göttlichem und menschlichem Geist wird als eine als Vernunft charakterisierte Einheit dargestellt, in der Gott, der sich durch sich selbst offenbar ist, auch dem menschlichen Geist offenbar ist. In der Vorrede zur „Phänomenologie des Geistes" hatte Hegel erklärt, es komme „alles darauf an, das Wahre nicht als Substanz, sondern eben so sehr als Subjekt aufzufassen und auszudrücken"[27]. Diese Aussage klingt nach, wenn Marheineke sagt, die Wissenschaft fordere von jedem, der sich auf sie einlässt, „daß die reine Substanz selbst sich als Subject zeige, er mit seinem Geist sich dem göttlichen subjicire und ihm gelassen sei"[28]. In diesem Fall sei nämlich das menschliche Wissen vom Absoluten selbst absolutes Wissen oder das Wissen des Absoluten von sich selbst. Wenn aber die Dogmatik die Wissenschaft von dem im Glauben implizierten Wissen vom Absoluten, das heißt von Gott ist, dann legt sich für Marheineke ein trinitarischer Aufriss der Dogmatik nahe. Bereits der Heidelberger Theologe Carl Daub hatte 1806 in seinen „Theologumena" seiner Dogmatik einen solchen Aufriss verliehen und hatte damit der Bedeutung Rechnung getragen, die Schelling drei Jahre zuvor in seinen „Vorlesungen über die Methode des akademischen Studiums" der Trinitätslehre als dem christlichen Zentraldogma beigemessen hatte. Marheineke legt nun seinen an Hegel orientierten „Grundlehren der christlichen Dogmatik" gleichfalls einen trinitarischen Aufriss zugrunde. Sie gliedern sich in die drei Teile „Von Gott", „Von Gott, dem Sohn" und „Von Gott, dem Geist". Der erste Teil handelt vom Wesen, vom Sein und von den Eigenschaften Gottes:

In dieser Unbestimmtheit Gottes in dem reinen Gedanken von sich ist Gott noch der unendlich sich selbst gleiche, in welchem noch kein Unterschied seiner von sich gesetzt ist, in der christlichen Religion vorgestellt als Vater. In diesem ihren Anfang hat sie aber zugleich die Nothwendigkeit ihres Fortganges, welches die Unterscheidung ist. Inhalt des zweiten Theils der Dogmatik ist daher Gott in dem reinen Gedanken von sich, hervorgehend aus der Unterschiedslosigkeit in den Unterschied seiner von sich, in der christlichen Religion vorgestellt als Sohn.[29]

---

[25] Marheineke, *Grundlehren*, 67.

[26] Marheineke, *Grundlehren*, 67.

[27] G. W. F. Hegel, *Phänomenologie des Geistes*, Theorie-Werkausgabe, auf der Grundlage der Werke von 1832–1845 neu edierte Ausgabe, Redaktion Eva Moldenhauer und Karl Markus Michel, Bd. 3, Frankfurt a.M. 1970, 22 f.

[28] Marheineke, *Grundlehren*, 67.

[29] Marheineke, *Grundlehren*, 72.

Die Lehre vom Sohn Gottes entfaltet Marheineke als Lehre von der göttlichen Offenbarung, die für ihn zunächst die innere Selbstoffenbarung als Vernunft oder Logos, vorgestellt als Sohn, ist. Als innere weise sie aber hin auf eine äußere Offenbarung Gottes an die Welt in Schöpfung, Erhaltung und Vorsehung, und dieser Unterschied von innerer und äußerer Offenbarung werde aufgehoben in der Einheit des offenbaren Gottes mit der Welt in der Person des Gottmenschen. Und schließlich „in der unendlichen Vermittlung seiner mit sich selbst ist Gott der aus dem Unterschiede seiner von sich in die unendliche Einheit mit sich zurückgegangene, in der christlichen Religion vorgestellt als Geist"[30].

Zur zweiten Auflage von Marheinekes „Grundlehren" schrieb Daub 1827/28 eine Rezension, die er 1833 zu dem umfangreichen Werk „Die dogmatische Theologie jetziger Zeit oder Die Selbstsucht in der Wissenschaft des Glaubens und seiner Artikel" erweiterte und „Dem Andenken Hegels, seines verewigten Freundes, in der Aussicht auf baldige Nachfolge" widmete. Das Werk wurde von Marheineke als „die großartigste speculative Kritik aller bisherigen dogmatischen Theologie", von Karl Rosenkranz in Anspielung auf Hegel als „eine Phänomenologie der Dogmatik" gerühmt[31]. David Friedrich Strauß verglich es mit Dantes Hölle, in der sämtliche theologische Schulen der Vergangenheit braten und durch die der Theologe Daub vom Geist des verstorbenen Hegel geführt werde. Allerdings sei das Werk in einer so unverständlichen Sprache geschrieben, dass sich seine Wirkungslosigkeit schon allein daraus erkläre. Gleichwohl vergleicht auch Strauß es aufgrund der „geistreichen, anspielenden Manier, welche im Schwalbenfluge des Begriffs das gegebene Wirkliche nur etwa mit den Flügelspitzen rührt, ohne sich irgendwo auf demselben niederzulassen", mit Hegels „Phänomenologie des Geistes"[32]. In einem ersten prinzipientheoretischen Teil benennt Daub unter den Begriffen der Empirie, der Mystik und der Kritik die drei Prinzipien, an denen sich die Wissenschaft orientieren kann, nämlich die Erfahrung, das Gefühl und das Denken. Auf die Theologie angewandt führen diese drei Prinzipien laut Daub zu fünf Positionen, die sich theologiegeschichtlich in der Entwicklung des Protestantismus von der Reformation bis zur Gegenwart verorten lassen. Auf die positive Erfahrung werden sowohl die auf Offenbarung in heiliger Schrift und Geschichte sich berufende orthodoxe Dogmatik wie auch die ohne geschichtliche Offenbarung nur auf die Natur sich stützende natürliche Theologie zurückgeführt. Die negative Erfahrung führe hingegen zur Religionskritik, das Gefühl zum biblischen Supranaturalismus und das Denken im Sinne der kritischen und praktischen Vernunft zum Rationalismus[33]. Der kirchlichdogmatischen Theologie der Orthodoxie, wie sie sich im Anschluss an die Re-

---

[30] Marheineke, *Grundlehren*, 72.

[31] D. F. Strauß, *Charakteristiken und Kritiken. Eine Sammlung zerstreuter Aufsätze aus den Gebieten Theologie, Anthropologie und Aesthetik*, Leipzig 1839, 124.

[32] Strauß, *Charakteristiken*, 128.

[33] C. Daub, *Die dogmatische Theologie jetziger Zeit oder die Selbstsucht in der Wissenschaft des Glaubens und seiner Artikel*, Heidelberg 1833, 92–95.

formation ausgebildet hat, wirft Daub Selbsttäuschung vor, insofern sie die Bibel mit der Wahrheit verwechsle, indem sie die Bibel zur unfehlbaren Quelle der Wahrheit erkläre. Letztlich sei dadurch aber die Wahrheit von den Theologen als den Exegeten der Schrift, die auch die Echtheit und Integrität der Bibel sowie die Theopneustie ihrer Verfasser beweisen und die auch den Lehrbegriff ihrer jeweiligen Kirche biblisch rechtfertigen, abhängig geworden. Der „Glaube der Christen an den, der die Wahrheit ist, wird sich, indem er, – wie man sagt – seinen Grund allein in dem Wort und in der Lehre der Bibel hat, zuletzt auf ihre Gelehrsamkeit, gelehrte Antworten und gelehrt ausgeführten Beweise für die Göttlichkeit des historisch-biblischen Christenthums gründen"[34]. Die christliche Freiheit werde so durch eine doppelte Knechtschaft, einerseits gegenüber der Bibel und dem Lehrbegriff und andererseits gegenüber dem gelehrten Theologen, aufgehoben. Als Reaktion darauf etablierten sich dann in der Aufklärung zunächst die natürliche Vernunfttheologie und die Religionskritik und schließlich auf dem Boden der kritischen Philosophie die beiden zusammengehörigen Richtungen des Supranaturalismus und Rationalismus:

> Beide, der Supernaturalismus und Rationalismus sind in der abstracten Subjectivität, die das Wesen der kritischen Philosophie ist, befangen, der eine nur mehr unbewußter- und in Allem, was dem von ihm festgehaltenen Glauben nicht zusagt, widerstrebender-, der andre mehr bewußter- und amicablerweise, und beide zugleich so, daß der als die abstracte Selbstständigkeit härteste Widerspruch – des von sich abhängigen Subjects, welches sey das von sich unabhängige – von dem einen hinter der *Pietät* – von dem andern hinter der *Moralität* seines durch den Glauben mit der empirischen Subjectivität vermittelten Wissens versteckt wird.[35]

Beide theologischen Richtungen sind sich zwar Daub zufolge einander entgegengesetzt, sind aber zugleich Erscheinungsformen der einen kritischen Philosophie der abstrakten Selbstständigkeit, in denen allerdings die Selbsttäuschung der altprotestantischen Orthodoxie in Selbstbetrug und Selbstbelügung übergegangen ist.

Indem er an sämtlichen theologischen Positionen von der altprotestantischen Orthodoxie bis hin zum zeitgenössischen Supranaturalismus und Rationalismus unterschiedliche Formen der Selbstsucht ausgemacht hat, hat Daub den Boden bereitet für seinen eigenen theologischen Ansatz, der sich am Idealismus, und zwar nunmehr statt an Schelling an Hegel orientiert. Denn der Zweifel nicht nur an der Religion, sondern auch an allen bisherigen theologischen Positionen führt zum Zweifel an dem zweifelnden Subjekt, den Daub als den absoluten Zweifel bezeichnet:

> Verglichen mit dem glaubig- aber schüchtern Zweifelnden, dem beharrlich Nichtglaubigen, dem Glaubigdenkenden, der gegen seine im Glauben rege werdenden Zweifel sein Vertrauen zum Wort der Offenbarung und zu seiner Explication des Worts aufbietet, und

---

[34] Daub, *Die dogmatische Theologie jetziger Zeit*, 139.
[35] Daub, *Die dogmatische Theologie jetziger Zeit*, 190.

mit dem Denkglaubigen, der sich und seinem aus dem moralischen Gefühl und aus der Erfahrung folgernden Denken zutraut, dem Nichtglauben durch ein selbstgemachtes Glauben abhelfen zu können, also verglichen mit dem Selbstsüchtigen in allen seinen Stellungen, Wendungen und Krümmungen ist der absolute Zweifler, gleich dem steif und fest Glaubigen, der aufrichtige[36].

Dieser gegen das zweifelnde Subjekt selbst gerichtete Zweifel führt zu jener Selbstverläugnung und Entselbstigung, die für Daub die notwendige Voraussetzung der Theologie ist, die ihren Ausgang nirgendwo anders als bei Gott nehme:

> Sie fängt nicht mit und in der Bibel, als *dem Wort* Gottes, wie wenn es ihr vorher schon *das bewiesene* Wort *Gottes* sey, und nicht mit oder in *einem Gefühl* der Wahrheit oder irgend einem sonstig *historischen*, als könne dergleichen, wie die Selbstsucht wähnt, *eine Autorität* für den Glauben seyn, sondern *mit Gott* [...] und *in ihm* an[37].

Doch der Ausgang der Theologie bei Gott führe zu der Erkenntnis, dass die Bibel das Wort Gottes und ihr Inhalt die Wahrheit sei. Damit aber – so Daub in völliger Übereinstimmung mit Marheineke – werde der Glaube zur spekulativen Erkenntnis, die letztlich bereits im Glauben impliziert und mit ihm identisch sei[38].

2. Strauß

David Friedrich Strauß hat Daub vorgeworfen, dass bei ihm der absolute Zweifel nur zur Wiederherstellung des zuvor bezweifelten Glaubens werde. Zuerst werde durch den Zweifel das Dogma negiert, aber durch die Bezweiflung des Zweifels werde das zuerst Negierte, das Dogma, so wiederhergestellt wie es vor dem ersten Zweifel gewesen sei. Zwar werde der Zweifel an Bibel und Dogma damit begründet, dass nur die Wahrheit selbst als Autorität gelten solle. Aber von der Erkenntnis der Wahrheit führe bei Daub der Weg zur Erkenntnis, dass die Bibel die Wahrheit enthalte, so dass man auch die biblischen Inhalte glauben müsse. „Nicht weil es in der Bibel, im Symbol, steht, sollt ihr an die jungfräuliche Geburt, die Auferstehung und Himmelfahrt Christi glauben; sondern weil es wahr ist."[39] Strauß wirft Daub vor, auf dem Standpunkt der Scholastik stehen geblieben zu sein, „und das freie Princip der Reformation in der höheren Weise des speculativen Denkens zu reproduciren, ist ihm nicht mehr gelungen"[40]. Weil Strauß bei den theologischen Hegelianern die Kritik gegenüber Bibel und Dogma vermisst, lehnt er deren Konzeption einer spekulativen Theologie ab. So kritisiert er gleich

---

[36] Daub, *Die dogmatische Theologie jetziger Zeit*, 415 f.

[37] Daub, *Die dogmatische Theologie jetziger Zeit*, 331.

[38] Daub, *Die dogmatische Theologie jetziger Zeit*, 420. Zu Daub vgl. F. Wagner, *Die vergessene spekulative Theologie. Zur Erinnerung an Carl Daub anläßlich seines 150. Todesjahres*, Zürich 1987.

[39] Strauß, *Charakteristiken*, 145.

[40] Strauß, *Charakteristiken*, 146.

in seiner ersten Publikation, einer 1832 erschienenen Rezension der „Encyclo-pädie der theologischen Wissenschaften" von Karl Rosenkranz, dessen Pro-gramm einer spekulativen Theologie. Zwar begrüßt er es, dass Rosenkranz die als spekulative Theologie bezeichnete systematische Theologie, der er Dogmatik und Ethik subsumiert, an die Spitze aller theologischen Disziplinen gestellt habe und sie nicht wie Schleiermacher als rein historische Disziplin betrachte:

> Er bestimmt die speculative Theologie dahin, daß sie die Idee der christlichen als der absoluten Religion entwickle, wie deren Erkenntniß, unabhängig von der Erscheinung des Wesens, an und für sich von der Idee selbst ausgeht, in welcher Beziehung er sie treffend die absolute Selbsterkenntniß der Religion nennt.[41]

Doch Strauß wendet sofort ein, dass es eine Erkenntnis der Idee der absoluten Religion völlig unabhängig von ihrer Erscheinung, das heißt unabhängig von dem geschichtlich vorliegenden Christentum, gar nicht gebe. Selbst der Philo-soph – und Strauß denkt hier zweifellos an Hegel –, der vom Begriff des Geistes und seiner dialektischen Entwicklung aus die offenbare Religion konzipiere, könne dies nur, weil er zuvor eine subjektive Kenntnis der Christentumsge-schichte gehabt habe. Zudem werde die spekulative Theologie nur dadurch zur Theologie im Unterschied zur Philosophie, dass sie direkt Bezug nehme auf diese geschichtliche Erscheinung der Idee und die exegetische und historische Theo-logie sich voranstelle und als Resultat aus ihr sich hervorarbeite. Rosenkranz mache allerdings gar keinen Unterschied zwischen Theologie und Philosophie, zumindest nicht in deren höchsten Sphären, nämlich in der spekulativen Theo-logie und in der Philosophie der absoluten Religion. Strauß kommt es hingegen darauf an, die Differenz zwischen Theologie und Philosophie herauszustellen. Die Philosophie – gemeint ist die Philosophie Hegels – schreite von der Logik durch die Naturphilosophie und die Lehre vom endlichen Geist zur Lehre vom absoluten Geist und der offenbaren Religion fort. Sie setze zwar die empirische Kenntnis all dieser Sphären an sich voraus, aber für sich, das heißt in der wissen-schaftlichen Darstellung setze sie sich immer nur die jeweils vorangehende Stufe voraus. „Gerade umgekehrt die Theologie und alle positiven Wissenschaften, welche zwar in ihrem höchsten Gipfel sich in die Philosophie auflösen, aber in einem empirischen Boden wurzeln."[42] Dieser Unterschied in der Methode führe aber auch zu unterschiedlichen Resultaten. Wenn auch am Ende in beiden Fällen eine spekulative Theologie stehe, so sei sie als theologische Disziplin doch durch Bibel und Kirche geprägt, als philosophische Disziplin hingegen durch die Phi-losophie. Strauß möchte somit an einem Unterschied zwischen Theologie und Philosophie festhalten, und dies nicht zuletzt deshalb, weil der Supranaturalis-mus und die Gefühlstheologie den theologischen Hegelianern vorwerfen, Theo-logie und Philosophie zu vermischen. Strauß belässt es aber in seiner Kritik an Rosenkranz nicht bei dessen vorschneller Identifizierung von Theologie und Phi-

---

[41] Strauß, *Charakteristiken*, 217.
[42] Strauß, *Charakteristiken*, 218.

losophie. Er wendet zudem gegen die Unterteilung der spekulativen Theologie in Dogmatik und Ethik ein, dass sie der Zuordnung der spekulativen Theologie zur Sphäre des absoluten Geistes widerspreche. Denn die Ethik gehöre schließlich der Sphäre des objektiven Geistes an und sei der Dogmatik untergeordnet:

Das unruhige Streben und Sollen, welches den Stoff der historischen Theologie, die zeitliche Entwicklung des Christenthums, bewegt, setzt sich in dem ersten Theile der speculativen Theologie, in der Ethik, als moralisches Sollen fort, bis es in dem Begriffe der concreten Sittlichkeit oder der Freiheit der Kinder Gottes zur Ruhe kommt; diese Freiheit aber ist nichts anderes als das göttliche Leben selbst, und so ist der letzte Begriff der Ethik zugleich der erste Begriff und Ausgangspunkt der Dogmatik.[43]

Erst in der Dogmatik sei die Entzweiung von unendlichem und endlichem Geist vollends aufgehoben.

Der entscheidende Einwand gegen Rosenkranz lautet bei Strauß, dass die spekulative Theologie die auf Bibel und Dogma bezogene exegetische und historische Theologie voraussetze. Deshalb wandte sich Strauß denn auch 1835 mit dem für die historisch-kritische Evangelienforschung epochalen Werk „Das Leben Jesu kritisch bearbeitet" zunächst der exegetischen Theologie zu. In der Vorrede betont der Tübinger Stiftsrepetent, dass er die veraltete supranaturalistische und rationalistische Interpretation der Geschichte Jesu, wie sie in den Evangelien dargeboten werde, durch eine neue ersetzen möchte. „Der neue Standpunkt, der an die Stelle der bezeichneten treten soll, ist der mythische."[44] Die ganze evangelische Geschichte solle daraufhin kritisch befragt werden, was an ihr mythisch und was historisch sei. Denn der dürre Lebenslauf Jesu sei schon früh von einer hochgestimmten Gemeinde mit Mythen ausgeschmückt worden, und bei diesen Mythen handle es sich um „geschichtsartige Einkleidungen urchristlicher Ideen, gebildet in der absichtslos dichtenden Sage"[45]. Strauß war nicht nur noch kurz vor Hegels Tod 1831 Hörer von dessen Kolleg zur Religionsphilosophie gewesen, sondern er hatte auch eine Nachschrift zu der von ihm gleichfalls besuchten Vorlesung Schleiermachers über das Leben Jesu angefertigt. Bei ihm verband sich daher das durch Schleiermacher geschürte Interesse herauszufinden, was denn an der evangelischen Geschichte historisch sei, mit der von Hegel sich herleitenden Überzeugung, dass das Wesentliche an dieser Geschichte der unter dem Gewand des Gemeindemythos verborgene spekulative Gehalt sei. Auf den kritischen Teil des „Lebens Jesu" lässt Strauß deshalb eine „Schlussabhandlung" folgen, die nach einem Abriss der Geschichte des christologischen Dogmas und seiner Kritik einen knappen dogmatisch-spekulativen Teil bringt, der bei Strauß in der spekulativen Christologie Hegels mündet. Da der unendliche Geist nur wirklicher Geist sei, wenn er sich zu den endlichen Geistern erschließe, und der endliche

---

[43] Strauß, *Charakteristiken*, 220.

[44] D. F. Strauß, *Das Leben Jesu kritisch bearbeitet*, Bd. 1, Nachdruck der Ausgabe Tübingen 1835, Darmstadt 2012, IV.

[45] Strauß, *Leben Jesu*, Bd. 1, 75.

Geist nur wahrer Geist sei, wenn er sich in den unendlichen Geist vertiefe, könne Hegel in der „Phänomenologie des Geistes" sagen: „Das wahre und wirkliche Dasein des Geistes also ist weder Gott für sich, noch der Mensch für sich, sondern der Gottmensch; weder allein seine Unendlichkeit, noch allein seine Endlichkeit, sondern die Bewegung des Sichhingebens und Zurücknehmens zwischen beiden, welche von göttlicher Seite Offenbarung, von menschlicher Religion ist."[46] An sich seien Gott und Mensch, unendlicher und endlicher Geist Hegel zufolge eins, und es müsse,

da die Religion die Form ist, in welche die Wahrheit für das gemeine Bewusstsein wird, jene Wahrheit auf eine gemeinverständliche Weise, als sinnliche Gewissheit, erscheinen, d. h. es muss ein menschliches Individuum auftreten, welches als der gegenwärtige Gott gewusst wird[47].

Mit seinem Tod stehe dieses Individuum aber den Lebenden nicht mehr sinnlich als anderes gegenüber, sondern gehe in ihre Erinnerung und Vorstellung ein, womit die in ihm gesetzte Einheit von Gott und Mensch zum allgemeinen Bewusstsein werde. Strauß wendet sich dabei gegen die von Hegelianern wie Marheineke, Daub und Rosenkranz vertretene Deutung Hegels, wonach die Realität der Idee der gottmenschlichen Einheit darin bestehe, „daß sie einmal in einem Individuum, wie vorher und hernach nicht mehr, wirklich geworden sein müsse"[48]. Dem hält Strauß entgegen:

Das ist ja gar nicht die Art, wie die Idee sich realisirt, in Ein Exemplar ihre ganze Fülle auszuschütten, und gegen alle andern zu geizen, sondern in einer Manchfaltigkeit von Exemplaren, die sich gegenseitig ergänzen, im Wechsel sich setzender und wideraufhebender Individuen, liebt sie ihren Reichthum auszubreiten.[49]

Die Menschwerdung Gottes wird von Strauß, der dies als die angemessene Deutung der Hegelschen Christologie ansieht, als eine ewige Realisierung der Idee der gottmenschlichen Einheit in der Menschheitsgattung statt in einem einzelnen Individuum gefasst. Dass die Gemeinde diese Idee auf ein einzelnes Individuum bezog, das gehört für Strauß zur zeitbedingten Form, nicht zum spekulativen eigentlichen Inhalt der Christologie.

Der Gemeindemythos war für Strauß die konkrete Form dessen, was Hegel als die der Religion zugeordnete Vorstellung bezeichnet hatte. Strauß teilt mit Hegel die Auffassung, dass die sich in der Sphäre des Mythos oder der Vorstellung bewegende kirchliche und die in der Sphäre des Begriffs angesiedelte spekulative Christologie sich zwar ihrer Form, nicht aber ihrem Inhalt nach unterscheiden. In seinen 1837 gedruckten „Streitschriften zur Verteidigung meiner Schrift über das Leben Jesu und zur Charakteristik der gegenwärtigen Theolo-

---

[46] D. F. Strauß, *Das Leben Jesu kritisch bearbeitet*, Bd. 2, Nachdruck der Ausgabe Tübingen 1835, Darmstadt 2012, 730.

[47] Strauß, *Leben Jesu*, Bd. 2, 730 f.

[48] Strauß, *Leben Jesu*, Bd. 2, 734.

[49] Strauß, *Leben Jesu*, Bd. 2, 734.

gie" bemerkt er, dass der für die Theologie wichtigste Punkt der Hegelschen
Philosophie die Unterscheidung von Vorstellung und Begriff sei. Den in der „Phänomenologie des Geistes" aufgezeigten Weg von der sinnlichen Gewissheit bis
zur religiösen Vorstellung und zum Begriff überträgt Strauß auf die Theologie.

> Wie nun für das Erkennen überhaupt die sinnliche Gewißheit, sammt deren Object und
> Inhalt, der sinnlichen Gegenständlichkeit, den Ausgangspunkt bildet: so ist für das theo-
> logische Erkennen der Ausgangspunkt die glaubige Gewißheit und deren Gegenstand, die
> religiöse Tradition, als Dogma und heilige Geschichte. Und der Fortschritt von diesem
> Ausgangspunkte kann in der Theologie kein anderer sein als in der Philosophie, nämlich
> der einer negativen Vermittlung, welche jenen Ausgangspunkt zum Untergeordneten, was
> für sich nicht die Wahrheit ist, herabsetzt. Zwischen das Dogma in seiner kirchlichen
> Fassung, die heilige Geschichte in ihrer biblischen Erscheinung einerseits und den an und
> für sich wahren Begriff andererseits fällt eine ganze theologische Phänomenologie hinein,
> in welcher es jenen Anfängen des religiösen Bewußtseins nicht besser ergehen kann als der
> sinnlichen Gewißheit in der philosophischen Phänomenologie.[50]

Den theologischen Hegelianern wirft Strauß vor, die negativen Vermittlungs-
schritte, also die Kritik der evangelischen Geschichte und des kirchlichen Dogmas, auszulassen und die Vorstellung kritiklos in den Begriff zu überführen.
Auch wenn Strauß in den Streitschriften, die auf das „Leben Jesu" folgten, seinen
Gegnern in vielem entgegenkam, so war doch seit Erscheinen des ersten Bandes
seines großen Werkes seine akademische Karriere in Deutschland verbaut. Als
konservative Kreise schließlich 1839 auch seinen bereits ergangenen Ruf auf den
Zürcher Lehrstuhl für Dogmatik und Kirchengeschichte vereitelten und im „Zü-
riputsch" den Sturz der liberalen Kantonsregierung herbeiführten, nahm er alle
inzwischen gemachten Zugeständnisse wieder zurück und bemerkte zur Christologie Hegels: „dass damit nur eine Menschwerdung Gottes im Sinne der
Schlussabhandlung zum Leben Jesu gelehrt werde, darüber ist jetzt, seit uns
sämmtliche Vorlesungen Hegel's zu Gebote stehen – nicht wohl mehr ein Streit
möglich"[51].

Als die beiden repräsentativen Dogmatiker der zu Ende gegangenen Epoche
sah Strauß Schleiermacher und Daub, denen er 1839 die umfangreiche Studie
„Schleiermacher und Daub, in ihrer Bedeutung für die Theologie unsrer Zeit"
widmete. In seinem abschließenden Vergleich charakterisiert er Schleiermacher
als den Kant der protestantischen Theologie. Denn dieselbe kritische, alte Formen zerbrechende Stellung wie Kant in der Philosophie nehme Schleiermacher in
der neueren protestantischen Theologie ein. Wie Kant die alte Metaphysik, den
Dogmatismus, Empirismus und Skeptizismus so habe Schleiermacher die theo-

---

[50] D. F. Strauß, *Streitschriften zur Verteidigung meiner Schrift über das Leben Jesu und zur
Charakteristik der gegenwärtigen Theologie*, 3. Heft, Nachdruck der Ausgabe Tübingen 1837,
Hildesheim/New York 1980, 65.

[51] D. F. Strauß, *Die christliche Glaubenslehre in ihrer geschichtlichen Entwicklung und im
Kampfe mit der modernen Wissenschaft*, unveränderter Nachdruck der Ausgabe 1840/41,
Bd. 2, Frankfurt a.M. 1984, 220.

logische Scholastik, den Supranaturalismus und Rationalismus zertrümmert. Und wie Kant in dem sittlichen Bewusstsein der praktischen Vernunft so habe Schleiermacher im religiösen Bewusstsein oder frommen Gefühl den festen Punkt gefunden. Für Strauß selbst nimmt Schleiermacher wie Kant eine derart entscheidende Stellung ein, dass man als Theologe an ihm nicht vorübergehen könne. Denn

> so wenig auf Seiten der Philosophie Einer die folgenden Systeme verstehen kann, ohne zuvor das Kantische durchstudirt zu haben; so wenig ist auch der Theolog im Stande, mit *Daub* und Marheineke etwas anzufangen, wenn er nicht vorher die Schule *Schleiermacher's* durchlaufen hat[52].

Daub habe sich zwar nach Schelling Hegel zugewandt, und ein Großteil der theologischen Arbeit sei bereits vor ihm von Hegel gelöst worden. Aber Strauß sieht schon bei Hegel selbst, mehr noch bei dessen Schülern die fatale Neigung, zu vergessen, dass ihre Philosophie „aus einer philosophischen Revolution hervorgegangen war, und in zu weit getriebenem Restaurationsbestreben das ancien régime in immer weiterer Ausdehnung wiederherzustellen"[53]. Diese Neigung zeige sich auch bei Daub in der Theologie. Habe der aufgeklärte Rationalismus am Dogma gezweifelt, so verlange Daub, dass man nunmehr am Zweifel zweifle, um so das Dogma in seiner vorigen Gestalt wieder zu Ehren zu bringen. Zwar sei es Daub aus Altergründen nicht mehr zumutbar gewesen, Schleiermachers Dogmatik zu verarbeiten; „aber wahr bleibt es doch, daß eben in dieser Ausschließung des kritischen Elementes, wie es in *Schleiermacher* am würdigsten repräsentirt war, alles dasjenige seinen Grund hat, was wir in Daub's theologischem Systeme unbefriedigend finden"[54]. Aus dieser mangelnden Verarbeitung der kritischen Impulse Schleiermachers erkläre sich auch der Mangel vieler vermeintlich spekulativer Theologen, „daß sie, statt den kritisch getödteten Leib des Dogmas in der unverweslichen Aetherhülle des Begriffs wieder zu erwecken, vielmehr den alten verweslichen Leib wiederherstellen, und, statt Alles neu zu machen, lieber Alles beim Alten lassen"[55]. Wie die Ausblendung der Schleiermacherschen Kritik aus der spekulativen Theologie so kritisiert Strauß aber umgekehrt auch den Verzicht auf eine spekulative Weiterführung der Schleiermacherschen Gefühlstheologie. Für die wahren Schüler Schleiermachers und Hegels hält er vielmehr diejenigen, „welche, was Schleiermacher ihnen als Gefühl gab, mit Hegel zum dauernden Gedanken befestigt, und hinwiederum den Hegel'schen Begriff, was die Theologie anlangt, durch *Schleiermacher'*sche Kritik vermittelt haben"[56]. Strauß greift auf den berühmten Satz aus der Vorrede der „Phänomenologie des Geistes" zurück, wenn er von Schleiermacher und Daub sagt, dass beide die

---

[52] Strauß, *Charakteristiken*, 205.
[53] Strauß, *Charakteristiken*, 206.
[54] Strauß, *Charakteristiken*, 206.
[55] Strauß, *Charakteristiken*, 206.
[56] Strauß, *Charakteristiken*, 207.

Substanz als Subjekt gewusst hätten, aber Daub in der Einseitigkeit der Substantialität, Schleiermacher hingegen in der Einseitigkeit der Subjektivität. Die Substanz als Subjekt wissen, bedeute, die Einheit des Göttlichen mit dem Menschlichen wissen. Diese Einheit habe Schleiermacher nur in der subjektiven Form des Gefühls erreicht, Daub hingegen durch die selbstlose Versenkung in die Substanz des Kirchenglaubens. In dieser Einseitigkeit erblickt Strauß den Mangel Schleiermachers wie Daubs, denen es beiden an der wahren Vermittlung des Dogmas mit dem Begriff, des Geschichtlichen mit dem Ideellen fehle. Schleiermacher setze zwar das Dogma in kritisch-dialektische Bewegung, aber ihm stehe das Gefühl von vornherein fest:

Daub umgekehrt hat sich des Begriffs bemächtigt, und unternimmt es nun, das Dogma zu demselben emporzuziehen: aber, weil er es unterläßt, dasselbe vorher in dialektischen Auflösungsproceß zu setzen, ist es ihm in seiner Massenhaftigkeit zu schwer, und er findet sich am Ende unvermerkt, sammt dem Stück speculativen Aethers, worauf er fußt, auf den irdischen Boden der kirchlichen Vorstellung heruntergezogen.[57]

Daher neige Schleiermacher eher dem Rationalismus, Daub hingegen dem Supranaturalismus zu. Mit seiner Kritik an der als leichtfertig und seicht ausgegebenen Negativität der Aufklärung habe Daub auf viele den Eindruck des Rigorosen und Zelotischen gemacht, so dass Strauß von ihm, dem von Haus aus Reformierten, sagen kann: „in der That ist ein Stück Calvin gegen Servet, nur aus der Scheiterhaufensprache des sechszehnten Jahrhunderts in die Büchersprache des neunzehnten übersetzt, in der Schrift über die Selbstsucht in der Dogmatik nicht zu verkennen"[58].

Der an die spekulative Theologie gerichteten Forderung, den kritischen Impuls der Theologie Schleiermachers zu integrieren, um nicht in eine bloße Restauration des orthodoxen Dogmas zu verfallen, versuchte Strauß in seiner eigenen Dogmatik gerecht zu werden. Sie erschien 1840/41 unter dem Titel „Die christliche Glaubenslehre in ihrer geschichtlichen Entwicklung und im Kampfe mit der modernen Wissenschaft". In seiner Vorrede konstatiert Strauß einen merklichen Wandel in der Dogmatik. Denn an die Stelle ihrer früheren konfessionellen Verschiedenheit sei ein Gegensatz getreten, der in jeder Konfession stattfinden könne. Heute stehe nämlich auf wissenschaftlichem Boden der orthodox protestantische Theologe dem rechtgläubigen katholischen näher als dem Rationalisten oder dem spekulativen Theologen der eigenen Konfession.

Statt des früheren confessionellen Gegensatzes hat jetzt der zwischen dem Standpunkte des christlichen Glaubens überhaupt und dem der modernen Wissenschaft in die Dogmatik einzutreten; wobei die Differenz zwischen Katholischem und Protestantischem sich als Moment der ersten Seite des neuen Gegensatzes unterordnet.[59]

---

[57] Strauß, *Charakteristiken*, 208.

[58] Strauß, *Charakteristiken*, 209.

[59] D. F. Strauß, *Die christliche Glaubenslehre in ihrer geschichtlichen Entwicklung und im Kampfe mit der modernen Wissenschaft*, unveränderter Nachdruck der Ausgabe 1840/41, Bd. 1, Frankfurt a.M. 1984, VII.

Strauß will diesen neuen Gegensatz nun nicht verwischen, wie dies etwa durch die Rationalisierung von Glaube und Bibel oder die Christianisierung der spekulativen Vernunft geschehe. Vielmehr will er zunächst Entstehung und Ausbildung des Dogmas und dann dessen Verfall darstellen, um sich sodann an seine Reparatur zu machen. Damit entspricht er seiner eigenen Forderung, den kritischen Impuls Schleiermachers in die spekulative Theologie aufzunehmen. In Anlehnung an eine Äußerung Hegels, die dieser allerdings abschätzig meinte, sieht Strauß die Aufgabe seiner Dogmatik darin, sie solle „der dogmatischen Wissenschaft dasjenige leisten, was einem Handlungshause die Bilanz leistet"[60]. Dies sei umso dringlicher, als sich die Mehrzahl der Theologen über ihre wahren Besitzverhältnisse die größten Illusionen mache. Diese Illusionen würden zum Teil noch geschürt durch die Adaption der Philosophie Hegels. Unter Verweis auf Gabler, den Nachfolger auf Hegels Berliner Lehrstuhl, meint Strauß: „Dem langen Hader zwischen Philosophie und Religion schien durch Verschwägerung beider Häuser ein glückliches Ziel gesetzt, und das *Hegel*'sche System wurde als das Kind des Friedens und der Verheissung ausgerufen", von der Jes 65,25 die Rede ist[61]. Die Philosophie habe ein christliches Glaubensbekenntnis abgelegt und der Glaube ihr das Zeugnis völliger Christlichkeit ausgestellt. Inzwischen habe sich die Situation aber grundlegend gewandelt. Die Hegelsche Schule sei – so die Anspielung auf das französische Parlament – in eine rechte und eine linke Seite zerfallen, und während die rechte ihre Wissenschaftlichkeit weitgehend eingebüßt habe, habe die linke den von Hegel eingeläuteten Frieden zwischen Philosophie und Christentum aufgekündigt. Strauß geht von dem Diktum Hegels aus, dass die Religion als Gefühl und Vorstellung zwar eine eigene Form habe gegenüber dem philosophischen Erkennen, dass aber ihr Inhalt ein geistiger sei, über dessen Wahrheit und das Verhältnis jener Form zu ihr als dem Inhalt das Denken und Wissen entscheide. Man müsse daher zwischen Inhalt und Form säuberlich unterscheiden, wobei beim Übergang von der Form der Vorstellung in die Form des Wissens der Inhalt nicht tangiert werde. Doch Strauß stellt die berechtigte Frage:

Allein ist es denn wahr, ist es nach den eigenen Principien derjenigen Philosophie, von welcher diese Bestimmung des Verhältnisses ausgegangen ist, wahr, dass der Inhalt gegen die Form so gleichgültig ist? Verhalten sich wirklich beide so äusserlich zu einander, dass bei der Veränderung der einen Seite die andere unverändert beharren kann?[62]

Strauß führt dagegen Hegels „Wissenschaft der Logik" und deren Auslassungen zum Verhältnis von Form und Inhalt an, um dann bezogen auf Hegels Aussage, dass die Religion den absoluten Inhalt in der inadäquaten Form der Vorstellung habe, die Frage zu stellen, „ob in einer endlichen Form der Inhalt als absoluter vorhanden sein kann, und nicht vielmehr mit dieser Form selbst ein endlicher, der

---

[60] Strauß, *Glaubenslehre*, Bd. 1, VIIIf.
[61] Strauß, *Glaubenslehre*, Bd. 1, 1.
[62] Strauß, *Glaubenslehre*, Bd. 1, 12.

Idee unangemessener, wird"[63]. Strauß beruft sich für die These von der Inhaltsidentität von Religion und Philosophie auf Hegels Religionsphilosophie, in der sie gegen den Einwand ins Spiel gebracht wird, dass die Philosophie sich über die Religion stelle. Als Kritiker der These führt er Feuerbach an, der erkläre, „Inhalt der Religion sei das Absolute eben nicht schlechthin als solches (so ist es nur Inhalt der Philosophie), sondern so, wie es Gegenstand des Gemüthes und der Phantasie ist"[64]. Doch selbst die Bestreitung der Hegelschen These von der Inhaltsidentität von Religion und Philosophie ändert Strauß zufolge nichts an der Gewissheit, es sei

nicht unbestimmt blos dieselbe menschliche Natur, sondern genauer ihr Trieb nach Selbsterkenntniss, ihre Vernunft, welche auch die Thätigkeit der Vorstellung, beherrscht, und durch die aufsteigende Reihe der Religionen zu immer grösserer Annäherung an die Wahrheit leitet[65].

Beide, Religion und Philosophie, befriedigten das höchste Bedürfnis des Geistes, seiner Einheit mit dem Absoluten inne zu werden, nur dass die Religion sich dabei mit Gefühlen und Vorstellungen begnüge, während die Philosophie zum Begriff vordringe. Am Schluss stelle sich nur noch die Frage, „ob der Inhalt der philosophischen Weltanschauung Gemeingut aller Theile der menschlichen Gemeinschaft werden könne, oder ob die nicht wissenschaftlich gebildeten Glieder derselben für immer an die positive kirchliche Lehre gewiesen bleiben"[66].

Hat Strauß sich zunächst dem Verhältnis von Religion und Philosophie gewidmet, so wendet er sich in einem zweiten Schritt den verschiedenen Anschauungsweisen des Christentums in der neuesten Philosophie zu. Nicht nur die Hegelschule strikter Observanz, sondern auch Hegel selbst habe das Christentum als Religion der Einheit des Göttlichen und Menschlichen bestimmt und dadurch die Möglichkeit eröffnet, die Philosophie mit dem Christentum in Einklang zu bringen. Denn Hegels Philosophie habe mit dem Pantheismus zumindest dies gemein, dass sie die Prozesse der Natur und Geschichte als Entwicklungen göttlicher Kräfte und den Menschen als den offenbar gewordenen Gott deute. Hegel könne daher den Inhalt des Christentums in der Menschwerdung Gottes, der Versöhnung von Gott und Mensch, der Subjektivierung der Substanz erblicken. Dieser Deutung des Christentums als Monismus stehe allerdings Feuerbachs These gegenüber, wonach das Prinzip des Christentums das der abstrakten Transzendenz Gottes im Gegensatz zum philosophischen Prinzip der Immanenz sei. Allerdings habe auch Hegel diesen Dualismus im Christentum keineswegs übersehen. Denn „nicht blos das Christenthum des katholischen Mittelalters fasst *Hegel* als dieses dualistische, sondern die christliche Religion überhaupt, wie sie als Glaube der Gemeinde ausserhalb der Philosophie vorhanden ist"[67]. Denn in der religiösen

---

[63] Strauß, *Glaubenslehre*, Bd. 1, 13.
[64] Strauß, *Glaubenslehre*, Bd. 1, 17.
[65] Strauß, *Glaubenslehre*, Bd. 1, 22.
[66] Strauß, *Glaubenslehre*, Bd. 1, 24.
[67] Strauß, *Glaubenslehre*, Bd. 1, 27.

Vorstellung der Gemeinde zerrinne die göttliche Idee teils in einen jenseitigen
Himmel, teils in die vergangene Versöhnung in einem anderen Selbst, teils in die
zukünftige Auferstehung und Seligkeit:

> Der Geist der modernen Zeit und Philosophie dagegen findet in der Gegenwart sein In-
> teresse, ist mit der Welt in Wahrheit versöhnt, nicht blos an sich, jenseits, im leeren Ge-
> danken, am jüngsten Tag, bei der Verklärung der Welt, d. h. wenn sie nicht mehr ist; ihm ist
> es um die Welt nicht als eine vertilgte, sondern als wirkliche zu thun.[68]

Dass Hegel den Dualismus im Christentum anerkennen und zugleich die Aufhebung des Gegensatzes von Diesseits und Jenseits proklamieren konnte, hat für
Strauß seinen Grund in der Vorstellungsform des religiösen Bewusstseins. Doch
auch wenn das Christentum sich als Erbe des Judentums als durch und durch
dualistisch erweise, könne es doch wegen des einen Mittelpunktes, nämlich des
Gottmenschen, als Religion der Einheit bezeichnet werden.

3. Baur

Strauß umreißt am Ende seiner Einleitung den Plan seiner „Glaubenslehre":

> Die wahre Kritik des Dogmas ist seine Geschichte. Es ist in unbefangener, unbestimmter
> Gestalt vorhanden in der Schrift; in der Analyse und näheren Bestimmung desselben tritt
> die Kirche in Gegensätze auseinander, die wohl auch in häretische Extreme auslaufen;
> sofort erfolgt die kirchliche Fixirung im Symbol, und die Symbole werden zur kirchlichen
> Dogmatik verarbeitet; demnächst aber erwacht allmählig die Kritik, der Geist unter-
> scheidet sich von der Realität, die er sich in der kirchlichen Lehre gegeben, das Subject zieht
> sich aus der Substanz seines bisherigen Glaubens heraus, und negirt diese als seine Wahr-
> heit. Diess wird es aber nur thun, weil ihm, wenn auch zunächst nur an sich und in unent-
> wickelter Form, eine andere Wahrheit aufgegangen ist: und es hängt nun Alles an der
> Frage, ob diese neue, speculative Wahrheit dieselbe mit der alten kirchlichen sei, oder ihr
> fremd und entgegengesetzt, oder ob ein Mittleres zwischen beiden stattfinde?[69]

In der Anmerkung zu dieser Stelle verweist Strauß auf die Unterscheidung von
esoterischem und exoterischem Judentum in dessen alexandrinischer Periode, die
sein Lehrer Ferdinand Christian Baur in seinem 1835 erschienenen Werk „Die
christliche Gnosis" getroffen hatte. Baur geht dort von der strukturellen Verwandtschaft zwischen der antiken Gnosis und ihren verschiedenen Richtungen
und der modernen Religionsphilosophie und deren unterschiedlichen Systemen
aus. Hat man aber

> mit dem Begriff der Gnosis auch den Begriff der Religionsphilosophie gewonnen, so eröff-
> net sich von diesem Standpuncte aus sogleich auch der Blick auf eine zusammenhängende
> Reihe gleichartiger Erscheinungen, in welchen derselbe Begriff durch den inneren Zusam-
> menhang seiner Entwiklungsmomente sich fortbewegt[70].

---

[68] Strauß, *Glaubenslehre*, Bd. 1, 28.

[69] Strauß, *Glaubenslehre*, Bd. 1, 71 f.

[70] F. Chr. Baur, *Die christliche Gnosis oder die christliche Religionsphilosophie in ihrer geschichtlichen Entwicklung*, Tübingen 1835, Nachdruck Darmstadt 1967, VIII.

Baur lässt den Vergleich zwischen der antiken Gnosis und der neueren Religionsphilosophie mit der Theosophie Böhmes beginnen und nach der Besprechung der unter deren Einfluss stehenden Naturphilosophie Schellings und der Glaubenslehre Schleiermachers in Hegels Religionsphilosophie gipfeln. Wie Schleiermachers Glaubenslehre den Standpunkt des Subjektivismus repräsentiere sie den Standpunkt des Objektivismus. Während Schleiermacher Religion und Philosophie voneinander trenne, sehe es Hegel als Aufgabe der Philosophie an, die Religion zum wahren Begriff ihrer selbst zu bringen und den Glauben zum Wissen zu erheben. Denn Gegenstand der Philosophie wie der Religion sei die ewige Wahrheit in ihrer Objektivität, das heißt aber das Absolute oder Gott. Daher vollende sich das philosophische System auch erst in der Religionsphilosophie. Baur liefert die erste Zusammenfassung der Religionsphilosophie Hegels, in der sich das denkende Ich zum Absoluten erhebe und sich, das Endliche, als wesentliches Moment des unendlichen Gottes begreife. Gott verendliche sich selbst, indem er ein Anderes sich gegenüber setze, das sich seinerseits wieder aufhebe. Die Religion gehe daher für Hegel nicht im Gefühl des Subjekts auf, sondern sie sei das Selbstbewusstsein Gottes, das durch den endlichen Geist vermittelte Selbstbewusstsein des absoluten Geistes. Bis er sich zur Religion erhebe, habe der Geist allerdings bereits ein unendlich langes Gebiet durchlaufen, beginnend damit, dass er aus der Natur hervorgehe und sie sich als endlichem Geist gegenüberstelle. Über der Natur und dem endlichen Geist stehe aber die Logik als System der reinen Vernunft und der reinen Gedanken an und für sich selbst, die – so die „Wissenschaft der Logik" – Darstellung Gottes, wie er in seinem ewigen Wesen vor der Erschaffung der Natur und des endlichen Geistes als absolute Idee sei. Auch von Gott als ewige Idee betrachtet gelte zwar, dass er sich unterscheide, aber er habe noch nicht die Gestalt des Andersseins, sondern bewege sich in der Sphäre der Idealität.

In dieser ersten, dem gnostischen Pleroma, dem Reiche des Vaters, wie auch Hegel diese Sphäre nennt, entsprechenden Form, kommt es noch zu keinem wirklichen Unterschied. Anders aber verhält es sich mit der zweiten Form, in welcher die absolute ewige Idee Gottes zur Erschaffung der Welt wird, im Elemente des Bewußtseyns und Vorstellens, oder der Differenz ist.[71]

Das Erschaffen spalte sich in die physische Natur und den endlichen Geist. Denn indem der Geist sich zu einem Andern, der Natur, verhalte, sei er nicht der ewige, sondern der endliche Geist. Diesem Abfall der Idee von sich selbst entspreche in den gnostischen Systemen die Diremtion der Lichtwelt des Pleroma zur geschaffenen Welt, dem Physischen und Psychischen. Die dritte Form schließlich sei bei Hegel die Aufhebung des Andersseins, der Negation, also die Negation der Negation, die Rückkehr des Geistes in sich. In der Gnosis werde diese Rückkehr ermöglicht durch das Pneumatische im Menschen, das sich seiner Identität mit dem absoluten Geist bewusst sei.

---

[71] Baur, *Gnosis*, 677.

Die Erhebung des Geistes zu sich ist das Hervorgehen der Religion, und je mehr die Religion von der Vernunft, dem denkenden Bewußtseyn, in sich aufgenommen wird, desto gewisser ist sich der Geist seiner Versöhnung, seiner Freiheit, seiner Rükkehr zum absoluten Geist. Darum sind auch die Pneumatischen diejenigen, die durch die Gnosis, das religiöse Wissen, der Idee des Absoluten, der absoluten Religion, sich bewußt sind, und die Gemeinde der Auserwählten bilden, die die Sophia ihrem himmlischen Bräutigam zuführt, zur Vereinigung mit dem Pleroma[72].

Die strukturelle Verwandtschaft zwischen Hegels Religionsphilosophie und der antiken Gnosis bestehe somit in dem Prozess, durch den der absolute Geist sich mit sich selbst vermittelt.

Durch diesen Prozess erweise sich Gott aber zugleich als der dreieinige, und die Idee der Trinität gehört Baur zufolge deshalb zum Charakteristischen der Religionsphilosophie Hegels, die Baur nun ausführlich paraphrasiert. Hegel spreche in diesem Kontext von drei Reichen. Das Reich des Vaters sei die Idee an und für sich, Gott im Element des reinen Gedankens. Das Reich des Sohnes sei hingegen das Moment der Besonderung, die Natur und der sich auf sie beziehende endliche Geist. Das Reich des Geistes schließlich enthalte das Bewusstsein, dass der Mensch an sich mit Gott versöhnt und die Versöhnung für den Menschen sei, so dass in diesem Reich der im Reich des Sohnes äußerlich gewordene Unterschied auch für das Wissen aufgehoben sei. In der Sphäre des Sohnes erreiche der Unterschied seine äußerste Spitze im Menschen, der zwar seiner Bestimmung oder Natur nach gut, aber seiner natürlichen Wirklichkeit nach böse sei und sich dadurch im Gegensatz gegen Gott und die Welt befinde. Damit sei jedoch zugleich das Bedürfnis nach Versöhnung, der Aufhebung des Gegensatzes, gegeben, das nur befriedigt werden könne, wenn der Gegensatz an sich aufgehoben sei. „Aus sich kann das Subject dieß nicht hervorbringen, weil sein Sezen nur dann einen Inhalt hat, nicht blos subjectiv ist, wenn die Voraussezung für sein Sezen die Einheit der Subjectivität und Objectivität, diese göttliche Einheit, der Geist ist."[73] Denn Gott als lebendiger Geist sei der Prozess, sich von sich zu unterscheiden und im Andern mit sich identisch zu bleiben. Die Aufhebung der Entfremdung beginne dort, wo der Mensch die Natur als Offenbarung Gottes begreife und sich so zu Gott erhebe. Dies sei der Anfang der Religion, so dass an dieser Stelle die Religionsgeschichte ihren Ort in Hegels Religionsphilosophie habe. Die bestimmte Religion entfalte sich in den historischen Religionen als Momenten des Begriffs der Religion, dessen vollkommene Realisierung das Christentum als die absolute Religion sei. Dabei teile sich die bestimmte Religion in die Naturreligion und die Religion der geistigen Individualität, und dies zeige bereits, dass die Offenbarung Gottes durch den endlichen Geist der Offenbarung Gottes durch die Natur übergeordnet sei.

---

[72] Baur, *Gnosis*, 680.
[73] Baur, *Gnosis*, 688.

Die höchste Stufe aber, auf welcher Gott in dem endlichen Geist sich offenbart, ist, wenn dem endlichen Menschen in dem Gegenständlichen, für die Anschauung, die Empfindung, und das unmittelbare Bewußtseyn, die Göttlichkeit zuerkannt wird. Dieß ist die Erscheinung Gottes im Fleisch.[74]

So werde dem Menschen die an sich seiende Einheit Gottes und des Menschen, das heißt aber die Natur Gottes als Geist, in gegenständlicher Weise, in der Form der Unmittelbarkeit, nämlich in anschaulicher sinnlicher Gegenwart, geoffenbart und dadurch gewiss. Denn im Bereich des Sinnlichen sei nur der Mensch das Geistige, so dass dem Geist, wenn er in sinnlicher Gestalt erscheinen soll, dies nur in menschlicher Gestalt möglich sei. Auf dem Hintergrund dieser Überlegungen deute Hegel die historische Erscheinung Jesu. Zwar könne Jesus, was auch dem Unglauben möglich sei, wie Sokrates als herausragender Mensch betrachtet werden, der für die Wahrheit gelebt und als Märtyrer der Wahrheit gestorben sei. Aber mit seinem Tode beginne seine höhere Betrachtung im Glauben und im Geist. Denn der Glaube sei das Bewusstsein, dass in Christus die an und für sich seiende göttliche Wahrheit geoffenbart und angeschaut werde, dass Gott in die Endlichkeit und Menschlichkeit eingehe und sich erniedrige, aber im Tod zugleich die Endlichkeit töte und als Geist wieder auferstehe. Das Reich des Geistes sei jedoch das Reich der Gemeinde. „Nachdem Christus dem Fleische entrückt ist, geht der Geist hervor. Das Wissen von Gott, als dem Dreieinigen, das Bewußtseyn der Identität des Göttlichen und Menschlichen, ist Gott als Geist, und dieser Geist als existirend ist die Gemeinde."[75]

Es gehe im Reich des Geistes, den Hegel mit dem Heiligen Geist identifiziere, nicht mehr um die äußere zeitliche Geschichte Jesu, die sich in der Sphäre der Sinnlichkeit ereigne, sondern der anschauliche sinnliche Inhalt werde in einen von der Gemeinde produzierten geistigen, göttlichen Inhalt verwandelt, der selbst nicht durch die Geschichte, sondern nur durch die Philosophie gerechtfertigt werden könne.

Wie aber der Glaube den sinnlichen Inhalt in einen geistigen verwandelt, so gibt er ihm auch seine Beziehung auf das Subject. Weil die Versöhnung an sich vollbracht ist, in der göttlichen Idee, weil die Idee dann auch erschienen ist, die Wahrheit also gewiß ist dem Menschen, soll das Subject ein Kind Gottes werden, d. h. zu dieser bewußten Einheit kommen, sie in sich hervorbringen, vom göttlichen Geist erfüllt werden, sich selbst in diese Einheit setzen.[76]

Dies geschehe durch den Glauben, der identisch sei mit dem im Subjekt wirkenden göttlichen Geist, der die Natürlichkeit des Subjekts abstreife. Die Idee aber als Prozess des vom göttlichen Geist erfüllten Subjekts sei der Begriff der Gemeinde, der sich in der Kirche als der realen bestehenden Gemeinde realisiere. Da das Geistige in der Gemeinde sich jedoch auch über die Kirche hinaus zur all-

---

[74] Baur, *Gnosis*, 692.
[75] Baur, *Gnosis*, 696.
[76] Baur, *Gnosis*, 697.

gemeinen Wirklichkeit realisieren solle, impliziere dies die Umformung der Gemeinde. Die geistige Religion müsse sich aus der Innerlichkeit des Gefühls der Versöhnung in der Gemeinde in der äußeren Weltlichkeit realisieren. Baur unterscheidet dabei wie Hegel einen praktischen und einen theoretischen Aspekt. Was den praktischen Aspekt betrifft,

> so ist die erste Form der Versöhnung die unmittelbare, in welcher das Geistige der Weltlichkeit entsagt, sich in ein negatives Verhältniß zur Welt gibt, die Gemeinde das Versöhntseyn mit Gott abstract von der Weltlichkeit (in mönchischer Abstraction) in sich erhält; die zweite Form ist eine Vereinigung mit der Weltlichkeit, eine geistlose Weltlichkeit tritt an der Kirche als das herrschende Princip hervor. Die wahre Versöhnung, wodurch das Göttliche sich im Felde der Wirklichkeit realisirt, besteht in dem sittlichen und rechtlichen Staatsleben: dies ist die wahrhafte Subaction der Weltlichkeit.[77]

Die wahrhafte Realisierung der Gemeinde in der Weltlichkeit sei somit für Hegel ihr Aufgehen in den sittlichen Rechtsstaat. Was den theoretischen Aspekt der Realisierung der Versöhnung angehe, so richte sich zunächst das abstrakte Denken gegen den konkreten dogmatischen Inhalt der Kirche, so dass Gott zu dem unerkennbaren Einen werde, das der inhaltslosen freien Subjektivität gegenüberstehe. Die wahre Versöhnung von freier Subjektivität des Denkens und dogmatischem Inhalt finde dort statt, wo die Subjektivität den Inhalt mit Notwendigkeit aus sich entwickle. Das sei der Standpunkt der Philosophie und des Begriffs.

> Der Inhalt flüchtet sich in den Begriff, und erhält durch das Denken, das selbst wesentlich concret ist, nicht blos ein Abstrahiren und Bestimmen, nach dem Gesez der Identität, seine Rechtfertigung. Der Begriff producirt die Wahrheit, aber der Inhalt wird zugleich als ein nicht Producirtes, als an und für sich Wahres anerkannt. Dieser objective Standpunct ist damit die Rechtfertigung der Religion.[78]

Die Philosophie zeige so die Vernunft der Religion und sei selbst insofern Theologie, als sie die Versöhnung Gottes mit der Natur und dem endlichen Geist darstelle.

Nach der als Paraphrase gestalteten Darstellung der Religionsphilosophie Hegels setzt sich Baur in einem zweiten Schritt mit den Einwänden auseinander, die gegen sie vorgebracht werden. Der erste Einwand richtet sich gegen ihre allgemeine Voraussetzung, dass Gott ohne innere Bewegung der Selbstvermittlung nicht als absoluter Geist gedacht werden könne. In den Augen der Gegner Hegels hebe dieser im Wesen Gottes verankerte und daher notwendige Prozess der Welt- und Menschwerdung Gottes die Idee Gottes selbst auf, zumal Gott auf diese Weise einem Fatum unterworfen werde. Baur beruft sich unter anderem auf Immanuel Hermann Fichte, dem er den Einwand in den Mund legt:

---

[77] Baur, *Gnosis*, 698 f.
[78] Baur, *Gnosis*, 699 f.

Sey Gott nur Geist für den Geist, und nur lebendiger Gott in seiner nothwendigen Manifestation, in der Natur und dem endlichen Geist, so sey er vor der Schöpfung weder Geist
noch Leben gewesen, und so liege auch der Grund der Schöpfung gar nicht in einem
persönlichen Wesen, sondern in einer chaotischen Nacht, einem finstern blind wirkenden
Urgrunde, der noch nicht Gott sey, aber mit der Zeit, unter günstigen Umständen Gott
werden könne.[79]

Da diese Entäußerung Gottes zudem ewig fortdauere, gelange Gott nie zu einem
vollen Bewusstsein seiner selbst und damit auch nie zu einer Persönlichkeit. Baur
zufolge liegt diesem Einwand jedoch eine Verzeichnung der Position Hegels zugrunde. Zunächst macht er gegenüber der Auffassung, dass die Welt das Produkt
des freien Willens des persönlichen Gottes sei, geltend, dass in Gott nichts willkürlich und zufällig sein könne, sondern das Freie zugleich das Notwendige,
damit aber das Vernünftige und das Wesen des Geistes selbst sei. Die Vorstellung,
dass Gott als absoluter Geist der ewige Prozess der Selbstvermittlung Gottes sei,
liege hingegen schon der Idee der Dreieinigkeit zugrunde. Gegen die Hegel von
seinen Kritikern unterstellte These, dass Gott nur im endlichen Bewusstsein des
Menschen zum Selbstbewusstsein gelange, macht Baur geltend, dass

es doch immer nur das, als endliches, aufgehobene Bewußtseyn ist, in welchem der Mensch
von Gott weiß, oder Gott sich im Menschen weiß, oder das Selbstbewußtseyn Gottes, als
concretes Bewußtseyn, ein gottmenschliches Bewußtseyn ist[80].

Hinter dem Insistieren der Hegelkritiker auf einem von der Welt verschiedenen
persönlichen Gott vermutet Baur nur das Interesse am Anthropomorphismus.
Dagegen hält er an Hegels Auffassung fest, dass Gott als Geist – und darin
besteht für ihn die Persönlichkeit Gottes – sich in allen endlichen Geistern sich
selbst anschaue und sich in ihnen seiner selbst bewusst sei.

Der zweite kritische Punkt, mit dem Baur sich auseinandersetzt, ist das Verhältnis der Religionsphilosophie Hegels zum historischen Christentum. Auch
wenn sie nichts anderes sein wolle als dessen wissenschaftliche Exposition und sie
sich gerade in der Deutung der Person Jesu der Ausdrücke des kirchlichen Dogmas bediene, komme doch alles darauf an, in welchem Sinne Hegels Religionsphilosophie Christus als den Gottmenschen verstehe. Baur unterscheidet drei
Momente in der Lehre von Christus. Das erste Moment sei die rein äußerliche
geschichtliche Betrachtung, die in Christus nur einen gewöhnlichen Menschen
sehe, der sich als Märtyrer der Wahrheit auszeichne. Dem nach dem Tode Jesu
durch das Wirken des Geistes entstandenen Glauben erscheine Jesus hingegen als
Gottmensch, in dem das Göttliche angeschaut werde, insofern es das Endliche als
etwas ihm Fremdes vernichte. Dieses zweite Moment vergeistige zwar Christus
zum Gottmenschen, aber dieser geistige Inhalt hafte noch an der äußeren geschichtlichen Erscheinung. Erst durch die Erhebung des Glaubens zum Wissen
werde der geistige Inhalt aus seiner Bindung an die vergangene Geschichte gelöst

---

[79] Baur, *Gnosis*, 701.
[80] Baur, *Gnosis*, 704.

und durch den philosophischen Begriff als das an sich Wahre und schlechthin Präsente gerechtfertigt. Das Wissen von Christus als dem Gottmenschen sei aber nichts anderes als das Wissen von Gott als absolutem Geist, das heißt aber von der Identität des Menschen mit Gott.

Für den Glauben mag also zwar die Erscheinung des Gottmenschen, die Menschwerdung Gottes, seine Geburt im Fleische, eine historische Thatsache seyn, auf dem Standpunct des speculativen Denkens aber ist die Menschwerdung Gottes keine einzelne, einmal geschehene, historische Thatsache, sondern eine ewige Bestimmung des Wesens Gottes, vermöge welcher Gott nur insofern in der Zeit Mensch wird (in jedem einzelnen Menschen) sofern er von Ewigkeit Mensch ist.[81]

Ähnliches gelte für die Erniedrigung, die Versöhnung, Auferstehung und Erhöhung Christi, insofern für das spekulative Denken Christus nicht ein einzelnes Individuum, sondern der Mensch in seiner Allgemeinheit – mit den Worten von Strauß: die Menschheitsgattung – sei. Der an sich seienden Identität des Menschen als des endlichen Geistes mit Gott als dem absoluten Geist sei sich der Mensch aber zuerst an der sinnlich anschaulichen Gestalt Christi gewiss geworden, und diese Identität habe auch Christus gelehrt, wenngleich nach dem Zeugnis des Neuen Testamentes nicht in der allein adäquaten Form des philosophischen Begriffs, sondern in der inadäquaten Form der Vorstellung. Daher gelangt Baur auch zu dem Schluss, dass Hegels „Religionsphilosophie in Ansehung der Form des Wissens wenigstens, obgleich nur in dieser Einen Hinsicht, den gottwissenden Philosophen über den historischen Christus stelle"[82]. Der Inhalt von Glaube und spekulativem Wissen, Religion und Philosophie sei hingegen derselbe.

Der Unterschied liegt somit doch nur in der Form, und kann nur darin gefunden werden, daß der Glaube die Einheit der menschlichen Natur mit der göttlichen, als eine nur historisch geoffenbarte, von der historischen Erscheinung Christi abhängige, Wahrheit betrachtet, die Speculation aber, als die an sich seyende, durch das Wesen des Geistes selbst gegebene, Wahrheit, welche zwar durch die Vermittlung der Geschichte zum Bewußtseyn kommt, ihrem Inhalt nach aber mit ihrer geschichtlichen Erscheinung, oder der Form, die sie in ihr hat, keineswegs zusammenfällt.[83]

Wie bereits der Glaube eine Verwandlung des sinnlich Gegebenen ins Geistige sei, so setze sich für Hegel dieser Verwandlungsprozess fort, bis alles als Form vom Inhalt unterschieden werden könne, von dem reinen Inhalt der Idee ausgeschieden sei und Form und Inhalt ineinander aufgingen. Auf die Christologie bezogen bedeutet dies für Baur, dass der ideelle Christus der Religionsphilosophie Hegels nicht mehr der urbildliche Christus der Glaubenslehre Schleiermachers sei, sondern die reine Idee als die Einheit des endlichen und des absoluten Geistes. Im Ergebnis unterscheidet sich Baurs Christologie daher nicht von der Gattungschristologie seines Schülers Strauß:

---

[81] Baur, *Gnosis*, 715.
[82] Baur, *Gnosis*, 718.
[83] Baur, *Gnosis*, 719.

Ist der Gottmensch an sich die Einheit des Göttlichen und Menschlichen, die mit Gott einige Menschheit, so ist der historische Christus die in allen ihren Gliedern, die zusammen der lebendige Leib Christi sind, den Begriff der Religion realisirende, von der Erde zum Himmel aufstrebende, mit Gott sich einigende Menschheit. In ihr, seiner stets wachsenden, und die Fülle des Geistes in sich aufnehmenden Gemeinde, feiert der in der lebendigen Wahrheit und Wirklichkeit der Geschichte stets gegenwärtige Gottmensch Christus den ewigen Sieg des Lebens über den Tod, das ewige Fest seiner Auferstehung und Himmelfahrt.[84]

Was schließlich den dritten kritischen Punkt betrifft, den Baur berührt, so handelt es sich um das Verhältnis der beiden untergeordneten Religionsformen des Heidentums und des Judentums zum Christentum. Zwar rühmt Baur, dass Hegel das Spektrum der einzelnen Religionen gegenüber Schelling und Schleiermacher erweitert und ihnen im Zusammenhang der Realisierung des Begriffs der Religion auch ihre spezifische Stellung zugewiesen habe. Aber er kritisiert, dass Hegel den Begriff der Naturreligion nicht auf das Heidentum insgesamt angewandt habe und zudem den bildlichen oder symbolisch-mythischen Charakter der Naturreligion unterschlagen habe. Daher habe er die griechische Religion vom Begriff der Naturreligion ausgeschlossen und als Religion der geistigen Individualität bestimmt. Doch

was Hegel die geistige Individualität der griechischen Religion nennt, ist nur die mythische Seite derselben. Die mythischen Götterwesen der griechischen Religion sind zwar geistige Individuen, persönliche Wesen mit einem bestimmten Character, gehen wir aber ihrem Ursprung nach, so sehen wir sie in irgend einer Wurzel ihres Daseyns in das Naturleben zurückgehen, es ist irgend eine Naturanschauung, die ihnen zu Grunde liegt, in ihnen zuerst symbolisch aufgefaßt und dann mythisch personificirt wurde.[85]

Wie Hegels Charakterisierung der Naturreligion kritisiert Baur aber auch Hegels Bestimmung des Judentums und dessen Einordnung in die Religionsgeschichte. So sei es sehr einseitig, das Judentums als Religion der Erhabenheit zu charakterisieren, zumal sich daraus nicht erklären lasse, weshalb der sittliche Zweck der göttlichen Weisheit im Judentum so beschränkt und der sittliche Gehorsam des Menschen nicht geistig, sondern wie die göttliche Strafe nur äußerlich sei. Noch weniger als mit der Wesensbestimmung zeigt sich Baur mit der religionsgeschichtlichen Einordnung des Judentums vor der griechischen Religion zufrieden. Denn während die griechischen Götter noch die Zeichen ihrer Abkunft aus der Natur an sich trügen, sei erst der jüdische Gott als freie Subjektivität und Geist über die Natur gesetzt, und zudem sei der jüdische Monotheismus dem griechischen Polytheismus überlegen. Der Grund, weshalb Hegel die griechische Religion der jüdischen vorziehe, liege in der Immanenz der griechischen Götter:

---

[84] Baur, *Gnosis*, 721.
[85] Baur, *Gnosis*, 724.

Die große Kluft, welche die jüdische Religion zwischen Gott und dem Endlichen sezt, ist hier nicht vorhanden, an die Stelle jenes transcendenten Verhältnisses tritt die Immanenz Gottes mit der Welt, das Göttliche ist mit dem Endlichen und Natürlichen Eins, solange aber diese Einheit des Göttlichen und Natürlichen nicht zur Einheit des Göttlichen und Menschlichen geworden ist, hat jene Einheit nur die Folge, daß die wahre Idee des Göttlichen im Natürlichen und Endlichen verloren geht.[86]

Während das Heidentum insgesamt die Einheit des Göttlichen und Natürlichen behaupte, gehe das Judentum von der Trennung Gottes von der Natur und der Bestimmung Gottes als selbstbewusster Geist und persönliches Wesen aus. An die Stelle der Natur als Vermittlungsinstanz trete dabei das Volk oder der Staat. Gott offenbare sich im Judentum nämlich in der Geschichte statt in der Natur, und der Mensch verhalte sich zu ihm als freies Subjekt und Partner eines Bundes, dessen Norm das autoritative Gesetz sei. Den Übergang aber vom Judentum zum Christentum sieht Baur nur in der prophetischen Verkündigung einer Zeit, in der das Gesetz statt etwas rein Äußerliches etwas ins Herz geschriebenes Innerliches sein werde.

Ist das Heidenthum die Religion der Anschauung, das Judenthum die Religion der Verstandesreflexion, so kann das Christenthum nur die Religion der Vernunft seyn. Als Religion der Vernunft ist es auch die absolute Religion, aber auch auf dem Standpunct der absoluten Religion hat das durch das Christenthum bestimmte religiöse Bewußtsein noch seine eigenthümliche vermittelnde Form.[87]

Wie in der paganen Naturreligion die Natur und im Judentum der theokratische Staat sei die vermittelnde Form im Christentum die Geschichte und Person eines einzelnen Individuums, das zugleich der allgemeine, urbildliche Mensch, der Gottmensch sei. Hegels Religionsphilosophie lasse aber auch diese Form von der an sich seienden Wahrheit, der Idee der Einheit des endlichen und des absoluten Geistes, zurücktreten.

Baur hat auch in der Folgezeit an dieser frühen Hegeldeutung festgehalten. Den Fortschritt Hegels über Schleiermacher hinaus sieht er in seiner 1841–1843 erschienenen großen dogmengeschichtlichen Monographie „Die christliche Lehre von der Dreieinigkeit und Menschwerdung Gottes in ihrer geschichtlichen Entwicklung" darin, dass Hegel in seiner Religionsphilosophie Gott, das Absolute oder Unendliche nicht bloß als einfache Einheit fasse, sondern das Endliche als ein wesentliches Moment des Unendlichen begreife. „Gott bestimmt sich, indem er sich denkt, sezt sich ein Anderes gegenüber. Nur Gott ist, Gott aber nur durch Vermittlung seiner mit sich, er will das Endliche, er sezt es sich als ein Anderes und wird dadurch selbst zu einem Andern seiner, zu einem Endlichen"[88].

---

[86] Baur, *Gnosis*, 730.

[87] Baur, *Gnosis*, 734.

[88] F. Chr. Baur, *Die christliche Lehre von der Dreieinigkeit und Menschwerdung Gottes in ihrer geschichtlichen Entwicklung. Dritter Theil: Die neuere Geschichte des Dogma, von der Reformation bis in die neueste Zeit*, Bd. III.2, Nachdruck der Ausgabe Tübingen 1843, Hildesheim/Zürich/New York 2005, 888 f.

„Gott ist die Bewegung zum Endlichen, er hebt es zu sich selbst auf; im Ich, dem sich als endlich aufhebenden, kehrt Gott zu sich zurück, und ist nur Gott als diese Rückkehr."[89] Was bei Schleiermacher ein außerhalb des göttlichen Wesens verlaufender Prozess sei, werde von Hegel in das Wesen Gottes selbst verlegt. Gott selbst sei nunmehr die lebendige geistige Bewegung, in der anders als bei Schelling das Natürliche nur ein Moment des Geistigen und Gott selbst der absolute Geist sei. Daher gewinne die Trinitätsidee bei Hegel auch eine ganz andere Bedeutung als bei Schleiermacher, insofern für ihn der absolute Geist als das ewige sich selbst gleiche Wesen sich ein Anderes werde, dieses als sich selbst erkenne und aus diesem Anderssein beständig in sich zurückkehre. Was bei Hegel objektiv der immanente Prozess des göttlichen Wesens sei, das habe bei Schleiermacher nur die Bedeutung einer logischen Zusammenfassung der Hauptmomente der Dogmatik, so dass die Trinitätslehre bei ihm an das Ende der Dogmatik rücke. Das Großartige des Hegelschen Standpunkts besteht für Baur darin, dass Philosophie und Theologie sich in ihrem Ergebnis, dass Gott in sich dreieinig ist, treffen. Was die alte Theologie als der Vernunft unzugängliches Geheimnis betrachtet habe, das allenfalls durch die Analogie des menschlichen Geistes verständlich gemacht werden konnte, werde jetzt als Vernunftwahrheit verstanden. Die Schranke, die den Geist bislang hemmte, sich seiner wesentlichen Identität mit Gott als dem absoluten Geist bewusst zu werden, sei damit durchbrochen. Das an sich seiende Wesen schließe sich im Denken dem denkenden Geist auf, da Gott wesentlich Denken, Selbstbewusstsein und Geist sei.

Als das Denken ist Gott das sich Unterscheiden, das sich Bestimmen, das sich als endliches Bewußtseyn Sezen. Indem der Geist sich an sich unterscheidet, tritt die Endlichkeit des Bewußtseyns ein, aber dieses endliche Bewußtseyn ist Moment des Geistes selbst, und die endliche Welt ist ein Moment in diesem Geiste.[90]

Der ganze Inhalt der Religionsphilosophie Hegels sei nur die Explikation der so bestimmten Idee Gottes.

4. Marheineke, Vatke und Biedermann

Die Spaltung der Hegelschule machte sich auch innerhalb der Theologie bemerkbar. Den Alt- oder Rechtshegelianern wie Marheineke und Daub standen Jung- oder Linkshegelianer wie Strauß und Baur gegenüber. Die Differenz lag vor allem in der unterschiedlichen Antwort auf die Frage, wie die von Hegel behauptete Aufhebung der religiösen Vorstellung in den philosophischen Begriff zu verstehen sei. Die Situation veränderte sich noch einmal dadurch, dass sich innerhalb der Hegelschule selbst eine Radikalisierung vollzog. Der Theologe Bruno

[89] Baur, *Lehre von der Dreieinigkeit und Menschwerdung Gottes*, 889.
[90] Baur, *Lehre von der Dreieinigkeit und Menschwerdung Gottes*, 890 f.

Bauer brach mit dem Rechtshegelianismus, dem er bislang selbst angehört hatte, und unternahm 1841 in dem Pamphlet „Posaune des jüngsten Gerichts wider Hegel, den Atheisten und Antichristen" den Versuch, Hegel als Atheisten zu entlarven, der an die Stelle Gottes das menschliche Selbstbewusstsein setze. Die Religion sei nur eine Illusion, da Gott nur eine Vergegenständlichung des menschlichen Subjekts sei. Zu dieser Auffassung war zwar auch Ludwig Feuerbach gelangt, der ursprünglich bei Daub Theologie studiert hatte. Aber er verstand sie anders als Bauer nicht als konsequente Interpretation, sondern als Kritik der Religionsphilosophie Hegels. In seiner Schrift „Über Philosophie und Christentum in Beziehung auf den der Hegelschen Philosophie gemachten Vorwurf der Unchristlichkeit", erschienen 1839, bestreitet er die These von der Inhaltsidentität von Christentum und Philosophie bei alleiniger Differenz der Form. Es ist für ihn gerade nicht so, dass die religiöse Form der Vorstellung und des Gefühls das Unwesentliche gegenüber dem Inhalt sei, sondern – so heißt es jetzt in Anlehnung an Schleiermacher – Gefühl und Phantasie machten das Wesen der Religion aus. Der Inhalt der Religion sei nicht etwa das Absolute, vielmehr eine illusorische Projektion des Gemüts und der Phantasie des Menschen. Damit ist die Projektions- und Illusionsthese erreicht, die Feuerbach 1841 zur Grundlage seiner Religionskritik in dem Werk „Das Wesen des Christentums" macht[91].

Die Verschärfung der Diskussion um Hegels Philosophie mit ihrer religionskritischen Stoßrichtung führte bei Marheineke dazu, 1842 aus seiner aktuellen Berliner Vorlesung „Über die Bedeutung der Hegelschen Philosophie in der christlichen Theologie" die Einleitung zu publizieren. Er geht davon aus, dass trotz Schleiermachers Insistieren auf der Trennung von Theologie und Philosophie in der neueren Zeit die Philosophie tief in die Theologie eingedrungen sei. Was in der Religion die Vernunft, das sei in der Theologie die Philosophie. Beide ließen sich nicht voneinander trennen.

In der Wissenschaft hat man es mit der Religion nicht blos als dieser subjectiven Empfindung, sondern auch mit einem Inbegriff von Lehren und Wahrheiten zu thun und diese wollen erkannt, bewiesen d. h. begriffen sein, was ohne Philosophie unmöglich ist.[92]

Anmerkungsweise verweist Marheineke auf die „Vorlesungen über die Methode des akademischen Studiums", in denen Schelling auch schon diese Auffassung vertreten habe. Eine Beschäftigung gerade mit der Hegelschen Philosophie hält Marheineke aber deshalb für erforderlich, weil er zum einen selbst von ihrer Wahrheit und Übereinstimmung mit dem Christentum überzeugt ist, er sie aber zum andern gerade gegenwärtig angegriffen und der Ketzerei bezichtigt sieht. „Man hat ihr alle Extravaganzen einer jüngeren Generation zur Last gelegt,

---

[91] Vgl. J. Rohls, *Offenbarung, Vernunft und Religion, Ideengeschichte des Christentums*, Bd. I, Tübingen 2012, 641 f.

[92] Ph. Marheineke, *Einleitung in die öffentlichen Vorlesungen über die Bedeutung der Hegelschen Philosophie in der christlichen Theologie*, Berlin 1842, 12.

welche wohl bekennt, von ihr ausgegangen zu sein, aber auch, sich von ihr ge-
trennt zu haben. Dieß letztere Moment wird aber nicht in Anschlag gebracht."[93]
Es werde der Philosophie Hegels von ihren Gegnern angelastet, dass viele ihrer
einstigen Anhänger sich jetzt zu ihr und dem Christentum ablehnend verhalten.
Doch Marheineke meint, dass die Philosophie Hegels mehr noch als unter ihren
Feinden unter ihren sogenannten Freunden zu leiden habe. Denn ihre Feinde
wiesen mit Genugtuung auf die Spaltungen hin, die sich unter den Schülern
Hegels vollzogen hätten. „Schon Dav. Strauß hat nach politischer Analogie eine
rechte und linke Seite unterschieden; andere unterscheiden eine ältere und jün-
gere Schule; man sagt: nach dem Tode des Stifters sei eine wahre Anarchie ein-
gerissen."[94] Doch für Marheineke ist diese Spaltung in gegensätzliche Richtungen
eher ein Beweis für die Tiefe und Energie der Hegelschen Philosophie. Auch das
Christentum habe sich gleich anfangs in ein johanneisches, paulinisches und pet-
rinisches Christentum unterschieden und damit die Tiefe seines Geistes offenbart. Hegels Philosophie gehe nicht von einem bestimmten Prinzip aus, sondern
sei charakterisiert durch ihre dialektische Methode.

Kraft dieser logischen, absoluten Methode, die nicht nur eine formelle Dialektik nur,
sondern überall nur in der Identität mit dem Inhalt ist und selbst nur die Dialektik von
diesem, ist die Hegelsche Philosophie System, welches ein Kreis ist, dessen Ende in den
Anfang zurückgeht, nicht eine gerade Linie, welche sich in die schlechte Unendlichkeit
verläuft, welche die Endlosigkeit ist.[95]

Hegel gehe es um die Erkenntnis der Totalität der Bestimmungen des Geistes und
damit um die Befreiung des Denkens von aller Einseitigkeit. Der Abfall von
Hegels Philosophie komme aber gerade dadurch zustande, dass man bestimmte
Momente im Ganzen der Entwicklung isoliere und aus dem Zusammenhang
reiße. Auf diesem Vorgehen beruhe etwa die Hegeldeutung der Schrift „Die Posaune des jüngsten Gerichts über Hegel, den Atheisten und Antichristen". Gerade Begriffe wie „Immanenz" und „Selbstbewusstsein", die in Hegels Philosophie eine Rolle spielen, seien von einstigen Schülern isoliert und gegen Hegel
selbst vorgebracht worden. Für besonders fatal hält Marheineke die von Strauß
vorgebrachte These, „daß durch die Form auch der Inhalt bestimmt und durch
jede Veränderung der Form auch der Inhalt verändert werde", weil sie „eine
förmliche Scheidung der Religion und Wissenschaft oder der Religion und Philosophie nach sich gezogen" habe[96]. Die Philosophie habe nicht länger die Aufgabe, die christlichen Lehren vor der Vernunft zu rechtfertigen, sondern solle sie
auflösen. Eine derartige Auflösung unterstellt Marheineke bereits Strauß.

---

[93] Marheineke, *Einleitung*, 14.
[94] Marheineke, *Einleitung*, 27.
[95] Marheineke, *Einleitung*, 32.
[96] Marheineke, *Einleitung*, 37.

Die unendlichen Thatsachen des Christenthums, welche zugleich Dogmen sind, Gott-
menschhheit, Versöhnung, sind, nach Dav. Strauß, nur ein allgemeines, innerliches Geschehen, im Verhältniß zu welchem das äußerliche Geschehen das gleichgültige, überflüs-
sige ist.[97]

Doch auf diese Weise werde verkannt, „daß das Thun und Leiden Christi nicht
als leibliches, rein äußerliches, sondern als geistiges, unendliches das wahrhaft
versöhnende ist und als dem absoluten Geist angehörend seine innere, nothwendige Beziehung hat auf den sub- und objektiven Geist"[98]. Weil für Strauß die
ganze heilige Geschichte nur äußerliche Form und Vorstellung sei, entbehre sie
für ihn jedes dogmatischen Kerns. Während Feuerbach seine Kritik des Christentums aus seiner Opposition gegen Hegel herleite und sich für sie auf Schleiermacher berufe, verstünden sich Strauß und andere letztlich als konsequente
Interpreten Hegels, was Marheineke vehement bestreitet. Dabei ist er davon
überzeugt, dass Hegels Philosophie die einzig wahre Philosophie sei, die alle
früheren Philosophien in sich aufgehoben habe. Daher kann er erklären: „Es
kann der Theolog, sei er der lehrende oder lernende, die Hegelsche Philosophie
nicht mehr umgehen oder ignoriren, will er nicht aus dem Kreise der gegenwärtigen Bildung heraustreten und sich selbst antiquiren"[99]. Für den Theologen habe
sie die Bedeutung, den christlichen Glauben in die Sphäre des Gedankens und des
Wissens zu heben. Diejenigen, die wie Strauß

jetzt aufs neue den Glauben und das Wissen oder die Religion und Philosophie mit einander entzweien und in das oben schon bemerkte falsche Verhältniß zu einander bringen,
bedenken nicht, daß bei allen wesentlichen Bestandtheilen der christlichen Religion in den
Vorstellungen derselben der Begriff bereits eingehüllt liegt und die Aufgabe in der Wissenschaft nur diese ist, den Begriff aus ihnen hervorgehen zu lassen[100].

Der Begriff offenbart für Marheineke die Bedeutung, die Wahrheit und Notwendigkeit der Vorstellung. Aber angesichts der Schwierigkeit des Begriffs müsse in
der Wissenschaft auch immer wieder vom reinen Begriff auf die Vorstellung zurückgegangen und der Begriff durch Beispiele erläutert werden.
    Durch die radikale Religionskritik Feuerbachs sahen sich aber nicht nur Alt-
hegelianer wie Marheineke, sondern auch die theologischen Junghegelianer wie
Wilhelm Vatke bemüßigt, das Verhältnis von Religion und Philosophie erneut zu
klären. 1841 erschien unter dem Titel „Die menschliche Freiheit in ihrem Verhältnis zur Sünde und zur göttlichen Gnade" Vatkes Auseinandersetzung mit
Julius Müllers drei Jahre zuvor veröffentlichter Monographie „Die christliche
Lehre von der Sünde". Bereits in einer Rezension von Müllers Werk, erschienen
1840 in den „Halleschen Jahrbüchern", war Vatke auf das Verhältnis der Philosophie zur überlieferten Schrift- und Kirchenlehre eingegangen. Dort hatte er

---

[97] Marheineke, *Einleitung*, 38.
[98] Marheineke, *Einleitung*, 38.
[99] Marheineke, *Einleitung*, 52.
[100] Marheineke, *Einleitung*, 55 f.

auch die Althegelianer kritisiert, bei denen der Glaubensinhalt, so wie er vorstellungshaft in der kirchlichen Lehre enthalten sei, als wahr vorausgesetzt werde und die Aufgabe der Philosophie nur darin bestehe, ihn auch als wahr zu erkennen. Vatke hält genauso wie Strauß eine solche unmittelbare Rechtfertigung des vorgestellten Glaubensinhalts durch den philosophischen Begriff für scholastisch und unspekulativ. Er meint stattdessen,

daß ungeachtet der wesentlichen Einheit des substantiellen Inhalts und der vernünftigen Tätigkeit überhaupt, die Dogmen und die Philosophie formell so weit auseinander liegen, daß eine unmittelbare Verknüpfung beider Seiten in den meisten Fällen unmöglich ist[101].

Die Kritik, die Aufklärung und Kritizismus an den kirchlichen Vorstellungen geleistet hätten, hält Vatke daher für legitim. Erst aufgrund der so betonten Selbstständigkeit des Denkens gegenüber dem Glauben habe Schleiermacher umgekehrt die Selbstständigkeit des Glaubens, das heißt der Religion, gegenüber dem Denken behaupten können. Weil Vatke das Recht der aufgeklärten Bibel- und Dogmenkritik anerkennt, kann er der Position von Junghegelianern wie Strauß zustimmen, „daß zur wirklichen Speculation nothwendig auch Kritik gehört"[102]. Allerdings muss sich Vatke mit dem auch von Müller wiederholten Vorwurf auseinandersetzen, dass die Religion durch ihre Aufhebung in den Begriff von der Spekulation verschlungen werde. Er hält es für einen gefährlichen Wahn zu meinen, „daß das einzelne Subject in demselben Maße als es sich philosophische Bildung aneigne, aufhöre und aufhören dürfe, Religion zu haben"[103]. Um die bleibende Eigenständigkeit der Religion aufzuweisen, unterscheidet Vatke mit Hegel zwischen der theoretischen und der praktischen Seite der Religion. Von der Aufhebung der religiösen Vorstellung in den philosophischen Begriff sei nur ihre theoretische Seite betroffen, während der eigentliche Kern der Religion doch der Kultus, also die praktische Seite sei.

Hält man daher die Philosophie ihrem Begriffe nach als reine Wissenschaft fest, so versteht es sich von selbst, daß das philosophirende Subject, wenn es überhaupt Sittlichkeit und Religion gehabt hat, dieselben durch ihre Erkenntniß nicht verlieren, sondern nur ihre unwahren Erscheinungsformen abstreifen kann[104].

Die Religion selbst werde jedenfalls durch die Aufhebung der religiösen Vorstellung in den philosophischen Begriff nicht aufgehoben. Denn von der Religion spricht Vatke als „der lebendigen und praktischen Vermittlung des Selbstbewußtseins mit dem Göttlichen, wobei Gefühl, Vorstellung, Gedanke nur sich ablösende und durchdringende Formen für den unendlichen Inhalt bilden"[105].

---

[101] W. Vatke, „Beitrag zur Kritik der neueren philosophischen Theologie", in: *Hallische Jahrbücher für deutsche Wissenschaft und Kunst* 2 (1840), 17 f.

[102] Vatke, *Beitrag*, 25.

[103] W. Vatke, *Die menschliche Freiheit in ihrem Verhältnis zur Sünde und zur göttlichen Gnade*, Berlin 1841, 21.

[104] Vatke, *Die menschliche Freiheit*, 23.

[105] Vatke, *Die menschliche Freiheit*, 21.

Zu den Schülern Vatkes gehörte der Schweizer Alois Emanuel Biedermann, der sein in Basel begonnenes Studium 1839 für zwei Jahre in Berlin fortsetzte. 1850 wurde er zum außerordentlichen und 1864 zum ordentlichen Professor an der Theologischen Fakultät der Universität Zürich ernannt, nachdem er sich zuvor schriftstellerisch als Verteidiger von Hegel und Strauß einen Namen gemacht hatte. Sein erstes Buch, das den Titel „Die freie Theologie oder Philosophie und Christenthum in Streit und Frieden" trägt, erschien 1844 und war seinem Lehrer Vatke gewidmet. Bereits in der Einleitung ist von einem radikalen Umschwung der philosophischen Szene die Rede. Da werden zwar jene spekulativen Philosophen erwähnt, die ihre Übereinstimmung mit dem Christentum sowie die Einheit von Philosophie und Religion behaupteten und die Differenz zu den kirchlichen Dogmen nur im Verhältnis des Bewusstseins zu demselben Gegenstand erblickten. Doch inzwischen werde, vor allem seit dem epochemachenden Auftritt von Strauß, auch von Seiten der Philosophie – Feuerbach wird als Beispiel genannt – der Nachdruck umgekehrt auf die Differenz von Philosophie und Religion gelegt und die Auflösung der Religion in die Philosophie propagiert. Demgegenüber liegt Biedermann daran, die Übereinstimmung von Philosophie und Religion aufzuzeigen, indem er zunächst die Stellung der Philosophie und der Religion im Gesamtleben des Geistes bestimmt. In der Philosophie komme der Mensch nur als denkendes Ich in Betracht, dessen Objekt der Gedanke sei und das sich so als von seiner Individualität absehendes Allgemeines zum Allgemeinen verhalte. Die Philosophie bewege sich nur im Gebiet des theoretischen Bewusstseins. Gegenüber der Philosophie stelle die Religion ein eigenes Gebiet des Geistes dar, das als solches ebenso wenig wie die Kunst oder das Recht in die Philosophie aufgelöst werden könne. Zwar falle das theoretische Moment der Religion ganz in den Bereich der Philosophie, die die religiösen Vorstellungen in philosophische Gedanken überführe. Aber die Religion in ihrer konkreten Totalität gehe keineswegs im theoretischen Bewusstsein auf. In seiner Bestimmung der Religion greift Biedermann zwar Feuerbachs These auf, dass das Göttliche das allgemeine Wesen des Menschen sei, zu dem dieser sich verhalte, interpretiert sie aber im Unterschied zu Feuerbach so, dass sie keine Auflösung der Religion in Philosophie und der Theologie in Anthropologie impliziert. Denn anders als die Philosophie sei die Religion oder der Glaube kein rein theoretisches, sondern ein auch das Gefühl oder unmittelbare Selbstbewusstsein implizierendes praktisches Verhalten des konkreten Ich. Religion sei – so Biedermann – „praktisches Selbstbewusstsein des Absoluten"[106]. Allerdings verschweigt Biedermann nicht, dass in der Hegelschule selbst zuweilen das theoretische Moment der Religion einseitig betont werde, so dass es Feuerbach nicht schwer gefallen sei, die Religion mit der religiösen Vorstellung zu identifizieren und in das allein wahre philosophische Bewusstsein zu überführen. Es sei aber letztlich nicht die

---

[106] A. E. Biedermann, *Die freie Theologie oder Philosophie und Christenthum in Streit und Frieden*, Tübingen 1844, 43.

Religion, die bei Hegel in die Philosophie aufgehoben werde, sondern nur das theoretische Moment der Religion werde in den philosophischen Gedanken überführt, ohne dass dadurch die Selbstständigkeit der Religion gegenüber der Philosophie beeinträchtigt werde. Denn „wer von der Vorstellung sich zum Denken erhoben hat, dem fällt mit Einem Schlag die ganze *abstract sinnliche Jenseitigkeit* Gottes weg, d. h. sie hebt sich in die *concret geistige Diesseitigkeit* desselben auf"[107]. Auf beiden Stufen des theoretischen Bewusstseins, der religiösen Vorstellung und dem philosophischen Gedanken, sei aber das religiöse Verhältnis des konkreten Selbstbewusstseins zu dem theoretisch verschieden aufgefassten Absoluten identisch. Doch gegenüber der religiösen Vorstellung als solcher hält Biedermann die philosophische Kritik durchaus für berechtigt. Daher

ist das erste, nothwendige Geschäft der Philosophie die, jetzt freilich so übel in Gunsten stehende, negative Kritik, welche die religiösen Vorstellungen, sei's unmittelbar vom Begriff aus, sei's durch Nachweisung der negativen Dialektik in ihnen selbst, auflöst, d. h. als nicht objective Wahrheiten, sondern als subjective Formen des Bewusstseins, – wie der Name schon sagt, – als Vorstellungen aufweist[108].

Nach diesem negativen Geschäft bleibe der Philosophie aber noch ein doppeltes positives Geschäft, ein philosophisches und ein theologisches. Das allgemein philosophische, wahrgenommen von der philosophischen Theologie oder Religionsphilosophie, bestehe darin, den *allgemeinen* Gehalt aus der Form der Vorstellung in die Form des Gedankens zu überführen, das speziell theologische hingegen, wahrgenommen von der dogmatischen Theologie als Wissenschaft des Glaubens darin, den *religiösen* Gehalt der Vorstellungen im Zusammenhang mit dem konkreten religiösen Selbstbewusstsein darzustellen.

Um das spezifische Prinzip der christlichen Religion ausfindig zu machen, wendet sich Biedermann nicht unmittelbar an das Selbstbewusstsein Jesu, da dieses nirgends zugänglich sei, sondern an das Selbstbewusstsein Christi, wie es ins Selbstbewusstsein der Gläubigen aufgenommen worden sei und als Objekt des Glaubens in den neutestamentlichen Schriften vorliege. Auf dem Hintergrund der alttestamentlichen Religion sieht er das Neue des Christentums in dem Bewusstsein der Erlösung, Versöhnung und Kindschaft, kurzum im Bewusstsein der Einheit mit Gott. In der Glaubenslehre finde dies seinen Ausdruck in der Christologie, die den einzelnen Menschen Christus zugleich als Gott betrachtet.

Christus als Inhalt des Glaubens, als Subject der Christologie muss unmittelbar *allgemeines Subject, Gott* sein; als historische Person ist er aber auch einzelnes *menschliches Subject.* Beides in Eins gefasst giebt die Bestimmung der *dogmatischen Person.* Allein diess ist ein sich widersprechender Begriff: *es giebt keine dogmatische Person.*[109]

Letzteres sei nicht etwa eine Behauptung der neueren Spekulation, sondern das Resultat der dogmengeschichtlichen Entwicklung der Christologie. Darin

---

[107] Biedermann, *Die freie Theologie*, 55.
[108] Biedermann, *Die freie Theologie*, 64.
[109] Biedermann, *Die freie Theologie*, 113.

stimmt Biedermann völlig mit Strauß überein. In den Widersprüchen, in die sich die vollendete kirchliche Christologie verstricke, offenbare sich nur der Grundwiderspruch zwischen der neuen religiösen Offenbarung der Versöhnung und konkreten Einheit des Göttlichen und Menschlichen im Selbstbewusstsein und der dem unvollendeten religiösen Verhältnis des Judentums entsprechenden Form der Vorstellung. Doch die Kritik des christologischen Dogmas habe in einem zweiten Stadium zunächst dazu geführt, dass man an der Form der einzelnen Persönlichkeit des Subjekts der Christologie festgehalten, dieses aber aller göttlichen Prädikate, das heißt allen Inhalts, entkleidet und so die dogmatische auf die ethische Person zurückgeführt habe. Im dritten Stadium schließlich, dem der spekulativen Christologie, gebe man die Vorstellung zweier getrennter Substanzen von Gott und Mensch, die sich zu einer persönlichen Einheit verbinden, zugunsten des Gedankens preis, dass die göttliche und die menschliche Natur

an und für sich so zu einander stehen, dass, was die Vorstellung zu zwei verschiedenen Existenzen auseinanderwirft, Momente einer und derselben geistigen Wirklichkeit sind, und zwar die *göttliche* Natur das Moment des *Allgemeinen, Ewigen, Ideellen*, die *menschliche* dagegen das Moment der in zeitlich-räumlicher Endlichkeit sich vermittelnden *einzelnen Existenz* der Einen wirklichen gottmenschlichen Natur[110].

Diese Vollendung der natürlichen Entwicklung der menschlichen Natur selbst sei aber nicht etwa in der einen historischen Person Christi im Gegensatz zu allen sonstigen Menschen wirklich, sondern Biedermann schließt sich der Gattungschristologie von Strauß an, die für ihn die adäquate Form des theoretischen Bewusstseins ist, zu der sich der Inhalt des christlich-religiösen Selbstbewusstseins in der Christologie entwickelt hat.

Die wirkliche Einheit also – das Subject der Christologie – ist das in dem endlichen einzelnen Menschen sich bethätigende Allgemeine, der sich realisierende Begriff, oder die Idee der Menschheit, des Geistes. Damit hat der Geist auch als theoretisches Bewusstsein sich vollständig und widerspruchslos angeeignet, was er als religiöses Selbstbewusstsein im Glauben an Christus schon hatte; er hat für den Inhalt der Christologie auch die Form, die ihn fasst; für die Prädicate derselben auch das Subject das ihnen einzig entspricht: kurz wir haben den absoluten religiösen Gehalt der Christologie nun auch in der absoluten Form des theoretischen Bewusstseins.[111]

Mit seinem Anliegen, trotz der Übernahme der These Hegels von der Aufhebung der religiösen Vorstellung in den philosophischen Begriff und der Dogmenkritik von Strauß an der Selbstständigkeit der Religion gegenüber der Philosophie festzuhalten, stand Biedermann ebenso wenig allein wie mit seiner Betonung des praktischen Charakters der Religion. 1845 erschien in den „Theologischen Jahrbüchern", dem Sprachrohr der Tübinger Schule Baurs, Eduard Zellers Abhandlung „Über das Wesen der Religion". Auch Zeller unterscheidet bei Hegel den theoretischen und den praktischen Aspekt der Religion, wenngleich er einräumt,

---

[110] Biedermann, *Die freie Theologie*, 126.
[111] Biedermann, *Die freie Theologie*, 130.

dass in Hegels Religionsphilosophie der theoretische Aspekt vorherrsche. Zwar ist er mit Strauß der Meinung, dass die Verschiedenheit der theoretischen Bewusstseinsform von Religion und Philosophie auch den Inhalt betreffe, aber anders als Strauß ist er wie Vatke und Biedermann der Auffassung, dass sich die Religion nicht in ihrem theoretischen Aspekt erschöpfe[112]. Als Zeller 1847 als außerordentlicher Professor für Neues Testament an die wenige Jahre zuvor gegründete Universität Bern berufen wurde, führte dies wie die Berufung von Strauß nach Zürich zu einem vehementen Protest konservativer kirchlicher Kreise, denen es allerdings nicht gelang, Zellers Kommen zu verhindern. Erst zwei Jahre später, als er einen Ruf auf einen theologischen Lehrstuhl in Marburg erhielt, führte die kirchliche Aversion gegen Baurs Tübinger Schule dazu, dass die hessische Regierung ihn zu einem Wechsel an die philosophische Fakultät nötigte. Aus dem verhinderten Theologen, seit 1849 zudem Baurs Schwiegersohn, wurde der Philosoph, der sich der Geschichte der griechischen Philosophie widmete und dessen Heidelberger Antrittsrede „Über Bedeutung und Aufgabe der Erkenntnistheorie" zu den Gründungsdokumenten des Neukantianismus gehört. Als Biedermann 1849 seine Abhandlung „Unsere junghegelsche Weltanschauung oder der sogenannte neuste Pantheismus" veröffentlichte, nahm er auf die Schrift eines Pfarrers Romang Bezug, die sich anlässlich der Berner Angriffe auf Zeller gegen die gesamte Tübinger Saat des Jung- oder Neuhegelianismus gewandt hatte. Romang hatte die Weltanschauung der Junghegelianer als pantheistisch kritisiert, da sie das Absolute oder Göttliche als die allgemeine Substanz der Dinge fasse. Dagegen macht Biedermann, der sich ausdrücklich zu Hegel als Grundlage seines philosophischen Denkens bekennt, geltend, dass dieser es als wesentlichen Unterschied zwischen Spinoza und seiner eigenen Philosophie bezeichnet habe, dass er das Absolute nicht bloß als Substanz, sondern näher als Subjekt auffasse. Man dürfe es also nicht bei der Erhebung von dem einzelnen raumzeitlichen Dasein zu einem allumfassenden allgemeinen Sein als der Einheit alles Daseins, der einen Welt, belassen, sondern müsse fortschreiten zu der Erhebung von dem ideell ewigen Sein aller einzelnen Erscheinungen

zu einem *ideellen, wie unräumlichen so allgegenwärtigen, schlechthin in sich seienden, allbefassenden Allgemeinen*, das alles Besondere welches je in allen Räumen und Zeiten in Existenz tritt, kurz die Totalität der Welt, *ewig* in sich schließt und aus sich setzt[113].

Dieses ideelle ewige Sein sei aber das Absolute oder Göttliche, die absolute Idee, die den Gedanken der Welt in sich schließe und daher das raumzeitliche Dasein der Welt notwendigerweise außer sich setze, also die Welt erschaffe. Dass das Absolute erst durch die Welt zu sich selbst komme, wird von Biedermann hingegen bestritten.

---

[112] E. Zeller, „Ueber das Wesen der Religion", in: *Theologische Jahrbücher* 4 (1845), 61–71.

[113] A. E. Biedermann, *Unsere junghegelsche Weltanschauung oder der sogenannte neuste Pantheismus*, Zürich 1849, 23.

Die Weltschöpfung ist nicht der eigene Entwicklungsproceß des Absoluten selbst, so daß es selbst es wäre, das sich entwickelte; sondern aus seinem ewigen ideellen Sein setzt es den unendlichen Entwicklungsproceß ins Dasein heraus, in welchem die Fülle seines Inhaltes als in dem Element des Andersseins sich aus sich selbst entwickelt, und in dieser zeitlich-räumlichen Entwicklung aus sich selbst zugleich durch und durch getragen ist von dem ideellen ewigen Sein des Absoluten.[114]

Weil das Absolute die absolute Idee, das heißt das sich selbst zum absoluten System der Gedanken bestimmende Allgemeine sei, werde es nicht mehr bloß als Substanz, sondern als unendliche Subjektivität gefasst. Doch von dieser inneren Selbstbestimmung des Absoluten als Subjekt unterscheidet Biedermann die Weltschöpfung, ohne zu verschweigen, dass bei Hegel selbst und namentlich bei Strauß beides nicht sorgfältig voneinander unterschieden werde.

Mit dem Vorwurf des Pantheismus, wie er nicht nur von Romang gegen die theologischen Junghegelianer vorgebracht wird, verbindet sich das Insistieren auf der Persönlichkeit Gottes. Gott müsse als ein Geist, das heiße aber als ein reales denkendes Subjekt oder als eine Persönlichkeit gedacht werden, und zwar als über der Welt existierende ewige, allmächtige und allwissende Persönlichkeit. Biedermann ist zwar der Auffassung, dass das religiöse Bewusstsein sich Gott als Persönlichkeit oder Geist vorstelle, dies sich aber im wissenschaftlichen Denken nicht aufrechterhalten lasse. Denn

Persönlichkeit ist die reichste, höchste Form des Daseins; sie ist *wirkliche Einheit des ideellen Seins mit dem äußerlichen Dasein*; ins Ideelle reflectirtes endliches Dasein, zum Dasein gekommenes ideelles Sein. Sie ist die reichste Form des Daseins, aber eben des *Daseins*, unabtrennbar von zeitlich-räumlicher Besonderung, und damit unabtrennbar von Begränzung und Endlichkeit.[115]

Damit wird zugleich deutlich, dass Biedermanns Rede von Gott als absolutem Geist und geistigem Wesen nicht heißt, dass er Gott als einen Geist und als Persönlichkeit fasst. Das Absolute, das zunächst in seinem Insichsein als absolute Idee betrachtet wurde, setze die Welt als sein Anderes aus sich heraus, und von dieser seiner Selbstentäußerung zum Weltprozess sei noch einmal sein auf rein geistige Weise vollzogenes reales Eingehen als Geist in den Weltprozess zu unterscheiden.

In diesem Eingehen als Geist in die Erscheinungswelt ist das Absolute, das wir bis jetzt nur in seinem ideellen ewigen Insichsein als absolute Substanz gefaßt haben, und darum vorerst bloß als *geistiges Wesen*, als das *absolut geistige Wesen* haben bezeichnen können, nun wirklich *absoluter Geist*.[116]

Der absolute Geist habe zur Voraussetzung seiner Verwirklichung das Dasein der endlichen Geister, in denen er sich mit sich zusammenschließe. Biedermann ge-

---

[114] Biedermann, *Unsere junghegelsche Weltanschauung*, 26.
[115] Biedermann, *Unsere junghegelsche Weltanschauung*, 47 f.
[116] Biedermann, *Unsere junghegelsche Weltanschauung*, 56.

langt so zu der These, dass das Absolute das ideell und ewig allbefassende geistige Wesen sei, das sich für den existierenden endlichen Geist, in dem es sein selbstständig aus sich entlassenes Anderes, den Weltprozess, in sich zurücknehme, als absoluter Geist offenbare. In Anlehnung an Feuerbach hatte Biedermann in seiner Bestimmung des Wesens der Religion erklärt, dass das Göttliche, mit dem der Mensch in der Religion Verbindung aufnehme, das allgemeine Wesen des Menschen sei. Diese Feststellung verteidigt er auch jetzt wieder, wobei er sich allerdings von Feuerbachs Verständnis der Aussage distanziert. Denn ihm sei es keineswegs um einen „Cultus der eigenen Subjectivität, einer Heiligsprechung und Vergötterung der menschlichen Endlichkeit" gegangen[117]. Vielmehr sei das Absolute in seinem ewigen ideellen Sein auch das allgemeine Wesen des Menschen, in dem dieser als Geist zu sich selbst komme. „In diesem Sinn, aber nur in diesem Sinn, ist das Göttliche der Religion des Menschen eigenes Wesen, verhält sich der Mensch in der Religion zu seinem eigenen Wesen."[118]

Ebenfalls im Gegensatz zu Feuerbach sieht Biedermann in der Religion nicht ein fiktives Produkt des Menschen und pathologisches Phänomen, sondern die Religion ist für ihn die höchste Selbstbetätigung des Geistes. In ihr trete der Mensch als endlicher Geist mit dem Absoluten in eine Wechselbeziehung, wobei sich ihm das Absolute als das Heilige offenbare. Der unbedingten Forderung des Heiligen an den Menschen, seine ganze Selbstbetätigung in die Beziehung zu ihm zu setzen, entspricht auf Seiten des Menschen die heilige Scheu vor ihrer Vergeltung bei jeder Verletzung der Forderung und die heilige Freude und Seligkeit bei ihrer Erfüllung. Die psychologische Definition der Religion als praktisches Selbstbewusstsein des Absoluten wird von Biedermann nunmehr folgendermaßen erläutert:

Im Unterschied vom theoretischen Bewußtsein des Absoluten, dem Wissen was dasselbe sei, dem Wissen auch was dasselbe für den Menschen sei, ist das religiöse Bewußtsein desselben allerdings ein praktisches, weil es wesentlich Beziehung des Absoluten auf meinen eigenen Seelenzustand ist mit dem unmittelbaren Zweck meiner Durchleuchtung, Demüthigung und Erhebung, Verurtheilung oder Rechtfertigung, kurz mit dem praktischen Zweck meiner Seligkeit.[119]

Religiöser Akt sei nur der lebendige Glaube, das heißt, wenn ich dem Wissen von Gott eine unmittelbare praktische Anwendung auf mich selbst gebe und Gott für mein Selbstbewusstsein da ist. Zwar impliziere der religiöse Akt auch ein theoretisches Moment, nämlich die Vorstellung von Gott, aber er gehe als praktisches Selbstbewusstsein des Absoluten nicht in dieser Vorstellung auf. Daher kritisiert Biedermann auch erneut Strauß:

---

[117] Biedermann, *Unsere junghegelsche Weltanschauung*, 100.
[118] Biedermann, *Unsere junghegelsche Weltanschauung*, 100.
[119] Biedermann, *Unsere junghegelsche Weltanschauung*, 116.

Daß Strauß selbst mit den christlichen *Glaubenswahrheiten* den christlichen *Glauben*, mit der *religiösen Vorstellung* die *Religion* zusammenwirft, das ist das Irrthümliche an seiner ganzen Auffassung und Behandlung religiöser Dinge[120].

Denn die Religion sei kein theoretisches Wissen von Gott, sondern das durch das theoretische Wissen von Gott vermittelte Sichzusammenschließen mit ihm. Für die Philosophie sei hingegen das theoretische Wissen von Gott das eigentliche Objekt.

5. Baur und Pfleiderer

Fünf Jahre nach dem Tod seines Vaters publizierte Baurs Sohn dessen „Vorlesungen über die christliche Dogmengeschichte", und zwar in der Gestalt, „den die historische Theologie im Jahre 1860, dem Todesjahr des Verfassers, einnahm und im Wesentlichen noch heute einnimmt"[121]. Baur sieht nicht nur die neuere nachkantische Philosophie in Hegel zu einem gewissen Abschluss gelangt, sondern auch die neueste Gestalt der Theologie durch Hegels Philosophie geprägt. Mit der Rezeption Hegels habe die protestantische Theologie ihre einseitige Orientierung an Schleiermacher überwunden. Das klingt bei Baur so:

Hatte sich die Theologie darin gefallen, von Schleiermacher die Gestalt des modernen Zeitbewusstseins anzunehmen und in ihrem neuen Gewand den Beifall des grossen Publicums zu gewinnen, so war es nur die wohlverdiente Strafe für ihr Buhlen mit dem modernen Zeitgeist und der Philosophie, dass sie sich entschliessen musste, auch den weitern Gang mit Hegel zu machen, und wie zur Busse für ein begangenes Vergehen ihr Kreuz auf sich zu nehmen, und zur Schädelstätte des absoluten Geistes hinanzusteigen.[122]

Der Fortgang von Schleiermacher zu Hegel sei der Fortgang vom Standpunkt der Subjektivität des Bewusstseins zum Standpunkt der Objektivität des Allgemeinen, in der die partikulare Subjektivität des Ich aufgehoben sei. Das Allgemeine sei dabei Gott als Geist, und darin sei impliziert, dass er keine abstrakte inhaltsleere Einheit wie bei Schleiermacher sei. Sondern Gott als Geist habe einen bestimmten konkreten Inhalt, insofern er das Denken selbst, das Denken aber ein Sichunterscheiden sei.

Es ist also nur die logische Form des Denkens, wenn Gott sich von dem Andern, das nicht er selbst ist, der Welt, wie das Unendliche vom Endlichen unterscheidet, dieser Unterschied aber zwischen Gott und Welt, oder dem Unendlichen und Endlichen dadurch auch wieder ein an sich aufgehobener ist, dass Gott als Gott im absoluten Sinn, als der wahrhaft Unendliche nicht das Unendliche für sich, sondern nur der Unterschied des Endlichen und

---

[120] Biedermann, *Unsere junghegelsche Weltanschauung*, 126 f.
[121] F. Chr. Baur, *Vorlesungen über die christliche Dogmengeschichte*, Bd. 1, 1. Abt., Leipzig 1865, V.
[122] F. Chr. Baur, *Vorlesungen über die christliche Dogmengeschichte*, Bd. 3, *Das Dogma der neueren Zeit*, hg. v. F. Fr. Baur, Leipzig 1867, 349.

Unendlichen ist, so dass das Endliche auch zum Begriffe Gottes gehört, weil ohne den Unterschied des Endlichen und Unendlichen auch kein sich Unterscheiden, somit auch kein Denken Gott wäre.[123]

Die Differenz zu Schleiermacher liege somit nicht nur im Ausgangspunkt – hier das Ich, dort Gott –, sondern auch in der Bestimmung Gottes, nämlich einerseits als inhaltsleere Einheit und andererseits als absoluter Geist. Da Schleiermacher das Gefühl zum Sitz der Religion erkläre, könne es sich auch bei der christlichen Religion nur um eine Bestimmtheit des Gefühls handeln. Dagegen kenne Hegel den Inhalt des christlichen Glaubens nicht nur in der Form des Gefühls, sondern auch in der des Denkens.

Denn der Inhalt des christlichen Glaubens ist die Dreieinigkeit Gottes, die Dreieinigkeit Gottes aber ist die Totalität der Momente, in welchen der göttliche Lebensprocess selbst besteht, als der dreieinige ist Gott der in dem Process des Denkens sich mit sich selbst vermittelnde absolute Geist, das geschichtliche Christenthum ist nur ein Moment desselben Verlaufs, in welchem der dem Wesen Gottes immanente Process sich geschichtlich explicirt.[124]

Bei dem Christentum handle es sich somit um ein Moment der geschichtlichen Explikation dessen, was im Wesen Gottes als des Dreieinigen, das heißt aber als des absoluten Geistes bereits angelegt sei. Dabei bestimme Hegel das Christentum als die Menschwerdung Gottes, durch die die Entzweiung des Menschen mit Gott aufgehoben werde. Diese Aufhebung komme aber nur dadurch zustande, dass dem Menschen die an sich seiende Einheit der göttlichen und der menschlichen Natur in einer einzelnen Person unmittelbar anschaulich werde.

Dabei grenzt sich Baur allerdings von der traditionellen dogmatischen Fassung der Menschwerdung Gottes ab, wenn er erklärt:

Es liegt hier jedoch sogleich klar vor Augen, dass hier an keine objective Menschwerdung Gottes gedacht werden kann, wie wenn Gott an sich in einem bestimmten einzelnen Individuum Mensch geworden wäre, sondern es ist nur subjectiv davon zu verstehen, dass sich an ein bestimmtes einzelnes Individuum das Bewusstsein, der Glaube, die subjective Überzeugung angeknüpft habe, Gott sei in ihm Mensch geworden, in menschlicher Gestalt erschienen, so dass der als diese gottmenschliche Einheit angeschaute einzelne Mensch der Anknüpfungspunkt ist für das der Menschheit aufgehende Bewusstsein der Einheit des Göttlichen und Menschlichen.[125]

Baur bestreitet also mit Strauß, dass Hegel eine objektive Menschwerdung Gottes in dem Menschen Jesus kenne. Darin unterscheide sich seine Christologie nicht nur von der des Zweinaturendogmas, sondern auch von derjenigen Schleiermachers, der ja immerhin von einem objektiven Sein Gottes in Christus gesprochen habe. Für Hegel hingegen sei Christus als Gottmensch eine bloße Vorstellung ohne objektive Realität. „Man stellt es sich nur vor, dass er der Gott-

---

[123] Baur, *Vorlesungen*, Bd. 3, 350.
[124] Baur, *Vorlesungen*, Bd. 3, 353.
[125] Baur, *Vorlesungen*, Bd. 3, 354.

mensch ist, es ist nur der Glaube im subjectiven Sinn, welcher diese Vorstellung von ihm hat, an sich ist er es nicht"[126]. Seine an sich seiende objektive Wahrheit habe das Christentum nur in der Idee, und nur der zum Wesen Gottes gehörige Prozess dieser Idee sei die an sich göttliche Geschichte. Durch die äußere geschichtliche Erscheinung des Christentums komme der Inhalt der Idee nur zum Bewusstsein der Menschheit. Von daher hebt sich für Baur auch der Gegensatz von Theologie und Philosophie auf. Denn

die Philosophie eignet sich den Inhalt der christlichen Theologie als ihren eigenen immanenten Inhalt an, welchen sie selbst durch das Denken producirt; was sie von der Theologie und der Religion, auf welcher die Theologie beruht, unterscheidet, ist nur diess, dass die Theologie eben diesen Inhalt in der Form der Geschichte hat; aber auch die Geschichte selbst als die Form dieses Inhalts ist für die Philosophie nichts Gleichgültiges und Unwesentliches, sie kann sie nur als die nothwendige durch das Wesen des Geistes selbst bedingte Form betrachten, durch welche dieser Inhalt für das Bewusstsein vermittelt werden soll[127].

Baur spricht mit Blick auf Hegels Christologie als dem Ausgangspunkt des großen Risses, den Hegels Philosophie in das System der alten Dogmatik gebracht habe. Gemeint ist damit, dass die Philosophie auf dem Weg des reinen Denkens zur Idee der gottmenschlichen Einheit gelangt, die dem religiösen Bewusstsein auf dem Weg der Geschichte, nämlich durch ein bestimmtes geschichtliches Individuum, vermittelt wird. Die These aber der Philosophie, dass dieses Individuum nicht an sich, sondern nur für das vorstellende religiöse Bewusstsein der Gottmensch sei, sieht Baur durch das „Leben Jesu" von Strauß, das heißt aber durch die historische Kritik bestätigt. Zwar habe das Geschäft der historischen Kritik mit der Philosophie Hegels nichts zu tun:

Nur in dem Resultat trifft es mit derselben zusammen, darin nämlich, dass die objective Göttlichkeit, welche die alte Dogmatik in der Person Jesu voraussetzte, auch aus historischen Gründen, eine ganz unhaltbare Vorstellung ist, weil so Vieles, was man nach der gewöhnlichen Ansicht als unmittelbare historische Wahrheit nehmen zu müssen glaubt, auf mythischen Ursprung zurückzuführen ist.[128]

Als Biedermann 1869 die erste Auflage seiner „Christlichen Dogmatik" publizierte, lag der Streit um die Christologie von Strauß zwar schon lange zurück. Aber ungeachtet des inzwischen eingetretenen Wandels der theologischen und philosophischen Mode hielt er nicht anders als zuvor Baur an der Kritik des kirchlichen Dogmas, wie Strauß sie geübt hatte, ebenso fest wie an bestimmten Grundüberzeugungen der Geistmetaphysik Hegels. Im Vorwort schreibt er:

Wenn man mich endlich als Hegelianer, als schweizerischen Nachzügler einer in der Metropole und andern officiellen Wohnsitzen deutscher Wissenschaft schon längst gerichteten und antiquirten philosophischen Verinnerung signalisirt: so bin ich ebenfalls nicht

---

[126] Baur, *Vorlesungen*, Bd. 3, 354.
[127] Baur, *Vorlesungen*, Bd. 3, 355.
[128] Baur, *Vorlesungen*, Bd. 3, 356.

gesonnen zu verleugnen, dass ich allerdings einen grossen Theil der Nahrung meines philosophischen Denkens der Hegel'schen Philosophie verdanke.[129]

Allerdings verwahrte sich Biedermann in der um einen ausführlichen erkenntnistheoretischen Teil erweiterten zweiten Auflage seiner „Dogmatik" von 1884/85 mit Recht gegen die von Kritikern vorgenommene einfache Identifizierung seines eigenen Standpunktes mit der Spekulation Hegels[130]. Neben Biedermann war es vor allem Otto Pfleiderer, der als Schüler Baurs das Erbe Hegels in der protestantischen Theologie der zweiten Hälfte des Jahrhunderts fortführte. Ein Jahr vor Biedermanns „Christlicher Dogmatik" erschien sein Erstlingswerk „Die Religion, ihr Wesen und ihre Geschichte". Statt einer Neuauflage veröffentlichte der Verfasser 1878 ein völlig neues Werk mit dem Titel „Religionsphilosophie auf geschichtlicher Grundlage". Er begründete dies mit einem neuen methodischen Ansatz, der nach dem Überblick über die Geschichte der neueren Religionsphilosophie ab Lessing und Kant im ersten Teil im Titel des zweiten Teils seinen Ausdruck findet: „Genetisch-spekulative Religionsphilosophie". Mit dem Begriff der Spekulation weist Pfleiderer zurück auf den objektiven Idealismus, der ihm selbst als Erlösung aus den erkenntnistheoretischen Erörterungen der Vernunftkritik erscheint.

Aus dieser dürren Haide, in welcher eine subjektivistische Verstandesreflexion sich im endlosen Cirkel um sich selbst drehte, zur grünen Waide der objektiven Wirklichkeit durchgedrungen zu sein und uns von den leeren Formalien zum inhaltsreichen Erkennen unseres Selbst und der Welt erlöst zu haben, betrachte ich als das unsterbliche Verdienst der Schelling-Hegel'schen Spekulation.[131]

Dem Prinzip dieser Spekulation, dem objektiven Denken, gereinigt von den Mängeln der Schulmethode und gesättigt mit dem reichen Stoff des heutigen realistischen Wissens, weiß sich Pfleiderer verpflichtet. Bei dem objektiven Denken handle es sich um ein Denken,

das, statt nach subjektiven Empfindungen, Meinungen und Einfällen leicht und seicht über die Dinge hinweg zu raisonniren, sich selbstlos an das Objekt hingiebt, rückhaltlos in dasselbe versenkt und einfach die im Objekt selbst schon steckenden Gedanken, die Logik der Dinge selber, nachdenkend an's Licht zieht[132].

Das Realienwissen solle dabei von dem begreifenden Gedanken durchgeistet, der Stoff zur begrifflichen Erkenntnis erhoben werden.

Pfleiderer lässt im ersten Teil seines Werkes die Darstellung der spekulativen Religionsphilosophie nach Fichte, Schelling und Schleiermacher in Hegel gipfeln. Der Abschnitt über die religionsphilosophischen Richtungen der Gegenwart schließt hingegen mit dem Neu-Hegelianismus ab, zu dem Feuerbach,

---

[129] A. E. Biedermann, *Christliche Dogmatik*, 2. Auflage, Bd. 1, Berlin 1884, VIII.

[130] Biedermann, *Dogmatik*, Bd. 1, X.

[131] O. Pfleiderer, *Religionsphilosophie auf geschichtlicher Grundlage*, Berlin 1878, VI.

[132] Pfleiderer, *Religionsphilosophie*, VIf.

Strauß und Biedermann gerechnet werden. Was Hegels Religionsphilosophie betrifft, so betont Pfleiderer, dass für sie beides zur Religion gehöre: auf der einen Seite das Gefühl ebenso wie die innere Andacht und der Zusammenschluss mit dem Unendlichen im Kultus und auf der anderen Seite die Tätigkeit der erkennenden und begreifenden Vernunft. Der zweite Aspekt sei der Grund dafür, dass die Religion nichts rein Subjektives sei, sondern objektive Wahrheit habe, und es daher auch eine Wissenschaft der Religion geben könne, die die in ihr enthaltene Wahrheit aufdecke. Wie

gegen den subjektivistischen Standpunkt der Gefühls- und Verstandesphilosophie (beide von Hegel oft zusammengestellt) das Recht des ‚vernünftigen' oder spekulativen Denkens behauptet ist, so wahrt Hegel auch das Recht des philosophischen Denkens über die Religion gegenüber der positiven Kirchenlehre[133].

Seine Religionsphilosophie entwickle im ersten Teil den Begriff der Religion, im zweiten die bestimmte Religion, das heißt den Begriff in seinen besonderen geschichtlichen Erscheinungen, und im dritten die Einheit von Begriff und Erscheinung im Christentum als der absoluten Religion. Hegel definiere die Religion nicht einseitig als subjektives Bewusstsein von Gott, sondern sie sei darüber hinaus das Wissen des absoluten Geistes von sich im endlichen Geist. Zu dem subjektiv-menschlichen trete ein objektiv-göttliches Moment hinzu, und „in ihrem praktischen Zusammenschluß, dem Cultus, verwirklicht sich erst die Religion als ganzes gott-menschliches Bewußtsein"[134]. Hegel nehme seinen Ausgang bei Gott als geistiger Einheit, komme dann zur Differenz des endlichen Geistes vom Absoluten, das in der Religion vorgestellt und in der Philosophie gedacht werde, um schließlich im religiösen Akt, das heißt im Kultus, zur Aufhebung der Differenz zu gelangen. Pfleiderer liegt wie den Junghegelianern Vatke und Biedermann vor allem an der Betonung des Kultus, der gegenüber der religiösen Vorstellung oft übergangen werde:

Ueberblicken wir diese Definition der Religion in ihrer ungetheilten Vollständigkeit, vergessen wir namentlich nicht (wie so häufig geschieht) das dritte zusammenschließende Moment, in welchem die Religion als innere Thätigkeit sich realisirt und in welchem die kräftigen Impulse auch aller äußern Thätigkeit liegen: so müssen wir rundweg anerkennen, daß dieser Begriff der Religion der tiefste und reichste ist, der uns bisher begegnete[135].

Hegel gehe aus von der spinozistischen Bestimmung Gottes als absoluter Substanz, das heißt als der allein wahren Wirklichkeit, doch ergänze er sie durch die Bestimmung Gottes als Subjekt, das heißt „als die geistige Thätigkeit des Unterschiede Setzens (Urtheilens) und Aufhebens (Schließens), kurz als Geist"[136]. Aus dem Wesen Gottes als Geist folge sein Offenbarwerden für den Menschen und

---

[133] Pfleiderer, *Religionsphilosophie*, 131.
[134] Pfleiderer, *Religionsphilosophie*, 133.
[135] Pfleiderer, *Religionsphilosophie*, 134 f.
[136] Pfleiderer, *Religionsphilosophie*, 136.

damit auch die Tatsache der Religion. In der Religion aber erhebe sich der Geist aus seiner natürlichen Gebundenheit zur wahren, von seinem Wesen geforderten Freiheit in Gott. Diese Erhebung vollziehe sich in drei aufsteigenden Stufen über das Gefühl und die Vorstellung zum Gedanken. Zwar stimmt Pfleiderer Hegel durchaus darin zu, dass die Berufung auf das Gefühl nicht die Angabe von Gründen ersetzen könne. Aber seine gegen Schleiermacher gerichtete Polemik, dass der Mensch das Gefühl mit dem Tier gemein habe, kommentiert er mit den Worten: „da ist das geistige Gefühl, um welches es sich hier ja allein handeln kann, in unzulässiger Weise verwechselt mit der sinnlichen Empfindung, die davon gänzlich verschieden ist"[137]. Zwar betone Hegel, dass das Herz als habituelle Weise des Fühlens die Form sei, in der die Wahrheit zum bleibenden individuellen Besitz werde, so wie es umgekehrt auch die erste Weise sei, in der die Wahrheit am Subjekt erscheine:

Faßt man beides zusammen, so sollte man meinen, es ergäbe sich hieraus, daß das Gefühl wie Anfang so Ende, Ausgangs- und wieder Ziel- und Ruhepunkt des religiösen Bewußtseins sei, zwischen welchen beiden Enden eben die theoretische und praktische Thätigkeit der Vorstellungen und des (inneren) Cultus die lebendige Vermittlung wäre. Und dies wäre dann in der That auch die Wahrheit der Sache.[138]

Doch dieser richtigen Auffassung Hegels stehe die andere entgegen, wonach das Gefühl nur als die erste unvollkommene und daher zu überwindende, in Vorstellung und Gedanke aufzuhebende Bewusstseinsform der Religion sei. Pfleiderer erblickt in der Aufhebungsthese einen grundlegenden Fehler der Hegelschen Dialektik, und er meint,

daß die dialektische Aufhebung des Gefühls in höhere Bewußtseinsformen mit Hegel's eigenem treffendem Wort, daß die Wahrheit, um ganz unser Eigenthum zu werden, in das Gefühl, das Herz aufgenommen werden müsse, ebenso wie mit seiner Auffassung des Cultus als des mystischen Aktes der Religion in Widerspruch tritt[139].

Die Vorstellung werde von Hegel als die verglichen mit dem Gefühl nächsthöhere Bewusstseinsform betrachtet, in der das Bewusstsein seinen Inhalt, mit dem es im Gefühl noch völlig eins gewesen sei, gegenständlich vor sich habe. Bei ihr handle es sich um die der Religion eigentümliche Bewusstseinsform, während die Philosophie die Vorstellung in den Begriff verwandle. Bei religiösen Vorstellungen verbände sich ein göttlicher Inhalt mit sinnlichen Bestimmungen, so dass er als zeitliches Nacheinander oder räumliches Nebeneinander erscheine. Die damit verbundenen Widersprüche der religiösen Vorstellung würden erst durch das Denken aufgelöst. Bei dem Denken aber handle es sich nicht um das reflektierende Denken des Verstandes, sondern um das vernünftige, spekulative Denken, das das Endliche als Moment des göttlichen, unendlichen Lebens begreife.

---

[137] Pfleiderer, *Religionsphilosophie*, 138.
[138] Pfleiderer, *Religionsphilosophie*, 139.
[139] Pfleiderer, *Religionsphilosophie*, 140.

Im Ich, das sich als endliches im religiösen Bewußtseins aufhebt, kehrt Gott zu sich zurück; daher ist die Religion nicht blos unser Wissen von Gott, sondern zugleich das Wissen des göttlichen Geistes von sich durch Vermittlung des endlichen Geistes, das Selbstbewußtsein des absoluten Geistes[140].

Während Gott im Identitätssystem Schellings und in Schleiermachers Dialektik nur die Indifferenz und leere Einheit sei, fasse Hegel ihn als absolut geistiges Prinzip, das den Gegensatz von Natur und Geist in sich schließe. Dabei wendet sich Pfleiderer entschieden gegen die vor allem durch Strauß aufgekommene Auffassung, dass Gott erst im endlichen Geist des Menschen zum Geistsein komme und bereits der endliche Geist als natürlicher mit Gott eins sei. „Der Geist, sofern er noch erst der natürlich bestimmte ist, ist eben damit noch zur Natur gehöriges, in Wirklichkeit ungeistiges, wenn gleich zur Geistigkeit angelegtes Dasein und eben damit das Andere gegen Gott, das erst mit Gott wirklich eins werden soll."[141] Dazu bedürfe es aber sittlicher Arbeit, religiöser Opfer und intellektueller Selbstbesinnung, um vom ungöttlichen Ich die Natürlichkeit und Endlichkeit wegzuschmelzen. Mehr noch als Biedermann insistiert Pfleiderer darauf, dass der Abschnitt über den Kultus, der davon handelt, der Kern der Religionsphilosophie Hegels sei. Das erste, innere Moment des Kultus sei der rechte Glaube und dessen Beglaubigung durch den sich in ihm bezeugenden göttlichen Geist. Als zweites Moment komme hinzu ein inneres Handeln, dessen Ziel das Dasein Gottes im Menschen sei. Dieses Handeln sei einerseits ein Tun Gottes, Gnade, und andererseits ein Tun des Menschen, Opfer. Für Pfleiderer ist dies der „Herzpunkt der christlichen Heilslehre"[142].

Nach dem Begriff der Religion wendet sich Pfleiderer dem zweiten Teil der Religionsphilosophie Hegels, der bestimmten Religion zu, das heißt der Religion in den verschiedenen vorchristlichen Stufen ihrer geschichtlichen Verwirklichung. Die einzelnen positiven Religionen seien Erscheinungen besonderer Momente des Begriffs der Religion, während das im dritten Teil behandelte Christentum die absolute Religion, nämlich die Erscheinung des Begriffs der Religion sei. Damit vollende sich in Hegels Religionsphilosophie das, was in Lessings Auffassung der Religionsgeschichte in der „Erziehung des Menschengeschlechts" bereits angelegt und bei Herder vertieft worden sei. Allerdings kritisiert Pfleiderer auch hier wieder die dialektische Methode, wonach die logischen Bewegungen unseres Denkens zugleich die Bewegungen des Wirklichen sein sollen:

Hier gilt es deshalb, den Idealismus Hegel's durch einen besonnen auf die geschichtliche Thatsächlichkeit sich stützenden Realismus zu ergänzen. Wobei man nur freilich andererseits wieder nicht vergessen sollte, daß alle wissenschaftliche, zumal philosophische Verarbeitung des empirischen Stoffes in letzter Instanz doch keinen andern Zweck haben kann als den: die Ideen, die Vernunft, die Gesetzmäßigkeit und Zweckmäßigkeit, die im Wirk-

---

[140] Pfleiderer, *Religionsphilosophie*, 143.
[141] Pfleiderer, *Religionsphilosophie*, 144.
[142] Pfleiderer, *Religionsphilosophie*, 147.

lichen als das innerlichst Wirkende drinstecken, herauszubringen und an's Licht des Bewußtseins zu ziehen.[143]

Auch an Hegels Darstellung des Christentums hat Pfleiderer einiges auszusetzen. So sei es wohl wahr, dass das Unglück der Zeit, der Schmerz der gebrochenen Subjektivität im römischen Kaiserreich, die negative Voraussetzung für Ausbreitung und Sieg des Christentums gewesen sei. Aber Hegel erwähne mit keinem Wort den positiven Erklärungsgrund des Christentums, seine Herkunft aus dem Judentum. „Daß das Christenthum seinen Ursprung aus dem Judenthum nahm und ohne dessen geschichtlich bedingte Heilsoffenbarung gar nicht zu begreifen wäre, das deutet Hegel nicht mit einem Wort an."[144] Hegel teile dann seine Darstellung des Christentums so ein, dass er zunächst Gott im Element der Ewigkeit betrachte, dann Gott in seiner Selbstunterscheidung im Element der Zeit und Geschichte und schließlich Gott in der Rückkehr zu sich selbst im Prozess der Versöhnung als Geist der Gemeinde. Gott im Element der Ewigkeit betrachtet finde Hegel durch die Trinitätslehre ausgedrückt, die besage, dass Gott die lebendige Tätigkeit des Sichvonsichunterscheidens und Zusichzurückkehrens sei. Pfleiderer verteidigt diese spekulative Deutung der Lehre von der Wesenstrinität ausdrücklich gegenüber ihren Kritikern:

Diese spekulative Deutung der kirchlich-trinitarischen Gotteslehre ist jetzt – nicht ohne Schuld plump dogmatischer Anwendung seitens der Epigonen – in ziemlichen Mißkredit gerathen; aber wenn man einmal über diese Dinge unbefangener zu urtheilen gelernt haben wird, wird man ohne Zweifel einsehen, daß in ihr mehr religiöse Wahrheit und mehr philosophische Vernunft steckt, als in dem populären Deismus[145].

Denn Hegels Vorliebe für die Trinitätslehre habe ihren Grund in der von ihr vollzogenen „Verknüpfung des hebräischen mit dem hellenischen Gottesbewußtsein, der Transcendenz des Einen überweltlichen Gottes mit der Immanenz des mannigfaltigen Göttlichen in der Welt und dem Menschenleben"[146]. Seine eigene spekulative Trinitätslehre sei hingegen „die ganz analoge Verknüpfung der Spinozisch-Schellingschen Substanz mit der absoluten Subjektivität Fichte's"[147].

Ihren Höhepunkt erreiche Hegels Philosophie des Christentums in der Lehre von der Entzweiung und Versöhnung des Geistes.

Der im Wesen Gottes selbst schon liegende Unterschied erhält sein bestimmtes Dasein als selbstständiges Anderes, als Welt, die aber, weil sie ihr Sein nur von Gott hat, zu ihrem Ursprung zurückzukehren, aus der Trennung zur Versöhnung überzugehen die Bestimmung hat.[148]

---

[143] Pfleiderer, *Religionsphilosophie*, 151.
[144] Pfleiderer, *Religionsphilosophie*, 152.
[145] Pfleiderer, *Religionsphilosophie*, 154.
[146] Pfleiderer, *Religionsphilosophie*, 154.
[147] Pfleiderer, *Religionsphilosophie*, 154.
[148] Pfleiderer, *Religionsphilosophie*, 155.

Die Aufhebung der Trennung des endlichen Geistes von Gott für das Subjekt, die Versöhnung im Subjekt selbst, habe aber zur notwendigen Voraussetzung, dass die Trennung an sich, im Wesen des absoluten Geistes bereits aufgehoben sei. Genau dies bringt aber Pfleiderer zufolge die spekulative Trinitätslehre zum Ausdruck. Diese an sich seiende Einheit des Unendlichen und Endlichen, der göttlichen und der menschlichen Natur komme aber nur dadurch dem Menschen zum Bewusstsein und werde für ihn zur unmittelbaren Gewissheit, dass ihm Gott als Mensch erscheine:

> Das, was die Natur des Geistes an sich ist, die Einheit göttlicher und menschlicher Natur zu sein, tritt in das Bewußtsein der religiösen, nicht philosophischen Menschheit in der Form einer unmittelbaren Anschauung; so ist die Vorstellung der Gemeinde von der Gottmenschheit Christi aus einer inneren Nöthigung des religiösen Bewußtseins auf der Stufe der Erlösungsreligion erklärt; wohl verstanden: nicht um die Existenz eines Gottmenschen im kirchlichen Sinn handelt es sich hierbei, sondern um den Entstehungsgrund des *Glaubens* an die Gottmenschheit im Bewußtsein der Gemeinde.[149]

Inwiefern der historische Jesus für die Entstehung des mit seinem Tod einsetzenden Glaubens an seine Gottmenschheit eine wesentliche Ursache gewesen sei, werde von Hegel nicht weiter untersucht, sondern nur angedeutet durch den Hinweis auf seine Reich-Gottes-Verkündigung. Hegel bleibe aber nicht bei der einmaligen äußeren Geschichte des als Gottmensch geglaubten Christus stehen. Vielmehr sei es einseitig, den Prozess der Versöhnung als einzelnes geschichtliches Faktum vorzustellen, bezogen auf einen einzelnen Menschen. „Eigentlich bedeutet dabei dieser Eine Alle und dieses Einmal Allemal, aber zunächst erscheint es eben doch als empirische, ausschließende Einzelheit und nicht mehr seiende Vergangenheit"[150]. Diese Einseitigkeit der Versöhnung werde dann kompensiert durch die Vorstellung von der künftigen Wiederkehr Christi und der Sendung des Parakleten, durch den die äußere Versöhnung verinnerlicht werde. Die wahre Aufhebung des Äußeren ins Innerliche erfolge jedoch erst dadurch, dass die einzelnen Subjekte im Kultus selbst die Geschichte durchlaufen, die sie sich zunächst an Christus vorstellen. „Hierin, in dieser Vollziehung der Versöhnung als subjektiven Prozeß an und in den Einzelnen, realisirt sich die Gemeinde."[151] Die Versöhnung werde allerdings erst dadurch vollkommen real, dass sie sich nicht bloß im Innern abspiele, sondern sie auch nach außen in die Weltlichkeit trete. Dies geschehe zunächst durch mönchische Weltentsagung, sodann durch Verweltlichung der Kirche und schließlich durch das Eindringen des Prinzips der Freiheit in die Weltlichkeit. „In der Sittlichkeit, diesem verwirklichten vernünftigen Willen, ist die Versöhnung der Religion mit der Weltlichkeit vollbracht."[152] Wie die Versöhnung auf dem realen Gebiet der Praxis in der Sittlichkeit vollzogen werde,

---

[149] Pfleiderer, *Religionsphilosophie*, 157.
[150] Pfleiderer, *Religionsphilosophie*, 160.
[151] Pfleiderer, *Religionsphilosophie*, 161.
[152] Pfleiderer, *Religionsphilosophie*, 162.

so werde Religion auf dem idealen Gebiet durch das vernünftige Denken gerechtfertigt. Von einer Aufhebung der Religion in die Philosophie möchte Pfleiderer
allerdings aus Interesse an der Selbstständigkeit der Religion nicht sprechen.
Auch wenn es bei Hegel Stellen gebe, die im Sinne der Aufhebungsthese interpretiert werden können, stünden ihnen doch andere entgegen, so dass Pfleiderer
mit Bezug auf Hegel meint:

> Die Religion bleibt ihm auf ihrem Gebiet das Höchste, die völlige praktische Versöhnung
> des Menschen in seinem Gemüth. Was die Philosophie noch des Weitern hinzuthut, ist nur
> dies, daß sie das, was die Religion als Leben und Erfahrung *ist*, auch für das Denken und
> vom Denken aus als vernünftig, wahr und nothwendig *erkennen lehrt* oder ,rechtfertigt',
> daß sie ,die Vernunft mit der Religion versöhnt'.[153]

Pfleiderer sieht bei Hegel selbst durchaus Ansatzpunkte für eine konservative
Interpretation, wie sie von Daub, Marheineke und anderen theologischen Alt-
hegelianern vertreten worden sei. Diese hätten sich der Ideen Hegels bedient, um
das kirchliche Dogma aufzuputzen und die Verstandeskritik zum Verstummen zu
bringen. Gegenüber diesen Rechtshegelianern hätten die Linkshegelianer wie
Strauß die Kritik am überkommenen Dogma ins Recht gesetzt und daran eine
spekulative Rekonstruktion des Dogmas angeschlossen. Dabei sei bei Strauß
allerdings je länger desto mehr das Interesse an einer derartigen Rekonstruktion
geschwunden, bis er dann schließlich in seinem Alterswerk „Der alte und der
neue Glaube" 1871 das Christentum preisgegeben habe. Pfleiderer ist jedoch der
Meinung, dass „der Fortschritt nicht in einem Abfall von der idealistischen Philosophie zu ihrem Gegentheil, dem Materialismus, sondern nur in einer Fortbildung derselben auf Grund allseitiger Bewerthung der realistischen Erfahrung
wird bestehen können"[154]. Er plädiert für einen Monismus, der ebenso ideal wie
real ist, und für dessen gediegensten Vertreter er Biedermann hält. Biedermann
sei aus der Schule Hegels hervorgegangen, doch über sie hinaus fortgeschritten
durch konsequente Fortbildung des Idealismus. Er vermeide die apriorische Dialektik, die durch Selbstbewegung des Begriffs die Wirklichkeit konstruirc. Stattdessen wolle er „die gegebene Erfahrung durch logische Verarbeitung ihrer man-
nigfachen Erscheinungen zum reinen, in sich und mit den Vernunftgesetzen wi-
derspruchlos zusammenstimmenden Begriff erheben"[155]. In seiner „Christlichen
Dogmatik" gehe er daher wie Schleiermacher von der christlichen Religion als
geschichtlicher und psychologischer Erfahrungstatsache aus und beschreibe die
dogmatischen Vorstellungen. Danach analysiere und kritisiere er sie, um aus
ihnen die geistigen Wahrheitsmomente als ihren Kern zu erheben und diese zum
widerspruchslosen Begriff zu synthetisieren. Letzteres sei die spekulative Funktion der wissenschaftlichen Erkenntnis der Religion. Denn anders als Schleiermacher und ebenso wie Hegel nehme Biedermann an, dass in der Religion eine

---

[153] Pfleiderer, *Religionsphilosophie*, 164.
[154] Pfleiderer, *Religionsphilosophie*, 243.
[155] Pfleiderer, *Religionsphilosophie*, 244.

über die bloße Subjektivität hinausragende objektive Wahrheit dem Denken erkennbar sei. Die geschichtlich-genetische Darstellung des Dogmas, seine kritische Zersetzung gelte ihm anders als Strauß nur als die eine Seite der wissenschaftlichen Arbeit, die positive Rekonstruktion der im Dogma enthaltenen
Wahrheit als die andere. Zwar ruhe Biedermanns Religionswissenschaft ganz auf
dem Boden der Hegelschen Unterscheidung von Vorstellung und Begriff. Aber
sie lasse die Religion nicht in der religiösen Vorstellung aufgehen, wie es bei Hegel
teilweise den Anschein habe und bei Strauß tatsächlich der Fall sei. Der religiöse
Vorgang bestehe vielmehr außer aus der Vorstellung als theoretischem Bewusst-
seinsakt aus einem Willensakt und einem Gefühlszustand. Die beiden in der
Religion als Wechselbeziehung zwischen Gott als unendlichem und dem Menschen als endlichem Geist enthaltenen Momente seien für Biedermann der göttliche Akt der Offenbarung und der menschliche des Glaubens. Dagegen wendet
Pfleiderer allerdings ein, dass die Religion uns zunächst nur als psychologische
menschliche Tatsache gegeben sei. Dass Biedermann den transzendenten göttlichen Offenbarungsakt gleich in den Begriff der Religion mit aufnehme, hält er
hingegen für einen Rest des Apriorismus der Hegelschen Methode, über den er
prinzipiell hinaus sei.

Pfleiderer hat seinen theologischen Hegelianismus nicht nur gegenüber Albrecht Ritschl und seinen Schülern verteidigt, die vom Idealismus zu Kant zu-
rücklenkten und insofern die theologische Entsprechung zum kaiserzeitlichen
Neukantianismus darstellten. Er machte ihn auch geltend gegenüber der Gefühlstheologie der Neuromantik der Jahrhundertwende. 1905 hielt er an der Berliner Friedrich-Wilhelms-Universität für Hörer aller Fakultäten Vorträge über
„Religion und Religionen", in denen er sich kritisch mit der neuromantischen
Religionstheorie auseinandersetzt. „Religion und Wissenschaft, so sagt man, sollen schiedlich friedlich nebeneinander bestehen und sich gegenseitig einfach in
Ruhe lassen, nicht umeinander kümmern."[156] Die Wissenschaft solle sich auf das
Erkennen kausaler Zusammenhänge beschränken, die Religion habe es hingegen
überhaupt nicht mit dem Erkennen, sondern nur mit den Erfahrungen unseres
inneren Lebens und mit Gefühlen zu tun, die uns eine innere Befriedigung geben.
Mit dieser Scheidung zwischen Erkenntnis und Gefühl werde aber der Zwiespalt
zwischen Religion und Wissenschaft nur vertuscht. Denn Pfleiderer ist davon
überzeugt, dass die Wissenschaft auf ein das Ganze umfassendes Weltbild aus ist.
Wenn dabei ein mechanischer Materialismus herauskäme, so bliebe für die Religion nur die Illusionstheorie Feuerbachs übrig, und es wäre mit ihr am Ende.
Pfleiderer kommt daher zu dem Schluss: „Also kann die Religion mit einer atheistischen Weltanschauung der Wissenschaft nicht friedlich zusammenbestehen,
sie kann sie nicht ertragen, ohne sich selbst aufzugeben."[157] Von einer ernsthaften
Religionswissenschaft verlangt er deshalb, eine positive Vermittlung zwischen

---

[156] O. Pfleiderer, *Religion und Religionen*, 2. Auflage, München 1911, 44.
[157] Pfleiderer, *Religion*, 45.

Religion und Wissenschaft zu suchen. Pfleiderer zufolge setzt die Wissenschaft voraus, dass die Welt ein gesetzmäßig geordnetes Ganzes sei, was zu der weiteren Annahme einer allmächtigen schöpferischen Vernunft führe. Zu dieser Annahme führe aber die Reflexion auf die logischen Gesetze unseres Denkens ebenso wie die auf den Zweck der Entwicklung von Natur und Geschichte, so dass es am Ende heißt, „daß die gesetzmäßige Ordnung und Entwicklung der Natur und Geschichte, dieser Grundgedanke der Wissenschaft, den Gottesglauben nicht nur nicht ausschließt, sondern ihn sogar zu ihrer eigenen Begründung fordert"[158]. Damit aber sei die Vereinbarkeit von Wissenschaft und Religion gesichert.

6. Schluss

Mit einer Gestalt wie Pfleiderer reicht der Idealismus junghegelianischer Prägung bis in die protestantische Theologie des 20. Jahrhunderts hinein. Die deutsche Philosophie aber war zu Beginn des Jahrhunderts durch eine erneute Hinwendung zu Hegel charakterisiert. Von Wilhelm Dilthey erschien 1905 „Die Jugendgeschichte Hegels", und Diltheys Schüler Hermann Nohl veröffentlichte 1907 „Hegels theologische Jugendschriften", die es erstmals erlaubten, anhand der frühen, der Religion gewidmeten Studien und Fragmente den Entwicklungsweg Hegels bis zu den Jenaer Systementwürfen nachzuzeichnen. 1910 verlieh der Neukantianer Wilhelm Windelband einer Akademieabhandlung den Titel „Die Erneuerung des Hegelianismus", und der Berliner Pfarrer Georg Lasson gab ab 1911 nicht nur die erste kritische Hegelausgabe heraus, sondern setzte sich mit seinen „Beiträgen zur Hegelforschung" und dem Vortrag „Was heißt Hegelianismus?" von 1916 auch für den lange durch Kant in den Hintergrund gedrängten Hauptvertreter des deutschen Idealismus ein. 1920 hielt Heinrich Scholz, Harnackschüler und Nachfolger Rudolf Ottos in Breslau, der soeben auf einen philosophischen Lehrstuhl nach Kiel gewechselt war, vor der Berliner Kant-Gesellschaft einen Vortrag zum 150. Geburtstag Hegels mit dem Titel „Die Bedeutung der Hegelschen Philosophie für das philosophische Denken der Gegenwart". Und noch 1922 bekannte sich Ernst Troeltsch in der Selbstanzeige „Meine Bücher" unter anderem zu Hegel. Dort zeichnet er seinen eigenen Entwicklungsgang nach und kommt hinsichtlich der Begründung der Religion zwar auf die Überlegenheit der neukantianischen Geltungslehre gegenüber der bloßen Psychologie zu sprechen, aber nur um auch sie wieder abzuwerten. Denn

ihre Neigung, alle Gegenständlichkeit zu einem Erzeugnis des Subjektes zu machen, das sich nur durch seine apriorische Notwendigkeit von der bloßen Zufälligkeit der Durchschnittserzeugnisse unterschied, war doch der reine, unmittelbare Gegensatz und Widerspruch gegen den religiösen Gedanken selbst, der mit ihm als geltend zunächst erwiesen werden sollte[159].

---

[158] Pfleiderer, *Religion*, 49.
[159] E. Troeltsch, *Aufsätze zur Geistesgeschichte und Religionssoziologie*, hg. v. H. Baron,

Die Verwandlung jeder Realität in eine Produktion des Subjekts sei doch das
Gegenteil aller natürlichen Realitätsempfindung. Die Geltungstheorie des Ba-
dischen Neukantianismus erschien Troeltsch daher nur als Durchgangspunkt zu
einer neuen Metaphysik, die den einseitigen Subjektivismus aufheben müsse.
„Die Ergebnisse dieser Erwägungen sind mitten im Gange, ich mag und kann sie
aber noch nicht mitteilen. Ich deute nur an, daß mir die Lösung in der Richtung
Malebranche, Leibniz und Hegel ungefähr zu liegen scheint."[160] Damit deutet
Troeltsch auf die Geistmetaphysik hin, deren Grundzüge er in dem Werk „Der
Historismus und seine Probleme" skizziert. Dort zeichnet er zwei Entwicklungslinien, die ihren Ausgang bei Descartes nehmen. Die eine führt von der cartesi-
anischen denkenden Substanz über das transzendentale Subjekt Kants zum Neukantianismus, die andere über Leibniz' Monade und Malebranches absoluten
Geist zur nachkantischen Spekulation. Die zweite dieser Entwicklungslinien behauptet letztlich „die Identität des endlichen und unendlichen Geistes bei Auf-
rechterhaltung der Endlichkeit und Individualität des letzteren"[161]. Oder die „Partizipation des endlichen Geistes an der inneren Lebenseinheit und Bewegung des
absoluten Geistes"[162]. Auch wenn dem endlichen Geist aufgrund seiner Beschränktheit die Verbindung mit dem unendlichen, göttlichen Geist nicht vollkommen durchsichtig sei. Denn: „Hinter allem und am Ende von allem steht die
Metalogik, in welcher unsere anthropologisch bedingten logischen Mittel und
der göttliche Lebenszusammenhang auf völlig unbekannte Weise zusammenge-
hen."[163]

Gesammelte Schriften, Bd. 4, Nachdruck der 1925 im Verlag von J. C. B. Mohr (Paul Siebeck)
Tübingen erschienenen Ausgabe, Darmstadt 2016, 10.

[160] Troeltsch, *Aufsätze*, 10.

[161] E. Troeltsch, *Der Historismus und seine Probleme. Erstes Buch: Das logische Problem
der Geschichtsphilosophie*, Gesammelte Schriften, Bd. 3, Nachdruck der 1922 im Verlag von J.
C. B. Mohr (Paul Siebeck) Tübingen erschienenen Ausgabe, Darmstadt 2016, 675.

[162] Troeltsch, *Historismus*, 676.

[163] Troeltsch, *Historismus*, 678.

Ernst Troeltschs entwicklungsgeschichtlicher Idealismus in den Spuren von Friedrich Schleiermacher

Friederike Nüssel

Die Wissenschaftlichkeit der Theologie und die Kulturbedeutung des Christentums – das waren die beiden großen Themen, die im Zentrum der theologischen und religionstheoretischen Arbeit von Ernst Troeltsch am Übergang vom 19. in das 20. Jahrhundert standen. Beide Anliegen wusste er in innovativer Weise zu verbinden und hat damit nicht nur die deutschsprachige Theologieentwicklung maßgeblich geprägt, sondern auch internationale Aufmerksamkeit erzielt. Für die Entwicklung und Ausbuchstabierung seines theologischen Denkens und Programms ist der deutsche Idealismus einerseits eine wesentliche Grundlage.[1] Andererseits hat Troeltsch aber idealistische Grundgedanken unter dem Eindruck der neuartigen wissenschaftlichen Voraussetzungen seiner Zeit nicht nur rezipiert, sondern transformiert. Vereinte die Vertreter des deutschen Idealismus knapp hundert Jahre vor Troeltsch die Frage, wie wissenschaftliche Erkenntnis unter den Bedingungen der Erkenntniskritik von Immanuel Kant möglich sei[2], so stand Troeltsch in seiner theologischen Rezeption des Idealismus vor der Frage, wie sich die Bedeutung des Christentums als Religion im Kontext einer Wissenschaftslandschaft zum Zuge bringen lassen könne, in der nicht nur eine Pluralisierung und Emanzipation der verschiedenen mit Religion befassten Disziplinen, sondern vor allem auch eine systematische Hinwendung zur Empirie bestimmend geworden war.

Für die explizite Auseinandersetzung mit dem deutschen Idealismus, der nach Troeltsch „weder im Ursprung noch in der Wirkung auf Deutschland beschränkt

---

[1] Vgl. dazu die Ausführungen zur wissenschaftlichen Standortbestimmung von H.-G. Drescher, *Ernst Troeltsch. Leben und Werk*, Göttingen 1991, 122 ff., bes. 123: „Vor allem eine idealistische Denkweise scheint Troeltsch in der Lage, mit christlicher Glaubenserfahrung und der auf ihr basierenden Theologie bestehen zu können. In ihr wird ‚die Priorität des Geistes vor der Natur anerkannt und eine Theorie geschaffen ... welche die Tatsache der Natur mit ihrer scheinbar so toten und tödlichen mechanischen Starrheit dem warmen und bewegten Leben des Geistes selber einverleibt.' Die Annahme vom Wert des Geisteslebens, die Betonung des Personhaften sind für Troeltsch die verbindenden Elemente zwischen Idealismus und christlicher Theologie."

[2] Vgl. zum Begriff und zur philosophischen Charakterisierung P. Guyer und R.-P. Horstmann, „Idealism", in: *The Stanford Encyclopedia of Philosophy*, https://plato.stanford.edu/archives/fall2020/entries/idealism. Siehe auch H. J. Sandkühler, „Idealismus", in: Ders. (Hg.), Enzyklopädie Philosophie, Bd. 2, Hamburg 2009.

ist"[3], ist die Schrift „Geschichte und Metaphysik"[4] von besonderer Bedeutung, die Troeltsch im ersten Heft der ZThK von 1898 publizierte. Veranlasst ist die Schrift durch die Kritik von Julius Kaftan an Troeltschs religions- und christen-
tumstheoretischer Argumentation in der umfangreichen Studie über „Die Selbständigkeit der Religion", die Troeltsch 1895–1896 in der ZThK in drei Lieferungen veröffentlicht hatte.[5] In seiner Antwort auf die Kritik Kaftans in „Geschichte und Metaphysik" erklärt Troeltsch die Abwendung christlicher Theologie vom „Supranaturalismus der kirchlichen Überlieferung" für unabdingbar, die auch „bei der ungeheuren Mehrheit der gegenwärtigen Christen bewußt oder unbewußt im praktischen Glauben und Verhalten, in der Denkweise des gewöhnlichen Tages und in der Ethik praktisch bereits vollzogen"[6] sei. Für die Antwort auf die veränderte wissenschaftliche Lage bleibt nach Troeltschs Überzeugung „nur der Weg übrig, den *Schleiermacher* gegangen ist"[7], und zwar in seiner Argumentation für die Selbständigkeit der Religion. Zudem ist dabei das „Verhältnis von Ideal und Geschichte [...] in der Weise des entwickelungsgeschichtlichen Idealismus zu bestimmen, und die Hauptfrage ist dann die, mit welchem Rechte wir im Christentum als der höchsten, reinsten und einfachsten Gestalt der Religion das Ziel oder eine neue Stufe der Entwickelung sehen dürfen."[8] Troeltsch ist zwar der Meinung, „keine einzelne Lehre dieses größten Theologen unmittelbar teilen" zu können. Doch zugleich komme man „über die Grundlagen seiner Position nicht hinaus", die „unter der Einwirkung der allgemeinen modernen Denkweise [...], unter der Einwirkung Kants und des deutschen entwicklungsgeschichtlichen Idealismus"[9] geschaffen worden seien.

Im Folgenden soll in einem ersten Schritt die Bedeutung Schleiermachers für Troeltschs Theologieprogramm und die Argumentation für die Selbständigkeit der Religion angezeigt werden. In einem zweiten Schritt wird die Bedeutung des „entwicklungsgeschichtlichen Idealismus" behandelt, an den Troeltsch in seiner Verschränkung von religionspsychologischer und religionsgeschichtlicher Argumentation anschließt und den er religionsgeschichtlich entwickelt. In einem

---

[3] So E. Troeltsch, *Die Bedeutung des Protestantismus für die Entstehung der modernen Welt*, 2. Auflage, München/Berlin 1911, Kap. V, 91.
[4] E. Troeltsch, „Geschichte und Metaphysik", in: *Zeitschrift für Theologie und Kirche* 8 (1898), 1–69, hier zitiert nach E. Troeltsch, *Kritische Gesamtausgabe*, Bd. 1: *Schriften zur Theologie und Religionsphilosophie* (1888–1902), hg. v. Ch. Albrecht in Zusammenarbeit mit B. Biester, L. Emersleben u. D. Schmid, Berlin/New York 2009.
[5] Jetzt zugänglich in E. Troeltsch, *Schriften zur Theologie und Religionsphilosophie (1888–1902)*, hg. v. Ch. Albrecht in Zusammenarbeit mit B. Biester, L. Emersleben u. D. Schmid, in: E. Troeltsch, *Kritische Gesamtausgabe*, Bd. 1 (KGA 1), Berlin/New York 2009, 364–535, siehe auch den editorischen Bericht Troeltsch, KGA 1, 359–363.
[6] Troeltsch, *Geschichte und Metaphysik* (KGA 1), 653.
[7] Troeltsch, *Geschichte und Metaphysik* (KGA 1), 653.
[8] Troeltsch, *Geschichte und Metaphysik* (KGA 1), 653.
[9] Troeltsch, *Geschichte und Metaphysik* (KGA 1), 669.

dritten Schritt ist schließlich Troeltschs religionsphilosophische Fundierung seines religions- und christentumstheoretischen Denkens in den Blick zu nehmen, in
der er die Argumentation für die Selbständigkeit der Religion erkenntnistheoretisch untermauert und dabei die idealistischen Grundlagen transformiert, an
die er anknüpft.

1. Troeltschs „Theologie nach Schleiermacher"

1.1 Zur Bedeutung der Theologie Schleiermachers für Troeltsch

Dass Troeltsch zu den wichtigsten und einflussreichsten Rezipienten des Schleiermacherschen Denkens im ausgehenden 19. und frühen 20. Jahrhundert gehört,
ist in der Forschungsliteratur zu Schleiermacher unstrittig.[10] Den Rückbezug auf
Schleiermacher dokumentieren zum einen schon Zeitgenossen wie Ferdinand
Kattenbusch[11] und Otto Lempp. Letzterer hält in seinem Artikel über die Schlei-
ermacher-Schule in der ersten Auflage der RGG von 1913 fest, Troeltsch und
seine Schüler hätten die „religionswissenschaftlichen Prinzipienfragen [...] in
engster Anlehnung an die Fragestellungen der S[chleiermacher]schen Religionsphilosophie"[12] fortgeführt. Zum anderen hat auch Troeltsch selbst die grundlegende Bedeutung von Schleiermachers Denken und Werk für seine eigene Religionsphilosophie und Theologie im Verlauf seines akademischen Werdegangs
immer wieder ausdrücklich hervorgehoben. 1898 schreibt er in „Geschichte und
Metaphysik": „Alles in allem also ist meine Auffassung trotz mannigfacher Abweichungen und Fortbildungen die *Schleiermachers* und der ihm nahestehenden
Theologen und Philosophen"[13]. In einer Rezension in der ThLZ von 1913 zu
Hermann Süskinds Werk zu den geschichtsphilosophischen Grundlagen der
Schleiermacherschen Theologie erklärt Troeltsch, auch seine eigene religions-
philosophisch-theologische Grundlegung in der Absolutheitsschrift bewege sich
„übrigens größtenteils instinktiv auf den Schleiermacher'schen Bahnen"[14].

In der evangelischen Theologiegeschichtsschreibung bestimmt Karl Barth in
seiner Geschichte der Protestantischen Theologie im 19. Jahrhundert Schleiermacher und Troeltsch als die Eckpunkte der maßgeblichen Entwicklungslinie

---

[10] So nennt Friedemann Voigt Ernst Troeltsch „die wohl wichtigste Schlüsselfigur für die
Beschäftigung mit Schleiermacher um 1900 sowie für die These von der ‚Schleiermacher-
Renaissance'", siehe F. Vogt, „Die Schleiermacher-Rezeption 1890–1923", in: M. Ohst (Hg.),
Schleiermacher Handbuch, Tübingen 2017, 455–464, hier: 460.

[11] F. Kattenbusch, *Von Schleiermacher zu Ritschl. Zur Orientierung über die Dogmatik des
19. Jahrhunderts*, 3. Auflage, Gießen 1903, 75.

[12] O. Lempp, „Schleiermachersche Schule", in: F. M. Schiele/L. Zscharnack (Hgg.), *Religion in Geschichte und Gegenwart* 5, Tübingen 1913, 314–316, hier: 316.

[13] Troeltsch, *Geschichte und Metaphysik* (KGA 1), 643.

[14] E. Troeltsch, Rezension zu Hermann Süskind, Christentum und Geschichte bei Schleiermacher, in: *Theologische Literaturzeitung* 38 (1913), 21–24, hier: 24.

protestantischer Theologie im 19. Jahrhundert.[15] Während allerdings Karl Barth
diese Epoche evangelischer Theologieentwicklung als im Anthropozentrismus
verfangene Verfallsgeschichte rekonstruiert, thematisiert Hartmut Ruddies in
seinem Beitrag zur Schleiermacher-Rezeption Ernst Troeltschs das „Problem des
Auseinanderbrechens von tradierter Geschichte und gegenwärtigem Geltungs-
bewußtsein im modernen Christentum"[16] als Kern des Zusammenhangs zwischen
Troeltsch und Schleiermacher. In kritischer Auseinandersetzung mit verschiedenen „nachträglichen Einordnungsversuchen" zeigt Ruddies, dass die Kritik
Troeltschs an Schleiermacher einerseits schärfer war, „als es die Kontinuitäts-
formeln der Theologiegeschichtsschreibung zum Ausdruck bringen"[17], und dass
sie andererseits zugleich „stärker an der inneren Einheit des modernen Protestantismus interessiert (war), als es seine eigenen Abstandsäußerungen zum Werk
Schleiermachers erkennen lassen"[18]. Die Schleiermacher-Rezeption bei Troeltsch, die sich durch programmatischen Rückgriff auf ihn und sachkritische
Distanzierung gleichermaßen auszeichne, sei Teil einer „Suchbewegung nach einer neuen Theologie, in der die sich verstärkende Differenz von Religion und
Kultur in der Moderne einen herausragenden Stellenwert hat".[19] Troeltsch habe
die „Differenzlinien in einer systematisch unentfalteten Figur zusammengeführt,
die eine ,Theologie nach Schleiermacher' [...] präsentieren wollte."[20] Dabei spiele
die Näherbestimmung „nach Schleiermacher" gezielt mit der Differenz von post
und secundum. Wenngleich sich in der Schleiermacher-Rezeption von Troeltsch
positive und abgrenzende Bezüge in vielen Themenbereichen feststellen lassen

---

[15] K. Barth, *Die protestantische Theologie im 19. Jahrhundert. Ihre Vorgeschichte und ihre
Geschichte*, 2. Auflage, Zürich 1952, 274 f. und bes. 305, wo Barth „das Siegreiche an der
Erscheinung Troeltschs" darauf zurückführt, „daß er, das Schleiermachersche Programm
wieder aufnehmend, eine Konzeption in die Mitte seiner Religionsphilosophie rückte, die im
Grunde eben die romantische war."
[16] H. Ruddies, „,Das große Programm aller wissenschaftlichen Theologie'. Bemerkungen
zur Schleiermacher-Rezeption Ernst Troeltschs", in: U. Barth (Hg.), *200 Jahre „Reden über
die Religion". Akten des 1. Internationalen Kongresses der Schleiermacher-Gesellschaft*, Halle,
14.–17. März 1999, Berlin/New York 2000, 748–769, hier: 748.
[17] Ruddies, *Bemerkungen zur Schleiermacher-Rezeption Ernst Troeltschs*, 751.
[18] Ruddies, *Bemerkungen zur Schleiermacher-Rezeption Ernst Troeltschs*, 751.
[19] Ruddies, *Bemerkungen zur Schleiermacher-Rezeption Ernst Troeltschs*, 754 f. Während
Ruddies' Rekonstruktion der Rezeption auf das Theologieprogramm und damit den theologischen Ansatz von Troeltsch insgesamt abhebt, bieten die Arbeiten in dem Sammelband
von U. Barth/Ch. Danz/W. Gräb/F. W. Graf (Hgg.), *Aufgeklärte Religion und ihre Probleme.
Schleiermacher – Troeltsch – Tillich*, Berlin/New York 2013, Einblick in Einzelthemen der
Schleiermacher-Rezeption bei Troeltsch. Unter der Überschrift „Troeltsch liest Schleiermacher" untersucht Arie L. Molendijk die Auseinandersetzung mit dem Kirchenverständnis,
Brent W. Sockness die Auseinandersetzung mit Schleiermachers Ethik, Alf Christophersen
untersucht mit christologischem Fokus die Glaubenslehren von Schleiermacher und Troeltsch und Jörg Lauster erörtert die Rezeption des Religionsverständnisses in der frühen
Schrift über „Die Selbständigkeit der Religion".
[20] Ruddies, *Bemerkungen zur Schleiermacher-Rezeption Ernst Troeltschs*, 757.

(insbesondere im Kirchenbegriff, in der Ethik, in der Glaubenslehre und im Religionsverständnis), so besteht doch – wie man mit Ruddies festhalten kann – die große Klammer zwischen Troeltsch und Schleiermacher auf der Ebene des Theologieprogramms.

1.2 Die religionstheoretische Argumentation für die Selbständigkeit der Religion im Anschluss an Schleiermacher

Dass und wie Troeltsch an die Grundlagen bei Schleiermacher anschließt, markiert schon der Titel seiner frühen Religionsschrift „Die Selbständigkeit der Religion". In den ersten drei Kapitel der Selbständigkeitsschrift rekonstruiert Troeltsch dabei zunächst die Selbständigkeit der Religion als „aus eigener Kraft sich entwickelndes und gestaltendes Lebensprinzip"[21], um dann im vierten Kapitel die relative Höchstgeltung des Christentums der Religion in Anschlag zu bringen. Auf diese Weise modifiziert und erweitert er die religionspsychologische Argumentation Schleiermachers für die Selbständigkeit der Religion durch die Verschränkung der Religionspsychologie mit der Religionsgeschichte. Der von Kaftan in der Gegenschrift „Die Selbständigkeit des Christentums" vorgetragene Vorwurf lautet in Troeltsch Worten, dass er „den Unterschied zwischen dem auf Werturteilen begründeten reinen Offenbarungsglauben und der einen metaphysischen Gottesbegriff aus der religionsgeschichtlichen Entwickelung herausschälenden oder auch in sie eintragenden Religionsphilosophie nicht recht verstanden und in dem Eifer, beide Standpunkte zu vereinen, beide durch einander verdorben"[22] habe. Er nimmt diesen „Angriff" zum Anlass, in „Geschichte und Metaphysik" „die wesentlichen methodischen Voraussetzungen" der religionstheoretischen Fundierung seiner Christentumstheorie „noch einmal gesondert darzulegen und gerade den Unterschied hervorzuheben, der meine Auffassung von derjenigen *Kaftans* und verwandter Theologen trennt".[23]

Kaftan und Troeltsch verbindet zwar das Anliegen, die Besonderheit und den Geltungsanspruch des Christentums im wissenschaftlichen Kontext ihrer Zeit darzulegen. Aber Kaftan geht es, wie Troeltsch zutreffend festhält, nicht nur um die inhaltliche Bestimmung der Selbständigkeit des Christentums, sondern „in Wahrheit um die ‚Selbständigkeit des Christentums gegenüber der Religionsphilosophie' d. h. gegenüber dem Unternehmen, das Christentum auf gleichem Fuß mit den anderen Religionen zu behandeln, sich ihm erst von der allgemeinen Tatsache der Religion aus zu nähern, es in dem gleichen Grunde wurzeln zu lassen wie jene und für die Darstellung seines Inhaltes die gleichen Methoden anzuwen-

---

[21] E. Troeltsch, *Die Selbständigkeit der Religion*, in: E. Troeltsch, *Kritische Gesamtausgabe*, Bd. 1 (KGA 1), *Schriften zur Theologie und Religionsphilosophie (1888–1902)*, hg. v. Ch. Albrecht in Zusammenarbeit mit B. Biester, L. Emersleben u. D. Schmid, Berlin/New York 2009, 364–535, hier: 364.

[22] Troeltsch, *Geschichte und Metaphysik* (KGA 1), 617 f.

[23] Troeltsch, *Geschichte und Metaphysik* (KGA 1), 618.

den wie bei jenen"[24]. Während Kaftan die Selbständigkeit der christlichen Religion durch ihre Unvergleichbarkeit in Form ihres einzigartigen Offenbarungsursprungs zu begründen sucht, bestreitet Troeltsch die Sachgemäßheit und Tragfähigkeit eines solchen Ansatzes, den er als einen „ausschließenden Supranaturalismus"[25] charakterisiert. Denn nach Kaftan hebe sich das Christentum in seiner spezifischen Übernatürlichkeit von jeder anderen ethisch-religiösen Übernatürlichkeit ab. Wäre aber das Christentum mit einem solchen exklusiven Supranaturalismus „unlösbar identisch, dann wäre es eben auch um seine Wahrheit, wenigstens um die Möglichkeit, wissenschaftlich von ihr zu handeln, geschehen."[26]

Unter Berufung auf Lessing, Kant und Schleiermacher geht Troeltsch davon aus, dass das Christentum auch unter den Bedingungen der Aufklärung „seine erlösende Kraft"[27] behaupte und „ohne jene supranaturalistische Form"[28] erschlossen werden könne. Gegenüber Kaftan vertritt er dabei mit religionsgeschichtlichen Gründen die Überzeugung, dass man „das Christentum nicht als etwas toto genere von den nichtchristlichen Religionen Verschiedenes voraussetzen und beweisen"[29] könne. Vielmehr sei es nur möglich, „von der Gesamterscheinung der Religion aus die Frage nach Stellung und Wahrheit des Christentums zu erheben"[30]. Darin knüpft Troeltsch dezidiert an den Schleiermacherschen Ansatz an, ist aber im Unterschied zu Schleiermacher der Auffassung, dass eben diese Zugangsweise nichts anderes sei als Religionsphilosophie, während Schleiermacher – wie Ruddies gezeigt hat – die philosophische Theologie zwar als Teil der Theologie neben historischer und praktischer ansah, aber in dieser Konfiguration zugleich die Unterscheidung zwischen Theologie und Philosophie betonte.

Für die Frage nach Troeltschs Bezug zum deutschen Idealismus ist dabei die Auseinandersetzung in „Geschichte und Metaphysik" insofern aufschlussreich, als Troeltsch in der Begründung und Verteidigung seines an Schleiermacher anknüpfenden Theologieverständnisses den deutschen Idealismus explizit als eine elementare Grundlage bestimmt und erörtert. Das Spezifikum seiner Rezeption kommt dabei darin zum Tragen, dass Troeltsch den Idealismus auf den für seine eigene Theoriebildung tragenden Entwicklungsgedanken hin aufschlüsselt und als entwicklungsgeschichtlichen Idealismus interpretiert. Der entwicklungsgeschichtliche Idealismus, zu dessen Begründung und Durchführung Herder und Goethe, Schelling, Hegel, Schleiermacher[31], Wilhelm von Humboldt, „schließlich

---

[24] Troeltsch, *Geschichte und Metaphysik* (KGA 1), 619 f.
[25] Troeltsch, *Geschichte und Metaphysik* (KGA 1), 630.
[26] Troeltsch, *Geschichte und Metaphysik* (KGA 1), 630.
[27] Troeltsch, *Geschichte und Metaphysik* (KGA 1), 630.
[28] Troeltsch, *Geschichte und Metaphysik* (KGA 1), 630.
[29] Troeltsch, *Geschichte und Metaphysik* (KGA 1), 639.
[30] Troeltsch, *Geschichte und Metaphysik* (KGA 1), 639.
[31] Während Troeltsch Schleiermacher zu den Protagonisten des entwicklungsgeschichtli-

die historische Schule der großen Philologen und Juristen und zuletzt die großen Historiker, *Ranke* an der Spitze"[32] beigetragen hätten, zeichne sich durch „eine neue Anschauung von Wesen und Verlauf der Geschichte"[33] aus. Diese große und verzweigte Bewegung habe auch Religionswissenschaft und Theologie erfasst und „eine viel reichere Gedankenwelt erschlossen"[34] als die der Aufklärungstheologie. Troeltsch nimmt die Impulse des entwicklungsgeschichtlichen Idealismus in seine Konzeption der Selbständigkeit der Religion auf, indem er diese zum einen religionsgeschichtlich demonstriert und zum zweiten in Analogie zu Schleiermachers Ansatz religionspsychologisch fundiert.

Ganz wie *Schleiermacher* seine Theologie auf seine Ethik begründet und durch seine Analyse der Religion und ihrer Entwickelungsgeschichte sich den Weg zum Verständnis und dann zur Rechtfertigung des Christentums gebahnt hat, genau so ist bei mir die Voraussetzung, daß der menschliche Geist ein in sich zusammenhängendes Ganzes mannigfacher Entwickelungen seiner Grundtriebe ist, die von einer gewissen Tendenz vorwärts getrieben in Wechselwirkung mit der materiellen Welt den Inhalt des Geistes schaffen und vollenden, genau so habe ich gefordert, daß die verschiedenen geistigen Grundtätigkeiten, aus denen sich diese Gesamtentwickelung zusammensetzt, hypothetisch gesondert und jede für sich untersucht werden müssen, um in Begründung und Entwickelung gesetzmäßig verstanden werden zu können. Die Religion ist als einer dieser Bestandteile anzusehen und muß nach dieser Methode für sich untersucht werden.[35]

Wie Schleiermacher sucht auch Troeltsch „die eigentümliche Selbständigkeit der Religion religionspsychologisch" festzustellen und koppelt dies mit dem Aufweis, dass „alle Versuche, die Religion von anderen Grundtätigkeiten abzuleiten, undurchführbar sind".[36] Seine Religionspsychologie wendet sich jedoch nicht mehr wie die Schleiermachers nur gegen die Reduktion der Religion auf Metaphysik und Moral, sondern vielmehr „gegen die modernen positivistischen und illusionistischen Erklärer der Religion"[37] und damit gegen die verschiedenen Fa-

---

chen Idealismus rechnet (vgl. Troeltsch, *Geschichte und Metaphysik* [KGA 1], 641), hat Schleiermacher selbst seinen Ansatz zwischen transzendentalem Idealismus und empirischem Verfahren verortet und als kritisches Verfahren gekennzeichnet. Vgl. zu den entsprechenden Aussagen in der Dialektik S. Schmidtke, *Schleiermachers Lehre von Wiedergeburt und Heiligung. ‚Lebendige Empfänglichkeit' als Schlüsselfigur der ‚Glaubenslehre'*, Dogmatik in der Moderne 11, Tübingen 2015, 24f, bes. Anm. 156.

[32] Troeltsch, *Geschichte und Metaphysik* (KGA 1), 641.

[33] Troeltsch, *Geschichte und Metaphysik* (KGA 1), 641.

[34] Troeltsch, *Geschichte und Metaphysik* (KGA 1), 641.

[35] Troeltsch, *Geschichte und Metaphysik* (KGA 1), 642.

[36] Troeltsch, *Geschichte und Metaphysik* (KGA 1), 642. Vgl. zum Verständnis des Geistes Troeltsch, *Selbständigkeit der Religion* (KGA 1), 390: „Ist aber der Geist und seine logische Natur die Voraussetzung aller Erfahrung und Erfahrungsbearbeitung, so ist es doch nichts Auffallendes, daß er außer seiner bloßen Geistigkeit und seiner logischen Natur auch die anderen idealen Triebe als selbständige und unableitbare Anlagen in sich enthalte, die ihm erst Inhalt und Leben geben."

[37] Troeltsch, *Geschichte und Metaphysik* (KGA 1), 642. Die Auseinandersetzung mit dem illusionistischen Verständnis ist Gegenstand des zweiten Kapitels der Religionsschrift.

cetten der radikalen Religionskritik. „(W)iederum ganz wie Schleiermacher"[38]
spielt auch für Troeltsch die Frage nach der Entwickelung der Religion eine
entscheidende Rolle, wobei er aber – wie er in der Antwort auf Kaftan auseinandersetzt – an drei Punkten über Schleiermacher hinausgeht. Zum ersten erweitert
er die historisch-phänomenologische Grundlage anhand der aktuellen religionsgeschichtlichen Forschung deutlich. Zweitens bietet er eine „viel eingehendere
Untersuchung von Wesen, Tragweite und Schwierigkeiten des Entwicklungsbe-
griffs"[39]. Und schließlich stellt er im Unterschied zu Schleiermacher die Forderung auf, „die im psychologischen Religionsbegriff gegebene Beziehung auf eine
göttliche Wirkung auch an der Religionsgeschichte als Ganzem durchzufüh-
ren"[40]. Dieser Forderung habe sich Schleiermacher deshalb „entziehen können,
weil er nur durch einige religionsphilosophische Aphorismen den Grund zur
Glaubenslehre als einer Darlegung des christlich bestimmten frommen Gefühls
[habe] legen wollen"[41]. Den Ansatz für die Integration der Besonderungen der
Religion in der Religionsgeschichte findet Troeltsch mithin nicht bei Schleiermacher, sondern weitaus mehr bei Hegel, auch wenn er sich in „Geschichte und
Metaphysik" von der absolutheitstheoretischen Konstruktion der Religionsgeschichte bei Hegel abgrenzt.

2. Die Umformung des entwicklungsgeschichtlichen Idealismus in kritisch-konstruktiver Rezeption von Hegel

Wie schon angedeutet, ist für Troeltschs Religionstheorie, wie er sie zuerst in „Die
Selbständigkeit der Religion" vorträgt, die Verschränkung von Religionspsychologie und Religionsgeschichte konstitutiv. Während die Religionspsychologie „den Ort, den Ursprung und die Bedeutung der Religion im menschlichen
Bewußtsein"[42] eruiert und damit die Argumentation für die Wahrheit der Religion fundiert, besteht die Aufgabe der Religionsgeschichte nach Troeltsch darin,
„Gesetz und Zusammenhang in den geschichtlichen Besonderungen der Religion
und die Grundlage für einen Wertmaßstab zur Beurteilung dieser Besonderungen"[43] zu erheben. Entsprechend geht es in der religionsgeschichtlichen Analyse
für Troeltsch zum einen darum, die Selbständigkeit der Religion an den geschichtlichen Religionen und der Entwicklung der Religionsgeschichte gewissermaßen empirisch zu bewähren, was auch den Aufweis dessen impliziert, dass
tatsächlich alle Religionen mit einem göttlichen Korrelat des religiösen Bewusstseins rechnen und sich darin von der moralischen und ästhetischen Geistestätig-

---

[38] Troeltsch, *Geschichte und Metaphysik* (KGA 1), 642.
[39] Troeltsch, *Geschichte und Metaphysik* (KGA 1), 642.
[40] Troeltsch, *Geschichte und Metaphysik* (KGA 1), 643.
[41] Troeltsch, *Geschichte und Metaphysik* (KGA 1), 643.
[42] Troeltsch, *Selbständigkeit der Religion* (KGA 1), 371.
[43] Troeltsch, *Selbständigkeit der Religion* (KGA 1), 372.

keit unterscheiden. Zum zweiten sieht er die Aufgabe, „die Religionsgeschichte als Ganzes und in ihrem Verlauf als ein Ineinander göttlicher und menschlicher Wirkungen"[44] aufzufassen.

Für die Reflexion und Konfiguration der religionsgeschichtlichen Arbeit, wie sie Troeltsch in „Die Selbständigkeit der Religion" entwickelt, ist dabei Hegels Religionsphilosophie und -geschichte ungleich wichtiger als Schleiermachers Religionstheorie.[45] Während Schleiermacher nach der Einschätzung von Troeltsch nur ein rein theoretisches Interesse an der Geschichte gehabt habe und seine Entwicklungslehre „im Grunde nur eine Lehre von der unerschöpflichen Individualisation eines und desselben religiösen Vorganges" sei, „dessen verschiedene Typen verbindungslos neben einander stehen"[46], zeichne sich Hegels Entwicklungsbegriff und dessen Umsetzung in seiner religionsphilosophischen Rekonstruktion der Religionsentwicklung „durch die konsequente und feinfühlige Durchbildung und Durchführung des Gedankens"[47] aus. Das besondere Verdienst der Hegelschen Religionstheorie erblickt Troeltsch dabei darin, auf die „Notwendigkeit eines objektiven göttliches Korrelates zu dem blos subjektiven Geschichtsverlauf verwiesen zu haben"[48]. Sonach müsse die Entwicklung der Religion „verstanden werden als Selbstmitteilung des göttlichen Geistes, und es muß vertraut werden, daß in dieser Selbstmitteilung sich die Wahrheit der Religion fortschreitend offenbare"[49].

Obwohl Troeltsch klar erkennt, dass in Hegels Theorie im Zuge „der allgemeinen Vernunftseligkeit der Epoche die Thorheit und die Sünde nur als Mittel der Entwickelung und nicht als die beständig entgegenstrebende feindliche Macht gewürdigt wird"[50], richtet sich seine Kritik auf einen anderen Punkt. „*Hegels* Fehler war nur, daß er die Selbstmitteilung Gottes aus dem Wesen des Absoluten, wie er es bestimmt hatte, konstruieren zu können glaubte und damit die Religionsgeschichte in eine intellektualistische Dialektik des Begriffes ebenso auflöste wie Gott selbst."[51] Entsprechend weist Troeltsch eine Konstruktion der Religionsgeschichte „aus dem logisch-dialektischen Wesen des Absoluten, d. h. Gottes"[52] ab und halt es stattdessen für geboten, „a posteriori der wirklichen

---

[44] Troeltsch, *Selbständigkeit der Religion* (KGA 1), 460.

[45] Vgl. dazu G. J. Yamin, *In the Absence of Fantasia Troeltsch's Relation to Hegel*, Gainesville 1993, siehe besonders die Kapitel 3 und 4.

[46] Troeltsch, *Selbständigkeit der Religion* (KGA 1), 493. Troeltsch attestiert Schleiermacher hier eine rein theoretische „Begeisterung für die Geschichte ohne wirklich historischen Sinn".

[47] Troeltsch, *Selbständigkeit der Religion* (KGA 1), 494.

[48] Troeltsch, *Selbständigkeit der Religion* (KGA 1), 458.

[49] Troeltsch, *Selbständigkeit der Religion* (KGA 1), 458.

[50] Troeltsch, *Selbständigkeit der Religion* (KGA 1), 495.

[51] Troeltsch, *Selbständigkeit der Religion* (KGA 1), 458. Siehe auch Troeltsch, *Selbständigkeit der Religion* (KGA 1), 470: „Aber nicht blos die aprioristische Konstruktion der Religionsgeschichte trennt uns von *Hegel* und seinen Nachfolgern [...]."

[52] Troeltsch, *Selbständigkeit der Religion* (KGA 1), 485. Vgl. auch Troeltsch, *Geschichte und Metaphysik* (KGA 1), 643.

geschichtlichen Entwickelung zu folgen und aus ihrem in Gott begründeten Verlauf Ziel und Ertrag zu erschließen."[53] Entscheidend ist dabei für Troeltsch, dass „die religiöse Wirkung Gottes auf die Seelen" in der Religionsgeschichte selbst eine geschichtliche ist. Deshalb könne sie „erst nachträglich an der reichen Fülle konkreter Wirklichkeit aufgesucht werden"[54] und sei „nicht aus irgend einer Idee des Absoluten als notwendig zu konstruiren"[55]. Die Religionsgeschichte kann nach Troeltsch nicht Anhang zur religionsphilosophischen Begründung des Gottesgedankens sein. Vielmehr fordert er „eine philosophische Behandlung der tatsächlichen, lebendigen Religionen selbst"[56], in der „die Religionen zunächst *nur aus sich selbst*, aus ihrem eigenen Wollen und Besitzen verstanden und nur an einander nach der ihnen gemeinsamen Tendenz und Gleichartigkeit bemessen werden"[57] soll.

Trotz der Kritik an Hegels Konstruktion der Religionsgeschichte aus dem Gedanken des Absoluten hält Troeltsch aber aus anderen Gründen und in anderer Hinsicht den konstruktiven Charakter der Religionsgeschichte für unvermeidlich.[58] Denn die Unabgeschlossenheit der Religionsgeschichte impliziere, dass das Prinzip der Entwicklung sich nicht abschließend gezeigt habe. Es gebe mithin keinen fertigen Maßstab, „nach dem man Entwickelung, Fortschritt und Ziel beurteilen"[59] könne. Ebenso wenig könne auch die Einheit und göttliche Ursächlichkeit der Religionsgeschichte selbst auf religionsgeschichtlichem Wege bewiesen werden, sondern müsse konstruierend in Anspruch genommen werden. Dies sei wiederum nur möglich in dem in der religionsgeschichtlichen Arbeit

---

[53] Troeltsch, *Selbständigkeit der Religion* (KGA 1), 485.

[54] Troeltsch, *Geschichte und Metaphysik* (KGA 1), 643.

[55] Troeltsch, *Geschichte und Metaphysik* (KGA 1), 643.

[56] Troeltsch, *Selbständigkeit der Religion* (KGA 1), 378.

[57] Troeltsch, *Selbständigkeit der Religion* (KGA 1), 378.

[58] Vgl. Troeltsch, *Selbständigkeit der Religion* (KGA 1), 455. Troeltsch wird wenige Jahre nach der Veröffentlichung der Selbständigkeitsschrift diese Einsicht in der Debatte mit Adolf von Harnack über die Bestimmung des Wesens des Christentums noch einmal mit anderer Stoßrichtung zum Zuge bringen in der prägnanten These, Wesensbestimmung sei Wesensgestaltung, vgl. E. Troeltsch, *Was heisst „Wesen des Christentums"?* (1903), in: Ders., *Gesammelte Schriften*, 2. Bd.: *Zur religiösen Lage, Religionsphilosophie und Ethik*, Neudruck der 2. Auflage, 1922, Aalen 1962, 386–451, hier: 431: „Wesensbestimmung ist Wesensgestaltung. Sie ist Herausarbeitung der wesentlichen Idee des Christentums aus der Geschichte so, wie sie der Zukunft leuchten soll, und zugleich eine lebendige Zusammenschau der gegenwärtigen und zukünftigen Welt in diesem Lichte. Die jeweilige Wesensbestimmung ist die jeweilige historische Neugestaltung des Christentums. Dem kann sich niemand entziehen, der das Wesen des Christentums rein historisch sucht und dabei an die fortwirkende Kraft dieses Wesens glaubt. Anders verfahren kann nur, wer es für eine erschöpfte und überwundene historische Bildung hält, oder wer das Christentum nur als exklusiv supranaturale Kundgebung in der Bibel versteht." Dabei steckt nach Troeltsch „in der Wesensbestimmung die lebendige religiöse Produktion der Gegenwart und zwar einer nicht naiv fortbildenden, sondern auf Grund geschichtlicher Einsicht gestaltenden Gegenwart."

[59] Troeltsch, *Selbständigkeit der Religion* (KGA 1), 455.

vorauszusetzenden und in ihr sich bewährenden Glauben, dass die Eigenart der Religion in „immer neuen und höheren Gestaltungen sich an die Menschen offenbart und sie mit der Macht der Thatsachen fortreißt"[60]. Es müsse und könne „darauf vertraut werden, daß in dieser Selbstmitteilung sich die Wahrheit der Religion fortschreitend offenbare"[61]. In der Konfigurierung der religionsgeschichtlichen Arbeit bestärkt ihn dabei Hegels „höchst feinsinniges Verständnis für die treibenden Ideen der einzelnen Erscheinungskomplexe"[62].

Rückblickend betrachtet ist die Differenz zwischen Hegel und Troeltsch in der religionsgeschichtlichen Vorgehensweise weniger groß als Troeltsch sie selbst in „Geschichte und Metaphysik" gegenüber Kaftan beschrieben hat. Zum einen ist Troeltschs Bestreben, aus der Religionsgeschichte heraus den Wertmaßstab zur Beurteilung der Religionen zu erheben, den er in der Erlösung zur persönlichen Gottesbeziehung findet, nicht weniger theoriegeleitet und normativ als Hegels Ausgangspunkt beim Gedanken des Absoluten. Denn der Bewertungsmaßstab, den Troeltsch der Religionsgeschichte zu entnehmen beansprucht, ist de facto geprägt vom christlichen Erlösungs- und Gottesgedanken. Aus der Perspektive aktueller religionswissenschaftlicher Forschung dürfte fraglich sein, ob Troeltsch den Religionen in ihrer Besonderheit gerecht wird. Zum zweiten versteht Troeltsch die Religionsgeschichte wie Hegel in ihrer Entwicklung als göttliche Wirkung und Selbstmitteilung und treibt Hegels Gedanken der geschichtlichen Selbstverwirklichung nur insofern weiter, als er die Unabgeschlossenheit der geschichtlichen Entwicklung in seinen entwicklungsgeschichtlichen Idealismus einbezieht. Drittens trifft sich Troeltschs Auffassung, auf dem Gebiet der Geschichte sei „die Allgemeinheit immer nur in ihren Besonderungen richtig zu verstehen"[63], der Sache nach mit dem Grundgedanken in Hegels Behandlung der bestimmten Religion(en) im zweiten Teil seiner religionsphilosophischen Vorlesungen. Diese hält Troeltsch für „noch sehr lesenswert", auch wenn „freilich die Ausführung in ihrem historischen Material veraltet sei"[64]. Gerade diese Wertung dokumentiert ihrerseits die Anerkennung von Hegels realgeschichtlichem Interesse an den bestimmten Religionen. Wenn Troeltsch sich in „Die Selbständigkeit der Religion" und später in der Absolutheitsschrift bemüht, in der Rekonstruktion von Chris-

---

[60] Troeltsch, *Selbständigkeit der Religion* (KGA 1), 455.

[61] Troeltsch, *Selbständigkeit der Religion* (KGA 1), 458.

[62] Troeltsch, *Selbständigkeit der Religion* (KGA 1), 370.

[63] Troeltsch, *Selbständigkeit der Religion* (KGA 1), 453. Aus Sicht von Troeltsch kann der „wertvolle Kern und das teleologische Endziel des menschlich-geschichtlichen Lebens [...] nicht eine bei der Vermischung aller Entwickelungsreihen sich ergebende oder ihnen zu Grunde liegende leere Allgemeinheit sein, sondern die bei fortschreitender Differenzierung die ersten minder entwicklungsfähigen Bildungen überholende und überdauernde, reichste und tiefste Offenbarung ihres Gehaltes." Entsprechend enthüllt sich „nur in den Besonderungen [...] sich der ganze Lebenstrieb und treibt aus der Mitte der verschiedensten Seitensprossen den Hauptstamm hervor, der dann freilich alle übrigen allmählich überschattet und zur Verkümmerung bringt."

[64] Troeltsch, *Selbständigkeit der Religion* (KGA 1), 493.

Friederike Nüssel

tentum, Buddhismus, Islam, Judentum und Brahmanismus die jeweils neueste religionswissenschaftliche Forschung seiner Zeit einzubeziehen, setzt er die Hegelsche Aufmerksamkeit auf das Profil und die geschichtliche Selbständigkeit der Religionen in wissenschaftlicher Weise fort.

Die zeitgenössischen Forschungen, auf die Troeltsch sich in der Darstellung der Religionen bezieht, wurden unlängst in einer Heidelberger Dissertation von Mathias Thurner im Einzelnen rekonstruiert.[65] In der Behandlung des Buddhismus und Brahmanismus rekurriert Troeltsch dabei insbesondere auf die Arbeiten des Indologen Hermann Oldenberg (1854–1920), während er sich in der Darstellung des Judentums die Arbeiten des Alttestamentlers Julius Wellhausen (1844–1918) zu eigen macht. Neben der Integration aktueller religionsgeschichtlicher Forschung entwickelt Troeltsch auch die Schleiermachersche Religionspsychologie in ihrer Argumentation für die Selbständigkeit der Religion weiter und setzt sich hier insbesondere mit der monistischen Religionsphilosophie des heute weithin vergessenen Popularphilosophen Eduard von Hartmann (1842–1906) und mit der Religionsmetaphysik des Schweizer Dogmatikers Alois Emanuel Biedermann (1819–1885) auseinander. Der Unterschied zu Hegel liegt neben dem unterschiedlichen Forschungsstand vor allem darin, dass Troeltsch programmatisch den Anspruch erhebt, die Selbständigkeit der Religion aus den geschichtlichen Religionen in ihrer geschichtlichen Eigenart heraus zu erweisen. Troeltsch entwickelt damit gewissermaßen das Programm einer Religionstheorie „von unten". Dass „die Religion thatsächlich und immer ein von der Erfahrung bloßer idealer Ordnungen unterschiedenes Ergebnis ist und ihren Schwerpunkt in dem hat, was sie überall selbst zu sein behauptet, in der Beziehung auf eine übermenschliche Wesenheit, in der der Sinn und das Schicksal unseres Lebens beschlossen ist"[66], ist für Troeltsch dabei ein „deutliches Resultat" der modernen Religionsforschung. Nicht der Bezug der Religionen auf eine vom Subjekt und seiner Geistestätigkeit unterschiedenen Wesenheit könne daher wissenschaftlich strittig sein, sondern allein die Frage, *„ob diese Selbstaussage Vertrauen verdient oder ob sie, und damit die Religion selbst, eine irgendwie zu erklärende Selbsttäuschung ist."*[67] Die religionspsychologische und religionsgeschichtliche Argumentation für die Selbständigkeit der Religion bedarf darum einer religionsphilosophischen Fundierung.

---

[65] M. Thurner, *Die Geburt des ‚Christentums' als ‚Religion' am Ende des 19. Jahrhunderts. Ernst Troeltschs Theologie und ihre Quellen im Kontext einer globalen Religionsgeschichte*, in: *Theologische Bibliothek Töpelmann*, Bd. 193, Berlin/New York 2021.

[66] Troeltsch, *Selbständigkeit der Religion* (KGA 1), 399.

[67] Troeltsch, *Selbständigkeit der Religion* (KGA 1), 399.

3. Die religionsphilosophische Fundierung
des entwicklungsgeschichtlichen Idealismus

In „Die Selbständigkeit der Religion" vertritt Troeltsch die These, die Religionen seien „in allererster Linie reine Tatsachen und spotten aller Theorien. Nur sie selber geben die wesentliche Auskunft über sich. Alles andere kommt erst in zweiter Linie."[68] Mit dieser These knüpft er zwar an die Grundeinsicht Schleiermachers an, wonach Religion ein Vollzug menschlicher Subjektivität und eine Tätigkeit des menschlichen Geistes ist, macht aber über ihn hinausgehend deutlich, dass der religiöse Vollzug menschlicher Subjektivität auch selbst eine geschichtliche Tatsache ist, die sich in religiösen Vorstellungen artikuliert und greifen lässt und sich mithin geschichtlich niederschlägt. Entsprechend sei Religion ein Phänomen, „das im Zusammenhang mit dem geistigen Gesamtleben, aber nach eigenen Gesetzen sich bewegt, das allen anderen Lebensgebieten gegenüber eine relative Selbständigkeit behauptet, dessen Wahrheitsgehalt aus ihm selbst herausgesucht werden muß und das seinen vollen Inhalt in seiner geschichtlichen Bewegung und Besonderung empfängt und offenbart."[69]

Religionspsychologisch[70] betrachtet ist Religion nach Troeltsch – „wenn man sie von aller Verquickung mit ontologischer und psychologischer Metaphysik, von allen apologetischen oder religionsfeindlichen Seitenblicken freihält"[71] – ganz elementar „eine Verbindung von Vorstellungen mit begleitenden Gefühlen, aus denen mancherlei Willenstriebe erwachsen"[72]. Diese Struktur teilt sie mit anderen Erlebnissen des Bewusstseins[73]. Religion ist eine Tätigkeit und darin zugleich für Troeltsch eine Intuition des Geistes und gleicht insofern der moralischen und ästhetischen Geistestätigkeit.[74] Ihre Besonderheit und Selbständigkeit gründet dabei in der Art der Intuition beziehungsweise im Erlebnisgehalt. Viel entschiedener als Schleiermacher in seiner Religionstheorie betont Troeltsch die Bedeutung der religiösen Vorstellungen für die Selbständigkeit des religiösen Bewusstseins und den Geltungsanspruch der Religion. Das Woher der Religion,

---

[68] Troeltsch, *Selbständigkeit der Religion* (KGA 1), 382.

[69] Troeltsch, *Selbständigkeit der Religion* (KGA 1), 371.

[70] „Die Religionspsychologie zeigt uns die allgemeine Grundlage, die Wurzel des religiösen Phänomens, wie sie den zahllosen Gestaltungen der sozialen Religionen zu Grunde liegt", siehe Troeltsch, *Selbständigkeit der Religion* (KGA 1), 447.

[71] Troeltsch, *Selbständigkeit der Religion* (KGA 1), 382.

[72] Troeltsch, *Selbständigkeit der Religion* (KGA 1), 382.

[73] Troeltsch, *Selbständigkeit der Religion* (KGA 1), 382: „Eine, wenn auch noch so einfache, Vorstellung ist immer der Ausgangspunkt, an den das übrige sich anschließt, nicht ohne mancherlei Rückwirkungen auf die Vorstellungen. Es ist das nur ein komplizierterer Fall der einfachsten psychischen Elementarerscheinung, die allem Bewußtsein in allen seinen Bildungen zu Grunde liegt: die einfache Empfindung von einfachen Gefühlen der Lust und Unlust beantwortet, woraus dann Willenserregungen erwachsen, ist das einfache, in Wirklichkeit aber stets in Komplikationen auftretenden Grundphänomen."

[74] Vgl. Troeltsch, *Selbständigkeit der Religion* (KGA 1), 395.

welches Troeltsch in einer göttlichen Wirksamkeit sieht, lasse sich zwar nicht wissenschaftlich ermitteln. Denn die Religion „entsteht, soweit wir zurückgehen können, überall an einer überlieferten Vorstellung"[75]. Aber was sich nach Troeltsch wissenschaftlich zeigen lässt, ist doch dies, dass die Religion weder in der Befriedigung eines Denkbedürfnisses[76] beziehungsweise im logischen Denken ihren Ursprung hat[77] noch in der Projektion menschlicher Lebensbedürfnisse auf eine menschenähnliche Macht, „die in gesteigerter Kraft uns von Uebeln zu befreien vermag"[78]. Denn solche Erklärungen widersprechen nach Troeltsch vollständig „der Selbstaussage aller ächten Religion"[79].

Nach Troeltsch ist es vielmehr eine „Tatsache, daß die Religion sich in ihrer unabänderlichen Selbstaussage" auf eine ideale Sphäre zurückführt „und zunächst auch alle Eigentümlichkeiten dieser Erkenntnisart zeigt."[80] Entscheidend für die Selbständigkeit der Religion ist dabei, dass diese Idealwelt, auf die Religion sich bezieht, nicht aus der sinnlichen Welt abgeleitet ist. Die Argumentation für diese These bietet Troeltsch in einer knappen und sehr dichten Auseinandersetzung mit Kant[81], in der er nachzuweisen sucht, dass Kant in seiner rein phänomenalen Betrachtung die Welt der inneren Erfahrung dem gleichen mechanischen Kausalitätsbegriff unterworfen habe wie die Welt der äußeren Erfahrung. Die „mit der kantischen Theorie verbundene absolute Trennung von Wesen und Phänomenalität und die Auslieferung aller Phänomenalität, der äußeren wie der inneren, an ein mechanisches Kausalgesetz"[82] habe „fatale Folgen"[83] gehabt. Für Kant selbst seien diese Folgen seiner Theorie „auf dem Standpunkt seiner Freiheitslehre weniger bemerkbar"[84] gewesen, weil für ihn die Welt der inneren Erfahrung „genau so rein phänomenal wie die der äußeren"[85] war. Doch seine Epistemologie habe in der Folgezeit bei vielen dazu geführt zu verkennen, „was den Menschen in lebendiger Wechselbeziehung zeigt zu einer ihm umgebenden unermeßlichen Wirklichkeit, einer sinnlich und unsinnlich ihn umfassenden, erzeugenden und tragenden Wirklichkeit."[86] Man könnte diesen Überlegungen entnehmen, dass Troeltsch damit die Grundeinsicht der Kantschen Epistemologie in Bezug auf die unhintergehbare Vermitteltheit aller Erkenntnis durch die Anschauungsformen der Sinnlichkeit und die Kategorien des Verstandes zu unterlaufen bereit war. Doch das ist nicht der Fall. In seinem religionspsychologischen

---

[75] Troeltsch, *Selbständigkeit der Religion* (KGA 1), 387.
[76] Troeltsch, *Selbständigkeit der Religion* (KGA 1), 387.
[77] Vgl. dazu die Argumentation in Troeltsch, *Selbständigkeit der Religion* (KGA 1), 386 f.
[78] Troeltsch, *Selbständigkeit der Religion* (KGA 1), 388.
[79] Troeltsch, *Selbständigkeit der Religion* (KGA 1), 388.
[80] Troeltsch, *Selbständigkeit der Religion* (KGA 1), 394.
[81] Vgl. Troeltsch, *Selbständigkeit der Religion* (KGA 1), 391.
[82] Troeltsch, *Selbständigkeit der Religion* (KGA 1), 391.
[83] Troeltsch, *Selbständigkeit der Religion* (KGA 1), 391.
[84] Troeltsch, *Selbständigkeit der Religion* (KGA 1), 391.
[85] Troeltsch, *Selbständigkeit der Religion* (KGA 1), 391.
[86] Troeltsch, *Selbständigkeit der Religion* (KGA 1), 391.

Ansatz teilt Troeltsch vielmehr die Kantische Überzeugung, dass jeder Zugang zur sinnlichen Sphäre und zur idealen Sphäre vermittelt ist durch die Erkenntnistätigkeit des erkennenden Subjekts beziehungsweise der Seele. Im Unterschied zu Kant ist Troeltsch aber daran gelegen, die transsubjektive Wirkung sowohl der räumlichen und substantiellen Körper der Außenwelt wie auch der unräumlichen und substanzlosen Ideen zu bedenken und das Recht der Überzeugung von der Realität beziehungsweise Tatsächlichkeit der Idealsphäre, die das religiöse Bewusstsein selbstverständlich annimmt, zu begründen.[87]

Troeltschs eigene Erklärung, die er in der Selbständigkeitsschrift in groben Zügen vorträgt, besagt, dass „die Inhalte der Seele aus verschiedenen Sphären oder Momenten der Wirklichkeit herstammen"[88], nämlich der sinnlichen Sphäre und der übersinnlichen Idealsphäre. Sie werden durch die Grundfunktion der Seele, die er in Wahrnehmung und Gefühl sieht, „beidemale in verschiedener Weise, d. h. mit einer dem Gegenstand entsprechenden Verschiedenheit in dem Verhältnis ihrer beiden Komponenten"[89] verarbeitet. In phänomenologisch durchaus erhellender Weise arbeitet Troeltsch dabei den Unterschied der seelischen Wahrnehmung in den beiden Sphären heraus. Er bestehe darin, dass „in der rein phänomenalen sinnlichen Sphäre die Vorstellungen fast ganz abgetrennt werden (können) von ihrer Gefühlsbegleitung" und dass „ihre Evidenz eben auf dieser von aller subjektiven Gefühlsverschiedenheit ablösbaren Gleichheit und Deutlichkeit"[90] beruht. Hingegen könnten in der Idealsphäre „die Ideen niemals von den sie begleitenden Wertgefühlen und Willenserregungen abgelöst" werden; ihre Evidenz beruhe „nicht bloß auf ihrem Vorhandensein im Geiste überhaupt, sondern besonders auf ihrer den Geist erhebenden und leitenden Macht, der man sich hingeben muß, wenn man die Keime dieser Ideen nicht vertrocknen lassen will"[91].

Diese phänomenologische Analyse der Differenz in der Wahrnehmung der Sphären plausibilisiert den Rückschluss auf zwei unterschiedliche Kausalitäten in den Sphären. Hier liegt die eigentliche Pointe der Analyse und Argumentation Troeltschs. Er baut in derselben darauf, dass in der sinnlichen Sphäre die Verursachung der Sinneseindrücke und Empfindungen von außen evident erscheint und also von der Tatsächlichkeit dieser Eindrücke und der Realität eines Verursachenden auszugehen ist. Angesichts der Tatsache, dass sich bei der Wahrnehmung der Idealsphäre das Verhältnis von Wahrnehmung und Gefühl faktisch anders darstellt, erscheint es in Analogie zur sinnlichen Wahrnehmung plausibel, eine *andersartige Kausalität* als Ursache für die spezifische Konfiguration von Wahrnehmung und Gefühl anzunehmen. Im Gefolge der Kantischen Episte-

---

[87] Vgl. zur umfassenderen Auseinandersetzung mit Kants Subjektivismus Troeltsch, *Selbständigkeit der Religion* (KGA 1), 463–467.

[88] Troeltsch, *Selbständigkeit der Religion* (KGA 1), 391.

[89] Troeltsch, *Selbständigkeit der Religion* (KGA 1), 392.

[90] Troeltsch, *Selbständigkeit der Religion* (KGA 1), 393.

[91] Troeltsch, *Selbständigkeit der Religion* (KGA 1), 393.

mologie vertritt Troeltsch zwar die Auffassung, dass sich sowohl bei der Wahrnehmung der sinnlichen Sphäre wie auch bei der Wahrnehmung der Idealsphäre die Ursache der jeweiligen Wahrnehmung nicht an sich und als solche erkennen lasse. Doch die Realität eines Verursachenden lasse sich gerade angesichts der Eigenart dieser Wahrnehmung auch nicht einfach bestreiten. Denn zum einen sei die Annahme einer außerseelischen Ursache für die Vorstellungen der Idealsphäre durch die Analogie zur sinnlichen Wahrnehmung plausibel und zum zweiten könne die Ursache für eine solche Wahrnehmung aus der Sinnenwelt nicht abgeleitet werden wegen des grundsätzlichen Unterschiedes zwischen sinnlicher und idealsphärischer Wahrnehmung.

In dieser Argumentation geht es Troeltsch darum zu zeigen, dass es keine wissenschaftliche Begründung dafür gibt, den Religionen ihren in ihrer Selbstaussage geltend gemachten Bezug auf „eine aus der sinnlichen Welt nicht ableitbare ‚Idealsphäre‘ des Geistes"[92] zu bestreiten. „(A)lle Religionen, denen wir etwas tiefer in das Herz sehen können," haben vielmehr nach Troeltsch in ihren Vorstellungen „einer übermenschlichen, aber menschenähnlichen Macht doch immer noch einen tieferen Kern, die Ahnung oder die bestimmte Aussage eines Unendlichen, Unbedingten, oder, wie man es genannt hat, eines Absoluten. Das aber ist nicht von uns der Wirklichkeit entnommen und von der Phantasie dem Wunsch geliehen, sondern ist ein unwillkürliches in allem religiösen Gefühl mitgesetztes Urdatum des Bewußtseins, das sich freilich nur unter bestimmten Umständen fühlbar geltend macht."[93] Wenngleich Troeltsch in dieser religionspsychologischen Argumentation von Schleiermachers Selbständigkeitsthese der Religion ausgeht, so unterfüttert er sie doch mit einer neukantianisch geprägten Epistemologie und mit einer religionspsychologischen Stoßrichtung, die Schleiermacher so gerade nicht vertreten hat. Während Schleiermacher jedwede Argumentation für die Existenz oder Realität des Wohers der schlechthinnigen Abhängigkeit in der Replik auf Kant und Fichte systematisch ausgeschlossen hat, ist für Troeltschs Religionspsychologie die Unabhängigkeit und Ursächlichkeit eines das religiöse Bewusstsein evozierenden göttlichen Korrelats unverzichtbarer Bestandteil seiner Argumentation für die Selbständigkeit der Religion und für seinen entwicklungsgeschichtlichen Idealismus. Entscheidend ist zugleich, dass dieses Korrelat als Persönliches aufzufassen ist.[94] Auf diese Weise möchte er gegenüber den Projektionsvorwürfen der radikalen Religionskritiker wissenschaftlich begründet sagen können, „daß wir in der Religion ein Wirkliches erfahren

---

[92] So formuliert zutreffend Lauster, *Die Selbständigkeit der Religion* (Theologische Bibliothek Töpelmann 156), 434.

[93] Troeltsch, *Selbständigkeit der Religion* (KGA 1), 409.

[94] Wie Troeltsch, *Selbständigkeit der Religion* (KGA 1), 395, geltend macht, beziehe sich die „Religion, wenigstens die naive und wirkliche Religion des täglichen Lebens, auf eine für sich seiende Wesenheit, auf etwas vom bloßen Prinzip des geistigen Lebens Unterschiedenes, etwas in sich Geschlossenes und irgendwie ‚Persönliches‘, das als unterschiedene Wesenheit dem frommen Subjekt gegenüber steht".

und nicht einer Prellerei des Bewußtseins unterliegen. Was dies Wirkliche in seinem inneren Wesen sei, das kann aber nur die Religion selbst offenbaren."[95] Über Schleiermacher hinausgehend entwickelt Troeltsch dabei eine religionstheoretische Begründung dafür, dass sich die idealsphärische Vorstellungswelt der Religion nicht als Produkt des menschlichen Geistes erweisen lässt, sondern dass es vielmehr epistemologisch plausibel und wissenschaftlich legitim ist, mit einer Ursache jenseits des menschlichen Geistes zu rechnen.

In der Kombination von religionspsychologischer Analyse und epistemologischer Fundierung geht es Troeltsch aber nicht darum, einen Beweis für die Realität des transzendenten Korrelats der idealsphärischen Wahrnehmung zu führen, was einem Gottesbeweis gleichkäme. Vielmehr zielt Troeltsch – wie er gegenüber Kaftan in „Geschichte und Metaphysik" darlegt – auf eine „*Metaphysik* des menschlichen Geistes"[96], die er als Grundlage seines Idealismus ausweist. Doch dieser Idealismus sei nicht mit einem bestimmten System der Philosophie verbunden[97], sondern könne „vielmehr in sehr verschiedener Weise durchgeführt und von einer sehr verschiedenen Beantwortung der philosophischen Zentralfragen aus behandelt werden"[98]. Zugleich basiere er aber auf einer „Ontologie der menschlichen Vernunft, oder, wie wir heute lieber sagen, des menschlichen Geistes", die wiederum „auf der Phänomenologie des wirklichen Geschehens"[99] beruhe. Mit der Phänomenologie des wirklichen Geschehens ist dabei das religiöse Bewusstsein in seinen wirklichen, d. h. geschichtlichen Erscheinungsformen gemeint. Troeltsch passt auf diese Weise den entwicklungsgeschichtlichen Idealismus an die Herausforderungen seiner Zeit an, wie sie durch ein positivistisches, an der Empirie ausgerichtetes Wissenschaftsverständnis und den Historismus in der Geschichtswissenschaft gegeben sind. Entsprechend behandelt er die Religion sowohl in ihrer geschichtlichen Erscheinungsform wie auch in psychologischer Hinsicht als Tatsache beziehungsweise gegebenes Phä-

---

[95] Troeltsch, *Selbständigkeit der Religion* (KGA 1), 447.

[96] Troeltsch, *Geschichte und Metaphysik* (KGA 1), 653. Im Ganzen lautet das Zitat: „Dieser Idealismus aber beruht auf einer *Metaphysik* des menschlichen Geistes oder stellt vielmehr selbst eine solche dar. Zwar ist mit ihm keineswegs irgend ein bestimmtes System der Philosophie gegeben, er kann vielmehr in sehr verschiedener Weise durchgeführt und von einer sehr verschiedenen Beantwortung der philosophischen Zentralfragen aus behandelt werden. Unter allen Umständen aber enthält er eine auf der Phänomenologie des wirklichen Geschehens beruhende und aus ihr auf Grund des Glaubens an Einheit und Zielstrebigkeit des Geistes erschlossene Ontologie der menschlichen Vernunft oder, wie wir heute lieber sagen, des menschlichen Geistes."

[97] Troeltsch, *Selbständigkeit der Religion* (KGA 1), 420 f. betont: die religionspsychologische Hypothese „wie ich sie hier vertrete, unterscheidet sich von den meisten genannten Versuchen nur dadurch, daß ich von keinem bestimmten philosophischen oder sonstigen System ausgehe, sondern nur von einer im allgemeinen idealistischen Grundanschauung aus die psychologischen und geschichtlichen Erscheinungen der Religion rein für sich zu analysiren versuche".

[98] Troeltsch, *Geschichte und Metaphysik* (KGA 1), 653.

[99] Troeltsch, *Geschichte und Metaphysik* (KGA 1), 654.

nomen mit einem Interesse an der Vielfalt der Erscheinungen und betreibt gewissermaßen eine Religionstheorie „von unten". Doch zugleich knüpft er an die
idealistische Teleologie an und entwickelt seine Ontologie des menschlichen Geistes „auf Grund des *Glaubens* an Einheit und Zielstrebigkeit des Geistes"[100]. Diese
Einheit und Zielstrebigkeit aber kann nach Troeltsch nicht wissenschaftlich bewiesen, sondern nur im Medium der Rekonstruktion bisheriger geschichtlicher
Entwicklung plausibel gemacht werden, wie er sie in der Argumentation für die
Höchstgeltung des Christentums auf dem wissenschaftlichen Stand seiner Zeit
vorträgt.

4. Fazit

Wie die vorangehenden Ausführungen deutlich gemacht haben dürften, knüpft
Troeltsch nicht nur inhaltlich an Denktraditionen des deutschen Idealismus an,
sondern weist in „Geschichte und Metaphysik" sein eigenes Denken auch *explizit*
als Fortschreibung des entwicklungsgeschichtlichen Idealismus aus. Dies geschieht einerseits in dezidierter Anknüpfung an Schleiermachers Religionstheologie, insofern diese auf die Erklärung der Selbständigkeit der Religion als Basis
für die Erschließung der Höchstgeltung der christlichen Religion abhebt. Andererseits kombiniert Troeltsch mit der religionspsychologischen Argumentation
und ihrer Erweiterung durch eine neukantianische Epistemologie eine an der
eigenständigen Entwicklung der positiven Religionen interessierte religionsgeschichtliche Perspektive, wie er sie bei Hegel – trotz aller Systemkritik – im Ansatz findet und durch neueste Forschungen aktualisiert. Sein Ziel ist es dabei, eine
religionstheoretisch fundierte Christentumstheorie zu entwickeln, die der durch
Positivismus und Historismus veränderten Wissenschaftslandschaft seiner Zeit
entspricht. Man könnte Troeltschs Rezeption des entwicklungsgeschichtlichen
Idealismus und dessen Anreicherung eklektisch nennen, insofern er Theorieelemente und Perspektiven der Antipoden Schleiermacher und Hegel kombiniert,
darin aber gerade dem Grundinteresse der idealistischen Denktradition an wissenschaftlicher Wahrheitserkenntnis verpflichtet bleibt. Gleichzeitig kritisiert er
aber den idealistischen Systemgedanken und betont die Kontingenz und Unabgeschlossenheit geschichtlicher Entwicklung. Bei dem Versuch, der religionsgeschichtlichen Entwicklung selbst den Wertmaßstab ihrer Entwicklung entnehmen zu wollen, legt Troeltsch de facto allerdings eine christlich imprägnierte
Kriteriologie für die Bewertung von Entwicklungsstufen an. Diese verträgt sich
weder mit den religionsgeschichtlichen Ansätzen einer Religionswissenschaft unter postkolonialen Bedingungen noch mit der religionstheologischen Argumentation evangelischer Kirchen heute, die auf Perspektivität der Sichtweisen und

---

[100] Troeltsch, *Selbständigkeit der Religion* (KGA 1), 653, Hervorhebung im Zitat von F. N.

nicht auf Höchstgeltung des Christentums abheben.[101] Zudem ist zu fragen, ob die wahrnehmungstheoretische Argumentation, mit der Troeltsch nachweisen möchte, dass religiöse Erfahrung eine Erfahrung sui generis ist und sich nicht als Produktion des Bewusstseins abtun lässt, überzeugt. Denn wenngleich der idealsphärische Transzendenzbezug die Annahme eines Woher jenseits des Bewusstseins nahelegt, so müsste doch der ontologische Gottesbeweis greifen, um den Produktionsvorwurf philosophisch abweisen zu können. Von daher erscheint die Argumentation für die Höchstgeltung des Christentums und für den wissenschaftlichen Charakter der Theologie problematisch. Gleichwohl kommt Troeltsch aber das Verdienst zu, der systematisch-theologischen Argumentation eingeschärft zu haben, dass die Eigenart des Christentums im geschichtlichen Vergleich zu bestimmen und dass das Prinzip der Geschichtskonstruktion nicht jenseits, sondern in der Betrachtung geschichtlicher Entwicklungen zu erheben ist.

---

[101] Vgl. dazu den Grundlagentext des Rates der Evangelischen Kirche in Deutschland: *Christlicher Glaube und religiöse Vielfalt in evangelischer Perspektive*, Gütersloh 2015.

Witness for the Prosecution?

Troeltschs Kritik am religionstheologischen Inklusivismus Hegels und Schleiermachers in ihrer exemplarischen und prinzipiellen Bedeutung

Christian König

Einleitung

Die inklusivistische Christentumstheorie steht unter Anklage.[1] Die Vorwürfe gegen sie sind massiv. Von exklusivistischer Seite wird ihr vorgeworfen, den prinzipiellen Unterschied zwischen dem Christentum und den anderen Religionen einzuebnen und damit das Heil zu verspielen.[2] Die religionstheologischen Pluralisten klagen sie von der anderen Seite her an, aus Unkenntnis auf einem der-

---

[1] Nach dem religionstheologischen Standardmodell, das sich aus der vollständigen logischen Disjunktion auf die Frage nach dem Verhältnis zwischen den Geltungsansprüchen der Religionen ergibt, sind drei Optionen möglich: Der Exklusivismus, welcher die Annahme vertritt, dass die Geltungsansprüche nur einer einzigen Religion berechtigt sind. Der Inklusivismus, welcher der Ansicht ist, die Geltungsansprüche von mehr als einer Religion sind berechtigt, jedoch im höchsten Maße nur einer einzigen Religion. Und der Pluralismus, demzufolge die Geltungsansprüche von mehr als einer Religion im höchsten Maße berechtigt sind. F. Hermanni, „Der unbekannte Gott. Plädoyer für eine inklusivistische Religionstheologie", in: C. Danz/F. Hermanni, *Wahrheitsansprüche der Weltreligionen. Konturen gegenwärtiger Religionstheologie*, Neukirchen-Vluyn 2006, 149–169; hier: 150. Vgl. auch P. Schmidt-Leukel, *Gott ohne Grenzen. Eine christliche und pluralistische Theologie der Religionen*, Gütersloh 2005, 34 ff.

[2] Vgl. z.B. Aussagen beim frühen Barth: „Eine wirklich theologische Betrachtung der Religion und Religionen [...] wird sich also vor allem in der Übung einer ausgezeichneten Geduld gegenüber diesem Gegenstand von anderen Betrachtungsweisen abzuheben haben. [...] Sie wird nicht zu verwechseln sein mit dem weisen Abwarten des aufklärerischen Besserwissers – hierher würde doch auch der Typus der Hegelschen Religionsphilosophie gehören! – der die Fülle der Religionen im Lichte einer in der Geschichte sich allmählich entwickelnden Idee einer vollkommenen Religion gemächlich und des guten Endes gewiß zu betrachten meint. Sie wird aber auch nicht zu verwechseln sein mit dem Relativismus und der Unbeteiligtheit einer historischen Skepsis, die nach Wahrheit und Unwahrheit auf dem Feld der religiösen Erscheinungen darum nicht fragt, weil sie Wahrheit nur noch in der Gestalt ihres eigenen Zweifels an aller Wahrheit erkennen zu sollen meint. [...] Wir beginnen mit dem Satz: Religion ist Unglaube; Religion ist eine Angelegenheit, man muß sagen: die Angelegenheit des gottlosen Menschen." (K. Barth, *Die kirchliche Dogmatik*, I,2 §§ 16–18, Zürich 1938, hier: § 17.2, 326 f.)

artigen Unterschied zu bestehen und damit einen möglichen Frieden zwischen den Religionen zu torpedieren.[3]

Während jedoch der Exklusivist dem religionstheologischen Inklusvismus' schlichtweg jeden Geltungsanspruch abspricht wird von gegenwärtigen religionstheologischen Pluralisten der Inklusivismus quasi als eine Vorstufe ihrer eigenen Theorie charakterisiert.[4] Auf metatheoretischer Ebene gibt sich der Pluralismus folglich inklusiv und ermöglicht einen religionstheologischen Diskurs unterschiedlicher Positionen.

In der Diskussion um die Frage, ob es sich beim Inklusivismus um einen defizitären Pluralismus handelt, nimmt die Religionstheologie von Ernst Troeltsch eine herausragende Stellung ein:

Einerseits klagt Troeltsch die klassischen inklusivistischen Religionstheologien Hegels und Schleiermachers in seiner *Absolutheitsschrift*[5] in vier zentralen Punkten an, indem er ihnen methodische Abstraktheit, unbewusste Kulturabhängigkeit, Entwertung der nicht-christlichen Religionen und einen begründungstheoretischen Zirkelschluss vorwirft. Prinzipiell geht es Troeltsch jedoch nicht um die Überwindung, sondern um eine kritische Neubegründung des religionstheologischen Inklusivismus'. Er ist der Ansicht, dass der Bewertungsmaßstab der historischen Religionen nicht aus einem allgemeinen Religionsbegriff gewonnen, sondern nur aufgrund eines wissenschaftlichen Einlebens in die Religionsgeschichte selbst gefunden werden kann. Mit dieser Konzeption einer historisch und nicht begrifflich begründeten Normativität soll der naive Anspruch des Christentums auf Absolutheit zu der wissenschaftlich berechtigten Gewissheit einer relativen Höchstgeltung transformiert werden.

Andererseits verwirft Troeltsch selbst in seiner letzten Schrift „Die Stellung des Christentums unter den Weltreligionen"[6] aus eben den methodischen Gründen seiner *Absolutheitsschrift* seine eigene Neubegründung des Inklusivismus' zu-

---

[3] Vgl. z.B. J. Hick: „Thus the the dogma of the deity of Christ [...] has contributed historically to the evils of colonialism, the destruction of indigenous civilizations, anti-Semitism, destructive wars of religion and the burning of heretics and witches. But on the other hand it is also possible to understand the idea of divine incarnation in the life of Jesus mythologically, as indication an extraordinary openness to the divine presence in virtue of which Jesus' life and teachings have mediated the reality and love of God to millions of people [...]. Thus, whereas understood literally the doctrine of an unique divine incarnation in Christ has divided humanity and has shrunk the image of God to that of the tribal deity of the West, understood mythologically it can continue to draw people to God through Christ without thereby sundering them from the rest of the human family." (J. Hick, *An Interpretation of Religion. Human Responses to the Transcendent*, 2. Auflage, New Haven/London 2004, 372).

[4] Vgl. Hick, *Interpretation of Religion*, 235.

[5] E. Troeltsch, *Die Absolutheit des Christentums und die Religionsgeschichte (1902/1912) mit den Thesen von 1901 und handschriftlichen Zusätzen*, hgg. v. T. Rendtorff in Zusammenarbeit mit St. Pautler, Berlin/New York 1998 [=KGA 5].

[6] E. Troeltsch, *Die Stellung des Christentums unter den Weltreligionen (1924)*, in: F. Voigt (Hg.), *Ernst Troeltsch Lesebuch. Ausgewählte Texte*, Tübingen 2003, 45–60.

gunsten eines religionstheoretischen Pluralismus', in welchem dem Christentum in der Religionsgeschichte überhaupt keine Höchstgeltung mehr zukommt.

Nachdem Troeltsch auf diese Weise sowohl die begrifflich begründeten inklusivistischen Konzeptionen Hegels und Schleiermachers kritisiert als auch seinen eigenen historisch begründeten Inklusivismus als unhaltbar herausgestellt hat, scheint seine ursprüngliche Verteidigungsstrategie der *Absolutheitsschrift* letztendlich gegen ihre Intention das methodische Rüstzeug zu einer umfassenden Kritik am religionstheologischen Inklusivismus bereit zu stellen. Die ursprüngliche Verteidigung Troeltschs in der *Absolutheitsschrift* stellt demnach selbst die beste Zeugin der Anklage gegen den religionstheologischen Inklusivismus dar und hat diesem *prima facie* den endgültigen Todesstoß versetzt. An der Theorieentwicklung von Troeltsch, so kann von pluralistischer Seite argumentiert werden, zeigt sich exemplarisch die Wahrheit der prinzipiellen These, dass die inklusivistische Religionstheologie nur eine defizitäre Vorstufe zum Pluralismus bildet.

Man kann jedoch aus guten Gründen der umgekehrten Ansicht sein, dass eine derartige Schlussfolgerung grundsätzlich und in Bezug auf Troeltsch zu kurz greift. Im Folgenden soll dies zum einen durch den Aufweis gezeigt werden, dass Troeltschs inklusivistische Religionstheologie aus der Absolutheitsschrift (2.) trotz ihrer methodischen Probleme (3.) eine überlegenere Konzeption gegenüber seinem späteren Pluralismus aus der Weltreligionsschrift darstellt (4.) Zum anderen soll gezeigt werden, dass Troeltschs Kritik an Hegels und Schleiermachers begrifflich begründetem Inklusivismus (1.), die den Ausgangspunkt zur Formulierung seiner eigenen alternativen religionstheologischen Konzeptionen bildete, ihr Ziel verfehlt. Denn Hegels und Schleiermachers Konzeptionen vermögen gerade aufgrund ihrer begrifflichen Begründung den kritischen Forderungen Troeltschs (nach einer konkreten, kulturübergreifenden, nicht-zirkulären und die nicht-christlichen Religionen wertschätzenden Religionsauffassung) zu entsprechen (5.). Auf diese Weise kann gezeigt werden, dass die Religionstheologie Troeltschs weder exemplarisch noch prinzipiell als eine überzeugende Zeugin der Anklage gegen den religionstheologischen Inklusivismus zu dienen vermag (6.).

1. Die Anklage

Das zweite Kapitel von Troeltschs *Absolutheitsschrift* setzt mit einem Paukenschlag ein:

> Die Konstruktion des Christentums als der absoluten Religion ist von historischer Denkweise aus und mit historischen Mitteln unmöglich, und in der Unmöglichkeit dieser Konstruktion ist vieles begründet, was sich in der wissenschaftlichen Theologie unserer Tage matt, unsicher und schattenhaft ausnimmt.[7]

---

[7] Troeltsch, KGA 5, 137.

Troeltsch wirft der Theologie Hegels und Schleiermachers vor, den Unterschied zwischen historischer Wirklichkeit und begrifflicher Konstruktion dieser Wirklichkeit nicht kritisch genug erfasst zu haben. Dies resultiert seines Erachtens in vier gravierenden Irrtümern.[8]

Troeltschs *erster* Vorwurf lautet: Die von Hegel und Schleiermacher aufgestellten allgemeinen Religionsbegriffe sind abstrakte Konstruktionen, die weder die individuellen positiven Religionen zu erfassen vermögen noch als normativer Maßstab der Religionsgeschichte dienen können.

Die historischen Religionen selbst können mit Allgemeinbegriffen jedoch nicht erfasst werden, da in der Geschichte „nur konkrete, individuelle, jedesmal im Gesamtzusammenhang bedingte, im Kerne aber unabweisbare und rein tatsächliche Erscheinungen"[9] von Religion auftreten.

Noch gravierender ist jedoch, dass nach Troeltsch die Religionsbegriffe selbst auf individuell-historischen Bedingungen beruhen.[10] Und was für die Religionsbegriffe gilt, trifft selbstverständlich auch auf die Begriffe von der Religionsgeschichte zu.[11] Die Bildung der allgemeinen Begriffe von Religion und von der Religionsgeschichte sind historisch bedingt und das heißt nach Troeltsch, dass zu jeder Zeit jeweils unterschiedliche Merkmale als typisch für die Religion und ihre geschichtliche Entwicklung aufgestellt werden.

Ein derart abstrakter Religionsbegriff, der aufgrund seiner Allgemeinheit der individuellen Religion äußerlich bleibt und aufgrund seiner geschichtlich-kulturellen Verfasstheit Merkmale des Zufälligen an sich trägt, kann aber weder das Wesen der Religion adäquat erfassen noch als adäquater Maßstab der religiösen Entwicklung und ihrer normativen Bewertung dienen.[12]

Der *zweite* Anklagepunkt von Troeltsch gegen Hegels und Schleiermachers Religionstheologie lautet: Ihr abstrakter Religionsbegriff kann weder eine spe-

---

[8] Troeltsch, KGA 5, 140.

[9] Troeltsch, KGA 5, 140.

[10] Troeltsch, KGA 5, 138: „Denn auch die Idee dieses Allgemeinen selbst ist in jedem Moment, wo sie entsteht, hervorgebracht durch besondere geschichtliche Bedingungen, insofern sie nur entsteht durch geschichtlich notwendig werdende Abwendung von der älteren Gestalt herrschender Lebensinhalte und nur geformt wird unter bestimmten intellektuellen und ethischen Einflüssen der augenblicklichen Lage."

[11] Troeltsch, KGA 5, 138: „Auch unsere Theorien selbst von allgemeinen Entwicklungsgesetzen und Werten der Geschichte sind jedesmal vom Standort aus historisch und individuell bedingt. [...] Die Historie [...] kennt keinen Allgemeinbegriff, der das Gesetz der sukzessiven Hervorbringung der einzelnen historischen Inhalte in sich enthielte und das daher allen Erscheinungen Immanente mit einem allgemeinen Begriffe zu erfassen erlaubte, der zugleich Bewegungs- und Hervorbringungsgesetz alles Einzelnen und eben dadurch auch als der einzige alles erfüllende Inhalt der eigentliche Wert und die Norm aller geschichtlichen Erscheinungen wäre."

[12] Troeltsch, KGA 5, 141: „In allen diesen Fällen tritt ganz deutlich alles auseinander, was man in einem solchen Begriff zu binden gesucht hat: der wirkliche echte Allgemeinbegriff der typischen Grunderscheinungen der Religion, der Normbegriff der maßgebenden religiösen Wahrheit und die konkret, individuelle Erscheinung der einzelnen historischen Religionen."

zifische historische Religion als religiöse Höchstform bestimmen noch eine Hierarchie zwischen den historischen Religionen begründen.

Hiermit ändert Troeltsch seine Argumentationsstrategie. Statt die Abstraktheit und Zufälligkeit der bisherigen Religionsbegriffe hervorzuheben, betont er nun ihre Vorläufigkeit. Wenn sich der Religionsbegriff aus der Beobachtung der typischen Merkmale der positiven Religionen ergibt, die Religionsgeschichte aber auf unabsehbare Zeit weiter im Werden begriffen ist, wie sollte es dann möglich sein, einen Begriff der absoluten, das heißt unwandelbaren Religion aufzustellen?[13] Weil eine Teleologie der Geschichte zu den notwendigen Voraussetzungen der Religionswissenschaft selbst zählt,[14] könnte die vollständige Realisation des Religionsbegriffs erst am Ende der Geschichte auftreten. Troeltsch setzt in seiner Argumentation voraus, dass die von ihm kritisierten Theologien den religiösen Geschichtsverlauf und die religiöse Begriffsrealisation miteinander identifiziert haben. Weil nach Troeltsch gilt: „historisch und relativ ist identisch"[15], kann es vor Ablauf der Geschichte keine religiöse Absolutheit geben.[16]

Ohne über einen Begriff der religiösen Höchstform zu verfügen, kann auch keine endgültige Hierarchie zwischen den Religionen aufgestellt werden. Denn ohne die Kenntnis des Entwicklungsziels können Stufen auf dem Weg zu diesem Ziel weder angegeben noch im Verhältnis zueinander bewertet werden. Scheinbare Rückschritte könnten geschichtliche Fortschritte sein und umgekehrt.[17] Mithilfe des abstrakten Allgemeinbegriffs von Religion kann folglich die religionsgeschichtliche Entwicklung nur abstrakt-defizitär beschrieben werden.[18] Troeltschs Fazit lautet daher in Bezug auf seinen zweiten Kritikpunkt, „daß die Historie zwar der Normbegriffe sich nicht enthalten kann, daß sie diese aber aus dem Aufweis der absoluten Realisation des Allgemeinbegriffes nicht gewinnen kann."[19] Über abstrakte Begriffe, die meinen, außerhalb der Geschichte zu stehen und für die Ewigkeit formuliert zu sein, geht die Geschichte selbst hinweg.

---

[13] Troeltsch, KGA 5, 142 f.: „[…] wie kann der Allgemeinbegriff mit genügender Sicherheit geprägt werden, wenn doch seine eigentliche Realisation in unberechenbarer Ferne steht?"

[14] Troeltsch, KGA 5, 142: „Dem aber [der teleologischen Betrachtung der Geschichte, C. K.] wird gerade der Historiker selbst sich nicht entziehen können, da er doch nicht bloß um der Kenntnisnahme von gewesenen Dingen willen, sondern um der in der Geschichte sich offenbarenden Werte willen seine Arbeit betreibt."

[15] Troeltsch, KGA 5, 166.

[16] Troeltsch, KGA 5, 140.

[17] Troeltsch, KGA 5, 143: „Und wenn der Allgemeinbegriff nicht sicher geprägt werden kann, wie können dann mit Sicherheit die Etappen bezeichnet werden, in denen er sich bis jetzt auf seine Realisation hin bewegt hat und zwischen denen wir uns zu entscheiden haben?"

[18] Troeltsch, KGA 5, 141: „Vielmehr kommt es auf diese Weise immer nur zu Begriffen und Definitionen des Wesens der Religion, die auf die niederen Stufen noch nicht passen und auf die höheren nicht mehr, zu schattenhaften Gedanken, die die Phantasie in jede konkrete Erscheinung erst als ihren Kern hineindeuten muß."

[19] Troeltsch, KGA 5, 144.

Troeltschs *dritter* Anklagepunkt wirft den begrifflichen Begründungsstrategien Hegels und Schleiermachers einen systematischen Zirkelschluss vor, indem sie aus einem bereits christlich gebildeten Religionsbegriff auf das Christentum als religiöser Höchstform schließen würden:

> [...] [E]s werden Religionsbegriffe aufgestellt – und diese sind üblicherweise bei den Theologen am meisten beliebt –, die überhaupt nur eine blassere Formulierung des Christentums sind und ohne weitere ernstliche Begründung das Christentum einfach als die überall angestrebte Idealreligion bezeichnen.[20]

Nach Troeltsch kann eine allgemeinbegrifflich operierende Religionstheologie diesem Zirkelschluss nicht entgehen, weil sie ihren Begriff der Religion und der Religionsgeschichte nicht aus dem religionsgeschichtlichen Vergleich, sondern aus der begrifflichen Introspektion der eigenen Religiosität gewonnen hat und damit bereits von einer „von vornherein entschiedenen Verabsolutierung des Christentums"[21] ausgeht.

Troeltschs *vierter* Anklagepunkt lautet: Der begrifflich formulierte Entwicklungsbegriff von Hegel und Schleiermacher unterläuft das Phänomen der menschlichen Freiheit und entwertet die Bedeutung der positiven Religionen in der Religionsgeschichte:

> Das seelische Leben ist für sie [die Geschichte, C. K.] von Hause aus nicht eine in bloß kausaler Aufeinanderfolge gleichartiger Akte hergestellte Reihe von Geschehnissen, sondern ein geheimnisreiches Doppelwesen, in dem die schwierigen Begriffe der Freiheit und Persönlichkeit jedenfalls insofern eine grundlegende Bedeutung haben, als die Motivierung aus den höheren Geistesinhalten niemals eine einfache Fortsetzung der begonnenen natürlichen Motivierung ist, als der Hervorgang solcher Inhalte nie durch bloßes Summieren bisheriger Wirkungen, sondern durch unabweisbare, aus tieferem Grunde emporsteigende Erschließungen stattfindet. Eben deshalb ist in der praktischen Durchführung auch jede rein logisch-dialektische Konstruktion der Stufen der Entwicklung eine doktrinäre Vergewaltigung der wirklichen Geschichte.[22]

Die Religionsgeschichte entwickelt sich nach Troeltsch nicht aus faktisch vorhandenen Tatsachen, sondern generiert sich als Freiheitsgeschehen aus den übersinnlichen beziehungsweise höheren Kräften des menschlichen Geistes. Im Hintergrund steht hier die Kantische, und von der Ritschl-Schule übernommene, Unterscheidung zwischen phänomenaler und noumenaler Welt in praktischer Hinsicht.[23] Weil sich die Freiheit des menschlichen Geistes Troeltsch zufolge nicht

---

[20] Troeltsch, KGA 5, 141.
[21] Troeltsch, KGA 5, 191.
[22] Troeltsch, KGA 5, 149.
[23] Vgl. hierzu F. Wittekind, „Die geschichtsphilosophische Grundlegung eines ethischen Glaubensverständnisses in Troeltschs Absolutheitsschrift – oder: Das Reich Gottes als Universalgeschichte", in: R. Bernhardt/G. Pfleiderer (Hgg.), *Christlicher Wahrheitsanspruch – historische Relativität: Auseinandersetzungen mit Ernst Troeltschs Absolutheitsschrift im Kontext heutiger Religionstheologie* (Christentum und Kultur, Band 4) [=Christlicher Wahrheitsanspruch], Zürich 2004, 131–168; hier: 135–140. Vgl. auch grundlegend: G. v. Schlippe, *Die*

in einer Harmonie mit der phänomenalen Welt, sondern nur im Kampf gegen sie befindet, können positive Religionen grundsätzlich „nicht in einen konstruierbaren Verlauf eingereiht werden".[24] Eine Abhängigkeit und Ableitbarkeit der Religionen voneinander ist nach ihm deswegen eine „doktrinäre Vergewaltigung der wirklichen Geschichte"[25].

Damit zusammenhängend untergräbt eine methodische Ableitung der geschichtlichen Religionen Troeltsch zufolge die Bedeutung der einzelnen Religionen auf bloße Vorstufen zur absoluten, das heißt christlichen, Religion: „Keine Periode ist lediglich Durchgangsstufe, jede hat in ihrer Gesamtlage ihren eigenen Sinn und ihre selbstgenügsame Bedeutung."[26]

Aus diesen Gründen ist letztlich die „Lehre von der gesetzlichen Berechenbarkeit der Stufen oder die Dialektik […] preiszugeben."[27] Für Troeltsch führte die von ihm attestierte theologische Blindheit bei Hegel und Schleiermacher gegenüber der wirklichen Religionsgeschichte zu dem irrtümlichen Versuch, religiöse Normativität aus Begriffen zu begründen: „Nur auf dem Nebel einer noch sehr unbestimmten historischen Erkenntnis konnte der Regenbogen solcher Konstruktionen leuchten."[28]

Trotz seiner kritischen Anklage der religionstheologischen Konzeptionen Hegels und Schleiermachers schließt Troeltsch aber keineswegs eine normative Hierarchie zwischen den Religionen aus.[29] Sie darf ihren Bewertungsmaßstab nur nicht im Religionsbegriff selbst besitzen.[30] Die positive Möglichkeit von religiöser Normativität entfaltet er vielmehr anhand eines revolutionären metaphysischen Geschichtsverständnisses.

Absolutheit des Christentums bei Ernst Troeltsch auf dem Hintergrund der Denkfelder des 19. Jahrhunderts, Neustadt a. d. Aisch 1966.

[24] Troeltsch, KGA 5, 149.

[25] Troeltsch, KGA 5, 149.

[26] Troeltsch, KGA 5, 149.

[27] Troeltsch, KGA 5, 181.

[28] Troeltsch, KGA 5, 150.

[29] Troeltsch, KGA 5, 103: „Ist es nicht grundsätzlich sinnlos, die Frage nach historischer Normativität zu stellen? Setzt ein religionsphilosophischer Beweis nicht ein bestimmtes religiöses Erlebnis immer voraus? Aus diesem Erlebnis bildet man einen Begriff, und der Begriff leitet unbewusst den religionsphilosophischen Vergleich?"

[30] Troeltsch, KGA 5, 138 f.: „Für das, was an allgemein*gültigen* Normen, Werten und Idealen in der Geschichte entsteht, muß es eine andere Begründung geben, als ihre Zurückführung auf ein *tatsächlich* Allgemeines, das nur in der Fülle des von ihm hervorgebrachten Individuellen nicht ohne weiteres erkennbar, dagegen einer das Konstante in den individuellen Veränderungen suchenden Abstraktion zugänglich wäre."

2. Troeltschs inklusivistische Religionstheologie

Die positive Aufgabe der *Absolutheitsschrift* sieht Troeltsch darin, „den Begriff des Historisch-Relativen und sein Verhältnis zur Gewinnung der Normen zu erörtern."[31] Inhaltlich entfaltet er diese Aufgabe mit der zweifachen Begründung des Christentums als religiöser Höchstform: Zunächst zeigt er *ex negativo* auf, dass die „historische Denkweise [...] die Anerkennung des Christentums als der uns geltenden höchsten religiösen Wahrheit nicht aus[schließt]"[32] (2.1). Darüber hinaus ergänzt er diese Sichtweise, indem er herausarbeitet, inwiefern die „historische Denkweise auch positiv die Anerkennung des Christentums als der höchsten für uns geltenden Ideen- und Lebenswelt ein[schließt]"[33] (2.2.–2.3.3).

2.1 Die historische Denkweise schließt Normativität nicht aus

Troeltsch zeigt in seiner Darstellung, dass seine Religionstheologie selbst kritisch gegenüber einem „unbegrenzten Relativismus"[34] in der Geschichtswissenschaft eingestellt ist. Es ist zwar richtig, dass die relative Einordnung des Christentums in die Religionsgeschichte dessen naive Ansprüche auf Absolutheit unterbindet, dies geht jedoch nicht mit dem Verzicht auf eine normative Höchstgeltung des Christentums einher. Hiermit wendet sich Troeltsch kritisch gegen zentrale Methoden der modernen Geschichtswissenschaft, die eine wertfreie Forschung einfordern. Hiergegen wendet er ein: „Geschichte schließt die Normen nicht aus, sondern ihr wesentliches Werk ist gerade die Hervorbringung der Normen und der Kampf um die Zusammenfassung dieser Normen."[35]

Für Troeltschs revolutionäre Religionstheologie ist dabei die These leitend, dass das Verlangen der Geschichtswissenschaft nach historischer Adäquanz mit ihrer Methode der „hypothetischen Anempfindung [...] am wenigsten geeignet [ist], einen ziel- und sinnlosen Relativismus zu begründen."[36] Das hypothetische Anempfinden ist in der Religionstheologie das Vorgehen, andere Religionen mit ihren zugrundeliegenden Wertungen von innen heraus nachzuerleben und diese Wertungen mit denen anderer nacherlebter Religionen zu vergleichen. Der Religionswissenschaftler untersucht nach Troeltsch die wirkliche Religionsgeschichte, wenn er sich auf die individuellen Akte menschlicher Freiheit in den unterschiedlichen Religionen bezieht und zwar, indem er den für die Religionen spezifischen Prozess der Werteproduktion und ihre Werte selbst in seiner eigenen Person nachvollzieht.[37]

---

[31] Troeltsch, KGA 5, 166.
[32] Troeltsch, KGA 5, 190.
[33] Troeltsch, KGA 5, 191.
[34] Troeltsch, KGA 5, 166.
[35] Troeltsch, KGA 5, 170f.
[36] Troeltsch, KGA 5, 169.
[37] Troeltsch, KGA 5, 172: „So erwächst aus der Historie die Zusammenschau und Verleihung der großen Haupttypen geistigen Lebens und mit dieser eine neue weitere Einschränkung der Relativismus."

Möglich ist ein derartig methodisches Anempfinden, weil die prägenden, individuellen Werte einer historischen Religion sich aus der allen Menschen gemeinsamen menschlichen Freiheit ergeben.[38] Auf diese Weise führt das hypothetische Anempfinden auf methodisch kontrollierte und objektive Weise zu einer persönlichen Überzeugung unterschiedlicher Werte im Rahmen eines Wertesystems der Religionen selbst und ist demgemäß nach Troeltsch „mit wissenschaftlichem Sinn und Denken durchaus verträglich. Es gibt in diesen Dingen keine andere Entscheidung, als ein auf das Nachleben und Nachfühlen der großen Erhebungen des inneren Lebens begründetes Bekenntnis."[39] Es ist für Troeltsch allein das methodische Anempfinden, das eine Metaphysik der Geschichte und damit ein Wissen von bleibenden Werten in der Geschichte ermöglicht und erschließt.[40]

Dieses Anempfinden bleibt zwangsläufig hypothetisch, weil jede Wertung auf persönlich-freie Entscheidungen zurückgeht und somit die Bewertung der Religionen nicht mit Notwendigkeit, sondern nur nach dem bestem Wissen und Gewissen des Religionswissenschaftlers, das heißt in Form von „Wahrscheinlichkeitsurteilen" erfolgen kann.[41]

2.2 Die historische Denkweise schließt Normativität ein bzw. die „metaphysische Wendung"[42]

Im Zentrum der Religionstheologie stehen für Troeltsch nun die anhand der religiösen Wertungen erkennbaren Ziele, die in der Religionsgeschichte von den historischen Religionen gemeinsam angestrebt werden: „Nicht das Entweder-Oder von Relativismus und Absolutismus, sondern die Mischung von beidem, das Herauswachsen der Richtung auf absolute Ziele aus dem Relativen ist das Problem der Geschichte."[43]

---

[38] Troeltsch, KGA 5, 169 f.: „Denn gerade sie [die Akte der hypothetischen Anempfindung, C. K.] bezeugen, daß jeder Mensch ein Mikrokosmos ist, der vermöge gewisser Analogen scheinbar fremde Zustände in ihrem Sinn und Wesen Nachverstehen kann, daß also die verschiedenen Wertbildungen der Menschheit etwas Gemeinsames haben, das mit innerer Notwendigkeit dazu zwingt, die Werte gegen einander abzuwägen und, wie die eigene Persönlichkeit, so die menschliche Geschichte von der hierbei gewonnenen Ueberzeugung aus zu normieren und zu beurteilen."

[39] Troeltsch, KGA 5, 191.

[40] Troeltsch, KGA 5, 174: „Der endlose Progressismus oder vielmehr die Theorie der endlosen Veränderung ist ein durch nichts begründetes Vorurteil und nur für Leute wahrscheinlich, die mit dem religiösen Glauben an Einheit und Sinn der Wirklichkeit auch alle metaphysischen Gedanken über transzendente Hintergründe der Geschichte zu den Illusionen geworfen haben."

[41] Troeltsch, KGA 5, 203. Vgl. auch Troeltsch, KGA 5, 177: „Sie [die hypothetische Anempfindung, C. K.] hat ihren objektiven Grund in der sorgfältigen Umschau, in der parteilosen Abneigung, und in der gewissenhaften Abwägung; aber ihre letzte Entscheidung bleibt die subjektiv-persönliche innere Ueberführung."

[42] Troeltsch, KGA 5, 180.

[43] Troeltsch, KGA 5, 171.

Der Religionswissenschaftler soll nicht einen allgemeinen Religionsbegriff aufstellen und die Religionsgeschichte als Realisierungsprozess dieses Begriffes darstellen, an deren Ende eine bestimmte Religion als absolute Erfüllung des Begriffs steht. Vielmehr soll er mittels der hypothetischen Anempfindung *erstens* die Wertungen der historischen Religionen nachvollziehen,[44] *zweitens* die diesen Wertungen zugrundeliegenden Ziele der Religionen miteinander vergleichen[45] und *drittens* anhand eines sich hieraus ergebenden gemeinsamen Ziels eine Hierarchie zwischen den Religionen aufstellen, die sich aus der Klarheit und Deutlichkeit ergibt, mit der die gemeinsamen Ziele aller Religionen in einer bestimmten Religion verwirklicht sind:

> Hierbei handelt es sich dann um eine Vergleichung, die nach Kräften das Ganze des historischen Horizontes umspannt und hierbei nicht einen den naturwissenschaftlichen Begriffen analogen allgemeinen Gesetzesbegriff, aber einen Begriff gemeinsamer Zielrichtung aufsucht. Das heißt nicht die menschliche Gesamtentwicklung übersehen und aus dem Begriff eines gemeinsamen Zieles konstruieren, was allerdings bei unserer Kenntnis eines bloßen Fragmentes und bei der Unmöglichkeit, die Geschichte gesetzlich zu konstruieren, undurchführbar wäre. Aber es heißt die uns bekannten und zugänglichen höchsten Erwerbe zusammenfassen, von denen wir mit gutem Grunde annehmen dürfen, daß sie nicht bloß zufällig uns bekannt gewordenen, sondern auch an sich die einzigen großen Entwicklungen sind, die aus den primitiven Zuständen sich erhoben haben.[46]

Die Umsetzung dieser Aufgabe hält Troeltsch nicht für unüberwindlich, weil es seines Erachtens zum einen nur wenige große Werte in der Religionsgeschichte[47] und mithin nur wenige bedeutsame historische Religionen gibt.[48]

---

[44] Troeltsch, KGA 5, 103: „Das Wesen der Historie ist ja gerade das hypothetische Nacherleben und Nachempfinden, vermöge dessen man fremdartig bedingtes religiöses Leben wirklich erleben und das eigene bisherige hypothetisch objektivieren und das heißt in seiner schlechthinigen (sic!) alleinigen Geltung in Frage stellen kann."

[45] Troeltsch, KGA 5, 104: „Die letzte Entscheidung zwischen diesen so erlebten Werten ist dann freilich eine letzte axiomatische Tat, die aber ihr Motiv sich durch Abwägung und Abstufung der vergleichenden Werte und damit auch in Beziehung auf einen gemeinsamen Begriff verdeutlichen wird."

[46] Troeltsch, KGA 5, 171 f.

[47] Troeltsch, KGA 5, 172: „Die Erfahrung zeigt, daß es überaus wenig solcher Werte gibt, und daß wirkliche Erschließungen neuer geistiger Ziele überaus selten gewesen sind. [...] Diejenigen, die der Menschheit etwas wirklich Neues zu sagen hatten, sind Imme überaus alten gewesen, und es ist erstaunlich, von wie wenig Gedanken die Menschheit in Wahrheit gelebt hat." Vgl. auch seine Abwertung der sog. primitiven Religionen: „Die massenhaften Religionen der unzivilisierten Völker und die Polytheismen bedeuten nichts für die Frage nach den höchsten religiösen Werten. Große ethische und geistige Religionen, die eine höhere Welt gegen die bloß vorgefundene physische und seelische Natur aufbauen, gibt es aber nur wenige." (Troeltsch, KGA 5, 173).

[48] Troeltsch, KGA 5, 173: „Es kann sich hier nur handeln um die aus gemeinsamem Stamme erwachsenen Religionen des Judentums, des Christentums und des Islams, andererseits um die großen östlichen Religionen, den Brahmanismus und vor allem den Buddhismus."

Zum anderen ist er in Bezug auf die aufzustellende religionstheologische Hierarchie zwischen den Religionen zuversichtlich, dass sie, obwohl sie auf dem Boden der sich wandelnden Geschichte gebildet wird, dennoch bleibende Gültigkeit und objektive Bedeutung besitzen kann und nicht nur eine kurzlebige Momentaufnahme darstellt:

> Im Gegenteil läßt die Beobachtung des Umstandes, wie wenig große Inhalte die bisherige Geschichte hervorgebracht hat und wie breit und zäh diese den Boden besetzt haben, es als sehr unwahrscheinlich erscheinen, daß die Zukunft auf einmal eine ungemessene verwirrende Produktivität beginnen werde. Als wahrscheinlich möchte man vielmehr betrachten, daß auf den Anstieg zu den Höhen nunmehr die Ausbreitung auf dem Plateau folgen werde.[49]

Dennoch betont Troeltsch, dass eine derartige Religionstheologie hohe persönliche und moralische Anforderungen an ihre Vertreter stellt.[50] Die Erforschung der Historie darf keine detailversessene Nachzeichnung der Fakten sein, sondern soll mittels „der vergleichenden Ueberschau und der inneren Durcharbeitung der hypothetisch nachempfundenen Werte"[51] eine durch den gewissenhaften Forscher persönlich vertretene und eigenständig erarbeitete objektive Darstellung der normativen Geschichtsentwicklung hervorbringen.

Die Normativitätskriterien zur Hierarchisierung der historischen Religionen gründen auf Troeltschs Gedanken von der Einheit der Geschichte als Freiheitsgeschehen, wonach „die verschiedenen Offenbarungen mit einander sich messen und vergleichen [lassen, C.K.] in Bezug auf die Einfachheit, Kraft und Tiefe, mit der sie ein höheres, überweltliches Leben in Gott eröffnen."[52] Die Rangordnung einer historischen Religion ergibt sich somit daraus, wie klar und umfassend in ihr die Ziele des umfassenden geschichtlichen Freiheitsgeschehens erfasst sind.

Troeltschs Konzeption der geschichtlichen Normativität basiert folglich auf dem metaphysischen Gedanken einer Selbstbewusstseinsgeschichte der menschlichen Freiheit.[53] Hiermit ist Troeltsch inhaltlich ganz auf der Linie von Schleiermacher und Hegel. Der Unterschied besteht jedoch darin, dass es nach Troeltsch eine absolute Religion aus methodischen Gründen nicht geben kann. Das

---

[49] Troeltsch, KGA 5, 174.

[50] Troeltsch, KGA 5, 177: „Sie hat ihren objektiven Grund in der sorgfältigen Umschau, in der parteilosen Abneigung, und in der gewissenhaften Abwägung; aber ihre letzte Entscheidung bleibt die subjektiv-persönliche innere Ueberführung. Deswegen ist auch nicht jeder beliebige Räsonneur zu einer derartigen Arbeit fähig, sondern nur der Weite und Reichtum der Kenntnis mit ernstester Sittlichkeit und Frömmigkeit verbindende Denker. Auch braucht nicht jeder von neuem das Problem sich zu stellen und zu lösen, sondern nur diejenigen sind berufen, die das Problem wirklich tief und bohrend empfinden und die den sittlichen ernst zu seiner Lösung haben. Die ihrer Lösung einwohnende innere Wahrheit und Notwendigkeit wird die anderen bezwingen."

[51] Troeltsch, KGA 5, 191.

[52] Troeltsch, KGA 5, 175.

[53] B. W. Sockness, „Brilliant misslungen: Die historische Apologetik der Absolutheitsschrift", in: Bernhardt/Pfleiderer (Hgg.), *Christlicher Wahrheitsanspruch*, 169–187, hier: 172.

hypothetische Anempfinden kann nur bestehende Religionen bewerten und damit vor dem Ende der Geschichte keine endgültige und unveränderliche Bewertung der Religionsgeschichte insgesamt liefern. Die Religionstheologie kann ausschließlich gegenwärtige, das heißt relative Höchstgeltung statuieren.[54]

2.3 Die geschichtliche Höchstgeltung des Christentums

Um die berechtigten Anliegen sowohl des Glaubens[55] als auch der modernen Geschichtswissenschaft zu versöhnen, entwickelt Troeltsch mit seiner Methode des hypothetischen Anempfindens eine Theorie der geschichtlichen Normativität als Selbstbewusstseinsgeschichte menschlicher Freiheit. Im Rahmen dieser Konzeption entfaltet er seine Hauptthese, wonach das Christentum zwar nicht die absolute Religion darstellt, aber aufgrund eines Wahrscheinlichkeitsurteils als religiöse Höchstform der bisherigen und zukünftigen Geschichte begriffen werden kann:

> Das Christentum als Höhepunkt aller bisherigen Religion und als Boden und Voraussetzung jeder kräftigen und klaren Religiosität der Zukunft, zugleich ohne jede Wahrscheinlichkeit einer Überholung und einer Loslösung von seinen historischen Grundlagen, soweit unser historischer Gesichtspunkt reicht.[56]

Diese wahrscheinliche religiöse Höchstgeltung des Christentums wird inhaltlich-sachlich (2.3.1) und formal-zeitlich begründet (2.3.2) und diese Begründung wird durch die Thematisierung des christlichen Anspruchs auf Höchstgeltung bestätigend ergänzt (2.3.3).

2.3.1 Die inhaltlich-sachliche Höchstgeltung des Christentums

Troeltschs Beurteilung des Christentums basiert auf den beschriebenen Normativitätskriterien aus dem hypothetischen Anempfinden. Demnach stellt das Christentum die Höchstform der bisherigen positiven Religionen dar, weil es die Differenz von natürlicher und geistiger Wirklichkeit am klarsten und deutlichsten erfasst, wodurch es zugleich den religiösen Gipfel und Konvergenzpunkt der bisherigen Religionsgeschichte bildet. Dieser Gedanke wird von Troeltsch auch mit der Beschreibung zusammengefasst, dass Christentum besitze ein adäquates Bewusstsein vom Reiche Gottes.[57]

Im Detail werden die historischen Religionen von Troeltsch nach Religionsstufen und -arten unterteilt:

Die Religionsstufen unterscheiden sich auf einer ersten Stufe nach der Klarheit ihres Bewusstseins vom Unterschied zwischen sinnlicher und übersinnlicher

---

[54] Troeltsch, KGA 5, 180.
[55] Troeltsch, KGA 5, 210: „Glaube" wird von Troeltsch in der *Absolutheitsschrift* verstanden als das „religiöse Bedürfnis nach Sicherheit und Gemeinschaft mit Gott".
[56] Troeltsch, KGA 5, 210.
[57] Troeltsch, KGA 5, 197.

Welt.[58] Die Weltreligionen Islam, Judentum, Buddhismus und Christentum besitzen nach Troeltsch überhaupt erst ein wahrhaftes Bewusstsein geistiger Werte, die unabhängig von innerweltlichen Interessen, z.B. der Nation oder des Staates, universale Geltung beanspruchen. In diesem Sinne besitzen sie allererst ein Bewusstsein vom eigentlichen Gehalt geistiger Freiheit.

Eine zweite Religionsstufe sieht Troeltsch zwischen den Gesetzesreligionen Islam und Judentum auf der einen Seite und den Erlösungsreligionen Buddhismus und Christentum auf der anderen Seite gegeben. Die Gesetzesreligionen stellen die natürliche und die geistige Welt „nebeneinander und erlangen den Aufstieg in die höhere durch das Aufgebot der in der Seelennatur liegenden Kräfte."[59] Die Erlösungsreligionen hingegen

[…] vollenden den Bruch zwischen beiden Welten und reißen den Menschen innerlich los von der gesamten vorgefundenen Wirklichkeit, auch von seiner eigenen Seelennatur, um ihn mit göttlichen Kräften erfüllt ihr wieder gegenüber zu stellen und ihm dadurch das Tun des die Welt überwindenden und ihren Wert darstellenden Guten zu bewähren, samt der sicheren Hoffnung des Sieges und des Lebens für eine höhere Welt.[60]

Die Erlösungsreligionen stehen nach Troeltsch höher als die Gesetzesreligionen, weil sie ein Bewusstsein von „Freiheit u[nd] der Gnade"[61] besitzen. Die Höherwertigkeit der Erlösungsreligionen gründet in ihrem Bewusstsein der Endlichkeit menschlicher Freiheit.

Die zweite Religionsstufe wird wiederum unterteilt in die Arten der unpersönlichen und persönlichen Erlösungsreligion. Dieser Unterschied zwischen dem „brahmanischen Akosmismus" beziehungsweise „buddhistischen Quietismus"[62] und dem Christentum besteht „[z]wischen Erlösung durch Denken zum Uebersein oder Nichtsein und der Erlösung durch gläubiges Vertrauen zum Anteil an der Personenhaftigkeit Gottes, an dem Grund aller Lebendigkeit und aller gültigen Werte".[63] Dabei besteht nach Toeltsch die „größere Lebenstiefe und die höhere Zielsetzung […] auf der Seite der personalistischen Religion."[64] Denn nur im Christentum wird die geistige Wirklichkeit als selbsttätig, das heißt als vollkommen autonom und frei erfasst.[65]

---

[58] Vgl. Troeltsch, KGA 5, 193: Erst in den „großen Universalreligionen […] tritt eine höhere, geistige, ewige Welt der Sinnenwelt geschlossen gegenüber und erwächst erst der Religion die volle, alles auf sich beziehende Kraft."

[59] Troeltsch, KGA 5, 193.

[60] Troeltsch, KGA 5, 193.

[61] Troeltsch, KGA 5, 198, Fußnote.

[62] Troeltsch, KGA 5, 194.

[63] Troeltsch, KGA 5, 195.

[64] Troeltsch, KGA 5, 195.

[65] Vgl. hierzu deutlich: F. W. Graf, „Die historische Dauerreflexion der (Post-)Moderne und die Geltungsansprüche der Christentümer", in: Bernhardt/Pfleiderer (Hgg.), *Christlicher Wahrheitsanspruch*, 15–45, hier: 43.

Das Christentum stellt die Höchstform der bisherigen Religionsgeschichte dar, weil sich in seiner personalistischen Religiosität das menschliche Freiheitsbewusstsein in Abhängigkeit von der autonomen göttlichen Gnade erfasst.[66] Im Christentum besteht deswegen nach Troeltsch anders als im Buddhismus ein Bewusstsein der „Freiheit durch Gnade"[67], das heißt menschliche Freiheit wird als ein Moment der göttlichen Weltbildung und -vervollkommnung selbst begriffen und damit „Erlösung" überhaupt erst im eminenten Sinne erfahren.[68] Die religiöse Zentralidee des Christentums besteht nach Troeltsch folglich darin, die Religionsgeschichte als göttliches Gnadenwirken mittels der endlichen Freiheit des Menschen zum Aufbau des Reiches Gottes zu verstehen:

> Nur das Christentum hat [...] eine lebendige Gottheit geoffenbart, die Tat und Wille ist im Gegensatz zu allem bloß Seienden, die die Seele entzweit mit dem bloß Seienden und in dieser Entzweiung mit sich vereinigt, u[nd] sie geborgen und getröstet wie von Schuld und Trotz gereinigt in der Welt wirken zu lassen zum Aufbau eines Reiches rein persönlicher Werte oder des Reiches Gottes.[69]

Auf der Grundlage dieser Bestimmung des Christentums als Reich-Gottes-Bewusstsein, welches den Gipfel der Religionsgeschichte bildet, kann Troeltsch im Anschluss zeigen, dass das Christentum auch den Konvergenzpunkt der bisherigen Religionsgeschichte bildet. Denn im christlichen Reich-Gottes-Bewusstsein sind sämtliche geistigen Werte und Ziele der Religionsgeschichte eingeschlossen:[70]

> Es sind überall vier Gedankengruppen, in deren Anschauung sich das höhere religiöse Leben bewegt: Gott, die Welt, die Seele und das in deren Beziehung sich verwirklichende höhere, überweltliche Leben, die Ueberwelt [...]. An jedem dieser Gedanken und an ihrem

---

[66] Troeltsch, KGA 5, 195.: „[...] die stärkste und gesammelte Offenbarung der personalistischen Religiosität, ja noch mehr. Es nimmt eine durchaus einzigartige Stellung ein, indem es allein den überall empfundenen Bruch der höheren und der niederen Welt radikal vollzogen hat, die dingliche, tatsächlich gegebene und mitgebrachte Wirklichkeit durch eine aus Tat und innerer Notwendigkeit stammende höhere Welt überbaut, verwandelt und schließlich aufhebt und zu diesem Werk befähigt durch die erlösende Verbindung der in Welt und Schuld verstrickten Seelen mit der entgegenkommenden ergreifenden Liebe Gottes. Es ist der einzige vollkommene Bruch mit den Grenzen und Bedingungen der Naturreligion und die Darbietung der höheren Welt als unendlich wertvollen, alles andere erst bedingenden und gestaltenden persönlichen Lebens."

[67] Troeltsch, KGA 5, 198, Fußnote.

[68] Troeltsch, KGA 5, 195.

[69] Troeltsch, KGA 5, 197.

[70] Vgl. Troeltsch, KGA 5, 196: „In allen großen Religionen finden wir erfahrungsgemäß verwandte Grundgedanken, Kräfte und Triebe, und gerade die Richtungen, in denen ihre innere Arbeit am intensivsten strebt und in denen wir die religiöse Kraft am tiefsten wirken fühlen, stellen etwas Gemeinsames dar, das überall gesucht wird, stellenweise mächtig zum Ausdruck kommt und dann doch wieder gebunden bleibt an die überall schwer überschreitbaren Grenzen."

gegenseitigen Verhältnis läßt sich nun deutlich zeigen, daß die hier erstrebten Ziele im Christentum zu voller Selbständigkeit und Kraft gelangt sind.[71]

Als Gipfel der Religionsgeschichte begreift das Christentum begnadete Freiheit als Möglichkeitsbedingung von menschlicher Normativität[72] und als Konvergenzpunkt umfasst es als Reich-Gottes-Bewusstsein sämtliche menschliche Wertarten.[73] Troeltsch meint, auf diese Weise das Christentum als religiöse Höchstform nicht aus dem Begriff abgeleitet, sondern aus der Historie bewiesen zu haben.[74]

2.3.2 Die formal-zeitliche Höchstgeltung des Christentums

Gemäß der Methodengrenzen des hypothetischen Anempfindens kann das Christentum aber keine absolute, sondern nur eine relative Höchstgeltung beanspruchen:[75] „Die ‚Absolutheit‘, die sich ergibt, ist dann nichts anderes als die Höchstgeltung und die Gewissheit, in die Richtung auf vollkommene Wahrheit sich eingestellt zu haben.“[76]

Die Idee einer absoluten Religion im Vollsinne wird von Troeltsch jedoch nicht verworfen, sondern programmatisch in das Jenseits der Geschichte verlagert.[77] Es ist ihm zufolge jedoch höchstwahrscheinlich, dass das Christentum nicht allein bisher, sondern auch in Zukunft die höchstentwickelte Religion darstellen wird. Seine Begründung verweist auf die bisherige Stetigkeit und Stabilität des Geschichtsverlaufs, der einen Bruch mit dem gegenwärtigen Wertesystem und der aufgestellten Religionshierarchie sehr unwahrscheinlich macht:

[Die] personalistische Erlösungsreligion des Christentums ist die höchste und folgerichtigste entfaltete religiöse Lebenswelt, die wir kennen. Was in ihr wahrhaftiges Leben ist, wird Leben bleiben auch in jeder irgend denkbaren Weiterentwickelung und von einer

---

[71] Troeltsch, KGA 5, 196.

[72] Vgl. Wittekind, „Grundlegung", 151–157.

[73] Troeltsch, KGA 5, 197: „So muß das Christentum nicht bloß als der Höhepunkt, sondern auch als der Konvergenzpunkt aller erkennbaren Entwicklungsrichtungen der Religion gelten und darf daher im Vergleich zu den übrigen als die zentrale Zusammenfassung und als die Eröffnung eines prinzipiell neuen Lebens bezeichnet werden.“

[74] Troeltsch, KGA 5, 197.

[75] Troeltsch, KGA 5, 198: „Eben deshalb ist auch mit keiner strengen Sicherheit zu beweisen, daß es [das Christentum, C. K.] der letzte Höhepunkt bleiben müsse und daß jede Ueberbietung ausgeschlossen sei. So sehr man mit ihm die tiefsten Forderungen des menschlichen Wesens erfüllt finden mag, es sind doch Forderungen, die es in der Hauptsache erst selbst zur Empfindung gebracht hat, und es ist an sich nicht auszuschließen, daß eine höhere Offenbarung noch tiefere Postulate aufdecken möchte.“

[76] Troeltsch, KGA 5, 200.

[77] Troeltsch, KGA 5, 204. Vor diesem Hintergrund ist selbst das religiöse Bewusstsein Jesu nach Troeltsch nicht absolut: „Es ist die höchste, letzte, bleibende Wahrheit, die Jesus bringt, und die von ihm aus die ganze Seele ergreifende Macht empfängt. Aber die absolute Religion hat auch er, und gerade er, dem Jenseits der Historie vorbehalten.“ (Troeltsch, KGA 5, 205)

solchen mit umfaßt, aber nicht vernichtet werden. Oder sollten wir an eine mögliche Unterbrechung und Zurückweisung der Kultur und Geistesentwicklung denken müssen, so müßten wir erwarten, daß es in einem neuen Anstieg ähnlich wiederkommen würde.[78]

2.3.3 Der Höchstgeltungsanspruch des Christentums

Seine Überlegungen schließt Troeltsch mit der Einschätzung ab, dass das Christentum, weil es in der Religionsgeschichte sachlich-inhaltliche und zeitlich-formale Höchstgeltung besitzt, auch über den am meisten berechtigten Anspruch auf Höchstgeltung verfügt. Hiermit greift er einen Gedanken Ritschls auf, wonach die „Verschiedenheit der inneren Struktur" des Christentums gegenüber den anderen Religionen, eine besondere Art der beanspruchten Absolutheit beinhaltet: „Die höchste Religion hat den freiesten und innerlichsten Absolutheitsanspruch".[79] Zu Recht bildet dieser Gedanke bei Troeltsch aber nur eine Ergänzung zu seinen bisherigen Argumenten.[80] Auch in der *Absolutheitsschrift* bleibt er bei seiner Kritik an Ritschls sog. Anspruchstheologie:[81] „Nicht aus den Erörterungen über Art und Stärke des Offenbarungs-, Erlösungs- und Gültigkeitsanspruches, sondern aus dem Urteil über die von ihm vertretene Sache läßt sich dann die Gültigkeit des Christentums erweisen."[82]

Prinzipiell kann nur der objektive Sachgehalt, nicht aber die subjektive Anspruchsart die religiöse Höchstgeltung begründen. Ansonsten müsste die Gültigkeit einer religiösen Idee proportional mit der fanatischen Überzeugung ihrer Vertreter zunehmen, was evidentermaßen falsch ist.

3. Troeltschs inklusivistische Religionstheologie kritisch betrachtet

Es gibt viele kritische Anfragen an die inklusivistische Religionstheologie der *Absolutheitsschrift*.[83] Von besonders gravierender Bedeutung ist, dass Troeltsch

---

[78] Troeltsch, KGA 5, 199.

[79] Troeltsch, KGA 5, 228.

[80] Troeltsch, KGA 5, 227 f.: „Es ist dies nur eine Bestätigung des früheren Ergebnisses. Wie das Christentum den personalistisch religiösen Gedanken und seine erlösende Kraft zur höchsten Klarheit und Stärke führt, so ist seine naive natürliche Absolutheit der innerlichste und einfachste Ausdruck der Sache; und, wenn das die freieste und innerlichste Form des Absolutheitsgedankens unter den uns bekannten ist, so spiegelt sich darin nur das sachliche Verhältnis der christlichen Religion zu den andern großen Gestaltungen der Frömmigkeit."

[81] Troeltsch, KGA 5, 239, Fußnote 1: „Es ist vor allem entsprechend gegenüber der Anspruchstheologie der Ritschl'schen Schule, die ich ursprünglich selbst geteilt habe und von der mich die angegebenen Analogien und Parallelen (der Religionsgeschichte, C. K.) abgebracht haben."

[82] Troeltsch, KGA 5, 239. Hier hält Troeltsch zudem fest, dass „der Sonderart der Sache auch eine Sonderart des Absolutheitsanspruches entspricht. Das Wesentliche aber ist jene und nicht dieses."

[83] Vgl. hierzu z.B. R. Bernhard, „‚Vor dem Richterstuhl der Religionsgeschichte'. Zur

die Diskrepanz nicht wahrnimmt zwischen dem, wie die Religionstheologie seines Erachtens zur Gewinnung von Normativität vorgehen soll und dem, wie er tatsächlich selbst vorgeht, um eine Hierarchie der Religionen aufzustellen. Denn anstatt durch hypothetisches Anempfinden die einzelnen Werte der positiven Religionen zu vergleichen, was nach Regeln und Methode des komparativen Religionsvergleichs erfolgen müsste, beurteilt er in der *Absolutheitsschrift* die historischen Religionen am „Maßstab"[84] einer Wertetheorie, die in ihrem Zentrum einen formal unterbestimmten und inhaltlich unkritischen Freiheitsbegriff voraussetzt.[85]

Formal ist dieser Freiheitsbegriff unterbestimmt, weil Troeltsch seine immanenten religionsphilosophischen Konsequenzen scheut. Wird die Religionsgeschichte, so wie Troeltsch es in der *Absolutheitsschrift* faktisch unternimmt, am Maßstab der Entwicklung des Freiheitsbegriffs hierarchisiert, dann müsste es eine nicht nur historisch, sondern vielmehr eine begrifflich höchste Religion geben. Eben diejenige, in der die Bedingungen und Ziele der menschlichen Freiheit selbst zum Bewusstsein gekommen sind. Im Reich-Gottes-Bewusstsein des Christentums sieht Troeltsch eine solche Selbstthematisierung der Freiheit gegeben, denn in ihm wird die Idee der persönlichen Erlösung beziehungsweise die Idee begnadeter Freiheit erfasst. Systematisch konsequent müsste Troeltsch damit in der *Absolutheitsschrift* das Christentum nicht nur als historisch-wahrscheinlich, sondern als begrifflich-notwendig höchste Religion und als historisch unüberbietbar bestimmen.

Inhaltlich ist sein Freiheitsbegriff unkritisch, weil Troeltschs Entscheidung, dass begnadete Freiheit die Höchstform menschlicher Freiheit bildet, in der *Absolutheitsschrift* nicht weiter begründet wird. Troeltsch könnte zum einen davon ausgehen, dass sein Verständnis von Freiheit kulturübergreifend geteilt wird. Nur unter dieser Voraussetzung wäre auch sein inhaltlich bestimmter Freiheitsbegriff geeignet, als allgemeiner Normativitätsmaßstab für andere Kulturen zu fungieren. Zum anderen könnte es sein, dass er unbewusst sein christliches Verständnis von menschlicher Freiheit als Bewertungsmaßstab zugrundelegt. Im letzteren Fall würde die *Absolutheitsschrift* allerdings genau denjenigen Zirkelschluss begehen, den sie der Religionstheologie Hegels und Schleiermachers vorwirft und aus dem sie somit vergeblich versuchte auszubrechen.

Problematik der Versuche, Religionen zu evaluieren", in: Bernhard/Pfleiderer (Hgg.), *Christlicher Wahrheitsanspruch*, 209–232, hier: 217.

[84] Troeltsch, KGA 5, 196.

[85] Vgl. auch das Urteil Wittekinds: „Troeltschs Versuch, die christliche Absolutheit aufzuspalten in eine [...] prinzipientheoretische Grundlagenreflexion des Religionsbegriffs und eine materialgeschichtliche Oberflächengestalt religionsgeschichtlicher Entwicklung, hat deshalb, so meine ich, mehr Unklarheiten hervorgebracht als prinzipielle Klärung hinsichtlich der Begründungsmöglichkeit dogmatischer Arbeit erbracht. Denn dem genannten Grundproblem und damit der Einsicht, dass die Durchsichtigkeit der Glaubensevidenz reflexionslogisch auf den Begriff gebracht werden muss, lässt sich nicht entkommen." (Wittekind, „Grundlegung", 167).

Aber auch die Konzeption einer kulturübergreifenden inhaltlich bestimmten Freiheitskonzeption steht im Widerspruch zu Troeltschs Anliegen und Methode der *Absolutheitsschrift*. Denn die religiösen Werte und ihr Vergleich sollten auf der Basis eines hypothetischen Anempfindungsverfahrens gefunden werden. Troeltschs Entscheidung, z.B. die personale gegenüber der nicht-personalen Erlösungsreligion als höher zu bewerten, ist aber keine Folge eines irgendwie gearteten Anempfindens, sondern eines kategorisch getroffenen Urteils über die Bedingungen menschlicher Freiheit, wonach eine „Erlösung durch Denken" defizitär ist gegenüber einer „Erlösung durch Vertrauen".[86] Dieses Urteil ist somit nicht als kulturübergreifend erwiesen, sondern einfach aus einem (westlich-)kulturellen Verständnis von Freiheit heraus gesetzt.

Hier zeigt sich das prinzipielle methodische Dilemma der *Absolutheitsschrift* in seinem vollen Ausmaß: Einerseits ist das hypothetische Anempfinden in der Lage, unterschiedliche Werte zwischen den Religionen festzustellen, um jedoch diese Werte qualitativ zu bewerten, muss Troeltsch andererseits auf einen Freiheitsbegriff als Wertmaßstab zurückgreifen, der nicht aus dem hypothetischen Anempfinden gewonnen werden kann, weil er diesem notwendigerweise zugrunde liegt. Damit wird letztlich die Religionshierarchie von Troeltsch aus seinem Freiheitsbegriff begründet und unterscheidet sich somit methodisch nicht von dem begrifflichen Vorgehen, das er an Hegel und Schleiermacher kritisiert. Anders ausgedrückt: Auf der einen Seite liefert Troeltsch in der *Absolutheitsschrift* mit seinem Freiheitsbegriff die Begründung für eine normative Hierarchie zwischen den Religionen, diese Begründung widerspricht jedoch auf der anderen Seite gerade aufgrund des Freiheitsbegriffs sowohl dem kritischen Anliegen als auch der historischen Methodik der *Absolutheitsschrift* selbst.

Dieses beschriebene religionsphilosophische Dilemma seiner revolutionären Inklusivismustheorie hat Troeltsch zunehmend selbst kritisch betrachtet und im Zuge dessen seine späte pluralistische Religionsphilosophie entwickelt, deren resignativer Endpunkt im Folgenden dargestellt und beurteilt werden soll.

4. Troeltschs pluralistische Religionstheologie

4.1 Die Darstellung in der Weltreligionsschrift

In seinem letzten, nicht mehr gehaltenen, Vortrag „Die Stellung des Christentums unter den Weltreligionen [*Weltreligionsschrift*]"[87] zeigt Troeltsch rekapitulierend die zentrale Bedeutung seiner *Absolutheitsschrift* für sein religionstheologisches Denken auf, relativiert jedoch zugleich ihre Ergebnisse. Es ist schwer, den Text zu lesen, ohne einen resignativen Unterton herauszuhören, trotz oder vielleicht auch

---

[86] Troeltsch, KGA 5, 195.
[87] E. Troeltsch, *Die Stellung des Christentums unter den Weltreligionen (1924)*, in: E. Troeltsch, *Lesebuch. Ausgewählte Texte*, hg. v. F. Voigt, Tübingen 2003, 45–60.

gerade wegen seiner gegenteiligen Beteuerung: „Ich hoffe, Sie fühlen, daß das kein Geist der Skepsis und der Unsicherheit ist."[88]

Obwohl Troeltsch der Ansicht ist, im Grunde die Position seiner *Absolutheitsschrift* beibehalten zu haben, weist er dennoch auf eine Änderung in seiner Religionstheologie hin: „Das war vor 20 Jahren das Ergebnis meines Buches, und ich habe davon praktisch heute nichts zurückzunehmen. Aber theoretisch habe ich heute doch manches abzuändern und diese Abänderungen sind auch nicht ganz ohne praktische Folgen."[89]

Diese theoretischen Änderungen sind einschlägiger als Troeltschs Beteuerungen suggerieren. Sie markieren seinen Übertritt von einer inklusivistischen zu einer pluralistischen Religionstheologie. In einer Hinsicht entspringt diese Änderung einer kritischen Reflexion auf die Argumentation in der *Absolutheitsschrift* selbst. Seinen bisherigen Vorwurf gegen Schleiermachers und Hegels Inklusivismus' wendet er nun auch gegen seine eigene Religionstheologie an. Im Hintergrund steht dabei eine grundlegend skeptischere religionsphilosophische Epistemologie als noch in der *Absolutheitsschrift*:

> […] die großen Offenbarungen der verschiedenen Kulturkreise [werden] trotz einiger Verschiebungen an den Rändern geschieden bleiben und die Verschiedenheiten ihres Wertes werden sich niemals objektiv feststellen lassen, da die Voraussetzungen jeder Argumentation schon mit bestimmten Eigentümlichkeiten des jeweiligen Kulturkreises zusammenhängen. Die Idee der Persönlichkeit selber ist in Ost und West verschieden und daher können alle von diesem Boden der Persönlichkeitsidee ausgehenden Argumentationen hüben und drüben nur zu verschiedenen Ergebnissen führen. Einen anderen Boden aber, von dem Argumentationen über praktische Werte und Wahrheiten ausgehen könnten, gibt es nicht.[90]

Der inhaltliche Irrtum der *Absolutheitsschrift* lag nach Troeltsch darin, dass ein bestimmtes Verständnis von menschlicher Freiheit, das heißt eine spezifische Idee von menschlicher Persönlichkeit, als Maßstab genommen wurde, um die Religionen gemäß der Klarheit dieser Idee zu hierarchisieren. Diese spezifische Idee der Persönlichkeit war jedoch selbst bereits durch die Werte der westlichen Kultur determiniert. Es wurde also versucht, mit einem kulturell-subjektiven Maßstab zu überkulturell-objektiven Ergebnissen zu gelangen.

Der formale Irrtum der *Absolutheitsschrift* bestand nach Troeltsch darin, nicht erkannt zu haben, das jede positive Religion Teil ihres Kulturkreises ist und ihrem Kulturkreis entsprechende geistige Grundhaltungen beziehungsweise Inhalte besitzt. Demnach kann man Religionen grundsätzlich nicht unabhängig von ihrem Kulturkreis vergleichen, sondern es müssen die geistigen Inhalte der gesamten Kultur miteinander verglichen werden. Aber auch Kulturen lassen sich nach Troeltsch nicht vergleichen, denn ihre Werte gründen auf anthropologisch

---

[88] Troeltsch, *Weltreligionen*, 60.
[89] Troeltsch, *Weltreligionen*, 54.
[90] Troeltsch, *Weltreligionen*, 59 f.

vorgegebenen Rassen beziehungsweise direkt von Gott eingesetzten biologischen Formen. Innerhalb einer Kultur kann es demnach zwar Entwicklungen geben, aber zwischen den Kulturen kann es keinen überkulturellen Maßstab des Religionsvergleichs geben, da die jeweilige vorgegebene Rasse beziehungsweise biologische Form vorgibt, was als religiöser Wert erscheint:

> Den großen Weltreligionen gegenüber wird man den Standpunkt einnehmen müssen, daß sie die ihren Kulturkreisen entsprechenden Gestaltungen des religiösen Bewusstseins sind und darauf angewiesen sind, aus eigenen inneren Trieben sich zu reinigen und zu vertiefen, wobei die Berührung mit dem Christentum uns wie ihnen in einer solchen inneren Entwicklung hilfreich sein mag. Die großen Religionen scheinen eben doch Festwerdungen der großen Rassengeister zu sein, ähnlich wie die Rassen selbst Festwerdungen der biologisch-anthropologischen Formen sind. Zwischen ihnen gibt es nicht Bekehrung und Verwandlung, sondern Ausgleich und Verständigung.[91]

Mit seiner Ansicht, dass die geistigen Grundhaltungen und Werte der Menschheit keine Errungenschaften des objektiven Freiheitsbewusstseins bilden, sondern Ausdruck biologischer Rassetypen darstellen, ist Troeltschs Projekt zur historisch-normativen Begründung der religiösen Höchstgeltung des Christentums aus der _Absolutheitsschrift_ gescheitert:

> Wer also will hier wagen, wirklich entscheidende Wertvergleichungen zu machen. Das könnte nur Gott selbst, der diese Verschiedenheiten aus sich entlassen hat. Die verschiedenen Menschengruppen können nur jede auf ihrem Gebiete nach möglichster Reinheit und Tiefe von ihren eigenen Maßstäben aus streben und die geistig und kulturell schwächeren überwältigen, bei denen dann aber doch die auf sie übertragene Religion der Stärkeren von neuem sich individualisieren wird.[92]

In der _Weltreligionsschrift_ vertritt er stattdessen einen religiösen Pluralismus, der den Gipfel und Konvergenzpunkt der Religionsgeschichte in ein unbekannt-unbestimmtes Jenseits[93] ausserhalb der Geschichte verlegt:

> Nur möchte ich jetzt noch schärfer als damals darauf hinweisen, daß dieser Zusammenschluss nicht in einer der historischen Religionen selbst schon liegen kann, sondern daß sie alle in eine gemeinsame Richtung deuten und alle aus innerem Antrieb in eine unbekannte letzte Höhe streben, wo allein erst die letzte Einheit und das Objektiv-Absolute liegen kann.[94]

Hiermit geht die _Weltreligionsschrift_ von einer Diskrepanz, wenn nicht sogar einem Bruch, zwischen dem professionellen Religionswissenschaftler und den gläubigen Mitgliedern der historischen Religionen aus, den Troeltsch in der _Absolutheitsschrift_ noch zu verhindern suchte. In der _Absolutheitsschrift_ unternahm

---

[91] Troeltsch, _Weltreligionen_, 57 f.
[92] Troeltsch, _Weltreligionen_, 56 f.
[93] Die Religionsgeschichte besitzt nach Troeltschs _Weltreligionsschrift_ „ein letztes gemeinsames Ziel im Unbekannten, Zukünftigen und vielleicht Jenseitigen". (Troeltsch, _Weltreligionen_, 59).
[94] Troeltsch, _Weltreligionen_, 59.

er es, die Ansprüche der Gläubigen mit den Anforderungen einer wissenschaftlichen Religionstheologie zu versöhnen. Davon ist in der *Weltreligionsschrift* nichts mehr zu finden. Der Religionswissenschaftler weiß im Unterschied zu den Gläubigen, dass Gottes Ziel mit der Menschheit außerhalb jeder historischen Religion liegt.[95]

Troeltschs revolutionäre Idee aus der *Absolutheitsschrift*, dass sich der Religionstheologe in die historischen Religionen methodisch einleben muss, um ihre objektiven Wahrheitsansprüche und Wertungen an sich selbst überprüfend bewerten zu können, ist in der *Weltreligionsschrift* zum blassen Appell eines resignierten Religionswissenschaftlers geworden, der die historischen Religionen von einem neutralen Standpunkt angeblich höherer Einsicht aus zur gegenseitigen Toleranz auffordert:

Zwischen beiden Polen aber, dem göttlichen Grund und dem göttlichen Ziel, liegt mit den individuellen Besonderheiten der Kultur- und Rassenkreise auch die Besonderheit ihrer großen zusammenfassenden Religionsbildung. Sie können sich gegenseitig verstehen, wenn sie den allzu menschlichen Eigensinn und Gewaltgeist ablegen. Sie können sich berühren und nähern, wenn jede vom eigenen Boden aus in Höhe und Tiefe strebt und dabei mit dem gleichen Streben der anderen sich berührt.[96]

4.2 Kritische Beurteilung der Weltreligionsschrift

Zeigt sich an Troeltschs Religionstheologie exemplarisch, dass sich ein religiöser Inklusivismus, der sich selbst versteht, zum Pluralismus weiterentwickeln muss? Sicherlich nicht. Die Analyse von Troeltschs religionstheoretischem Pluralismus anhand der *Weltreligionsschrift* offenbart eine Vielzahl von Problemen, die seine späte Theorie gegenüber der inklusivistischen Religionskonzeption der *Absolutheitsschrift* als theoretisch und praktisch defizitär erweist. Die grundlegende Änderung der *Weltreligionsschrift* gegenüber der *Absolutheitsschrift* besteht in dem Wechsel des religiösen Werte- beziehungsweise Normativitätsmaßstabs vom Freiheitsbegriff zum Rassebegriff beziehungsweise dem Begriff der biologischen Formen und der mit diesem Wechsel einhergehenden Bestreitung einer möglichen kulturübergreifenden Hierarchisierung der Religionen. Zentrale Defizite der *Weltreligionsschrift* sind unter anderem:

Erstens wird die Konzeption der Rasse beziehungsweise der biologischen Formen von Troeltsch in der *Weltreligionsschrift* ebenso unkritisch vorausgesetzt wie seine Freiheitskonzeption in der *Absolutheitsschrift*. Der von ihm der *Absolutheitsschrift* attestierte theoretische Zirkelschluss gilt somit ebenso für die *Weltreligionsschrift*.[97]

---

[95] Troeltsch, *Weltreligionen*, 59.

[96] Troeltsch, *Weltreligionen*, 59.

[97] Vgl. auch P. Schmidt-Leukel: „In Troeltschs unklarer Haltung zur Frage der Möglichkeit und Gültigkeit interreligiöser Kriteriologie liegt die unausgewogene Spannung jenes Vortrags, und dies erklärt, warum man diesen entweder im Sinne einer konsequent relativis-

Zweitens ist das von Troeltsch verwendete Erklärungsmuster der Rasse beziehungsweise der biologischen Formen ungeeignet, die Vielzahl der Religionen zu erklären, weil sie das Phänomen der Religion selbst prinzipiell nicht zu begreifen vermag. Wenn Religion das Bewusstsein einer höheren Wirklichkeit darstellt,[98] die ein Gegenüber zur natürlich verfassten Welt bildet, dann stellt die Rassevorstellung, demzufolge die Menschen in ihrer Religiosität durch ihre typische natürliche Verfasstheit determiniert werden, einen direkten Selbstwiderspruch dar: Wenn Religiosität die Manifestation bestimmter biologischer Anlagen im Menschen darstellt, dann ist sie nicht die Manifestation einer höheren geistigen Wirklichkeit. Und wenn die Religion Ausdruck einer höheren geistigen Wirklichkeit im Menschen ist, dann muss diese höhere Wirklichkeit, wenn sie diesen Namen verdient, zumindest autonom sein gegenüber jeder natürlich-biologischen Form der Menschheit. Der Freiheitsbegriff wurde von Troeltsch zwar in der *Absolutheitsschrift* unkritisch verwendet, aber er konnte zumindest auf zentrale Momente des religiösen Bewusstseins hinweisen. Die biologischen Rassevorstellungen der *Weltreligionsschrift* scheitern bereits daran, religiöses Bewusstsein überhaupt zu beschreiben.

Drittens ist auch die religiöse Epistemologie der *Weltreligionsschrift* höchstproblematisch. Es bleibt unklar, wie der Religionstheologe zu seinem höheren Wissen von Gott abseits der historischen Religionen gelangt. Denn das Wissen, dass die historischen Religionen in ihrer Gotteserkenntnis defizitär sind, ist ein Wissen, das religiöses Wissen überschreitet. Und falls es einen derartigen privilegierten außerreligiösen Zugang der Gotteserkenntnis gäbe, bleibt unklar, wozu dann noch die historischen Religionen dienen sollten. Zumindest für die Gotteserkenntnis könnten sie als defizitäre Formen keine positive Bedeutung reklamieren. Die hiermit zusammenhängenden praktischen Folgen sind nicht minder problematisch: Es müsste den Weltreligionen der Anspruch auf Universalität abgesprochen werden, also gerade dasjenige Merkmal, das für Troeltsch in der *Absolutheitsschrift* noch deren hohen Wert begründete.[99] Die Idee aus der *Absolutheitsschrift* von der Wahrheitsrelevanz des religiösen Glaubens für den Religionswissenschaftler ist zudem aufgegeben.[100] Die *Weltreligionsschrift* hat ihn durch das Selbstverständnis eines neutralen und mit höherem Wissen begabten religionswissenschaftlichen (Schieds-)Richters über den historischen Religionen ersetzt.

---

tischen oder aber im Sinne einer religionstheologisch pluralistischen Interpretation lesen kann." (P. Schmidt-Leukel, „Die Herausforderung der Religionsgeschichte für die Theologie. Zur Aktualität von Ernst Troeltsch", in: Bernhard/Pfleiderer [Hgg.], *Christlicher Wahrheitsanspruch*, 111–128, hier: 117 f.)

[98] „Ihre feste Wurzel und ihren Halt hat sie in der Einsicht, daß die Religion ein selbständiges, die Seelen mit der oberen Welt verbindendes Erlebnis ist und daß jede Frömmigkeit zu ihrer vollen Tiefe erst kommt durch den Glauben an das Evangelium Jesu, dessen Sinn und Ziel Gott selber in der Geschichte fortwirkend immer neu und immer tiefer offenbart." (Troeltsch, *Geschichte und Metaphysik*, 680).

[99] Vgl. Troeltsch, KGA 5, 193.

[100] Vgl. Troeltsch, KGA 5, 240.

Viertens ist Troeltschs Idee einer Toleranz zwischen den biologisch getrennten Religionen illusorisch. Die historischen Religionen können nach Troeltschs Konzeption keine universalen Werte aufstellen, weil sie ihre Werte auf Basis ihrer begrenzten biologischen Form ausbilden. Wenn sie somit nur gruppenspezifische Werte ausbilden können, wie soll es ihnen möglich sein, den Wert einer universalen Toleranz auszubilden, oder auch nur nachzuvollziehen? Und inhaltlich ergäbe für sie ein religiöser Austausch keinen Sinn, da ihre Werte nicht unübertragbar sind und sie daher nichts zu teilen haben. Nach dem pluralistischen Konzept der *Weltreligionsschrift* besteht Toleranz von Seiten der Religionen allein negativ darin, die anderen in ihrer isolierten Introspektion nicht zu stören.[101]

Die vier benannten Probleme zeigen, dass die pluralistische Konzeption der *Weltreligionsschrift* keine Optimierung gegenüber dem Inklusivismus der *Absolutheitsschrift* darstellt.[102] Zwar macht die *Weltreligionsschrift* auf das systematische Problem einer zirkulären Maßstabsbegründung der *Absolutheitsschrift* aufmerksam, sie scheitert jedoch nicht allein daran, dieses Problem zu beheben, sondern fällt zudem hinter Troeltschs eigene kritische Standards für eine adäquate Religionstheologie aus der *Absolutheitsschrift* zurück.

5. Die Verteidigung

Im Folgenden soll aufgezeigt werden, dass die kritische Anklage von Troeltsch aus der *Absolutheitsschrift* gegen den religionstheologischen Inklusivismus' von Hegel und Schleiermacher nicht stichhaltig ist. Dazu werden die vier zentralen Kritikpunkte Troeltschs nacheinander kurz wiederholt und die Konzeptionen von Hegel und Schleiermacher sukzessive gegen diese Anklage verteidigt.

---

[101] Troeltsch, *Weltreligionen*, 60: „Suchen wir in jeder Gruppe nach dem Höchsten und Tiefsten, dann dürfen wir hoffen, uns zu begegnen."

[102] Vgl. zu diesem Urteil wiederum P. Schmidt-Leukel, der Troeltschs Wechsel von der *Absolutheitsschrift* zum „pluralistischen Verständnis der Religionsgeschichte" in der *Weltreligionsschrift* für „unausgereift und problematisch" hält: „Denn zum einen attackiert er die Vorstellung einer Höchstgeltung des Christentums mit relativistischen Argumenten, indem er die Existenz solcher kultur- und religionsübergreifender Kriterien zu bestreiten scheint, mittels derer sich die Behauptung einer Höchstgeltung stützen ließe. Zum andern wendet sich Troeltsch gegen die Höchstgeltung des Christentums mit Argumenten, die auf eine dem Christentum gleichrangige Gültigkeit der anderen großen Religionen hinauslaufen, also mit einem vergleichenden Werturteil, das eine kriteriologische Fundierung voraussetzt." (Schmidt-Leukel, „Herausforderung", 117). Anders urteilt z.B. R. Bernhard, der die *Weltreligionsschrift* nicht ambivalent sieht, sondern als theologische Verbesserung gegenüber der *Absolutheitsschrift* beurteilt: „Die schon in der Absolutheitsschrift herausgestellte historische Kontextgebundenheit geistiger und damit auch religiöser Inhalte, Hervorbringungen und Ansprüche findet sich hier konsequent angewendet. Und auch die religionsgeschichtlich-entwicklungsdynamische Argumentationslinie, die das Christentum als Konvergenzpunkt der Religionsgesichte auszuweisen suchte, wird dahingehend korrigiert, dass der Zusammenschluss der Entwicklungsrichtungen nicht in einer absoluten Religion liege, sondern jenseits aller Historie im Absoluten selbst." (Bernhard, „Richterstuhl", 216.)

5.1 Troeltschs erster Anklagepunkt

Troeltschs erster Anklagepunkt lautet: Der allgemeine Religionsbegriff bei Hegel und Schleiermacher ist abstrakt verfasst, was sich darin zeigt, dass er nur den kleinsten gemeinsamen Nenner zwischen den Religionen anzugeben vermag und damit dem Wesen der historischen Religionen selbst äußerlich bleibt.

5.1.1 Hegels Verteidigung

Hegels Verteidigung gegen den Vorwurf von Troeltsch kann in Form seines geist-philosphischen Religionsbegriffs erfolgen. Der Begriff der Religion hat bei Hegel eine andere Bedeutung als bei Troeltsch, der in seiner Kritik nur das spezifische Begriffsverständnis der Einzelwissenschaften voraussetzt.[103] Bei den Einzelwissenschaften, z.B. der Natur- oder Rechtswissenschaft, hat der Begriff „Natur" beziehungsweise „Recht" einerseits die negative Aufgabe, einen bestimmten Wissensbereich gegenüber anderen abzugrenzen und andererseits die positive Aufgabe die zu ihm gehörenden Einzelphänomene unter sich zu subsumieren. Auf letzteres zielte Troeltsch vornehmlich mit seiner Kritik, wonach der allgemeine Religionsbegriff Hegels blind sei für die spezifischen Differenzen zwischen den historischen Religionen, weil er bloß auf eine gemeinsame Grundstruktur der historischen Religionen abziele.

Mit diesem Missverständnis verkennt Troeltsch, dass Hegel dieses Problem eigens thematisiert und sich in seiner Bestimmung des Religionsbegriffs explizit von einem derartigen einzelwissenschaftlichen Begriffsverständnis abgrenzt.[104] Sein Religionsbegriff subsumiert nicht die einzelnen Religionen unter sich, sondern enthält sie in sich.[105] Hegel gewinnt seinen Religionsbegriff nicht, indem er

---

[103] Vgl. hierzu einschlägig: F. Hermanni, „Arbeit am Göttlichen. Hegel über die Evolution des religiösen Bewusstseins", in: F. Hermanni/B. Nonnenmacher/R. Schick (Hgg.), *Religion und Religionen im Deutschen Idealismus* (Collegium Metaphysicum 13), 155–183.

[104] Vgl. G. W. F. Hegel, *Vorlesungen. Ausgewählte Nachschriften und Manuskripte*, Bd. 3–5: *Vorlesungen über die Philosophie der Religionen, Teil 1–3*, hg. v. W. Jaeschke, Hamburg 1983–1985 [=VPR 3–5], hier: VPR 3, 83: „In philosophischer Betrachtungsweise ist es nicht der Fall, daß das Allgemeine, der Begriff, gleichsam nur ehrenhalber vorn hingestellt wird. Derartige Begriffe von Natur, Recht und dergleichen, wie sie den Einzelwissenschaften vorangeschickt werden, sind allgemeine Bestimmungen, die man an den Anfang stellt, mit denen man aber in Verlegenheit ist, auf die es auch nicht ankommt, sondern auf den eigentlichen Inhalt, die einzelnen Kapitel. Auf diesen ferneren Inhalt hat jener sogenannte Begriff weiter keinen Einfluß; er zeigt ungefähr den Boden an, auf dem man sich und auf dem sich diese Materien befinden, daß man nicht Inhalt von einem anderen Boden herbeiziehe."

[105] Hegel, VPR 3, 83: „[…] wie ein Keim, aus dem sich der ganze Baum entfaltet. In dem Keim sind als Bestimmungen enthalten, die ganze Natur des Baumes, die Art seiner Säfte, Verzweigung usf., aber nicht präformiert, so daß, wenn man ein Mikroskop nimmt, man die Zweige, Blätter im kleinen sähe, sondern eingehüllt auf geistige Weise. Ebenso enthält der Begriff die ganze Natur des Gegenstands, und die Erkenntnis ist nichts als die Entwicklung des Begriffs – dessen, was in dem Begriff enthalten, aber noch nicht in die Existenz getreten, expliziert, ausgelegt ist."

abstrakt den kleinsten gemeinsamen Nenner zwischen den Religionen herausstellt,[106] sondern vielmehr, indem er aufzeigt, wie der konkrete Begriff die positiven Religionen in sich einschließt und aus sich entwickelt:

Dieses Programm entfaltet Hegel *erstens*, indem er in seiner *Vorlesung über die vollendete Religion* von 1827 aufzeigt, dass sich ein derartig konkret-allgemeiner Religionsbegriff aus dem Vorbegriff jedes religiösen Bewusstseins selbst ergibt.[107] Gemäß diesem Vorbegriff stellt die Religion ein endliches Bewusstsein Gottes, das heißt des unendlichen Wesens, dar. Bereit in dieser *prima facie* unproblematischen Beschreibung zeigt sich nach Hegel ein Paradox, welches das Denken zu einem vertieften Religionsbegriff anleitet. Denn auf der einen Seite ist Gott nach diesem Vorbegriff Gegenstand des endlichen Bewusstseins und damit von diesem als sein Inhalt unterschieden. Auf der anderen Seite kann Gott als unendliches Wesen nicht an dem endlichen Bewusstsein seine Grenze besitzen, weil er sonst nicht wahrhaft unendlich wäre, sondern ebenso begrenzt wie das endliche Bewusstsein von ihm. Gott muss vom religiösen Bewusstsein somit zugleich unterschieden und nicht unterschieden gedacht werden. Dieses immanente Paradox jedes religiösen Bewusstseins kann nach Hegel nur in der Erkenntnis aufgehoben werden, dass sich im religiösen Bewusstsein Gott erkennend auf sich selbst bezieht. Diese Struktur des wahren Unendlichen als in sich differenzierter Einheit seiner selbst und des Endlichen bezeichnet Hegel als absoluten Geist.

Aus dem Vorbegriff der Religion ergibt sich damit der Religionsbegriff als Selbstbewusstsein des absoluten Geistes im menschlichen Geist oder in Hegels Formulierung: Religion ist „das Wissen des göttlichen Geistes von sich durch Vermittlung des endlichen Geistes."[108] Entgegen der Kritik von Troeltsch hat Hegel seinen Religionsbegriff somit nicht abstrakt aufgestellt, sondern aus dem konkreten Inhalt des religiösen Bewusstseins, das heißt aus dem Gottesbegriff selbst, entwickelt:[109] „Die Religion ist ein Erzeugnis des göttlichen Geistes, nicht Erfindung des Menschen, sondern des göttlichen Willens, Hervorbringung in ihm."[110] In jeder positiven Religion manifestiert sich der absolute Geist, indem er sich in der menschlichen Vorstellung zu erkennen gibt und im Kultus die Menschheit mit sich selbst versöhnend-vereint.[111]

---

[106] Vgl. seine Beschreibung in Hegel, VPR 3, 87: „[…] nicht etwas das Gemeinsame, die oberflächliche Allgemeinheit, in der wir Mehreres miteinander verbinden, sondern die innere Einheit"

[107] Vgl. Hegel, VPR 3, 88: Hier unternimmt es Hegel aufzuzeigen, „was in jedem menschlichen Geist vorgeht. Wenn er an Gott denkt, enthält sein Geist eben die Momente, die in diesem Gang ausgedrückt sind."

[108] Hegel, VPR 3, 222 Fußnote.

[109] Vgl. F. Hermanni, *Metaphysik. Versuche über letzte Fragen* (Collegium Metaphysicum 1), 2. Auflage, Tübingen 2017, 207: „Nach Hegel […] führt die Bestimmung des Unendlichen als jenes absoluten Geistes, zu dem es konstitutiv gehört, für den Geist zu sein, […] zur Religion."

[110] Hegel, VPR 3, 46.

[111] Die Bedeutung des Kultus kann daher bei Hegel gar nicht hoch genug eingeschätzt

Zweitens zeigt Hegel auf, wie aus diesem Religionsbegriff die Vielfalt der Religionen und ihre Hierarchisierung folgt. Bei den Einzelwissenschaften und ebenso bei Troeltschs *Absolutheitsschrift*, wird die Phänomenvielfalt faktisch vorausgesetzt und ihr Grund nicht weiter erklärt oder hinterfragt. Bei Hegels konkretem Religionsbegriff hängen der Grund für die Vielfalt und ihre historischen Erscheinungsformen notwendig zusammen. Ihm zufolge besitzt der absolute Geist, der *als* absoluter Geist von keinem anderen als sich selber abhängig ist, im höchsten Maße Autonomie und damit kommt ihm zu, nur das zu sein, „wozu er sich macht"[112]. In seiner *Vorlesung* von 1827 verwendet Hegel hierzu auch die Vorstellung von der Lebendigkeit des absoluten Geistes. Während leblose Dinge wie „Steine und Metall [...] unmittelbar, [...] fertig" sind, ist das „Lebendige [...] diese Tätigkeit der Vermittlung mit sich".[113] Der absolute Geist ist höchste Lebendigkeit und deshalb erfolgt seine inhaltliche Bestimmung nicht auf einen Schlag,[114] sondern im Rahmen seines lebendigen Selbstbestimmungs- beziehungsweise Selbstbewusstseinsprozesses, in dem er sich von sich unterschiedet, um sich in seiner internen Differenziertheit vollständig selbst zu erkennen.

Religion kann es nach Hegel deswegen aus begrifflichen Gründen nur im Plural unterschiedlicher Religionsformen geben, die unterschiedliche Realisierungen des Religionsbegriffs darstellen.[115] Diesen Religionsformen lassen sich jeweils historische Religionen zuordnen, woraus sich eine systematisch entwickelte Religionsgeschichte ergibt.[116] Die Hierarchisierung der positiven Religi-

---

werden. Im Kultus ereignet sich die „unio mystica" (Hegel, VPR 3, 89), das heißt Versöhnung zwischen Gott und Welt: Es ist die „Gegenwart Gottes in seiner Gemeinde" (Hegel, VPR 3, 88), welche in „innerer Andacht" den Gläubigen „zu Gott erhebt" mit der existenzialen Gewissheit, „Gott in seinem Herzen zu haben" (Hegel, VPR 3, 88).

[112] Hegel, VPR 3, 90.

[113] Hegel, VPR 3, 90.

[114] Hegel, VPR 4, 423 Fußnote.

[115] Hegel, VPR 3, 90 f.: „Es ist also der Begriff überhaupt nur das erste; das zweite ist seine Tätigkeit, sich zu bestimmen, in Existenz zu treten, für anderes zu sein, seine Momente in Unterschied zu bringen und sich auszulegen. Diese Unterschiede sind keine anderen Bestimmungen als die der Begriff selbst in sich enthält. In Ansehung des Begriffs der Religion, der des religiösen Geistes, ergibt dies die bestimmten, die ethnischen Religionen. Die verschiedenen Formen, Bestimmungen der Religion sind einerseits, als Momente des Begriffs, Momente der Religion überhaupt oder der vollendeten Religion [...]. Aber zweitens haben sie die Gestalt, daß sie für sich in der Zeit und geschichtlich sich entwickeln." Vgl. hierzu einschlägig: R. Leuze, *Die außenchristlichen Religionen bei Hegel*, Göttingen 1975; St. Dunning, „Particularity not Scandalous: Hegel's Contribution to Philosophy of Religion", in: D. Kolb (Hg.), *New Perspectives on Hegel's Philosophy of Religion*, Albany/New York 1992, 143–168; L. Dupré, „Transition and Tensions in Hegel's Treatment of Determinate Religion", in: Kolb, *New Perspectives*, 81–92; Hermanni, „Arbeit am Göttlichen", 159–178.

[116] Vgl. Hegel, VPR 3, 91: „Indem ich im Stufengang, in der Entwicklung der Religion die Hauptmomente zeigen werde, wie diese Stufen auch geschichtlich existieren, ergibt das eine Reihe von Gestaltungen, eine Geschichte der Religion." Zu diesen Religionsformen siehe ausführlich: Hermanni, „Arbeit am Göttlichen", 166–178.

onen erfolgt daher bei Hegel nicht über einen abstrakten Religionsbegriff, der äußerlich an die Religionen herangetragen wird, sondern ergibt sich aus den Begriffsmomenten der Religion selbst.[117]

5.1.2 Schleiermachers Verteidigung

Schleiermacher kann man mit dem Hinweis auf seinen phänomenologischen Religionsbegriff gegenüber der Anklag von Troeltsch verteidigen. So wie Hegel „von oben" aus dem Gottes- beziehungsweise Geistbegriff die Religion entwickelt, so bildet Schleiermacher quasi „von unten" seinen Religionsbegriff aus einer Grunderfahrung der religiösen Menschen. Der Religionsbegriff wird nicht, wie Troeltsch kritisiert, abstrakt durch Wegstreichung alles Individuellen bei den historischen Religionen gewonnen, sondern nach Schleiermacher teilen alle Religionen eine gemeinsame Grunderfahrung und ihre jeweilige Eigentümlichkeit rührt daher, mit welcher Klarheit und Deutlichkeit ihnen diese Grunderfahrung zu Bewusstsein kommt. Für die *Reden* ist daher seine Beschreibung des sog. „geheimnisvollen Augenblicks"[118] am Grunde jedes menschlichen Wirklichkeitsbewusstseins zentral, worin Selbst und Welt in ihrer unmittelbaren und ursprünglichen Bezogenheit aufeinander erfahren werden. Die Pointe von *Reden* und *Glaubenslehre* besteht nun darin, dass dieses unmittelbare Selbstbewusstsein zweier unterschiedlicher Bestimmungen fähig ist, das heißt das menschliche Bewusstseinsleben ist in seiner Ausrichtung auf die eine Wirklichkeit intern differenziert.[119] In dem unmittelbar sinnlichen Selbstbewusstsein ist sich der Mensch seines symmetrischen „Seins-in-der-Wechselwirkung" mit anderen endlichen Sachverhalten gewiss.[120] Der Inhalt des unmittelbar religiösen Selbstbewusstseins ist hingegen die Selbstoffenbarung des Universums im Endlichen.[121] Diese Selbstoffenbarung enthält nach Schleiermacher zwei Momente:

Zum einen erfährt sich der Menschen gegenüber dem Universum in einem asymmetrischen Verhältnis der schlechthinnigen Abhängigkeit. Denn die Universumserfahrung besteht gerade in der Einsicht, dass die Sphäre der Wechsel-

---

[117] Vgl. z.B. bereits im *Manuskript* von 1821: „Nunmehr anfangen, die Entwicklung des Begriffs zu betrachten, das heißt die Bestimmtheit, in der er sich setzt, die er durchläuft. Sie sind nichts anderes als die allgemeinen Momente Formen des Begriffs selbst, in denen sich das Ganze des Begriffs stellt, dies Ganze in dieser Bestimmtheit, Beschränktheit zu sein." (Hegel, VPR 4, 1.)

[118] F .D. E. Schleiermacher, *Über die Religion. Reden an die Gebildeten unter ihren Verächtern (1799)* [=KGA I/2], in: F. D. E. Schleiermacher, *Schriften aus der Berliner Zeit 1796–1799*, hg. v. G. Meckenstock, Berlin/New York 1984, 185–326, hier: 220–223.

[119] Vgl. Ch. König, *Unendlich gebildet. Schleiermachers kritischer Religionsbegriff und seine inklusivistische Religionstheologie anhand der Erstauflage der ‚Reden'* (Collegium Metaphysicum 16), Tübingen 2016, 159–216; 441–444.

[120] Schleiermacher, KGA I/2, 220 f.

[121] Schleiermacher, KGA I/2, 221.

wirkung endlicher Gegenstände nicht von diesen selbst produziert, sondern ihnen vorgegeben ist.[122]

Zum anderen beschreibt Schleiermacher die Möglichkeit und Wirklichkeit der Universumserfahrung als Selbsterschließung des Universums im Endlichen, womit er aufzeigt, dass es sich in der Religion um das Bewusstsein des wahren Unendlichen handelt.[123] Wie bei Hegels Bestimmung des absoluten Geistes stellt auch bei Schleiermacher die „Lebendigkeit" des Universums das entscheidende Charaktermerkmal seiner wahren Unendlichkeit dar.[124]

Beide Momente des religiösen Bewusstseins zusammen ergeben die Bestimmung von Schleiermachers Religionsbegriffs als „unmittelbares Bewusstsein von dem allgemeinen Sein alles Endlichen im Unendlichen und durch das Unendliche".[125] Strukturanalog zu Hegels geistphilosophischem Religionsbegriff führt auch Schleiermachers phänomenologischer Religionsbegriff auf den Gedanken, dass sich in der Religion das wahre Unendliche manifestiert, indem es sich als die in sich differenzierte Einheit seiner selbst und des Endlichen offenbart. Weil Schleiermacher aber anders als Hegel das wahre Unendliche nur im Reflex des menschlichen Bewusstseins, das heißt als phänomenales Transphänomenalbewusstsein[126] beziehungsweise als das „Woher" seiner schlechthinnigen Abhängigkeit thematisiert, ist sein Religionsbegriff nicht als Selbstbewusstsein des absoluten, sondern prägnant des endlichen Geistes zu bestimmen.[127]

Des Weiteren setzt auch Schleiermacher die Vielheit der Religionen nicht bloß faktisch voraus, sondern kann sie und ihre mögliche Hierarchisierung aus seinem Religionsbegriff selbst erklären.[128] Einerseits manifestiert sich die Religion in Form von religiösen Anschauungen im menschlichen Bewusstsein. Andererseits kann die ganze Religion nur als Totalität aller religiösen Anschauungen existieren. Weil aber die religiösen Anschauungen ihrem Wesen nach unendlich sind, denn sie sind bestimmte, endliche Anschauungen des Unendlichen, kann sich die

---

[122] Schleiermacher, KGA I/2, 251 f.: „So ist Jeder und Jedes in Jedem ein Werk des Universums, und nur so kann die Religion den Menschen betrachten."

[123] Vgl. Schleiermacher, KGA I/2, 214: „[...] alles Einzelne als einen Theil des Ganzen, alles Beschränkte als eine Darstellung des Unendlichen hinnehmen, das ist Religion".

[124] Zentral Schleiermacher, KGA I/2, 234: „Wollt Ihr endlich den eigentlichen Charakter aller Veränderungen und aller Fortschritte der Menschheit ergreifen, so zeigt Euch die Religion wie die lebendigen Götter nichts hassen als den Tod, wie nichts verfolgt und gestürzt werden soll als er, der erste und lezte Feind der Menschheit. Das Rohe und das Barbarische, das Unförmliche soll verschlungen und in organische Bildung umgestaltet werden. Nichts soll tote Maße sein, [...]: alles soll eigenes zusammengeszstes, vielfach verschlungenes und erhöhtes Leben sein."

[125] Schleiermacher, KGA I/12, 53.

[126] Vgl. König, *Unendlich gebildet*, 183.

[127] Schleiermacher, KGA I/2, 212: „[...] die Religion athmet da, wo die Freiheit selbst schon wieder Natur geworden ist, jenseits des Spiels seiner freien Kräfte und seiner Personalität faßt sie den Menschen, und sieht ihn aus dem Gesichtspunkt, wo er sein muß was er ist, er wolle oder wolle nicht." Vgl. zentral auch die Weihnachtsfeier: „Weltgeist".

[128] Vgl. hier zentral Schleiermachers Argumentation in KGA I/2, 299.

Religion nur in einer unendlichen Vielfalt religiöser Anschauungen manifestieren: „Der Mensch ist endlich und die Religion ist unendlich."[129]

Die reale Vielfalt ergibt sich nach Schleiermacher in der Folge daraus, dass historische Religionen als wahre Religionsindividuen bestimmt werden. Das bedeutet, sie enthalten nicht einfach irgendwelche religiösen Anschauungen, sondern die ganze Religion manifestiert sich in ihnen jeweils auf eigentümliche Weise modifiziert. Die positiven Religionen stellen als wahre Religionsindividuen nicht bloße Bruchstücke der ganzen Religion dar, die erst durch ihre Zusammensetzung zur wahren Religion werden, sondern eine bestimmte religiöse Anschauung avanciert in ihnen zur Zentralanschauung, um die sich die anderen Religionsanschauungen wie um ein Gravitationszentrum anordnen.[130] Diese religiöse Zentralanschauung bildet als *principium individuationis* das interne Ordnungs- und externe Unterscheidungskriterium jeder positiven Religion. sondern jede positive Religion die ganze Religion spezifisch modifiziert dar.[131]

In Bezug auf die mögliche Hierarchisierung der Religionen folgt, dass es nach Schleiermachers Religionsbegriff keinen Alleingeltungsanspruch irgendeiner Religion geben kann. Ein derartiger religionstheoretischer Exklusivismus wird ausgeschlossen, weil keine Einzelreligion für sich beanspruchen kann, die ganze Religion zu bilden.

Zugleich ergibt sich hieraus aber auch kein religionstheoretischer Pluralismus. Schleiermacher zufolge sind die historischen Religionen nicht gleichwertig. Ihre Hierarchisierung gibt sich daraus, inwiefern in ihnen ein klares und deutliches Bewusstsein vom Verhältnis zwischen Endlichem und Unendlichen erreicht ist. In seinem Verständnis der Religionsgeschichte als göttlicher Pädagogik sieht Schleiermacher eine Strukturanalogie zwischen menschlicher und religiöser Entwicklung.[132] Hieraus ergibt sich in den *Reden* eine Hierarchie der Entwicklungsstufen insofern in den Religionen das Universum als verworrene Einheit, bestimmte Vielheit oder systematische Allzeit angeschaut wird.[133] Diese Entwicklungsstufen werden durch eine Arteinteilung ergänzt, die sich daraus ergibt, ob das Universum durch die religiöse Fantasie als personalistisch oder unpersönlich, im Sinne einer *natura naturans*, vorgestellt wird.[134]

In dieses Sechsfächer-Schema (eine dreifache vertikale Einteilung der aufsteigenden religiösen Entwicklungsstufen mit der jeweils zweifachen horizontalen Einteilung der religiösen Arten) kann nach Schleiermacher, wiederum sehr analog zu Hegels Konzeption der Religionsformen, jede historische Religion nach Maßgabe ihrer religiösen Zentralanschauung eingeordnet werden.

---

[129] Schleiermacher, KGA I/2, 295.
[130] Schleiermacher, KGA I/2, 303.
[131] Schleiermacher, KGA I/2, 313.
[132] Vgl. Schleiermachers an Lessings *Erziehung des Menschengeschlechts* angelehnte Beschreibung der kindlichen und erwachsenen Religionen in: Schleiermacher, KGA I/2, 324 ff.
[133] Schleiermacher, KGA I/2, 244 ff.
[134] Schleiermacher, KGA I/2, 245.

Fazit zu 5.1: Entgegen der Kritik von Troeltsch haben Hegel und Schleiermacher ihren Religionsbegriff nicht abstrakt aufgestellt, sondern im Zusammenhang einer prinzipiellen und existenzialen Analyse des religiösen Bewusstseins als einer Gewissheit des wahren Unendlichen begründet und entfaltet. Darüberhinaus erlaubt ihnen dieser konkrete Religionsbegriff die prinzipielle Vielfalt der historischen Religionen und ihre mögliche Hierarchisierung zu begründen. Umgekehrt könnte von ihren Konzeptionen ausgehend Troeltschs Religionsverständnis der *Absolutheitsschrift* Abstraktheit vorgeworfen werden, weil es Religionen mittels eines von außen herangetragenen Freiheitsbegriffs beschreibt, der als äußerliche Bestimmung z.B. nicht in der Lage ist, die Vielheit der Religionen selbst zu erklären.

5.2 Troeltschs zweiter Anklagepunkt

Troeltschs zweiter Anklagepunkt lautet: Hegels und Schleiermachers These von der absoluten Höchstgeltung des Christentums ist unbegründet, weil in der Religionstheologie nur die wahrscheinliche Höchstgeltung des Christentums gezeigt werden kann.

Hegels und Schleiermachers Verteidigung kann darauf aufbauen, dass beide eine begrifflich begründete und historisch sich entfaltende Höchstgeltung des Christentums vertreten.

Nach Schleiermacher und Hegel stellt das Christentum nicht allein die historisch-wahrscheinlich höchste, sondern die begrifflich-notwendig höchstentwickelte Religion dar. Ihrer Argumentation ist dabei gemeinsam, dass es ihnen zufolge im Christentum um diejenige Religion handelt, in welcher sich die Religion ihrer selbst bewusst geworden ist, das heißt das Wesen der Religion adäquat vom religiösen Bewusstsein erfasst ist.[135] Daher ist für beide das Christentum die Religion der historischen Selbstthematisierung von Religion. Aus dieser selbstreflexiven Struktur des Christentums ergibt sich nach ihnen sein berechtigter Anspruch auf religiöse Höchstgeltung.

Diese Argumentation ist keineswegs unhistorisch wie Troeltsch kritisiert, sondern aus den immanenten Entwicklungsvorgängen in der Geschichte begründet, ohne eine Wertung abstrakt von außen an die Phänomene heranzutragen. Es ist auch keineswegs notwendig, dass ein Selbstbewusstsein der Religion erst am Ende der Geschichte auftreten muss, wie Troeltsch annimmt. Denn das Ziel der Geschichte ist nach Hegel und Schleiermacher nicht die Entstehung der christlichen Religion, sondern ihre universale Ausbreitung, wozu es gerade notwendig ist, dass sie vor dem Ende der Geschichte entstanden ist. Gegen beide Konzeptionen kann allerdings im Anschluss an Troeltsch eingewendet werden, dass sie die Entwicklung der Religionen in Form einer Universalgeschichte konzipieren, anstatt, was sicherlich angemessener wäre, in einer Vielzahl von Partikulargeschichten.[136]

---

[135] Siehe hierzu auch: W. Jaeschke, „Einleitung", in: Hegel, VPR 3, X.
[136] Vgl. zu diesem Vorwurf gegen Hegel: W. Jaeschke, *Hegel-Handbuch. Leben – Werk – Schule*, Stuttgart/Weimar 2003, 464–467.

Die inhaltlichen Unterschiede in der Beschreibung der christlichen Höchstgeltung ergeben sich aus der unterschiedlichen Bestimmung von Hegels und Schleiermachers Religionsbegriff:

Für Hegel ist das Christentum die vollendete Religion, weil der Religionsbegriff sich in seiner Differenziertheit im Christentum selbst begreift.[137] Alle historischen Religionen werden durch die Momente des absoluten Geistes strukturiert, aber im Christentum sind diese Momente in der Trinitätslehre erkannt.[138]

Auch nach Schleiermacher ist die Religionsgeschichte auf das Christentum hingeordnet, in dem sie sich vollendet. Das Christentum bildet als „höhere Potenz"[139] der Religion die selbstbewusste „Religion der Religionen".[140] In ihrer Zentralanschauung vom universal-versöhnenden Erlösungshandeln Gottes[141] ist sich der Christ des Ursprungs, der Entwicklungsgeschichte und des Zieles Gottes mit den positiven Religionen in der Welt klar und deutlich bewusst, denn sie begreift, dass ein religiöses Bewusstsein überhaupt nur möglich ist aufgrund eines erlösenden Bildungshandelns Gottes, welches nach Schleiermacher das unvermeidliche „irreligiöse Princip"[142] in der Welt durchbricht und darauf abzielt, die Menschheit progressiv zum Bewusstsein ihrer wahren, endlichen Freiheit zu bilden. So wie das religiöse Bewusstsein das Selbstbewusstsein des endlichen Geistes darstellt, so bildet das Christentum das Selbstbewusstsein der Religion.[143] Diese

---

[137] Vgl. bereits in Hegels *Manuskript* von 1821: „Aber ist zugleich oben in Ansehung der Methode der Wissenschaft sowohl, als in Ansehung der Fortbestimmung des Begriffs bemerkt worden, daß die Vollendung der Religion selbst ihren Begriff hervorbringe, ihn sich gegenständlich mache; erst so gegenständlich gemacht ist er entwickelt, und in ihm die Bestimmungen seiner Totalität gesetzt. Aa) Ist zu bemerken, daß sie in dieser offenbaren Religion als wesentliche Momente des Inhalts, mit dem Bewusstsein des Inhalts und mit der Bestimmung, Wahrheit zu sein, hervortreten – das heißt als objektiv und im System des objektiven Gegenstands erscheinen. In den bestimmten Religionen aber erscheinen diese Bestimmungen auch, als wie natürliche Blumen und Gebilde, zufällig hervorgesprossen, ohne zu wissen woher noch wohin – als Ahndungen, Bilder, Vorstellungen." (Hegel, VPR 1, 106).

[138] Vgl. Hermanni, *Metaphysik*, 211: „Das, was alle Religionen an sich sind, nämlich Gestalten des absoluten Geistes, der sich als endlichen Geist setzt und durch den endlichen Geist von sich weiß, wird in der christlichen Trinitätslehre zum Inhalt der religiösen Vorstellung."

[139] Schleiermacher, KGA I/2, 317.

[140] Vgl. einschlägig: J. Rohls, „‚Das Christentum' Die Religion der Religionen?", in: A. Arndt/U. Barth/W. Gräf (Hgg.), *Christentum – Staat – Kultur. Beiträge des Schleiermacher Kongresses 26.–29.3.2006* (Schleiermacher-Archiv 22), Berlin/New York 2008, 41–89, hier 73: „Das Wesen der Religion, die Vermittlung des Endlichen mit dem unendlichen, wird im Christentum selbst zur Zentralanschauung, weshalb es als Religion der Religionen bezeichnet werden kann."

[141] Diese Zentralanschauung ist nach Schleiermacher „die Idee eines allgemeinen Entgegenstrebens alles Endlichen gegen die Einheit des Ganzen, und der Art wie die Gottheit dieses Entgegenstreben behandelt, wie sie Feindschaft gegen sich vermittelt, und der größer werdenden Entfernung Grenzen setzt durch einzelne Punkte über das Ganze ausgestreut, welche zugleich Endliches und Unendliches, zugleich Menschliches und Göttliches sind". (Schleiermacher, KGA I/2, 316)

[142] Schleiermacher, KGA I/2, 318.

[143] Vgl. hierzu auch F. D. E. Schleiermacher, *Die Weihnachtsfeier. Ein Gespräch (1806)*, in:

begriffliche Höchstform ist Schleiermacher zufolge auch der Grund, weshalb es historisch gesehen nicht untergehen kann, sondern jede „Epoche der Menschheit [...] die Palingenesie des Christentums" darstellt.[144]

Fazit zu 5.2: Troeltschs Anklage gegen Hegel und Schleiermacher, dass sich eine absolute Höchstgeltung des Christentums nicht begründen lasse, ist nicht stichhaltig, weil Hegel und Schleiermacher die Höchstgeltung des Christentums mit seiner religiösen Selbstthematisierung begründen, die für begriffliche Absolutheit hinreichend ist, ohne dabei den historischen Entwicklungsprozessen zu widersprechen.

5.3 Troeltschs dritter Anklagepunkt

Troeltschs dritter Anklagepunkt lautet: Hegel und Schleiermacher sind sich nicht darüber im Klaren, dass ihr Religionsbegriff kulturabhängig gebildet ist und von ihrem eigenen Glauben ausgehend zirkulär für die christliche Höchstgeltung argumentiert.

Hegels und Schleiermachers Verteidigung gegenüber dieser Anklage basiert drauf, dass sie beide einen kritischen Religionsbegriff vertreten. Das bedeutet, ihr Religionsbegriff grenzt sich einerseits von ihren zeitgenössischen Kulturansichten von Religion ab und setzt andererseits die Wahrheit der christlichen Religion nicht einfach dogmatisch voraus, sondern strebt es vielmehr an, diese im rationalen Dialog mit den anderen Religionen argumentativ zu begründen.

Zunächst kann Troeltschs Vorwurf der Kulturbedingtheit einer wissenschaftlichen Konzeption selbst problematisiert werden. Denn auch die Bestrebung nach einer möglichst universal-transkulturellen Theorie kann als kulturbedingtes Ideal aufgefasst werden. Ausserdem spricht nichts dagegen, dass eine in einer bestimmten Kultur entwickelte Theorie auch für andere Kulturen Gültigkeit besitzt, da Genese und Geltung einer Theorie nicht identisch sind. Die Kritik von Troeltsch kann daher nur bedeuten, dass Schleiermacher und Hegel *erstens* in ihrem Religionsbegriff bestimmte kulturelle Werte unbewusst zugrunde legen, die für andere Kulturen keinen Wert darstellen, oder dass sie *zweitens* die nichtchristlichen Religionen unkritisch an einem christlichen Maßstab messen.

Erstens: Gegen eine unbewusste Kulturabhängigkeit ihres Religionsbegriffs kann daraufhin gewiesen werden, dass Hegel und Schleiermacher ihren Religionsbegriff gerade in Abgrenzung zu gängigen kulturellen Vorstellungen ihrer Zeit entwickelt haben.

Schleiermacher, KGA 5, *Schriften aus der Hallenser Zeit 1804–1807*, hg. v. H. Patsch, Berlin/New York 1995, 39–98, hier 95: „Die Gemeinschaft aber, durch welche der Mensch an sich dargestellt wird oder wiederhergestellt, ist die Kirche. Sie verhält sich also zu allem Uebrigen, was Menschliches um sie her und außer ihr wird, wie das Selbstbewußtsein der Menschheit in den Einzelnen zur Bewußtlosigkeit." Und Schleiermacher, KGA 5, 96: „In Christo sehen wir den Erdgeist zum Selbstbewußtsein in dem Einzelnen sich ursprünglich gestalten."

[144] Schleiermacher, KGA I/2, 324 f.

Bei Hegel zeigt sich dies in seinen umfangreiche kritischen Auseinandersetzungen mit zeitgeschichtlich gängigen Religionsbegriffen.[145] Insbesondere in der Einleitung seiner *Vorlesung* von 1827 arbeitet er in dem langen Abschnitt „Das Verhältnis der Religionswissenschaft zu den Bedürfnissen der Zeit"[146] den prinzipiellen Unterschied zwischen einem Religionsbegriff der auf „Verstandesverhältnissen"[147] basiert und einem vernünftigen Religionsbegriff heraus. Am verständigen Religionsbegriffs seiner Zeitgenossen kritisiert Hegel, dass er zwar von einem unmittelbaren Wissen Gottes im menschlichen Bewusstsein ausgeht, jedoch zugleich ein Wissen über Gottes Wesen selbst bestreitet und auf diese Weise zu der Verzweiflung eines „entzweiten Bewußtseins"[148] führt.[149] Diesem abstrakten Religionsbegriff mit seinen „abstrakten Formen"[150] der Gegenüberstellung von menschlichem Bewusstsein und Gott stellt Hegel kritisch seine Beschreibung des absoluten Geistes entgegen, der als wahrhaft Unendliches am menschlichen Bewusstsein keine Grenze besitzen kann.[151] Damit entlarvt er die „unmittelbaren Zeitvorstellungen, Zeitüberzeugungen"[152] seiner gegenwärtigen Religionsbegriffe als kulturell-akzeptierte und dennoch zufällige Meinungen, die „nicht nach Notwendigkeit, sondern nach Willkür"[153] gebildet wurden. Die Aufgabe seines Religionsbegriffs sieht Hegel hingegen darin, „nach der Notwendigkeit der Sache, nicht nach Willkür und Zufall"[154] gebildet zu werden. Damit ist bei Hegel bereits in der methodischen Begründung seines Religionsbegriffs die Problematik der kulturellen Zufälligkeit thematisiert. Und seine Idee, dass ein Religionsbegriff durch seine interne Rationalität an kulturübergreifender Berechtigung zunimmt, muss zweifelsohne gelten, so lange Objektivität und Wissenschaftlichkeit leitende

---

[145] Das gilt bereits für das *Manuskript*: „Ehe die Religionsphilosophie sich zu ihrem eigenen Begriffe sammeln kann, muß sie sich durch alle jene Verschlingungen der Zeitinteressen, die sich in dem großen Kreise des religiösen Gebiets gegenwärtig konzipiert haben, hindurcharbeiten." (Hegel, VPR 3, 11 Fußnote).

[146] Hegel, VPR 3, 66–82.

[147] Hegel, VPR 3, 77.

[148] Hegel, VPR 3, 47.

[149] Hegel, VPR 3, 72 f.: „In diesem Sinne wird weiter gesagt, wir können nur unsere Beziehung zu Gott wissen, nicht, was Gott selbst ist; nur unsere Beziehung falle in das, was Religion überhaupt heißt. Damit geschieht es, daß wir heutigentags nur von Religion sprechen hören, aber keine Untersuchungen finden, was die Natur Gottes, Gott in ihm selbst sei, wie die Natur bestimmt werden müsse. Gott als solcher wird nicht selbst zum Gegenstand gemacht".

[150] Hegel, VPR 3, 80.

[151] Hegel, VPR 3, 74: „Indem also in dem, was das unmittelbare Wissen enthält, die unzertrennliche Einheit des Bewußtseins mit Gott ausgesprochen ist, so ist in jener Untrennbarkeit das enthalten, was im Begriff des Geistes liegt, daß der Geist für den Geist selbst ist, daß die Betrachtung nicht einseitig sein kann, bloß Betrachtung des Subjekts nach seiner Endlichkeit, nach seinem zufälligen Leben, sondern insofern es den unendlichen, absoluten Inhalt zum Gegenstand hat."

[152] Ebd.

[153] Hegel, VPR 3, 77.

[154] Hegel, VPR 3, 76.

Kriterien für den Religionsdialog bilden. Denn nach Hegel besteht Gottes „Hoheit selbst eben darin, daß er NICHT AUF DIE VERNUNFT Verzicht leistet."[155]

Schleiermacher entwickelt seinen Religionsbegriff in Auseinandersetzung mit den gebildeten Verächtern seiner Zeit, denen Religion höchstens noch unter dem pragmatischen Gesichtspunkt der kulturellen Nützlich- oder Schädlichkeit einen Gedanken wert war.[156] Dabei ist er keineswegs der Ansicht, dass seine Beschreibung des religiösen Ursprungserlebnisses im „geheimnisvollen Augenblick" selbst zeitlos und kulturübergreifend ist. Die Beschreibung dieses Erlebnisses richtet sich an seinen zeitgeschichtlichen Adressaten aus und ist dementsprechend in der Form einer romantischen Beschreibung verfasst. Eine andere Beschreibung des gleichen Vorgangs liefert er z.B. in seiner *Weihnachtsfeier*.[157] Im Unterschied zur zeitbedingten Beschreibungsebene geht Schleiermacher jedoch davon aus, dass der seiner Beschreibung zugrundeliegende Gehalt des religiösen Erlebnisses in allen Religionen gleich ist, weil er eine existenziale Dimension des menschlichen Bewusstseinslebens bildet.

Zweitens: Gegen Troeltschs Kritik an der angeblichen Zirkularität des Religionsbegriffs kann eingewendet werden, dass Schleiermachers und Hegels Inklusivismus' nicht dogmatisch verfährt, indem die Wahrheit der christlichen Religion unkritisch zum Maßstab der anderen Religionen gemacht wird, sondern als kritischer Inklusivismus konzipiert ist. Diesem zufolge können die Religionen danach bemessen werden, inwiefern sie dem für alle Religionen geltenden Begriff der Religion gerecht werden. Der religionstheoretische Inklusivismus' Hegels und Schleiermachers ist damit nicht zirkulär verfasst, sondern begründet vielmehr die Möglichkeit eines vernünftigen Dialogs zwischen den Religionen, in welchem gemeinsam auf rational-verbindlicher Basis um die Klarheit des Religionsbegriffs und der Religionshierarchie gestritten waren kann.[158] Die inhaltliche Bestimmung des kritischen Religionsbegriffs ist selbst einer kritischer Überprüfung durch die historischen Religionen zugänglich und muss somit auch von allen nachvollzogen werden können.

Fazit zu 5.3: Gegenüber dem elitären Vorgang des hypothetischen Anempfindens der *Absolutheitsschrift* findet bei Hegel und Schleiermacher gerade aufgrund ihres Anspruchs an die religiöse Rationalität eine „Demokratisierung" des Religionsbegriffs statt, der eine selbstkritische Auseinandersetzung mit seiner kulturellen Genese beinhaltet und aufgrund seiner immanenten Rationalitätsstruk-

---

[155] Hegel, VPR 3, 23 (Hervorhebung im Original).
[156] Vgl. Hierzu einschlägig: G. Wenz, *Sinn und Geschmack fürs Unendliche. F. D. E. Schleiermachers Reden über die Religion an die Gebildeten unter ihren Verächtern* (Sitzungsberichte der Bayerischen Akademie der Wissenschaften, phil.-hist. Kl. 3), München 1999.
[157] Siehe hierzu: Schleiermacher, KGA 5, 63–65; 94–97.
[158] Vgl. hierzu auch die von M. Hüttenhoff kritisch gegen Troeltschs *Weltreligionsschrift* herausgestellten formalen Kriterien zur Möglichkeit eines wertenden Religionsvergleichs in: M. Hüttenhoff, „Kritik religionstheologischer Kriterien", Bernhardt/Pfleiderer (Hgg.), *Christlicher Wahrheitsanspruch*, 191–208, hier: 204–206.

tur zugleich einen für andere Religionen nachvollziehbaren transkulturellen Gehalt birgt.

5.4 Troeltschs vierter Anklagepunkt

Troeltschs vierter Anklagepunkt lautet: Der Religionsbegriff Hegels und Schleiermachers widerspricht der religiösen Freiheit, weil er die historischen Religionen in ein kausales Ableitungsverhältnis stellt. Außerdem entwertet ihre Charakterisierung der religiösen Höchstgeltung die nichtchristlichen Religionen, weil diese nur als überwundene Vorläufer des Christentums betrachtet werden.

Hegels und Schleiermachers Verteidigung kann zeigen, dass beide ein anderes Freiheitsverständnis besitzen als Troeltsch. Sie vertreten eine kompatibilistische Freiheitstheorie, derzufolge die Entstehung und Entwicklung der Religionen nach Gottes Plan erfolgt, der die menschliche Freiheit einschließt. Die Höchstgeltung des Christentums gründet nach ihnen folglich wesentlich auf der Hochschätzung der anderen Religionen.

Troeltschs Vorwurf gegen Hegel, dass sein Religionsbegriff eine quasi kausale Ableitung der Religionen voneinander beinhaltet, kann somit direkt widersprochen werden. Die Entwicklung der Religionen erfolgt nach Hegel als Selbstbewusstseinsgeschichte des absoluten Geistes und vollzieht sich damit nicht in der Sphäre der Kausalität zwischen endlichen Dingen,[159] sondern ausschließlich im Horizont der absoluten Selbstbestimmung, das heißt sie ist grundlegend als Freiheitsgeschehen des Geistes bestimmt:

> Die christliche Religion erschien als die Zeit gekommen war. Das ist nicht eine zufällige Zeit, ein Belieben, Einfall, sondern im Wesentlichen, ewigen Ratschluss Gottes gegründet, d.h. es ist eine in der ewigen Vernunft, Weisheit Gottes bestimmte Zeit, und nicht auf zufällige Weise bestimmt, sondern es ist Begriff der Sache, göttlicher Begriff, Begriff Gottes selbst.[160]

---

[159] Einschlägig hierfür Hegel, VPR 3, 80, Hervorhebungen C. K.: „Hier ist an das zu erinnern, was wir einleitend gesagt haben, daß die Religion überhaupt die höchste, letzte Sphäre des menschlichen Bewußtseins ist [...] – das absolute Resultat, diese Region, worein der Mensch übergeht als in die Region der absoluten Wahrheit. Um dieser allgemeinen Bestimmungen willen muß es bereits geschehen sein, daß sich das Bewußtsein in dieser Sphäre über das Endliche überhaupt erhoben habe, über die endliche Existenz, Bedingungen, Zwecke, Interessen, im speziellen über alle endlichen Gedanken, endlichen Verhältnisse aller Art; um in der Religion zu sein, muß man alle diese abgetan haben. Gegen diese Grundbestimmung aber geschieht es sehr häufig, wenn gegen die Philosophie überhaupt, insbesondere gegen die Philosophie über Gott gesprochen wird, daß zum Behufe dieses Sprechens endliche Gedanken, Verhältnisse der Beschränktheit Kategorien, Formen des Endlichen herbeigebracht werden. Aus solchen Formen des Endlichen wird opponiert gegen [...] die Philosophie der Religion insbesondere. [...] solche Kategorien sind die Gegensätze des Endlichen und Unendlichen, Subjekt und Objekt – abstrakte Formen, die in diesem absolut reichen Inhalt, wie die Religion ist, nicht mehr an ihrem Platz sind. [...] Diese zunächst logische Erkenntnis muß im Rücken liegen, wenn wir es mit Religion wissenschaftliche zu tun haben; *mit solchen Kategorien muß man längst fertig geworden sein.*"

[160] Hegel, VPR 3, 92.

Dieses Freiheitsgeschehen stellt für die religiösen Menschen keinen äußeren
Zwang oder ein blindes Schicksal dar, weil die göttliche Vernunft der menschli-
chen nicht gegenübersteht, sondern sie begründend in sich begreift: „Was der
Geist ist, muß auf solche Weise das Seinige geworden sein, er muß erzogen worden sein"[161]. Diese göttliche Pädagogik wird von Hegel geradezu als Inbegriff der
Freiheit beschrieben, denn der endliche Geist wird sukzessive zur Erkenntnis
seiner substanziellen Identität mit dem absoluten Geist erhoben: „Der absolute
Geist weiß sich im endlichen Wissen und umgekehrt, der endliche Geist weiß sein
Wesen als absoluter Geist: das ist der allgemeine Begriff der Religion über-
haupt."[162] Hegels begriffliche Entfaltung der Religionsentwicklung negiert daher
keineswegs die Freiheit, sondern verläuft konzeptionell von der „beschränkten
Vorstellung von der Freiheit des Geistes" dahin, dass der Mensch das „wahrhafte
Bewußtsein der Freiheit erlangt".[163]

Neue Religionen entstehen nach Hegel nicht aufgrund logisch notwendiger
Ableitung aus historisch vorangehenden Religionen, wie Troeltsch ihm vorwirft,
sondern ihre Entstehung orientiert sich an dem Plan Gottes. Religionen entstehen, wenn ihre Zeit nach der Weisheit Gottes gekommen ist, das heißt, wenn die
Entwicklung der Freiheit in der Geschichte nicht mehr im Rahmen der bestehenden Religionsformen erfolgen kann und diese Begrenzung des Geistes nur durch
eine neue Religionsform überwunden werden kann. Die Entstehung neuer Religionen erfolgt somit nach Hegel auf vernünftige Weise, ohne eine logische Abhängigkeit zwischen den Religionen zu behaupten.

Nach Schleiermacher kann die Entstehung als auch die Weitergabe des religiösen Bewusstseins, weil es sich um die Entstehung und Weitergabe von unmittelbaren Gewissheiten und Einsichten handelt, ausschließlich freiheitlich erfolgen. Er kritisiert direkt die von Troeltsch vorgeworfene Ansicht einer kausalen
Abhängigkeit der Religionen voneinander.[164] Vielmehr begreift er die Entwicklung der Religionsgeschichte als rational-supranatural, wobei er weniger differenziert als Hegel die vernünftigen Übergänge zwischen den Religionen aufzeigt,
als vielmehr das supranaturale Element bei der Religionsentstehung in Form von
religiösen Mittlerfiguren hervorhebt.[165]

Inhaltlich ist diese Bildungsgeschehen charakterisiert als „das immer fortge-
hende Erlösungswerk der ewigen Liebe"[166]. Der sukzessiven Erlösung des

---

[161] Hegel, VPR 3, 92.

[162] Hegel, VPR 3, 89 Fußnote.

[163] Hegel, VPR 3, 89.

[164] Vgl. Schleiermacher, KGA I/2, 314: „[…] ich haße in der Religion diese Art von historischen Beziehungen, ihre Nothwendigkeit ist eine weit höhere und ewige, und jedes Anfangen in ihr ist ursprünglich".

[165] Denn es kann nach Schleiermacher „in keiner positiven Religion eine Sehnsucht" nach
neuen Offenbarungen außerhalb des Umkreises der gegebenen Religion geben, weil „auch die
Sehnsucht eines jeden natürlich seine eigentümliche Art und Form an sich tragen muß"
(Schleiermacher, KGA I/12, 306).

[166] Schleiermacher, KGA I/2, 234.

menschlichen Geistes zum klaren Universumsbewusstsein entspricht nach Schleiermacher die stufenweise Befreiung von selbstauferlegten religiösen Abhängigkeiten von endlichen Dingen. In jeder Religion findet eine Erfahrung des Universums als höherer Wirklichkeit beziehungsweise als absoluter Macht statt, aber erst im Monotheismus ist eine Stufe im menschlichen Selbstbewusstsein erreicht, die klar zwischen sinnlicher und religiöser Wirklichkeitsdimension unterscheiden kann und dementsprechend das Universum als eine die gesamte sinnliche Wirklichkeit begründende und in sich bergende absolute Macht erfasst.[167] Damit wird der religiöse Mensch, indem er sich vom Universum als absolut abhängig erfasst zugleich sukzessive befreit von irrtümlichen Abhängigkeitsgefühlen in der endlichen Welt. Schleiermachers Religionsbegriff widerspricht somit nicht der Entwicklung religiöser Freiheit in der Geschichte.

Bei aller Unterschiedlichkeit beinhaltet der religionstheoretische Inklusivismus Hegelscher und Schleiermacherscher Prägung folglich eine Hochschätzung der anderen Religionen.[168] Ihr religionstheologischer Inklusivismus erhebt für das Christentum keinen exklusiven Alleingeltungsanspruch[169] und verneint daher die Geltungsansprüche der anderen Religionen nicht absolut. Vielmehr besitzen ihnen zufolge alle positiven Religionen Anteil an der religiösen Wahrheit, die bei den nichtchristlichen Religionen jedoch noch mit Irrtum vermischt auftritt.[170] Entgegen dem Vorwurf von Troeltsch bleibt damit die Bedeutung jeder positiven Religion trotz der religiösen Hierarchisierung gewahrt, weil jede historische Religion dem Inklusivismus zufolge ein unverzichtbares Moment in der göttlichen Erziehung des Menschengeschlechts bildet.

Außerdem kann Hegels und Schleiermachers religionstheologischer Inklusivismus' die unverzichtbare Bedeutung des religiösen Dialogs für das Christentum aufzeigen. Ein Dialog, welcher der Idee einer Toleranz aus Weisheit verpflichtet ist, das heißt in dem es um die gemeinsame Wahrheitserkenntnis im Geist der Liebe geht. Denn die Besonderheit des religiösen Höchstgeltungsanspruchs des Christentums zeigt sich bei Hegel und Schleiermacher nicht in seiner Überheblichkeit, sondern durchaus in Anlehnung an den biblischen *Kenosis-Gedanken* in seiner zugewandten Dienstbarkeit im gemeinsamen Wahrheitsstreben. Das Christentum ist nach Schleiermacher dadurch ausgezeichnet, die anderen Religionen „selbst mit Religion an[zu]schauen"[171] und seine Höchstgeltung beinhaltet

---

[167] Schleiermacher, KGA I/2, 140, 245, 294.

[168] Vgl. Hegel, VPR 3, 46: „Die verschiedenen Religionen sind nur die verschiedenen Ansichten einer und derselben Sache."

[169] Vgl. zu Schleiermacher, der auf die Frage, ob „das Christenthum als einzige Gestalt der Religion in der Menschheit allein herrschend sein [soll]?", antwortet: „Es verschmäht diesen Despotismus, es ehrt jedes seiner eignen Elemente genug um es gern auch als den Mittelpunkt eines eignen Ganzen anzuschauen." (Schleiermacher, KGA I/2, 325).

[170] Vgl. bei Schleiermacher KGA I/2, 325: „Die Religion der Religionen kann nicht Stoff genug sammeln für die eigenste Seite ihrer inneren Anschauung, und so wie nichts irreligiöser ist als Einförmigkeit zu fordern in der Menschheit überhaupt, so ist nichts unchristlicher als Einförmigkeit zu suchen in der Religion."

[171] Schleiermacher, KGA I/2, 296.

damit konstitutiv die Bereitschaft zum aktiven religiösen Dialog. Dieser Dialog mit dem Ziel mutualer Selbsterkenntnis ist inhaltlich durch das Bestreben geleitet, die christliche Zentralanschauung in anderen Religionen wiederzufinden[172] und zugleich die Zentralanschauungen der anderen Religionen in sich selbst als religiöse Anschauungen zu entdecken.[173] Auch nach Hegel besteht die christliche Höchstgeltung in seiner Fähigkeit, sich selbst in den anderen Religionen und deren Wahrheit in sich selbst zu erkennen. Christliche Höchstgeltung gründet folglich auf einer dialogischen Vernunft, „die nicht auf eine Aburteilung des Anderen ausgeht, sondern die es als ihr Anderes anerkennt und sich durch das geschichtliche und philosophische Verstehen dieses Anderen mit ihm versöhnen will."[174]

Fazit zu 5.4: Der Religionsbegriff Hegels und Schleiermachers stellt die historischen Religionen in kein kausales Abhängigkeitsverhältnis zueinander und widerspricht damit nicht der menschlichen Freiheit. Ausserdem entwertet ihr Inklusivismus' nicht die außerchristlichen Religionen, sondern erhebt gerade die Anerkennung der anderen Religionen zur konstitutiven Bedingung für die christliche Höchstgeltung.

6. Das Urteil

Die Verteidigung konnte zeigen, dass der religionstheologische Inklusivismus keinen defizitären Pluralismus darstellt. Ebensowenig wie exemplarisch bei Troeltsch die *Weltreligionsschrift* einen Fortschritt, sondern einen klaren Rückschritt gegenüber der *Absolutheitsschrift* darstellt. Insgesamt kann festgehalten werden, dass Troeltschs religionstheoretische Entwicklung keine Zeugin der Anklage gegen den religionstheologischen Inklusivismus' bildet. Dem damit verbundenen hohen Anspruch an eine inklusivistische Religionstheologie sind Hegel und Schleiermacher insbesondere in Bezug auf die jüdische Religion allerdings selbst mehr als schuldig geblieben. Hier hat die Konzeption gegenwärtig zu zeigen, dass sie besser ist als ihre klassischen Vertreter. Eine moderne inklusivistische Christentumstheorie muss daher nicht allein in der theoretischen Auseinandersetzung mit kritischen Anklagepunkten verteidigt werden, sondern sie muss praktisch zeigen, dass sie im Dialog mit anderen Religionen tatsächlich von Wahrheitsliebe geleitet ist.

---

[172] Schleiermacher, KGA I/2, 325: „[...] es [das Christentum] ehrt jedes seiner Elemente genug, um es gern auch als Mittelpunkt eines eignen Ganzen anzuschauen; es will nicht nur in sich Mannigfaltigkeit bis ins Unendliche erzeugen, sondern auch außer sich anschauen."

[173] Schleiermacher, KGA I/12, 136.

[174] W. Jaeschke, „Einleitung", in: Hegel, VPR 3, XXXII.

Schematisierung der Ideen

Rudolf Ottos Kantisch-Fries'scher Idealismus

Roderich Barth

1. Idealismus in nachidealistischer Zeit

Unter den verschiedenen Denkern, die die Periode des deutschen Idealismus hervorgebracht hat, anerkannte man allgemein auch Jakob Friedrich Fries, nannte ihn mit Achtung, aber ging in Darstellungen der Gedankenbewegungen seiner Zeit doch zumeist sehr
schnell an ihm vorüber. In der Geschichte der Philosophie verschwand er vor den angeblich größeren, in der Tat erfolgreicheren Denkern seiner Zeit, hinter Fichte und Schelling,
und besonders hinter Hegel. In der Geschichte der Religionsphilosophie wies man wohl
auf eine gewisse Verwandtschaft zwischen Fries und Schleiermacher hin hinsichtlich der
Lehre vom religiösen ‚Gefühl‘, hielt diesen aber für den originaleren und umfassenderen
Geist. In Wahrheit ist Fries in religionskundlicher Hinsicht nicht sowohl durch dasjenige,
was ihn mit Schleiermacher verbindet, als durch das, was ihn von ihm trennt, besonders
interessant und auch in dem Gemeinsamen ist er ganz original und bei genauem Hinsehen
umfassender, gründlicher und stichhaltiger.[1]

Mit dieser Reminiszenz eröffnet Rudolf Otto seine im Jahre 1909 erschienene
Kantisch-Fries'sche Religionsphilosophie. Deutlich erkennbar ist das Bemühen
um eine Neuakzentuierung der Idealismusrezeption. Nicht etwa einer der großen
Protagonisten dient als Orientierungspunkt, nicht einmal Schleiermacher, sondern mit dem Fichte-Schüler Fries – einem anderen Herrnhuter – vielmehr eine
Figur aus der zweiten Reihe. Freilich ist Otto in dieser Hinsicht keineswegs ori-
ginell, denn es gab mit Wilhelm Martin Leberecht de Wette bereits einen prominenten Vorläufer, der seine Theologie vollständig aus der Ahndungslehre seines Heidelberger Kollegen und Freundes Jakob Friedrich Fries heraus entwickeln konnte.[2] Entsprechend widmet Rudolf Otto auch den dritten Teil der oben
genannten *Religionsphilosophie* einer ausführlichen Würdigung dieser theologischen Fries-Rezeption.[3] Doch Otto selbst gehört nicht mehr zur Generation der

---

[1] R. Otto, *Kantisch-Fries'sche Religionsphilosophie und ihre Anwendung auf die Theologie.
Zur Einleitung in die Glaubenslehre für Studenten der Theologie,* Tübingen 1909, 1.

[2] Vgl. M. Buntfuß, *Die Erscheinungsformen des Christentums. Zur ästhetischen Neugestaltung der Religionstheologie bei Herder, Wackenroder und De Wette,* Berlin 2004, 153–218.

[3] Otto, *Religionsphilosophie,* 129–187. Zwei kurze Schlussabschnitte (187–192) gehen
dann noch auf „Friessches Gut" bei De Wettes erweckungstheologischen Gegenspieler Tholuck ein.

sogenannten ersten Fries'schen Schule, die ihr publizistisches Organ in den von
dem Fries-Schüler Ernst Friedrich Apelt, dem Botaniker Matthias Jacob Schleiden, dem Mathematiker Oskar Schlömilch und dem Zoologen Oscar Schmidt
herausgegebenen *Abhandlungen* hatte.[4] Otto zählt vielmehr zum Umkreis des von
dem Göttinger Philosophen Leonard Nelson begründeten Neofriseanismus, in
dessen Einzugsbereich sich wie bereits in der ersten Schule nicht nur Fachphilo-
sophen finden.[5] Mit dieser Verortung sind jedoch nur die äußeren Diskursbedin-
gungen für Ottos Option genannt und es bleibt die Frage nach den sachlichen
Motiven. Drei Aspekte lassen sich unterscheiden, stehen aber allesamt im Zusammenhang mit der weltanschaulichen Großwetterlage.

Die spekulativen Systeme des Idealismus und ihre Leitparadigmen verlieren
nach dem Tode Hegels rapide an Plausibilität und weichen im Verlauf des
19. Jahrhunderts neuen Wissenschaftsparadigmen, die sich dann ihrerseits welt-
anschaulich erweitern können. Den Effekt dieses Paradigmenwechsels auf die
Theologie hat Albrecht Ritschl, in dessen Traditionslinie sich auch der junge
Rudolf Otto hat stellen können,[6] in einer autobiographischen Bemerkung pointiert zum Ausdruck gebracht:

Das Absolute! wie erhebend das klingt! Ich erinnere mich nur noch dunkel, daß das Wort
mich in meiner Jugend beschäftigt hat, als die Hegelsche Terminologie auch mich in ihren
Strudel zu ziehen drohte. Es ist lange her, und das Wort ist mir in dem Maße fremd
geworden, als ich keinen weitreichenden Gedanken in demselben bezeichnet finde.[7]

Die hier dokumentierte Entfremdung vom spekulativen Idealismus ist genauer
besehen zuvörderst eine Folge des sich im Verlauf des 19. Jahrhunderts mit aller
Konsequenz durchsetzenden Historismus. Bot gerade die Geschichtsphilosophie
Hegels für die *Neue Tübinger Schule* noch eine fruchtbare Matrix für die theologische Geschichtsdeutung, so gewinnt die fortgesetzte Arbeit an den Quellen
eine Eigendynamik, die letztlich den Rahmen einer begrifflich konstruierten Ent-
wicklungslogik sprengt und das methodische Eigenrecht des Historischen behauptet. Bei dem Bauer-Schüler Ritschl wird dieser Bruch im Übergang von der

---

[4] *Abhandlungen der Fries'schen Schule,* [hg.] von [E. F.] Apelt, [M. J.] Schleiden, [O.]
Schlömilch und [O.] Schmid[t], Erstes Heft, Leipzig 1847; Zweites Heft, Leipzig 1849.
   [5] So veröffentlichten beispielsweise in den *Abhandlungen der Fries'schen Schule. Neue
Folge,* hg. v. G. Hessenberg, K. Kaiser (nur 1. Band) und L. Nelson (Bd. 1 1904–1906; Bd. 2
1907–1908; Bd. 3 1909–1912; Bd. 4 1918), neben Gerhard Hessenberg Mathematiker wie Paul
Bernays und Kurt Grelling, neben dem Physiologen Karl Kaiser der Biochemiker Otto Mey-
erhof oder der Nationalökonom und Soziologe Carl Brinkmann. Nelson selbst akzentuierte
dagegen vor allem die Ethik von Fries, vgl. L. Nelson, *Die kritische Ethik bei Kant, Schiller
und Fries. Eine Revision ihrer Prinzipien*, Göttingen 1914.
   [6] Vgl. R. Otto, *Die Anschauung vom heiligen Geiste bei Luther. Eine historisch-dogmatische
Untersuchung*, Göttingen 1898, 3: „Wie sehr und wie weit die folgenden Ausführungen von
Ritschl, A. Harnack, Loofs, Eichhorn, von Herrmann, Reischle, H. Schultz, Thieme abhängig sind, zeigen sie selber."
   [7] A. Ritschl, *Theologie und Metaphysik. Zur Verständigung und Abwehr*, Bonn 1881, 16.

ersten zur zweiten Auflage seiner Abhandlung über die *Entstehung der altkatholischen Kirche* vollzogen.[8] Auch Rudolf Ottos Verhältnis zum Idealismus ist
noch wesentlich durch den Historismus bestimmt, wie im unmittelbaren Anschluss an die eingangs zitierte Fries-Reminiszenz deutlich wird. Allerdings zeigt
sich gegenüber der Position Ritschls bereits eine dritte Etappe in der Korrelation
von historischer Theologie und Idealismus, die gleichsam nach anfänglichem
Anschluss und programmatischer Abkehr nun für eine erneute Hinwendung argumentiert:

> Indem wir die in unseren Kreisen sich immer mehr verbreitende Ansicht und Einsicht
> teilen, daß für die religionswissenschaftliche Arbeit nach allem Historismus, Vergleichen,
> Inducieren, und nach manchen persönlichen Improvisationen und Notgebäuden wieder
> anzuknüpfen ist an jene große methodische Aufsuchung der rationalen Grundlagen der
> Religion im menschlichen Geiste, die im Anschluß an die vorbereitenden Versuche der
> Aufklärung der deutsche Idealismus in mannigfaltiger Form unternahm, leitet uns die
> Überzeugung, daß unter seinen Vertretern und Richtungen Fries und die Friesische Rich-
> tung in der Methode am glücklichsten, in den Ergebnissen am zuverlässigsten gewesen und
> darum als Ansatz- und Ausgangspunkt für unsere eigene Arbeit wichtig ist.[9]

Ottos Idealismusrezeption ist somit durch ein Problembewusstsein motiviert, das
Ernst Troeltsch unter dem Titel des Historismus*problems* methodisch vertiefen
wird, ohne freilich dafür eine abschließende religionsphilosophische Antwort zu
finden.[10] Gerade wenn sich Theologie und Religionswissenschaft prinzipiell zur
historischen Methode bekennen, wird angesichts einer sich zunehmend radikali-
sierenden Religionskritik die Begründung von normativen Ansprüchen virulent. Die programmatische Formel für dieses Begründungsprogramm firmiert
spätestens seit Schleiermacher unter dem Titel der *Wesensbestimmung,* wobei sich
über Harnack bis Troeltsch zwar die historische Seite dieser Aufgabe methodisch
weiterentwickelt, der geisttheoretische Konterpart dabei aber unentwickelt
bleibt und seine nachidealistische Theoriegestalt allererst noch sucht.[11] Diese innere Nähe zu Fragestellungen und Theorieformationen Troeltschs wird auch an
den weiteren Ausführungen Ottos deutlich, die sodann weiteren Aufschluss dar-

---

[8] Vgl. A. Ritschl, *Die Entstehung der altkatholischen Kirche. Eine kirchen- und dogmengeschichtliche Monographie,* Bonn 1850; [2]1857. Vgl. dazu M. Neugebauer, *Lotze und Ritschl.
Reich-Gottes-Theologie zwischen nachidealistischer Philosophie und neuzeitlichem Positivismus,* Frankfurt a.M. 2002, 39–64.

[9] Otto, *Religionsphilosophie,* 2.

[10] Vgl. dazu E. Troeltsch, *Der Historismus und seine Probleme (1922),* in: Ders., *Kritische
Gesamtausgabe,* Bd. 16,1–2, hg. v. F. W. Graf in Zusammenarbeit m. M. Schloßberger, Ber-
lin/New York 2008.

[11] Zu Gestalt und Fortbestimmung der Wesensbestimmung in der Reihe Schleiermacher,
Harnack, Troeltsch vgl. M. Schröder, *Die kritische Identität des neuzeitlichen Christentums.
Schleiermachers Wesensbestimmung der christlichen Religion,* Tübingen 1996; C.-D. Osthö-
vener, „Adolf von Harnack als Systematiker", in: ZThK 99 (2002), 296–331; J. H. Claussen,
Die Jesus-Deutung von Ernst Troeltsch im Kontext der liberalen Theologie, Tübingen 1997,
37–62.

über geben, welche Gestalt einer Rückbesinnung auf den Idealismus sich in dieser Epoche nahelegt:

Wir suchen ja heute wieder von allen Seiten nach dem „religiösen a priori". Supernaturalismus und Historismus versagen, um Maßstab und Prinzip des Wahren in der Religion abzugeben. Religionsgeschichte wächst ins Ungeheure.[12]

An dem – wie Otto einschränkend hinzufügt – „nicht sehr glücklichen und mit Mißverständnissen umgebenen Ausdruck" des *religiösen a priori* wird erkennbar, dass er die „methodische Aufsuchung der rationalen Grundlagen der Religion im menschlichen Geiste" unter den Bedingungen des Historismus eben weniger in Gestalt einer Repristination der spekulativen Geschichtsphilosophien eines Fichte, Schelling oder Hegel als im Anschluss an die kritische Philosophie Kants für durchführbar hält.[13] Mit dieser Option für Kant ist jedoch zugleich auch Ottos Präferenz für Jakob Friedrich Fries begründet.

Ähnlich wie sich schon sein Lehrer Fichte dem „Stifter der Transcendental-Philosophie" verpflichtet sah und die Wissenschaftslehre als prinzipientheoretische Vollendung des Kritizismus begriff,[14] so versteht sich auch Fries als Vollender der Vernunftkritik, wobei diese Vollendung jedoch im Verhältnis zu den anderen Idealisten weit weniger spekulativ ausfiel und enger an der Königsberger Vorlage orientiert blieb. Das wird schon äußerlich am Titel seines philosophischen Hauptwerkes erkennbar, die 1807 erschienene *Neue Kritik der Vernunft*.[15] Entsprechend kann Fries in seiner späten *Geschichte der Philosophie* seine kulturgeschichtlich in die religiösen Traditionen des Orients und des Ostens zurückreichende Geschichtskonstruktion auf die Vollendung bei Immanuel Kant zulaufen lassen, die lediglich noch einer „Verbesserung der Mängel" bedürfe, was wiederum auf das eigene System hinausläuft:

Von hier an wird meine Rede unumgänglich eine ganz parteiische, denn ich bin unmittelbar in Kant's Schule getreten und stehe in dieser als Partei anderen Parteien entgegen. Und dieses so streng, daß ich mich für den einzigen halte, welcher die Kritik der Vernunft selbst weiter fortgebildet hat.[16]

---

[12] Otto, *Religionsphilosophie*, 3.

[13] Zur werkgeschichtlichen Entwicklung dieses Problemzusammenhangs bei Troeltsch vgl. U. Barth, „Religionsphilosophisches und geschichtsmethodologisches Apriori. Ernst Troeltschs Auseinandersetzung mit Kant", in: Ders., *Gott als Projekt der Vernunft*, Tübingen 2005, 359–394.

[14] J. G. Fichte, *Die Wissenschaftslehre. Zweiter Vortrag im Jahre 1804*, hg. v. R. Lauth u. J. Widmann, Hamburg 1986, 11. Vgl. dazu R. Barth, *Absolute Wahrheit und endliches Wahrheitsbewußtsein. Das Verhältnis von logischem und theologischem Wahrheitsbegriff – Thomas von Aquin, Kant, Fichte und Frege*, Tübingen 2004, 265–275.

[15] J. F. Fries, *Neue Kritik der Vernunft*, 3 Bde., Heidelberg 1807. Die zweite Auflage erschien dann unter dem Titel: J. F. Fries, *Neue oder anthropologische Kritik der Vernunft*, 3 Bde., Heidelberg 1828 u. 1831.

[16] J. F. Fries, *Die Geschichte der Philosophie dargestellt nach den Fortschritten ihrer wissenschaftlichen Entwicklung*, 2 Bde., Halle 1837 u. 1840, hier Bd. 2, 590.

Die ‚anderen Parteien' von Reinhold über Hegel bis Herbart werden daher nur noch in einem „Anhang" abgefertigt und zusammenfassend mit dem Vorwurf eines Rückfalls in „dogmatische speculative Metaphysik" bei ihren psychologischen, natur- oder geschichtsphilosophischen Anwendungen belegt, was gleichsam *ex negativo* die große Bedeutung einer engen Korrelation von Einzelwissenschaften und Metaphysik für Fries selbst deutlich werden lässt.[17] Ottos einleitend zitierte Auszeichnung von Fries bestätigt somit dessen eigenes Selbstverständnis und den Anspruch auf eine an den Einzelwissenschaften – hier der historischen Religionsforschung – orientierten Vollendung der Kritischen Philosophie Kants.[18] Mit diesem durch Fries vermittelten Wiederanknüpfen an Kant unter Umgehung der großen Systeme eines Fichte, Schelling und Hegel lässt sich Otto nun aber auch in eine allgemeine Zeitsignatur des ausgehenden 19. und frühen 20. Jahrhunderts einordnen. Man kann diese als *Neukantianismus* in genau dem Sinne zusammenfassen, dass man in ganz unterschiedlichen Kontexten eine geist- oder kulturphilosophische Orientierung durch eine Rückbesinnung und Neuinterpretation der Philosophie Kants zu gewinnen sucht, gerade nachdem die idealistische Weiterführung und Vollendung seiner Philosophie durch die Hauptvertreter des Deutschen Idealismus ihre Plausibilität eingebüßt hatte. Dabei ist nicht nur an den *Neukantianismus* im engeren Sinne zu denken, also nach den Anfängen bei Friedrich Albert Lange und neben der von Hans Vaihinger begründeten philologischen Kant-Forschung vor allem dessen südwestdeutsche Linie um Wilhelm Windelband und Heinrich Rickert oder die Marburger Linie um Hermann Cohen und Paul Natorp, sondern auch an Denker wie Alois Riehl, Ernst Cassirer, Georg Simmel oder auch schon an Wilhelm Dilthey und sein Projekt einer „Kritik der historischen Vernunft".[19] Wie sich bereits an diesem Spektrum zeigt, geht es bei der allgemeinen Tendenz weniger um reine Kant-Orthodoxie denn um ein systematisches Gegenwartsinteresse, das dann eben auch andere Einflüsse wie die idealistische Tradition mit einbeziehen kann. In genau diesem Sinne repräsentiert Rudolf Ottos durch den Fries'schen Idealismus

---

[17] A.a.O. 716. Vgl. dazu insgesamt die vorzügliche Würdigung bei L. Geldsetzer, „Jakob Friedrich Fries' Stellung in der Philosophiegeschichte, in: *Jakob Friedrich Fries. Philosoph, Naturwissenschaftler und Mathematiker. Verhandlungen des Symposions ‚Probleme und Perspektiven von Jakob Friedrich Fries' Erkenntnislehre und Naturphilosophie' vom 9.–11. Oktober 1997 an der Friedrich-Schiller-Universität Jena*, hg. v. W. Hogrebe u. K. Herrmann, Frankfurt a.M. 1999, 13–56.

[18] Gerade in der religionsgeschichtlichen Forschung zeige sich das Ungenügen der Religionsphilosophie von Fries und überhaupt dieser Generation, vgl. Otto, *Religionsphilosophie*, 122–125.

[19] W. Dilthey, *Einleitung in die Geisteswissenschaften. Versuch einer Grundlegung für das Studium der Gesellschaft und der Geschichte*, Erster Band (=GS I), Stuttgart/Tübingen 1990, 116. Vgl. dazu H.-U. Lessing, *Die Idee der Kritik der historischen Vernunft. Wilhelm Diltheys erkenntnistheoretisch-logisch-methodologische Grundlegung der Geisteswissenschaften*, Freiburg i.Br. 1984. Zum Neukantianismus vgl. den Überblick von H. Holzhey, „Art. Neukantianismus", in: HWPh Bd. 6 (1984), 747–754.

geprägte Kantrezeption eine eigene Facette im Kontext des theologischen Neu-kantianismus der Ritschl-Schule.

Mit Bezug auf das einleitende Zitat ist aber noch ein letzter Punkt zu nennen, der zugleich das Spezifikum dieser Gestalt eines theologischen Neukantianismus gegenüber der Ritschl-Schule deutlich werden lässt: Ottos auffallende Verhält-nisbestimmung von Fries und Schleiermacher und zwar zugunsten des Ersteren. Sie kann auf den ersten Blick durchaus irritieren, nicht nur weil Otto spätestens mit seiner berühmten Jubiläumsedition der *Reden* dem anderen Herrnhuter ein Denkmal gesetzt hatte,[20] sondern weil sich von da an die inneren und tiefen Bezüge zwischen eigener Religionstheorie und Schleiermacher bis ins Hauptwerk ziehen lassen.[21] Warum schreibt also – so kann zugespitzt gefragt werden – Otto keine Kantisch-Schleiermachersche Religionsphilosophie, zumal sich doch auch Schleiermachers idealistisches Systemdenken kritisch gegenüber Fichte, Schel-ling und Hegel positioniert und sich stärker als diese an die Kantische Episte-mologie gebunden weiß?[22] Wo liegen also die Motive für diesen Fries-Schwenk Ottos? Dass es sich durchaus um eine Art Selbstkorrektur handelt, macht Otto an besagter Stelle in einer Anmerkung ausdrücklich, wo er auf eine gegenläufige Verhältnisbestimmung zwischen Fries und Schleiermacher in einem früheren Werk hinweist und diese nun revidiert. Bei dem angesprochenen Werk handelt es sich um die fünf Jahre vor der Religionsphilosophie, also im Jahre 1904 erschie-nene Abhandlung mit dem Titel *Naturalistische und religiöse Weltansicht.*[23] Meine These lautet, dass sich genau in der Thematik dieses erstaunlichen Werkes das eigentliche Motiv für die Hinwendung zu Fries und damit auch für die spätere Gestalt der Religionsphilosophie findet.

Otto geht es in besagter Studie um eine Rechtfertigung der religiösen Weltan-sicht gegenüber einem weltanschaulichen Naturalismus und Darwinismus. Ne-ben dem bereits genannten Historismus identifiziert er also im Naturalismus und Evolutionismus eine zweite und durchaus größere Herausforderung für die Re-ligionsphilosophie. Im Unterschied jedoch zur Ritschl-Schule und analogen Strategien in den bereits genannten philosophischen Hauptströmungen, wo die Natur als genuiner Gegenstand den Naturwissenschaften überlassen und die auf-geklärte Religion ganz in das Gebiet des sittlichen Selbstverhältnis des Geistes

---

[20] F. Schleiermacher, *Über die Religion. Reden an die Gebildeten unter ihren Verächtern.* Zum Hundertjahr-Gedächtnis ihres ersten Erscheinens in ihrer ursprünglichen Gestalt neu herausgegeben und mit Übersichten und Vor- und Nachwort versehen von Lic. Rudolf Otto, Privatdozent der Universität Göttingen, Göttingen 1899 (2. Aufl. 1906).

[21] C.-D. Osthövener, „Ottos Auseinandersetzung mit Schleiermacher", in: J. Lauster/P. Schüz/R. Barth/Ch. Danz (Hgg.), *Rudolf Otto. Theologie – Religionsphilosophie – Religions-geschichte,* Berlin/Boston 2014, 179–190.

[22] U. Barth, „Der Letztbegründungsgang der ‚Dialektik'. Schleiermachers Fassung des transzendentalen Gedankens, in: Ders., *Aufgeklärter Protestantismus,* Tübingen 2004, 353–385.

[23] R. Otto, *Naturalistische und religiöse Weltansicht,* Tübingen 1904; 2. Auflage, Tübingen 1909.

und den Bereich der Kultur verwiesen wird, will sich der Theologe Otto nicht mit dem Rückzug aus der Natur, gleichsam ihrem Verstummen für das religiöse Erleben abfinden. Und genau dieses Anliegen bringt ihn auch in Distanz zu Schleiermachers Transformation der Schöpfungstheologie in das Selbstbewusstsein der schlechthinnigen Abhängigkeit. Religion kann sich nicht in das Selbstverhältnis des Geistes und die Welt der Kultur zurückziehen, sondern hat nach Otto selbst ein eminentes Interesse an der Natur, wie er immer wieder mit dem Hinweis auf die reichen Symbolbestände nicht nur des Christentums, sondern der gesamten Religionsgeschichte erinnert.[24] In dieser Grundintuition liegt somit nicht nur das Motiv dafür, dass sich der junge Theologe detailversessen an der hochgradig ausdifferenzierten naturwissenschaftlichen Fachforschung der letzten Jahrzehnte abarbeitet, sondern eben auch der Grund dafür, dass gerade die Fries'sche Kantdeutung für ihn ins Zentrum seiner Religionsphilosophie tritt. Dass Fries gerade aufgrund seiner metaphysisch-kategorialen Begründung der Naturwissenschaften das Interesse Ottos auf sich zog, macht nicht zuletzt der bereits oben erwähnte Kontext und Zuschnitt der Fries'schen-Schule wahrscheinlich. Jedenfalls sind in der Studie zum *Naturalismus* bereits deutliche Ansätze zur späteren *Religionsphilosophie* erkennbar und erstere kann förmlich als Vorarbeit für letztere gelesen werden. So heißt es zur Frage, ob sich im Naturerkennen selbst Transzendenzmomente ausmachen ließen: „Dieser Frage gründlich nachdenken, hieße, eine eigene Erkenntnis- und Seinslehre aufstellen. Das kann hier nicht die Aufgabe sein"[25]. Die fünf Jahre später vorgelegte *Kantisch-Fries'sche Religionsphilosophie* kann als religionsphilosophisch fokussierte Erfüllung dieses Desiderats angesehen werden.

Die Grundlinien dieser Erkenntnis- und Seinslehre möchte ich daher im Folgenden skizzieren. Dabei werde ich mich auf die idealistische Umformung des Kantischen Kritizismus beschränken und die schwierige Detailexegese, was dabei auf das Konto von Fries, de Wette oder Otto selbst zu buchen ist, gar nicht erst aufwerfen. Otto selbst jedenfalls beansprucht hier – von der didaktischen Aufbereitung zur Propädeutik für Studierende der Theologie abgesehen – keinerlei Originalität.[26]

---

[24] Vgl. dazu ausführlich: R. Barth, „Rationalisierung des Irrationalen. Rudolf Ottos Auseinandersetzung mit Neodarwinismus und Naturalismus", in: G. Schreiber (Hg.), *Interesse am Anderen. Interdisziplinäre Beiträge zum Verhältnis von Religion und Rationalität*, Berlin/Boston 2019, 599–617. Diesen nicht nur historisch, sondern auch sachlich entscheidenden Kontext übersieht die letztlich auf die prinzipielle Kritik transzendtalphilosophischer Religionsphilosophie und das Plädoyer für eine sich auf die Reflexion der Binnenrationalität eines religiösen Sprachfeldes beschränkende Theologie hinauslaufende Interpretation von D. Korsch, „Rudolf Ottos Aufnahme der Fries'schen Religionsphilosophie", in: J. Lauster/P. Schüz/R. Barth/Ch. Danz (Hgg.), *Rudolf Otto. Theologie – Religionsphilosophie – Religionsgeschichte*, Berlin/Boston 2014, 295–306.

[25] Otto, *Weltansicht* (1904=1909), 52.

[26] Otto führt auch nur einleitend Quellenverweise auf Fries mit. Nach der Zusammenstellung einer „Reihe von Zitaten" folgt Otto auch nicht mehr der Fries'schen Vorlage, sondern

2. Die Umformung der Kantschen Vernunftkritik

Führt man sich den Gesamtaufriss vor Augen, so fällt zunächst eine recht traditionelle und vermeintlich sogar noch hinter Kant zurückverweisende Gliederung des Stoffes auf. Denn Otto unterteilt seine Darstellung in einen erkenntnistheoretischen, als „Ideenlehre" betitelten Teil und einen zweiten, der die „Grundzüge der praktischen Philosophie" behandeln soll. Diese Zweiteilung der Vernunft- oder Geisttheorie erinnert an den Aufbau der schulphilosophischen Psychologie und ihren vermögenspsychologischen Dual zwischen *facultas cognoscitiva* und *appetitiva*, der sich bis in die Antike zurückverfolgen lässt. Auch bei Kant kehrt dieses Schema in den ersten beiden Kritiken wieder, wird aber mit der dritten Kritik zugleich vermögenspsychologisch angereichert, wobei hier bekanntlich die Urteilskraft leitend und das Gefühl nur nachfolgend ist.[27] Auch Schleiermacher hat aus vermögenspsychologischen Innovationen religionsphilosophisches Kapital geschlagen (‚eigene Provinz im Gemüthe') und das dritte Vermögen systematisch mit der Einheitsproblematik und der Transzendentalphilosophie verbunden.[28] Jedoch ist mit dem transzendentalphilosophischen Charakter des Kritizismus zugleich der Anspruch verbunden, die Vermögenspsychologie begründungslogisch zu überwinden – ein Anspruch, an dem sich dann insbesondere das idealistische Systemdenken weiter abarbeiten wird, der dann als Psychologismusproblem unter neuen Vorzeichen wiederkehrt und bis zum heutigen Tage als ein auch von Lebensphilosophie, Phänomenologie oder Fundamentalontologie nicht geklärtes Erbe der philosophischen Psychologie gelten muss. Schon Fries selbst hat diese Problematik in seiner Auseinandersetzung mit Kant reflektiert und dabei die Traditionen der Erfahrungsseelenlehre wieder stärker in die Vernunftkritik einbezogen, was ihm den meist allzu leichtfertig und oberflächlich ausgesprochenen Psychologismusvorwurf eingetragen und die Rezeption seiner Philosophie behindert hat.[29] Dies gilt allerdings nicht für Rudolf Otto, der gerade die Verschränkung von ‚Seelenkunde', wie er in Abgrenzung von zeitgenössischen Entwicklungen der psychologischen Religionstheorie sagen konnte, und Apriorismus für die Religionsforschung als außerordentlich fruchtbar erachtete.[30] Ottos zweiteilige Stoffdisposition ist daher kein

---

wählt eine eigene Darstellungslogik, die dem Leser als „Leitfaden zur nebenhergehenden Lektüre von Kants Hauptwerk dienen" können soll und daher vornehmlich Referenzen auf selbiges vornimmt, vgl. Otto, *Religionsphilosophie*, 16; 28 und X.

[27] Zu den psychologischen Transformationen vgl. M. Heinz, „Johann Georg Sulzer und die Anfänge der Dreivermögenslehre bei Kant", in: F. Grunert/G. Stiening (Hgg.), *Johann Georg Sulzer (1720–1779). Aufklärung zwischen Christian Wolff und David Hume*, Berlin 2011, 83–100; R. Barth, „Johann Nicolaus Tetens über das Gefühl", in: A. Beutel/M. Nooke (Hg.), *Religion und Aufklärung. Akten des Ersten Internationalen Kongresses zur Erforschung der Aufklärungstheologie (Münster, 30. März bis 2. April 2014)*, Tübingen 2016, 461–477.

[28] Vgl. dazu die werkgeschichtliche Rekonstruktion bei P. Grove, *Deutungen des Subjekts. Schleiermachers Philosophie der Religion,* Berlin/New York 2004.

[29] Vgl. dazu Geldsetzer, „Fries' Stellung" (s.o. Anm. 17), v.a. 21–29 u. 44–46; 52.

[30] Vgl. dazu R. Barth, „Das Psychologische in Rudolf Ottos Religionstheorie", in: *Pro-*

Rückschritt hinter Kant, sondern folgt lediglich Fries' Grobgliederung seiner *Neuen oder anthropologischen Kritik der Vernunft*. Dabei wird sich in der Durchführung zeigen, dass der praktische Teil wie schon bei Fries das Theoriepotential der dritten Kritik Kants ausspielt und eben nicht nur Ethik, sondern auch Ästhetik und Religionsphilosophie enthält, während der erkenntnistheoretische Teil sich vor allem auf die Umformung der Kantischen Ideenlehre konzentriert.[31]

Bevor Otto die tiefgreifende Umdeutung von Kants Theorie der Vernunftideen entfaltet, widmet er sich zunächst der Theorie des kategorialen Naturerkennens. Beide Seiten sind jedoch innerlich miteinander verzahnt, was den Systemanspruch der Fries'schen Vernunftkritik verdeutlicht. Der die Kategorien- und Ideenlehre zusammenbindende Operator ist die „doppelte Verneinung"[32]. Der Sinn dieser negationslogischen Figur weist daher auf die kritische Aneignung der Kantischen Kategorienlehre zurück. Neben der pflichtschuldigen Darstellung der grundlegenden Einsichten und Verdienste Kants, allem voran der urteilstheoretischen Ableitung der Kategorientafel, findet sich nämlich bereits in diesem Zusammenhang eine fundamentale Kritik. Sie wird mit der Formel zusammengefasst, Kant habe fälschlicherweise „aus der Apriorität der Kategorien auf ihre Idealität"[33] geschlossen, wobei mit Idealität die These Kants gemeint ist, dass es sich bei den Kategorien um subjektive Formprinzipien handele, die keinen Anspruch auf Gültigkeit zur Bestimmung des Ansichseins der Dinge erheben könnten. Vielmehr würden die Kategorien erst vermöge ihrer Anwendung auf die sinnliche Mannigfaltigkeit der Anschauung Anspruch auf objektive Gültigkeit erhalten. Dieser ‚empirische Realismus' im Sinne Kants wird nun aber von Ottos Fries'scher Umformung in einen höheren Realismus umgedeutet, demzufolge bereits die reinen Kategorien – und entsprechend auch die apriorischen Anschauungsformen – den Satus von objektiver Geltung und Seinserkenntnis erhalten sollen. Die Begründung dieser These umfasst mehrere Argumentationsschritte.

Zunächst wird eine zentrale Voraussetzung dekonstruiert. Von Kant werde nämlich „die Kausalität des Gegenstandes auf uns zum Kriterium der objektiven Giltigkeit"[34] der Kategorien erklärt. Das setze aber offensichtlich bereits die Gel-

---

[31] *testantismus zwischen Aufklärung und Moderne. Festschrift für Ulrich Barth,* hg. v. R. Barth, C.-D. Osthövener u. A. von Scheliha, Frankfurt a.M. 2005, 371–388. Auch in der vereinnahmenden Ottorezeption zwischen Rickert und Husserl zeigt sich dann freilich die methodische Unsicherheit im Umgang mit dem Psychologischen, vom theologischen Antipsychologismus ganz zu Schweigen.

[31] Fries unterteilt seine *Neue oder anthropologische Kritik* (Otto legt die zweite Auflage zugrunde) in eine *Kritik der erkennenden Vernunft* (1. u. 2. Bd.) und eine *Kritik der handelnden Vernunft* (3. Bd.). Otto übergeht jeweils weitestgehend die Passagen, welche eine Erneuerung der Erfahrungsseelenlehre enthalten, was vor allem den Inhalt des ersten Bandes betrifft.

[32] Otto, *Religionsphilosophie*, 59. Vgl. dazu Fries, *Neue oder anthropologische Kritik,* 2. Bd., 184.

[33] A.a.O. 36.

[34] Ebd.

tung der Kausalitätskategorie voraus. Wie bereits bei Fichte und bis Gerold Prauss setzt also die Otto-Fries'sche Kantkritik bei der Rezeptivitätsproblematik und dem Problem des ‚Ding an sich' an. Die Zirkularität der Kantischen Argumentation löse sich jedoch auf, wenn bereits den reinen Kategorien objektive Gültigkeit zukomme und in ihnen gleichsam reine Vernunfterkenntnisse vorliegen. Diese nicht auf den empirischen Verstandesgebrauch beschränkte Art von Erkenntnis sei im Kern eine „Grunderkenntis von der Notwendigkeit und Einheit alles Seienden überhaupt",[35] womit freilich das Kantische Konzept von objektiver Erkenntnis preisgegeben ist. Entsprechend unterscheide Fries neben dem empirischen Wissen eine zweite Erkenntnisart, die mit dem Glaubensbegriff bezeichnet wird und zum eigentlichen Deduktionsgrund der Kategorien aufgewertet wird.[36] Kategorien werden als diskursive Ausdifferenzierungen jenes Innenseins von Einheit und Sein durch die Vernunft verstanden. Den Kategorien muss demzufolge also nicht erst Geltung zuwachsen, schon gar nicht durch sinnliche Wahrnehmung, sondern sie haben ihre gegenstandsbestimmende Funktion, die Kants Transzendentalphilosophie für die Naturerkenntnis nachgewiesen habe, gerade weil sie Variationen einer fundamentalen Geltungs*intuition* der Vernunft sind.

Mit dieser epistemologischen Aufwertung der Kategorien ist zugleich der Übergang zur Ideenlehre gebahnt. Dabei werden zwei Theorieelemente Kants aus ihrem jeweiligen Systemkontext herausgelöst und miteinander verbunden. Die Rede ist zum einen vom Schematismus- und Grundsatzkapitel, zum anderen von Kants Antinomienlehre. Verkürzt lässt sich die Argumentation so zusammenfassen: Zunächst wird die zuvor kritisierte Idealität der Kategorien, das heißt also ihre auf bloße Erscheinungsgegenstände eingeschränkte Geltung, auf deren zeitliche Schematisierung und Vorstellung gemäß den Anschauungsformen zurückgeführt. Während bei Kant die Schematisierung der Kategorien einen elementaren Beweisschritt innerhalb der Deduktion der Kategorien erfüllt, wird in dieser Lesart allein die Restriktionsthese aus der Kantischen Argumentation herausgegriffen. So ergibt sich die Schlussfolgerung, dass allein die Anwendung der Kategorien auf die Bedingungen unserer Sinnlichkeit deren Idealität im Sinne einer eingeschränkten Geltung zur Folge habe. Diese Restriktion betreffe aber eben nicht die reine Geltungsintuition der Kategorien selbst, sondern gleichsam nur deren epistemologische Anwendung.

---

[35] A.a.O. 33.

[36] Vgl. a.a.O. vor allem 81 f. Diese epistemologische Aufwertung des Glaubensbegriffs wird bei Fries gemeinhin als Erbe Jacobis eingeordnet. Otto zieht freilich trotz einer gewissen Nähe eine klare Trennlinie: „Es gelingt Jacobi nicht, philosophierend jenes „Unmittelbare" in der Vernunft aufzuweisen, sondern mit einem Protest gegen Philosophie überhaupt rettet er sich in das, was er „Glaube" und „Offenbarung" nennt und wird turbulent und dogmatisch" (a.a.O. 7). Zum Glaubensbegriff bei Fries vgl. *Neue oder anthropologische Kritik*, 2. Bd., 11 ff.; 95 f., sowie die Monographie: J. F. Fries, *Wissen, Glaube und Ahndung* (1805), neu hg. v. L. Nelson 1905, 2. Aufl., Göttingen 1931.

In einem zweiten Schritt wird diese These nun anhand der Antinomienlehre Kants bekräftigt. Mit seiner Rekonstruktion der kosmologischen Antinomien, so Ottos aktualisierende Lesart, sei Kant eine „dramatische Vorführung"[37] der inneren Widersprüche eines naturalistischen Weltbildes gelungen. In seinem Naturalismusbuch, das diese These bis in die kleinsten Verästelungen der zeitgenössischen Fachforschung durchführt, kann in diesem Kontext sogar dem kosmologischen Gottesbeweis *ex contingentia mundi* eine positive Funktion zugewiesen werden – nicht etwa als Begründung eines objektiven Wissens vom Dasein Gottes, wohl aber als Aufweis der Begrenztheit des naturalistischen Weltbildes angesichts der auch vom naturwissenschaftlichen Erkenntnisinteresse her legitimen Frage: „Warum ist denn überhaupt etwas und nicht vielmehr nichts?"[38] Der Bereich des empirischen Wissens zeige sich also als in sich aporetisch und unabschließbar, was letztlich aus der von Kant nachgewiesenen zeitlichen Schematisierung der Kategorien abzuleiten sei. An den durch die Anschauungsformen evozierten Antinomien des kosmologischen Denkens werde augenscheinlich, dass das durch den Naturalismus vermittelte Weltbild das „Wesen der Welt an sich selber"[39] gleichsam nur durch einen „Nebel"[40] zu erkennen gebe.

Mit dieser zugleich mit und gegen Kant vollzogenen Argumentation ist nun aber die Basis für die ‚doppelte Verneinung' als Zugangsoperation zu den Ideen gelegt. Mit der ersten Verneinung ist also die Restriktion der Kategorien auf die Bedingungen der sinnlichen Anschauung (Raum und Zeit) gemeint, mit der zweiten Negation soll diese wiederum aufgehoben werden, um so die konstitutive Funktion der Kategorien für eine „rein vernünftige Weltanschauung" zu ermöglichen.[41] Damit ist die systematische Schnittstelle zur Entfaltung der ‚spekulativen Ideen' erreicht. Mit dieser direkten Ableitung der Ideen aus den Kategorien ist freilich ein weiterer Widerspruch zur Kantischen Vorlage gegeben, in der die Vernunftideen vielmehr durch eine schlusslogische Rekonstruktion entwickelt werden.[42] Auch wenn diese für Kant schlechterdings fundamentale Voraussetzung entfällt, ja sogar als „falsche[] Spitzfindigkeit"[43] verspottet wird und sich also die innere Architektonik des spekulativen Gebäudes erheblich verändert, so kommen doch auch Otto und Fries schließlich auf die klassische Dreiteilung der speziellen Metaphysik zurück. Auf diesem Weg, der im Anschluss an Leibniz auch als Explikation einer dunkel in der Vernunft angelegten Erkenntnis beschrieben werden kann,[44] wäre allerdings allein die Rückgängigmachung der Re-

---

[37] A.a.O. 60.

[38] Otto, *Weltansicht* (1904), 49.

[39] Otto, *Religionsphilosophie*, 58.

[40] A.a.O. 59.

[41] A.a.O. 64.

[42] Vgl. dazu U. Barth, „Gott als Grenzbegriff der Vernunft. Kants Destruktion des vorkritisch-ontologischen Theismus, in: Ders., *Gott als Projekt der Vernunft,* Tübingen 2005, 235–262.

[43] Otto, *Religionsphilosophie*, 78.

[44] A.a.O. 63: „in den Ideen spricht sich nur klar und deutlich und mit Bewußtsein aus, was

striktion – gleichsam die *via negationis* – nicht hinreichend. Die spekulativen Ideen wären dann mit den reinen Kategorien identisch, was jedoch offenbar nicht gemeint ist. Erforderlich ist vielmehr ein „idealer Schematismus"[45] beziehungsweise ein „Schematismus der Vollendung"[46], worunter eine spekulative Verfahrensregel zur vollständigen Synthesis reiner Mannigfaltigkeit gemeint ist. Ottos geraffte Ableitung bleibt hier allerdings unklar. So scheinen zunächst gemäß den Kategorien der Quantität, Qualität und Modalität die Ideen „des absoluten Seins", „des Einfachen und der Realität" sowie der „Ewigkeit" synthetisiert zu werden, die dann in einem zweiten Schritt gemäß den „eigentlich metaphysischen" Relationskategorien – die bei Kant als Einteilungsprinzip der Vernunftschlüsse fungieren und somit die Übereinstimmung des Resultats trotz abweichender Konstruktionsprinzipien verständlich machen – zu der klassischen Trias von geistiger Personalität, Freiheit und Gottheit hypostasiert werden.[47]

Angesichts dieser Ableitung der spekulativen Ideen und ihrer epistemologischen Aufwertung zu Erkenntnissen scheint Kants Warnung vor einer polizeilosen Vernunft verklungen zu sein. Doch so sehr sich im Bereich der Ideenlehre der Akzent von Kant weg hin zu einer spekulativen Ontologie von Geltungsentitäten verschiebt, so sehr überrascht im zweiten, der *praktischen Philosophie* gewidmeten Teil wiederum der enge Anschluss an Kants Bewusstseinstheorie, vor allem nach Maßgabe der *Kritik der Urteilskraft*. Die geistphilosophische Begründung der Religion steht genau in diesem Spannungsverhältnis. Den Übergang markiert Otto im Schlusskapitel des ersten Teils zur *Ideenlehre*, das gleich in mehrfacher Hinsicht kontrapunktiert:

> Die in unmittelbarer Erkenntnis der Vernunft gründende Überzeugung, die sich in solchen Ideen ausspricht, ist selber durchaus nicht Religion, sondern kalte und formale Metaphysik, während Religion im Gegensatz zu Metaphysik in Gemüt und Willen ihr Leben hat. Aber um das haben zu können bedarf sie doch fester und begründeter Vorstellungen. Und diese sind in aller Religion metaphysisch. Metaphysikfreie Religion kann es gar nicht geben [...].[48]

Der Übergang in die Religionstheorie schließt also unmittelbar an die Ideenlehre an und setzt diese voraus, markiert aber zugleich auch im Sinne der Abgrenzung von Religion und Metaphysik bei Schleiermacher und der Ritschl-Schule eine prinzipielle Differenz, die dann aber den zuvor mit Aufwand begründeten epistemologischen Status der Ideen wiederum in ein kritizistisches Licht taucht. Denn – so Otto mit Fries und eben auch wieder mit Kant – diese spekulativen

---

in unmittelbarer Erkenntnis dunkel angelegt ist." Zu Ottos Verhältnisbestimmung von Leibniz und Fries vgl. a.a.O. 11.

[45] A.a.O. 64.

[46] A.a.O. 65.

[47] A.a.O. 65–72. Die entsprechende Passage bei Fries, *Neue oder anthropologische Kritik*, 2. Bd., findet sich in den §§ 132–150, wobei die Unterscheidung der vier Kategoriengruppen in mathematische und dynamische Verknüpfungsformen leitend ist.

[48] A.a.O. 73.

Ideen würden inhaltsleer bleiben, wenn sie nicht durch die praktische Vernunft einen belebenden Inhalt erhielten. Die in den Passagen zur Kategorienlehre fast gänzlich unterdrückte Zweiquellentheorie, der zufolge Begriffe ohne Anschauung leer sind (und Anschauungen ohne Begriffe blind), wird damit gleichsam auf die Ebene der Ideenlehre verschoben:

> An und für sich also sind die Ideen kalt und leer und würden es bleiben und also niemals zur Religion führen können, wenn sie nicht erst ihren eigentlichen großen belebenden und auf Gemüt und Willen wirkenden Inhalt bekämen von einer ganz anderen Seite: von der praktischen Seite des vernünftigen Geistes her.[49]

Die durch den idealen Schematismus gewonnene höhere Erkenntnis der Ideen wird nun also als ein aus einer dunklen Selbstevidenz der Vernunft hervorgehendes Reflexionsprodukt relativiert und verliert dadurch seine ‚Positivität', die nur aus der erneuten Synthese mit der Empirie resultieren kann.[50] Mit dem späten Fichte könnte man also den idealen Schematismus der Ideenlehre als ein ‚Begreifen des Unbegreiflichen *als* Unbegreifliches' beschreiben, auch wenn Otto gerade in diesem Kontext noch einmal Fries' Ablehnung des Konzepts einer intellektuellen Anschauung betont.[51] Was aber ist nun genauer unter der positiven Belebung jener Ideen in Gemüt und Willen zu denken?

Hier ist zunächst einschlägig, dass Otto Fries folgend unter die praktische Vernunft auch das ästhetische und religiöse Bewusstsein subsummiert. Die *praktische Philosophie* ist also nicht im engeren Sinne auf die Ethik begrenzt. Für das Verständnis des praktischen Vermögens im übergreifenden Sinne wird vielmehr – wie bereits gesagt – Kants *Kritik der Urteilskraft* maßgeblich. Für das sittliche, ästhetische und religiöse Bewusstsein ist die Urteilsstruktur grundlegend, präziser formuliert: Die Struktur der reflektierenden Urteilskraft.[52] Dabei wird das

---

[49] Ebd.

[50] A.a.O. 82 f. Vgl. schon 79: „Was sich also in der ‚Deduktion', in der künstlichen Nachweisung der Organisation der Vernunft, der Schematisierungen, Restriktionen und Aufhebungen dieser durch idealen Schematismus mit vieler Mühe und Subtilität darstellt, das gibt sich im wirklichen Leben des Geistes, in der unmittelbaren Einheit seiner Funktionen, ungesucht und ungemacht, und mit unmittelbarer Sicherheit." Diese Ambivalenz überträgt sich auch auf den Glaubensbegriff: „Erkannt wird durch den Glauben, und zwar in ‚doppelter Verneinung' [...]. Positives über das Ansich der ewigen Dinge auszusagen ist uns verschlossen" (a.a.O. 82).

[51] A.a.O. 83: „Um zu positiven Aussagen über das Unendliche zu kommen, dazu bedürfte es in der Tat jener ‚intellektuellen Anschauung', von der die Fichteaner schwärmten. Aber sie ist uns versagt. Unsere Anschauung ist ganz auf die sinnliche eingezogen. Und darum ist uns eine ‚begreifende' Erkenntnis, eine Erkenntnis in positiven Begriffen von Unendlichen nicht möglich. Es bleibt für uns das Unbegreifliche." Zum Begreifen des Unbegreiflichen als Unbegreifliches vgl. Fichte, *Wissenschaftslehre* (s.o. Anm. 14), 21.

[52] Oder in Ottos Diktion, a.a.O. 112: „Aber dieses Urteil ist kein *logisches,* denn im logischen Urteile ist das beigelegte Prädikat ein bestimmter Begriff, dem das Subjekt subsummiert wird. Sondern es ist ein *ästhetisches* Urteil. Und die Urteilskraft, die hier in Frage kommt, ist die des Gefühls."

Urteilsvermögen in dieser nicht diskursiv-bestimmenden, sondern gleichsam die empirische Welt in die Perspektive der Ideen der ‚höheren Vernunft' rückenden Funktion anders als bei Kant mit dem Gefühlsbegriff identifiziert. Gefühl, so kann Otto kurz und prägnant zusammenfassen, ist „eigentümliches Urteilen über ein sinnlich Gegebenes"[53]. Die Kantische Strukturanalyse des ästhetischen Urteils, die seinerseits dem Gefühl eine notwendige, aber nur reaktive Rolle zumisst, wird dabei in zweifacher Hinsicht angereichert. Gleichsam Kants ästhetische und ethische Theorie zusammenführend umfassen die gefühlsmäßigen Urteile das gesamte Spektrum von der sinnlichen Lust/Unlust-Dichotomie bis zur reinen Achtung. Der Wertbegriff deckt dieses Spektrum ab und spezifiziert das Gefühlsurteil als intuitives Werturteil.[54] Im Lichte der geltungslogischen Grundlegung der Ideenlehre werden die Gefühle zweitens erkenntnistheoretisch aufgewertet. Gefühle sind nicht auf die Repräsentation subjektiver Zuständlichkeit reduziert, sondern ihnen kommt mit Bezug auf ihren werthaften Gehalt eine kognitive Funktion zu. Diese besteht im Falle des religiösen Gefühls in der *Ahn(d)ung* einer metaphysischen Idee im Endlichen, was einen dritten Erkenntnistyp neben Wissen und Glauben begründet.[55] Nur am Rande sei erwähnt, dass diese psychologische Konkretion des Gefühlsbegriffs nicht nur Ottos Sympathien für Fries befördert haben dürfte, sondern gerade mit ihrem evaluativ-intentionalen Verständnis Bezüge zur neueren Emotionsforschung aufweist.[56]

Mit der psychologischen Implementierung der Ideation als Funktion des Gefühls wird somit die spekulative Ideenlehre in die Theorie des religiösen Bewusstseins überführt. Durch die Explikation mit den Mitteln der Urteilstheorie wird der Gefühlsbegriff mit einer komplexen Deutungsstruktur verbunden. Die Ideen erschließen sich dem religiösen Bewusstsein nur in Gestalt einer gefühlsmäßigen Deutung der empirischen Wirklichkeit. Darin ist der Grundsinn der Forderung einer ‚praktischen Realisation der Ideen' zu erblicken, die zugleich auf deren praktisch-ästhetische Konkretion hinausläuft. Gefühlsmäßig bedeutet dabei, dass die urteilsmäßige Reflexion im Lichte einer metaphysischen Idee vorprädikativ ist – das Gefühl vertritt gleichsam den Ewigkeitssinn der metaphysischen Idee und bleibt diskursiv nicht vollständig auflösbar. Daraus erkläre sich auch das Geheimnismoment des religiösen Erlebens.[57] Zugleich besteht in dieser gefühlsmäßigen Repräsentation von Ideen eine Ausdrucksrelation, die als geistphilosophische Quelle der Religionsgeschichte mitsamt ihren theologischen Rationalisierungen verstanden werden kann.

---

[53] A.a.O. 90.

[54] A.a.O. 90 f.

[55] Vgl. dazu a.a.O. 74 f.; 83 f.; 111; 114 f.

[56] Vgl. dazu Überblick und Quellensammlung in: S. Döring (Hg.), *Philosophie der Gefühle*, Frankfurt a.M. 2009.

[57] Otto, *Religionsphilosophie*, 105 f.: „Diese Lehre vom notwendigen Geheimnisse in der Religion scheint mir das Feinste und Zarteste in Fries' gesamter Philosophie."

Die letzte Pointe dieser *Kantisch-Fries'schen Religionsphilosophie* besteht dann darin, dass diese urteilstheoretische Rekonstruktion des religiösen Bewusstseins noch einmal – und darin wird erneut die Orientierung sowohl an Fries als auch an Kants dritter Kritik deutlich – mit der Differenzierung von ästhetischem und ethischem Bewusstsein verschränkt wird. Die religiöse Wertdeutung kann sich sowohl ethisch wie ästhetisch konkretisieren und stellt jeweils eine spezifische Tiefendimension beider Realisationsgestalten des Geistes dar. Die Konkretion dieser Grundstruktur folgt dann dem von Fries vorgezeichneten Schema, lässt aber zugleich schon mit Stichworten wie dem „Wunderbaren", dem „ganz Anderen" oder dem „Drohend-Furchtbaren"[58] die Phänomenologie des numinosen Gefühls aus dem Hauptwerk wetterleuchten. Innerhalb der sittlich-religiösen Weltdeutung („objektive Teleologie"), werden nicht nur die metaphysischen Ideen zu handlungsbestimmenden Zweckvorstellungen fortgebildet, wie etwa die Idee der geistigen Personalität zu der für Fries' Stellung innerhalb der Geschichte der Ethik prominenten „Würde der Person",[59] sondern erhalten durch evaluative Gefühle wie der *beseligenden Begeisterung*, der *demütigen Ergebenheit* und der *zuversichtlichen Andacht* allererst ihre motivationale Kraft. Während für diese ethische Gestalt des religiösen Bewusstseins die gegenständlichen Symbole des biblischen Theismus eine Vermittlungsfunktion einnehmen, lassen sich diese religiösen Gefühle unter den ästhetischen Ideen des Schönen und vor allem des Erhabenen aber auch in einer nichtgegenständlichen Weise evozieren. Hier klingt die ideale Welt gleichsam nur als Tiefendimension im anschaulich Wahrgenommenen an, während sich die bestimmungslogische Ausdifferenzierung auf die Ebene der Ausdrucksformen verlagert, was wiederum mit dem von Goethe entlehnten poetologischen Schema des Epischen, Dramatischen und Lyrischen angedeutet wird.[60] Auch wenn in der *Religionsphilosophie* die im Anschluss an Fries differenzierte ästhetisch-religiöse und die ethisch-religiöse Ideation oder „Divination" noch wechselseitig miteinander verschränkt werden, so kündigt sich doch hier auch bereits deren religionstypologischer Sinn an, den Otto später in seinem programmatischen Aufsatz *Mystische und Gläubige Frömmigkeit* entfalten wird.[61]

---

[58] A.a.O. 115; 113; 121.

[59] A.a.O. 97; 106.

[60] A.a.O. 121.

[61] Zur Divination vgl. a.a.O. 122; besagter Aufsatz ist zuerst erschienen in: R. Otto, „Zum Verhältnisse von mystischer und gläubiger Frömmigkeit", in: ZThK 32 (1922), 255–265; zuletzt unter zuvor genannten Titel und erweitert erschienen in: R. Otto, *Sünde und Urschuld. Und andere Aufsätze zur Theologie,* München 1932, 140–177.

3. Schluss

Mit seiner Kantisch-Fries'schen Religionsphilosophie hat Otto die seiner Meinung nach für die empirische Religionsforschung erforderliche geistphilosophische Grundlegung vorgelegt. Er wird diesen Boden – das sei gegen anderslautende Interpretationen der Werkgeschichte gesagt – nicht mehr verlassen und die Grundprämissen dieser Religionsphilosophie bis in das Spätwerk beibehalten. Freilich gewinnt die religionsgeschichtliche und -psychologische Arbeit eine Eigendynamik, die den ein oder anderen Fries'schen Schematismus zugunsten einer stärkeren Orientierung an der historischen Vielfalt – oder anders formuliert – die das Rationale hinter dem Irrationalen in der Idee des Göttlichen zurücktreten lässt, die aber auch neue Probleme generiert, was etwa die strikte Trennung der ethischen, ästhetischen und religiösen Wertsphären und deren jeweiligen Rationalisierungen anbelangt. Doch zumindest die Historisierungs- und Pluralisierungstendenz ist in seiner Fassung idealistischer Religionsphilosophie methodisch angelegt. Die dort im Anschluss an Fries gewählte methodische Selbstbeschreibung kann nachgerade für Ottos weiteres Forschungsprogramm gelten: Mit dem Kantisch-Fries'schen Idealismus – so kann es Otto formulieren – ist die „Bahn frei für eine unvoreingenommene Untersuchung, ob und welche [...] Prinzipien [...] sich rein durch innere Selbstbeobachtung, in ‚innerer Erfahrung'"[62] auffinden lassen. Dass es sich dabei um Prinzipien handelt, die ihren Geltungsgrund im Selbstverhältnis des Geistes haben und in diesem Sinne apriorisch sind, gleichwohl aber nur im erlebnishaften Nachvollzug und einem darin fundierten Verstehen der Religionsgeschichte entfaltet werden können, gilt nicht zuletzt für *Das Heilige* und seine werkgeschichtliche Entwicklung.

Diese mit Blick auf die religionsphilosophische Anwendung und somit nicht systematisch entfaltete Geistphilosophie versucht also Grundeinsichten eines transzendentalen und insofern neukantianischen Idealismus in nachidealistischer Zeit zu reformulieren und mit der eigenen Fachwissenschaft abzugleichen. Daher ist es wenig verwunderlich, dass sich gerade für ein derartiges Syntheseprogramm der anthropologisch-psychologische Idealismus Fries'scher Prägung nahelegt. Vor allem die in diesem Rahmen entfaltete Theorie des religiösen Bewusstseins scheint mir für die heutige Religionsforschung ein ausreichend komplexes und zugleich hinreichend allgemeines Konzept bereit zu stellen und ist in vielerlei Hinsicht durchlässig für Gegenwartsdebatten. Was die lediglich skizzierten metaphysischen Voraussetzungen betrifft, so setzt sich Otto mit dieser Gestalt eines Idealismus oder höheren Realismus freilich vielen Begründungsproblemen aus – oder um es anders zu formulieren: Er setzt sich wie schon Fries zwischen alle Stühle. Doch wie bereits mehrfach angemerkt, befindet er sich damit in einer der Sache durchaus angemessenen Lage und es ist mit Blick auf die neuere Philosophiegeschichte auch nicht absehbar, ob sich der idealistische Systemgedanke

---

[62] Otto, *Religionsphilosophie*, 89 f.

überhaupt wird reformulieren lassen. Vom Theoriedesign her kann man diese Umformungsgestalt des Idealismus jedenfalls am ehesten zwischen Diltheys psychologischer Hermeneutik der Geisteswissenschaften und Max Schelers phänomenologischer Wertphilosophie verorten. Entsprechend lassen sich die gegenüber neueren Entwürfen formulierten Anfragen etwa an einen Wertrealismus oder den methodischen Status des Psychologischen auch auf Otto übertragen.

Zwischen Spekulation und Intuition

Erbe und Kritik des Idealismus in den religionsgeschichtlichen Erkundungen des modernen Protestantismus

Peter Schüz

Die tiefe Verbindung des im weitesten Sinne ‚freisinnigen' Protestantismus der Moderne mit dem Erbe des Deutschen Idealismus ist vielleicht auch gerade deshalb bis heute von bleibender Bedeutung und Strahlkraft, weil sie niemals frei von Spannungen war.[1] Um ein charakteristisches Kapitel jener Verbindung soll es im Folgenden gehen. Der Fokus liegt dabei auf den Eindrücken und Impulsen im Zuge der religionsgeschichtlichen Forschung um 1900 und konzentriert sich – der freundlichen Einladung der Herausgeber folgend – auf die das Verhältnis von Spekulation und Intuition abschreitenden Schwerpunkte im Werk Rudolf Ottos.

In besonderem Maße aufschlussreich für die kritische Auseinandersetzung mit dem idealistischen Erbe des modernen Protestantismus sind die Beobachtungen, mit denen Ernst Troeltsch auf die für ihn selbst und seine theologische Generation prägende Phase des religionsgeschichtlichen Neuaufbruchs in der Theologie des ausgehenden 19. Jahrhunderts zurückschaute. Die Rede ist von einer „Neuformung der christlich-prophetischen Gedankenwelt"[2], die sich damals insbesondere in der kritischen Bibelwissenschaft durchzusetzen begann. Es sei, auch in kritischer Auseinandersetzung mit dem Erbe des Deutschen Idealismus, um nichts Geringeres gegangen, als um eine „Erhaltung und Sammlung unserer religiösen Kräfte auf dem Boden eines kritischen Transzendentalismus, der dem Spezifisch-Religiösen die Eingliederung in das wissenschaftliche Denken und doch die Freiheit der selbstständigen Bewegung gewährt."[3] Neben dem besonderen Eindruck Wilhelm Diltheys[4] fanden Troeltsch und die jung-progressive

---

[1] Ich halte mich hier an die über engere Schulgrenzen hinausgehende, mehr eine spezifische protestantische Haltung portraitierende klassische Darstellung bei J. Rathje, *Die Welt des freien Protestantismus. Ein Beitrag zur deutsch-evangelischen Geistesgeschichte dargestellt an Leben und Werk von Martin Rade*, Stuttgart 1952.

[2] E. Troeltsch, „Vorwort" (1913), in: E. Troeltsch, *Gesammelte Schriften* [GS], Bd. II: *Zur religiösen Lage, Religionsphilosophie und Ethik*, Tübingen 1913, VII–VIII, hier VII.

[3] Troeltsch, „Vorwort", in: GS II, VII.

[4] Vgl. hierzu die Arbeit C. Plaul, *Verstehen und Religion im Werk Wilhelm Diltheys. Theologische Dimensionen auf kulturphilosophischer Grundlage* (Beiträge zur historischen Theologie 188), Tübingen 2019, in der auch die werks- und problemgeschichtlichen Hintergründe im Blick auf den Deutschen Idealismus ausführlich erarbeitet werden.

Theologengeneration in Göttingen hierfür auch in Paul de Lagarde eine wichtige Inspirationsfigur. Der eigensinnige Orientalist und Kulturkritiker, der sich in Troeltschs Erinnerung gleichsam tief in der Theologie stehend „innerlich frei von ihr"[5] wusste, entfachte damals einen regelrechten „Lagarde-Kult".[6] Seine „ganz außerordentliche, fast erschütternde Anregung" durch „die Weite seines historischen Blickes, die wesentlich historische und nicht spekulative Erfassung des Religiösen, die starke selbstgewisse Religiosität und die Zusammenschau des Religiösen mit den Gesamtbedingungen des Lebens" prägte indirekt auch den zum Umfeld der *Religionsgeschichtlichen Schule* gehörenden jungen Rudolf Otto.[7] Gegenüber der metaphysisch-spekulativen Auseinandersetzung mit der Religion bedeutete Lagardes Unmittelbarkeitsargumentation eine ebenso rigorose Fundamentalkritik wie gegenüber dem naturalistisch-reduktionistischen Wissenschaftspathos der damaligen Zeit: „Lagarde hatte", so Troeltsch, „der Religion gegenüber die Vorteile, die der echte Philologe vor dem theoretisierenden Philosophen voraus hat."[8] Er verfolgte einen Zugriff auf das Christentum, der sich – ausgehend von seinen unverkennbaren Ursprüngen im Idealismus[9] – letztlich von seinen spekulativen Wurzeln zu lösen und ganz auf das geheimnisvolle Material der Religionsgeschichte zu werfen vermag:

[…] wie die Historie den dialektisch-gesetzlichen Gedanken von der Notwendigkeit der Entwicklung der christlichen Idee aufgab, so verzichtete die Dogmatik auf die Identifikation der christlichen Idee mit der wissenschaftlich-philosophischen Gotteserkenntnis und vertraute sich der Souveränität des spezifisch-religiösen Gefühls an.[10]

---

[5] Troeltsch, „Vorwort", in: GS II, VIII.

[6] F. W. Graf, *Die Wiederkehr der Götter. Religion in der modernen Kultur*, München 2004, 145. Zu den nicht nur aus heutiger Sicht anstößigen antisemitisch-pangermanischen Visionen Lagardes im Kontext seiner Zeit vgl. U. Sieg, *Deutschlands Prophet. Paul de Lagarde und die Ursprünge des modernen Antisemitismus*, München 2007. Für den Eindruck Lagardes auf die jungen theologischen Köpfe Göttingens vgl. die aufschlussreichen Beobachtungen in: H. Rollmann, „Duhm, Lagarde, Ritschl und der irrationale Religionsbegriff der Religionsgeschichtlichen Schule. Die Vita hospitis Heinrich Hackmanns als geistes- und theologiegeschichtliches Dokument", in: *Zeitschrift für Religions- und Geistesgeschichte* 34 (1982), 276–279 und ferner H.-G. Drescher, „Ernst Troeltsch und Paul de Lagarde", in: *Mitteilungen der Ernst-Troeltsch-Gesellschaft* 3 (1984), 95–115.

[7] Vgl. Troeltsch, „Vorwort", in: GS II, VIII. Über Ottos persönliches Verhältnis zu Lagarde ist wenig bekannt. Aus Briefwechseln mit damaligen Freunden lässt sich lediglich rekonstruieren, dass sich beide in Göttingen wohl noch kennengelernt haben, bevor Lagarde in Ottos Examenssemester starb. Zu Ottos Verhältnis zur Religionsgeschichtlichen Schule und den Kreisen um Troeltsch vgl. u.a. M. Laube, „Rudolf Otto und die Religionsgeschichtliche Schule", in: J. Lauster/P. Schüz/R. Barth/C. Danz (Hgg.), *Rudolf Otto. Theologie – Religionsphilosophie – Religionsgeschichte*, Berlin/New York 2013, 219–234, mit dem Hinweis auf den mit Troeltsch ebenso wie mit Otto befreundeten Kollegen Wilhelm Bousset.

[8] Troeltsch, „Vorwort", in: GS II, VIII.

[9] Zu Lagardes insbesondere an Fichte orientierter Rezeption und Kritik des Idealismus vgl. die Studie bei H. W. Schütte, *Lagarde und Fichte. Die verborgenen spekulativen Voraussetzungen des Christentumsverständnisses Paul de Lagardes*, Gütersloh 1965.

[10] E. Troeltsch, *Rückblick auf ein halbes Jahrhundert der theologischen Wissenschaft*, in: GS II, 208.

Wichtig für die jungen Religionsgeschichtler Göttingens waren außerdem die Einsichten der kritischen Bibelwissenschaft, die Troeltsch in den Händen von Protagonisten wie Julius Wellhausen, Bernhard Duhm und Rudolf Smend als den eigentlichen „Jungbrunnen" der Theologie seiner Zeit und nicht zuletzt auch ihrer idealistischen Wurzeln empfand.[11]

Jener Haltung einer kritischen Selbstbesinnung der modernen Theologie gehen auch die folgenden Überlegungen am Beispiel Rudolf Ottos nach, der, vier Jahre jünger als Troeltsch, dessen Zeitdiagnose und Haltung damals weitgehend teilte.[12] Auch Ottos theologischer Weg verfolgte, wie sich zeigen wird, den Versuch einer Vermittlung religions- und frömmigkeitsgeschichtlicher Forschung mit einer Religionsphilosophie und Religionspsychologie, die um ihre unverzichtbaren Voraussetzungen und Überzeugungen im Erbe des Idealismus weiß und ihnen tief verbunden bleibt.

1. Die Frage nach der Bedeutung des Spekulativen in Theologie und Religion

Rudolf Otto hat das Gerücht, ein der spekulativen Strenge idealistischer Philosophie immer irgendwie fremd gebliebener religionspsychologisch-religionsphänomenologischer Geist zu sein, nie ganz zum Schweigen bringen können.[13] Ein selbst gelegter Grund hierfür mag in seiner oft wiederholten Kritik jener Schulen, Strömungen und Denktraditionen liegen, die er als „Rationalismus" oder „Rationalisten" bezeichnete. Gemeint war damit keineswegs der klassische Rationalismus des 17. und 18. Jahrhunderts, sondern eine bis in die metaphysischen

---

[11] Vgl. E. Troeltsch, „Zur theologischen Lage", in: *Die Christliche Welt* 12 (1898), 627–631, sowie 650–657, hier 652.

[12] Als 29 Jahre junger Licentiat schrieb Otto damals an seinen Freund Hackmann: „[…] ich bin in allen Prinzipien-Fragen straff gleicher Richtung mit Tröltsch." Vgl. den Brief Ottos an Heinrich Hackmann vom 17. April 1898, Otto-Archiv, Universitätsbibliothek Marburg, Hs 797, 203. Eingehendere Untersuchungen des Verhältnisses von Otto und Troeltsch sind vergleichsweise rar. Vgl. hierzu erneut Laube, „Rudolf Otto und die Religionsgeschichtliche Schule", 219–234, den überaus polemischen Artikel K. Bornhausen, „Das religiöse Apriori bei Ernst Troeltsch und Rudolf Otto", in: Zeitschrift für Philosophie und philosophische Kritik 139 (1910), 193–206, die Dissertation H. Braeunlich, *Das Verhältnis von Religion und Theologie bei Ernst Troeltsch und Rudolf Otto. Untersuchungen zur Funktion der Religion als Begründung der Theologie*, Bonn 1978, sowie die Erwähnungen Ottos bei H.-G. Drescher, *Ernst Troeltsch. Leben und Werk*, Göttingen 1991, 189, 206, 324 und besonders 218 f., Anm. 257. Zum ebenso kurzen wie persönlichen Briefwechsel zwischen Otto und Troeltsch vgl. K.-E. Apfelbacher, *Frömmigkeit und Wissenschaft. Ernst Troeltsch und sein theologisches Programm* (Beiträge zur Ökumenischen Theologie 18), München/Paderborn/Wien 1978, 58–60.

[13] Vgl. hierzu u.a. die auch vor gröberen Invektiven nicht zurückschreckende Polemik bei F. K. Feigel, *Das Heilige. Kritische Abhandlung über Rudolf Ottos gleichnamiges Buch*, Haarlem 1929 (²1948).

Anfänge der abendländischen Geistesgeschichte zurückreichende vernunft- und spekulationsoptimistische Grundhaltung, der Otto in Religionsangelegenheiten unterstellt, die ganz eigene, dunkle Evidenz des „Numinosen" in der Religionsgeschichte zu unterschätzen. Dass Otto mit diesem Rationalismus-Vorwurf auch nicht vor den großen Protagonisten des Deutschen Idealismus Halt machte, zeigt eine Deutung von Joh 4,24 in seinem Hauptwerk *Das Heilige*, in der er festhält, es sei das johanneische πνεῦμα ὁ θεὸς (Gott ist Geist) eben jene Bibelstelle, auf die sich „die Rationalisten mit Vorliebe zu berufen pflegen"[14] – und meint damit auch ausdrücklich Hegel:

Um dieses Wortes willen [„Gott ist Geist"] hielt Hegel das Christentum für die höchste weil für die wahrhaft ‚geistige' Religion, in der Gott als ‚Geist', das heißt für ihn als die absolute Vernunft selbst erkannt und verkündet werde.[15]

Worauf Otto dabei hinaus will, ist klar: Er moniert eine zu einseitig am Vernunftbegriff orientierte, geschichtsphilosophische Deutung des Geistes im idealistischen Erbe. Was der Evangelist Johannes und mit ihm die dunklen Quellen der Religionsgeschichte eigentlich im Sinn hatten, wenn sie vom „Geist" sprachen, sieht Otto demgegenüber in einer ganz anderen, artbesonderen Provinz begründet:

[…] wenn Johannes von ‚Geist' redet so denkt er nicht an ‚absolute Vernunft' sondern an das pneŷma, das heißt an das was aller ‚Welt', allem ‚Fleisch' ganz entgegengesetzt ist, an Himmelswesen und Wunderwesen schlechthin, an das ganz Rätsel- und Geheimnisvolle das über allem Verstand und aller Vernunft des ‚natürlichen' Menschen ist. Er denkt an den Geist, der da ‚wehet wo er will. Du hörest sein Sausen wohl, aber du weißt nicht von wannen er kommt noch wohin er fährt', […]. Gerade diese scheinbar ganz irrationale Aussage weist am stärksten hin auf das Irrationale in der biblischen Gottesidee.[16]

Kurzum, Otto will den Geistbegriff wieder als genuin-religiöses Spezifikum zurückgewinnen. Es geht ihm um die *Ruach* (רוּחַ)[17] und nicht um den Weltgeist. Er will zu fassen bekommen,

was lebendiges Numen sei anstelle eines theistisch korrekten aber toten ‚Gottesbegriffes', was Erfahren sei anstelle rationalistischer Beweiskünste, was Ergebung, Demut, Reue,

---

[14] Ich zitiere Ottos Hauptwerk im Folgenden – wenn nicht anders angegeben – nach der Ausgabe letzter Hand: R. Otto, *Das Heilige. Über das Irrationale in der Idee des Göttlichen und sein Verhältnis zum Rationalen*, München [23-25]1936, hier 114.

[15] Otto, *Das Heilige* ([23-25]1936), 114. Es handelt sich bei den zitierten Zeilen um eine erst in der 8. Auflage (Breslau 1922) in das Hauptwerk aufgenommene Passage.

[16] Otto, *Das Heilige* ([23-25]1936), 114 f.

[17] Zum Verhältnis beziehungsweise zur Gleichsetzung von pneuma und ruach in ihrer numinosen Dimension vgl. R. Otto, „Das Überpersönliche im Numinosen", in: R. Otto, Aufsätze das Numinose betreffend, Stuttgart/Gotha 1923, 42–50, hier 46 und besonders den Aufsatz R. Otto, „Profetische Gotteserfahrung", in: Ders., *Aufsätze das Numinose betreffend*, 136–153.

Abhängigkeitsgefühl und Andacht seien anstelle Fichtescher Hochschwünge; was Erlösungsbedürftigkeit sei anstelle moralistischer Selbstvervollkommnung.[18]

Denn ohne „Fühlung für die afflatio numinis in den biblischen Ideen" können – so Otto – die „tiefsten Mysterien der Religion [...] für Rationalisten und Moralisten nur mythologische Fossile sein".[19] Auch der großen Epoche um Fichte, Hegel und Schelling wird unterstellt, zuweilen das Anselm'sche *quanti ponderis sit peccatum* unterschätzt und damit übersehen zu haben, dass Sünde allein als religiöse Kategorie sui generis, als jenseits aller moralischen und metaphysisch-dogmatischen Zusammenhänge liegende spirituelle Urintuition im Sinne eines „Kreaturgefühls", eines dunklen Erlösungs- und Sühnebedürfnisses angemessen zu beschreiben sei.[20]

Hier liegt ein springender Punkt: Die These einer Kategorie religiöser Intuition, mit der „Religion mit sich selber an[fängt]" und ohne deren Bejahung man das Buch über *Das Heilige* erst gar „nicht weiter zu lesen" braucht,[21] erweckt den Eindruck, zwischen Ottos zu dunklem Material neigender frömmigkeitstheoretischer Religionskunde und den spekulativen Systemkristallen idealistischen Denkens läge ein tiefer Graben. Dass es sich bei Ottos zahlreichen Reserven gegenüber dem Idealismus jedoch in Wirklichkeit um eine zwar kritisch eingestellte, aber umso elementarere Verpflichtung und Erbschaft handelt, die seit der frühen Edition von Schleiermachers *Reden*[22] durchaus auf sehr ernsthafte und umfangreiche Studien zurückgeht, soll in den folgenden Überlegungen etwas deutlicher werden. Die These wird sein, dass Kritik und Würdigung des Idealismus bei Otto gewissermaßen ineinander liegen und auf subtile Weise mit dem Herzstück seines Werkes verbunden sind in der Frage nach Sinn, Bedeutung und Angemessenheit des ,spekulativen Elements' in Theologie und Religion. Die Grundvoraussetzungen kritischer Transzendentalphilosophie bilden bei Otto ein unverzichtbares Fundament, das jedoch immer in einer gewissen Spannung zur unmittelbaren Evidenz „unausgewickelter" Ausdrucksformen der Religionsgeschichte steht und gerade hierin seine charakteristische religionsphilosophische Ausprägung erhält.

---

[18] R. Otto, „Der neue Aufbruch des sensus numinis bei Schleiermacher. Wilhelm Herrmann zum Gedächtnis", in: Ders*., Sünde und Urschuld. Und andere Aufsätze zur Theologie*, München 1932, 139.

[19] Otto, *Das Heilige* ([23-25]1936), 70.

[20] Otto, *Das Heilige* ([23-25]1936), 69f., sowie ferner R. Otto, „Was ist Sünde?", in: R. Otto, *Aufsätze das Numinose betreffend*, 179–186.

[21] So die berühmt-berüchtigte und vielzitierte Eingangsbemerkung in Otto, *Das Heilige* ([23-25]1936), 8.

[22] Vgl. insbes. die Bezüge zu Fichte und zur Philosophie des 18. und 19. Jahrhunderts in den Beigaben zur Edition F. Schleiermacher, *Über die Religion. Reden an die Gebildeten unter ihren Verächtern. Zum Hundertjahr-Gedächtnis ihres ersten Erscheinens in ihrer ursprünglichen Gestalt neu herausgegeben und mit Übersichten und mit Vor- und Nachwort versehen von Rudolf Otto*, Göttingen 1899. Die Beigaben wurden für die zweite Auflage 1906 deutlich überarbeitet, 1926 erfolgte mit der fünften Auflage die zuletzt 2002 als Nachdruck (achte Aufl.) erschienene Ausgabe letzter Hand.

Die nächstliegende Adresse zu dieser Fragestellung ist sicherlich die 1909 als *Einleitung in die Glaubenslehre* verfasste *Kantisch-Fries'sche-Religionsphiloso-phie*, in der Otto jene Fragen zum „Wesen der Religion" verfolgt, die er später mit dem Begriff der religiösen Intuition und, im Anschluss an Kant, insbesondere anhand der „Ahndungslehre" von Jakob Friedrich Fries ausarbeitete.[23] Zu dieser für das vorliegende Thema zentralen Schlüsselschrift und den Bezügen zu Kant, Fries, de Wette und Schleiermacher verweise ich auf den Beitrag von Roderich Barth in diesem Band und verstehe die folgenden Überlegungen als Ergänzungen im Rückgriff auf eher indirekte Aspekte und Anwendungsfelder von Ottos Ide-alismusrezeption: Zunächst in den frühen Beiträgen zur Naturalismus-Debatte (2), dann in Ottos Hauptwerk *Das Heilige* (3) und schließlich in seinem Buch *West-östliche Mystik* von 1926, in dem nicht zuletzt das „Rationale" in der Re-ligion und damit auch das Erbe des Idealismus eine zentrale Rolle einnimmt (4). Der letzte Teil und Ausblick (5) orientiert sich dann in aller Kürze an Ottos Goetherezeption, die nicht nur in den genannten Werken, sondern auch für Ottos Haltung gegenüber allem Idealistischen und Spekulativen eine nicht unbedeu-tende Rolle spielt.

2. Teleologie in Natur und Frömmigkeit

Die frühen Spuren von Ottos Auseinandersetzung mit der idealistischen Philo-sophie des 19. Jahrhunderts führen zum ersten großen Forschungsprojekt nach der Luther-Dissertation von 1898 und den erwähnten Schleiermacher-Studien. Die Rede ist von der intensiven Beschäftigung mit dem Verhältnis von Natura-lismus und Religion, die in dem Buch *Naturalistische und religiöse Weltansicht* von 1904 ihren monographischen Höhepunkt gefunden hat.[24] Das Anliegen des

---

[23] Vgl. neben kleineren Studien zum Thema das Buch R. Otto, *Kantisch-Fries'sche Reli-gionsphilosophie und ihre Anwendung auf die Theologie. Zur Einleitung in die Glaubenslehre für Studenten der Theologie*, Tübingen 1909 (²1921). Unter den religionsgeschichtlich arbeitenden Mitstreitern in Göttingen ist besonders Ottos ebenfalls dem Neu-Friesianismus zuneigender Freund und neutestamentlicher Kollege Wilhelm Bousset zu nennen. Vgl. hierzu insbes. des-sen überaus programmatische Rezension W. Bousset, „Kantisch-Friessche Religionsphilo-sophie und ihre Anwendung auf die Theologie", in: *Theologische Rundschau* 12 (1909), 471–488. Die intensiven Kantstudien Ottos liegen hingegen schon deutlich weiter zurück und fallen in die Zeit als Göttinger Stifts-Inspektor. In den Semesterferien des Jahres 1896 schrieb Otto an seine „Briefkränzchen"-Freunde, er habe sich nun erstmals intensiv und wochenlang durch Kants Kritiken „durchzufressen" versucht und dabei besonders durch Max Reischle große Unterstützung und Anregung erfahren, „um manch harte Nuß zu knacken". In Reischle sah Otto den damals „gründlichste[n] Kenner von Kant" innerhalb der theologi-schen Zunft (*UB Marburg, Ms 797.346*).

[24] Seit 1901 stellt das Naturalismusthema einen immer wichtigeren Schwerpunkt in Ottos Arbeiten dar, der zunächst in zahlreichen Rezensionen und Aufsätzen in der Zeitschrift für Theologie und Kirche, der Theologischen Rundschau und der Christlichen Welt erschlossen und schließlich in der vielbeachteten Monographie R. Otto, *Naturalistische und religiöse*

komplexen und damals vielbeachteten Buchs ist es, gegenüber der seinerzeit verbreiteten Idee eines naturalistischen Monismus im Umfeld von Klassikern wie
Büchners *Kraft und Stoff* oder Haeckels *Welträtseln* „Recht und Freiheit frommer Weltansicht" zu verteidigen.[25] Das Grundproblem im verbreiteten Naturalismus und Vulgärdarwinismus seiner Zeit sah Otto bekanntlich in dessen Tendenz, naturwissenschaftlich-empirische Beobachtungen als Grundlage weltan-
schaulich-populärphilosophischer Aussagen und Urteile heranzuziehen und zuweilen sogar im Rückgriff auf Goethes naturkundliche Studien zur Morphologie
in dichterische Weihen zu kleiden.[26] Otto unternahm dagegen den Versuch, Religion und Christentum aus jener naturalistischen Klammer zu befreien und unter dem Begriff der Teleologie auf ganz eigene und epistemologisch tragfähige
Fundamente zu stellen. Es ging ihm um die „Selbstständigkeit und Unableitbar-
keit des Geistigen aus dem Natürlichen".[27] Gegen den auf „blinde Naturkräfte"
bauenden Irrationalismus der Neo-Darwinisten will Otto für „die ratio in der
Welt, für die Möglichkeit rational-teleologischer Weltanschauung"[28] eintreten
und verfolgt damit ein klassisch-idealistisches Projekt: Die naturalistische Idee
einer „Abhängigkeit des Seelischen vom Körperlichen"[29] wird mit Betrachtungen
über die Bedeutung des „Schöpferischen", des „Seelischen", über das „Ich", das
„Selbstbewusstsein" und die „Freiheit des Geistes" zu widerlegen versucht.[30]

Doch diese ganz im idealistischen Erbe des 19. Jahrhunderts verwurzelte Argumentation bleibt am Ende nicht ohne eine gewisse Brechung religionspsy-

---

Weltansicht, Tübingen 1904 ([2]1909; nachgedruckt als [3]1929) umfassend ausgearbeitet wurde.
Einen wichtigen und pointierten Rückblick, Nachtrag und Abschluss zum Thema bildet der
späte Kompilationsaufsatz R. Otto, „Rationale Theologie gegen naturalistischen Irrationalismus", in: Ders., *Sünde und Urschuld. Und andere Aufsätze zur Theologie*, München 1932,
190–225. Ausführlich zu diesem wichtigen Komplex in Ottos Denken, insbesondere vor dem
Hintergrund der Unterscheidung von rational und irrational vgl. den luziden Beitrag R.
Barth, „Rationalisierungen des Irrationalen. Rudolf Ottos Auseinandersetzung mit Neodarwinismus und Naturalismus", in: G. Schreiber (Hg.), *Interesse am Anderen. Interdisziplinäre
Beiträge zum Verhältnis von Religion und Rationalität* (Theologische Bibliothek Töpelmann
187), Berlin/Boston 2019, 599–618 sowie zur Einordnung T. M. Schröder, *Naturwissenschaften und Protestantismus im Deutschen Kaiserreich. Die Versammlungen der Gesellschaft Deutscher Naturforscher und Ärzte und ihre Bedeutung für die Evangelische Theologie*, Stuttgart
2008, insbes. 314–332.

[25] Otto, *Naturalistische und religiöse Weltansicht* ([3]1929), 212. Vgl. zur Konzeption die
erhellende Rezension M. Reischle, Otto, Rudolf: Naturalistische und religiöse Weltanschauung", in: *Theologische Literaturzeitung* 30 (1905), 19–22.

[26] Vgl. dazu das Buch R. Otto, *Goethe und Darwin. Darwinismus und Religion*, Göttingen
1909.

[27] Otto, *Naturalistische und religiöse Weltansicht* ([3]1929), 64.

[28] Otto, „Rationale Theologie gegen naturalistischen Irrationalismus", 191.

[29] Otto, *Naturalistische und religiöse Weltansicht* ([3]1929), 271.

[30] Vgl. insbes. das Kapitel „Selbstständigkeit und Freiheit des Geistes" in Otto, *Naturalistische und religiöse Weltansicht* ([3]1929), 212–278 und die im Kapitel „Grundsätzliches" aufgestellten „Leitsätze" in Otto, *Naturalistische und religiöse Weltansicht* ([3]1929), 27.

chologisch-frömmigkeitstheoretischer Couleur. Der originelle, bereits auf die
späteren Werke Ottos weisende Zug des Buchs folgt der Frage nach den religi-
onsgeschichtlichen Quellgründen jener frommen Weltanschauung, die sich in der
„Menge des Unvernünftigen und Sinnlosen, des Rätselhaften, Verworrenen und
Dunklen" im Universum religiöser Ausdrucksformen niedergeschlagen hat.[31]
Für Otto steht fest,

> daß Frömmigkeit und fromme Weltansicht niemals durch sie [gemeint sind metaphysische
> Versuche der Gotteserkenntnis] in die Welt gekommen sind, sondern immer schon da
> waren, bevor man solche Erwägungen anstellte. Lange vor ihnen entsprang sie aus anderen
> Quellen. Diese Quellen liegen tief in Gemüt und Geschichte. Ihnen nachzudenken, ihren
> Ort aufzuweisen, ist eine Arbeit für sich, die ins Gebiet der Religionspsychologie, Religi-
> onsgeschichte und -philosophie hineingehört [...]. Aus diesen Quellen kommend, lebt
> Frömmigkeit längst ihr Leben für sich [...] und gewinnt ihre Gläubigen zur Anerkennung
> und inneren Annahme ihrer Wahrheiten auf ganz anderem Grunde und mit anderen Mit-
> teln als denen der ‚Gottesbeweise'.[32]

Immer wieder ist es – auch in späteren Werken – Goethe, an dessen Beispiel Otto
anzudemonstrieren versucht, dass weder Spekulation noch Naturforschung die
eigentlichen Urgründe teleologischer Weltfrömmigkeit begründen können, denn
es werde in ihnen letztlich erst nachträglich wiedererkannt, was zuvor bereits auf
ganz eigenem Wege der „Intuition" geschaut wurde, ohne begrifflich vollends
rekonstruierbar zu sein.[33] Später findet Otto hierfür bei Fries und de Wette den im
kritischen Rückgriff auf Kant entwickelten Begriff des „Ahndens" als religions-
und erkenntnistheoretische Schlüsselkategorie, die dann in *Das Heilige* termi-
nologisch in die Idee des „Numinosen" und der „Divination" eingearbeitet
wird.[34] Einstweilen handelt es sich in den Naturalismusstudien also um eine Art
vorgezeichnete Spur, die besonders im Schlusskapitel „Welt und Gott" mit dem
Zentralbegriff des „Mysteriums"[35] auf die religionspsychologisch-religionsge-
schichtliche Frömmigkeitstheorie im späteren Hauptwerk von 1917 vorausweist.
Das Erbe des „großen deutschen Idealismus und seines kraftvollen Glaubens"
bildet für Otto im Kampf gegen den naturalistischen Reduktionismus seiner Zeit

---

[31] Otto, *Naturalistische und religiöse Weltansicht* ([3]1929), 5.
[32] Otto, *Naturalistische und religiöse Weltansicht* ([3]1929), 6.
[33] Vgl. hierzu u.a. Otto, „Rationale Theologie gegen naturalistischen Irrationalismus",
193. Zum „Inneren Erleben" als „Anamnesis" im Sinne von Intuition, Anschauung, Ahndung und Divination mit Referenz zu Kants bekannten Worten in seiner *Allgemeinen Natur-
geschichte und Theorie des Himmels* über die „verborgenen Erkenntnisvermögen" im Gegenüber zu *unausgewickelten* Begriffe[n], die sich wohl empfinden aber nicht beschreiben lassen"
vgl. Otto, *Naturalistische und religiöse Weltansicht* ([3]1929), 57 f. (Hervorhebung im Original).
Zum Intuitions- und Erlebnisbegriff im Rückbezug auf Kants Religionsverständnis ist dann
in den späten 20er Jahren besonders der Kontakt zum zunächst in Göttingen und dann in
Basel lehrenden Sozialphilosophen Hermann Schmalenbach, einem Simmel- und Eucken-
schüler, aufschlussreich (vgl. hierzu die Briefe in *UB Basel, NL 106, H. Schmalenbach*, 1).
[34] Siehe hierzu erneut den Beitrag von Roderich Barth in diesem Band.
[35] Vgl. Otto, *Naturalistische und religiöse Weltansicht* ([3]1929), 288–290.

den bestmöglichen „Rahmen einer frommen Weltansicht", der sich dem eigentlichen Urgrund gelebter, roher Frömmigkeit jedoch gleichwohl nur als dienendes „Gleichnis", als „provisorische [...] Veranschaulichung" anzunähern vermag.[36] Was auch immer Naturphilosophie und Spekulation an Wahrem über Welt und Gott zu sagen vermögen: „Frömmigkeit weiß zuvor, dass es sich so verhält."[37] Die „kritische Selbstbesinnung"[38], die in Ottos tief vom Idealismus imprägniertem Buch an selbigen herangetragen wird, zielt am Ende auf die unmittelbare Evidenz religiösen Erlebens in der „Geistes- und Religionsgeschichte, ohne alle tiftelnden und kunstvollen Theorien"[39]:

> Frömmigkeit sucht Tiefe in den Dingen, sie streckt sich nach einem im letzten Grunde Verborgenen und Unverstandenen und Geheimnisvollen. Sie ist noch mehr auch als Demut. Sie ist Andacht. Und Andacht ist Erleben des Mysteriums.[40]

3. Religionsgeschichte und religiöses Apriori

Der aus prominenter Feder überlieferte Eindruck, es sei mit dem Erscheinen von *Das Heilige* „ein Schauer der Erleuchtung und Befreiung durch deutsche evangelische Christen" gegangen, der „aus umstrickenden und niederziehenden Verbindungen herausführte", deutet an, dass der ungewöhnliche Erfolg des Buchs von 1917 auch mit dem verbreiteten Krisenbewusstsein unter dem unmittelbaren Eindruck des Ersten Weltkriegs zu tun hatte.[41] Paul Tillich schrieb seinem Freund Emanuel Hirsch von der Front in der Champagne in einem Brief über das begeisterte Lektüreerlebnis[42] und erinnerte sich später rückblickend an den religi-

---

[36] Otto, *Naturalistische und religiöse Weltansicht* (³1929), 285–287. Als herausragendes Beispiel der Verbindung jenes spekulativen Rahmens mit dem unmittelbaren „Durchbrechen der Frömmigkeit" im Idealismus nennt Otto wiederholt Fichte, vgl. Otto, *Naturalistische und religiöse Weltansicht* (³1929), 282 und besonders 284 f.

[37] Otto, *Naturalistische und religiöse Weltansicht* (³1929), 284. Vgl. hierzu auch Otto, *Naturalistische und religiöse Weltansicht* (³1929), 182 über das „Inkommensurable und das Geheimnis der Welt, dessen die Religion zum Atmen vielleicht noch nötiger bedarf als des Rechtes zu teleologischer Betrachtung".

[38] Otto, *Naturalistische und religiöse Weltansicht* (³1929), 290. Der Begriff der approximativen „Selbstbesinnung" hat später dann eine grundlegende methodologische Bedeutung in Ottos Denken. Vgl. das „Vorwort" in R. Otto, Aufsätze das Numinose betreffend, VI und hierzu P. Schüz, „,Approssimazione infinita'. Il sacro e la teologia Cristiana", in: *Archivio di Filosofia/Archives of Philosophy* 86.3 (2018), 17–26.

[39] Otto, *Naturalistische und religiöse Weltansicht* (³1929), 289.

[40] Otto, *Naturalistische und religiöse Weltansicht* (³1929), 30.

[41] Vgl. die das Buch auf die Höhe von Schleiermachers „Reden" hebende Würdigung durch A. Harnack, „Die Neuheit des Evangeliums bei Marcion", in: *Die Christliche Welt* 43 (1929), 362–370, hier 363.

[42] Vgl. den Brief Tillichs an Emanuel Hirsch vom 09.05.1918, in: P. Tillich, *Ergänzungsbände der Gesammelten Werke*, Bd. VI, 123: „Mein alter Sinn fürs Irrationale, fürs Paradoxe, das Erlebnis Gottes als ,Vischnu' in die Formen des unerhörtesten Grausens, wie es dieser Krieg mir immer wieder gebracht hat, mein praktischer Irrationalismus, Antilogismus und Antimoralismus – all das kommt Ottos Gedanken mit offenen Armen entgegen."

onsphilosophischen Befreiungsschlag, den das Buch im Moment des Zusammen-
bruchs der bürgerlichen Kultur und insbesondere des Idealismus für ihn bedeutet
habe:[43]

Ein Durchbruch war es in der Tat als unter all den rationalen Erstarrungen und Belastun-
gen, die nicht nur das kirchliche, sondern auch das philosophisch-idealistische Bewußtsein
der letzten Jahrzehnte mit sich trug, das Urfeuer des Lebendigen sich regte und jene Schich-
ten der Verhärtung zu zittern und zu zerreißen begannen.[44]

Es war jedoch keineswegs ein irrationalistischer Antiidealismus, auf den Otto in
seinem Hauptwerk aus war – auch wenn neuromantisch-düstere Moden der Zeit
ihn teilweise so gelesen haben.[45] Was Tillich an Ottos Werk lebenslang schätzte,
könnte man vielmehr als religionsgeschichtlich geerdete Revitalisierung idealistischer Religionsphilosophie bezeichnen. So schreibt Tillich an Hirsch, es handle
sich bei Ottos Idee des Numinosen „nicht um einen besonderen Gegenstand",
sondern um eine phänomenologisch und religionsgeschichtlich ausgearbeitete
„neue Tiefe oder Offenbarung des Seins", um einen „besonderen *Sinn,* den Sinn
des Gegenstandes der ‚Welt'".[46] Was Tillich später mit dem von Schelling inspirierten Gedanken des „Durchbruch[s] durch die Sinngebiete, als ihr Abgrund
und ihr Grund"[47], mit dem „prophetischen Element" innerhalb des „protestan-

---

[43] Zu Tillichs Beurteilung des Krieges als „Katastrophe des idealistischen Denkens überhaupt", vgl. P. Tillich, *Auf der Grenze,* in: P. Tillich, *Gesammelte Werke,* Bd. XII, 34 und
hierzu die Rezension P. Tillich, „Die Kategorie des ‚Heiligen' bei Rudolf Otto", in: *Theologische Blätter* 2 (1923), 11–12 (= *Gesammelte Werke* XII, 184–186), in der Tillich erneut den
„machtvollen Eindruck" von der „Schönheit und Kraft des Buches" Ottos und seines
„Durchbruchs auf religionsphilosophischem Gebiet" beschreibt (Tillich, *Gesammelte Werke*
XII, 184).
[44] Tillich, „Die Kategorie des ‚Heiligen' bei Rudolf Otto", 184. Die zeitgleiche Ottorezeption des Feldpredigers Werner Elert liegt, bei allen theologischen Gesinnungsunterschieden,
auf einer ähnlichen Linie. Zu Elerts Idealismuskritik nach dem Ersten Weltkrieg vgl. insbes.
W. Elert, *Der Kampf um das Christentum. Geschichte der Beziehungen zwischen dem evangelischen Christentum in Deutschland und dem allgemeinen Denken seit Schleiermacher und Hegel,* München 1921, und hier zur Beurteilung Ottos: 449. Ferner zu idealismuskritischen
Positionen der Nachkriegszeit vgl. u.a. F. K. Schumann, *Der Gottesgedanke und der Zerfall
der Moderne,* Tübingen 1929 und W. Lütgert, *Die Religion des deutschen Idealismus und ihr
Ende,* 4 Bde., Gütersloh 1923–1930.
[45] Vgl. hierzu die erhellenden Überlegungen bei M. Buntfuß, „Rudolf Ottos (neu)roman-
tische Religionstheologie im Kontext der ästhetischen Moderne", in: J. Lauster/P. Schüz/C.
Barth/C. Danz (Hgg.), *Rudolf Otto. Theologie – Religionsphilosophie – Religionsgeschichte,*
Berlin/New York 2013, 447–460.
[46] Vgl. erneut den auch für Tillichs frühe Sinntheorie einschlägigen Brief an Emanuel
Hirsch vom 09.05.1918: Tillich, *EGW* VI, 125 (kursiv im Original). Siehe dazu insbes. die
spätere Würdigung Ottos: P. Tillich, „Der Religionsphilosoph Rudolf Otto" (1925), in: *Gesammelte Werke* XII, 179–183.
[47] P. Tillich, „Rechtfertigung und Zweifel" (1924), in: *Gesammelte Werke* VIII, 85–100,
hier 96.

tischen Prinzips"[48] und besonders mit dem Begriff des „Dämonischen"[49] beschrieb, sah er in Ottos Denken, dem er bis in sein eigenes Spätwerk hinein verbunden blieb, als religionsphilosophisch-religionsgeschichtliche Grundidee dargelegt.[50]

Und tatsächlich war auch Otto selbst immer bemüht zu betonen, er habe die „irrationalen wie rationalen Gehalte" der Religion gleichermaßen untersuchen und in ihren „Verbindungen und wechselseitigen Durchdringungen" darstellen wollen.[51] Mit dem Versuch, den Urphänomenen religiösen Erlebens auf den Grund zu gehen, fasste er das Problem des *„immer Inadäquaten der Ausdrucksmittel"*[52] der Religion – das heißt auch und gerade ihrer rational-spekulativen Ausdrucksmittel – ins Auge. Das „Vorantreibende, nie Ruhende in der Vorstellungsproduktion" der Religion bildet das frömmigkeitstheoretische Kernproblem in *Das Heilige* und führt, wie schon in den Naturalismusstudien angedeutet, letztlich zu der Frage nach dem eigentlichen Grund der dahinter wirksamen, jedoch dem Zugriff spekulativ-systematischer Erörterung nur bedingt zugänglichen Intuition.[53] Die berühmte Annährung an die Grundmotive religiösen Erlebens in der Kontrastharmonie des „mysterium tremendum et fascinans" als Spiegelungen des Gefühls für das „Ganz Andere" und schlechterdings irrationale „Numinose" steuert letztlich auf die Einsicht zu, dass von jenem Urmoment und Fluchtpunkt aller Frömmigkeit kaum angemessen zu reden sei. Die Formen und Formeln der Religionsgeschichte deutet Otto als „Schematisierungen" und „Ideogramme" für eine numinose „Deutungs- und Bewertungskategorie", deren „Objekt" schlechterdings „Mysterium" bleibt.[54] Damit rücken jene Gestalten der

---

[48] Vgl. u.a. P. Tillich, „Der Protestantismus als kritisches und gestaltendes Prinzip", in: P. Tillich (Hg.), *Protestantismus als Kritik und Gestaltung*, Darmstadt 1929.

[49] Zur Verbindung Tillichs mit Otto am Beispiel des Begriffs des ‚Dämonischen' vgl. ausführlicher P. Schüz, „Heilige Scheu als religiöses Urphänomen. Das Dämonische und das Numinose", in: C. Danz/W. Schüssler (Hgg.), *Das Dämonische. Kontextuelle Studien zu einer Schlüsselkategorie Paul Tillichs* (Tillich Research 15), Berlin/Boston 2018, 41–68.

[50] Ausführlicher zu Tillichs Rezeption Ottos vgl. W. Schüssler, „'My very highly esteemed friend Rudolf Otto'. Die Bedeutung Rudolf Ottos für das religionsphilosophische Denken Paul Tillichs", in: *International Yearbook of Tillich Research* 8, 153–174 und P. Schüz, „Rudolf Otto and Paul Tillich – biographische und theologische Überlegungen", in: T. Dietz/H. Matern (Hgg.), *Rudolf Otto. Religion und Subjekt* (Christentum und Kultur 12), Zürich 2012, 197–236. Zu Tillichs Mystikbegriff vgl. C. Danz, „Mystik als Element der Religion. Zur Bedeutung und systematischen Funktion des Mystikbegriffs für die Religionsphilosophie und Theologie Paul Tillichs", in: G. Hummel/D. Lax (Hgg.), *Mystisches Erbe in Tillichs philosophischer Theologie* (Tillich-Studien 3), Münster/Hamburg/London 2000, 14–32.

[51] R. Otto, „Profetische Gotteserfahrung", in: Ders., *Das Gefühl des Überweltlichen* (sensus numinis), München 1932, 61–78, hier 61.

[52] Vgl. die für Ottos Hauptwerk besonders richtungweisende Studie zu Wilhelm Wundt, später überarbeitet in: R. Otto, „Der sensus numinis als geschichtlicher Ursprung der Religion", in: Ders., *Das Gefühl des Überweltlichen*, 11–57, hier 52 (Hervorhebung im Original).

[53] Otto, „Der sensus numinis als geschichtlicher Ursprung der Religion", 52.

[54] Vgl. hierzu besonders die Eingangskapitel über das „Numinose", das „Kreaturgefühl" und die Kategorie des „Mysteriums", in Otto, *Das Heilige* ([23-25]1936), 5–14.

Geistesgeschichte in den Mittelpunkt des Interesses, bei denen diese Grenze und Brechung der angemessenen Darstellung explizit thematisiert oder subtil internalisiert wird. Die Beispiele reichen von uralter Mysterienliteratur über Propheten und religiöse Lichtgestalten wie Hiob und Luther bis hin zu Mystikern und Philosophen aller Epochen, bei denen es für Otto immer um die gleiche unmögliche Möglichkeit geht: angemessen vom Eigentlichen des religiösen Erlebens, vom „Kreaturgefühl" und der „dämonischen, numinosen Scheu"[55] als dem Urmoment aller Religion zu reden und dabei zugleich die unausweichliche Inadäquatheit ihrer Rede mitzudenken und mitzusetzen. Die phänomenologische Evidenz religiöser Intuition lässt Otto damit der religiösen Darstellungsgeschichte und besonders den spekulativ-metaphysischen Aussagen der Dogmatik immerzu ins Wort fallen; jedoch nicht, um jene zu überwinden, sondern um sie auf ihren eigentlichen, allein dem Gefühl erkennbaren Wesenskern hin durchsichtig zu machen.

Ein Befreiungsschlag gegenüber dem Erbe des Deutschen Idealismus im Sinne Tillichs ist Ottos Programm demnach bestenfalls in Gestalt einer gewissen Skepsis gegenüber vereinseitigten Irrläufern desselben: i. e. religionstoten Rationalismen philosophischer Spekulation, die in Ottos Tiefenbohrungen durch das lebendige Erdreich der Religionsgeschichte als von der eigentlichen Religion entkoppelte Gedankenkapriolen entlarvt werden. Dass jedoch Ottos Projekt dabei selbst im Erbe des Idealismus verwurzelt war, zeigen besonders die elementaren hinteren Kapitel über das „religiöse Apriori" und seine Erscheinungsformen in der Geschichte sowie das später offenbar aufgrund von kritischen Anfragen notwendig gewordene Einschubkapitel „Was heißt irrational?"[56] Auf unterschiedlichsten Klaviaturen rang Otto um eine religionsphilosophische Konzeption für den transzendentalen, „verborgenen selbstständigen Quell von Vorstellungs- und Gefühls-bildung[,] der unabhängig von Sinneserfahrung im Gemüte selber liegt" als eine

‚reine Vernunft' im tiefsten Sinne, die um der Überschwänglichkeit ihrer Gehalte willen auch von der reinen theoretischen und von der reinen praktischen Vernunft Kants noch als ein Höheres oder Tieferes zu unterscheiden ist. Wir nennen sie den Seelengrund.[57]

---

[55] P. Schüz, „Heilige Scheu als religiöses Urphänomen".

[56] Das Kapitel wurde im Zuge des Verlagswechsels zu *Leopold Klotz* (Gotha) in die 14. Auflage (1926) als Kapitel 11 eingebaut mit dem Hinweis, man habe sich „nicht mit seiner bloßen Feststellung [gemeint ist das „Irrationale"] zu begnügen und nun dem Belieben und dem schwärmenden Gerede Tür und Tor zu öffnen sondern in möglichst nahekommender ideogrammatischer Bezeichnung seine Momente so fest zu legen wie möglich und auf diese Weise das was in schwankender Erscheinung bloßen Gefühles schwebte zu festigen mit dauernden ‚Zeichen', um so zu Eindeutigkeit und Allgemeingültigkeit der Erörterung zu kommen und ‚gesunde Lehre' zu bilden, die feste Fügung hat und objektive Gültigkeit erstrebt auch wenn sie statt mit adäquaten Begriffen nur mit Begriffs-symbolen arbeitet." (Otto, *Das Heilige* [23-25 1936], 77).

[57] Otto, *Das Heilige* (23-25 1936), 139.

Mag auch das Hauptwerk laut Untertitel das „Irrationale in der Idee des Göttlichen" zum Thema haben, so war, wie Otto später mit Nachdruck betonte, die
eigentliche „Absicht der Schrift [...] gerade eine ‚rationale' gewesen".[58] Zwar sei
es durchaus darum gegangen, „den irrationalen Momenten in der Gottesidee" ihr
„Recht wiederzugeben und sie ins Licht zu stellen", jedoch nicht, um sie

> in einen allgemeinen Nebel ‚des Irrationalen' zu versetzen, in dem, wie Hegel sagt, ‚alle
> Kühe grau sind' sondern sie in strenger Gefühlsanalyse und durch ideogrammatische
> Symbolisierung nach Möglichkeit zu unterscheiden, zu charakterisieren und so der Sfäre
> des Rationalen anzunähern und zugleich zu zeigen, daß sie der Rand sind an klaren rati-
> onalen Momenten, die ebenso zum Gehalte der Gottesidee gehören.[59]

Die so hervorgehobene Notwendigkeit rationaler Elemente der Religion wird
zugleich mit dem Vorbehalt ihrer notorischen Unangemessenheit gegenüber dem
eigentlich Gemeinten verbunden. In zahlreichen Beispielen führt Otto vor, wie
die dunkle, unmittelbare Intuition des Numinosen durch religionsphilosophische
oder dogmatische Spekulation allzu leicht „verkappt und verbrämt" werden
könne.[60] Das Neue und Aufsehenerregende an Ottos Entwurf war es in diesem
Zusammenhang, gerade den rohen und archaisch anmutenden Ausdrucksformen in der Religionsgeschichte eine vergleichsweise hohe Adäquatheit gegenüber
den sie hervorbringenden Intuitionen eingeräumt, und so einen Schlussstrich
gezogen zu haben unter den auch durch den Idealismus des 19. Jahrhunderts
befeuerten Geschichtsoptimismus einer religiösen Aufstiegsentwicklung von den
primitiv-animistischen Anfängen bis hin zur vollkommenen, absoluten Religion
des Geistes.[61] Der rationalen Arbeit am Gottesbegriff steht die unmittelbare Intuition des Numinosen dabei jedoch ausdrücklich *nicht* entgegen, sondern erweist sich als ihre notwendige Verwirklichungsform:

> Denn dies eben ist der Sachverhalt: das, was ‚über alle Vernunft' ist und vor dem ‚Name
> und Begriff umkehren', das ist doch selber zugleich Grund und Quell aller Vernunft, aller
> theoretischen wie praktischen Vernunft, es ist, wie P. Tillich es treffend genannt hat,
> ‚Grund und Abgrund zugleich'. Ohne diese rationalen Momente wäre das ‚numen' nicht
> Gott, wäre der numinose Wert nicht das sanctum und ganz gewiß nicht das Heilige des
> christlichen Glaubens. [...] Um dieser Tatsache willen ist christlicher Glaube aufs innigste
> interessiert an einer Welt, die unter Ideen der ratio, zumal unter Ideen von Zweck und
> zweckmäßiger Leitung und Gestaltung begriffen und gedeutet werden kann [...].[62]

Die Frage nach der Angemessenheit spekulativer Religionsphilosophie gegenüber dem, „was vor aller Spekulation längst als das Erste da war", bildet damit

---

[58] Otto, „Rationale Theologie gegen naturalistischen Irrationalismus", 190.

[59] Otto, „Rationale Theologie gegen naturalistischen Irrationalismus", 190.

[60] Vgl. hierzu Otto, *Das Gefühl des Überweltlichen*, 212.

[61] Vgl. hierzu erneut die für Ottos Gedankenentwicklung grundlegende Kritik am Religi-
onsentwicklungsmodell in Wilhelm Wundts *Völkerpsychologie*, die zeitlich in die Phase der
Kantisch-Fries'schen Religionsphilosophie gehört: R. Otto, „Mythus und Religion in Wundts
Völkerpsychologie", in: *Theologische Rundschau* 13 (1910), 251–275, 293–305 und Anm. 52.

[62] Otto, „Rationale Theologie gegen naturalistischen Irrationalismus", 190.

ein unabgeschlossenes Dauerprojekt und reicht von den Klassikern zur „schlechthinnigen simplicitas Dei" und der Idee Gottes als „reines Sein und Sein schlechthin", in denen man „in rationaler Form die Idee von Absolutheit und von absolutem, als solches von allem relativem und bedingtem Seiendem verschiedenen, Wesen begrifflich auseinanderzulegen"[63] versuchte, bis hin zum Idealismus des 19. Jahrhunderts:

> Wir sagten weiter, dass Spekulationen über das Absolute überschattet seien von Motiven des rein numinosen ‚Ganz andern', dem Anyad evā, die als solche von der Spekulation über Absolutheit noch ganz unabhängig sind, und die auch da schon wirksam sind, wo die Ideen der Absolutheit noch nicht gefaßt sind. Diese letzteren Motive verstecken sich in der theologischen Spekulation gewöhnlich zu sehr, und sie kommen lebhafter da zum Ausbruch, wo der Spekulant etwa versucht, von der Kälte seiner Begriffe zum lebendigen Ausdrucke seiner innersten Gefühle überzugehen.[64]

4. Mystik und Spekulation in West und Ost

Der ironische Satz in *Das Heilige*, es sei in der Geschichte des Christentums „gerade die Mystik [...] meistens sehr beredt gewesen", obwohl sie ihrem Anspruch nach doch eigentlich „nur im Schweigen bestehen" dürfe,[65] legt bereits eine Spur zum 1926 aus einer amerikanischen Vorlesungsreihe entstandenen Buch *West-östliche Mystik*.[66] Für Otto war besonders das mystische Erbe der Religionen ein zentraler Ort der Beziehung und Verflechtung, aber auch der kritischen Spannung rationaler und irrationaler Momente, die er hier nun anhand eines umfassenden Vergleichs Meister Eckharts mit dem indischen Religionsphilosophen Shankara vorführt.[67] Für die vorliegende Fragestellung ist das

---

[63] R. Otto, „Das ‚Ganz andere' und das Absolute", in: R. Otto, *Aufsätze das Numinose betreffend*, 29–33, hier 29.

[64] Otto, „Das ‚Ganz andere' und das Absolute", 29.

[65] Otto, *Das Heilige* ([23-25]1936), 2.

[66] Im Herbst 1924 wurde Otto vom Oberlin-College, Ohio, USA als Haskell-Lecturer eingeladen und referierte in der Vorlesungsreihe über *Mysticism East and West*. Aus dem Material gingen zunächst Aufsätze hervor: R. Otto, „Östliche und westliche Mystik", in: *Logos* 13 (1924), 1–30; R. Otto, „Meister Eckehardt's Mystik im Unterschiede von östlicher Mystik", in: *Zeitschrift für Theologie und Kirche* 6 (1925), 325–350, 418–436; R. Otto, „Indischer Theismus", in: *Zeitschrift für Missionskunde und Religionswissenschaft* 40 (1925), 289–307 und schließlich dann die materialreiche Monographie R. Otto, *West-östliche Mystik. Vergleich und Unterscheidung zur Wesensdeutung*, Gotha 1926. Eine überarbeitete und mit Zusätzen versehene zweite Auflage erschien 1929 und wird im Folgenden verwendet. 1971 wurde das Buch dann von Gustav Mensching als dritte, allerdings stark gekürzte Auflage neu herausgegeben und 1979 als Taschenbuchausgabe nachgedruckt.

[67] Es ist sicher kein Zufall, dass Otto dieses Projekt im Rahmen der Haskell-Lecture am Oberlin College in Angriff nahm. Seine Kontakte in den USA eröffneten ihm insbesondere die Welt des amerikanischen Transzendentalismus, des unitarischen Christentums und des Quakertums, also einer Frömmigkeitsrichtung, die in besonderer Weise an der von Otto verfolgten religionsphilosophisch-mystischen Tradition interessiert war. Vgl. hierzu insbes.

Werk deshalb von besonderem Interesse, weil Otto neben seiner Theorie unterschiedlicher mystischer „Wege" in West und Ost auch Parallelen zum neuzeitlichen Erbe spekulativer Religionsphilosophie und insbesondere zum deutschen Idealismus ausmacht.[68]

Den Ausgangspunkt der Studie bildet Ottos Beobachtung, Eckhart und Shankara seien strenggenommen keine Mystiker im landläufigen Sinne, also keine meditierenden Asketen oder weltflüchtigen Erleuchteten, sondern „Männer abstrakter, hochfliegender und dabei subtiler Spekulation".[69] Da ihre „Heilslehre" im spekulativen Denken, in Wegen der „Erkenntnis" verborgen liege,[70] seien beide als „Verkündiger eines letztlich schlechthin Irrationalen, Unfaßlichen […] formal zu schärfsten Theoretikern, […] zu strengen Scholastikern" geworden.[71] Die von hier ausgehenden Einzelanalysen sind hochkomplex und vielschichtig, daher beschränke ich mich auf die Pointe, auf die es Otto hinsichtlich des vorliegenden Zusammenhangs ankommt: Er möchte nachweisen, dass die verwickelten Operationen bei Eckhart und Shankara ihr Ziel – das ipsum esse, die Gotteserkenntnis, das „Heil" – am Ende auf spekulativem Wege gar nicht erreichen. Stattdessen sehe man vielmehr vor lauter Zirkeln und ontologischen Denkschleifen bald „den Wald vor Bäumen nicht".[72] Nur in seltenen Durchbrüchen durch die „trockene Hülse der Spekulation"[73] – Otto benennt sie mit dem Goetheschen „Aperçu"[74] – werde hingegen deutlich, dass der „eigentliche Quellgrund" ihrer ontologischen Unternehmungen *jenseits* von Spekulation und Begriff liege, nämlich in einem „prinzipielle[n] intuitus mysticus", den dann jedoch beide „in ihrer Dialektik verschleiern".[75] In zahlreichen Beispielen charakterisiert Otto das Durchbrechen jenes mystischen intuitus als eine die ontologischen „Verhüllungen" tragende und zugleich aufhebende unmittelbare Erkenntnis im Gefühl.[76] In jenem intuitiven Ereignis erblickt Otto das Eigentlich-Mystische, den

---

Ottos Austausch mit dem bedeutenden Quaker-Philosophen Rufus Jones (1863–1948) und das Geleitwort zur deutschen Übersetzung von dessen Buch *Fundamental End of Life*, das aus dessen Haskell-Lectures 1923/1924 (also im Jahr vor Ottos Haskell Lectures über *Mysticism East and West*) hervorging: R. M. Jones, *Vom Sinn und Endzweck des Lebens*, übersetzt von Richard Conrad Schiedt, mit einem Geleitwort von Rudolf Otto, Leipzig 1929 (²1947).

[68] Hierfür sind besonders der Dritte Teil (C) und die umfangreichen Zusätze und Nachträge (insbes. in der zweiten Auflage) wichtig, die in der bisherigen Rezeptionsgeschichte des Buchs vergleichsweise wenig beachtet und von Gustav Mensching in der dritten Auflage gestrichen wurden.

[69] Otto, *West-östliche Mystik* (²1929), 4.

[70] Otto, *West-östliche Mystik* (²1929), 38–41.

[71] Otto, *West-östliche Mystik* (²1929), 41.

[72] Otto, *West-östliche Mystik* (²1929), 41 f.

[73] Otto, *West-östliche Mystik* (²1929), 47.

[74] Otto, *West-östliche Mystik* (²1929), 45 f.

[75] Otto, *West-östliche Mystik* (²1929), 48 und 44 f.

[76] So heißt es in *West-östliche Mystik* (²1929), 269: „Der kühle und abstrakte Denker Śankara wirft hier einmal die Hülle des Scholastikers ab. Das tief unter seinen kühlen Formeln liegende Herz schlägt hier, und in lebhaftem Gefühl bricht hier aus, was eigentlich der

„numinosen Wert", von dem „die ganze Seins-spekulation nicht als die Hauptsache selbst, sondern als in Dienst genommen für eine eigentlich höhere und
andere Idee" erscheint.[77] Zugleich wird aber auch betont, dass die spekulativen
Hüllen im Falle jener west-östlichen Spur damit kein überflüssiges Beiwerk, sondern ein wesentlicher, unabdingbarer Bestandteil der Annäherung an jenes in-
tuitiv geschaute und erlebte Mysterium des „Heils" sind.

Im Anschluss an die philologisch aufwändige Gegenüberstellung Shankaras
und Eckharts, die im Übrigen die Erforschung beider für längere Zeit nachhaltig
beeinflusst hat,[78] ist es besonders der dritte Hauptteil des Buchs, an dem sich das
über religionsgeschichtliche Vergleiche hinausgehende religionsphilosophische
Interesse Ottos zeigt.[79] Das in Ost und West herausgearbeitete Prinzip einer in
ontologischer Lehre verborgenen Heilslehre versucht Otto nun als eine Art mystischen Grundtypus auch in Parallelen der neueren Geistesgeschichte auszumachen – und landet prompt bei den Klassikern des Deutschen Idealismus, bei
Schleiermacher[80], bei Kant und Fries,[81] besonders aber bei Fichte als dem „reinsten Fall einer ‚Konvergenz der Typen'".[82] In detaillierten, teilweise nahezu syn-

---

innere Sinn seiner ganzen Spekulation ist: glühende Heilssuche nach einem Gute, das weit
außerhalb der Fremde und dem Elend dieser Welt liegt, Heimatsehnsucht und Ewigkeits-
durst."

[77] Otto, *West-östliche Mystik* ([2]1929), 32. Grundsätzlich wird in Ottos Mystikstudien dabei
Eckhart eindeutig der Vorzug vor Shankara gegeben und in die Nähe Luthers gerückt. Vgl.
hierzu besonders R. Otto, „Meister Eckhardt's Mystik im Unterschiede von östlicher Mystik", in: *Zeitschrift für Theologie und Kirche* 6 (1925), 325–350, 418–436.

[78] Zur auch aus indologisch-philologischer Warte besehen überaus respektablen und für
die Mystikforschung bahnbrechenden Bedeutung des Werkes vgl. u.a. die Rezension des
damals noch in Königsberg lehrenden Indologen Helmut von Glasenapp: H. v. Glasenapp,
„Rez. Rudolf Otto, West-östliche Mystik", in: *Theologische Literaturzeitung* 52 (1927),
361–363. Zur weiteren Bedeutung und Wirkung des Projekts vgl. insbes. A. Wilke, *Ein Sein –
Ein Erkennen. Meister Eckharts Christologie und Śaṅkaras Lehre vom Ātman. Zur
(Un-)Vergleichbarkeit zweier Einheitslehren* (Studia Religiosa Helvetica, Series Altera 2),
Bern 1995.

[79] Vgl. Teil C, Otto, *West-östliche Mystik* ([2]1929), 301–368. Dass Ottos Schüler Gustav
Mensching jenen Teil des Buchs in seiner Neuausgabe von 1971 „um der Geschlossenheit des
Werkes willen" mit der Begründung gestrichen hat, dessen Inhalt hänge „nur lose und zufällig
mit dem Thema des Buches" zusammen, ist ebenso bedenklich wie bezeichnend für die völlig
verschobenen religionswissenschaftlichen Interessen (und das religionsphilosophische Desin-
teresse) an Ottos Werk in der zweiten Hälfte des 20. Jahrhunderts.

[80] Vgl. den Abschnitt zu den „zwei Wegen" der Mystik und insbes. zum Anschauungsbegriff in Otto, *West-östliche Mystik* ([2]1929), 324–341.

[81] Vgl. Otto, *West-östliche Mystik* ([2]1929), 342–347 mit dem Fokus auf Kants *Urteilskraft*
und den Ahndungsbegriff bei Fries und de Wette.

[82] Otto, *West-östliche Mystik* ([2]1929), 303–323. Schon in der Einleitung des Buchs (Otto,
Westöstliche Mystik ([2]1929), V) heißt es, offenbare sich „von den Urzeiten alter indischer
mystischer Spekulation angefangen bis hin zu der modernen Spekulation Fichtes zunächst
eine seltsame Übereinstimmung in den Urmotiven seelischen Erfahrens der Menschheit überhaupt, die, von Rasse, Klima, Zeitalter fast unabhängig, auf letzte geheimnisvolle innere
Einheiten und Übereinstimmungen des menschlichen Geistes hindeutet." Zu Ottos Fichte-

optisch anmutenden Einzelschritten wird Fichtes *Anweisung zum seligen Leben* von 1806 mit Eckhart und Shankara hinsichtlich des Verhältnisses von „diskursivem Verstand" und „intellektueller Anschauung" verglichen.[83] Im Rekurs auf Fichtes Lebensbegriff und seine Idee vom „Seyn-selbst" schreibt Otto, es sei Fichtes „Ontologie" letzten Endes „wie Eckart's Ontologie Maske eines Irrationalen, das keine ‚Seinslehre' ausschöpft."[84] Wie Eckart treibe ihn eine „innere Nötigung", eine „innere Notwendigkeit mystischer Einstellung selbst"[85] zur Seins-Spekulation, die aus intuitiv-irrationalem Antrieb heraus Ausdrucksform des schlechterdings Numinosen sei, in dessen Erleben Otto Fichtes Begriff der „Seeligkeit" erblickt.[86] Die mit Eckart ebenso wie mit den Religionen Indiens verbindende, „nach-oben-offene"[87] mystische Pointe Fichtes besteht für Otto in dem Gedanken, dass der „Begriff" letztlich „die Seeligkeit nur negativ ausdrücken" kann: „Worin aber die Seeligkeit selbst, positiv, bestehe, läßt sich nicht beschreiben sondern nur unmittelbar fühlen".[88]

Entscheidend für die Fragestellung nach Ottos Idealismusrezeption scheint mir besonders die besagte Idee der „inneren Notwendigkeit" des Spekulativen im Modus der Mystik zu sein. Entgegen den antiidealistischen Kräften des frühen 20. Jahrhunderts betreibt Otto in seinem alle Epochen und Kulturgrenzen überfliegenden Vergleich mystischer Grundformen ein Projekt der Reintegration des Spekulativen in das Wesen der Religion – nämlich als dessen ureigener mystischer Drang der rationalen Approximation an das eigentliche, letztlich nicht deduzierbare numinose Mysterium. Man könnte dies vielleicht als einen Moment der religiösen Sehnsucht und ihrer begrifflichen Grenzabschreitung bezeichnen, den Otto tief im Wesen der Religion und ihren intuitiv-irrationalen Gründen verankert sieht und auch im Idealismus des 19. Jahrhunderts als spirituelles Grundbedürfnis wiedererkennt.[89]

---

rezeption vgl. u.a. den Beitrag von G. Ghia, „Mistica dell'identità e trascendenza del totalmente altro. Rudolf Otto lettore di Fichte", in: *Archivio di Filosofia/Archives of Philosophy* 86.3 (2018), 17–26.

[83] Otto, *West-östliche Mystik* (²1929), 312. Dass Eckhart und Shankara dabei natürlich „weit entfernt vom ‚Idealismus'" der neuzeitlichen Philosophie und vielmehr „massive Realisten" waren, hält Otto – allen mystischen Verbindungslinien zum Trotz – ausdrücklich fest, vgl. Otto, *West-östliche Mystik* (²1929), 130.

[84] Otto, *West-östliche Mystik* (²1929), 317.

[85] Otto, *West-östliche Mystik* (²1929), 317f.

[86] Otto, *West-östliche Mystik* (²1929), 322.

[87] Vgl. Otto, *West-östliche Mystik* (²1929), 321 und ausführlicher Otto, *West-östliche Mystik* (²1929), 378–381.

[88] Vgl. die bekannte Passage bei Fichte, hier zitiert nach Otto, *West-östliche Mystik* (²1929), 322 (für den Originalbeleg siehe J. G. Fichte, *Anweisung zum seligen Leben*, GA I, 9, 162). Otto scheint hier im Auge zu haben, was Fichte schon zur Abfassungszeit der *Bestimmung des Menschen* als „Bewegung des Herzens" und als Verbindung der „klaren Einsicht" mit innerlicher „Herzensstimmung" bezeichnete. Vgl. den Brief Fichtes an Marie Johanne Fichte vom 5.11.1799, in: GA III, 4, 142.

[89] In *Das Heilige* schreibt Otto dazu: „Dass in einer Religion die irrationalen Momente

Um seine Idee des „ursprünglichen intuitus mysticus selber in seiner Eigenart, noch vor aller Theorie und Systematisierung" auch „ohne die Finessen der filosofischen Spekuklation" darstellen zu können, fügte Otto der zweiten Auflage seines Mystik-Buchs schließlich eine Übersetzung aus dem 12. Buch des großen indischen Volksepos *Mahabharata* an.[90] Und obwohl es „immer gefährlich" ist, „Altes mit Modernem zu vergleichen", schlägt er auch hierzu wieder Brücken ins 19. Jahrhundert, auf denen er die latente Spannung zwischen mystisch-intuitivem Erfassen und diskursivem Denken in Berührung sieht: neben Fichte namentlich bei Goethe, Schleiermacher und interessanterweise auch beim jungen Hegel, dessen Hölderlin gewidmetes Gedicht *Eleusis* in Auszügen zitiert und kommentiert wird.[91] Dass die Verbindungslinien zum Deutschen Idealismus kein bloß angehängter Ausblick, sondern eine zentrale Pointe von Ottos Mystikdeutung sind, zeichnet sich auch im Briefwechsel mit Jakob Wilhelm Hauer ab, dem er im Blick auf dessen Rezension[92] von dem Vorhaben erzählt, in der „dritten Auflage die ganze Sache gründlich durchzuarbeiten" und besonders „eine Skizze geben" zu wollen „von der kosmischen Einheitsschau von Eckehardt und Kues usw. bis zu Hegel und Schelling hin."[93] Otto scheint in diesem Zusammenhang bereits geahnt zu haben, dass es sein Mystik-Projekt der Verbindung religionsgeschichtlicher und religionsphilosophischer Arbeit auf den Spuren dessen, was im Idealismus als „intellektuelle Anschauung" diskutiert wurde, wirkungsgeschichtlich schwer haben würde. Einige Jahrzehnte später wurden dann von Gustav Mensching für die dritte Auflage des Mystikbuchs gerade jene Kapitel gestrichen, die Ottos bis in die moderne Philosophie führenden Analogien „mystischer und gläubiger Frömmigkeit" verfolgen.[94] Besonders von religionswissenschaftlicher Seite konnte man nach dem zweiten Weltkrieg mit dem idealistischen Erbe in Ottos Denken kaum noch etwas anfangen.[95]

---

immer wach und lebendig bleiben bewahrt sie davor Rationalismus zu werden. Dass sie sich reich mit rationalen Momenten sättige bewahrt sie davor in Fanatismus oder Mystizismus zu sinken" und „befähigt sie erst zu Qualitäts- Kultur- und Menschheits-religion. [...] Auf tiefirrationalem Grunde erhebt sich der lichte Bau seiner lauteren und klaren Begriffe Gefühle und Erlebnisse. Das Irrationale ist nur sein Grund und Rand und Einschlag, wahrt ihm dadurch stets seine mystische Tiefe und gibt ihm die schweren Töne und Schlagschatten der Mystik ohne daß in ihm Religion zur Mystik selber ausschlägt und auswuchert." (Otto, *Das Heilige* [23-251936], 170f).

[90] Vgl. Otto, *West-östliche Mystik* (²1929), 405–438.

[91] Vgl. Otto, *West-östliche Mystik* (²1929), 439 f. Zur Vorlage vgl. G. W. F. Hegel, „Eleusis. An Hölderlin (August 1796)", in: G . W. F. Hegel, *Werke* 1, Frankfurt a.M. 1971, 230–233.

[92] J. W. Hauer, „Rez. zu Otto: West-östliche Mystik", in: *Die Christliche Welt* 43 (1929), 662–670, 721–726.

[93] Vgl. den R. Otto, „Brief von Rudolf Otto an Jakob Wilhelm Hauer (9.3.1929)", in: *BA Koblenz* 45, NL Hauer, 237 f. Vgl. hierzu auch schon die „Randnoten" der zweiten Auflage mit Verweisen auf Schelling und Hegel, z.B. Otto, *West-östliche Mystik* (²1929), 398.

[94] Vgl. den wichtigen Programmaufsatz im Vorfeld des Mystikbuchs R. Otto, „Mystische und gläubige Frömmigkeit", in: *Zeitschrift für Theologie und Kirche* (1922), 255–256. Zu Menschings Streichungen in der von ihm besorgten dritten Auflage vgl. oben Anm. 79.

[95] Die meines Wissens einzige dem Buch umfassender gerecht werdende und gleichwohl

5. „... like a flash, wie der Engländer sagt" – Intuition und „plötzliches Aperçu" in Ottos Goethedeutung

Im Rückblick auf die angestellten Beobachtungen bietet sich Ottos lebenslange Auseinandersetzung mit Goethe als zusammenfassende Klammer an.[96] Die frühen Naturalismusstudien arbeiteten sich insbesondere in ihrem Rückgriff auf den Idealismus an Goethe ab.[97] Die dem Hauptwerk *Das Heilige* vorangestellten Zeilen aus dem *Faust* haben für das Buch durchaus eine programmatische Bedeutung[98] und auch das Mystikbuch erinnert nicht nur im Titel an den großen Weimarer.[99] Ein markantes Beispiel ist hierfür besonders die äußerlich unscheinbare, inhaltlich jedoch brisante *Schlußbemerkung über ‚Gefühl'*, ein dem Aufsatzband *Das Gefühl des Überweltlichen* von 1932 beigefügter Kurzaufsatz zur Theorie der religiösen Intuition.[100] Dort schlägt Otto als Motto für das Herzstück seines Gesamtwerkes ein Goethezitat vor, das die Grundproblematik der Religion zwischen Gefühl und Vernunft beziehungsweise irrationalen und rationalen Elementen auf den Punkt bringen soll. Es handelt sich um einen Satz aus Goethes Besprechung von Stiedenroths *Psychologie zur Erklärung der Seelenerscheinungen*:

---

kritische religionswissenschaftliche Auseinandersetzung der letzten Jahrzehnte bilden die Arbeiten von Annette Wilke: A. Wilke, „Keine Urmotive, nur Besonderungen. Rudolf Otto's West-Östliche Mystik, die Problematik des interreligiösen Dialogs und der Vergleich Eckhart-Śaṅkara", in: *Zeitschrift für Religions- und Geistesgeschichte* 49 (1997), 34–70 und die bereits oben erwähnte Dissertation Wilke, *Ein Sein – Ein Erkennen*.

[96] Vgl. hierzu die Überlegungen in T. A. Gooch, „‚Das Schaudern ist der Menschheit bestes Teil'. Über die Goethe-Rezeption Rudolf Ottos", in: J. Lauster/P. Schüz/R. Barth/C. Danz (Hgg.), *Rudolf Otto. Theologie – Religionsphilosophie – Religionsgeschichte*, Berlin/New York 2013, 307–318. Es liegt nahe, die Dauerreferenz Goethes in Ottos Werken nicht zuletzt auch im Blick auf die ebenfalls kritische Wertschätzung und Haltung des Weimarers gegenüber dem Idealismus seiner Zeit begründet zu sehen.

[97] Vgl. hierzu P. Schüz, „Heilige Scheu als religiöses Urphänomen", insbes. 52–57 und P. Schüz, *Mysterium Tremendum. Zum Verhältnis von Angst und Religion nach Rudolf Otto* (Beiträge zur historischen Theologie 178), Tübingen 2016, 308–326.

[98] Seit der 5. Auflage (1920) werden dem Buch Zeilen aus der Szene „Finstere Galerie" im *Faust II* vorangestellt: „Das Schaudern ist der Menschheit bestes Teil, / Wie auch die Welt ihm das Gefühl verteure, / Ergriffen fühlt er tief das Ungeheure". Das Zitat bildet zugleich eine Schlüsselstelle im Kapitel zu Goethes Begriff des „Ungeheuren" in Otto, *Das Heilige* ([5]1920), 50–51 (entspricht später *Das Heilige* [[23-25]1936], 55). Zur zentralen Bedeutung Goethes im Hauptwerk Ottos, insbes. im Begriff des Dämonischen, vgl. erneut P. Schüz, „Heilige Scheu als religiöses Urphänomen", 41–68.

[99] Die titelgebende Anspielung auf Goethes *Divan* spiegelt die zahlreichen Rückgriffe und ausdrücklichen Bezugnahmen auf Goethe, die zu untersuchen nochmals eine ganz eigene Studie bedeuten würde. Vgl. nur die direkten Erwähnungen in Otto, *West-östliche Mystik* ([2]1929), 45 f., 137, 238, 324, 375–377, 396, 408, 439.

[100] R. Otto, „Schlußbemerkung über ‚Gefühl'", in: R. Otto, *Das Gefühl des Überweltlichen*, 327–333.

[U]m denselben Punkt streiten sich die Schüler einer Gefühls- und Vernunftreligion; wenn die letzteren nicht eingestehen wollen, daß die Religion vom Gefühl anfange, so wollen die ersten nicht zugeben, daß sie sich zur Vernünftigkeit ausbilden müsse.[101]

Diesen „selben Punkt", an dem sich Begriff und Intuition anziehen und zugleich abstoßen, bestimmt Otto hier als ein „intuitives, zugleich mit stärksten Wertungen durchdrungenes, vorbegriffliches Erfassen", das, wie bereits in den erwähnten Büchern zum *Naturalismus*, zum *Heiligen* und zur *Mystik* mit Goethes Begriff des „Aperçu" identifiziert wird.[102] Jene Intuition drängt in die „Vernünftigkeit", wird von dort aber zugleich in die Quellen des Gefühls zurückgewiesen. Es geht Otto dabei bekanntlich um nicht weniger als um eine Erkenntniskategorie sui generis, die weder Emotion noch Reflexion, sondern vielmehr ein unmittelbares, genuin religiöses, intuitives Deuten und Bewerten a priori meint. Goethe ist nun für jene Theorie religiöser Intuition nicht deshalb wichtig, weil Otto sie bei ihm *als Theorie* fand – hier sind eher Kant, Fries, Schleiermacher und sicherlich auch besonders Fichte, Schelling und ferner auch Hegel im Blick auf den Anschauungsbegriff einschlägig – sondern weil er das damit einhergehende *Vermittlungsproblem* bei Goethe unmittelbar zur Darstellung gebracht und kongenial in ästhetische Formen übersetzt sah. Besonders in Goethes Begriff des „Dämonischen" erblickt Otto alle Grundmotive seiner „Momente des Numinosen", weil das damit Gemeinte hier schlechterdings dunkel bleibt und sich jeder Schematisierung entzieht.[103] Der „Heide" Goethe findet das Numinose gleichsam jenseits verfasster Religionsformen „von einem *dunklen* Prinzip a priori geleitet" in unmittelbarer „Divination" und markiert damit die tiefen, rohen, unausgewickelten Urgründe des Numinosen.[104] Entscheidend ist dabei die These, dass Goethe seine dunklen Aperçus des Dämonischen mit „seinen eigenen höheren Begriffen vom Göttlichen [...] nicht auszugleichen gewußt" habe.[105] Was Otto in seinem Hauptwerk als numinose „Scheu" bezeichnet, markiert eine dem idealistischen Gottesbegriff nur annäherbare Schematisierungsgrenze, von der die Religionsgeschichte in schillernden Farben erzählt:

Die klarere Einsicht aber in das innere Wunder der Seele entbindet sich dem Erlebenden nicht reflexiv, sondern als ein ‚Aufgehen', als ein ‚Durchbruch', als ein durchbrechendes Klarwerden der Intuition, like a flash, wie der Engländer sagt, oder als ein ‚plötzliches Aperçu', wie Goethe sagt. Und sie hat darum leicht die beiden folgenden Momente an sich:

---

[101] Otto, „Schlußbemerkung über ‚Gefühl'", 330. Zur Vorlage vgl. die überaus zustimmungsvolle und aneignende Besprechung Goethes: J. W. Goethe, „Ernst Stiedenroth Psychologie zur Erklärung der Seelenerscheinungen 1ster T. Berlin 1824", in: Goethe, *Sämtliche Werke* (Münchner Ausgabe) 12, 355–357.

[102] Otto, „Schlußbemerkung über ‚Gefühl'", 330.

[103] Vgl. den Abschnitt über das Dämonische bei Goethe in Otto, *Das Heilige* (¹1917), 156–160; Otto, *Das Heilige* (²³⁻²⁵1936), 134 f., 160–164 und besonders 179–182 sowie dazu erneut Schüz, „Heilige Scheu als religiöses Urphänomen", 41–68.

[104] Vgl. Otto, *Das Heilige* (²³⁻²⁵1936), 182.

[105] Otto, *Das Heilige* (²³⁻²⁵1936), 182 im Rückgriff auf Goethes Gespräche mit Eckermann.

einerseits das Moment des inspirativen Eintretens oder Eindringens, zugleich mit dem Charakter des Plötzlichen, Unmittelbaren und des Auf einmal, und andererseits das der Anamnesis, des Sicherinnerns an etwas, das auch schon vor der Einsicht ein im dunklen Gefühle Besessenes und Vertrautes war.[106]

Die Goethe in Angelegenheiten der Religion zuweilen nachgesagte „ehrfurchts-volle Zurückhaltung dem Absoluten gegenüber"[107] wird man in dessen Erbe auch für Otto und seine kritische Verbundenheit mit der Transzendentalphilosophie des Deutschen Idealismus gelten lassen dürfen. Auch auf Otto trifft in gewisser Weise zu, was Ernst Troeltsch einmal William James als bleibendes Verdienst zu Gute hielt, nämlich „die Religionsphilosophie ebenso wie die Philosophie über-haupt vor die Aufgabe einer lebendigeren Beachtung der Realitäten gestellt und mit berechtigtem Mißtrauen gegen abstrakte Theorien erfüllt" zu haben.[108] Aus-drücklich wären dabei aber jene ganz wesentlichen idealistischen Grundlagen in Ottos Werk hinzuzunehmen, die Troeltsch als „apriorisch-transzendentale Phi-losophie" und als Problem des „erkenntnistheoretisch-absoluten" Denkens ge-gen James' Pragmatismus behaupten will.[109] Denn auf Otto wie Troeltsch trifft zu, was ihr gemeinsamer Kollege Hermann Gunkel einmal über die Wurzeln der „religionsgeschichtliche[n] Bewegung" schrieb:

In Wirklichkeit ist sie nichts anderes als eine neue Welle des gewaltigen geschichtlichen Stromes, der sich von unsren großen idealistischen Denkern und Dichtern her über unser gesamtes Geistesleben und auch seit lange in unsere Theologie ergossen hat.[110]

Gerade die Tatsache, dass Otto von jenem Strom ganz maßgeblich getragen wurde, hat wohl auch dazu beigetragen, dass sein Werk in der vergleichenden

---

[106] Zitiert aus dem Aufsatz R. Otto, „Geist und Seele als numinoses Wunderwesen", in: R. Otto, *Aufsätze das Numinose betreffend*, 40, später mit leichten Änderungen integriert in den Aufsatz R. Otto, „Tiefen des sensus numinis", in: R. Otto, *Das Gefühl des Überweltlichen*, 264. Die Engländer hatten es Otto in diesem Zusammenhang offenbar angetan, ähnliche For-mulierungen finden sich auch in Otto, *West-östliche Mystik* (²1929), 44, Anm. 1: „Realizing nennt es der Engländer." sowie in R. Otto, „Das Überpersönliche im Numinosen", in: R. Otto, Aufsätze das Numinose betreffend, 43: „Das Schauervolle wird – fast instinktiv und ohne Reflexiom – gedeutet, und zwar gedeutet auf ‚a presence', wie der Engländer sagt, auf ein Etwas […]."

[107] Vgl. E. Franz, *Goethe als religiöser Denker*, Tübingen 1932, 247 und zum Hintergrund der Goethedeutung in der Epoche Ottos besonders J. Rohls, „‚Goethedienst ist Gottes-dienst'. Theologische Anmerkungen zur Goethe-Verehrung", in: J. Golz/J. H. Ulbricht (Hgg.), *Goethe in Gesellschaft. Zur Geschichte einer literarischen Vereinigung vom Kaiserreich bis zum geteilten Deutschland*, Köln, 33–62.

[108] E. Troeltsch, „Empirismus und Platonismus in der Religionsphilosophie. Zur Erinne-rung an William James", in: GS II, 364–385, hier 385 [= vormals „Empiricism and Platonism in the Philosophy of Religion. To The Memory of William James", in: *The Harvard Theolo-gical Review* 5 (1912), 401–422].

[109] Troeltsch, „Empirismus und Platonismus in der Religionsphilosophie", 382.

[110] H. Gunkel, „Was will die ‚religionsgeschichtliche' Bewegung?", in: DE 5 (1914), 285–397, 357.

Religionsforschung des 20. Jahrhunderts weitgehend Schiffbruch erlitten hat. Seine Religionstheorie eines religiösen Apriori in der Idee des Numinosen als einer Deutungs- und Bewertungskategorie, sein Geist-, Geschichts- und Mystikverständnis, alles dies macht Otto – bei aller Verve für das Eigenrecht des Irrationalen – zu einem der letzten großen und gleichwohl im Troeltsch'schen Sinne „kritischen"[111] Idealisten der modernen Religionsforschung, dessen bleibende Anregung und Relevanz demnach unausweichlich an das geistesgeschichtliche Erbe der klassisch deutschen Philosophie des frühen 19. Jahrhunderts gebunden bleibt.[112] Das gesamte Fundament von Ottos Religions- und Gefühlstheorie ist ohne die darin verarbeiteten transzendentalphilosophischen Voraussetzungen zum Anschauungs- und Geschichtsbegriff, zu Subjektivität und Idealität unverständlich, wenn nicht sogar irreführend.

Ferner lassen sich im Rekurs auf die angestellten Überlegungen wenigstens zwei Grundmotive für die charakteristische Dialektik in Ottos kritischer Vermittlung von Spekulation und Intuition ausmachen: Zunächst die Einsicht, dass Ottos kritische Reserve gegenüber spekulativen und metaphysischen Elementen der Theologie und Religionsphilosophie nichts mit Unkenntnis oder Geringschätzung zu tun hat, sondern gerade deren Würdigung und Verhältnisbestimmung zu den irrational-intuitiven Momenten religiöser Lebendigkeit dient. Dahinter steht letztlich das traditionelle Motiv des Prophetischen in der Religionsgeschichte als dem latenten Protest gegen vereinseitigte und verselbstständigte Formen der Religionslehre, seien sie biblisch-dogmatischer, institutionell-kirchlicher oder eben spekulativ-philosophischer Art. Otto wirft sich in diesem Sinne besonders für die unmittelbare Evidenz der rohen Ausdrucksformen der Religionsgeschichte und für „Termini stammelnder Gefühlsausbrüche" in die Bresche, aus denen seines Erachtens, wenn sie „in die Hände von Dogmatikern oder Sofisten gerieten [...] häufig solche Undinge wurden, daß aller Religion dabei der Atem ausgehen mußte."[113] Bei aller intensiven Rezeption idealistischer Religionsphilosophie und Erkenntnistheorie ist Otto stets an der Religion als einem ‚Urphänomen' im Sinne Goethes interessiert, dem am Ende eher durch Dichtung als durch Spekulation näher zu kommen ist. Zugleich, und dieser Punkt ist nicht zu unterschätzen, lässt sich Ottos Werk, insbesondere im Blick auf sein diffiziles Mystikverständnis auch als Projekt zur Reintegration des Spekulativen in das Wesen der

---

[111] Zur Idee des „kritischen Idealismus" in der modernen Religionsforschung vgl. u.a. E. Troeltsch, „Wesen der Religion und die Religionswissenschaft" (1909), in: GS II, 452–499 und hier besonders 479 f.

[112] Genau hierin besteht möglicherweise auch die seit einigen Jahren wiederentdeckte Attraktivität Ottos für die Theologie. Von religionswissenschaftlicher Seite konnte man sich dem idealistischen Charme Ottos in den letzten Dekaden weitgehend entziehen – ebenso wie im Fall von Otto nahestehenden, ebenfalls durch den Idealismus tief geprägten Gestalten wie Marett, Söderblom, Troeltsch, Heiler usw.

[113] Vgl. den zum Thema einschlägigen, frühere Studien zusammenfassenden Aufsatz R. Otto, „Das Ganz-andere in außerchristlicher und christlicher Theologie und Spekulation", in: Ders., *Das Gefühl des Überweltlichen*, 212–240, hier 217.

Religion auffassen. Und zwar in dem Sinne, dass rationale, von antiker Metaphysik über negative Theologie und philosophische Systeme bis in die Moderne ragende Linien spekulativer Mystik in West und Ost nicht als der eigentlichen religiösen Urintuition fremde oder sekundäre Operationen, sondern als notwendig aus dem religiösen Erleben hervorgehende und in diesem aufgehobene, gleichsam die Grenzen rationaler Darstellbarkeit abschreitende, approximative Bewegungen des Geistes begriffen werden.[114] Der Begriff der Intuition ist in diesem Sinne kein Gegenbegriff zur spekulativen Philosophie, sondern eher deren unabgeschlossenes Projekt, das unterschiedlichsten Akteuren zu unterschiedlichsten Zeiten vor Augen stand.[115]

Ottos religionsgeschichtlich-religionspsychologische Methodologie der approximativen Selbstbesinnung verfolgt dabei freilich einen narrativ-aneignenden Stil, der an vielen Stellen auch kontemplative Züge an sich hat.[116] Wie dunkel und systematisch unabgeschlossen Otto damit trotz oder gerade aufgrund seiner intensiven Bemühungen um das Erbe des Idealismus oft genug geblieben ist, zeigt auch eine Postkarte, auf der er seinem Freund und Schüler Wilhelm Thimme, offenbar in aller Kürze, auf diesbezügliche Fragen zu antworten versucht:

---

[114] Zum Verhältnis „spekulativer Christentumstheorien" zur „Religion als Lebensvollzug" vgl. in den zum Verhältnis von Idealismus und modernem Protestantismus einschlägigen Studien von U. Barth, *Gott als Projekt der Vernunft*, Tübingen 2005, 85. Aus der jüngeren Literatur im Feld religiöser Rationalität und Irrationalität vgl. u.a. J. Schmidt/H. Schulz (Hgg.), *Religion und Irrationalität. Historisch-systematische Perspektiven* (Religion in Philosophy and Theology 71), Tübingen 2013 und G. Schreiber (Hg.), *Interesse am Anderen. Interdisziplinäre Beiträge zum Verhältnis von Religion und Rationalität* (Thelologische Bibliothek Töpelmann 187), Berlin/Boston 2019.

[115] Schon die Philosophien und Theologien der Aufklärung rangen in vielfältiger Weise um die Frage nach dem epistemologischen Status intuitiver Evidenz und Erkenntnis. Im klassischen Idealismus des 19. Jahrhunderts ist hierfür besonders die auch für Otto wichtige Diskussion um das Problem der intellektuellen Anschauung und die bei Fries und de Wette begegnende Unterscheidung von Wissen, Glauben und Ahndung zu nennen. In der Philosophie des frühen 20. Jahrhunderts gehören unterschiedliche Zeitgenossen Ottos wie Henri Bergson, Edmund Husserl oder Max Scheler zu den bekanntesten Beispielen. Vgl. für einen Überblick den Klassiker J. König, *Der Begriff der Intuition*, Halle (Saale) 1926 sowie T. Kobusch, Art. „Intuition", in: HWPh 4 (1976), 524–538, E. Biser, „Intuition und Innovation. Zur Bedeutung der religiösen Intuition für den theologischen Erkenntnisfortschritt", in: MThZ 32 (1981), 169–193 und R. Kather, „Eine kleine Geschichte der Intuition. Von Platon zu Einstein", in: Dies., *Zeit und Ewigkeit: Zur Vieldimensionalität menschlichen Erlebens*, Würzburg 1992, 101–120. Aus der jüngeren Vergangenheit, siehe insbes. E. Chudnoff, *Intuition*, Oxford 2013 und G. Gabriel, *Intuitive Erkenntnis* (Zürcher Philosophische Vorträge 4), Basel 2015.

[116] Zur Bestimmung von Ottos theologischem Programm der autoreflexiven Approximation vgl. erneut Schüz, „Approssimazione infinita", 17–26. Auch hier ist die Nähe zu Goethe im Blick zu behalten, insbes. mit der Idee der „Selbstbesinnung" in der von Otto sehr geschätzten *Farbenlehre*; ebenso einschlägig sind natürlich die Überlegungen zur Selbstbesinnung und Anschauung in Schleiermachers *Monologen*.

Lieber Thimme!

[...] – Wer Intuition sagt, der sagt Erkenntnis apriori. Die letztere verstehe ich auch nicht im kantischen Sinne als Konstruktion des Objekts sondern als reines Vorfinden eines nicht sinneswahrnehmlichen Objektes. Das Heilige drucke ich eben in der 18. Auflage und die Mystik in der 2. Realist bin ich immer gewesen aber kritischer.

Herzliche Grüße verstehen sich a priori.

Dein R. Otto[117]

---

[117] Postkarte Rudolf Ottos an Wilhelm Thimme (9.3.1929), UB Marburg, Ms 797:27. Für den jungen Wilhelm Thimme (1879–1966) war Otto zunächst eine Art theologischer Mentor, später verband beide eine langjährige Freundschaft. Der Briefwechsel dokumentiert den vielfältigen fachlichen Austausch insbes. über Augustinus, als dessen Übersetzer und Erforscher Thimme später hervorgetreten ist. Kennengelernt haben sich beide über Thimmes Bruder Karl, mit dem Otto mehrere Reisen, u.a. in den Orient, unternahm.

Gesetz und Evangelium im existentialistischen Protest –

Zu Tillichs kritischer Würdigung Hegels

Burkhard Nonnenmacher

[Tillichs] Kritik an Hegel steht im Zeichen des ‚existentialistischen Protests' gegen den Essentialismus. Tillichs Beschäftigung mit der Spätphilosophie Schellings, [...] der er zeit seines Lebens verbunden blieb, ist in diesem Sinne immer auch Kritik an Hegel.[1] (GWE 8, 1)

So beginnt Erdmann Sturm seine Einleitung in Tillichs im Wintersemester 1931/1932 in Frankfurt gehaltene *Vorlesung über Hegel*, die als Bd. 8 der *Ergänzungs- und Nachlassbände* zu den *Gesammelten Werken* ediert wurde. Zugleich betont er zurecht, dass sich Tillich von Hegel aber auch positiv beeinflusst sieht.[2] Tillich selbst hat das vielfach betont. So heißt es z.B. 1952 in seinen *Autobiographischen Betrachtungen*:

[D]er Weg der Synthese wurde mein Weg. Er folgte den klassischen deutschen Philosophen von Kant bis Hegel und blieb die treibende Kraft in meiner ganzen theologischen Arbeit. Seine endgültige Form fand er in meiner ‚Systematischen Theologie'. (GW 12, 64 f.)

Und auch 1963 in seiner in Chicago unter dem Titel *History of the Protestant Theology in the 19th and 20th Century* gehaltenen Vorlesung spricht Tillich in Bezug auf Hegel noch von folgender Ambivalenz:

Der Essentialismus fand seinen mächtigsten Ausdruck in Hegel und seiner großen Synthese. Aber es gab auch verborgene existentialistische Momente bei ihm, die seine Nachfolger dann im Widerspruch zu ihm ans Licht brachten.[3] (GW 2, 204)

---

[1] Tillichs Werke werden im Folgenden nach folgenden Ausgaben zitiert: P. Tillich, *Gesammelte Werke*, hg. v. R. Albrecht, 14 Bde., Stuttgart 1959–1975 (= GW); P. Tillich, *Ergänzungs- und Nachlassbände zu den Gesammelten Werken von Paul Tillich*, hg. v. I. Henel u.a., bisher 20 Bde., Stuttgart, dann Berlin 1971 ff. (= GWE). Eine Ausnahme bildet *Tillichs Systematische Theologie*. Sie wird zitiert nach: P. Tillich, *Systematische Theologie*, 8. Aufl., Berlin/New York 1984 (= ST).

[2] Vgl. GWE 1, 4 f.

[3] Zudem gilt es zu beachten: Auch erschöpft sich für Tillich der existentialistische Protest nicht bereits in Schellings Hegelkritik, auch wenn der Protest gegen den Essentialismus zunächst einmal mit Schellings Positiver Philosophie identifiziert wird im Rekurs auf dessen Idee des sich erweisenden Gottes (vgl. GW 4, 142). Nicht erst in seinem 1954, anlässlich des 100. Todestages Schellings gehaltenen Vortrags *Schelling und die Anfänge des existentialisti-*

Bereits an diesen Stellen wird deutlich: Eine Auseinandersetzung mit Tillichs kritischer Würdigung Hegels kann nicht nur auf Tillichs Kritik Hegels bezugnehmen. Vielmehr hat sie sich mit mindestens vier Fragen zu beschäftigen, nämlich 1) mit der Frage, was Tillich an Hegel würdigt, 2) mit der Frage, was Tillich an Hegel kritisiert, 3) mit der Frage, was Tillich von Hegel gegebenenfalls übernehmen und transformieren will, sowie schließlich 4) mit der Frage, was von all dem zu halten ist. – Im Folgenden sei der Versuch unternommen, einen kleinen Beitrag zur Beantwortung dieser vier Fragen zu leisten.

1. Was Tillich an Hegel positiv würdigt

In *Kairos und Logos* von 1926 schreibt Tillich kurz vor Schluss:

Wesen und Schicksal sind nicht fremd gegeneinander: das ist das Ergebnis dieser Ausführungen. [...] Die Idee ist innerlich unendlich; sie steht der Erscheinung nicht gegenüber als die ruhende Vollendung, an der die Erscheinung unvollkommen Anteil hat, sondern sie treibt selbst zur Erscheinung, zur Ausschüttung ihrer inneren Unendlichkeit zum historischen Schicksal. [...] Dem Teilhaben der Dinge an der Idee entspricht ebenso ernsthaft ein Teilhaben der Idee an den Dingen. Der Logos wird Fleisch; er geht ein in die Zeit und offenbart seine innere Unendlichkeit. (GW 5, 69)

Zwei Seiten später wird das hier Gesagte auf Hegel bezogen, wenn Tillich schreibt:

Der bisher wichtigste Versuch, die Idee dynamisch zu fassen, ihre innere Unendlichkeit und damit ihr Eingehen in die Existenz zu verstehen, ist Hegels Dialektik. Die Idee wird konkret, sie individualisiert sich, sie geht in die Geschichte ein, sie erfährt ein Schicksal. Hier und nirgends so wie hier zeigt sich die Größe des Hegelschen Denkens. Er weiß um den Sinn des historischen Schicksals [...].[4] (GW 5, 71)

---

schen Protests (GW 4, 133–144) sagt Tillich dies ausdrücklich (vgl. GW 4, 144), sondern auch schon 1927 am Ende der Brunstäd-Rezension heißt es z.B.: „Der Versuch, den Idealismus zum Range einer christlichen Glaubensphilosophie zu erheben, scheitert an der Unbedingtheit der göttlichen Transzendenz" (GW 12, 224). Freilich ist dieser Satz im Rahmen der Brundstäd-Rezension in erster Linie gegen Brunstäd und Hegel gerichtet. Nicht zu vergessen ist aber, dass ihn Tillich an das Ende eines Textes setzt, der eine Seite zuvor Schelling selbst als einen „Hauptführer des Idealismus" (GW 12, 223) bezeichnet und Schelling lediglich zubilligt, einen „transzendentalen Realismus" (GW 12, 223) *gesucht* zu haben, der der „Weltüberlegenheit des Göttlichen weit mehr gerecht wird als der Hegelsche Idealismus" (GW 12, 223). In der Tat lässt es Tillich mit dieser Bemerkung damit auch bereits in der Brunstäd-Rezension völlig offen, ob Schellings Entwürfe bereits als hinreichend „Theonome Philosophie" (GW 12, 223) gelten können. Und auch Hegel kritisiert Tillich umgekehrt zur selben Zeit keineswegs nur. Dies gilt z.B. auch und gerade im Blick auf *Kairos und Logos* von 1926 und ebenso für die bereits erwähnte *Vorlesung über Hegel* Tillichs aus dem Wintersemester 1931.

[4] Hegel wird hier also zunächst durchaus als verbündeter benannt im Programm, unter der Überschrift *Kairos und Logos* eine „Metaphysik der Erkenntnis" zu entwickeln (so der Untertitel von *Kairos und Logos* von 1926). Geprägt ist eine solche Metaphysik der Erkenntnis

Auch diese Textstelle zeigt, dass sich Tillich durchaus *auch* mit Hegel verbunden sieht: Nämlich das im Gedanken der Verknüpfung einer konkreten Situation und eines bestimmten Begriffs des Absoluten. Allerdings folgt Tillichs Kritik Hegels in der soeben angeführten Textstelle direkt auf den Fuß. Ich werde im zweiten Teil meines Beitrags gleich noch näher darauf eingehen. Zunächst einmal sei noch etwas mehr auf Tillichs positive Bezugnahmen auf Hegel eingegangen. Auch in der *Vorlesung über Hegel* von 1931/32 wird das eben aus *Kairos und Logos* Zitierte weiter verfolgt. Tillich attestiert Hegel hier sogar, dass auch bei Hegel „der Wesensbegriff vom Kairos-Begriff konstruiert" sei (GWE 8, 105). Es ist also wichtig zu konstatieren, dass Tillich das Reflektieren der eigenen geschichtlichen Situation im Denken des Absoluten bei Hegel bereits vorgezeichnet sieht. Und dies ist freilich nichts Geringes angesichts der Tatsache, dass Tillichs *Systematische Theologie* die Reflexion über das Verhältnis von „Botschaft und Situation"[5] zu ihrem Ausgangspunkt macht. Bekanntlich heißt es hier zu Beginn des ersten Bandes:

> Ein theologisches System muß zwei grundsätzliche Bedürfnisse befriedigen: Es muß die Wahrheit der christlichen Botschaft aussprechen, und es muß diese Wahrheit für jede Generation neu deuten. Theologie steht in der Spannung zwischen zwei Polen: der ewigen Wahrheit ihres Fundaments und der Zeitsituation, in der diese Wahrheit aufgenommen werden soll. Die meisten Theologien genügen nur einer von diesen beiden Grundbedingungen. Entweder opfern sie Teile der Wahrheit, oder sie reden an der Zeit vorbei. (ST I, 9)

Zunächst einmal würde ich deshalb gerne folgendes festhalten: Das bislang Zitierte ist kein bloßer Auftakt, sondern gibt Anlass zur Frage, inwiefern auch und gerade Tillichs Idee einer *Korrelation von Situation und Botschaft*, wie er sie in der *Systematischen Theologie* ausarbeitet, noch als idealistisches Erbe zu verstehen ist, die zumindest prima facie einen Schulterschluss Tillichs mit Schelling *und* Hegel bedeutet.

Besonders deutlich wird dies m.E., wenn Tillich seine „Methode der Korrelation" am Ende der „Einleitung" in den ersten Band der *Systematischen Theologie* als „an die Stelle von drei anderen Methoden" tretend beschreibt, nämlich a) an die Stelle der Methode, die er die „supranaturalistische" nennt, b) an die Stelle der Methode, die er die „naturalistische" nennt, und c) an die Stelle der Methode, die er die „dualistische" nennt (vgl. ST I, 79). *Supranaturalistisch* nennt Tillich hier diejenige Methode, für die „die christliche Botschaft […] wie ein Fremdkörper aus einer fremden Welt in die menschliche Situation hineingefallen [ist]"[6], *naturalistisch* oder „humanistisch" dagegen jene, die „die christliche Bot-

---

für Tillich durch die „religiöse Haltung" und „das Bewußtsein" (GW 5 ,51), dass es einen „Schicksalscharakter des Erkennens zuzugestehen" (GW 5, 54) gilt, unter dem denkend das Absolute nicht über der Geschichte steht, „an einem absoluten Ort" (GW 5, 54), sondern sich dem Menschen in einer konkreten, individuellen Situation zeigt auf einem „Weg", auf dem stets die Möglichkeit besteht, „daß alles Vergangene in einem neuen Kairos neu gesetzt wird" (GW 5, 71).

[5] Vgl. ST I, 9–12.
[6] ST I, 79.

schaft aus dem natürlichen Zustand des Menschen ab[leitet]"[7], *dualistisch* wiederum jene, die in der „Errichtung eines theologischen Lehrgebäudes[8], eine Vermittlung zwischen den zuvor genannten Extremen zu entwickeln versucht, indem sie „einen supranaturalistischen Überbau auf einem natürlichen Unterbau errichtet"[9].

In der Tat kann man m.E. fragen, inwiefern nicht Hegels gesamte Argumentation gegen eine abstrakte Entgegensetzung von Allgemeinem und Besonderem für Tillichs Kritik an allen drei genannten Methoden Pate steht. Ich kann dies freilich nur andeuten, aber genau das will ich weiter einleitend doch in drei Schritten versuchen:

(1) Mit Blick auf Tillichs Kritik dessen, was er als Supranaturalismus bezeichnet, könnte zunächst gefragt werden, inwiefern für sie Hegels Kritik einer abstrakten Entgegensetzung von Endlichem und Unendlichem wichtig ist, welche das Unendliche zu einem *schlechthinnigen* Jenseits erklärt. Denn auch für Hegel gilt freilich gerade, dass das Endliche per se nicht nichts mit dem Unendlichen zu tun haben kann, falls es nicht selbst zu einem ganz Anderen zum Unendlichen werden soll und hierüber gerade das Unendliche zu einem Endlichen, das an einem Anderen seine Grenze hat.

Dass Tillich diese und andere Einschätzungen Hegels deshalb eins zu eins übernimmt, gilt damit freilich noch nicht. Das geht schon allein daraus hervor, dass Tillich über seine Methode der Korrelation sagt, sie mache „damit ernst, daß es trotz der unendlichen Kluft zwischen dem menschlichen Geist und Gottes Geist eine positive Beziehung zwischen beiden geben muß"[10]. Eine solche Aussage wären Hegel freilich nicht über die Lippen gekommen. Dennoch sieht sich Tillich vermutlich aber auch und gerade auf Hegel bezogen, wenn er Karl Barth bereits 1935 in *What is wrong with Dialectic Theology?* vorwirft, dass seine Theologie keine wahrhaft dialektische Theologie sei, sondern Supranaturalismus. Nämlich das mit folgenden Aussagen:

> Barth hat in seinem radikalen Kampf gegen die liberale Auffassung sich für die supranaturale entschieden, nicht für die dialektische, das ist seine Grenze. […] Liberal ist es, Religionsgeschichte und Offenbarung zu verwechseln, supranatural ist es, sie von einander auszuschließen, dialektisch ist es, in der Religionsgeschichte Antworten, Irrtümer und Fragen zu finden, die auf die endgültige Antwort hinführen und ohne die die endgültige Antwort ein Ungefragtes, Unverstandenes und Fremdes bleiben müßte." (GW 7, 256 f.)

Zugleich schwingt auch in diesen Aussagen aber freilich die Warnung mit, nicht von der anderen Seite vom Pferd zu fallen, nämlich die an die liberale Theologie adressierte Warnung, die göttliche Offenbarung bei all ihrer Geschichtlichkeit nicht dergestalt mit der Religionsgeschichte zu verwechseln, dass – wie es dann in

---

[7] ST I, 79.
[8] ST I, 80.
[9] ST I, 80.
[10] ST I, 80.

der *Systematischen Theologie* mit Blick auf die „naturalistische" oder „humanistische" Methode heißt –, „der Inhalt des christlichen Glaubens" nur noch „als Schöpfung der religiösen Selbstverwirklichung des Menschen im fortschreitenden Prozeß der Religionsgeschichte gedeutet"[11] wird.

(2) Tillichs Kritik jener Methode betreffend, die er die naturalistische nennt, ist erstens an Hegels Mahnung zu erinnern, dass es der Mensch in der Religion gerade nicht nur mit sich und seiner Selbstverwirklichung zu tun hat, sondern dass sich der Mensch in der Religion vielmehr seiner Subjektivität zu entschlagen habe, sowie zweitens an Hegels Überzeugung, dass das Endliche gerade nicht aus sich selbst heraus zum Unendlichen kommen kann, falls die Rede vom wahren Unendlichen nicht darüber verunmöglicht werden soll, dass es am Endlichen eine Grenze hat, das heißt ein Anderes, aus sich selbst heraus waltendes.[12]

Auch Hegels Kritik der Moraltheologie Kants und aus hegelscher Perspektive auch seine Kritik an Schleiermacher könnte man deshalb mit Blick auf Tillichs Kritik dessen heranziehen, was er als Naturalismus und Humanismus bezeichnet, nämlich die Entwicklung von „Antworten" auf letzte Fragen aus der „menschlichen Existenz" heraus, die dem Umstand nur ungenügend Rechnung trägt, dass die menschliche Existenz in ihrer Auseinandersetzung mit letzten Fragen freilich gerade nicht nur nach sich selbst fragt, sondern nach Gott als der alles bestimmenden Wirklichkeit, durch die sie ihr Fragen selbst vermittelt denken muss. Hegel kritisiert ja an Kant auch in genau diesem Sinne, dass die von Kant in den Dienst der Moral gestellte Religion den Begriff Gottes zu einem bloßen Vehikel verkommen lässt, und an Schleiermacher, dass ihm in einem unterbestimmt bleibenden Gottesgedanken die Religion zu einer Beschäftigung der endlichen Subjektivität mit sich selbst zu verkommen droht.

(3) Darüber hinaus hätte Hegel mit Tillich darin übereingestimmt, dass den Defiziten des Supranaturalismus und Naturalismus – die für Hegel, wie gerade erläutert, darin bestehen, dass weder das Endliche nichts mit dem Unendlichen zu tun haben kann, falls es nicht selbst zu einem Unendlichen werden soll und hierüber das Unendliche zu einem Endlichen, noch umgekehrt angenommen werden darf, dass das Endliche aus sich selbst heraus zum Unendlichen kommen kann – nicht nur mit jener Methode begegnet werden kann, die Tillich die „dualistische" nennt und darin gekennzeichnet sieht, dass sie die beiden anderen Methoden im Grunde nur äußerlich vereint. Äußerlich vereint nämlich nur darin, dass sie „einen supranaturalistischen Überbau auf einem natürlichen Unterbau errichtet"[13], womit Tillich an jenes Zwei-Stockwerk-Schema erinnert, das Aussagen über Gott, die für den Menschen auf einem sogenannten natürlichem Wege zu erreichen sind, unterscheidet von Aussagen von Gott, die dem Menschen nur aus Offenbarung zuteilwerden.

---

[11] ST I, 80.

[12] Vgl. hierzu auch B. Nonnenmacher, *Hegels Philosophie des Absoluten. Eine Untersuchung zu Hegels „Wissenschaft der Logik" und reifem System*, Tübingen 2013, 45 ff.

[13] ST I, 80.

Auch Hegel hat genau diese Entgegensetzung von einer sogenannten natürlichen Theologie einerseits und einer Theologie aus Offenbarung andererseits
bereits vor Tillich kritisiert. Allerdings auch das wieder unter anderen Vorzeichen
als Tillich.

Tillichs Kritik am Zwei-Stockwerk-Schema besteht an besagter Stelle der *Systematischen Theologie* nämlich in einer Kritik aller sogenannten natürlichen
Theologie, insofern sie sich nicht nur als *Frage*, sondern zudem auch als *Antwort*
auf Fragen versteht.[14] Anders als für Hegel besteht für Tillich der Mangel aller
sogenannten natürlichen Theologie deshalb nicht nur in der fälschlichen Annahme, dass bereits in den Argumenten der sogenannten natürlichen Theologie
eine Antwort auf der Suche nach der Entfaltung des einen und wahren Gottesbegriffs gefunden werden kann und nicht erst in den im Geiste Lessings zu Ver-
nunftwahrheiten transformierten geoffenbarten Wahrheiten der christlichen Tradition, deren Gottesbegriff von der Trinität Gottes und der Inkarnation des ewigen Sohnes nicht zu trennen ist. Vielmehr geht es Tillich um ein Verhältnis von
Frage und Antwort, das anerkennt, das schlechthin gilt, „daß die menschliche
Existenz die Frage ist"[15].

Was das genauer bedeutet, wie diese Überzeugung mit Tillichs Kritik an Hegel
zusammenhängt und welcher Geist in dieser Überzeugung auch und gerade in
rechtfertigungstheologischer Rücksicht von Tillich in Anschlag gebracht wird,
das wird uns durch die nächsten Abschnitte hindurch beschäftigen.

Zunächst einmal aber sei folgendes festgehalten: Es gibt in der Tat gute
Gründe dafür, darüber nachzudenken, inwieweit Tillich mit Hegel einen gemeinsamen Weg geht und worin sich beider Wege scheiden. Nicht nur die bislang
zitierten, positiv auf Hegel Bezug nehmenden Aussagen Tillichs belegen dies.
Auch die eben skizzierten Überlegungen Tillichs zu seiner „Methode der Korrelation" unterstreichen dies weiter. Dass es Tillich überdies selbst wichtig gewesen ist über die Beziehung seines Denkens zu demjenigen Hegels nachzudenken, scheint sich zudem an Zitaten aus nahezu allen Schaffensphasen Tillichs
belegen zu lassen. Interessant ist in diesem Zusammenhang vielleicht auch noch
einmal ein weiterer Blick in Tillichs Vorlesung *History of the Protestant Theology*
von 1963: Zu Beginn des Hegelkapitels dieser Vorlesung blickt Tillich nämlich
auf seine *Vorlesung über Hegel* von 1931/1932 zurück und sagt:

Es wäre besser nichts über ihn [Hegel, B.N.] zu wissen als nur das Bild von dem Mechanismus im Sinn zu haben, der sich unausgesetzt in dem Dreitakt von These, Antithese und
Synthese bewegt. Als ich das erste Mal Vorlesungen über Hegel hielt, verwandte ich einen
großen Teil der Zeit auf seine frühen Fragmente [...]. Das Studium dieser Fragmente diente
am besten dazu, uns von dem falschen Hegelbild zu befreien. Damals versuchte ich, den
Studenten auseinanderzusetzen, daß jede große Philosophie zwei Elemente in sich vereint:

---

[14] Vgl. ST I, 80: „Diese Gottesbeweise sind richtig, sofern sie die menschliche Endlichkeit
und die in der Endlichkeit enthaltene Frage analysieren. Sie sind falsch, sofern sie eine Antwort aus der Frage ableiten."

[15] ST I, 79.

das eine ist ihre Vitalität, ihr Lebensblut, ihr innerer Charakter, das andere ist die Bedrängnis, die Problematik, aus der sie hervorgeht. Kein großer Philosoph hat einfach an seinem Schreibtisch gesessen und sich vorgenommen, ein wenig zu philosophieren. Jede Philosophie ist aus einem schrecklichen Kampf zwischen göttlichen und dämonischen Mächten, zwischen Zweifel und Glauben, zwischen Bejahung und Verneinung des Lebens hervorgegangen. Alle schöpferischen Philosophen, die mehr waren als Analytiker oder Historiker, hat die Frage nach dem Geheimnis der Existenz bewegt. (GWE 2, 94)

Dieser Rückblick macht deutlich: Tillich sieht seine Vorlesung von 1931/32 im Jahr 1963 bei aller Kritik, die er in ihr an Hegel übt, auch als den Versuch, das zu entfalten, was in Tillichs Augen sein eigenes Denken mit Hegel verknüpft. – Sieht sich Tillich deshalb also vielleicht sogar selbst als Hegelianer? – Keineswegs. Aber Tillich blieb sich stets auch des hegelschen Erbes in seinem eigenen Denken bewusst. Trotz aller Kritik an Hegel, um die es jetzt im zweiten Teil gehen soll.[16]

2. Was Tillich an Hegel moniert

Tillichs Hegelkritik in *Kairos und Logos* von 1926 besteht darin, Hegel – und übrigens hier ebenso Schelling und Nietzsche – vorzuwerfen, dass sie sich alle ans *Ende* der Geschichte stellen. *Vor* ihnen gestehen sie zwar einen Schicksalscharakter des Erkennens zu. Sie selbst aber stellen sich an einem absoluten Ort. Tillich sagt:

Eine völlig klare Fragestellung und Beantwortung der Frage nach dem Entscheidungscharakter des Erkennens gibt es bisher nicht. Denn auch bei Schelling, Hegel, Nietzsche usw. wird das absolute Wagnis, der reine Schicksalscharakter der eigenen Entscheidung dadurch eingeschränkt, daß sie sich selbst gleichsam in das absolute Zeitalter stellen, [...] an den Anfang des Endes. Von da aus ist es ihnen zwar möglich, für alle Vergangenheit den Schicksalscharakter auch des Erkennens zuzugestehen. Sie selbst stehen doch wieder an einem absoluten Ort, der nicht mehr einem Nein unterworfen ist. Sie selbst sind der Entscheidung und dem Gericht enthoben: eine Hybris, über die das Gericht besonders an Hegel offenbar wurde. (GW 5, 54)

Direkt nachdem Tillich es als Hegels Größe gepriesen hat, dass in Hegels Philosophie des Absoluten die Idee in die Geschichte eingeht, sich individualisiert und ein Schicksal erfährt, fährt er deshalb folgendermaßen fort (und das ist die Stelle, die ich im ersten Teil jetzt noch nicht zitiert hatte):

---

[16] Auch Tillichs *Vorlesung über Hegel* von 1931/1932 beginnt freilich bereits mit einem Rückblick auf den „Sturz des Hegelschen Systems" und „die Katastrophe des Idealismus" (GWE 2, 27). Begründet gesehen wird dieser Sturz dabei in der „Unerträglichkeit des geschlossenen und vollendeten Systems für das Denken" (GWE 2, 27). Auf diese Unerträglichkeit gehe ich gleich näher ein. Hier sollte zunächst einmal nur festgehalten werden, dass Tillich trotz dieser konstatierten Unerträglichkeit eben auch den Versuch unternimmt, an Hegel zentrale zu bejahende Punkte vorzuführen.

und doch ist seine [Hegels, B.N.] Lösung unzulänglich. Im entscheidenden Augenblick triumphiert das Wesen über die Existenz, die Vollendung über die Unendlichkeit und damit die Statik über die Dynamik. Der Philosoph stellt sich an den Punkt der Geschichte, wo die Geschichte ihr entscheidendes Wort gesprochen hat, wo der ganze Weg übersehen werden kann, wo der Kreis sich geschlossen hat. Damit aber wird das Schicksal der Idee entwertet. Sie ist reicher geworden durch ihr Eingehen in die Geschichte als die platonische und erst recht als die kantische Idee [...]. [Aber: B.N.] Es fehlt die Möglichkeit, daß alles Vergangene in einem neuen Kairos neu gesetzt wird. (GW 5, 71)

Diese Kritik hat es freilich in sich. Denn natürlich hat man Hegel aus systematisch theologischer Perspektive zu fragen, wie es denn bei ihm um die Eschatologie und die Metapher des Spiegels in 1. Kor. 13,12 bestellt ist? Sieht Hegel Gott nicht nur durch einen Spiegel (δι' ἐσόπτρου), sondern schon jetzt von Angesicht zu Angesicht (πρόσωπον πρὸς πρόσωπον)? Kennt Hegel also tatsächlich keinen kommenden Gott, wie bereits der späte Schelling gegenüber Hegel moniert?[17] – Diese Fragen sind für Tillich wichtig. – So sehr er es an Hegel würdigt, dass dieser „den Widerspruch kennt, der von Idee zu Idee treibt", so sehr er an ihm die „Zweideutigkeit als Prinzip historischer Dialektik" als „eine Geistestat von entscheidender Wichtigkeit" würdigt, so sehr besteht für Tillich „Hegels Grenze" darin, „daß vom Gesamtprozeß aus gesehen die Zweideutigkeit aufgehoben ist, der Widerspruch unernsthaft wird".[18] Denn bereits in *Kairos und Logos* ist sich Tillich gewiss:

Die in sich unendliche Idee beweist ihre Unerschöpflichkeit, ihre Bedrohlichkeit für jede Existenz dadurch, daß sie in den realen Widerspruch eingeht, daß sie aus ihrer Tiefe schlechthin Unerwartetes, Uneingeordnetes Neues setzt.[19]

---

[17] Vgl. hierzu besonders, stellvertretend für viele andere Stellen, Schellings Begriff „des absolut Zukünftigen" in seiner *Philosophie der Offenbarung* in: F. W. J. Schelling, *Sämmtliche Werke*, 14 Bde., hg. v. K. F. A. Schelling, Stuttgart/Augsburg 1856–61 (= SW), 13, 204 f.

[18] Vgl. GW 5, 72.

[19] Im Zusammenhang lautet das Zitierte folgendermaßen: „Auch hier zeigt sich die Größe Hegels; er kennt das Ja und Nein im Wesen selbst, er kennt den Widerspruch, der von Idee zu Idee treibt. Niemand hat wie er die Zweideutigkeit des Wesens geschaut. Die Verwendung der Zweideutigkeit als Prinzip historischer Dialektik ist eine Geistestat von entscheidender Wichtigkeit. [Und nun folgt die Kritik:, B. N.] – Hegels Grenze liegt auch in diesem Punkte darin, daß vom Gesamtprozeß aus gesehen die Zweideutigkeit aufgehoben ist, der Widerspruch unernsthaft wird. Die Notwendigkeit der Synthese macht die Antithese zu einem Element des Ganzen, läßt es nicht ernsthaft zum Widerspruch gegen das Ganze kommen. Die Geschichte ist aufgenommen in die Synthesis der Synthesen, aber sie ist nicht die sprengende Kraft jeder denkbaren vollendeten Synthesis. Damit ist die Forderung begründet, die an eine kommende Dialektik gestellt werden muss: sie muß die Beziehung der Wesenheiten, die Struktur des Wesentlichen so zu erfassen versuchen, daß die Zweideutigkeit jeder Lösung in der Lösung selbst sichtbar wird. Es darf nicht auf die Lösung verzichtet werden. [...] Aber keine Lösung darf den Versuch machen, sich der Drohung zu entziehen, die mit der inneren Unerschöpflichkeit der Idee gegeben ist. Und vor allem: die Dialektik darf weder gradlinig noch abgeschlossen gedacht werden. Die in sich unendliche Idee beweist ihre Unerschöpflichkeit, ihre Bedrohlichkeit für jede Existenz dadurch, daß sie in den realen Widerspruch eingeht, daß sie aus ihrer Tiefe schlechthin Unerwartetes, Uneingeordnetes Neues setzt." (GW 5, 72).

Auch dieser Gedanke Tillichs lässt sich im Rekurs auf seine *Vorlesung über Hegel* von 1931/32 weiter verdeutlichen. Es heißt hier am Ende der 17. Vorlesung (im Manuskript):

Wer meint, ein Princip der Erkenntnis universal anwenden zu können, und wäre es auch das der Selbstbewegung der Dinge selbst durch ihren Widerspruch hindurch, hat eben damit ein Schema, das den Dingen übergeworfen ist. Bewegung kann auch klappernder Mechanismus sein, braucht noch nicht Leben zu sein. Es ist die Größe Hegels, daß er in vielen Sphären dieses Schicksal vermieden hat und in das Schema dauernd Schema sprengende, vom Schema überwältigte oder äußerlich ihm unterworfene, dafür aber richtig gesehene Dinge hingestellt hat. Es ist seine Grenze, daß der dynamische Systemzwang nicht weniger als Schelling der statische Systemzwang [gemeint ist hier freilich der Schelling der Identitätsphilosophie, B.N.] zu Ettiketierungen gezwungen hat, die das Ganze unerträglich gemacht und das einzelne in seiner genialen Sicht verdunkelt haben. (GWE 8, 353)

Nimmt man diese Kritik Tillichs an Hegel zur Kenntnis, darf man m.E. allerdings eines nicht übersehen: Sie hebt die Verbundenheit mit Hegel unter der Überschrift „Situation und Botschaft" nicht auf. Tillich geht es im Grunde genommen vielmehr darum, mit der Bedeutung des Besonderen, Individuellen noch mehr ernst zu machen als Hegel und zwar das um der Göttlichkeit Gottes willen und der Unverfügbarkeit seiner Offenbarung für den Menschen, der Gott nicht in der Tasche haben kann.

Es ist bemerkenswert, was für ein Doppelprogramm Tillich damit verfolgt: Zu Beginn der *Vorlesung über Hegel* von 1931/32 sagt er:

[V]om Thurmbau zu Babel und der menschlichen Hybris spricht im Anschluss an Kierkegaard, dem größten religiösen Kritiker Hegels, auch die heute herrschende Theologie [es folgt im Manuskript durchgestrichen „Barth", B.N.] angesichts des titanischen Versuchs Hegels, die vernünftig interpretierte Welt als das offenbare Geheimnis des Göttlichen zu verstehen [...]. (GWE 8, 28)

Tillich schließt sich diesem Vorwurf an. Nur genau das nicht im Sinne des Supranaturalismus, den er Barth vorwirft, sondern das lediglich dergestalt, dass er bereits 1927 am Ende seiner Brunstäd-Rezension schreibt: „Der Versuch, den Idealismus zum Range einer christlichen Glaubensphilosophie zu erheben, scheitert an der Unbedingtheit der göttlichen Transzendenz."[20] In der Vorlesung *History of the Protestant Theology* von 1963 wird das noch deutlicher: Dass Hegel sich selbst nicht mehr in einem Schicksal stehend denken kann, wird von Tillich hier gerade selbst zum Schicksal der hegelschen Philosophie erklärt. Nämlich das mit folgender Aussage:

Es ist das tragische Schicksal der Philosophiegeschichte, dass das logische Elemente zum entscheidenden Moment in der Philosophie Hegels wurde. [...] Seine ‚Enzyklopädie‘ (1817) beispielsweise macht den Eindruck einer Mühle, die sich immer im gleichen Rhythmus dreht, so daß man im Voraus sagen kann, was aus einem Begriff wird, wenn er durch die Mühle gedreht ist. (GWE 2, 95)

---

[20] GW 12, 224.

Gewährsmänner dieser Kritik sind Tillich in der Vorlesung von 1963 der späte Schelling und Kierkegaard. Schellings Unterscheidung von negativer und positiver Philosophie scheint von Tillich hier nun in der Tat eins zu eins identifiziert zu werden mit seiner eigenen Unterscheidung zwischen „essentialistischer Philosophie" und „Existenzphilosophie".[21] Und der Vorzug des Ansatzes Schellings gegenüber Hegels Entwurf wird dabei folgendermaßen beschrieben:

Was ihm [Schelling auf dem Gebiet der Religionsgeschichte, B.N.] bekannt war, versuchte er nicht durch sinnlose Spekulation zu erklären [...]; vielmehr sah er Seinsmächte am Werk, die den menschlichen Geist selbst ergreifen, durch sein Unterbewußtsein wie durch sein Bewußtsein wirken, sich aber von keinem von diesen *ableiten* [kursiv v. B.N.] lassen [...]. (GWE 2, 124)[22]

Bereits 1954 in *Schelling und die Anfänge des existentialistischen Protests* hatte Tillich in genau diesem Zusammenhang freilich Schellings Gedanken des sich zukünftig erweisenden Gottes in den Vordergrund gestellt.[23] Zudem nimmt Tillich in der Vorlesung 1963 nun aber auch noch auf Kierkegaard Bezug und sagt über ihn:

Seine Hegelkritik richtete sich vor allem gegen Hegels Idee der Versöhnung, die bloß im Geist des Philosophen stattfindet und keine wirkliche Versöhnung für den Menschen ist. (GWE 2, 134)

Es ist wichtig, sich klar zu machen, was mit diesem Gedanken zusätzlich ins Spiel kommt: Die „Metaphysik der Erkenntnis", die Tillich in *Kairos und Logos* entfaltet und die noch im zuletzt genannten Rückbezug auf Schellings Unterscheidung von negativer und positiver Philosophie thematisch ist, besteht zunächst einmal darin, dass der Mensch stets in einer Zukunft habenden Situation steht und nicht von der Bergeshöh aus auf die Geschichte des sich offenbarenden Absoluten blicken kann, geschweige denn am Ende dieser Offenbarungsgeschichte diese als ganze überblickt. – *Dieser* Gedanke ist jedoch noch nicht die ganze Hegelkritik Tillichs. – Vielmehr will Tillich exakt *diesen* Gedanken auch noch soteriologisch reflektiert sehen und rechtfertigungstheologisch begründen. Tillich sagt in der Vorlesung von 1963 deshalb auch:

Der göttliche oder absolute Geist kommt [bei Hegel, B. N.] zur Ruhe im Geist des Philosophen, der seine höchste Macht erreicht, wenn er die religiösen *Symbole* [kursiv v. B.N.] in *Begriffe* [kursiv v. B. N.] umwandelt. *Das* [kursiv v. B.N.] bedeutet für Hegel „Versöhnung". (GWE 2, 136)

Für Tillich ist das jedoch ein defizitärer Versöhnungsbegriff. Nämlich das aufgrund folgender Überzeugung:

---

[21] Vgl. GWE 2, 123, vgl. hierzu allerdings auch noch einmal das in Fußnote 3 Zitierte.

[22] Schelling wird von Tillich dabei als „der mächtigste und bedeutendste Kritiker Hegels" gewürdigt, der nach „Hegels große[r] Synthese" von einem „Standpunkt" aus denkt, „der die Grundlage für eine neue Synthese anbot", vgl. GW 2, 124.

[23] Vgl. GW 4, 142.

Symbolisch könnte man sagen, daß diese Synthesen [Hegels, B. N.] nur im innergöttlichen Leben stattfinden, aber nicht in der menschlichen Situation, in der Entfremdung herrscht. (GWE 2, 136)

Wenn ich es richtig verstehe, ist Tillichs Vorwurf gegenüber Hegel an dieser Stelle damit dies, dass Hegels Realphilosophie den Menschen gerade nicht als den durch Angst, Verzweiflung und Erlösungsbedürftigkeit gekennzeichneten Menschen entfaltet, der sich gerade *nicht* selbst erlösen kann, auch nicht im Denken. Dreh- und Angelpunkt dieser Überlegungen ist für Tillich dabei der Gedanke, dass sich die Frage nach der Rechtfertigung des Menschen vor Gott nicht nur auf die Moral, sondern ebenso auf den Intellekt des Menschen bezieht. Tillich wirft Hegel in diesem Zusammenhang deshalb auch noch vor, gerade *nicht* hinreichend gesehen zu haben, dass der „Zweifel [...] *immer* [kursiv v. B.N.] zur menschlichen Situation [gehört]"[24] und macht geltend, dass Luthers *simul iustus et peccator* nicht nur auf die *voluntas*, sondern auch und gerade auf den *intellectus* des Menschen zu beziehen sei[25], und zwar das nicht zuletzt unter Berufung auf „seinen Lehrer" Martin Kähler.[26]

Weiter verdeutlichen lässt sich dies an dieser Stelle vielleicht auch noch durch eine kurze Bezugnahme auf Tillichs *Rechtfertigung und Zweifel* von 1924. Er heißt hier:

Für Luther ist der Unglaube die eigentliche Sünde. [...] Dieser Unglaube ist identisch mit dem Willen, die unbedingte Wahrheit zu suchen, Gott zu erdenken, zu experimentieren, experieren, und das heißt: der Wille, den eigenen, außerhalb des Sinngrundes stehenden Ausgangspunkt des Suchens absolut zu setzen und diesem endlichen Standpunkt dadurch die Weihe zu geben, daß man Gott dazu findet, d.h. erfindet. (GW 8, 91)

Letztlich wirft Tillich damit Hegel 1934 freilich genau auch dasjenige vor, was Hegel auch Barth vorgeworfen hat im Rahmen seiner bis zum Sommersemester 1933 in Bonn „durchgeführten"[27], aber dann erst 1947 in erster Auflage erschienenen *Vorlesungen über die Geschichte der protestantischen Theologie der Neuzeit*, nämlich dies: am Ende des Tages nichts anderes als eine Selbstverabsolutierung des endlichen Geistes zu betreiben.[28] Von Tillich wird dabei auch der „sichvoll-

---

[24] GWE 2,175.

[25] Vgl. GWE 2,176.

[26] Vgl. GWE 2, 175.

[27] Vgl. K. Barth, *Die protestantische Theologie im 19. Jahrhundert. Ihre Vorgeschichte und ihre Geschichte*, 6. Aufl., Zürich 1994, V.

[28] Vgl. K. Barth, *Die protestantische Theologie im 19. Jahrhundert. Ihre Vorgeschichte und ihre Geschichte*, 6. Aufl., Zürich 1994, 375 f.: „Hegel hat die Positivität, die Geschichtlichkeit der Offenbarung, die Einzigartigkeit Christi nicht in Abrede gestellt, sondern mit Emphase behauptet. Aber zu einem realen und unaufhebbaren Gegenüber von Gott und Mensch, zu einem Gesprochenwerden und Hören eines Wortes, eines neuen, im strengen Sinn offenbarenden Wortes zwischen Beiden kann es bei ihm nicht kommen. [...] Indem Gott sich offenbart, hat ihn der Religionsphilosoph schon eingesehen in der Vorläufigkeit dieses seines Tuns und hat den Hebel schon in der Hand, den er bloß niederzudrücken braucht, um von Gottes

bringende Skeptizismus"[29] der *Phänomenologie des Geistes* Hegels und der sich auf sich beziehende Zweifel Descartes' geschickt in seine Argumentation eingebunden. Für Tillich ist der Zweifel nämlich gerade nicht ein Mittel zum Fortschritt im Denken, sondern Tillich sagt vielmehr:

Auch die Sünde des Zweiflers ist der Unglaube, nämlich das Nichtzweifeln an seinem eigenen Zweifel und der Versuch, von diesem grundsätzlich gottlosen Standpunkt [aus, B.N.] Gott zu suchen. (GW 8, 91)

Descartes' *fundamentum inconcussum* wird hier in pointierter Form selbst noch einmal Gottlosigkeit und Werksgerechtigkeit attestiert. Freilich zweifelt das Zweifeln bei Descartes probehalber auch an sich selbst. Aber eben dies gerade mit dem Ergebnis, dass hier ein *fundamentum inconcussum* gefunden wird, von dem dann in der Tat aus Gott gesucht und in den Gottesbeweisen der cartesischen Meditationen gefunden werden kann. All das ist Tillich zu viel. Das Auf-sich-selbst-Bezugnehmen des Zweifels ist ihm nicht der Weg des menschlichen Bewusstseins, um in sich selbst einen sicheren Halt zu finden. Vielmehr ist für Tillich dieser Weg gerade die Nichtanerkennung und Verkennung der Alleinwirksamkeit Gottes. Erst die Anerkennung genau dieses Gedankens ist für Tillich deshalb dann auch der „Durchbruch" der „göttlichen Grundoffenbarung, die vor allem Zweifeln und Suchen steht"[30]. Und dabei geht es Tillich um nichts Geringeres als um den Verzicht auf „das Denken als Werk"[31]. Bezogen sieht er diese Überlegungen dabei ferner direkt auf Luthers Verhältnisbestimmung von Gesetz und Evangelium, wenn er sagt:

Der Zweifler ist also derjenige, den das Gesetz der Wahrheit mit seiner ganzen rücksichtslosen Gewalt gepackt hat und der, da er dieses Gesetz nicht erfüllen kann, der Verzweiflung entgegengeht. Der Zweifler befindet sich also in der Lage dessen, der an seinem Heil verzweifelt, nur daß für ihn das Unheil nicht das Verwerfungsurteil Gottes, sondern der Abgrund der Sinnleere ist. (GW 8, 89)

Ich halte diese Stelle für eine absolute Schlüsselstelle, auch und gerade Tillichs kritische Würdigung Hegels betreffend. Denn sie bezieht Tillichs unter der Überschrift *Kairos und Logos* entfaltete „Metaphysik der Erkenntnis" nicht nur auf 1 Kor 13,12, sondern stellt diese Gedanken selbst noch einmal in den Dienst des Rechtfertigungsgedankens und der Anerkennung der Alleinwirksamkeit Gottes. In *Kairos und Logos* selbst bezieht Tillich diese Überlegungen überdies auch noch

---

Offenbaren weiterzukommen zu der höheren Stufe des göttlichen *Offenbarseins*, in dem alles Gegebene, alle Zweiheit aufgehoben, alles Reden und Hören gegenstandslos geworden und in reines Wissen, das Wissen des menschlichen Subjekts, zurückverwandelt ist, wie es aus diesem ursprünglich hervorgegangen ist."

[29] Vgl. Georg Wilhelm Friedrich Hegel, *Gesammelte Werke*, hg. v. der Nordrhein-Westfälischen Akademie der Wissenschaften, Hamburg 1968 ff. (im Folgenden = Hegel, GW) 3, 56.

[30] GW 8, 92.

[31] GW 8, 92.

auf den Gedanken der „Entscheidung für oder wider das Unbedingte"[32] und sagt hierzu:

> Das Bewußtsein ist gar nicht imstande, sich jederzeit in Freiheit den ewigen Formen zu-zuwenden. Es ist immer Kampfplatz göttlicher und dämonischer Kräfte, und seine Er-kenntnis ist bestimmt durch den Stand dieses Kampfes. (GW 5, 54)

Luthers Lasttiermetapher in *De servo arbitrio*[33] wird hier von Tillich gewisser-maßen auf den Intellekt und die richtige Stellung zum Zweifel appliziert. Hegels Philosophie des Absoluten dagegen wird gleichsam zu einer *incurvatio in seipsum* gestempelt, die Luthers *Disputatio de homine* nicht richtig ernst genommen hat.[34]

Explizit wirft Tillich Hegel deshalb 1944 in *Entfremdung und Versöhnung im modernen Denken* auch vor, den Gedanken des Abfalls des Menschen von seiner eigenen Natur nicht ernst genug genommen zu haben. „Entfremdung in der Exis-tenz schließt Versöhnung nicht in sich"[35] sagt Tillich hier. Hegel macht er zum Vorwurf aber genau das zu denken, wenn bei ihm das Endliche als das Nichtan-dere des Absoluten je schon mit dem Absoluten versöhnt ist. Diese Idee von der Versöhnung ist für Tillich jedoch schlicht „eine Versöhnung ohne ‚Rechtferti-gung'"[36]. Noch in der Vorlesung von 1963 heißt es deshalb auch:

> Man kann eine Lehre vom Menschen aufstellen, die seine essentielle Natur und seine Stellung als solche im Universum im Auge hat – dies ist die essentialistische Anschauung, – oder man kann den Menschen, wie er in Raum und Zeit lebt, betrachten und den Konflikt zwischen diesem Menschen und seiner essentiellen, guten Natur beobachten – dies ist die Anschauung des Existentialismus. In der christlichen Religion wird dieser Konflikt als Konflikt zwischen der geschaffenen guten Natur des Menschen einerseits gesehen, deren höchster Ausdruck die Freiheit ist, seiner guten Natur zu widersprechen, und dem Fall unter die Bedingungen der existentiellen Entfremdung andererseits. Dies ist die universale Situation, in der der Mensch sich befindet, aber der Mensch trägt zugleich auch Schuld an dieser Situation. Die existentialistische Philosophie ist eine Auflehnung gegen die Vorherr-schaft essentialistischer Momente in den meisten westlichen Philosophien. (GWE 2, 203)

Und in *Schelling und die Anfänge des existentialistischen Protests* heißt es zuvor bereits entsprechend:

> Unter Existentialismus verstehe ich die Philosophie, die auf die Existenz der Dinge, so fern sie im Widerspruch zu ihrem Wesen stehen, platonisch und christlich gesprochen, auf die Dinge in ihrem Abfall von sich selbst gerichtet ist. Exististiale Elemente [...] brechen revolutionär hervor im 19. Jahrhundert in dem Kampf der Vorläufer des gegenwärtigen Existentialismus, Kierkegaards, des frühen Marx, Nietzsches, Burkhardts, gegen Hegel [...]. (GW 4, 135)

---

[32] GW 5, 51.
[33] Vgl. Luther, WA 18, 635.
[34] Vgl. hierzu insbesondere die Thesen 17 ff. und 24 ff. (Luther, WA 39/I, 175 f.).
[35] GW 4, 189.
[36] GW 4, 189.

Ich zitiere all diese Stellen deshalb, weil sie m.E. gut zeigen, dass wir uns freilich auch bereits 1926 inmitten der Sündenlehre befinden, wenn Tillich in *Kairos und Logos* sagt:

Die Möglichkeit, Wahrheit zu erkennen, ist abhängig von Entscheidung und Schicksal, ist begründet im Kairos. [...] Es ist notwendig, diesen Tatbestand ins Bewußtsein zu ziehen, um der Hybris des absoluten Erkenntnisubjekts entgegenzutreten und die Grenzen aufzuweisen, die der Kairos dem Logos steckt. (GW 5, 60)[37]

Im zweiten Band der *Systematischen Theologie* erfahren diese Überlegungen dann ihre vielleicht prominenteste Ausführung, wenn es hier über die „Entfremdung als Hybris" heißt:

Ihr Hauptsymptom ist, daß der Mensch seine Endlichkeit nicht anerkennen will. Er identifiziert Teilwahrheiten mit der letzten Wahrheit, wie es z.B. Hegel tat, als er den Anspruch erhob ein endgültiges System aller möglichen Wahrheit geschaffen zu haben. Die existentialistischen [...] Reaktionen gegen sein System [...] waren die Antwort auf seine metaphysische *hybris*, mit der er die Endlichkeit des Menschen ignoriert hatte. (ST II, 59)

Fast könnte man vor diesem Hintergrund sagen, dass Tillichs Hegelkritik von der Überzeugung geprägt ist, dass die Hegelkritik des späten Schelling in ihrer rechtfertigungstheologischen Konnotation im Geiste des 20. Jahrhunderts ausbuchstabiert werden muss. Fast könnte man sagen, Tillich stempelt Hegel zu einem Antinomer, dem die Dramatik der Unterscheidung von und die Beziehung zwischen Gesetz und Evangelium bei Luther in ihrer nicht nur die *voluntas* sondern auch den *intellectus* betreffenden Dimension nicht zu Bewusstsein gekommen ist. Und Schelling selbst bemerkt freilich bereits am Ende der 24. Vorlesung seiner *Darstellung der reinrationalen Philosophie* auch nicht nur das Folgende:

[W]ir fordern, daß die Gottheit dem Bewußtseyn der Menschheit immer näher tritt; wir verlangen, daß sie nicht mehr bloß ihrer Folge, sondern *selbst* ein Gegenstand des Bewußtseins wird; aber auch dahin ist nur stufenweise zu gelangen, zumal die Forderung ist, daß die Gottheit nicht in das Bewußtseyn einzelner, sondern in das Bewußtseyn der Menschheit eingehe, und so sehen wir wohl, daß jener Erweis ein durch die gesammte Wirklichkeit und durch die ganze Zeit des Menschengeschlechts hindurchgehender ist, der insofern nicht ein abgeschlossener, sondern ein immer fortgehender ist, und ebenso in die Zukunft unseres Geschlechts hinausreicht, als in die Vergangenheit desselben zurückgeht. In diesem Sinne vorzüglich auch ist die positive *geschichtliche* Philosophie." (SW 11, 571)

Freilich, nur soweit zitiert könnte man das schellingsche Programm gewissermaßen noch nur als eine Art Blaupause für Tillichs Kritik an Hegel verstehen, *insofern* sie ihm lediglich vorwirft, bereits jetzt im Eschaton stehen zu wollen, beziehungsweise ein Zu-Viel oder vielmehr ein Viel-zu-Viel an präsentischer Es-

---

[37] Auch im Blick auf Hegels Methode gilt für Tillich deshalb das Urteil, dass sich gerade „allererst in der Methode [verrät], was schicksalsmäßig an der Zeit ist, welche Bahnen der Kairos dem Logos eröffnet." (GW 5, 61). Auch Hegels Methode ist ihm damit freilich nur eine Episode, die gerade fehl geht, wenn sie glaubt, nicht nur Episode zu sein.

chatologie zu lehren. Aber auch den hierüber noch einmal hinausgehenden Bezug dieser Kritik auf den *articulus stantis et cadentis ecclesiae* bei Tillich kann man bei Schelling bereits vorbereitet finden. Unmittelbar an das zuletzt Zitierte anschließend, heißt bei Schelling überdies nämlich auch noch:

> Dieses also ist die Aufgabe der zweiten Philosophie; der Uebergang zu ihr ist gleich dem Uebergang vom alten zum neuen Bunde, vom Gesetz zum Evangelium, von der Natur zum Geist. (SW 11, 571)

Ich beende mit diesem Hinweis die Darstellung der Kritik Tillichs an Hegel und komme nun zu Frage, welche Konsequenzen Tillich aus ihr für sein eigenes Denken zu ziehen versucht.

3. Wie Tillich das gesteckte Programm umsetzen will

Schon formallogisch ist klar, dass sich Tillichs Ziel einer Abkehr von der bei Hegel ausgemachten Schematik nicht über eine neue Schematik erreichen lässt. Mit einem bloßen Beschwören des Kairos ist es jedoch auch nicht getan. Denn auch Tillich bedarf der Möglichkeit einer Unterscheidung von tatsächlicher und vermeintlicher Offenbarung. In *Kairos und Logos* spricht er in diesem Zusammenhang vom „Wächter", „der das Unbedingte schützt, der eine Verletzung der Unbedingtheit durch einen bedingten Standpunkt abwehrt"[38]. Die Frage ist jedoch, wie jener Wächterstandpunkt seines Amtes walten können soll, ohne dass er sich selbst verabsolutiert.[39]

Tillichs Symboltheorie ist m.E. sein Antwortversuch auf diese Frage ab spätestens 1928.[40] Vermittelt wird sie jedoch freilich durch weitere Begriffe. So z.B. 1927 durch den Begriff eines sogenannten „Gläubigen Realismus".[41] Tillich will mit ihm einerseits auf den Sinn in aller Profanität hinweisen und zugleich gegen eine Verabsolutierung bestimmter Kategorien im „jede denkbare und erfahrbare Wirklichkeit"[42] übersteigenden Glauben protestieren. Letzteres wirft Tillich dem Idealismus vor. Doch wie sucht man nach Tillich nun gelingend „*innerhalb* der konkreten Existenz"[43] nach dem Unbedingten?

---

[38] GW 5, 74.

[39] In *Kairos und Logos* fügt Tillich deshalb auch noch folgenden Satz hinzu: „Aber der Wächter ist nicht der Bewachte, und wenn er es zu sein beansprucht, so ist gerade er es, der die Wache aufhebt und das Heilige verletzt." (GW 5, 74).

[40] Vgl. W. Schüßler und E. Sturm, *Paul Tillich. Leben – Werk – Wirkung*, Darmstadt ²2015, 13.

[41] Vgl. B. Nonnenmacher, „Tillichs gläubiger Realismus im Spannungsfeld von Reformation und Revolution", in: R. Asmar/Ch. Danz/M. Leiner/M. L. Weaver (Hgg.), *Reformation und Revolution in der Wahrnehmung Paul Tillichs, Tillich Research 18 (2019)*, 173–188.

[42] GW 4, 89.

[43] GW 4, 94.

Ich muss in diesem Zusammenhang noch einmal auf Tillichs Begriff der Al-leinwirksamkeit Gottes zurückkommen. Geachtet ist sie für Tillich nicht bereits dann, wenn jede Rede von Gott als durch von Gott vermittelte *gedacht* wird. Das ist ja auch und gerade das Programm Hegels. Tillich meint vielmehr, dass die Tatsache, dass *wir* das Absolute *nicht ergreifen* können, so verstanden werden muss, dass es *von uns* überhaupt *nicht begriffen* werden kann und ein „unerreich-bares Geheimnis"[44] für uns bleiben muss, wie Tillich 1927 in *Gläubiger Realismus II* ebenfalls sagt. Tillichs (reife) Symboltheorie versucht nun, diesem Gedanken dadurch gerecht zu werden, dass sie Gott als das Seins-Selbst behauptet, von dem nur indirekt, in symbolischen Sätzen geredet werden kann. Im ersten Band der *Systematischen Theologie* heißt es deshalb prominent:

Der Satz, daß Gott das Sein-Selbst ist, ist ein nicht-symbolischer Satz. Er weist nicht über sich selbst hinaus. Was er sagt, meint er direkt und eigentlich. Wenn wir von der Wirklich-keit Gottes sprechen, behaupten wir in erster Linie, daß er nicht Gott wäre, wenn er nicht das Sein-Selbst wäre. Andere Aussagen können, wenn sie theologisch sein sollen, nur auf dieser Basis gemacht werden. [...] Über diese Aussage hinaus kann allerdings nichts über Gott als Gott gesagt werden, was nicht symbolisch wäre. (ST I, 277)

Mit diesem Ansatz will Tillich die Göttlichkeit Gottes ernsthafter wahren als Hegel und alle Verunendlichung von Endlichem verhindern, ohne dass Gott da-bei freilich zu jenem Jenseits verkommen soll, das bereits Hegel moniert hat, und zwar das für Tillich in bestimmter Weise zurecht, wie oben anhand der gegenüber Barth geäußerten Vorwürfe Tillichs deutlich wurde. Der Symbolbegriff soll also beides zusammenbringen. Denn im Symbol soll sowohl in der über sich selbst hinaus deutenden Endlichkeit die Verunendlichung des Endlichen verhindert als auch die Gegenwärtigkeit des Unbedingten im Konkreten gewährleistet werden. – Ich kann hier nicht ausführlicher auf Tillichs Symboltheorie eingehen. Hier soll nur vorsichtig die Frage in den Raum gestellt werden, ob und wenn ja, inwiefern Tillichs Symboltheorie nicht auch und gerade von seiner kritischen Auseinan-dersetzung mit Hegel geprägt ist.

4. Was ist von Tillichs Auseinandersetzung mit Hegel zu halten?

Oben ist deutlich geworden, dass Tillich ein ambivalentes Verhältnis zu Hegel hat. Tillich ist nicht nur Kritiker Hegels, er übernimmt auch von Hegel. Christian Danz hat dies in seiner 2015 unter dem Titel *Religion als Freiheitsbewußtsein* erschienenen Gesamtdarstellung der Theologie Paul Tillichs an vielen Stellen deutlich gemacht und daran erinnert, dass auch Tillichs *Systematische Theologie* noch auf Hegels frühe Schriften zurückkommt und zentrale Begriffe derselben positiv würdigt, auch wenn dies freilich am fundamentalen Charakter von Til-lichs Hegelkritik nichts ändert.[45]

---

[44] Tillich, GW 4, 99.

[45] Vgl. C. Danz, *Religion als Freiheitsbewußtsein. Eine Studie zur Theologie als Theorie der*

Doch was ist nun von Tillichs Hegelkritik zu halten? Gunther Wenz hat bereits 1979 in seiner Studie *Subjekt und Sein* darauf hingewiesen, dass Tillichs Hegelkritik an vielen Stellen „undifferenziert"[46] sei und Hegel „nicht gerecht" werde, ohne dass das jedoch etwas an der Tatsache ändere, dass sie „bedeutsam" ist „in ihrer Absicht, Polemik gegen die absolute Autonomie [des Menschen]"[47] zu sein und die Alleinwirksamkeit Gottes in der Entwicklung einer „theonomen Metaphysik"[48] zu achten.

Wie steht es nun aber bei Hegel um die Achtung der Alleinwirksamkeit Gottes? Will denn nicht auch Hegel Gott als „das einzige *principium essendi* und *principium cognoscendi*" denken[49], wie er bereits in der Krug-Rezension 1802 betont? Und sagt er nicht auch gerade deshalb in der Wesenslogik 1813, dass jedwede Auslegung des Absoluten als Selbstauslegung des Absoluten gedacht werden muss?[50] Auch für Hegel ist exakt deshalb das religiöse Bewusstsein des Menschen *Selbstexplikation* Gottes, in der Gott sich dem Menschen offenbart. Der Streitpunkt zwischen Tillich und Hegel ist deshalb also von vornherein nie das Anerkennenwollen der Alleinwirksamkeit Gottes, sondern die Frage, auf welchem Wege dieser Vorhabe genüge getan ist. Und genau hier ist Tillich anderer Meinung als Hegel. Seine Symboltheorie will es besser machen als Hegel. Zentral ist für sie der Gedanke des Nur-indirekt-auf-Gott-Bezugnehmenkönnens. So soll der absolute Standpunkt vermieden werden, der in Tillichs Augen die Dimension der noch nicht vollendeten Versöhnung des Menschen mit Gott, der Zukünftigkeit der Offenbarung und der unbedingten Erlösungsbedürftigkeit des Menschen verdirbt.

Am Ende meines Beitrags möchte ich vor dem Hintergrund des Entwickelten nun noch vier Problemfelder formulieren, die mir wichtig zu sein scheinen, wenn man Tillichs Hegelkritik systematisch zu diskutieren gewillt ist.

(1) Ein erstes Problemfeld ist die Tatsache, dass Tillich Gott direkt bestimmt, wenn er ihn als nur „indirekt" bestimmbar bestimmt und sagt:

Es ist die Aufgabe des Theologen, das, was indirekt im religiösen Denken und Ausdruck enthalten ist, begrifflich auszusprechen. Um das zu können, muß Theologie mit dem abstraktesten und gänzlich unsymbolischen Satz beginnen, nämlich damit, daß Gott das Sein-Selbst oder das Absolute ist. Über diese Aussage hinaus kann allerdings nichts über Gott als Gott gesagt werden, was nicht symbolisch wäre. Wie wir bereits gesehen haben, ist Gott als das Sein-Selbst der Grund der ontologischen Struktur des Seins, ohne selbst dieser

---

Konstitutionsbedingungen individueller Subjektivität bei Paul Tillich, Berlin/Boston 2015, bes. 293, 375.

[46] Vgl. G. Wenz, *Subjekt und Sein. Die Entwicklung der Theologie Paul Tillichs*, München 1979, 94.

[47] Vgl. Wenz, *Subjekt und Sein*, 95.

[48] Vgl. GW 12, 36.

[49] Vgl. Hegel, GW 4, 179.

[50] Vgl. Hegel, GW 11, 370: „Es soll aber dargestellt werden, was das Absolute ist; aber diß Darstellen kann nicht [...] äussere Reflexion seyn, [...] sondern es ist die Auslegung und zwar die eigene Auslegung des Absoluten".

Struktur unterworfen zu sein. Er *ist* diese Struktur, das heißt, er hat die Macht, die Struktur von allem, was am Sein teilhat, zu bestimmen. Wenn daher irgend etwas über Gott ausgesagt wird, was über diese erste Aussage hinausgeht, ist das nicht mehr eine direkte und eigentlich Aussage. Sie ist indirekt und deutet auf etwas jenseits ihrer selbst hin – sie ist symbolisch. (ST I, 277)

Denn die Aussage, dass Gott nur indirekt bestimmt werden kann, versteht sich selbst doch offenbar gerade nicht als eine nur indirekte Aussage. Dasselbe gilt für die Aussagen, a) „dass Gott das Sein-Selbst ist", b) dass „[ü]ber diese Aussage hinaus allerdings nichts über Gott als Gott gesagt werden kann, was nicht symbolisch wäre" sowie c) dass daraus hervorgehe, dass Gott als „Grund der ontologischen Struktur des Seins" gerade nicht dieser „Struktur unterworfen" sei. Weitere Aussagen ließen sich anführen. Denn auch die Aussagen d), dass Gott eine „Struktur" ist, dass er e) als diese eine „Macht" hat sowie f), dass Gott der „Grund des Seins"[51] und g) als dieser Grund die „Struktur des Seins" ist, an dem h) etwas „teilhaben" kann, scheinen freilich allesamt Aussagen zu sein, die die Aussagen über „Gott als Gott" machen wollen, nämlich das eben gerade darin, dass sie jene Indirektheit darüber erläutern, dass sie Gott als „Grund der ontologischen Struktur des Seins" zu erläutern versuchen.

Damit steht folgendes Problem im Raum: Bedarf es einer Unterscheidung bei Tillich zwischen einerseits indirekten Aussagen über Gott und andererseits Aussagen über die Indirektheit aller Aussagen über Gott? Und falls ja, wie, in welcher Methodologie und unter welchem Maßstab wird bei Tillich zwischen indirekten Aussagen über Gott und Aussagen über die Indirektheit jedweder Rede von Gott dann eigentlich unterschieden? Wer oder was rechtfertigt denn jene Aussagen über die Indirektheit insoweit, dass man in, mit und unter ihnen denken darf? Wer oder was garantiert, dass nicht gerade all jene Aussagen zu jener Indirektheit aller Aussagen über Gott selbst einer Indirektheit unterliegen in ihrem Versuch, „Gott als Sein und das Wissen von Gott"[52] zu charakterisieren?

Dies führt zu einer weiteren Frage: Ist Tillichs Symboltheorie eine Theorie, die auf sich selbst anwendbar ist? Oder gilt, dass sie sich selbst an einen Ort stellt, den es in ihr gar nicht geben kann? Nun ist sich Tillich dieser Problematik freilich selbst durchaus bewusst. Besonders deutlich wird dies zu Beginn des zweiten Bandes der *Systematischen Theologie*, wenn Tillich hier unter der Überschrift „Neuformulierung einiger im ersten Band gegebenen Antworten" die „Frage" aufgreift, „ob es einen Punkt gibt, wo eine nicht-symbolische Aussage über Gott gemacht werden muss"[53]. Tillich sagt bekanntlich hier:

Eine solche Aussage gibt es: Alles, was über Gott gesagt werden kann, ist symbolisch. Diese Behauptung ist eine Aussage über Gott, die selbst nicht symbolisch ist. Sonst würden wir in einen Zirkelschluß geraten. Andererseits: Wenn wir auch nur *eine* nicht-symbolische

---

[51] Vgl. ST I, 276.
[52] ST I, 277.
[53] ST II, 15.

Aussage über Gott machen, scheint seine Transzendenz gefährdet zu sein. Diese dialektische Schwierigkeit spiegelt die menschliche Situation in ihrer Beziehung zum göttlichen Grund des Seins. Obwohl der Mensch aktuell vom Unendlichen geschieden ist, kann er doch etwas von ihm wissen, weil er potentiell an ihm partizipiert. Das zeigt sich daran, daß uns etwas unbedingt angehen kann – eine allgemein menschliche Möglichkeit –, gleichgültig, was der Inhalt dieses unbedingten Anliegens ist. Hier ist der Punkt, an dem wir nicht-symbolisch über Gott reden, allerdings in der Form des Fragens nach ihm. In dem Augenblick jedoch, in dem wir über diesen Punkt hinausgehen, findet die Verschmelzung einer symbolischen mit einer nicht-symbolischen Aussage satt. Wenn wir sagen: ‚Gott ist das Unendliche oder das Unbedingte oder das Sein Selbst‘, sprechen wir zugleich rational und ekstatisch. Das beschreibt genau die Grenzlinie, an der symbolische und nicht-symbolische Rede zusammenfallen. Bis zu dieser Grenze ist jede Aussage nicht-symbolisch (im Sinne *religiöser* Symbolik). Jenseits dieser Grenze ist jede Aussage symbolisch (im Sinne *religiöser* Symbolik). Die Grenzlinie selbst ist beides: nicht-symbolisch und symbolisch. Diese dialektische Situation ist der begriffliche Ausdruck für die existentielle Situation des Menschen. Sie ist die Bedingung für seine religiöse Existenz und seine Möglichkeit, Offenbarung zu empfangen. (ST II, 15 f.)

Tillich zeigt sich hier als der zuletzt skizzierten Probleme bewusst. Beantwortet werden sie von Tillich, so wie ich es verstehe, folgendermaßen: Die Unvermeidbarkeit nicht-symbolischer Rede von Gott, also auch von direkten Aussagen über die Indirektheit jedweder Rede von Gott, ist solange gerechtfertigt, als sie der Frage nach Gott dient. Wer über den Stand des Fragens hinaus geht, der allerdings sei sich gewahr, dass er die Grenze vom nicht-symbolischen Fragen zur symbolischen Antwort im Aussagesatz überschritten hat. So sieht Tillich vermieden, dass Aussagen über die Indirektheit der Rede von Gott, wenn sie auf sich selbst angewendet werden, gegen die Wand fahren in der Überlegung, was denn eigentlich der propositionale Gehalt einer Aussage ist, die lautet, dass nur indirekt bestimmt werden kann, was es heißt, nur indirekt von Gott sprechen zu können.

Tillich wendet jene Aussagen mit dem zuletzt Zitierten im Grunde nämlich selbst in Fragen um und unterstellt seine im ersten Band entfaltete Gotteslehre damit selbst der im zweiten Band entfalteten „existentiellen Situation des Menschen“[54]. Nicht nur verteidigt sich Tillich aber freilich mit dieser Antwort. Vielmehr bekundet er mit ihr gerade auch noch einmal genau jenen „Protest des Existentialismus gegen den Essentialismus“[55], von dem seine gesamte Hegelkritik geprägt ist. Die Frage nach Gott, die sich selbst schon die Antwort ist, ist ihm in der Tradition der lutherischen Verhältnisbestimmung von Gesetz und Evangelium gleichsam der *Antinomismus* als die fälschlicherweise auf der Ebene des Intellekts angenommene Überwindung des Zustands der *lex semper accusans*. Es ist diese Tradition, in der Tillich m.E. seinem eigenen Verständnis nach Hegel zum Vorwurf machen zu können glaubt, die Entfremdung des Menschen unterschätzt zu haben.

---

[54] ST II, 16.
[55] Vgl. ST II, 30–32.

Ob Tillich mit der eben geschilderten Antwort zu Beginn des zweiten Bandes seiner *Systematischen Theologie* auf die zuvor gestellten Rückfragen, die im Grunde im Geltendmachen der „Entfremdung" und der „Ernsthaftigkeit des Zweifels"[56] gegenüber allem Essentialismus, auch und gerade eines Hegel, besteht, – ob Tillich mit dieser Antwort letztlich aber nicht doch nur eine „evangelica desperatio"[57] herstellt, die zu einer bloßen Attitüde zu verkommen droht, das ist dann noch einmal ein ganz andere Frage. Denn natürlich darf und muss auch heute noch gefragt werden, was denn ein Hegel und ein Luther zu Tillichs Position gesagt hätten und wie sie diese zu ihrer jeweils eigenen Verhältnisbestimmung von Gesetz und Evangelium in Beziehung gesetzt hätten.

(2) Ein zweites Problemfeld stellt Tillichs Beantwortung der Frage dar, wie sich wahre von falschen Symbolen des als Sein-Selbst verstandenen Gottes unterscheiden lassen sollen. Tillich beschäftigt diese Frage bereits in *Das religiöse Symbol* von 1928. In der *Systematischen Theologie* unterscheidet Tillich zudem zwischen der Echtheit und Wahrheit von Symbolen. Ich kann hier nicht ausführlicher auf diese Unterscheidung eingehen. Aber ich will daran erinnern, dass Tillich im ersten Band der *Systematischen Theologie* als „Kriterium" aller Offenbarung die Fähigkeit bestimmt, alles Endliche an sich selbst aufzuheben.[58] Vollkommen sieht Tillich das „im Kreuz Christi"[59] verwirklicht und sagt deshalb: „Durch sein Kreuz opferte Jesus sich selbst als Medium der Offenbarung [...]."[60]

Zu diskutieren ist nun aber auch wieder, wie das hiermit benannte Kriterium *methodologisch* umgesetzt werden soll in der Frage nach der Unterscheidbarkeit wahrer von falschen Symbolen. Dies wird besonders deutlich, wenn Tillich im letzten Teil der *Systematischen Theologie* unter der Überschrift *Die Geschichte und das Reich Gottes* relative Kairoi vom einen, großen Kairos unterscheidet und zu ihm in Beziehung setzt. Dies orientiert am Gedanken, „im Kreuz Christi"[61] die „letztgültige und normgebende"[62] Offenbarung zu sehen. Tillich sagt hier:

> Kairoi-Erlebnisse sind Teil der Geschichte der Kirchen, und der große kairos, das Erscheinen der Mitte der Geschichte, wird in relativen kairoi, in denen sich das Reich Gottes in einem spezifischen Durchbruch manifestiert, immer wieder neu erlebt. (ST III, 421)

Dabei gilt, dass „jeder Augenblick, der den Anspruch erhebt, ein kairos, eine Manifestation des göttlichen Geistes, zu sein", darauf geprüft werden muss, ober er den „Kriterien des großen kairos" genügt, wobei „das Kreuz des Christus das absolute Kriterium bleibt"[63]. Meine Fragen an dieser Stelle sind schlicht: a) Wel-

---

[56] ST II, 19.
[57] Vgl. WA 39 I, 430,9.
[58] Vgl. ST I, 159.
[59] ST I, 160.
[60] ST I, 160.
[61] ST I, 160.
[62] ST I, 159.
[63] ST III, 422.

ches Instrumentarium bietet Tillich auf, um jenes Prüfprogramm umzusetzen, ohne in genau jenen Essentialismus zurückzufallen, gegen den sich der existentialistische Protest richtet? b) Wie stellte sich Tillich in diesem Zusammenhang zum Programm Pannenbergs?

(3) Eng verknüpft ist hiermit ein drittes Problemfeld: Ab Mitte der 50er Jahre, so z.B. im Aufsatz *Existential Analyses and Religious Symbols* von 1956 betont Tillich zunehmend, dass der Existentialismus keinesfalls „alle Beziehung zur Essentialphilosophie abbrechen" darf, weil so „alle rationalen Kriterien im theologischen Denken" aufgegeben würden.[64]

Tillich, der im und am Idealismus geschulte Denker, sieht hier deutlich und m.E. zurecht die Gefahr eines Zerrinnens aller *fides quae creditur* in einer Überbetonung der *fides qua creditur*. Nur wie ist jene nicht abgebrochene Beziehung zur Essentialphilosophie für Tillich nun aber zu denken? Aufgegriffen findet sich diese Preisfrage auch am Ende des dritten Bands der *Systematischen Theologie*. Tillich spricht dort interessanterweise z.B. auch von der Aufgabe der Theologie, „den Menschen in seiner Bedeutung für das göttliche Leben zu zeigen"[65]. Gefordert ist damit, Gott nicht nur im Unbedingtangegangensein des Einzelnen präsentiert zu sehen, sondern umgekehrt jene Präsentation als bedeutsam für „das göttliche Leben" selbst. Und zwar das mit der interessanten Begründung, dass anders ein „theozentrisches Bild vom Sinn der Existenz"[66] nicht zu haben sei.

Wie aber soll nun jene Bedeutung des Menschen für das göttliche Leben „gezeigt" werden können? Geht es denn hier nicht doch wieder um den Gedanken, dass Gott nur dann als Gott gedacht ist, wenn er nicht einfach nur *über* alle Bestimmtheit gesetzt ist, sondern *als alle Bestimmtheit in sich schließend begriffen* wird?[67] Und war aber genau das nicht gerade das Programm Hegels?

(4) Abschließend möchte ich noch auf ein weiteres Problemfeld hinweisen: Es besteht in der Frage, wie mit den drei zuvor genannten Problemen umzugehen ist. Diese drei Probleme waren a), ob Tillichs „Metaphysik der Erkenntnis" in sich

---

[64] Vgl. GW V, 224.

[65] ST III, 477.

[66] ST III, 477.

[67] Vgl. hierzu ganz am Ende der *Systematischen Theologie* auch Tillich selbst: „Gott treibt sozusagen auf die Aktualisierung und Essentifikation alles dessen zu, was Sein hat. Denn die ewige Dimension dessen, was im Universum geschieht, ist das göttliche Leben selbst. Es ist der Inhalt der göttlichen Seligkeit. Solche Aussagen über das göttliche Leben scheinen die Möglichkeit menschlicher Aussagen zu transzendieren [...]. Auf diese Kritik muß die Theologie antworten, indem sie als erstes darauf hinweist, daß sie sich symbolischer Ausdrücke bedient; so vermeidet sie die Gefahr, das letzte Mysterium der Subjekt-Objekt-Struktur zu unterwerfen, die Gott zu einem Gegenstand machen würde, der analysiert und beschrieben werden kann. Zweitens muß die Theologie darauf hinweisen, daß in der allumfassenden Symbolik ein echtes religiöses Anliegen erhalten bleibt, nämlich die Bejahung der absoluten Ernsthaftigkeit des Ewigen; denn eine Welt, die nur außerhalb Gottes wäre und nicht auch in ihm, wäre letzten Endes ein göttliches Spiel ohne wesentliche Bedeutung für Gott." (ST III, 476)

konsistent ist, b), ob sie ihr Wahrheitskriterium methodologisch entfalten kann, sowie c), ob es mit ihrer Absage an einen absoluten Standpunkt vereinbar ist, wenn sie verlangt, die Ordnung der Kairoi selbst als göttliches Leben zu denken, oder ob dies nicht letztlich doch einer Fortführung genau desjenigen Programms gleichkommt, gegen das sich Tillich unter der Überschrift *Kairos und Logos* gewendet hat.

Eine wichtige, weitere Frage besteht nun schlicht darin, was sich eigentlich am Problemgehalt dieser drei Fragen ändert, wenn man sie unter der Überschrift *Essentialismus versus Existentialismus* in die Tradition einer Verhältnisbestimmung von Gesetz und Evangelium stellt, die darum bemüht ist, den *usus elenchticus legis* nicht nur als den Willen, sondern auch als den Intellekt des Menschen betreffend zu verstehen und dies in wider-antinomischer Tradition gegenüber all jenen in Anschlag zu bringen, die (angeblich) bereits jetzt im Eschaton angekommen zu sein glauben.

Tillich beantwortet diese Frage mit Blick auf das erste von mir benannte Problemfeld zu Beginn des zweiten Bands der *Systematischen Theologie* wie gerade erinnert. Seine Antwort baut dabei weiter auf die bereits im ersten Band der Systematischen Theologie zu findende Aussage, „daß die menschliche Existenz die Frage"[68] sei. Tillich will damit im Grunde sagen, wenn ich ihn richtig verstehe, dass jede Missachtung der Aussage, dass der Mensch der Fragende, nicht aber der Antwortende ist, in einen Antinomismus des Intellekts führt, der darin besteht, dass dem Menschen in einer intellektuellen Notlosigkeit der volle Umfang seiner Erlösungsbedürftigkeit abhanden kommt und hierüber die Euangelizität des Evangeliums.

Nun sagt Luther bekanntlich selbst in These 61 der 5. Antinomerdisputation: „Denn wenn das Gesetz weggenommen wird, weiß niemand, was Christus ist oder was er gethan habe, da er das Gesetz für uns erfüllte."[69] Antinomische Positionen ironisierend formuliert er deshalb bereits in These 25 der 2. Antinomerdisputation fast noch schärfer:

[W]eil keine Sünde ist (nachdem das Gesetz aufgehoben ist), so ist auch kein Christus, der von der Sünde erlöste. Denn so spricht Christus selbst: ‚Die Gesunden bedürfen des Arztes nicht.‘ (WA 39/I,348,40–42/Walch XX, 1634)

Luthers klarer Gedanke ist mit Mt 9,12 dabei kurzum: Das Evangelium hat nur dann Bedeutung für den Menschen, wenn im einzelnen Menschen seine Erlösungsbedürftigkeit in konkreter Verzweiflung Wirklichkeit ist.

Nun habe ich oben Tillichs Kritik an Hegel als einen Versuch dargestellt, der die eben noch einmal erinnerte Position Luthers im Sinne einer theologischen „Metaphysik der Erkenntnis" auszubuchstabieren versucht, die den *articulus stantis et candentis ecclesiae* nicht nur in seiner den Willen, sondern auch den Intellekt des Menschen betreffenden Konnotation ernst zu nehmen bemüht ist.

---

[68] ST I, 79.
[69] WA 39/I,357,19 f./Walch XX, 1646.

Inwiefern Tillichs kritische Würdigung Hegels damit richtig wiedergegeben ist, gilt es freilich zu diskutieren. Vor allem aber gilt es auch eine damit verknüpfte Sachfrage zu diskutieren, nämlich die, ob es richtig ist, Hegel als einen Denker darzustellen, der leichtfertig mit jener bestimmten Negation umgeht, die Luther so wichtig ist, nämlich der, dass das Evangelium nur als die bestimmte Negation der Not, auf die es die Antwort ist, Sinn und Bedeutung erhält.

Gewiss hat Hegel viel Wert darauf gelegt, dass die christliche Soteriologie nicht nur als eine dem Heil des Menschen, sondern auch als eine der Göttlichkeit Gottes verpflichtete Lehre begriffen werden muss. Damit steht Hegel allerdings nicht alleine da. Auch Anselms *Cur deus homo* ist allein dem Zusammenhang von christlicher Soteriologie und christlicher Gotteslehre gewidmet und auch Luther hat diesen Zusammenhang stets betont. Nicht nur mahnt Luther nämlich, dass Gott auch „von innen", beziehungsweise „inwerts" erkannt werden will und bezieht genau diesen Gedanken auf die Trinitätstheologie, wenn er in der Predigt vom 25. 12. 1541 sagt:

Wir sollen aber Gott nicht allein von aussen in seinen wercken ansehen, sondern er will auch erkant sein, was er inwerts ist, inwendig ist ein wesen und drey Personen, der Vater, Son, heiliger Geist, nicht drey Götter, Beten derhalben nur einen Gott an. (WA 49, 239,26–29)

Vielmehr macht Luther auch deutlich, dass es ihm in solchen Aussagen keineswegs nur um eine Abgrenzung des christlichen Gotts vom Gott der natürlichen Theologie geht, sondern auch und gerade um die Verknüpfung von christlicher Soteriologie und christlicher Gotteslehre, wie folgende, kurz auf die eben zitierte Stelle folgende Aussage deutlich macht, die Luther Gott in den Mund legt:

Ich hab mein gottlich wesen ausgeschutt. Habeo filium et Spritum sanctum. So will Ich auch erkant, geehret und gelobt werden. Das kindlin ligt in der wigen, Das ist mein son, Ich hab dirn geben, gehorche ihm, Nembt ihn an fur ein gott, Denn er ist ein gott, werdet ir ihn nicht annehmen, werdet ir mich auch nicht haben. Denn inn dem Son will Ich mich unn sonst nirgent finden laßenn. (WA 49, 241,12–17)

Luther sagt hier ganz deutlich: In seinem Sohn schüttet Gott sein Wesen aus, und zwar in seinem Sohn als zu uns gesendetem, Mensch gewordenen Sohn, der keineswegs nur irgendwie als Retter zu begreifen ist, sondern dessen Göttlichkeit es a) anzuerkennen gilt und b) mit der Einzigkeit Gottes zusammenzudenken gilt, falls man Gott „haben" will, wie Luther unter Bezug auf Joh 5,23 sagt. Deshalb stirbt in der christlichen Tradition der Sohn auch nicht nur und aufersteht, sondern vielmehr wird er am Ende in seiner ursprünglichen Herrlichkeit erkannt, d.i. als der ewige Sohn Gottes, der als die Zeit erfüllt war (Gal 4,4) ins Fleisch entsendet worden ist. Und exakt deshalb versteht auch Hegel, wie Friedrich Hermanni herausgearbeitet hat, Christi „Herrlichkeit, in die Christus durch die Vermittlung des Todes übergeht" gerade nicht nur als eine „Herrlichkeit [...], die ihm von Haus aus fehlt, sondern als ‚Wiederherstellung der ursprünglichen Herrlichkeit'[[70]]"[71], die sich der „religiösen Betrachtung" gerade „durch die Auslegung des Todes Christi erschließt"[72], die diesen Tod so begreift, „dass er von Ewigkeit her Gott ist und im Fleisch erschien, als die Zeit erfüllt war."[73]

Tillich muss sich vor diesem Hintergrund m.E. deshalb umgekehrt fragen lassen, wie es eigentlich bei ihm um jene Beziehung von Soteriologie und Gotteslehre steht, die er bei Hegel nicht nur im Sinne einer überpräsentischen Eschatologie kritisiert, sondern auch noch im Sinne eines das Verhältnis von Gesetz und Evangelium nicht ernst nehmenden Antinomismus. Für Luther scheint es jedenfalls genau kein Ausschlussverhältnis gegeben zu haben zwischen trinitätstheologischen Überlegungen einerseits und einer nicht zum Antinomismus verkommenen Achtung der Verhältnisbestimmung von Gesetz und Evangelium andererseits. Ansonsten könnte nicht jener Luther, der wider die Antinomer streitet, zugleich Überlegungen dazu anstellen, inwiefern Gott in sich selbst als ein Gespräch verstanden werden muss, an welchem dem Menschen „in zeitlicher Rede"[74] Anteil gegeben wird, und (gerade auch) im Kontext mit seiner Auseinandersetzung mit Joh 16 sagen:

> Aber dieses alles, sprechen, gesprochen werden und zu hören geschieht alles innerhalb der Göttlichen natur und bleibet auch auch allein jnn derselben, da gar kein Creatur nicht ist noch sein kann, sondern beide sprecher und Wort und Hörer, mus Gott selbs sein. Alle drey gleich ewig und in ungesonderter einiger Maiestet, Denn jnn dem Göttlichen wesen ist kein enderung noch ungleichheit und weder anfang noch ende. Sondern gleichwie der Vater ein ewiger Sprecher ist, der Son jnn ewigkeit gesprochen wird, ist, also der heilige Geist von ewigkeit der Zuhörer. (WA 46, 59, 35 – 60, 6)[75]

Ich behaupte hier nicht, dass diese am Begriff des Gesprächs orientierten trinitätstheologischen Überlegungen Luthers mit Hegels Geistlehre identisch sind. Wohl aber glaube ich, dass eine kritische Auseinandersetzung mit Tillichs kritischer Würdigung Hegels nicht nur Hegel selbst Gehör schenken muss in der Frage, was er zu den Vorwürfen Tillichs zu sagen hat, sondern vielmehr darüber hinaus auch fragen muss, was eigentlich Tillich zur Frage zu sagen hat, ob er von Luther für kompatibel Gehaltenes für inkompatibel halten will oder nicht.

---

[70] Vgl. G. W. F. Hegel, *Vorlesungen. Ausgewählte Nachschriften und Manuskripte*, Bd. 5 = *Vorlesungen über die Philosophie der Religion. Teil 3: Die vollendete Religion*, hg. v. Walter Jaeschke, Hamburg 1995, 249, 950 f.

[71] Vgl. F. Hermanni, „Hegels Philosophie der vollendeten Religion", in: C. Erhard/D. Meißner/J. Noller (Hgg.), *Wozu Metaphysik? Historisch-systematische Perspektiven*, Freiburg 2017, 381–424, hier: 418.

[72] Vgl. Hermanni, „Hegels Philosophie der vollendeten Religion", 418.

[73] Ebd.

[74] Vgl. hierzu auch J. Ringleben, *Gott im Wort*, Tübingen 2010, 70–90, insbes. 76.

[75] Vgl. hierzu auch Ch. Schwöbel, „Gott-Denken-Glauben. Aspekte eines spannungsreichen Verhältnisses", in: Ch. König/B. Nonnenmacher (Hgg.), *Gott und Denken. Zeitgenössische und klassische Positionen zu zentralen Fragen ihrer Verhältnisbestimmung. Für Friedrich Hermanni zum 60. Geburtstag*, Tübingen 2021, 37–56, hier: 48–53.

Zu solch weiteren Rückfragen können die vorliegenden Überlegungen allerdings allenfalls anregen. Eine wichtige Frage wäre in diesem Zusammenhang auch, ob die zuletzt gestellten Rückfragen auch etwas für Tillichs Kritik an Hegels Eschatologieverständnis bedeuten und wenn ja, was. Eine weitere wichtige Frage scheint mir zudem zu sein, was die zuletzt mit Blick auf Luther angestellten Rückfragen für Tillichs Rede von Gott als dem Sein-Selbst eigentlich bedeuten.

Zu Tillichs großen Stärken gehört es freilich ohne Zweifel, dass er sich gerade auch selbst gegenüber diesen und ähnlichen Fragen offen zeigt, wenn er, wie bereits oben erwähnt, selbst betont, dass der Existentialismus keinesfalls „alle Beziehung zur Essentialphilosophie abbrechen" darf, weil so „alle rationalen Kriterien im theologischen Denken" aufgegeben würden.[76]

Wichtig ist es aber auch, dies nicht nur offen zu zitieren, sondern systematisch konkret zu diskutieren. Und zwar das nicht nur, weil dies für das Verständnis des dogmatischen Entwurfs Tillichs von großer Bedeutung sind, sondern das auch und vor allem deshalb, weil Tillichs Beitrag zur Auseinandersetzung mit dem reformatorischen *und* dem idealistischen Erbe nur dann eine Würdigung erfahren kann, die mehr ist als eine bloße Wiederholung von Tillichs Vorwürfen gegenüber Hegel unter Berufung auf das reformatorische Erbe. Dies gelingt m.E. dann, wenn in der Auseinandersetzung mit den zuletzt genannten Fragen dem Sinn und den Grenzen des existentialistischen Protests offen ins Auge geblickt wird, ein Unternehmen, das Tillich selbst stets wichtig geblieben ist und m.E. auch einen wichtigen Bogen vom 20. ins 21. Jahrhundert spannt.

---

[76] Vgl. GW V, 224.

„Durch Opferung des selbstischen Willens wird die Gemeinschaft mit Gott begründet, die geistig und persönlich ist."

Anmerkungen zur Schelling-Rezeption des jungen Paul Tillich

Christian Danz

Anlässlich der Berufung Paul Tillichs auf eine Professur für Philosophie und Soziologie einschließlich der Sozialpädagogik zum Sommersemester 1929 an der Universität Frankfurt am Main schrieb sein ehemaliger Hallenser Mentor Fritz Medicus am 19. März 1929 einen Artikel in der *Neuen Zürcher Zeitung*. Der inzwischen in Zürich lehrende Philosoph kommt in seinen wohlwollenden Zeilen, in denen er seinen Lesern Tillich als den „kommende[n] Mann' in der Philosophie" empfiehlt, auch auf dessen akademischen Werdegang zu sprechen.[1] Hierzu heißt es: „Aber als Student schon hat er die Philosophie kaum weniger als die Theologie gepflegt. Seine Arbeiten liegen auf kulturphilosophischem Gebiet. Die beiden Dissertationen, die philosophische (1910) und die theologische (1912), sind der Lehre Schellings gewidmet, sie bezeichnen den Anfang der Schellingrenaissance in der philosophischen Bewegung der Gegenwart; für Tillich selbst bedeuten sie die geschichtliche Anknüpfung der eigenen Leistung."[2] Was auch

---

[1] F. Medicus, „Paul Tillich", in: *Neue Züricher Zeitung*, 19. März 1929, Nr. 527, Abendausgabe. Wieder abgedruckt unter dem Titel: „Zu Paul Tillichs Berufung nach Frankfurt", in: P. Tillich, Impressionen und Reflexionen. Ein Lebensbild in Aufsätzen, Reden und Stellungnahmen (= Gesammelte Werke, Bd. XIII), Stuttgart 1972, 562–564, hier 564. Die Werke Paul Tillichs werden im Folgenden nach folgenden Ausgaben zitiert: *Ergänzungs- und Nachlassbände zu den Gesammelten Werken von Paul Tillich*, hg. v. I. Henel u.a., bisher 20 Bde., Stuttgart, dann Berlin 1971 ff. = EW; *Gesammelte Werke*, hg. v. R. Albrecht, 14 Bde., Stuttgart 1959–1975 = GW; *Main Works/Hauptwerke*, hg. v. C. H. Ratschow, 6 Bde., Berlin/New York 1987–1998 = MW. Zu Tillichs Verhältnis zu Medicus vgl. F. W. Graf/A. Christophersen, „Neukantianismus, Fichte- und Schellingrenaissance. Paul Tillich und sein philosophischer Lehrer Fritz Medicus", in: *Zeitschrift für Neuere Theologiegeschichte* 11 (2004), 52–78; G. Neugebauer, *Tillichs frühe Christologie. Eine Untersuchung zu Offenbarung und Geschichte bei Tillich vor dem Hintergrund seiner Schellingrezeption*, Berlin/New York 2007, 146–155; C. Danz, „Freiheit als Autonomie. Anmerkungen zur Fichte-Rezeption Paul Tillichs im Anschluss an Fritz Medicus", in: M. Hackl/C. Danz (Hgg.), *Die Klassische Deutsche Philosophie und ihre Folgen*, Göttingen 2017, 217–230. Eine englische Fassung dieses Beitrags unter dem Titel *Freedom, Sin and the Absoluteness of Christianity. Reflections on the Early Tillich's Schelling-Reception* ist publiziert in: *International Journal of Philosophy and Theology* 80.1–2 (2019), 115–126.

[2] F. Medicus, „Zu Paul Tillichs Berufung nach Frankfurt", in: P. Tillich, GW XIII, 562.

immer Medicus mit seiner Einschätzung, die Dissertationen des jungen Tillich markieren ‚den Anfang der Schellingrenaissance in der philosophischen Bewegung der Gegenwart', im Blick gehabt haben mag, unstrittig ist, dass die Philosophie Schellings für den Werdegang des jungen Theologen eine herausragende Bedeutung gespielt hat. Ihr widmete er seine 1910 an der Universität Breslau eingereichte Arbeit über *Die religionsgeschichtliche Konstruktion in Schellings positiver Philosophie* sowie die Hallenser Lizentiaten-Dissertation *Mystik und Schuldbewußtsein in Schellings philosophischer Entwicklung* von 1912.[3] Noch in seinem späteren Werk kommt er – nicht ohne seines „hochverehrten Lehrers und Führers zu Fichte und Schelling, Fritz Medicus"[4] zu gedenken – mehrfach auf die Bedeutung des Leonberger Philosophen zu sprechen, so in seinem Gedenkvortrag anlässlich von dessen einhundertsten Todestag im Jahre 1954.[5] Doch wie versteht der junge Tillich die Philosophie Schellings, und welche Aspekte von dessen Denken stehen im Fokus seines Interesses an dieser Philosophie?

Damit ist das Thema der nachfolgenden Überlegungen zur Auseinandersetzung Paul Tillichs mit dem Denken Schellings benannt. Der junge Theologe hatte sich seit 1909 mit dem Leonberger Philosophen beschäftigt.[6] Wer die Anregung

---

[3] P. Tillich, „Die religionsgeschichtliche Konstruktion in Schellings positiver Philosophie, ihre Voraussetzungen und Prinzipien", in: Ders., *Frühe Werke*, Berlin/New York 1998, EW IX, 156–272; P. Tillich, „Mystik und Schuldbewußtsein in Schellings philosophischer Entwicklung", in: Ders., *Frühe Hauptwerke*, Stuttgart ²1959, GW I, 13–108.

[4] P. Tillich, „Schelling und die Anfänge des existentialistischen Protestes", in: Ders., *Main Works/Hauptwerke*, Bd. 1: Philosophische Schriften, Berlin/New York 1989, MW I, 391–402, hier 395. Ähnlich schreibt Tillich in seiner Autobiographie *Auf der Grenze*: „Mein philosophischer Lehrer wurde der damalige Hallenser Privatdozent und spätere Züricher Professor Fritz Medicus. Seine Schriften über Fichte gaben den Anstoß zu der Fichterenaissance im ersten Jahrzehnt dieses Jahrhunderts, die sich bald zu einer Renaissance des deutschen Idealismus überhaupt erweiterte." (P. Tillich, „Auf der Grenze", in: Ders., *Begegnungen. Paul Tillich über sich selbst und andere*, Stuttgart ²1980, GW XII, 13–57, hier 31).

[5] Vgl. P. Tillich, „Schelling und die Anfänge des existentialistischen Protestes", 392: „Er war mein Lehrer obgleich die Anfänge meines Studiums und das Jahr seines Todes genau 50 Jahre auseinander liegen; niemals in der Entwicklung meines eigenen Denkens habe ich die Abhängigkeit von Schelling vergessen. […] Meine Arbeit an den Problemen der systematischen Theologie wäre undenkbar ohne ihn." Vgl. auch P. Tillich, „Auf der Grenze", GW XII, 31. Zu Tillichs Schelling-Deutung vgl. G. Neugebauer, *Tillichs frühe Christologie*, 146–391; C. Danz, „L'inconditionnalité en soi et l'existence historique de l'esprit. Remarques de la *Freiheitsschrift* par Paul Tillich", in: A. Roux (Hg.), Schelling en 1809. La liberté pour le bien et pour le mal, Paris 2010, 259–275. Aus der älteren Literatur sind zu vgl. D. J. O'Hanlon, *The Influence of Schelling on the Thought of Paul Tillich*, Rom 1957; G. F. Sommer, *The Significance of the late Philosophy of Schelling for the Formation and Interpretation of the Thought of Paul Tillich*, Duke University 1960; R. Mokrosch, *Theologische Freiheitsphilosophie. Metaphysik, Freiheit und Ethik in der philosophischen Entwicklung Schellings und in den Anfängen Tillichs*, Frankfurt a.M. 1976; P. Steinacker, „Die Bedeutung der Philosophie Schellings für die Theologie Paul Tillichs", in: H. Fischer (Hg.), *Paul Tillich. Studien zu einer Theologie der Moderne*, Frankfurt a.M. 1989, 37–61.

[6] Vgl. hierzu den Brief Paul Tillichs an Alfred Fritz von 1909, in: P. Tillich, *Briefwechsel und Streitschriften. Theologische, philosophische und politische Stellungnahmen und Gespräche*, Frankfurt a.M. 1983, EW VI, 76 f.

zu diesem Dissertationsthema gegeben hat, lässt sich aufgrund fehlender Quellen bislang nicht ermitteln.[7] Von seinem akademischen Bildungsgang, insbesondere seiner Auseinandersetzung mit der Philosophie Johann Gottlieb Fichtes während seines Hallenser Studienaufenthalts von 1905 bis 1907[8] sowie seiner Examensarbeit[9] her gesehen, legt sich Schelling nicht unmittelbar als Gegenstand seiner Graduierungsarbeiten nahe, auch wenn man einräumen muss, dass Tillich während seines Studiums durch den um 1900 einsetzenden Neoidealismus geprägt worden ist. Wer auch immer den jungen Theologen auf Schelling aufmerksam gemacht haben mag, deutlich ist jedenfalls, dass dessen Philosophie ihm die Möglichkeit bot, eine Schwierigkeit zu bearbeiten, die aus seiner bisherigen, an Fichte orientierten neoidealistisch fundierten Theologie resultiert. Es betrifft die Fassung des Freiheitsgedankens. Neben diesem freiheitstheoretischen Aspekt ist noch ein weiterer zu nennen, der die Philosophie Schellings für den jungen Theologen interessant machte. Es ist die geschichtsphilosophische Deutung der christlichen Religion, die Tillich anschlussfähig für die zeitgenössischen Kontroversen über die Absolutheit des Christentums erschien. Hierauf weist er in seinen beiden Dissertationen selbst hin, wenn er in der Einleitung zu der Arbeit von 1910 notiert:

Ein drittes Motiv, diese Arbeit in Angriff zu nehmen, folgt aus der Tatsache, daß in derselben Weise, wie auf Kants ‚Religion innerhalb der Grenzen ...‘ die großen religionsgeschichtlichen Systeme folgten, gegenwärtig aus der kantisch beeinflußten Religionsphilosophie eine idealistisch-religionsgeschichtliche zugleich von theologischer und von philosophischer Seite hervorgegangen ist (Troeltsch – Eucken). Unter diesen Umständen dürfte es angebracht sein, von neuem auf diejenige Gestalt der idealistischen Philosophie, speziell Religionsphilosophie, hinzuweisen, die den Abschluß der gesamten Entwicklung bildet und mit ihrem Voluntarismus, Realismus und Positivismus dem modernen Denken trotz der besonderes starken Anstöße, die sie gibt, im Grunde näher steht als irgend eine andere.[10]

---

[7] Tillich selbst spricht von einem „Gelegenheitskauf" (P. Tillich, „Auf der Grenze", GW XII, 31), der ihn auf Schelling aufmerksam machte. Vgl. auch P. Tillich, „Autobiographische Betrachtungen", in: GW XII, 66.

[8] Vgl. hierzu P. Tillich, „Fichtes Religionsphilosophie in ihrem Verhältnis zum Johannesevangelium", in: Ders., *Frühe Werke*, Berlin/New York 1998, EW IX, 4–19, sowie den Briefwechsel mit seinem Freund Friedrich Büchsel, in: P. Tillich, *Briefwechsel und Streitschriften. Theologische, philosophische und politische Stellungnahmen und Gespräche*, Frankfurt a.M. 1983, EW VI, 14–27, sowie 62–74.

[9] Von der Examensarbeit sind zwei Versionen überliefert: P. Tillich, „Welche Bedeutung hat der Gegensatz von monistischer und dualistischer Weltanschauung für die christliche Religion?", in: Ders., *Frühe Werke*, Berlin/New York 1998, EW IX, 28–93, sowie 94–153.

[10] P. Tillich, „Die religionsgeschichtliche Konstruktion", EW IX, 158 f. Noch deutlicher wird der angedeutete problemgeschichtliche Hintergrund in der ursprünglichen Fassung der philosophischen Dissertation von 1910, die sich im Tillich-Nachlass der Andover-Harvard Theological Library (bMS 649/101/2) befindet. Diese trägt den deutlich auf Ernst Troeltsch anspielenden Titel *Die Absolutheit des Christentums und die Religionsgeschichte in Schellings positiver Philosophie*. Vgl. W. Schüßler/E. Sturm, *Paul Tillich. Leben – Werk – Wirkung*,

Um die Schelling-Deutung des jungen Tillich angemessen verstehen zu können, ist der angedeutete werk- und problemgeschichtliche Horizont einzubeziehen. Deshalb ist zunächst in einem ersten Abschnitt die Theologie des jungen Theologen in den Blick zu nehmen, wie sie sich in seiner Hallenser Seminararbeit über *Fichtes Religionsphilosophie in ihrem Verhältnis zum Johannesevangelium* sowie in seiner theologischen Examensarbeit von 1908 niederschlägt. Im zweiten Abschnitt wird der Frage nachgegangen, wie die Rezeption Schellings Tillich zu einer Lösung der mit seinem frühen Freiheitsverständnis verbundenen Probleme verhilft. Abschließend ist Tillichs Deutung der Geschichtsphilosophie Schellings darzustellen. Sie baut auf den Freiheits- und Geistbegriff des Leonberger Denkers auf und gibt dem jungen Theologen die denkerischen Mittel an die Hand, eine eigene Antwort auf das von Troeltsch aufgeworfene Problem der Absolutheit des Christentums zu geben.

1. Freiheit und Sünde, oder: Tillichs frühe Theologie

Über Tillichs Verständnis von Theologie während und am Ende seines Studiums sind wir durch zwei aus seinem Nachlass edierte Texte informiert: eine Hallenser Seminararbeit zum Thema *Fichtes Religionsphilosophie in ihrem Verhältnis zum Johannesevangelium*, die auf den 21. Februar 1906 datiert ist, und die Examensarbeit *Welche Bedeutung hat der Gegensatz von monistischer und dualistischer Weltauffassung für die christliche Religion?*, die er im Wintersemester 1908/09 dem Königlichen Konsistorium der Provinz Brandenburg einreichte und im Herbst 1908 niederschrieb.[11] Beide Arbeiten lassen eine hohe Vertrautheit mit dem Deutschen Idealismus und insbesondere mit der Philosophie Johann Gottlieb Fichtes erkennen. Bestätigt wird das Interesse an dieser philosophischen Richtung auch durch eine umfangreiche Ausarbeitung zu Fichtes *Grundlage der gesamten Wissenschaftslehre*, die im Nachlass Tillichs erhalten ist und die vermutlich bereits vor Beginn des Studiums ausgearbeitet wurde.[12] In der Abfolge

---

Darmstadt 2007, 5. Auch in dem 1910 niedergeschriebenen Entwurf *Gott und das Absolute bei Schelling*, der aus dem Nachlass publiziert wurde, fungiert das Problem der Absolutheit des Christentums als Leitperspektive der Rekonstruktion Schellings. Vgl. P. Tillich, „Gott und das Absolute bei Schelling", in: Religion, Kultur, Gesellschaft. Unveröffentlichte Texte aus der deutschen Zeit (1908–1933), 1. Teil, Berlin/New York 1999, EW X, 9–54, bes. 11. Vgl. hierzu auch C. Danz, „‚Alle Linien gipfeln in der Religion des Paradox'. Tillichs religionsgeschichtliche Konstruktion der Religionsphilosophie", in: C. Danz/W. Schüßler (Hgg.), *Religion – Kultur – Gesellschaft. Der frühe Tillich im Spiegel neuer Texte (1919–1920)*, Wien 2008, 215–231.

[11] Die dem Konsistorium eingereichte Prüfungsarbeit ist bislang ebenso wenig ermittelt wie Tillichs Personalakte.

[12] Tillich-Nachlass in: Andover-Harvard Theological Library, Harvard Divinity School, Cambridge, Mass., NL Nr.: bMS 649/1. In seinen autobiographischen Reflexionen hat Tillich auf dieses Manuskript hingewiesen und es auf das Ende seiner Schulzeit datiert. Vgl. P. Tillich, „Auf der Grenze", GW XII, 31; P. Tillich, „Autobiographische Betrachtungen", GW XII, 65.

der beiden Texte dokumentiert sich, was freilich auch wenig verwunderlich ist, eine Verschiebung im Verständnis des Sündengedankens beziehungsweise des Freiheitsbegriffs. Worum handelt es sich?

Die Seminararbeit von 1906 thematisiert „das Verhältnis Fichtes zum Johannesevangelium" vor dem Hintergrund des spannungsvollen Verhältnisses von Philosophie und Religion, von pistis und gnosis.[13] Im Christentum, welches der junge Theologe als Synthese von griechischem Intellektualismus und jüdischem Voluntarismus versteht, sei dieser Gegensatz überwunden, aber eben nur im Prinzip und nicht in der Wirklichkeit. „Es ist klar, daß die Philosophie, ihrer Natur entsprechend, immer in Gefahr stand, einem einseitigen Intellektualismus zu verfallen, und das umso mehr, je freier sie der Religion gegenüberstand und je mächtiger sich die Spekulation entfaltete."[14] Grundlage dieser religionsgeschichtlichen Typologie ist eine Theorie des Geistes. Der junge Tillich unterscheidet Denken und Wollen als grundlegende Funktionen des Geistes. Beide schlagen sich in dem religiösen Bewusstsein, „der zentralsten, alles beherrschenden Äußerung des Geistes" nieder.[15]

Vor diesem Hintergrund vergleicht die Seminararbeit von 1906 die Religionsphilosophie des späten Fichte mit dem Johannesevangelium im Hinblick auf „die metaphysischen Grundlagen", die „historische Bedeutung Christi und des Christentums" sowie „die sittlich religiösen Konsequenzen".[16] In allen drei Punkten

---

[13] Tillich, „Fichtes Religionsphilosophie in ihrem Verhältnis zum Johannesevangelium", 5. Bei wem Tillich diese Seminararbeit geschrieben hat, ist unklar. Die Herausgeber geben an, die Arbeit gehe auf ein Seminar zurück, *„das Medicus im WS 1905/06 unter dem Thema ‚Philosophische Übungen (Fichte) ankündigte"* (Tillich, „Fichtes Religionsphilosophie in ihrem Verhältnis zum Johannesevangelium", 5, 1). Die Arbeit wurde jedoch nicht von Medicus durchgesehen, sondern – worauf auch die Herausgeber hinweisen (vgl. Tillich, „Fichtes Religionsphilosophie in ihrem Verhältnis zum Johannesevangelium", 5) – von Tillichs Hallenser Mentor Wilhelm Lütgert. Zu Tillichs früher Fichte-Deutung vgl. G. Neugebauer, „Freiheit als philosophisches Prinzip – Die Fichte-Interpretation des frühen Tillich", in: *Wissen, Freiheit, Geschichte. Die Philosophie Fichtes im 19. und 20. Jahrhundert. Beiträge des sechsten internationalen Kongresses der Johann-Gottlieb-Fichte-Gesellschaft in Halle (Saale) vom 3.–7. Oktober 2006*, Bd. II (= Fichte-Studien, Vol. 36), hg. v. Jürgen Stolzenberg/Oliver-Pierre Rudolph, Amsterdam/New York 2012, 181–198; C. Danz, „Theologischer Neuidealismus. Zur Rezeption der Geschichtsphilosophie Fichtes bei Friedrich Gogarten, Paul Tillich und Emanuel Hirsch", in: *Wissen, Freiheit, Geschichte*, 199–215, M. Boss, *Au commencement la liberté. La religion de Kant réinventée par Fichte, Schelling et Tillich*, Genf 2014, 341–363.

[14] Tillich, „Fichtes Religionsphilosophie in ihrem Verhältnis zum Johannesevangelium", EW X, 5.

[15] Tillich, „Fichtes Religionsphilosophie in ihrem Verhältnis zum Johannesevangelium", EW X, 4.

[16] Tillich, „Fichtes Religionsphilosophie in ihrem Verhältnis zum Johannesevangelium", EW X, 9. Tillich unterscheidet mit Fritz Medicus drei Phasen der werkgeschichtlichen Entwicklung von Fichtes Denken und deutet die „abschließende Periode in Fichtes Religionsphilosophie" als „johanneische[]". (Tillich, „Fichtes Religionsphilosophie in ihrem Verhältnis zum Johannesevangelium", EW X, 8). Vgl. F. Medicus, *J. G. Fichte. Dreizehn Vorlesungen gehalten an der Universität Halle*, Berlin 1905.

zeige sich, so das Resultat des jungen Tillich, dass die Religionsphilosophie des Wissenschaftslehrers einem „reinen Intellektualismus" verpflichtet bleibt und damit die Synthese von Voluntarismus und Intellektualismus, die für das Christentum konstitutiv ist und deren „vollkommensten Ausdruck" das vierte Evangelium repräsentiert, nicht erreicht.[17] Fichte deutet im Horizont seiner Philosophie das Leben teleologisch als „Sich-Selbst-Erfassen des Absoluten".[18] Das hat Konsequenzen für den Sündenbegriff. Er kann von dem Wissenschaftslehrer lediglich als Durchgangsmoment und somit nicht als eine Position verstanden werden.[19] Die intellektualistische Fassung des Religionsbegriffs von Fichte führt dazu, den Sündenbegriff und damit den Freiheitsbegriff nur unangemessen explizieren zu können.[20]

Eine ganz andere Deutung des Sündenbegriffs findet sich indes in der zwei Jahre später geschriebenen Examensarbeit. Schon die einleitenden Passagen der Arbeit lassen deren Intention erkennen. Ihrem Verfasser geht es um eine Erneuerung der Theologie aus dem spekulativen Geist der Wissenschaftslehre. „Die Notwendigkeit, über Kant hinauszugehen, die auch von den meisten Neukantianern anerkannt wird, zeigt sich schließlich als eine Notwendigkeit, in der Richtung auf Fichte hin zu gehen."[21] Im Anschluss an Motive des spekulativen Idealismus Fichtes arbeitet Tillich in seiner Examensarbeit ein ambitioniertes Programm einer monistischen Geistphilosophie aus, die dualistisch durchgeführt wird. Es ist der teleologische Ich-Gedanke von Medicus, der als Aufbauprinzip der Untersuchung fungiert.[22] In der Selbsterfassung des individuellen Ich im Akt seines Sich-Setzens und Sich-Bestimmens als Moment des übergeordneten Absoluten besteht die wahre Autonomie und Persönlichkeit.[23] Für die Deutung des Sündengedankens kommt auch hier nur ein Zurückbleiben hinter dem Sich-

---

[17] Tillich, „Fichtes Religionsphilosophie in ihrem Verhältnis zum Johannesevangelium", EW X, 10.

[18] Tillich, „Fichtes Religionsphilosophie in ihrem Verhältnis zum Johannesevangelium", EW X, 11.

[19] Vgl. Tillich, „Fichtes Religionsphilosophie in ihrem Verhältnis zum Johannesevangelium", EW X, 13: „Solange diese Realität [sc. die Selbsterfassung des Ich als Moment des Absoluten und darin als Freiheit] nicht erreicht ist, steckt der Mensch im Nicht-Seienden, der Sünde. Dementsprechend hält Fichte das Böse für eine notwendige Durchgangsstufe der Selbstoffenbarung Gottes. Damit entfallen natürlich die Begriffe Schuld, als Urteil Gottes über die Sünde, und Strafe, als Verneinung des Bösen durch die Tat, hinweg."

[20] Das entspricht dem Urteil von Medicus über Fichtes Deutung des Johannesevangeliums. Sie fuße auf einer verfehlten Exegese. Vgl. F. Medicus, *J. G. Fichte*, 224 f. Vgl. auch Tillich, „Fichtes Religionsphilosophie in ihrem Verhältnis zum Johannesevangelium", EW X, 9.

[21] P. Tillich, „Welche Bedeutung hat der Gegensatz", EW IX, 28, 98.

[22] Vgl. F. Medicus, „Kant und die gegenwärtige Aufgabe der Logik", in: *Kant-Studien* 12 (1907), 50–74.

[23] Vgl. Tillich, „Welche Bedeutung hat der Gegensatz", EW IX, 130: „Denn nicht das Individuum als solches ist es, was die geistige Selbstsetzung vollzieht, sondern der Geist, das universale Geistesleben als Einheit gedacht in ihm."

Erfassen des Ich in Frage. Sünde, so die Monismusschrift, „ist der Mangel an überwundenem Nichtich, präziser und der Tatsächlichkeit entsprechender das Zurückbleiben der geistigen Persönlichkeit hinter ihrem *telos*".[24] Hatte der junge Theologe ein solches Sündenverständnis in seiner zwei Jahre zuvor geschriebenen Seminararbeit über Fichte und den vierten Evangelisten noch kritisiert, so nimmt er nun dieses Sündenverständnis auf. Sünde ist das Verfehlen der Autonomie durch den Einzelnen im Akt seiner Selbstbestimmung.[25]

Die Deutung des Freiheitsbegriffs bei dem jungen Tillich fällt, so wird man den Befund der beiden frühen Arbeiten zusammenfassen müssen, zumindest sehr schwankend aus. Mit Fichte als begrifflichem Rahmen einer modernegemäßen Theologie kann Sünde lediglich als ein Durchgangsmoment auf dem Weg des Ich zu seiner Selbsterfassung verstanden werden. Es ist genau dieses freiheitstheoretische Problem, welches vor dem Hintergrund der Rezeption Schellings eine Neubestimmung erfährt.

2. Freiheit als Macht, sich selbst zu widersprechen, oder: Tillichs Deutung der Philosophie Schellings

Tillichs Arbeiten zu Schelling lassen sich auch als eine Auseinandersetzung mit den Schwierigkeiten seiner an Fichte anknüpfenden Konstruktion einer modernegemäßen Theologie verstehen, wie er sie in seiner Examensarbeit ausgearbeitet hat. Das betrifft, wie dargelegt, in erster Linie den Freiheitsgedanken der Autonomieethik des Wissenschaftslehrers. Dieser lässt lediglich ein Verständnis der Sünde als Durchgangsmoment auf dem Weg zur Selbsterfassung des Ich zu. Neben der Freiheitsthematik steht noch ein weiteres Themenfeld im Fokus des Schelling-Interesses des jungen Theologen. Es betrifft die Grundlegung der Theologie vor dem Hintergrund der Debatten über die Absolutheit des Christentums. Die Philosophie Schellings bot Tillich die begrifflichen Mittel dar, auf diese Frage eine eigenständige Antwort auszuarbeiten. Sie steht in einem engen Zusammenhang mit der Neufassung des Freiheitsgedankens, mit dem im Folgenden einzusetzen ist.

Der junge Tillich deutet die philosophische Entwicklung Schellings insgesamt als eine einheitliche[26] und rekonstruiert sie ganz in dem Horizont der Kantischen Philosophie. Schellings „Philosophie ist die ‚zweite Tochter der kritischen Phi-

---

[24] Tillich, „Welche Bedeutung hat der Gegensatz", EW IX, 128.

[25] Tillich nimmt damit die Deutung von Medicus auf, Sünde sei „ein notwendiges Stadium des sich selbst erfassenden Daseins" (F. Medicus, *J. G. Fichte*, 226).

[26] Vgl. Tillich, „Mystik und Schuldbewußtsein", GW I, 14: „Mit der Forderung der historische-dialektischen Methode treten wir der weit verbreiteten Auffassung entgegen, daß Schellings philosophische Entwicklung eine mehr oder weniger zusammenhangslose Aufeinanderfolge verschiedener Perioden sei, deren man etwa sieben unterscheiden müsse." Vgl. auch Tillich, „Gott und das Absolute bei Schelling", EW X, 12.

losophie', und sie hat ihre Mutter nie verleugnet. Die Fragestellung bleibt von Anfang bis zu Ende kritisch: Wie muß das Objekt beschaffen sein, damit es Gegenstand des Wissens sein kann?"[27] Eine Zäsur in der werkgeschichtlichen Entwicklung des Leonberger Denkers markiert die Freiheitsschrift von 1809.[28] Die mit dieser erreichte Position ist zwar das Resultat der vorangegangenen Philosophie, und insofern sei der Übergang zu ihr „dialektisch",[29] aber erst Schelling II, wie Tillich formuliert, vermag die Probleme des Freiheitsbegriffs der Autonomieethik zu bearbeiten und auf der Grundlage des neu errungenen Standpunkts eine geschichtliche Philosophie vorzulegen. Den Hintergrund seiner Rekonstruktion der Philosophie Schellings bildet indes das von Medicus übernommene Verständnis des Ich als Freiheit. Die Bestimmung des Sich-Setzenden und sich darin erfassenden Ich trägt der junge Theologe in die Philosophie Schellings ein, allerdings so, dass die kantisch-fichtesche Autonomieethik erweitert wird.

Bereits in der Ausarbeitung *Gott und das Absolute bei Schelling* aus dem Jahre 1910 notiert Tillich die Differenz von Fichtes und Schellings Freiheitsbegriff vor dem Hintergrund der Kantischen Philosophie. Während der Wissenschaftslehrer an die theoretische Philosophie Kants anknüpft, orientiert sich der Leonberger an der praktischen Philosophie. „Fichte knüpft an die erste Bedeutung an. Frei sein heißt sich selbst gleich sein, nicht bedingt sein durch etwas anderes. An die zweite Bedeutung knüpft Schellings Freiheitslehre an. Freiheit heißt: sich ungleich sein können, unvernünftig sein können."[30] Schelling erweitert den Freiheitsbegriff der praktischen Vernunft durch die Bestimmung des Sich-widersprechen-Könnens der Freiheit im Akt ihrer Selbstbestimmung. „[O]hne Selbstentgegensetzung keine lebendige Selbstsetzung und ohne lebendige Selbstsetzung keine vollkommene Freiheit und ohne vollkommene Freiheit keine geistige Persönlichkeit Gottes."[31] Diesen Gedanken Schellings nimmt Tillich auf, da er die Möglichkeit bietet, sowohl an den frühen Überlegungen zur Selbsterfassung des Ich in seinen Akten des Sich-Bestimmens festzuhalten als auch den Sündenbegriff

---

[27] Tillich, „Gott und das Absolute bei Schelling", EW X, 12. Auch Fritz Medicus versteht die Philosophie Schellings und deren Entwicklung in einem engen Zusammenhang mit der Kants. Vgl. F. Medicus, Rez.: Schelling, F. W. J. v., Werke, Auswahl in drei Bänden […], hg. v. Otto Weiss, in: *Kant-Studien* 13 (1908), 317–328, bes. 317: „Unter den grossen Denkern der nachkantischen Zeit ist Schelling derjenige, der Kant am nächsten geblieben ist." Vgl. auch Medicus, Rez.: Schelling, F. W. J. v., Werke, 319, 325.

[28] Vgl. Tillich, „Gott und das Absolute", EW X, 12; Tillich, „Die religionsgeschichtliche Konstruktion", EW IX, 166; Tillich, „Mystik und Schuldbewusstsein", GW I, 15.

[29] Tillich, „Mystik und Schuldbewußtsein", GW I, 15.

[30] Tillich, „Gott und das Absolute bei Schelling", EW X, 26. In seiner theologischen Lizentiaten-Dissertation hat Tillich diese Zweiseitigkeit der Kantischen Philosophie aufgenommen und im zweiten Abschnitt der Untersuchung ausgeführt. Vgl. Tillich, „Mystik und Schuldbewußtsein", GW I, 24–34.

[31] Tillich, „Die religionsgeschichtliche Konstruktion", EW IX, 175. Vgl. auch Tillich, „Gott und das Absolute", EW X, 20. 27; Tillich, „Die Freiheit als philosophisches Prinzip bei Fichte", EW X, 55–62, bes. 61 f.; Tillich, „Mystik und Schuldbewußtsein", GW I, 76–79.

als Position und damit nicht als bloßes Durchgangsmoment zu fassen. Zur Bestimmung der Freiheit reicht ein materialer Freiheitsbegriff nicht aus, er muss
durch einen formellen ergänzt werden. Dementsprechend ist Sünde „Freiheit und
nicht Mangel, Disharmonie, nicht Mangel an Harmonie, Getrenntheit, die doch
Einheit sein will".[32]

Schellings Fassung des Freiheitsbegriffs deutet der junge Tillich als Neufassung der prinzipientheoretischen Grundlagen seines Denkens nach 1809 in Form
der späten Potenzenlehre.[33] Auf ihr bauen der Geistbegriff der Spätphilosophie
Schellings sowie das Verhältnis von individuellem und absolutem Geist auf,[34]
welches die Grundlage von dessen Geschichts- und Religionsphilosophie bilden.
Hinzuweisen ist an dieser Stelle noch auf die sich hieraus ergebende Neufassung
des Selbstverhältnisses des Geistes. Es wird von Tillich im Anschluss an Schellings Potenzenlehre antinomisch konstruiert. Der Geist bezieht sich durch einen
Widerspruch hindurch auf sich selbst.[35] Damit erst sind die Grundlagen von Tillichs Deutung der Religions- und Geschichtsphilosophie Schellings benannt, der
wir uns nun abschließend noch zuwenden müssen.

3. Das Christentum als Geschichtsbewusstsein, oder: Tillichs Deutung der Absolutheit des Christentums

Tillichs Grundthese, Schellings Philosophie sei eine geschichtliche Geschichtsphilosophie, deren Kern die Religionsgeschichte ausmache, baut auf seiner Neudeutung des Freiheitsbegriffs als Möglichkeit der Freiheit, sich selbst zu widersprechen, auf.[36] Das führt den jungen Theologen zu einer geschichtsphilosophi-

---

[32] Tillich, „Gott und das Absolute bei Schelling", EW X, 32.

[33] Vgl. Tillich, „Gott und das Absolute bei Schelling", EW X, 28: „Aus der Zweiheit der
Principien ist eine Dreiheit geworden: ein Fortschritt, dessen Wichtigkeit Schelling klar erkannt hat." Zu Tillichs Deutung von Schellings Potenzenlehre vgl. auch Tillich, „Gott und
das Absolute bei Schelling", EW X, 28–33; Tillich, „Die religionsgeschichtliche Konstruktion", EW IX, 160–172. Vgl. hierzu auch L. Chr. Heinemann, *Sinn – Geist – Symbol. Eine
systematisch-genetische Rekonstruktion der frühen Symboltheorie Paul Tillichs*, Berlin/Boston
2017.

[34] Vgl. Tillich, „Gott und das Absolute bei Schelling", EW X, 28: „Geist ist zur Einheit mit
dem idealen Princip erhobene ‚Selbstheit'." Vgl. auch Tillich, „Die religionsgeschichtliche
Konstruktion", EW IX, 173–183; Tillich, „Mystik und Schuldbewußtsein", GW I, 79–85.

[35] Vgl. Tillich, „Die religionsgeschichtliche Konstruktion", EW IX, 167: „Der Geist verhält sich zur Identität wie aktuelle Einheit zur substantiellen, wie mittelbare (durch einen
Gegensatz hindurchgegangene) Selbsterfassung zur unmittelbaren." Vgl. auch Tillich, „Gott
und das Absolute bei Schelling", EW X, 30. Dieser aus der Schelling-Deutung gewonnene
Gedanke eines in sich widersprüchlichen Selbstbezugs des Geistes wird von Tillich in seinem
gesamten Werk – aller prinzipientheoretischen Transformationen ungeachtet – beibehalten.
Im dritten Band der *Systematischen Theologie* erscheint er als Zweideutigkeit des Lebens in
der Dimension des Geistes. Vgl. P. Tillich, *Systematische Theologie*, Bd. III, Stuttgart 1966.

[36] Vgl. Tillich, „Die religionsgeschichtliche Konstruktion", EW IX, 197; Tillich, „Mystik
und Schuldbewußtsein", GW I, 100.

schen Neudeutung der Absolutheit des Christentums. Die Grundzüge und Aufbauelemente dieser geschichtsphilosophischen Konstruktion der Religion sind im Folgenden kurz darzustellen.[37]

Deren Grundlagen liegen in einer Konstruktion des Religionsbegriffs, in dem absolutheitstheoretische und anthropologische Aspekte verschränkt sind. Das menschliche Bewusstsein, so die entscheidende Bestimmung, sei als solches Gottsetzend.[38] Vermögenstheoretische Religionsbegriffe werden damit zurückgewiesen und das Selbstverhältnis des Bewusstseins als Grundlage des Religionsbegriffs behauptet. Als Einheit der Potenzen ist es gleichsam die Einheit Gottes. Religion ist mithin ein Selbstverhältnis Gottes. Jene Einheit fußt darauf, dass der Wille, die erste Potenz, als Basis und Grundlage des Wesens fungiert. Indem der Wille zwar ein besonderer, aber nichts für sich ist, steht er in Identität mit dem absoluten Geist. Durch seine Erhebung, also die Selbstbestimmung des Willens als solchen, tritt dieser in Widerspruch mit dem absoluten Geist. Vor dem Hintergrund dieser Konstellation versteht der junge Tillich die Geschichte als Widerspruch des absoluten Geistes gegen den Widerspruch des individuellen Geistes.[39]

Die Christologie thematisiert die geschichtliche Selbsterfassung des Bewusstseins in seiner Wahrheit. Das ist nur durch die Selbstaufhebung des Besonderen möglich. Indem Christus – die zweite Potenz – sich selbst in seiner Besonderheit aufhebt, stellt er die Einheit des Bewusstseins wieder her. „Wo aber diese Entscheidung erfolgt ist, wo das Bewußtsein seine widergöttliche Substantialität geopfert hat, da ist es auch seiner Substanz nach wieder Gott setzend: Der Geist ist in ihm realisiert, der nun kommen kann, wo die Selbstheit gänzliche Basis ge-

---

[37] Vgl. hierzu auch G. Neugebauer, *Tillichs frühe Christologie*, 161–192; C. Danz, „Zwischen Transzendentalphilosophie und Phänomenologie. Die methodischen Grundlagen der Religionstheorien bei Otto und Tillich", in: J. Lauster/P. Schüz/R. Barth/C. Danz (Hgg.), *Rudolf Otto. Theologie – Religionsphilosophie – Religionsgeschichte*, Berlin/Boston 2014, 335–345.

[38] Vgl. Tillich, „Die religionsgeschichtliche Konstruktion", EW IX, 235: „Die reine Substanz des menschlichen Bewußtseins ist das *natura sua* Gott Setzende; das menschliche Bewußtsein steht in einem realen substantiellen Verhältnis zu Gott und dies Verhältnis ist das religiöse."

[39] Vgl. Tillich, „Die religionsgeschichtliche Konstruktion", EW IX, 261: „Geschichtliche Philosophie ist, wo Freiheit, Wille und Tat herrschen, das heißt aber letztlich in der Religion: Gegenstand der geschichtlichen Philosophie ist eine göttliche Geschichte, deren Kern die Religionsgeschichte ist." In seinen Thesen über die christliche Gewissheit von 1911 hat der junge Tillich diesen Gedanken aufgenommen und zu einer, wie er es nennt, geschichtsphilosophischen Geschichtsphilosophie ausgebaut. Vgl. P. Tillich, „Die christliche Gewißheit und der historische Jesus", in: Ders., *Briefwechsel und Streitschriften. Theologische, philosophische und politische Stellungnahmen und Gespräche*, EW VI, 31–50, hier 41: „Der Übergang von der Einheit in die Mannigfaltigkeit ist irrational; er wird am besten vorgestellt als Widerspruch des irrationalen Willens gegen das Wesen und stufenweise Reaktion des Wesens gegen den Widerspruch."

worden ist, der Geist, der es in Wahrheit ist, der heilige Geist."[40] Die Religionsgeschichte fungiert in dieser Weise als Strukturierung einer Geschichte des Selbstbewusstseins in seinem reflexiven und widersprüchlichen Bezug auf sich. Darin ist sie übergeschichtlich und von der empirischen Geschichte unterschieden. Das Christentum markiert den Zielpunkt dieser Geschichte. In ihm wird sich das Bewusstsein in seiner inneren reflexiven Struktur und Geschichtlichkeit durchsichtig. Es weiß um die Notwendigkeit des Besonderen und dessen gleichzeitige Unangemessenheit. Wahrheit gibt es in der Geschichte folglich nur als konkrete, die zugleich deren Verfehlung ist und deshalb wieder negiert werden muss. Nur als ein reflexives kommt das Bewusstsein in der Geschichte zu seiner Wahrheit.[41]

Das Wesen des Christentums[42] besteht in einem um seine eigene Geschichtlichkeit wissenden Bewusstsein. Genau darin liegt die Absolutheit der christlichen Religion beschlossen. Bereits in der Skizze *Gott und das Absolute bei Schelling* von 1910 weist Tillich darauf hin, die Absolutheit des Christentums fuße nicht auf empirischen Merkmalen, sondern auf dem Wissen um die Geschichtlichkeit aller Gehalte des Selbstverhältnisses.[43] Die Geschichtsphilosophie, die „so alt wie das Christentum" sei, „war die erste und zunächst wichtigste Form, in der das Christentum sich seines Absolutheitsanspruches bewußt wurde. Das Urteil: Jesus ist der Christus enthält im Keim alle Geschichtsphilosophie."[44]

Blickt man von diesem Resultat noch einmal auf den Gang der vorgetragenen Überlegungen zurück, so wird deutlich, dass die Rezeption der Philosophie Schellings dem jungen Tillich die begrifflichen Mittel an die Hand gab, die mit seinem Freiheitsverständnis, welches er sich am Ende seines Studiums erarbeitet hatte, verbundenen Probleme in den Griff zu bekommen. Auf der Grundlage seiner Erweiterung des Freiheitsbegriffs der Autonomieethik durch den Gedanken, Freiheit sei die Möglichkeit, mit sich selbst in Widerspruch zu treten, arbeitet er eine geschichtsphilosophische Begründung der Absolutheit des Christentums aus, die eine eigenständige Antwort auf das von Ernst Troeltsch aufgeworfene Problem der Absolutheit des Christentums beinhaltet. Signifikant für Til-

---

[40] Tillich, „Die religionsgeschichtliche Konstruktion", EW IX, 254. Vgl. auch Tillich, „Mystik und Schuldbewußtsein", GW I, 107 f.

[41] Vgl. Tillich, „Die religionsgeschichtliche Konstruktion", IX, 271: „Geschichtlich sein, heißt aber, sich opfern in seiner Natürlichkeit, um sich wiederzufinden in seiner Geistigkeit. Diese Anschauung war im Christentum gegeben, und darum ist in ihm Gott dem Menschen persönlich geworden. Im Leben und Sterben dessen, der sich als Menschensohn und Herr der Menschheit erfaßte und sich für die Menschheit opferte, schuf der Logos eine absolute Anschauung von der Außergöttlichkeit alles natürlichen Geistes, der nicht frei von sich ist, sich nicht opfern kann, und indem er diese Anschauung schuf, opferte er sich selbst in seiner natürlichen Herrschaft über das Bewußtsein und bewirkte, daß der heilige Geist kommen kann."

[42] Vgl. Tillich, „Die religionsgeschichtliche Konstruktion", IX, 253.

[43] Vgl. Tillich, „Gott und das Absolute bei Schelling", EW X, 53: „Und dieses Bewußtsein [sc. das geschichtsphilosophische] ist eben nichts anderes als das der Absolutheit."

[44] Tillich, „Gott und das Absolute bei Schelling", EW X, 53.

lichs frühe Geschichtsphilosophie ist deren Ablösung von der empirischen Geschichte.[45] Die Geschichtsphilosophie konstruiert sich selbst als Geschichtsbewusstsein, und die Etappen der Geschichte – Heidentum und Judentum – strukturieren den Weg hin zu seiner Selbsterfassung.[46]

---

[45] Das wird nicht zuletzt an Tillichs Kritik an Schellings Gedanken einer empirischen Menschwerdung des Logos deutlich. „Ohne das äußere Faktum hätte die Offenbarung nicht geschehen können; aber der Inhalt der Offenbarung ist nicht das äußere Faktum, sondern das übergeschichtliche [sc. die Geschichte des Selbstbewusstseins]."

[46] Auch mit dieser geschichtsphilosophischen Konstruktion folgt der junge Tillich seinem Hallenser Mentor Fritz Medicus, der in seinen Vorlesungen über Fichte darauf hinwies, dieser konstruiere die Geschichte als „eine Geschichte des Bewußtseins", die den „Anspruch zurückweist, die empirische Herausbildung des Selbstbewußtseins in der Abfolge seine psychogenetischen Hauptphasen zeigen zu wollen". (F. Medicus, *J. G. Fichte*, 220. Zur Geschichtsphilosophie von Medicus vgl. auch F. Medicus, „Kants Philosophie der Geschichte", in: *Kant-Studien* 7 (1902), 1–22, sowie 171–229).

Über die Grenzen der Vernunft

Karl Barth und der „deutsche Idealismus"

Jörg Noller

1. Einleitung

Karl Barths Denken scheint auf den ersten Blick gar nichts mit dem sogenannten „deutschen Idealismus" zu tun haben.[1] Friedrich Lohmann hat denn auch zurecht die Frage aufgeworfen: „Ist Barth nicht allein Schrifttheologe, Theologe der Offenbarung, leidenschaftlich darum bemüht, die Selbständigkeit der Theologie, nicht zuletzt gegenüber der Philosophie, zur Geltung zu bringen?"[2] Wie kann es also sein, dass sich Barth mit Kants Vernunftbegriff und Hegels Geistbegriff intensiv befasst hat, wo er doch im Zuge seiner häufig als „neo-orthodox"[3] charakterisierten Wort-Gottes-Theologie beziehungsweise Dialektischen Theologie Denker wie Luther[4] und Kierkegaard[5] zitiert, die nicht etwa die Grenzen, sondern die gänzliche Impotenz der menschlichen Rationalität[6] – man denke an Luthers Rede von der „Hure Vernunft" – herauszustellen versuchten?[7] Gegen-

---

[1] Der Ausdruck „deutscher Idealismus" ist insofern problematisch, als er eine thematische Einheit der nachkantischen Philosophie suggeriert, die nur unter Absehung individueller Unterschiede und Eigenheiten konstruiert werden kann. Es hat sich deswegen die Bezeichnung „Klassische deutsche Philosophie" bewährt, die offener für die jeweiligen Eigenheiten der nachkantischen Denker ist. Vgl. dazu W. Jaeschke/A. Arndt, *Die Klassische Deutsche Philosophie nach Kant. Systeme der reinen Vernunft und ihre Kritik 1785–1845*, München 2012. Ich verwende im Folgenden die Wendung „deutscher Idealismus" in Anführungszeichen, um eine Einheit zu bezeichnen, auf die Barths Denken bezogen werden soll.

[2] F. Lohmann, „Kant, Kierkegaard und der Neukantianismus", in: M. Beintker (Hg.), *Barth Handbuch*, Tübingen 2016, 42–48, hier 42.

[3] The Editors of Encyclopaedia Britannica, „neoorthodoxy", in: *Encyclopedia Britannica*, https://www.britannica.com/topic/neoorthodoxy (31.3.2022).

[4] Zum Verhältnis von Barth und Luther, vgl. G. Hunsinger, „Barth and Luther", in: G. Hunsinger/K. L. Johnson (Hgg.), *The Wiley Blackwell Companion to Karl Barth*, Barth in Dialogue, Volume II, Hoboken, NJ, 2020, 461–472.

[5] Zum Verhältnis von Barth und Kierkegaard, vgl. D. J. Gouwens, „Barth and Kierkegaard", in: G. Hunsinger/K. L. Johnson (Hgg.), *The Wiley Blackwell Companion to Karl Barth*, Barth in Dialogue, Volume II, Hoboken, NJ, 2020, 551–564.

[6] Zu Luthers Kritik der Vernunft jenseits von bloßem Irrationalismus vgl. J. Noller, „*domina ratio*. Zur Rolle der Philosophie bei Luther und Erasmus", in: J. Noller/G. Sans (Hgg.), *Luther und Erasmus über Freiheit*, Freiburg/München 2020, 112–129.

[7] Barth spricht in seinem Kommentar zum Römerbrief mit Blick auf Luther von einer

über diesem Vorwurf der unkritischen Orthodoxie, ja gar eines Irrationalismus, steht die Tatsache, dass sich Barth verstreut in seinem Werk, vor allem in seiner Schrift *Die protestantische Theologie im 19. Jahrhundert*, explizit mit Philosophen des „deutschen Idealismus", allen voran Kant und Hegel, auseinandergesetzt hat.[8] Diese Schrift soll im Folgenden im Zentrum stehen, wenn es um Barths Verhältnis zum „deutschen Idealismus" geht. An Barths Verhältnis zur Philosophie Kants und Hegels wird sich auch seine generelle Bestimmung des Verhältnisses von Philosophie und Theologie genauer verstehen lassen.

Die protestantische Theologie im 19. Jahrhundert beinhaltet eine „Vorgeschichte" zu ihrer eigentlichen „Geschichte". Und eben im Rahmen dieser „Vorgeschichte" befasst sich Barth – unter anderem – mit Kant und Hegel – Denkern, die nach der traditionellen Auffassung den Anfang und das Ende des „deutschen Idealismus" markieren. Allerdings erweist sich die „Vorgeschichte" bei genauerem Hinsehen als mindestens so umfangreich wie die „Geschichte", um die es Barth eigentlich geht, und in welcher Barth Denker von Schleiermacher bis Ritschl abhandelt. Die „Vorgeschichte" nimmt deutlich mehr Seiten ein als es die eigentliche „Geschichte" tut.[9] Die lange Vorgeschichte darf als ein Indiz dafür gelten, dass Barth seine Theologie nicht etwa in Abweisung des „deutschen Idealismus" entwickelt, sondern im kritischen Durchgang durch sie. In der „Vorgeschichte" behandelt Barth in einzelnen Kapitel Rousseau, Lessing, Kant, Herder, Novalis und Hegel. In der darauf folgenden „Geschichte" kommt Barth auf Schleiermacher zu sprechen, und behandelt dann, unter anderem, Feuerbach, Strauß und schließlich Ritschl. Die Behandlung der Denker des „deutschen Idealismus" versteht Barth also als Vorgeschichte der Theologie des 19. Jahrhunderts, die er von der Geschichte des 18. Jahrhunderts abgrenzt. An dieser Positionierung wird deutlich, dass sich Barth dem „deutschen Idealismus" zuwendet, um die folgende theologische Entwickelung kritisch prüfen zu können. Der „deutsche Idealismus" und die in ihm entwickelten Begriffe, insbesondere die Diskussion der Grenzen der theoretischen und praktischen Vernunft, dienen damit als eine Art kritischer Hintergrund für die Diskussion der darauf folgenden theologischen Entwicklung.

Kant und Hegel, ausdrücklich aber *nicht* Fichte und Schelling, gelten für Barth als Typen, die besondere Züge ihrs Zeitaltes exemplarisch manifestieren. Barth schreibt: „An Fichte und Schelling kann man vorbeikommen, an Hegel so wenig wie an Kant."[10] Warum gerade befasst sich Barth nur mit Kant und Hegel,

---

„Finsternis des Glaubens'", die die Kirche zu wagen habe. Vgl. K. Barth, *Der Römerbrief* (Zweite Fassung), 1922, in: H.-A. Drewes (Hg.), *Karl Barth Gesamtausgabe*, Bd. 47/Abt. II, hgg. v. C. van der Kooi/K. Tolstaja, Zürich 2010, 499.

[8] K. Barth, *Die protestantische Theologie im 19. Jahrhundert. Ihre Vorgeschichte und ihre Geschichte*, 3. Auflage, Zürich 1960.

[9] Die „Vorgeschichte" umfasst ganze 362 Seiten, während die eigentliche „Geschichte" nur 226 Seiten umfasst.

[10] Barth, *Protestantische Theologie*, 354.

und nicht etwa mit Schelling? Schellings Philosophie erscheint nach Barth „als zufällige Entdeckung eines einzelnen begabten Individuums", während Hegels Philosophie „die mächtige und eindrucksvolle Stimme eines ganzen Zeitalters, die Stimme des modernen Menschen oder dessen, der von 1700 bis 1914 der moderne Mensch hieß, gewesen ist."[11] Barth zählt Fichte und Schelling zu den „Romantikern"[12], bei denen er keine epochale, sondern eher ephemere Bedeutung erkennen kann.[13] Kant und Hegel sind für Barth also Repräsentanten nicht nur einer historischen Situation, sondern einer bestimmten *Stellung der Vernunft*. Kants Philosophie charakterisiert Barth allgemein als die „tiefste" Philosophie des 19. Jahrhunderts, Hegels hingegen die „radikalste".[14] Tief und radikal sind Kant und Hegel insofern, als ihre jeweilige Philosophie „die Aufklärung und das 18. Jahrhundert überhaupt vollendet und überwunden und die [...] typische Geistigkeit des 19. Jahrhunderts begründet hat."[15] Barths Darstellung der Philosophen des 19. Jahrhunderts dient ihm als eine Basis der Kritik der Zustände der Theologie des 19. Jahrhunderts, vor deren Hintergrund seine eigene Theologie auftritt. Barth entwickelt damit durch eine immanente Kritik der Philosophen eine eigene Position, die es ihm erlaubt, verschiedene neuere Entwicklungen der Theologie zu kritisieren. Damit kann Barth gegenüber dem Vorwurf in Schutz genommen werden, wonach er der Vernunft keine Beachtung schenkt. Vielmehr sind es gerade die *Grenzen* der Vernunft, die ihn besonders interessieren und die er durchaus kritisch – entlang von Kant und Hegel – analysiert.

Hierbei ist insbesondere Barths Bestimmung des Verhältnisses von Philosophie und Theologie zentral, die sich an seiner Interpretation von Kants Philosophie zeigt. Nach Barth ist die Philosophie „eine strenge und weitschichtige Wissenschaft für sich, und es steht dem Theologen nicht an, so zu tun, als befinde er sich in der Lage, gleichsam im Nebenamt auch noch eine Philosophie vorzutragen und ausgerechnet einem Kant etwas am Zeug flicken zu können." Deswegen zieht es Barth methodologisch vor, „im Rahmen einer immanenten Interpretation Kants" zu bleiben, was konkret bedeutet, Kant dort zu folgen, „der auf der Grenze zwischen Philosophie und Theologie, und indem er es nicht vermeiden konnte einen halben Schritt über diese Grenze hinauszugehen, als Philosoph faktisch in die Theologie hineingeredet hat."[16] Diese „immanente Interpretation" erweist sich bei Barth als auch als *immanente Kritik* des „deutschen Idealismus": Sie setzt nicht bereits von außen an, bedient sich keiner externen Maßstäbe, sondern versucht, aus der Logik der Grenzen der Vernunft diese Grenzen selbst

---

[11] Barth, *Protestantische Theologie*, 354.
[12] Barth, *Protestantische Theologie*, 395.
[13] Vgl. Barth, *Protestantische Theologie*, 307: „Die Romantik ist vielleicht eine Angelegenheit, die nicht lang und breit werden, sondern gerade nur so meteormäßig aufleuchten darf, wenn sie ihr Anliegen glaubwürdig und eindrucksvoll Vorbringen soll."
[14] Barth, *Protestantische Theologie*, 303.
[15] Barth, *Protestantische Theologie*, 303.
[16] Barth, *Protestantische Theologie*, 274 f.

wiederum zu revidieren und so das Verhältnis von Philosophie und Theologie kritisch zu bestimmen.

2. Die tiefste Philosophie: Barth und Kant

Dass insbesondere Kants Philosophie für Barth prägend war, wird bereits aus seinen biographischen Umständen klar. Barth hatte in Marburg studiert und war daher besonders durch neukantianische Philosophen wie Hermann Cohen und Paul Natorp,[17] aber auch durch den ebenso stark von Kant geprägten Theologen Wilhelm Herrmann beeinflusst.[18] Barth selbst berichtet autobiographisch rückblickend: „Das erste Buch, das mich als Student wirklich bewegt hat, war Kants Kritik der Praktischen Vernunft"[19]. Kants zweite *Kritik* erweist sich deswegen als zentral für Barth, weil es hier um eine doppelte Grenzziehung geht: Um das theoretische und praktische Wissen. Dieses Wissen ist aber nicht voneinander unabhängig, sondern das praktische Wissen führt das theoretische fort, setzt dort an, wo dieses seine Grenzen hat. Kant hatte bereits in der Vorrede zur zweiten Auflage seiner *Kritik der reinen Vernunft* dieses Verhältnis folgendermaßen bestimmt:

Ich mußte also das Wissen aufheben, um zum Glauben Platz zu bekommen, und der Dogmatism der Metaphysik, d.i. das Vorurtheil, in ihr ohne Kritik der reinen Vernunft fortzukommen, ist die wahre Quelle alles der Moralität widerstreitenden Unglaubens, der jederzeit gar sehr dogmatisch ist.[20]

In diesem Sinne wendet sich Barth gegen eine Ansicht, die Kant als bloßen „Alleszermalmer" auffasst, wie dies Moses Mendelssohn prominent getan hatte. Barth versteht Kants Kritik nicht so sehr als etwas Destruktives:

Dieses Unternehmen hat aber eine andere, eine positive Seite. Auch und gerade die Erkenntnis aus reiner Vernunft ist nach Kant wirkliche Vernunfterkenntnis, so gewiß sie auch aller Erfahrungserkenntnis notwendig ist. Die Vernunft muß sich aber als reine Vernunft verstehen lernen. Sie hat sich selber noch nicht verstanden, solange sie sich bloß als theoretische Vernunft, solange sie sich nicht als handelnde, als praktische Vernunft verstanden hat. Die ‚praktische Vernunft' in der Lehre Kants ist nicht eine Art zweiter Vernunft neben der theoretischen, sondern die eine Vernunft, die auch theoretische ist, ist auch – und man muß geradezu sagen: sie ist primär praktische Vernunft. Handlung, Praxis ist ja auch die in der transzendentalen Apperzeption begründete Einheit von Anschauung und Begriff, in welcher die Erfahrungserkenntnis wirklich ist.[21]

---

[17] Vgl. L. MacKinnon, *Der deutsche Idealismus in den Frühschriften von Karl Barth, Friedrich Gogarten und Emil Brunner*, München 1975, 19.

[18] Lohmann, Kant, „Kierkegaard und der Neukantianismus", 42.

[19] K. Barth, „Autobiographische Skizzen", in: B. Jaspert (Hg.), *Karl Barth – Rudolf Bultmann Briefwechsel 1911–1966*, Zürich 1971, 304.

[20] I. Kant, *Kritik der reinen Vernunft*, 2. Auflage, Riga 1787, B XXX.

[21] Barth, *Protestantische Theologie*, 245.

Ganz im Sinne einer ‚existentialistischen' Lesart betont Barth denn auch den Primat des Praktischen bei Kant, der erst die ganze Einheit des Menschen als vernünftigem Wesen denkbar werden lässt:

> Der abstrakt als theoretisch-vernünftiges Wesen verstandene Mensch ist nicht der wirkliche Mensch. Wirklicher Mensch, wirkliches Vernunftwesen, bin ich nicht schon kraft jenes Vermögens, Dinge im Raum und in der Zeit zu erkennen, sondern dieses Vermögen, Dinge im Raum und in der Zeit zu erkennen, ist selber begründet in dem eigentlichen und entscheidenden Vernunftvermögen, kraft dessen ich Notwendigkeit, Gesetz erkenne, nämlich so, daß mir selber als handelnder Person Notwendigkeit und Gesetz auf erlegt wird.[22]

Die Dialektik von Grenze und Grenzüberschreitung, des Bedenkens und Überdenkens von Grenzen, das heißt die Kritik im Kant'schen Sinne, zeigt sich auch an anderen Stellen in Barths Werk. In der zweiten Fassung seines Römerbrief-Kommentars von 1922 finden sich zahlreiche implizite und explizite Bezüge auf Kant.[23] Gleich im Vorwort zur zweiten Auflage spricht Barth von einer „bessere[n] Belehrung über die eigentliche Orientierung der Gedanken Platos und Kants", die er „den Schriften [s]eines Bruders Heinrich Barth zu verdanken habe"[24]. Implizit rekurriert Barth im Folgenden auf zentrale Begriffe Kants, die er bei seiner Interpretation des Römerbriefs verwendet. Neben der erkenntnistheoretischen Unterscheidung von Ding an sich und Erscheinung,[25] von Begriff und Anschauung,[26] bezieht sich Barth auf Kants Begriff des kategorischen Imperativs in seiner Interpretation von Römer 6,12–14. Darin interpretiert Barth die Gnade als „Indikativ, der die Bedeutung des schlechthinnigen, des kategorischen Imperativs hat."[27] Im Unterschied zu Kants kategorischem Imperativ fasst Barth die Gnade jedoch nicht als normativ, sondern als faktisch auf, im Sinne einer Aufhebung der Normativität: „sie ist *der* Imperativ, *der* Appell, *das* Gebot, *die* Forderung, der man nicht *nicht* gehorchen kann, die die Kraft einer schlichten Feststellung hat."[28] Hinsichtlich der Bedeutung der Kritik unserer Erkenntnis schreibt Barth in seiner Auslegung von Römer 8,1–2:

> [D]ass der Mensch der Mensch ist, dieses seltsam Demütigende kann er sich offenbar nicht selbst sagen, sondern das muß ihm gesagt *sein*, geantwortet *sein*, bevor er gerufen hat. [...] Der Ort, von dem aus der ganze geschlossene Kreis als solcher zu sehen ist, kann selber nicht innerhalb des Kreises liegen. Die Möglichkeit, das Menschenmögliche als solches in seiner Beschränkung zu erfassen, ist offenbar – *und wenn wir uns von Kant jeden Blick über*

---

[22] Barth, *Protestantische Theologie*, 246.

[23] Zur Bedeutung des Neukantianismus für Barths Interpretation des Römerbriefs vgl. J. F. Lohmann, *Karl Barth und der Neukantianismus. Die Rezeption des Neukantianismus im „Römerbrief" und ihre Bedeutung für die weitere Ausarbeitung der Theologie Karl Barths*, Berlin/New York 1995.

[24] Barth, *Römerbrief*, 7.

[25] Vgl. Barth, *Römerbrief*, 73 f.; vgl. auch den Kommentar ebd.

[26] Vgl. Barth, *Römerbrief*, 75; vgl. auch den Kommentar ebd.

[27] Barth, *Römerbrief*, 287.

[28] Barth, *Römerbrief*, 287.

das Beschränkende hinaus verbieten ließen, ja gerade *dann!* – eine ganz unerhört neue Möglichkeit.[29]

Entscheidend ist hier Barths Rede vom „Offenbaren" der menschlichen Erkenntnis, das noch *vor* aller apriorischen Vernunftkritik liegt. Man könnte es in Anlehnung an die Kant'sche Begrifflichkeit auch das „revelatorische Apriori" nennen. Kants Vernunftkritik wird damit nach Barth nicht verworfen, sondern noch tiefer gefasst, indem der darin zugrundeliegende Gottesbezug noch mit reflektiert wird.

Besonders intensiv setzt sich Barth jedoch mit Kant in seiner *Protestantischen Theologie im 19. Jahrhundert* auseinander, die 1946 in der ersten Auflage erschien, aber bereits im Jahr 1933 aus einer Bonner Vorlesung hervorgegangen waren und dann, als der Nationalsozialismus an die Macht kam, ein „Torso"[30] bleiben mussten. Barth interessiert insbesondere die Kritik der Vernunft bei Kant und sein Projekt einer Aufklärung. Kant ist für Barth ein typischer Vertreter des 19. Jahrhunderts durch seine kritische Form der Aufklärung. Interessant ist dabei, dass Barth Kant hier ähnlich wie im *Römerbrief* mit einer kritischen „Grenze" und Beschränkung in Verbindung bringt und diese Grenze ausdrücklich positiv bewertet:

[I]n diesem Mann [scil. Kant] und in diesem Werk hat das 18. Jahrhundert *sich selber in seinen Grenzen gesehen, verstanden und bejaht. Sich selber – in seinen Grenzen!* Damit sagen wir, daß wie Rousseau und Lessing so auch Kant an der Wende der Zeiten steht. Wir müssen aber sofort hinzufügen: eben indem bei Kant nur dies ganz Schlichte stattfindet: keine Eröffnung einer neuen Dimension, keine Entdeckung neuer Provinzen und Kräfte wie bei Rousseau und Lessing – käme es darauf an, so könnte es uns wohl geschehen, daß uns Kant nach Rousseau und Lessing wie ein Reaktionär Vorkommen möchte – nur dies Schlichte: eine Verständigung dieses Jahrhunderts über sich selber – aber über sich selber in seinen Grenzen – indem bei Kant nur eben dies stattfindet, steht er faktisch viel prinzipieller, viel umfassender und radikaler und geschichtlich gesprochen: viel interessanter und bedeutungsvoller an jener Wende der Zeiten.[31]

Barth interpretiert Kants kritisches Unternehmen nicht nur subjektivitätstheoretisch, sondern generell anthropologisch:

In seinen eingesehenen Grenzen scheint etwas von den Grenzen der Menschheit überhaupt, und damit etwas von Weisheit sichtbar zu werden. Es ist wie in der Musik Mozarts so auch in der Philosophie Kants etwas von der Majestät und von dem Frieden des Todes, was dem Geist des 18. Jahrhunderts auf einmal von weitem gegenüberzutreten scheint. Darum lebt er hier, ganz zur Bescheidenheit verwiesen, noch einmal auf in ganzer Herrlichkeit. Darum wird er hier ehrfurchtgebietend.[32]

---

[29] Barth, *Protestantische Theologie*, 372 f.
[30] Barth, *Protestantische Theologie*, V.
[31] Barth, *Protestantische Theologie*, 237.
[32] Barth, *Protestantische Theologie*, 239.

Dann wendet sich Barth zum ersten Mal der Kritik der Vernunft zu:

Kritik der Vernunft heißt Verständigung der Vernunft über sich selber. Ihr Pathos ist in keiner Weise das einer Verneinung; es ist vielmehr so ausdrücklich wie nur möglich das einer Bejahung der Vernunft. Kant ist nicht Jacobi. Kant ist nicht Hamann oder Claudius oder Lavater. Kant ist Kant und seine Vernunftkritik hat mit Kulturmüdigkeit, mit Aufklärungsmüdigkeit nicht das geringste zu tun. Kant hat und Kant verlangt einen geradezu unbedingten Glauben an die Vernunft. Aber die glaubwürdige Vernunft ist ihm allein die allererst in bezug auf sich selber vernünftig gewordene Vernunft. Sie auf den Plan zu führen, ist der Sinn seiner Vernunftkritik.[33]

Welche geschichtliche Bedeutung teilt Barth Kant zu? Kant ist für Barth „der vollendete Mensch des 18. Jahrhunderts". Diese Bedeutung besitzt Kant nach Barth deswegen, weil er gerade das 18. zum 19. Jahrhundert überführt hat. Kant erscheint als ein kritischer Aufklärer, das heißt als ein Denker der Grenzen, die ein kritisches Selbstverhältnis der Vernunft bedeuten:

Aufklärung vor Kant war die unbedingte, uferlose und damit doch letztlich unsichere Selbstbejahung der Vernunft. Will man auch die Geistigkeit Kants und die Geistigkeit nach Kant als Aufklärung bezeichnen – was man in gewissem Sinn nicht nur tun kann, sondern tun muß – so ist sie jetzt jedenfalls bedingte, bestimmte, erst und nur insofern sichere, sie ist kritische Selbstbejahung der Vernunft geworden. Das ist das Neue bei Kant. Und das ist auch eine neue Seite der Geistigkeit des 19. Jahrhunderts im Gegensatz zu der des 18.[34]

Barth betrachtet also, wenn er den „deutschen Idealismus" fokussiert, das „faktische Vermögen der menschlichen Vernunft"[35] dahingehend, welche Wandlungen es im 18. und 19. Jahrhundert erfahren hat.

Vor dem Hintergrund der Vernunftkritik bezieht Barth auch die Kritik der Vernunft auf die Theologie des 19. Jahrhunderts:

Theologie wird ihre Sätze von jetzt an, wie sie sie auch begründe, nicht mehr formen können, ohne sich über die Methode der Vernunft, von der auch sie bei der Bildung ihrer Sätze Gebrauch macht, Klarheit verschafft zu haben. […] Typisch für die Theologie dieses Jahrhunderts wird jedenfalls auch das sein, daß sie die Idee der Vernunftkritik, vielleicht unter schwersten Abweichungen von ihrer Kantischen Gestalt, aber in Beachtung des durch Kant gestellten Problems, in sich aufgenommen hat.[36]

Doch wendet sich Bart auch kritisch gegen Kants Vernunftkritik mit Blick auf die Rolle der Religion. Gegenüber Kants Verständnis des „ewigen Friedens" als „Reich der praktischen Vernunft" betont Barth, dass Gott die „Grenze des von uns aus Möglichen" ist. Deswegen ist ein adäquat verstandener Friede niemals „auch nur eine entfernte Vorstufe zum ‚ewigen Frieden'".[37] Ein weiteres problematisches Moment stellt nach Barth Kants Begriff des Bösen dar. Barth dia-

---

[33] Barth, *Protestantische Theologie*, 241.
[34] Barth, *Protestantische Theologie*, 242.
[35] Barth, *Protestantische Theologie*, 242.
[36] Barth, *Protestantische Theologie*, 243.
[37] Barth, *Römerbrief*, 630.

gnostiziert, dass „die Geschlossenheit des Kantischen Vernunftbegriffes und Vernunftreligionsbegriffes [so wie er] hier in seiner Religionsphilosophie vorausgesetzt ist, durch die Lehre vom radikalen Bösen gestört wird"[38]. Barth interpretiert Kants Begriff des Bösen, wie er in seine *Religionsschrift* zentrale Stellung erlangt, im Sinne eines „notwendigen Vernunftbegriffs"[39], als ein „*Böses* der Vernunft" und als „ein Böses *a priori*".[40] Tatsächlich spricht Kant in seiner *Religionsschrift* davon, dass das Böse einen „Vernunfturprung"[41] hat.[42] Hieran, an der Grenze zur Theologie zeigt sich nach Barth auch eine bemerkenswerte Grenze von Kants Philosophie *selbst*, insofern „Kant von der Wirklichkeit der Religion im einzelnen Menschen nicht zu reden vermag, ohne sofort ein in seiner sonstigen Analyse des allgemein Vernünftigen jedenfalls nicht explizit aufgezeigtes, ein widervernünftiges, aber merkwürdigerweise gerade als solches der Ordnung des Vernünftigen doch mit angehöriges Prinzip, das Prinzip des *radikalen Bösen*, einzuführen".[43]

Bart kritisiert Kants Vernunftreligion *immanent* im Sinne einer unhinterfragten Bedingung: „Das Kantische Unternehmen besteht ja in einem großen Wenn-Dann-Satz: *Wenn* die Wirklichkeit der Religion sich erschöpft in dem, was als Religion innerhalb der Grenzen der bloßen Vernunft der Selbstkritik der Vernunft unterworfen ist, *dann* ist Religion das und nur das, was dem idealpraktischen Charakter der reinen Vernunft angemessen ist."[44] Nun lässt sich nach Barth dieser konditionale Übergang in verschiedener Hinsicht weiter kritisieren. Zum einen kann das von Kant gesetzte Antecedens als solches unvollständig sein. Zum anderen ist es möglich, dass das Antecedens nicht nur intern unvollständig ist, sondern einer externen Erweiterung, einer anderen Vorbedingung bedarf.

Anhand dieser möglichen Revisionen von Kants Antecedens, die Auswirkungen auf das Konsequens haben, identifiziert Barth drei Wege, die theologische Bedeutung von Kants Philosophie in der Folge zu klassifizieren. Er diskutiert dazu drei verschiedene Möglichkeiten, wie sich die Theologie zu Kants Philosophie verhalten kann. Diesen verschiedenen kritischen Verhältnissen zu Kant ordnet Barth in radikalisierender Reihenfolge verschiedene theologische Entwicklungen zu, die das 18. und 19. Jahrhundert bestimmten. Ein erstes Verhältnis kann darin bestehen, die Kant'schen Prämissen zu teilen und noch konsequenter auszuarbeiten, als Kant es getan hatte. Barth ordnet diesem Verhältnis solche „rationalistischen Theologien" an der Wende des 18. zum 19. Jahrhunderts wie

---

[38] Barth, *Protestantische Theologie*, 264.
[39] Barth, *Protestantische Theologie*, 264.
[40] Barth, *Protestantische Theologie*, 265.
[41] I. Kant, *Die Religion innerhalb der Grenzen der bloßen Vernunft*, in: *Akademie-Ausgabe*, Bd. 6, Berlin 1900 ff., 41.
[42] Der Vernunfturprung des Bösen lässt sich bei Kant mit Blick auf seinen Begriff des „Vernünftelns" noch weiter analysieren. Vgl. dazu J. Noller, „Vernünfteln: Kant und die Rationalität des Bösen", in: *Deutsche Zeitschrift für Philosophie* 68/1 (2020), 28–50.
[43] Barth, *Protestantische Theologie*, 272.
[44] Barth, *Protestantische Theologie*, 272.

Julius August Ludwig Wegscheider und später Albrecht Ritschl zu. Ein zweites Verhältnis zu Kants Philosophie kann darin bestehen, sie „einer immanenten Kritik [zu] unterziehen"[45]. Diese immanente Kritik besteht darin, die Prämissen der kantischen Philosophie, die seinen Vernunftbegriff betreffen, als unvollständig auszuweisen. Sie versucht zu zeigen, „daß zu den Notwendigkeiten der menschlichen Vernunft außer dem theoretischen und dem praktischen noch ein weiteres Vermögen a priori gehöre: das Vermögen des Gefühls"[46]. Barth rechnet dieser zweiten Stellung zu Kant unter anderem die liberale Theologie des 20. Jahrhunderts zu. Ein drittes, noch radikaleres Kant-Verhältnis besteht schließlich darin, „die Autarkie und richterliche Kompetenz der menschlichen Vernunft in bezug auf das religiöse Problem mindestens in Frage zu stellen."[47] Die Einsicht dieser dritten, radikalsten Position gegenüber Kant besteht darin,

> daß mit dem Problembegriff ‚Religion innerhalb der Grenzen der bloßen Vernunft' doch nur die eine Seite des Problems, nämlich die Religion als menschliche Funktion, nicht aber die andere Seite, der entscheidende Beziehungs- und Ursprungspunkt dieser Funktion, nämlich das Handeln eines mit dem Inbegriff der menschlichen Vernunft, mit dem ‚Gott in uns selbst' nicht identischen Gottes gesehen sei – eine Verengerung der Fragestellung, die notwendig auch die Darstellung jener ersten Seite, die Interpretation jener menschlichen Funktion in Mitleidenschaft ziehen müsse.[48]

Konkret besteht diese dritte Möglichkeit, sich mit Kants Philosophie in ein Verhältnis zu setzen, darin, „daß die Theologie sich der Philosophie gegenüber bescheiden würde, auf ihren eigenen Füßen zu stehen, daß sie ihren methodischen Ausgangspunkt ebenso bestimmt in der Offenbarung, wie jene in der Vernunft erkennen und also mit der Philosophie ein Zwiegespräch, nicht aber, selber in den Mantel der Philosophie sich hüllend, ein quasi-philosophisches Selbstgespräch führen würde."[49] Barth entdeckt ein solches radikalisiertes Kant-Verhältnis bei Hegel und seinem Schüler Philipp Konrad Marheineke.

Barth selbst bescheidet sich bei seiner eigenen Interpretation von Kant, was auch Rückschlüsse für seine Verhältnisbestimmung von Philosophie und Theologie erlaubt. Er hält es für unangemessen, „Kant besser verstehen zu wollen als er sich selber verstanden hat, d. h. aus der Philosophie Kants eine andere Religionsphilosophie folgern und aufbauen zu wollen als die, mit der er selbst sein Werk in theologischer Hinsicht krönen zu sollen und zu können gemeint hat."[50] Kant selbst eignet sich dazu, um das Verhältnis und die Grenze von Theologie und Philosophie genauer zu bestimmen, denn Kant ist nach Barth selbst „einen halben Schritt"[51] über diese Grenze hinausgegangen. In dieser Überschreitung

---

[45] Barth, *Protestantische Theologie*, 273.
[46] Barth, *Protestantische Theologie*, 273.
[47] Barth, *Protestantische Theologie*, 273.
[48] Barth, *Protestantische Theologie*, 273 f.
[49] Barth, *Protestantische Theologie*, 274.
[50] Barth, *Protestantische Theologie*, 274.
[51] Barth, *Protestantische Theologie*, 275.

der Grenzen der Philosophie hin zur Theologie sieht Barth eine Eigentümlichkeit
enthalten, die für das Verhältnis von Philosophie und Theologie prägend ist: „Das
Nebeneinander von Theologie und Philosophie ist ja vielleicht eine Angelegenheit, über die sich ohne Ironie in der Tat nicht reden läßt – auch von der Theologie
aus nicht!"[52] Darin kann eine Aufforderung gesehen werden, dass die Theologie
ebenso die Grenzen zur Philosophie kritisch austesten darf und soll.

3. Die radikalste Philosophie: Barth und Hegel

Barth bestimmt Hegels Philosophie als „die Philosophie des *Selbstvertrauens*".
Dieses Selbstvertrauen gründet sich darauf, dass der denkende Mensch eine Korrespondenz und „Äquivalenz" zwischen Denken und Gedachtem, zwischen Vernunft und Wirklichkeit annehmen darf.[53] Hegel ist nach Barth „der große Vollender und Überwinder der Aufklärung". Diese Vollendung besteht darin, „daß er
den großen Konflikt zwischen Vernunft und Offenbarung, zwischen einem rein
weltlichen Kulturbewußtsein und dem Christentum, zwischen dem Gott in uns
und dem Gott in Christus zu einem höchst befriedigenden Abschluß gebracht
hat."[54] Denn die selbstvertrauende Identität von Denken und Gedachten kann
nach Barth als Geist bezeichnet werden, der „mit Gott eins und dasselbe ist"[55].
Barth geht so weit zu behaupten, „daß das Vertrauen auf den Geist oder auf Gott
auch in vollem Umfang und in letztem Ernst Selbstvertrauen sein muß", so dass
die Aufgabe beziehungsweise „Sinn" der Philosophie nach Hegel darin besteht,
„[d]ieses Vertrauen zu verkündigen und zu diesem Vertrauen aufzurufen".[56]

Barth bestimmt das Verhältnis von Hegel zur Aufklärung als ein „selbständige[s] direkte[s] Verhältnis". Damit ist gemeint, dass Hegel „das Erbe der Aufklärung" sowohl aufnimmt als auch einer kritischen Würdigung unterzieht.[57]
Hegel wird gerade deswegen zum „radikalsten" Denker des 19. Jahrhunderts,
weil er die Grenzen, die Kant der Vernunft gezogen hat, überwindet, und zwar
nicht durch die Flucht in ein Gefühl, wie sie Barth der romantischen Tradition
zuschreibt, sondern durch die Arbeit des Begriffs. Hegel geht gewissermaßen mit
der Vernunft über die Vernunft hinaus, er „glaubt an die Möglichkeit, an die
Legitimität und Souveränität eines reinen Denkens", und gerade darin liegt sein
Begriff des Geistes.[58] Dieser Geistbegriff ist nach Barth dadurch ausgezeichnet,
dass er absolut ist, und dies bedeutet, dass er die Gegensätze von Begriff und Sein,
Wahrheit und Wirklichkeit, Empirie und Idee aufgehoben hat. Diese Aufhebung

---

[52] Barth, *Protestantische Theologie*, 278.
[53] Barth, *Protestantische Theologie*, 349.
[54] Barth, *Protestantische Theologie*, 366.
[55] Barth, *Protestantische Theologie*, 350.
[56] Barth, *Protestantische Theologie*, 350.
[57] Barth, *Protestantische Theologie*, 350.
[58] Vgl. Barth, *Protestantische Theologie*, 350.

des Geistes bestimmt Barth als „ein absolutes, durch keinerlei Gegensätzlichkeit irre zu machendes Vertrauen auf seine Würde, Mächtigkeit und Werthaftigkeit"[59].

Barth wendet dann wiederum die Analyse der Hegel'schen Philosophie auf die theologische Situation im Sinne einer immanenten Kritik der Theologie. Barth fragt denn auch kritisch mit Blick auf die Theologie: „Darf sie sich vielleicht von dem Ernst, mit dem Hegel Gotteserkenntnis und Wahrheitserkenntnis in eins setzte, dispensieren? Darf sie Hegel in dieser Hinsicht unterbieten, wenn sie nicht bei aller vermeintlichen Selbständigkeit ihrer Erkenntnisquelle im Schatten der Philosophie als einer ernsthafteren Angelegenheit stehen soll?" Nach Barth droht eine Theologie in diesem Schatten zu stehen, wenn sie sich „bloß historisch, bloß psychologisch, bloß phänomenologisch" versteht.[60] Gerade in dieser Hinsicht gilt nach Barth, dass die Theologie „auch bei Hegel etwas lernen"[61] kann. Barth spricht gar von einer „Hegelsche[n] Zumutung für die Theologie", die in dessen Begriff von „Wahrheit, bewegte[r] Erkenntnis der Wahrheit, dialektischer Charakter dieser Bewegung" besteht.[62] Barth untersucht nun diese drei für Hegels Philosophie zentralen Begriffe dahingehend, wie sie sich zur Theologie verhalten.

Zunächst interpretiert Barth Hegels Wahrheitsbegriff im Sinne eines „als die Spitze und das Zentrum der Humanität vorgestellte Denken". Hier kritisiert Barth nun, dass dabei insbesondere der praktische Aspekt des Wollens, der ebenso zentral für Humanität ist, außer Acht gelassen wird. Er fragt deswegen konsequent: „Kann die Theorie der Wahrheit eine andere sein, als die Theorie der Praxis des Menschen?"[63] Insbesondere kritisiert Barth, dass Hegel die Versöhnung „nicht als einen unbegreiflich neuen Anfang, sondern einfach als eine Fortsetzung des einen Geschehens der Wahrheit, die mit dem Sein Gottes selbst identisch ist"[64], gedacht hat.

An Hegels Begriff einer „*Selbstbewegung* der Wahrheit" kritisiert Barth, dass dadurch das Verhältnis von Mensch und Gott zu sehr vermittelt wird, denn die „Hegelsche Trinitätslehre fällt zusammen mit dem Grundprinzip der Hegelschen Logik, die ausgesprochenerweise zugleich das Grundprinzip der Hegelschen Anthropologie und Lebenslehre ist."[65] Daraus folgt jedoch für Barth, dass es in Hegels Philosophie „zu einem realen und unaufhebbaren Gegenüber von Gott und Mensch, zu einem Gesprochenwerden und Hören eines Wortes, eines neuen, im strengen Sinn offenbarenden Wortes zwischen Beiden kann es bei ihm nicht kommen" kann.[66] Hegel, so Barth, fasst die Offenbarung im Sinne genereller Gegenständlichkeit, die als solche auch vermittelt und aufgehoben werden kann.

[59] Barth, *Protestantische Theologie*, 350.
[60] Barth, *Protestantische Theologie*, 372.
[61] Barth, *Protestantische Theologie*, 374.
[62] Barth, *Protestantische Theologie*, 374.
[63] Barth, *Protestantische Theologie*, 374.
[64] Barth, *Protestantische Theologie*, 375.
[65] Barth, *Protestantische Theologie*, 375.
[66] Barth, *Protestantische Theologie*, 375.

Hegel denkt insofern nach Barth Mensch und Gott zu sehr strukturanalog: „Die Selbstbewegung der Wahrheit müßte von der Selbstbewegung des Menschen abgehoben sein – hier wird sie so ausdrücklich und konsequent als möglich mit ihr in eins gesetzt – um als Selbstbewegung Gottes wirklich gelten zu können."[67]

Schließlich kritisiert Barth Hegels „Identifizierung Gottes mit der *dialektischen Methode*", da diese „eine kaum tragbare Einschränkung, ja Aufhebung der Souveränität Gottes besagt, die die Bezeichnung dessen, was Hegel Geist, Idee, Vernunft usw. nennt, als Gott erst recht fragwürdig macht."[68] Entscheidend ist dabei die Notwendigkeit, die dieser Bewegung zugrunde liegt und die nach Barth die Freiheit Gottes unmöglich macht. Dies hat mehrere Konsequenzen. Gott wird so nach Hegel „sein eigener Gefangener", denn „Gott *muß* so funktionieren, wie wir ihn in der Offenbarung funktionieren sehen."[69] Ferner hat Hegel nach Barth „die Erkenntnis der realen Dialektik der Gnade, die in der Freiheit Gottes begründet ist, unmöglich gemacht."[70] Hegel erscheint so nach Barth als „eine große Frage, eine große Enttäuschung, vielleicht doch auch eine große Verheißung."[71] Hier verwundert es, dass Barth nicht auf Schellings Gottesbegriff in seinen *Philosophische Untersuchungen über das Wesen der menschlichen Freiheit* zu sprechen kommt. Denn Schelling versucht darin ausdrücklich, die Freiheit Gottes in Bezug auf die menschliche Freiheit zu denken. Schelling spricht von der „Freiheit Gottes in der Selbstoffenbarung" und führt weiter aus: „Wäre uns Gott ein bloß logisches Abstraktum, so müßte dann auch alles aus ihm mit logischer Notwendigkeit folgen; er selbst wäre gleichsam nur das höchste Gesetz, von dem alles ausfließt, aber ohne Personalität und Bewußtsein davon." Dagegen versucht Schelling, Gott „als lebendige Einheit von Kräften" zu denken.[72]

4. Schlussbetrachtung: Grenze und Vernunft

Barths Verhältnis zum „deutschen Idealismus" ist ambivalent. Diese Ambivalenz zeigt sich in zweierlei Hinsicht. Zum einen ist es die Bewertung der Bedeutung einzelner Philosophen, die eine einheitliche Befassung mit dem „deutschen Idealismus" unmöglich macht. Denn während Barth Kant und Hegel, gewissermaßen den Beginn und Abschluss dieser Epoche, ausdrücklich für seine Geschichte der Theologie würdigt, so werden Fichte und Schelling nur ganz am Rande berührt und tendenziell der Bewegung der Romantik zugeordnet, was der Bedeu-

---

[67] Barth, *Protestantische Theologie*, 376.
[68] Barth, *Protestantische Theologie*, 376 f.
[69] Barth, *Protestantische Theologie*, 377.
[70] Barth, *Protestantische Theologie*, 377.
[71] Barth, *Protestantische Theologie*, 378.
[72] F. W. J. Schelling, *Philosophische Untersuchungen über das Wesen der menschlichen Freiheit*, hg. von T. Buchheim, Hamburg ²2011. Ich danke den Mitreferenten für diesen Hinweis.

tung ihrer Philosophie nicht gerecht wird. Zum anderen zeigt sich Barths Ambivalenz darin, dass er dem Vernunft- und Geistbegriff bei Kant und Hegel über die Grenzen der Philosophie bis in die Theologie hinein folgt, diesem dann aber von der Seite der Philosophie erneut Grenzen setzt. Diese Grenzen betreffen das unaufhebbare Verhältnis von Mensch und Gott, das wesentlich durch Freiheit bestimmt ist, und wie es sich im Phänomen des Bösen und der Gnade zeigt.

Trinität und Offenbarung

Zur tragenden Rolle ihrer Verhältnisbestimmung in Barths Kirchlicher Dogmatik und Hegels philosophischer Theorie der christlichen Religion

Manuel Zelger

Die Weise, in der Hegel als ein, vielleicht auch als der Vertreter der Philosophie des Deutschen Idealismus und Barth als ein, vielleicht auch als der Vertreter der protestantischen Theologie des 20. Jahrhunderts in Beziehung gesetzt werden sollen, ist keine theologie- beziehungsweise philosophiegeschichtliche. Wenn im Folgenden im Fokus steht, dass beide die Dreieinigkeit Gottes als in einem unauflöslichen Zusammenhang mit seiner Selbstoffenbarung stehende begreifen, dann geschieht das nicht deshalb, weil sich hier eine Einflussnahme Hegels auf Barth feststellen ließe. Auf der Grundlage einer detaillierten Sichtung des vorliegenden Quellenmaterials konnte M. Welker[1] plausibel machen, dass eine intensivere Auseinandersetzung Barths mit Hegel sowohl auf einen nur sehr kurzen Zeitraum als auch nur auf eine äußerst knappe Textbasis beschränkt ist. Von daher ist es eher als unwahrscheinlich einzuschätzen, dass Hegels Bestimmung des Zusammenhangs von Gottes Dreieinigkeit mit seiner Selbstoffenbarung Barths Konzeption dieses Zusammenhangs beeinflusst haben könnte. Bestätigt wird dies auch durch die, sich dem Rahmen seiner Geschichte der protestantischen Theologie des 19. Jahrhunderts verdankende ausführlichere Beschäftigung Barths mit Hegel. Wenn Barth Hegel in dem von ihm behandelten Zeitraum der protestantischen Theologie auch eine Ausnahmestellung zubilligt, schätzt er den Beitrag an Erkenntnisgewinn, den Hegel für sein eigenes theologisches Vorhaben erbringen könnte, äußerst gering ein. Wirft man zu guter Letzt einen Blick auf Erwähnungen Hegels im Zusammenhang der Passagen der „Kirchlichen Dogmatik", in denen die hier interessierende grundlegende Verhältnisbestimmung von Offenbarung und Trinität ihren systematischen Ort hat, dann wird deutlich, dass Barth dort nur in barscher kritischer Absetzung auf Hegel Bezug nimmt.

Angeregt sind die hier anzustellenden Überlegungen, die den Punkt, in dem Hegel und Barth sich aufeinander beziehen lassen, in deren jeweiligen Bestimmung des Zusammenhangs des Offenbarungsbegriffs mit der Trinitätslehre erblicken, durch Beobachtungen Pannenbergs[2], der sowohl in der Konzeption der

---

[1] M. Welker, „Barth und Hegel. Zur Erkenntnis eines methodischen Verfahrens bei Barth", in: *Evangelische Theologie* 43 (1981), 307–328.

[2] W. Pannenberg, „Die Subjektivität Gottes und die Trinitätslehre. Ein Beitrag zur Bezie-

Dreieinigkeit Gottes als auch in der seiner Selbstoffenbarung strukturelle Parallelen zu entdecken meint. Die Beobachtungen Pannenbergs sind allerdings auch nicht mehr als Anregungen. Sie lenken die Aufmerksamkeit auf die Konzeption von Offenbarung und Trinitätslehre als die Bezugspunkte, in denen sich Hegel und Barth aufeinander beziehen lassen. Nicht etwaige Strukturäquivalente dienen hier als der Bezugspunkt, sondern ein für beide im Zentrum theologischer Theoriebildung stehendes Problem. Von diesem her wird dann auch strukturiert, was im Folgenden zum Verhältnis von Hegel und Barth darzulegen ist. Ein erster Schritt skizziert das Problem, das es sowohl für Hegel als auch für Barth zu lösen gilt, soll die Theologie überhaupt zutreffende Aussagen über Gott machen können. Aufgabe des zweiten und dritten Schritts wird es sein, jeweils die Problemlösung Barths und Hegels vorzustellen, die beide – allerdings auf höchst unterschiedliche Weise – in einer Konzeption der Selbstoffenbarung Gottes suchen, die in dessen trinitarischer Verfasstheit gründet. Der abschließende, resümierende Schritt spitzt die beiden Problemlösungen nochmals auf ein sie jeweils bestimmendes Prinzip zu. Dies geschieht anhand des dogmatischen Lehrstücks der Pneumatologie, in dem beide das Problem behandeln, wie der dreieinige Gott Menschen offenbar sein kann.

1. Das epistemische Problem der Theologie

Der nun in Angriff zu nehmenden Exposition des epistemischen Problems der Theologie liegt die auch von Hegel und Barth geteilte Prämisse zugrunde, Theologie bestehe darin, zutreffende Aussagen über Gott zu machen, sprich, über ihn Erkenntnis zu gewinnen. Bereits in dieser Minimalbestimmung von Theologie manifestiert sich zugleich auch ihr epistemisches Problem. Zu einem Problem wird der für die Theologie konstitutive Anspruch auf Erkenntnis Gottes dadurch, dass dem, mit dem Namen ‚Gott' Gemeinten Absolutheit als seine wesentliche Eigenschaft zugesprochen wird. Etwas besitzt die Eigenschaft der Absolutheit, ist ein Absolutes, wenn es zumindest die Bedingung erfüllt, dass alles von ihm Verschiedene ohne es nicht sein kann, es selbst aber sein kann, ohne dass von ihm Verschiedenes sein muss.[3] Aus dieser Definition von Absolutem geht bereits unmittelbar hervor, dass die Eigenschaft der Absolutheit nicht mehrfach exemplifiziert sein kann. Ein von einem anderen Absoluten verschiedenes Absolutes müsste nämlich ohne dieses sein können, zugleich aber kann es als von ihm Verschiedenes nicht ohne es sein.

---

hung zwischen Karl Barth und der Philosophie Hegels", in: *Kerygma und Dogma* 23 (1977), 25–40; W. Pannenberg, *Problemgeschichte der neueren evangelischen Theologie in Deutschland. Von Schleiermacher bis zu Barth und Tillich*, Göttingen 1997, 248–260.

[3] Zu der hier zugrunde gelegten Definition von Absolutheit vgl. W. Cramer, Art. „Das Absolute", in: H. Krings/H. M. Baumgartner/Ch. Wild u.a. (Hgg.), *Handbuch philosophischer Grundbegriffe*, Bd. 1, 1–19.

Bei der angegebenen Definition von Absolutheit kann es allerdings nicht bleiben. Sie fordert weitere Bestimmung. Die doppelte Bestimmung des Absoluten einerseits als dasjenige, das ohne von ihm Verschiedenes sein kann, und andererseits als die notwenige Bedingung dafür, dass von ihm Verschiedenes sein kann, setzt voraus, dass das Absolute von allem, was noch sein kann, verschieden ist. Die sich damit stellende Frage, *was* das Absolute im Unterschied zu allem, was noch sein kann, denn auszeichne, lässt sich allerdings nicht dadurch beantworten, es könne ohne alles dieses sein, während dieses im Unterschied dazu nicht ohne das Absolute sein kann. In der Bestimmung, das zu sein, das ohne all das sein kann, *was* es *nicht* ist, ist der Unterschied des durch diese Bestimmung zu Bestimmenden zu allem anderen nämlich schon vorausgesetzt, und nicht durch sie gesetzt. Das Absolute ist demnach nur das, was es ist, indem es von dem zu unterscheiden ist, was es nicht ist. Bliebe es einzig bei der im Definiens der Minimaldefinition ausgedrückten Bestimmung des Absoluten, dann geriete diese mit sich selbst in Konflikt. Kann das Absolute nur unter der Bedingung das sein, was es ist, dass etwas von ihm unterschieden werden kann, dann muss es eine Bestimmung geben, die diesem von ihm Unterschiedenen zukommen kann, aber keine des Absoluten sein darf. Mithin kann das Absolute nicht das sein, was die Minimaldefinition von ihm sagt, ohne dass es zumindest eine Bestimmung gibt, die von all den Bestimmungen verschieden ist, die dem Absoluten zukommen. Als das, was ohne alles von ihm Verschiedenem sein kann, bestimmt sein kann das Absolute nicht ohne Bestimmung, die von den seinen verschieden ist. Will man verhindern, dass auf der Ebene seiner Bestimmungen die Selbständigkeit des Absoluten gegenüber all dem von ihm Verschiedenen konterkariert wird, das heißt, das Absolute durch das bestimmt ist, was es nicht ist, dann muss die das Absolute definierende Bestimmung so verfasst sein, dass sie keine Bezugnahme auf das beinhaltet, das vom Absoluten zu unterscheiden ist. Soll das Absolute gleichwohl als die notwendige Bedingung des von ihm Verschiedenen bestimmt werden, dann kann diese Aufgabe nur gelöst werden, wenn es gelingt, die Verhältnisse, in denen das Absolute zu demjenigen steht, was es nicht ist, als der eigenständigen Bestimmtheit des Absoluten intrinsische aufzufassen. Gehört ein Verhältnis zur intrinsischen Eigenbestimmtheit des Absoluten, dann muss dies in sich selbst dieses Verhältnis sein. Es verhält sich darin zu sich selbst als einem anderem und indem es sich zu anderem verhält, verhält es sich einzig zu sich selbst. Die in der Minimaldefinition intendierte Selbständigkeit des Absoluten, die sich im Definiens als die Möglichkeit ausspricht, ohne alles andere sein zu können, bleibt in der Fortbestimmung des Absoluten als desjenigen, dessen Beziehung auf von ihm Verschiedenes nichts anderes ist als die Beziehung auf sich selbst, weiterhin aufrecht erhalten. Allerdings ist mit dieser Erweiterung der Minimaldefinition noch keine hinreichende Definition des Absoluten gegeben, solange nicht angegeben werden kann, was das für eine Beziehung ist, die es erlaubt, Beziehung auf sich selbst zugleich als Beziehung auf Fremdes aufzufassen.

Für die nunmehr anzugehende Exposition des epistemischen Problems der Theologie reicht die vorgenommene Erweiterung der Minimaldefinition des Absoluten jedoch hin. Unter den Bedingungen der erweiterten Definition des Absoluten ist das epistemische Problem der Theologie nicht einfach nur als die Frage danach aufzufassen, wie es ihr möglich sei, sich so auf Gott, d.i. das Absolute zu beziehen, dass damit zutreffende Aussagen über ihn, also Erkenntnis von ihm möglich sind. Geht man nämlich davon aus, dass die erkennende Bezugnahme auf Gott, von einem von ihm Verschiedenen getätigt wird, dann fordert die erweiterte Definition des Absoluten, dass diese Bezugnahme sich als eine Gott intrinsische, sprich als Bezugnahme Gottes auf sich selbst, bestimmen lässt. Genau die Forderung, Gott so zu begreifen, dass darin die in wahrhaften Aussagen über ihn, d.i. in Erkenntnis von ihm, vollzogene Bezugnahme auf ihn als ein seiner Bezugnahme auf sich selbst inhärentes Verhältnis begreifbar wird, ist das epistemische Problem. In Form eines Slogans kann man sagen, dass die Erkenntnistheorie der Theologie ein konstitutives Moment ihrer Gotteslehre ist, das heißt, die Erkenntnis Gottes als ein Moment Gottes zu bestimmen ist. Aufgrund dieser Rückkoppelung der Erkenntnis des Gegenstandes in den Gegenstand der Erkenntnis als ein ihm intrinsisches Verhältnis kommt die Theologie in ihrem Bemühen, zutreffende Aussagen über Gott zu machen, nicht umhin, in gewisser Weise zirkulär zu verfahren. Die Forderung nämlich, die erkennende Bezugnahme auf Gott als eine begreifbar zu machen, in der Gott zugleich bei sich selbst ist, verdankt sich der erweiterten Definition des Absoluten, also Gottes. Die in dieser Definition unternommene Bezugnahme auf Gott setzt als eine, deren Definiens auf Gott zutreffen soll, voraus, dass der Forderung bereits genüge getan wurde, die im Definiens ausgedrückte Erkenntnis Gottes als im Selbstbezug Gottes inbegriffene begreifbar gemacht zu haben. Die mit der Definition aufgestellte Forderung eines noch zu Leistenden wird in ihr qua Definition zugleich als bereits geleistet unterstellt. Allerdings ist der namhaft gemachte Zirkel kein vitiöser. Da in der erweiterten Definition nicht angegeben wird, was die Beziehung spezifisch ausmacht, die zugleich als Selbstbeziehung und Fremdbeziehung zu begreifen ist, macht sich die Definition wiederum auch von der Qualifizierung der Beziehung abhängig, mittels derer erst begreifbar wird, wie Gott in der Beziehung auf sich selbst zugleich Beziehung auf anderes sein kann. Erst unter der Voraussetzung, dass sich der Selbstbezug Gottes entsprechend qualifizieren lässt, kann gesagt werden, dass sich die erkennende Bezugnahme auf Gott als eine solche begreifen lässt, in der sich Gott auf sich selbst bezieht, indem er sich auf das von ihm Verschiedene bezieht. Schlussendlich kann hiermit auch erst die erweiterte Definition als eine hinreichende und somit als eine, die etwas auf Gott Zutreffendes aussagt, ausgewiesen werden. Vermittelt über die hinreichend und somit vollständig durchgeführte Bestimmung Gottes als des Absoluten wird dessen am Beginn stehende Definition am Ende von dem Makel erlöst, in ihrer Bezugnahme auf Gott dem von ihr selbst aufgestellten Maßstab für die Erkennbarkeit Gottes nicht genügt zu haben. Indem die Theologie sich sozusagen in das Innenleben Gottes versenkt, löst sie zugleich den Schein auf, sich in einer epistemischen Position zu befinden, die sich aus sich heraus auf Gott beziehen könne. Eine Theologie, die das ihr aufgegebene epistemische Problem zu lösen anstrebt, sieht sich also mit einer doppelten Aufgabenstellung konfrontiert: Erstens muss sich in ihrer Gotteslehre allgemein begreiflich machen lassen, dass Gott von sich selbst verschieden und darin doch ein und derselbe ist, was einschließt, dass Gottes Beziehung auf von ihm Unterschiedenes zugleich als seine Beziehung auf sich selbst zu begreifen ist. Zweitens muss sich insbesondere die erkennende Bezugnahme auf Gott, die unmittelbar genommen als eine Bestimmung Gottes durch etwas von ihm Unterschiedenes erscheint, als durch die sich von sich unterscheidende Selbstbestimmung Gottes vermittelte erweisen. Die erkennende Bezugnahme auf ihn, ist nicht etwas, was Gott von außen zustößt, sondern etwas seiner Selbstbestimmung Inhärentes. Diese zweite Aufgabenstellung beinhaltet das epistemische Problem im engeren Sinn.

Sowohl Barth als auch Hegel formulieren die Weise, wie sie die erstgenannte Aufgabenstellung zu bewältigen gedenken, im Medium der Trinitätslehre und die, wie die zweitgenannte, im Medium der Lehre von der Offenbarung. Indem sie im Medium traditioneller dogmatischer Lehrstücke dargestellt wird, erhält die Lösung des epistemischen Problems der Theologie somit einen Ort in der auf die *christliche Religion* bezogenen Theologie.

2. Barths Lösungsvorschlag[4]

Barth geht im Medium seiner Dogmatik die Lösung des epistemischen Problems der Theologie so an, dass er seinen Fokus zuerst auf die zweite Aufgabenstellung richtet. Ausgangspunkt seiner Lösung ist folglich der Offenbarungsbegriff. Er setzt damit ein, dass er die „Rede von Gott" als ein *menschliches* Handeln, in der Sprechweise der Problemexposition als eine Bezugnahme auf Gott von außen darstellt. Entscheidend für das Verständnis seines Lösungsvorschlags ist es, dass Barth die Rede von Gott als ein Handeln auffasst, bei dem es darauf ankommt, dass es wesentlich dadurch bestimmt ist, ein zu einer bestimmten Zeit sich ereignendes zu sein. Den ersten Schritt, den Schein aufzulösen, die erkennende Bezugnahme auf Gott geschehe unabhängig von Gott allein durch menschliches Handeln, macht Barth damit, dass er darauf aufmerksam macht, nicht jede Rede von Gott sei zugleich auch wahre Rede von Gott, d.i. erkennende Bezugnahme auf Gott. Der nächste Schritt besteht dann darin, in Abrede zu stellen, dass am Ort menschlicher Rede von Gott erkannt werden kann, ob es sich um wahre Rede handele oder nicht. Die Fähigkeit, Aussagen über Gott zu tätigen, ist eine menschliche, die, sie als wahre zu erkennen, ist es nicht. Dass es Gott ist, durch den allein Gott erkannt werden kann, ist der Sachverhalt den sowohl Barth als

---

[4] Die Textbasis, auf der die Darstellung des Lösungsvorschlags Barths beruht, ist der Band der Kirchlichen Dogmatik (Vgl. K. Barth, *Die Kirchliche Dogmatik*, 1. Band: *Die Lehre vom Wort Gottes*, 1. Halbband, Zürich 1964; im Folgenden Barth, KD I/1), der explizit das Verhältnis von Gottes Dreieinigkeit und seiner Offenbarung thematisiert.

auch Hegel im Begriff der Offenbarung meinen. In der bloßen Feststellung aber, Erkenntnis Gottes sei durch Gott allein möglich, wird nicht gesagt, was Gott dazu beiträgt, dass eine menschliche Bezugnahme auf ihn auch eine erkennende ist. Wenn dies aber nicht ausgeführt werden kann, ist auch das epistemische Problem der Theologie nicht gelöst worden. Solange sich für Aussagen über Gott kein Kriterium angeben lässt, mithilfe dessen sich eindeutig entscheiden ließe, ob sie sich Gott verdanken oder nicht, das heißt, ob sie wahre sind oder nicht, kann auch nicht von einer Erkenntnis Gottes gesprochen werden. Es wäre dann will-kürlichen Festsetzungen anheimgestellt, darüber zu entscheiden, was Erkenntnis Gottes ist, was er von sich selbst offenbart. Dies bedeutete aber Erkenntnis Got-tes überhaupt menschlicher Willkür anheimzugeben und somit die Lösung des epistemischen Problems der Theologie komplett zu verfehlen.

Aber selbst wenn sich jemand anheischig machen wollte, zu benennen, worin Gottes Beitrag besteht, dass in menschlicher Rede wahre Aussagen über ihn getätigt werden können, kommt er nicht umhin, dass er diese Aussagen über Gott in menschlicher Rede tätigt. Damit begibt sich aber der Versuch, das Kriterium zu benennen, an dem sich entscheidet ob menschliche Rede von Gott wahr ist, in einen vitiösen Zirkel. Das Kriterium, das die Wahrheit menschlicher Rede über Gott begründen soll, bedarf selbst noch der Begründung durch eben dieses Kri-terium. Damit ist es das Kriterium wahrer Aussagen, wenn es dies ist, aber ge-nauso gut ist es dies nicht, wenn es die nicht ist. Welchen Sinn macht es dann aber von Offenbarung zu sprechen, wenn sich kein Kriterium benennen lässt, in wel-chen Aussagen über ihn Gott sich selbst zum Ausdruck bringt? Die von Barth ins Spiel gebrachte Konzeption von Offenbarung nimmt für sich Anspruch, dies dennoch tun zu können. Sie hält daran fest, dass Erkenntnis Gottes möglich ist, aber ohne sich in den vitiösen Zirkel zu verrennen, dafür ein Kriterium anzuge-ben, woran sich Aussagen über Gott, die er allein zu wahren macht, von solchen unterscheiden, für die das nicht der Fall ist. Diesen Anspruch zu rechtfertigen, gedenkt Barth, indem er seine Konzeption von Offenbarung und infolge dessen die seiner gesamten Dogmatik auf die Begriffe des Ereignisses und des Handelns aufbaut.

Im hiesigen Zusammenhang kann es nur darum gehen, nachzuvollziehen, wie Barth auf der Basis der beiden genannten Begriffe die von ihm gestellten An-sprüche an eine auf Offenbarung beruhende Epistemologie der Theologie erfüllt. Weil hier davon ausgegangen wird, dass Barth die epistemologischen Grundsätze seiner Dogmatik gleich an ihrem Beginn auf den Tisch legt und die sich daraus ergebenden Folgeprobleme für die Darstellung der materialdogmatischen In-halte in der Durchführung der Dogmatik abarbeitet, sei seine Lösung der zweiten mit dem epistemischen Problem der Theologie gestellten Aufgabe anhand einiger markanter Passagen vom Anfang der Kirchlichen Dogmatik dargestellt. Bereits im vierten Satz der Einleitung macht Barth deutlich, dass er die Rede von Gott als menschliches Handeln verstanden wissen will. Handeln wiederum ist immer auch ein Ereignis. Es kann nicht anders sein, als dass es zu einer bestimmten Zeit geschieht. Soll es sich ereignen, dass menschliche Rede von Gott durch Gott zu einer wahren, zur Erkenntnis seiner gemacht wird, dann muss in diesem Ereignis sich auch etwas auf Gott Zurückzuführendes ereignen. Barth konzipiert dieses auf Gott Zurückzuführende als ein Handeln Gottes.

Sofern die Dogmatik das Maß, an dem sie die Rede von Gott misst, in *Jesus Christus*, in dem Ereignis des *göttlichen* Handelns […] empfängt, wird sie möglich als Erkenntnis der Wahrheit. Was der rechte Inhalt solcher Rede von Gott ist oder nicht ist, das ist in dem Lichte, in das wir hier gerückt sind, an sich in einem Nu und in der höchsten Vollkommenheit und Gewißheit klar. Der *Vollzug* der Erkenntnis, das Ereignis *menschlichen* Handelns, die dieser Zueignung entsprechende *Aneignung* vom intuitiven Ergreifen bis zum sprachlich formulierenden Begreifen […] ist jenem Geschehen von Gott her gegenüber freilich ein Zweites, im Glauben zwar mit ihm Geeintes, aber gerade im Glauben auch wohl von ihm zu Unterscheidendes.[5]

In Anbetracht der hier interessierenden Frage, auf welche Weise Barth das dogmatische Material so arrangiert, dass darin die Lösung des epistemischen Problems der Theologie zum Ausdruck kommt, soll von der Differenz verkündigender und dogmatischer Rede abgesehen und der Fokus auf das Verhältnis des „Ereignis[ses] menschlichen Handelns" zum „Ereignis göttlichen Handels" beim Zustandekommen der „Erkenntnis der Wahrheit" gerichtet werden. Da es sich beim göttlichen Handeln des Zueignens und beim menschlichen Handeln des Aneignens um Ereignisse handelt, liegt es nahe, ihr Verhältnis als ein zeitliches zu bestimmen. Barths Bestimmung des Ereignisses menschlicher Aneignung als eines „Zweiten" ließe sich so verstehen, dass es in der Zeit auf das Ereignis göttlicher Zueignung folgt. Zuerst ereignet sich die zueignende Tat Gottes, die daraufhin durch Menschen in einem mentalen Akt des intuitiven Ergreifens oder sprachlich formulierenden Begreifens angeeignet wird. Eine solche Lesart des Verhältnisses von göttlichem und menschlichem Handeln kann allerdings nicht dafür beansprucht werden, das epistemische Problem der Theologie einer Lösung zuzuführen. Wenn auch das menschliche aneignende Handeln sich nicht ereignen kann, ohne dass sich zuvor göttliches zueignendes Handeln ereignet hat, so gilt doch auch umgekehrt, dass Gott als zueignender nur handeln kann, wenn in der Folge seines Handelns sich menschliches aneignendes Handeln ereignet. Da göttliches und menschliches Handeln, als zu unterschiedlichen Zeiten sich ereignende, verschiedene Ereignisse sein müssen, ist der Möglichkeit, die sich im aneignenden Handeln vollziehende erkennende Bezugnahme auf Gott als göttliches Handeln zu qualifizieren, ein Riegel vorgeschoben und eine Lösung des Problems theologischer Epistemologie vereitelt. Dies betrifft übrigens nicht nur die zuvor präsentierte Lesart der zitierten epistemologischen Aussagen Barths, sondern auch alle die Konzeptionen von Offenbarung, die diese so auffassen, dass die Selbstkundgabe Gottes sich bereits ereignet haben muss, damit in Folge dieses Ereignisses eine Kenntnisnahme in entsprechenden menschlichen Akten sich ereignen kann.

---

[5] Barth, KD I/1, 11.

Zu der, den erkenntnistheoretischen Anforderungen der Theologie nicht genügenden Lesart gibt es aber noch eine Alternative. Barth deutet sie allerdings nur an, wenn er schreibt, dass das aneignende Handeln „im Glauben zwar mit ihm [dem zueignenden Handeln Gottes; M.Z.] Geeintes, aber gerade im Glauben auch wohl von ihm zu Unterscheidendes" sei. Liest man das Geeint-Sein von göttlichem und menschlichem Handeln so, dass sie in ein und demselben Ereignis stattfinden, dann kann wahre Rede von Gott sich nur dann ereignen, wenn dieses Ereignis auch ein Handeln Gottes ist. Damit aber das Konzept des Glaubens als Einheit und Unterschiedenheit göttlichen und menschlichen Handelns als ein der theologischen Epistemologie angemessenes durchgehen kann, bedarf es weiterer Präzisierung. Wollte man die im Glauben sich ereignende Erkenntnis Gottes als eine aus göttlichem und menschlichem Handeln komponierte, als eine Art Zusammenwirken konzipieren, dann wäre damit ausgesagt, Gott könne ohne die menschliche Komponente, ohne menschliches Mitwirken nicht erkannt werden. Eine derartige Fassung des Geeint-Seins von göttlichem und menschlichen Handeln wiese somit denselben theologisch-epistemischen Mangel auf wie die Konzeption des Glaubens, die göttliches und menschliches Handeln auf zwei verschiedene Ereignisse verteilt. Wie soll aber vom Geeint-Sein zweier Akte die Rede sein, wenn man den einen vom anderen nicht unterscheiden kann? Barth gibt auf diese Frage eine gedoppelte Antwort. Einerseits kann kein Zweifel daran bestehen, *dass* göttliches und menschliches Handeln grundsätzlich verschieden ist. Was Gott tut, kann niemals vom Menschen getan werden. Anderseits kann aber keinesfalls gesagt werden, *was* das göttliche Handeln ist, das mit dem menschlichen geeint ist, wenn sich Erkenntnis der Wahrheit ereignet. Konsistent zusammendenken lassen sich die beiden Teilantworten, wenn man auf die zentrale Stellung des Ereignisbegriffs in Barths Dogmatik rekurriert. Erkenntnis Gottes nämlich konzipiert Barth so, dass sie sich zum einen in menschlicher Rede von Gott ereignet, aber zum anderen an keinen bestimmten Inhalt eines solchen Redeereignisses gebunden ist. Inhaltlich identische Rede von Gott kann laut Barth sich das eine Mal als wahre ereignen, das andere Mal aber genauso gut auch nicht. Wann die eine sich ereignet, wann die andere, dafür lassen sich aus dem Inhalt keine Kriterien entnehmen. Es geschieht, wenn es geschieht, und es geschieht nicht, wenn es nicht geschieht. Ereignet sich aber wahre Rede von Gott, dann ereignet sich auch Handeln Gottes, dann – so kann man auch sagen – redet Gott selbst.

Also Gott offenbart sich in Sätzen, durch das Mittel der Sprache und zwar der menschlichen Sprache: Es wird *je und je dies und dies* [kursiv von M.Z.] von den Propheten und Aposteln gesprochene, in der Kirche verkündigte Wort sein Wort.[6] [...] Er ist der Herr der Wörtlichkeit seines Wortes. Er ist nicht an sie, sondern sie ist an ihn gebunden.[7]

---

[6] Barth, KD I/1, 142.
[7] Barth, KD I/1, 143.

Indem Barth die Wahrheit der menschlichen Rede von Gott, von allen in ihrem Inhalt enthaltenen Wahrheitsbedingungen löst, gelingt es ihm Erkenntnis Gottes so zu fassen, dass sie einzig durch Gott konstituiert ist. Mit dieser radikalen Lösung des epistemischen Problems der Theologie im engeren Sinn distanziert Barth allen logisch-semantischen Zusammenhang, der dem menschlichen Sprechen inhäriert. Was als wahre Rede von Gott übrig bleibt, sind atomisierte Sprechakte, über die nicht mehr zu sagen ist, als die tautologische Auskunft, sie ereigneten sich, wenn sie sich ereignen, und nicht, wenn nicht.

Die sich mit dieser Lösung sofort einstellende Frage, weshalb aber diejenige Rede von Gott als dem, der frei darüber verfügt, wann und wo menschliches Reden von ihm sein eigenes Reden ist, also seine Offenbarung ist, als auf Gott zutreffende und somit als Gottes eigene Rede angesehen werden darf, verweist darauf, dass die Lösung des epistemischen Problems der Theologie im engeren Sinn in die erweiterte Ausgabenstellung eingebunden ist.[8] Bei dieser einen Bestimmung Gottes, die die erkennende Bezugnahme auf ihn als etwas seiner Selbstbestimmung Inhärierendes ausweist, kann es nicht bleiben, da die in ihr zum Ausdruck gebrachte Epistemologie sich selbst unterläuft, indem sie nicht als eine Gott wirklich zukommende Bestimmung ausgewiesen werden kann. Gott muss laut der ersten und weiteren Aufgabenstellung, die mit dem epistemischen Problem der Theologie aufgegeben ist, zuerst so bestimmt werden können, dass seine Beziehung auf von ihm Verschiedenes zugleich Beziehung auf sich selbst ist. Erst dann kann die Lösung des epistemischen Problems der Theologie im engeren Sinn als eine Gott wirklich zukommende Bestimmung in der Dogmatik behauptet werden.

Barth geht im weiteren Aufbau seiner Dogmatik nun auch so vor, dass er die Bestimmungen Gottes über die in der Lösung des engeren epistemischen Problems zum Ausdruck kommende hinaus sukzessive erweitert. Dabei bleibt sein epistemischer Grundsatz insofern in Geltung, als die hinzukommenden Bestimmungen Gottes nur solche sein dürfen, die nicht im Widerspruch zu diesem stehen. Die erste Fortbestimmung Gottes, die Barth zu Beginn seiner Dogmatik in deren ersten Kapitel vornimmt, schließt direkt an die für die theologische Epistemologie tragende Bestimmung an. Sie besagt, dass Gott nicht nur der ist, dem es jederzeit möglich ist, in menschlicher Rede von ihm von sich selbst zu sprechen, sondern auch der, der dies wirklich getan hat. Dieses in der Vergangenheit sich ereignet habende Sprechen Gottes in menschlicher Sprache ist für Barth das, was die Lehre von der Inkarnation des göttlichen Logos in dem Menschen Jesus von Nazareth besagt. Besteht jedoch mit dieser Fortbestimmung Gottes als des sich in Jesus Christus offenbart habenden nicht die Gefahr in ein bereits überwundenes Offenbarungsmodell zurückzufallen? Hat es sich in der Vergangenheit ereignet, dass Gott sich in menschlicher Sprache offenbart hat, dann ereignet sich die

---

[8] Es handelt sich hierbei um das Äquivalent des Zirkels, der das epistemische Problem der Theologie im engeren Sinn kennzeichnet. Vgl. zuvor S. 220.

aktuelle Kenntnisnahme der Offenbarung in aktueller Verkündigung und dogmatischer Theologie in rein menschlichem Handeln. Barth gelingt es allerdings, diese Gefahr zu bannen, indem er die Erkenntnis Gottes, die sich aktuell durch Gottes Handeln ereignen *kann*, mit der, die wirklich geschah, eng verzahnt. In der Offenbarung, die sich in der Vergangenheit ereignet hat, sagt Gott von sich, dass er derjenige sei, der auch in Zukunft in menschlicher Rede, in der Verkündigung von sich reden wird. Die aktuell von Menschen, jeweils in der Verkündigung getätigte Aussage, Gott habe zukünftige Offenbarung verheißen, unterstellt sich selbst ihrem Inhalt, indem auch von ihr gilt, dass sie erst durch Gottes jeweiliges Handeln zu einer wahren wird.

Auf Grund des Wortes, das Gott zu seiner Kirche gesprochen *hat*, wird in seiner Kirche durch Menschen hingewiesen auf das Wort, das Gott zu seiner Kirche sprechen *will*. Die Gegenwart Gottes ist dann Gottes Gnade, d.h. seine unergründlich freie jeweilige Tat, in der er sich zu jenem Hinweis bekennt und damit die Verheißung in doppeltem Sinn erfüllt: indem er ihre durch Menschen vollzogene Wiederholung zu einer wahren macht und indem er der verkündigten Verheißung entspricht durch das wirkliche neue Kommen seines Wortes.[9]

Mittels der Einführung des „Wortes, das Gott [...] gesprochen *hat*", als Grund der menschlichen Rede vom „Wort, das Gott [...] sprechen *will*", gelingt es Barth, den eine Antinomie erzeugenden Selbstbezug des epistemischen Grundsatzes zu unterbrechen. Diese zeigt sich, wie oben[10] ausgeführt, darin, dass der epistemische Grundsatz aufgrund dessen, was er sagt, es verunmöglicht, *dass* er sagen kann, was er sagt. Als Grund der menschlichen Rede, die darauf hinweist, dass Gott menschliche Rede von ihm zu einer wahren machen wird, kann das Wort, das Gott gesprochen hat, nicht die menschliche Rede von ihm sein, deren Grund es ist. Im Medium dogmatischer Terminologie ausgedrückt heißt das, dass das in Jesus inkarnierte Wort nicht das durch den Geist noch zu sprechende Wort ist.

Mit seiner Lösung des epistemischen Problems der Theologie im engeren Sinn geht Barth eine Verpflichtung ein, die ihm durch die erweiterte dem epistemischen Problem inhärierende Aufgabenstellung auferlegt wird, nämlich Gott so zu bestimmen, dass seine Bestimmtheit als eine einzig aus seiner Selbstbestimmung resultierende einsichtig zu machen ist. Die von Barth vorgetragene Lösung des epistemischen Problems im engeren Sinn sieht sich nämlich der Frage ausgesetzt, ob aus ihr nicht folgt, dass Gott als ein nicht allein durch sich selbst bestimmter zu bestimmen ist. Den eine Antinomie erzeugenden *unmittelbaren* Selbstbezug des epistemischen Grundsatzes kann Barth deshalb unterbrechen, weil er Gottes verheißende Rede, die sich in der Inkarnation seines Wortes in Jesus Christus ereignet als den Grund menschlicher darauf hinweisender Rede von der sich in der Mitteilung seines Geist ereignenden Rede unterscheidet, die die Erfüllung seiner Verheißung bedeutet. Als erstes drängt sich der Verdacht auf, dass der zeitliche

---

[9] Barth, KD I/1, 68 f.
[10] Siehe S. 225.

Abstand zwischen dem sich in Gestalt Jesu Christi ereignenden Handeln Gottes, in dem er sich als Verheißender offenbart, und seinem je und je vereinzelten, menschliche Rede von Gott wahrmachenden Handeln im Geist durch menschliches Handeln ausgefüllt werden müsse. Nur wenn nach der geschehenen Offenbarung in Gestalt Jesu Christi sich weiterhin menschliche Rede von Gott ereignete, kann der Geist sie wahrmachen und die Verheißung erfüllen. Darin erwiese sich aber Gottes offenbarendes Handeln von menschlichem Handeln abhängig und somit durch dieses bestimmt. Diesem Einwand kann Barth begegnen, indem er darauf verweist, dass die sich im Anschluss an die in Jesus Christus geschehene Offenbarung ereignende menschliche Rede von Gott nur unter der von jener gesetzten Bedingung, sie müsse sich als deren Wiederholung in der Verkündigung ereignen, zu einer die Verheißung erfüllenden gemacht werden kann. Dadurch, dass die menschliche Rede von Gott, die durch Gottes Handeln im Geist je und je zu einer wahren gemacht werden kann, nur das von Gott in seiner ursprünglichen Offenbarung Gesagte wiederholt, ist sie auch in dem, was sie sagt durch Gott bestimmt. Insofern geht in die Erkenntnis Gottes kein Gehalt ein, der durch menschliche Rede bestimmt wäre. Der gesamte Ereigniszusammenhang von der Verheißung bis zu ihrer Erfüllung kann somit als einzig durch Gott bestimmte Erkenntnis Gottes begriffen werden.

Wenn in Barths Lösung auch sichergestellt ist, dass in menschlicher Rede nichts auf Gott tatsächlich Zutreffendes ausgesagt werden kann, wenn diese Rede nicht Resultat göttlichen Handelns ist, so lässt sich dagegen dennoch einwenden, dass Gottes offenbarendes Handeln als Ereignis, also unabhängig davon, was sich ereignet, an dieselbe Zeitordnung gebunden ist, in der sich auch die menschlichen Redehandlungen ereignen. Die Bestimmungen, der zu sein, der schon in Gestalt Jesu geredet hat, und der zu sein, der noch in menschlicher Rede durch seinen Geist reden wird, können Gott nur zukommen, wenn das Ereignis der Verheißung zu einer anderen Zeit stattfindet als das Ereignis der erfüllten Verheißung. Ereignet sich die Verheißung, handelt Gott in der Inkarnation des Wortes, so ist es nämlich *unmöglich*, dass sich zugleich deren Erfüllung, Handeln Gottes in seinem Geist ereignet, da Verheißung, die, indem sie ausgesprochen wird, zugleich in Erfüllung geht, sich als Verheißung selbst zerstört. Insofern *muss* Gott, wenn er, wie von Barth vorgeschlagen, einzig aufgrund seines Handelns auf menschliche Weise erkannt werden soll, zu einer bestimmten Zeit der in der Inkarnation des Wortes Verheißende und zu einer späteren Zeit der in seinem Geist die Verheißung Erfüllende sein. Kann sich Gott nur offenbaren, indem seine Bestimmtheit mit der Zeit variiert, dann stellt sich das Problem, was es noch besagen soll, Gott offenbare sich als der, der er ist. Offenbart sich Gott in menschlicher Rede von ihm, indem er sie durch sein Handeln wahr macht, dann ist er, der sich offenbart, ausschließlich der als Geist bestimmte und *muss* als der *sich* offenbarende diese seine zeitlich eingeschränkte Bestimmtheit offenbaren, wenn er das offenbart, was er ist.

Man könnte versucht sein, das durch die Konzeption der Erkenntnis Gottes, sprich die seiner Selbstoffenbarung als in der Zeit stattfindendes Ereignis, her-

vorgerufene Problem, Gott vermöge sich nur partiell, in einer jeweils zeitabhän-
gigen Bestimmtheit zu offenbaren, durch den Verweis auf Gottes Freiheit als
seiner wesentlichen Bestimmtheit zu lösen. Handelt Gott so, dass sein Handeln in
der Bestimmtheit der Inkarnation seines Wortes oder der seines Geistes erfolgt,
dann lassen sich diese Bestimmtheitsweisen so konzipieren, dass Gott in Freiheit
sich selbst dazu bestimmt, der in dieser Bestimmtheit Handelnde zu sein. Als der
frei sich selbst bestimmende lässt sich Gott nach Maßgabe der mit dem epistemischen Problem gestellten erweiterten Aufgabe so begreifen, dass die Veränderungen seiner Bestimmtheit in der Zeit nicht durch die Zeitordnung, die dem
Geschehen menschlichen Handelns eigen sind, oktroyiert sind, sondern sich der
Selbstbestimmung Gottes verdanken. Löst man das Problem von Gottes wech-
selnder Bestimmtheit in seinem sich offenbarenden Handeln, indem man seine
Freiheit als seine wesentliche Bestimmung betrachtet, dann hat das Konsequenzen für die Konzeption seines offenbarenden Handels. Sowohl Gottes Handeln
in der Inkarnation seines Wortes als auch in seinem Geist, der die sein Wort
wiederholende menschliche Rede zur Wahrheit führt (Joh 16,13), ist als eines
seiner Freiheit unterworfenes nicht dazu notwendig, dass Gott der sein kann, der
er ist. Soll zugleich daran festgehalten werden, dass Gott in seinem offenbarenden Handeln *sich* als der offenbart, der er ist, dann muss das Verhältnis der
Bestimmtheit, in der er sich offenbart, zu der in seiner Freiheit begründeten
Unabhängigkeit davon in die Konzeption von Offenbarung eingehen.

Barth thematisiert das Verhältnis zwischen der Bestimmtheit Gottes in seinem
offenbarenden Handeln, die als Inkarnation seines Wortes und als, die Verkündigung dieses Wortes wahr machender Geist eine doppelte ist, und der davon
abgelösten Bestimmtheit, frei zu sein, mittels der Einführung des Begriffspaars
Enthüllung und Verhüllung in seine Konzeption des sich selbst offenbarenden
Gottes. Wenn er Offenbarung näherhin als „die Menschen zuteil werdende
Selbstenthüllung des seinem Wesen nach dem Menschen unenthüllbaren Gottes"[11] bestimmt, dann dient ihm die Analyse dieser Bestimmung zunächst einmal
dazu, die drei Bestimmtheitsweisen Gottes in ihrer nicht auf eine zu reduzieren-
den Unterschiedenheit darzustellen. Die Analyse der genannten Bestimmung
von Offenbarung erfolgt so, dass Barth eine bestimmte Passage in deren Formulierung hervorhebt, sie als Ausdruck einer Bestimmtheit Gottes in seiner Offenbarung darstellt und einer der Personen der traditionellen Trinitätslehre zuordnet. Dass Barth die Analyse seiner Bestimmung von Offenbarung mit dem
Wort „Selbstenthüllung" beginnt, nimmt nicht Wunder, da in ihm das eigentliche
offenbarende Handeln Gottes zum Ausdruck kommt. Allerdings versteht Barth
„Selbstenthüllung" nicht so, wie zu erwarten wäre, dass Gott, nachdem er sich

---

[11] Barth, KD I/1, 332: „die Menschen zuteil werdende *Selbstenthüllung* des seinem Wesen
nach dem Menschen unenthüllbaren Gottes", Barth, KD I/1, 338: „die Menschen zuteil
werdende Selbstenthüllung *des seinem Wesen nach dem Menschen unenthüllbaren Gottes*" und
Barth, KD I/1, 342: „*die Menschen zuteil werdende* Selbstenthüllung des seinem Wesen nach
dem Menschen unenthüllbaren Gottes".

enthüllt hat, als der erkennbar ist, der er ist, sondern so, dass er sich nur in der bestimmten Weise, in der er sich zu den Menschen ins Verhältnis setzt, zu erkennen gibt.

[In der Selbstenthüllung ereignet sich] ein sich Unterscheiden Gottes von sich selbst, ein Sein Gottes in einer seiner ersten, verborgenen Seinsweise als Gott gegenüber nicht untergeordneten, wohl aber anderen Seinsweise, nämlich einer solchen Seinsweise, in der er auch *für uns* seiend sein kann.[12] [E]s ist ihm [Gott; M.Z.] *eigentümlich* sich von sich selbst zu unterscheiden, d.h. in sich selbst und verborgen *Gott* zu sein und nun zugleich ganz anders, nämlich offenbar, das heißt aber in Gestalt dessen, was nicht er selbst ist, *noch einmal Gott* zu sein[13] [...,] sich von selbst sich zu unterscheiden, sich selber ungleich zu werden und doch der gleiche zu bleiben, ja noch mehr: gerade darin der eine sich selbst gleiche Gott zu sein, gerade darin als der eine einzige Gott zu existieren, daß er sich so, so unbegreiflich tief von sich selbst unterscheidet [...].[14]

Den Widerspruch, dass die Bestimmtheit, in der Gott sich zu erkennen gibt, nämlich die Annahme „zeitlicher Gestalt"[15], eine ist, ohne die er auch der sein kann, der er ist, zugleich aber eine sein soll, in der Gott *sich*, also als der Gott, der er ist, zu erkennen gibt, löst Barth in seiner Konzeption der Selbstenthüllung nicht auf, sondern schreibt ihn zunächst einmal nur fest, indem er behauptet, Gott bliebe sich gleich, wenn er sich ungleich werde. Es wird sich bei der Behandlung der Trinitätslehre zeigen[16], dass es ihre Funktion ist, diesen Widerspruch in den Bestimmtheitsweisen Gottes aufzulösen. Auf die Trinitätslehre vorverweisend, wird der durch das Wort „Selbstenthüllung" zum Ausdruck gebrachten Bestimmtheit Gottes in seiner Offenbarung die Person des Sohnes zugeordnet.

In der Wortfolge „des seinem Wesen nach dem Menschen unenthüllbaren Gottes" soll zum Ausdruck gebracht werden, dass Gott mit keiner Bestimmtheit, zu der er sich in seiner Freiheit bestimmt, identifiziert werden kann.

Und nun sagen wir [...] daß seine Offenbarung nicht im geringsten ein Verlieren seines Geheimnisses bedeutet, daß er wohl Gestalt annimmt, aber ohne daß ihn doch irgendeine Gestalt fassen würde, daß er, indem er sich schenkt, frei bleibt, sich aufs neue zu schenken oder zu versagen, so daß immer sein neues Sichschenken des Menschen einzige Hoffnung bleibt, daß sein „noch einmal ganz anders" ihn wirklich nicht hindert, sich selbst ganz gleich zu bleiben.[17]

In der Begrifflichkeit von Enthüllung und Verhüllung besagt die Abhängigkeit jeder Bestimmtheit, in der Gott sich offenbart, von seiner Freiheit, sich diese Bestimmtheit zu geben, dass Gott in jeder Enthüllung auch verhüllt bleibt, sein Geheimnis nicht verliert. Als der freie bleibt Gott in all seinem bestimmten und variierenden Handeln, das sich in derjenigen Zeitordnung ereignet, in der sich

---

[12] Barth, KD I/1, 334.
[13] Barth, KD I/1, 334.
[14] Barth, KD I/1, 337 f.
[15] Barth, KD I/1, 337.
[16] Siehe unten, S. 230 ff.
[17] Barth, KD I/1, 342.

auch das menschliche Reden von ihm ereignet, mit sich identisch. Als der, der er losgelöst von aller Bestimmtheit, die er sich geben kann, ist, kann er nicht in menschliche Rede eingehen und bleibt prinzipiell verhüllt. Die Bestimmtheit Gottes, in seinem offenbarenden Handeln „seinem Wesen nach dem Menschen unenthüllbar" zu sein, ordnet Barth der trinitarischen Person des Vaters zu.

Mit der Hervorhebung der Bestimmung der Offenbarung, eine „Menschen zuteil werdende" zu sein, wird explizit zum Ausdruck gebracht, dass Offenbarung nicht darin aufgehen kann, dass Gott in seiner Freiheit zeitliche Gestalt annimmt und sich darin den Menschen so verständlich macht, dass sie jederzeit, wann immer sie wollen, auf dieses zurückgreifen können und darin über Erkenntnis Gottes verfügen. Offenbarung ereignet sich vielmehr nur dann, wenn durch Gottes freies Handeln menschliche Rede zur Wahrheit geführt wird.

> Die göttliche Selbstenthüllung, [...] sie wird *nicht* einfach *dem* Menschen, *sondern* sie wird *diesen und diesen* Menschen in ganz bestimmter Situation zuteil. Sie ist je ein ganz besonderes und als solches nicht vergleichbares und nicht wiederholbares Ereignis.[18]

Diese dritte Bestimmtheitsweise Gottes in seiner Offenbarung ist notwendig, soll Erkenntnis als allein durch Gott bestimmte möglich sein. Würde nämlich die Offenbarung nur in dem vergangenen Ereignis bestehen, dass Gott in dem Menschen Jesus von Nazareth Gestalt angenommen hat, dann wäre Erkenntnis Gottes nur dadurch möglich, dass in menschlicher Rede die Erinnerung an dieses Geschehen weitergegeben wird. Dass die dritte Bestimmtheitsweise Gottes in seiner Offenbarung der Person des Geistes zuzuordnen ist, geht bereits aus dem allgemein zur Offenbarung Gesagten hervor.

Indem Barth diese dem sich offenbarenden Gott inhärierende dreifache Bestimmtheitsweise als Wurzel der Trinitätslehre bezeichnet, verweist er darauf, dass dieser dreifachen Bestimmtheit, in der sich Gott als sich offenbarender zu den Menschen ins Verhältnis setzt, etwas in seinem Selbstverhältnis entsprechen muss. Erst die Trinitätslehre als Lehre von der immanenten Trinität macht somit einsichtig, dass das Verhältnis, in das Gott in seiner Offenbarung sich zu von ihm Verschiedenen setzt, eines ist, in dem er auch zu sich selbst steht.

> Soll die Offenbarung als Gegenwart Gottes ernst genommen werden, soll es einen legitimen Offenbarungsglauben geben, dann dürfen Christus und der Geist in keinem Sinn untergeordnete Hypostasen sein. [...] Sonst können sie neben diesem, wenn dieser der eine Gott ist, *keinen* Raum haben. Die Einheit Gottes würde sonst die Offenbarung und das Offenbarsein unmöglich machen.[19]

Anders als die Lehre von der Offenbarung, die Christus und Geist als Bestimmtheitsweisen Gottes bestimmt, die als durch seine freie Selbstbestimmung bedingte dieser subordiniert sind, besagt die Trinitätslehre, dass sie das eine Wesen Gottes ausdrücken, der ohne sie nicht der ist, der er ist. Umgekehrt kann erst auf der

---

[18] Barth, KD I/1, 344.
[19] Barth, KD I/1, 372 f.

Basis der Trinitätslehre gesagt werden, dass es der Offenbarer (Vater) ist, der in seiner Offenbarung (Sohn) offenbar (Geist) und so in seiner Offenbarung gegenwärtig ist. Wenn aber Vater, Sohn und Geist gleichberechtigt das eine Wesen Gottes ausdrücken, dann stellt sich umgekehrt die Frage, worin sie sich unterscheiden.

Vater, Sohn und Geist sind dadurch voneinander unterschieden, daß sie ohne Ungleichheit ihres Wesens und ihrer Würde, ohne Mehrung oder Minderung der Gottheit in ungleichen *Ursprungsverhältnissen* zueinander stehen.[20] […] Darin besteht diese Dreiheit, daß in dem Wesen oder Akte, in welchem Gott Gott ist, einmal ein reiner Ursprung und sodann zwei verschiedene Ausgänge stattfinden, von denen der erste allein auf den Ursprung, der zweite andersartige auf den Ursprung und zugleich auf den ersten Ausgang zurückzuführen sind.[21]

Den Unterschied der drei Bestimmtheitsweisen des einen Wesens Gottes in „ungleichen Ursprungsverhältnissen" zu erblicken, in denen jene stehen, hat seine, von Barth in dem mit der „Dreiheit in der Einheit" befassten Abschnitt nicht explizit ausgesprochene, aber wohl intendierte Entsprechung in der Ordnung von Gottes Handeln in der Offenbarung. Gottes Handeln in seiner Offenbarung hat seinen Ursprung in seiner Freiheit (Vater), zeitliche Gestalt (Sohn) anzunehmen, von welcher wiederum die Möglichkeit ihren Ausgang nimmt, von Gott so reden zu können und zu sollen, dass in dieser Rede Gott der Ursprung ihrer Wahrheit werden kann und will. Zugleich aber machen die in Gottes offenbarendem Handeln auszumachenden Ursprungsverhältnisse darauf aufmerksam, dass mit ihnen ein Subordinationsverhältnis verbunden ist. Der Ursprung muss *schon* sein, damit das von ihm Ausgegangene *auch noch* ist. Wollte man dieses letztlich zeitlich bedingte Subordinationsverhältnis aus dem Ursprungsbegriff entfernen, wie es für die immanente Trinität zu fordern ist, zerstörte man den Begriff des Ursprungs als solchen. Denn wäre das vom reinen Ursprung Ausgegangene wie dieser immer schon, dann wäre es ihm gegenüber nicht mehr auch *noch* Seiendes und somit von ihm, dem immer schon Seienden, nicht zu unterscheiden. Ein Ursprung, aus dem nichts entspringt, das dank seiner auch noch ist, ist überhaupt kein Ursprung. Barth bemerkt wohl die dem Begriff des Ursprungs innewohnende Subordination nicht, da er schreibt Vater, Sohn und Geist könnten ohne „Ungleichheit ihres Wesens" in Ursprungsverhältnissen stehen. Die Schwierigkeit, die immanente Trinität zu begreifen, besteht für ihn vor allem in dem nachrangigen Problem, dass das eine Wesen, in dem „einmal ein reiner Ursprung und sodann zwei verschiedene Ausgänge stattfinden", mit diesen drei Ursprungsverhältnissen identisch sein soll.

Die mit der eingestandenen Unbegreiflichkeit der immanenten Trinität einhergehende Kapitulation vor der Aufgabenstellung, Gottes Beziehung auf von ihm Verschiedenes als Beziehung begreiflich zu machen, in der er zu sich selbst

---

[20] Barth, KD I/1, 382.
[21] Barth, KD I/1, 384.

steht, kann nicht, wie Barth es möchte, dadurch vermieden werden, dass sie als auf der, in Gottes Offenbarung notwendigerweise eingeschlossenen Verhüllung beruhende begriffen wird.

> Auch die Dreieinigkeit Gottes ist uns nur in Gottes Wirken offenbar. Darum ist uns auch die Dreieinigkeit Gottes unbegreiflich. [...] Die Begreiflichkeit, in der sie sich uns primär in der Schrift, sekundär in der kirchlichen Trinitätslehre dargestellt hat, ist eine kreatürliche Begreiflichkeit. Sie ist von der Begreiflichkeit, in der Gott für sich selber existiert, nicht nur relativ, sondern absolut geschieden. Nur auf der freien Gnade der Offenbarung beruht es, daß jene Begreiflichkeit in dieser absoluten Geschiedenheit von ihrem Gegenstand dennoch nicht ohne Wahrheit ist. In diesem Sinn ist die Dreieinigkeit Gottes, wie wir sie aus dem Wirken Gottes erkennen, Wahrheit.[22]

Hiermit verwickelt sich Barth nämlich in einen vitiösen Zirkel, der belegt, dass er der, mit der Lösung des epistemischen Problems der Theologie verbundenen weiteren Aufgabenstellung nicht gerecht werden kann: Die in der Trinitätslehre von Menschen getätigten Aussagen über die Dreieinigkeit Gottes sind nur wahr, insofern Gott sich frei dazu bestimmt, sie wahr zu machen. Dass Gott der ist, der durch freies Handeln menschliches Reden von ihm zur Wahrheit führt, ist nur wahr, wenn die Trinitätslehre wahr ist.

Die wahre Krux bei Barths Lösungsvorschlag ist allerdings nicht der vitiöse Zirkel, der dabei entsteht, die Unbegreiflichkeit der Dreieinigkeit Gottes noch begreiflich zu machen, sondern die Bestimmung Gottes als des frei über die Bestimmtheitsweisen Verfügenden, in denen er sich offenbart. Die Differenz zwischen dem, was Gott wirklich ist, und dem, als was er sich offenbart, die die Rede von einem *sich* offenbarenden Gott von Haus aus vereitelt, bleibt innertrinitarisch in den Ursprungsverhältnissen erhalten und kann nur auf Kosten der Befreiung Gottes von jeglicher Bestimmtheit vermieden werden. Der nun darzustellende Vorschlag, den Hegel zur Lösung des epistemischen Problems der Theologie anbietet, unterscheidet sich genau an dieser Stelle gravierend von dem Barths. Um es in dessen Diktion auszudrücken, Gott ist einzig der, der er für uns ist, und der, der für uns Gott ist, ist einzig Gott.

3. Hegels Lösungsvorschlag[23]

Genau wie bei Barth interessiert im hier vorliegenden Kontext, auf welche Weise Hegel es unternimmt, im Medium der Trinitätslehre und des Offenbarungsbegriffs jeweils die beiden, mit dem epistemischen Problem der Theologie verbun-

---

[22] Barth, KD I/1, 391 f.

[23] Die Textbasis, auf der die Darstellung des Lösungsvorschlags Hegels beruht, ist die dritte Abteilung der Philosophie des Geistes, „Der absolute Geist", vor allem deren Abschnitt B, „Die geoffenbarte Religion", in der Enzyklopädie (G. W. F. Hegel, *Enzyklopädie der philosophischen Wissenschaften im Grundrisse (1830)*, (= *Gesammelte Werke*, Band 20), unter Mitarbeit von U. Rameil hg. v. W. Bonsiepen und H. C. Lucas, Hamburg 1992; im Folgen-

denen Aufgabenstellungen zu erfüllen. Der Vergleichbarkeit mit der als Dogmatik betriebenen Theologie Barths kommt entgegen, dass Hegel die seiner philosophischen Rahmentheorie entnommene argumentative Entfaltung seines Lösungsvorschlags in der Darstellung der in Rede stehenden dogmatischen Inhalte mit verhandelt.

Auch Hegel setzt bei der Durchführung seines Lösungsvorschlags beim Begriff der Offenbarung ein.

> Es liegt wesentlich im Begriffe der wahrhaften Religion, d.i. derjenigen, deren Inhalt der absolute Geist ist, daß sie *geoffenbart* und zwar *von Gott* geoffenbart sey.[24]

Wenn man „wahrhafte Religion" als eine Bezugnahme auf Gott versteht, in der dieser erkannt wird, und die Anmerkung zum § 564, dem das Zitat entnommen ist, bestätigt dies, scheint Hegels Offenbarungsbegriff von dem Barths kaum abzuweichen. Das ändert sich schlagartig, wenn man die an das Zitat anschließenden Äußerungen Hegels hinzunimmt.

> Denn indem das Wissen, das Princip, wodurch die Substanz Geist ist, als die unendliche für sich seyende Form das *selbstbestimmende* ist, ist es schlechthin *manifestieren*, der Geist ist nur Geist, in so fern er *für* den Geist ist, und in der absoluten Religion ist es der absolute Geist, der [...] sich selbst manifestiert.[25]

Um herausstellen zu können, dass und wie der Lösungsvorschlag Hegels bereits in seiner Konzeption von Offenbarung von der Barths gravierend abweicht, sei noch die allgemeine Bestimmung des absoluten Geistes hinzugenommen.

> Der absolute Geist ist eben so ewig in sich seyende als in sich zurückkehrende und zurückgekehrte *Identität*; die Eine und allgemeine *Substanz* als geistige, das Urteil *in sich* und *in ein Wissen, für welches* sie als solche ist.[26]

Aus den zitierten Passagen lässt sich eindeutig entnehmen, dass Hegel Offenbarung als eine Beziehung des absoluten Geistes auf sich selbst konzipiert. In seiner Offenbarung ist der absolute Geist einzig sich selbst offenbar. Wissen des absoluten Geistes heißt nichts anderes als Wissen, das dieser von sich selbst hat. Dass Hegel hiermit nicht ein Wissen Gottes von sich selbst im Auge hat, neben dem es noch ein menschliches gibt, das durch einen „Abgrund"[27] von jenem getrennt ist, wird bereits dadurch ersichtlich, dass er die Selbstbeziehung des absoluten Geistes als Religion bezeichnet, die auch für ihn das menschliche Bezugnehmen auf Gott beinhaltet. Aus dem bisher Gesagten lässt sich bereits die Stoßrichtung ablesen, in der Hegel das epistemische Problem der Theologie zu lösen gedenkt. Die Offenbarung als eine Beziehung des absoluten Geistes auf sich selbst ist so zu

---

den: Hegel, Enz., § x) aufgrund der zentralen Stellung, die hier der Begriff der Offenbarung einnimmt.

[24] Hegel, Enz., § 564.
[25] Hegel, Enz., § 564.
[26] Hegel, Enz., § 554.
[27] Barth, KD I/1, 392.

entfalten, dass sie sich zugleich als die menschliche Erkenntnis Gottes, die ein von diesem Verschiedenes ist, einsichtig machen lässt. Ersetzt man den Terminus „absoluter Geist" durch „Gott" oder „das Absolute" dann ist unschwer zu erkennen, inwiefern die gelungene Entfaltung der Selbstbeziehung des absoluten Geistes eine Lösung des epistemischen Problems der Theologie darstellt. Anders als bei Barth ist Offenbarung für Hegel kein einseitiges Handeln Gottes, das die Voraussetzung für seine Erkennbarkeit durch den Menschen ist, sondern sie ist als die Selbstbeziehung Gottes zugleich dessen Erkenntnis durch ein von ihm Verschiedenes.

Durchführen kann Hegel die geforderte Entfaltung der Selbstbeziehung des absoluten Geistes nur, indem er auf eine allgemeine Theorie von Selbstbeziehung in seiner Wissenschaft der Logik rekurriert. Allerdings kann dieser Rekurs bei der Darstellung des Lösungsvorschlags des epistemischen Problems der Theologie, der als einer der Theologie im Medium religiöser beziehungsweise dogmatischer Begrifflichkeit erfolgt, nur so geschehen, dass die dogmatischen *loci* so arrangiert werden, dass ihnen die die Entfaltung der Selbstbeziehung eigentlich leistende logische Begrifflichkeit jeweils nur zugeordnet wird, ohne dass damit die logisch-begriffliche Entfaltung nochmals durchgeführt werden würde. Bereits in der angeführten allgemeinen, erst noch als „wahrhafte" beziehungsweise „absolute" Religion zu entfaltenden Bestimmung des absoluten Geistes lässt sich dieses Verfahren beobachten. Die Bestimmung des absoluten Geistes als „das Urteil *in sich* und *in ein Wissen, für welches* [er] als solche[r] ist", rekurriert auf die Logik, die einsichtig macht, weshalb Selbstbestimmung generell, d.i. die Bestimmung ‚Bestimmung' die allein durch sich selbst als von der Bestimmung ‚Bestimmung' Seiende bestimmt ist, zugleich als bestimmende, allgemeine Bestimmung von der durch sie bestimmten, einzelnen unterschieden ist. „Urteil" ist der logische Terminus für den genannten Unterschied. Daraus lässt sich entnehmen, dass der Unterschied des absoluten Geistes von dem Wissen, für das er ist, als in dessen „eben so ewig in sich seyende[r] als in sich zurückkehrende[r] und zurückgekehrte[r] *Identität*" beschlossener zu begreifen ist. In der Bestimmtheit des absoluten Geistes als wahrhafte Religion hat hier der Unterschied zwischen menschlicher Erkenntnis Gottes und Gott selbst ihren Ort.

Wie Barth, so fundiert auch Hegel die Offenbarung Gottes in seiner Dreieinigkeit, seiner immanenten Trinität. Anders aber als bei Barth dient sie nicht dazu, Gottes Offenbarung für den Menschen, die aufgrund seiner Freiheit eine Gott nicht wesentlich zukommende ist, dennoch eine Entsprechung in Gottes Wesen zu verschaffen. Indem Hegel dem dogmatischen *locus*, der von der immanenten Trinität handelt, die in der Logik als Begriff des Begriffs entwickelte allgemeine Bestimmung von Selbstbestimmung in dem, im vorhergehenden Absatz genannten Sinn zuordnet, legt er die Grundlage dafür, dass sich begreiflich machen lässt, inwiefern der Unterschied zwischen Gott und einer von ihm wissenden Instanz zu dessen entfalteter Selbstbestimmung gehört, durch die sich dieser selbst als der offenbar ist, der er ist. Denn bereits dem, was Selbstbestimmung allgemein ausmacht, lässt sich entnehmen, dass die Bestimmung ‚Bestim-

mung', indem sie Bestimmung von sich *selbst* ist, auch die von sich unterschiedene ist. Als besondere, das heißt als die Bestimmung '*Bestimmung*' ist sie *nicht*
Bestimmung überhaupt. Die Bestimmung '*Bestimmung*' schließt *nicht* Bestim-
mung aus, die *nicht* die Bestimmung '*Bestimmung*' ist. Also schießt sie die Be-
stimmung 'Nicht-Bestimmung' als durch sie selbst, das heißt durch die Bestim-
mung '*Bestimmung*' bestimmte in ihre Selbstbestimmung ein. Weil die *Bestim-*
mung '*Bestimmung*' als allgemeine auch die Bestimmung der Bestimmung
'*Nicht-Bestimmung*' ist, unterscheidet sie sich von sich, der Bestimmung '*Bestim-*
mung' als besonderer. Auf dieser Grundlage kann Hegel dann im Medium dogmatischer Begrifflichkeit formulieren, dass der Vater „nur *sich selbst* als seinen
Sohn erzeugt [...und] in ursprünglicher Identität mit diesem Unterschiedenen
bleibt"[28]. Die in der Wissenschaft der Logik erfolgte allgemeine Bestimmung von
Selbstbestimmung erlaubt es Hegel, die Erzeugung des Sohnes als die Selbstbestimmung ein und desselben Gottes begreiflich zu machen.

Erst indem die Bestimmung '*Bestimmung*' sich als allgemeine von sich als
besonderer sondert, ist sie das bestimmte, durch sich selbst bestimmte Einzelne.
Als besondere, nämlich als die Bestimmung '*Bestimmung*' ist sie das, welches sich
durch sich selbst, die Bestimmung '*Bestimmung*' als das bestimmt, was sie ist,
dieses Einzelne, diese *bestimmte* Bestimmung. Auch als Einzelnes, als ein von
einer Bestimmung Seiendes bleibt die Bestimmung '*Bestimmung*' ein und dieselbe. Von hier aus, wird verständlich, weshalb Hegel der dritten Person der
Trinität, dem Geist, die Bestimmung '*Bestimmung*' als *Einzelnes*[29] zuordnet. Die
Bestimmung '*Bestimmung*' ist als allgemeine Bestimmung, besondere Bestimmung und Einzelnes nichts anderes als die eine Bestimmung '*Bestimmung*' und
kann deswegen für sich in Anspruch nehmen, die Dreieinigkeit Gottes begreiflich
zu machen. Der Gegensatz zu Barth, der das Eins-Sein der drei trinitarischen
Personen auf der Grundlage ihrer Unterscheidung anhand der Ursprungsrela-
tion für unbegreiflich erklären muss, ist offensichtlich. Wenn es Hegel gelingt, die
allgemeine Bestimmung des absoluten Geists als sich durch sich selbst bestimmenden, in dogmatischer Begrifflichkeit, als Trinität so zu entfalten, dass seine
Selbstbestimmung des Unterschieds seiner selbst von sich selbst einer Instanz
bedarf, die ihn als solchen erkennt, dann vermeidet er auch den vitiösen Zirkel
Barths, der die Unbegreiflichkeit der Trinität auf die Offenbarung zurückführt,
die als *Selbst*offenbarung Gottes wiederum auf die Trinität zurückgeführt werden soll.

Der erste Schritt zur Entfaltung des lediglich *allgemein*, als sich durch sich
selbst bestimmende Bestimmung begriffenen absoluten Geistes ist der in den
Unterschied seiner selbst und dessen, was er nicht ist. Es ist die Bestimmung
'*Bestimmung*' als die in ihrer Allgemeinheit bestimmte Selbstbestimmung, aus
der sich der Unterschied dieser einen Selbstbestimmung zu dem, was sie nicht ist,

---

[28] Hegel, Enz., § 567.
[29] Hegel, Enz., § 567: „als concrete Einzelnheit [...], – der *Geist* ist".

entfalten lässt. Die Entfaltung setzt bei einer Spannung ein, in der die allgemein bestimmte Selbstbestimmung zu sich selbst steht. Zum einen kann die Bestimmung ‚Bestimmung' nur die *allein* durch sich *selbst* und nichts anderes bestimmte sein, indem sie als besondere nichts anderes ist als die allgemeine. Zum anderen macht es sie als besondere aus, von sich als allgemeiner unterschieden zu sein. Dass die Bestimmung ‚Bestimmung' auch Bestimmung der Bestimmung ‚Nicht-Bestimmung' ist, besagt nichts anderes, als dass die Bestimmung ‚Bestimmung' als besondere *nicht* Bestimmung überhaupt, das heißt die Bestimmung ‚Bestimmung' als allgemeine ist. Als nicht die Bestimmung ‚*Nicht-Bestimmung*' Seiende ist die Bestimmung ‚*Bestimmung*' nicht allein durch sich selbst bestimmt und somit die Negation ihrer selbst als der allein durch sich selbst bestimmten. Da hier im Einzelnen nicht ausgeführt werden kann, inwiefern die Bestimmung ‚Bestimmung' als Negation ihrer selbst auch noch die Negation ihrer selbst als dieser Negation ihrer selbst ist, sei lediglich das Resultat dieser doppelten Negation benannt.[30] Dass die Bestimmung ‚Bestimmung' allein durch sich selbst bestimmt ist, besagt nunmehr, dass sie es allein ist, die durch die Bestimmung ‚Bestimmung' bestimmt ist, was zugleich bedeutet, dass das, was nicht die Bestimmung ‚Bestimmung' ist, keine Bestimmung ist. Weil die Bestimmung ‚Nicht-Bestimmung' keine Bestimmung ist, ist damit die Negation der Bestimmung ‚Bestimmung' selbst negiert. Zu guter Letzt folgt daraus, dass das, was nicht die Bestimmung ‚Bestimmung' ist, überhaupt nicht durch Bestimmung bestimmtes ist. Da selbst noch die Bestimmung, nicht Bestimmung zu sein, nicht Bestimmung dessen sein kann, was nicht die Bestimmung ist, ist dieses das absolut Unbestimmte. Die Selbstbestimmung der Bestimmung ‚Bestimmung' ist mithin in den Unterschied entfaltet zwischen der Bestimmung ‚Bestimmung', die allein es ist, die durch sich als allgemeine bestimmt ist, und dem Bestimmungslosen.

Die Weise, in der Hegel in seinem Arrangement der dogmatischen Begrifflichkeit den dogmatischen *locus*, der von der Schöpfung handelt, an den von der Trinität handelnden anschließt, lässt sich aus der Entfaltung der allgemein bestimmten Selbstbestimmung als eine sich von dem, was sie nicht ist, vollständig sondernden begreiflich machen. Die erheblich von ihrer traditionellen dogmatischen Präsentation abweichende Darstellung der Schöpfung als

> das Zerfallen des ewigen Moments der Vermittlung, des einigen Sohnes, in den selbstän-
> digen Gegensatz, einerseits des Himmels und der Erde, der elementarischen und concreten
> Natur, andererseits des Geistes als mit ihr im *Verhältniß* stehend, somit des *endlichen*
> Geistes, […]

lässt sich vor dem Hintergrund des explizierten philosophischen Rahmens einsichtig machen. Dass Hegel die Schöpfung in ungewöhnlicher Weise dem Sohn

---

[30] Dies auszuführen, ist in Hegels Wissenschaft der Logik die Aufgabe der Kapitel „Das Urtheil" und „Der Schluß" (Vgl. G. W. F. Hegel, *Wissenschaft der Logik*, Bd. 2: *Die subjektive Logik oder die Lehre vom Begriff* (= *Gesammelte Werke*, Bd. 12), hg. v. F. Hogemann und W. Jaeschke, Hamburg 1980, 53–89, sowie 90–126).

appropriiert und nicht dem Vater, wird nachvollziehbar, wenn man im Blick hat, dass die Entfaltung der allgemein bestimmten Selbstbestimmung in den Unterschied ihrer selbst und dessen, was sie nicht ist, durch den der Selbstbestimmung innewohnenden Unterschied von Bestimmung ‚Bestimmung' als allgemeiner und besonderer geschieht, der die Negation der Selbstbestimmung als ganzer bedeutet. Dieser ist innertrinitarisch dem Sohn zugeordnet.

Weshalb aber die Sphäre, in der nichts durch Bestimmung bestimmt ist, in den Gegensatz von Natur und endlichem Geist zerfällt, kann hier nicht durch die vollständige Entfaltung der philosophischen Rahmentheorie einsichtig gemacht werden. Stattdessen sei ein stark abstrahierender Blick auf den endlichen Geist aus der Perspektive der philosophischen Rahmentheorie geworfen, da diesem eine zentrale Rolle zukommt für das Verständnis der vollständig entfalteten Selbstoffenbarung des absoluten Geistes, die konstitutiv dadurch vermittelt ist, dass er sich von dem unterscheidet, was er nicht ist. Der Erklärung bedarf, weshalb Hegel den endlichen Geist als vom absoluten Geist unterschiedenen ebenfalls als Geist charakterisiert. Einsichtig machen lässt sich dieser Sachverhalt, wenn man ihn im Rahmen der, mit der allgemeinen Bestimmung von Weisen des Bestimmt-Seins befassten Wissenschaft der Logik betrachtet, was für die hier verfolgten Zwecke nur in einer grob vereinfachenden Weise geschehen kann. Es lassen sich generell zwei Weisen unterscheiden, in der Bestimmtheit möglich ist, die nicht Bestimmt-Sein durch Bestimmung ist.[31] Im Falle der ersten Weise ist Bestimmtheit so verfasst, dass sie Bestimmtheit nur ist, indem sie nicht die Bestimmtheit ist, die sie nicht ist. Ohne andere Bestimmtheit wäre in diesem Fall überhaupt keine Bestimmtheit. Bestimmtheit ist nur, weil das, was diese nicht ist, auch was ist, das heißt Bestimmtheit ist. Sie ist konstitutiv auf das bezogen, was sie nicht ist. Sie ist nur, was sie ist, weil das, was sie nicht ist, nicht das ist, was sie ist. Die zweite Weise ist das unmittelbare Gegenteil der ersten. In diesem Fall ist Bestimmtheit so verfasst, dass sie nicht auf das bezogen ist, was sie nicht ist, um als dessen Anders-Sein erst Bestimmtheit zu sein. Wird Bestimmtheit so gefasst, dass sie *nicht* Bestimmtheit ist, indem sie auf das bezogen ist, was sie nicht ist, um das zu sein, was sie ist, dann bedeutet dies zugleich, dass es ihre Bestimmtheit ausmacht, nicht auf das bezogen zu sein, was sie nicht ist. Aber genau, indem sie so verfasst ist, dass sie *nicht* auf das bezogen *ist*, was sie nicht ist, ist sie darin auf Bestimmtheit bezogen, die sie nicht ist, nämlich auf Bestimmtheit, die auf das bezogen *ist*, was sie nicht ist. Insofern ist Bestimmtheit, die so verfasst ist, dass sie *nicht* auf das bezogen ist, was sie nicht ist, um zu sein, was sie ist, zugleich auch

---

[31] Bei den beiden Weisen, in denen Bestimmtheit möglich ist, die nicht Bestimmt-Sein durch Bestimmung ist, handelt es sich um eine lediglich abstrakte, äußerliche Charakterisierung, der besonderen Arten wie Bestimmtheit im Ersten Buch der Wissenschaft der Logik, der sogenannten Seinslogik, beziehungsweise im zweiten Buch, der sogenannten Wesenslogik, konzipiert wird. Die von der Bestimmung durch Bestimmung unterschiedenen Arten von Bestimmtheit entwickelt Hegel in der Logik konsequenterweise im Ausgang vom absolut Unbestimmten, dem durch keine Bestimmung Bestimmten.

ihre Negation. Indem sie ist, was sie ist, ist sie unmittelbar das andere ihrer selbst, nämlich Bestimmtheit, die so verfasst ist, dass sie in dem, was sie ist, auf das bezogen ist, was sie nicht ist. In dem, was sie ist, ist sie sich selbst entgegengesetzt. Was sie sich entgegensetzt, das ist nicht die Bestimmtheit, die sie selbst ist. Indem sie durch das, was sie ist, die ist, die sich entgegensetzt ist, bezieht sie sich auf das, was sie nicht ist. Damit ist sie aber Bestimmtheit, die das ist, was sie ist, indem sie sich auf das bezieht, was sie nicht ist. Macht es sie aber als Bestimmtheit aus, auf das bezogen zu sein, was sie nicht ist, dann ist sie nichts anderes, als das, was ihr entgegengesetzt ist, nämlich Bestimmtheit, die das ist, was sie ist, indem sie sich auf das bezieht, was sie nicht ist. Das bedeutet aber, dass sie Bestimmtheit ist, die sich *nicht* auf das bezieht, was sie nicht ist, sondern auf das, was sie ist. Verkürzt gesagt, Bestimmtheit, die nicht dadurch Bestimmtheit ist, dass sie auf das bezogen ist, was sie nicht ist, ist dadurch Bestimmtheit, dass sie sich auf sich selbst bezieht. Sie ist durch sich selbst die Bestimmtheit, die sie ist. Allerdings ist sie es nur, indem sie als Beziehung auf das, was sie nicht ist, sich auf sich bezieht, da das, was sie nicht ist, Bestimmtheit ist, die sich konstitutiv auf das bezieht, was sie nicht ist. Insofern darf die Bestimmtheit, die ist was sie ist, ohne auf das bezogen zu sein, was sie nicht ist, als eine Weise von Bestimmtheit bezeichnet werden, die von anderer Bestimmtheit abhängt, um die sein zu können, die sie ist. Ihre Selbstbestimmung ist eine durch Fremdbestimmung vermittelte, weil sie als die Negation ihrer selbst sich auf das bezieht, was sie nicht ist.

Hegels Charakterisierung des endlichen Geistes als Geist, trotz seiner Zugehörigkeit zu der Sphäre, die vom absoluten Geist verschieden ist, lässt sich nunmehr von daher verständlich machen, dass er in der Bestimmtheitsweise der durch Fremdbestimmung vermittelten Selbstbestimmung die Bestimmtheitsweise des endlichen Geists erblickt. Geist ist der endliche Geist insoweit, als er, wenn auch nicht vollständig, durch sich selbst bestimmt ist. Eben weil der endliche Geist nicht vollständig durch sich selbst bestimmt ist, sondern durch Vermittlung seines Bezogen-Seins auf das, was nicht er selbst ist, unterscheidet er sich vom absoluten Geist. Auf dem Hintergrund der zwei Weisen, auf die Bestimmtheit nicht durch Selbstbestimmung, sondern durch die Beziehung auf andere Bestimmtheit zustande kommt, lässt sich der Modus einsichtig machen, in dem Hegel den als endlichen Geist verstandenen Menschen in der als Selbstoffenbarung verstandenen Entfaltung des absoluten Geistes positioniert. Indem er den dogmatischen *locus*, der vom Menschen handelt, im Rahmen der Lehre von der Schöpfung abhandelt, beschreibt er den endlichen Geist als den,

welcher als Extrem der in sich seyenden Negativität sich zum Bösen verselbstständigt, solches Extrem durch seine Beziehung auf eine gegenüberstehende Natur und durch seine damit gesetzte eigene Natürlichkeit ist, in dieser als denkend zugleich auf die Ewigkeit gerichtet, aber damit in äußerlicher Beziehung steht.[32]

---

[32] Hegel, Enz., § 568.

Der Rede vom „Extrem der in sich seienden Negativität, die sich zum Bösen verselbständigt" entspricht, dass Bestimmtheit, die unabhängig von anderer Bestimmtheit ist, also darin selbständige ist, als die Negation ihrer selbst in ihrem Bezogen-Sein auf das, was sie nicht ist, sich auf sich selbst bezieht. Die Bezeichnung des endlichen Geistes als Extrem drückt vermutlich den Sachverhalt aus, dass Bestimmtheit, die, zwar durch andere Bestimmtheit vermittelt, aber doch durch sich bestimmte Bestimmtheit ist, im Gegensatz zu Bestimmtheit, die das ist, was sie ist, nur durch andere Bestimmtheit ist, nicht einfach nur die Negation der Selbstbestimmung des absoluten Geistes ist, sondern als die Negation der Selbstbestimmung selbst noch Selbstbestimmung ist. Das Böse daran ist, dass dem endlichen Geist seine Beziehung auf anderes nur dazu dient, sie seiner Beziehung auf sich selbst zu unterwerfen. Böse ist der endliche Geist folglich, indem er *einfach* ist, was er ist. Ordnet man diejenige Verfasstheit von Bestimmtheit, die von anderer Bestimmtheit abhängt, um das zu sein, was sie ist, der Natur zu, dann wird deutlich, weshalb der endliche Geist Extrem „durch seine Beziehung auf eine gegenüberstehende Natur und durch seine damit gesetzte eigene Natürlichkeit ist". Als Bestimmtheit, die darin besteht, *nicht* dadurch Bestimmtheit zu sein, dass sie auf das bezogen ist, was sie nicht ist, ist der endliche Geist auf Bestimmtheit bezogen, die so verfasst ist, dass sie von anderer Bestimmtheit abhängt. Das bedeutet, er ist auf Natur bezogen. In seiner Bezogenheit auf Natur, hängt der endliche Geist vom dem ab, was er nicht ist, um der zu sein, der er ist. Darin ist er als Natur bestimmt, seine „eigene Natürlichkeit" gesetzt.

Zu Hegels Aussage, der endliche Geist sei in seiner Natürlichkeit „als denkend zugleich auf das Ewige gerichtet", stehe „aber damit in äußerlicher Beziehung", seien nur zwei Anmerkungen gemacht, die dem Verständnis der als Entfaltung des absoluten Geistes konzipierten Offenbarung dienen. Die eine betrifft den philosophischen Rahmen, in dem diese Aussage zu begreifen ist, die andere den dogmatischen *locus*, innerhalb dessen sie verortet ist. Inwieweit lässt sich das von Hegel konstatierte Verhältnis des endlichen Geistes zum Ewigen aus der dem endlichen Geist zukommenden Bestimmtheitsweise, durch Fremdbestimmung vermittelte Selbstbestimmung zu sein, begreiflich machen? Hierfür sei als Erstes daran erinnert, dass Hegel die Ewigkeit der immanenten Trinität zuordnet, die selbst in der „Sphäre des reinen *Gedankens*"[33] beheimatet ist. Wenn Hegel nun dem endlichen Geist in seiner Natürlichkeit die Fähigkeit zu denken zuspricht, sich darin aber bloß äußerlich auf das Ewige beziehen zu können, dann muss in der Natürlichkeit des Denkens der Grund zu suchen sein, weshalb es die Sphäre des reinen Gedankens nicht erreicht, ihr äußerlich bleibt. Das natürliche Denken ist Bestimmen durch allgemeine Bestimmungen. Diese sind nur das, was sie sind, indem sie gedachte, also für das Denken sind. Im Denken wird allgemeine Bestimmung gedacht, um mittels ihrer das zu bestimmen, was für das Denken die Bestimmtheit von etwas ausmacht. Bestimmtheit besteht für das Denken deshalb

---

[33] Hegel, Enz., § 567.

immer darin, etwas durch allgemeine Bestimmung Bestimmtes zu sein. Zugleich ist für das Denken die Bestimmtheit, die für es ist, nicht dadurch das, was sie ist, dass sie Bestimmtheit für das Denken ist. Es ist die Bestimmtheit, die für das Denken durch allgemeine Bestimmung Bestimmtes ist, die für das Denken zugleich Bestimmtheit ist, die *nicht* dadurch ist, was sie ist, dass sie durch allgemeine Bestimmung Bestimmtes ist. Z.B. ist Rotes für das Denken nur, indem es durch den Begriff ‚rot‘ Bestimmtes ist, zugleich aber so, dass das Rot-Sein von Rotem keine durch den Begriff bestimmte Bestimmtheit ist. Rotes ist *nicht* dadurch Rotes, dass es durch den Begriff ‚rot‘ Bestimmtes ist. Das natürliche Denken ist Bezugnahme auf nicht durch das Denken Bestimmtes, auf Seiendes, indem für es, die Bestimmtheit, die für es ist, nicht die Bestimmtheit ist, die für es ist. Bestimmtheit für das Denken zu sein, bedeutet, für das Denken nicht Bestimmtheit für das Denken zu sein, und nur so Bestimmtheit für das Denken zu sein. An dieser knappen Formulierung lässt sich ablesen, dass das natürliche Denken durch Fremdbestimmung vermittelte Selbstbestimmung und somit der Bestimmtheitsweise des endlichen Geistes entspricht. Das durch das natürliche Denken Bestimmte ist durch das natürliche Denken das nicht durch das natürliche Denken Bestimmte, das an sich Bestimmte.

Der Weise, in der das Bestimmen durch allgemeine Bestimmungen im natürlichen Denken erfolgt, ist auch das Bestimmen durch die Bestimmung ‚Bestimmung‘ unterworfen. Das durch die Bestimmung ‚Bestimmung‘ Bestimmte ist für das natürliche Denken Bestimmung, auch ohne durch die Bestimmung ‚Bestimmung‘ bestimmt zu sein. Dasselbe gilt auch für die Bestimmung ‚Bestimmung‘ selbst. Auch sie ist durch ihr Gedacht-Sein das, was sie ist, ohne durch die Bestimmung ‚Bestimmung‘ bestimmt zu sein. Betrachtet man den absoluten Geist in seiner trinitarischen Immanenz als das Ewige, dann wird auf dem Hintergrund seiner philosophischen Explikation als allgemeine Bestimmung von Selbstbestimmung begreiflich, weshalb der endliche Geist nur in äußerlicher Beziehung zum absoluten steht. Er kann in seinem natürlichen Denken die Bestimmung ‚Bestimmung‘ nur so auf die Bestimmung ‚Bestimmung‘ beziehen, dass sie ist, was sie ist, ohne durch die Bestimmung ‚Bestimmung‘ bestimmt zu sein. Die Bestimmung ‚*Bestimmung*‘ kommt der *Bestimmung* ‚Bestimmung‘ nur äußerlich zu, ohne für sie selbst konstitutiv zu sein. Als Grund dafür, weshalb Hegel seine Aussage, der endliche Geist stünde aufgrund seiner Natürlichkeit lediglich in einer äußerlichen Beziehung zum Ewigen, dem von ihm in die Schöpfungslehre platzierten dogmatischen *locus* „*De homine*“ zuordnet, kann nur vermutet werden, dass er sich damit auf die Unfähigkeit des Menschen bezieht, im *status corruptionis*, das heißt als das Böse, Gott erkennen zu können. Wenn diese Vermutung zutrifft, stimmt Hegel auch hier mit Barth überein.[34] Auf alle Fälle entspricht Hegels Aussage über die bloß äußerliche Bezugnahme des endlichen Geis-

---

[34] Barth, KD I/1, 252: „[D]enn was von der Schöpfung her vom Menschen zu Gott hin möglich ist, das ist eben durch den Sündenfall verloren gegangen“.

tes auf das Absolute der Beschreibung des epistemischen Problems der Theologie, dass von Gott Verschiedenes nicht aus sich heraus in der Lage ist, Gott zu erkennen.

Wie aber lässt sich auf der Basis dieses ins Extreme getriebenen Unterschieds des absoluten Geistes vom endlichen jener noch so entfalten, dass er zum einen von diesem erkannt werden kann und zum anderen sich genau darin sich selbst offenbar ist? Der zur Selbstoffenbarung führenden weiteren Entfaltung des absoluten Geistes ordnet Hegel die Christologie und die Pneumatologie zu. Weshalb sich aber in diesen beiden Lehrstücken die, über das in der Schöpfungslehre Abgehandelte hinausgehende Entfaltung des absoluten Geistes ausspricht, kann allerdings nicht der dogmatischen Begrifflichkeit, sondern muss erneut dem philosophischen Rahmen entnommen werden. Hierzu sei daran erinnert, dass die der Schöpfungslehre entsprechende Entfaltung ihren Ausgang bei der Bestimmung ‚Bestimmung' als der allein durch sich selbst bestimmten nahm. Dieser Entfaltungsschritt hat zum Resultat, dass die allgemein bestimmte Selbstbestimmung in ihrer Totalität von dem gesondert ist, was sie nicht ist. Indem sie aber das ausschließt, was sie nicht ist, ist sie selbst von dem ausgeschlossen, was sie nicht ist, weil dieses das ist, was sie nicht ist. Darin ist sie durch andere Bestimmtheit bestimmt. Das wiederum bedeutet, dass die Bestimmung ‚Bestimmung', die allein das ist, als was sie durch sich selbst als allgemeine Bestimmung bestimmt ist, auf dieselbe Weise bestimmt ist wie dasjenige, von dem sie als das Eine durch Bestimmung bestimmte strikt unterschieden ist. Es gilt hierbei im Gedächtnis zu behalten, dass es allein die Entfaltung der durch sich selbst bestimmten Bestimmung ‚Bestimmung' ist, die sie als das allein durch Bestimmung bestimmte Einzelne auf dieselbe Weise bestimmt sein lässt wie das von ihr Unterschiedene, das nicht durch Bestimmung Bestimmte. Weshalb Hegel an seine Darstellung der Schöpfungslehre die von der Inkarnation, beziehungsweise der Einheit der göttlichen und menschlichen Natur in der Person Jesu Christi anschließt, lässt sich auf dem dargelegten philosophischen Hintergrund einsichtig machen. Im Anschluss an die Bestimmung des endlichen Geistes im § 568 fährt Hegel im § 569 fort.

Im Momente der Einzelheit als solcher [...] stellt sich [...] die *allgemeine* Substanz aus ihrer Abstraction zum *einzelnen* Selbstbewußtsein verwirklicht, und dieses als *unmittelbar identisch* mit dem Wesen, jenen *Sohn* der ewigen Sphäre in die Zeitlichkeit versetzt, in ihm das Böse als *an sich* aufgehoben dar;[35]

Hegels Formulierung „die *allgemeine* Substanz" stelle sich „im Moment der Einzelheit" „aus ihrer Abstraction zum *einzelnen* Selbstbewußtsein verwirklicht" dar, soll hier so verstanden werden, dass sie dasselbe meint, was als Entfaltung

---

[35] Hegel, Enz. § 569. Die Auslassungen betreffen einerseits Rückbezüge Hegels auf seinen philosophischen Rahmen, die im Vorgehenden in von Hegel abweichender Terminologie bereits vorweg genommen wurden, und andererseits den von Hegel in den §§ 566–569 sehr spezifisch verwendeten Terminus „Voraussetzung", der das in dem hier behandelten Zusammenhang nicht zu diskutierende Verhältnis von Vorstellen und Denken betrifft.

der in ihrer Allgemeinheit bestimmten Selbstbestimmung zu dem Einzelnen beschrieben wurde, das auf die Weise bestimmt ist, auf die das bestimmt ist, das nicht die allein durch sich selbst bestimmte Bestimmung ist. Selbstbewusstsein, das *allein durch sich selbst* sich seiner selbst bewusst ist, darin aber besonderes Bewusstsein, eben Bewusstsein des Bewusstseins ist und nicht Bewusstsein von dem, was nicht Bewusstsein ist, und dadurch das sich durch sich selbst bewusste Bewusstsein ist, ist zwar durch sich selbst bestimmtes Einzelnes, *nicht* aber die Bestimmung ‚Bestimmung'. Hegels Aussage, das einzelne Selbstbewusstsein sei unmittelbar identisch mit dem Wesen scheint im Widerspruch zu dem zuvor Gesagten zu stehen, wenn man unter „Wesen" die durch sich selbst bestimmte Bestimmung ‚Bestimmung' versteht. Zieht man allerdings in Betracht, dass deren Entfaltung nur die Entfaltung dessen ist, was sie ist, dann ist sie als entfaltete die, die sie in ihrer Immanenz ist. Hegel drückt diese Entfaltung dadurch aus, dass die allgemeine Substanz zum *einzelnen* Selbstbewusstsein verwirklicht sei. Selbstbewusstsein ist keine allgemeine Bestimmung, sondern immer je Einzelnes.

Bedeutsam für Hegels Verständnis der Inkarnation ist, dass die einzig durch sich vollständig bestimmte Bestimmung ‚Bestimmung', die in ihrem Unterschied zu dem, was sie nicht ist, zum allein durch sich selbst bestimmten *Einzelnen* entfaltet ist, welches von der Bestimmung ‚Bestimmung' unterschieden ist, aber auch von dem unmittelbar oder vermittelt Fremdbestimmten unterschieden bleibt. Dass dieses Einzelne der „Sohn der ewigen Sphäre" ist, der „in die Zeitlichkeit versetzt" ist, erhellt daraus, dass es das der Selbstbestimmung als solcher inhärierende Moment des Unterschieds ist, das nur dann vollständig entfaltet ist, wenn die allein durch sich selbst bestimmte Bestimmung ‚Bestimmung' von sich als dem allein durch sich selbst bestimmten Einzelnen unterschieden ist. Ein Missverständnis wäre es allerdings, meinte man, inkarniert wäre nur der Sohn. Unter den Bedingungen des philosophischen Rahmens hieße dies, dass sich aus der allgemein bestimmten Selbstbestimmung ein Moment herausbrechen und selbständig entfalten ließe. Der Unterschied zu Barths Konzeption der Inkarnation, die auch in dessen Auffassung von Offenbarung eine zentrale Rolle spielt, könnte größer nicht sein. Bereits hier zeichnet sich ab, dass Hegels Konzeption der Inkarnation als einer in seiner trinitarisch verfassten Selbstbestimmung beschlossenen Bestimmtheitsweise Gottes dessen Offenbarung in Jesus angemessener darstellt als die Barths, die die Inkarnation als eine freie Tat Gottes auffasst, Gestalt anzunehmen. Hegels Äußerung, in dem inkarnierten Sohn sei „das Böse [...] *an sich* aufgehoben, kann auf dem Boden des erreichten Standes der Entfaltung dann so verstanden werden, dass das, was nicht die absolut durch selbst bestimmte Bestimmung ‚Bestimmung' ist, nicht dazu verdammt ist, nur durch sich selbst bestimmt sein zu können, indem es negiert, durch anderes bestimmt zu sein, um genau darin durch anderes bestimmt zu sein. Dennoch bedeutet die Aufhebung des Bösen im inkarnierten Sohn nicht, dass der endliche Geist der Bestimmtheitsweise enthoben wäre, die ihn zum Bösen macht.

Der traditionellen Dogmatik folgend nimmt Hegel im Anschluss an den *locus* von der Person Christi auf das in den *loci* von Christi Werken und von Christi Ständen Behandelte Bezug:

aber ferner diese unmittelbare und damit sinnliche Existenz des absolut Concreten sich in das Urteil setzend und in den Schmerz der *Negativität* ersterbend, in welcher es als unendliche Subjektivität identisch mit sich, aus derselben als *absolute Rückkehr* und allgemeine Einheit der allgemeinen und einzelnen Wesenheit *für sich* geworden ist, – die Idee des als ewigen aber *lebendigen*, und in der Welt gegenwärtigen Geistes.[36]

Die Bezugnahmen auf Kreuzestod (*officium sacerdotale* beziehungsweise *status exinanitionis*), Auferstehung, Himmelfahrt beziehungsweise Sitzen zur Rechten (*officium regium* bzw *status exaltationis*) und Ausgießung des Geistes lassen sich, wenn auch nicht ganz problemlos, aus dem Text herauslesen. Inwiefern sich die von den Werken und Ständen Christi handelnden dogmatischen *loci* als weitere Entfaltung der immanenten Trinität begreifen lassen, ist dem Text allerdings nicht unmittelbar zu entnehmen. Zu diesem Zweck ist der Blick auf den zuletzt erreichten Stand der Entfaltung der allgemein bestimmten Selbstbestimmung zu werfen. Bei der Entfaltung der durch sich selbst vollständig bestimmten Bestimmung ‚Bestimmung' zum vollständig durch sich selbst bestimmten Einzelnen, das von der Bestimmung ‚Bestimmung' unterschieden ist, kann es nicht bleiben. Als von der Bestimmung ‚Bestimmung' Unterschiedenes ist es nämlich durch diesen Unterschied bestimmt und somit in seinem Bestimmt-Sein abhängig von dem, was es nicht ist, das heißt, es ist nicht allein durch sich selbst Bestimmtes. Weil das durch sich allein bestimmte Einzelne nur das ist, was es ist, im Unterschied zur Selbstbestimmung der Bestimmung ‚Bestimmung' ist, ist es die Negation seiner selbst. Hierbei gilt es zu beachten, dass dieses Einzelne, in das sich die durch sich selbst vollständig bestimmte Bestimmung ‚Bestimmung' entfaltet, nicht auf die Weise die Negation seiner selbst ist wie die durch Fremdbestimmung vermittelte Selbstbestimmung. Diese ist als Bestimmtheit, die *nicht* durch das, was sie nicht ist, das ist, was sie ist, noch konstitutiv auf das bezogen, was sie nicht ist, nämlich Bestimmtheit, die durch das, was sie nicht ist, das ist, was sie ist. Im Gegensatz hierzu bedarf das allein durch sich selbst bestimmte Einzelne, keiner anderen Bestimmtheit, die anderer Bestimmtheit bedarf um das zu sein, was sie ist. Worauf sie als ihr Anderes bezogen ist, ist die Bestimmung ‚Bestimmung', die allein durch sich selbst das ist, was sie ist. Formelhaft lässt sich formulierten, im ersten Fall ist Selbstnegation Selbstbestimmung im zweiten Selbstbestimmung Selbstnegation. Hegels Charakterisierung des in „die Zeitlichkeit versetzt[en]" „Sohn[es] der ewigen Sphäre" als „unmittelbare und damit sinnliche Existenz des absolut Concreten" ist Ausdruck dafür, dass der inkarnierte Gott auf eine Weise bestimmt ist, auf die das bestimmt ist, was nicht Gott ist, nämlich als Bestimmtheit, die ihr Bestimmt-Sein nicht der Bestimmung durch Bestimmung verdankt. Die hieran anschließende Aussage, dieses konkrete Einzelne in seiner sinnlichen Existenz versetze sich in das Urteil, sei hier so verstanden, dass das durch sich selbst allein bestimmte Einzelne, das durch den Unterschied zur Selbstbestimmung der Bestimmung ‚Bestimmung' bestimmt ist, dies so ist, dass darin der

---

[36] Hegel, Enz., § 569.

Unterschied von allgemeiner Bestimmung und Einzelnem, das nicht die Bestimmung ist, geltend zu machen ist. Erst aufgrund dieses Unterschieds ist das allein durch sich selbst bestimmte Einzelne die Negation seiner selbst, „in den Schmerz der Negativität ersterbend", wie Hegel formuliert. Als die Negation seiner selbst ist dies Einzelne als das *nicht* allein durch sich selbst Bestimmte bestimmt. Die Selbstbestimmung der Bestimmung ‚Bestimmung' ist hiermit in ihr absolutes Gegenteil entfaltet. In der Entfaltung in das absolute Gegenteil ist auch insgesamt negiert, was das Entfaltete als Entfaltung der allgemeinen Bestimmung von Selbstbestimmung bestimmt, nämlich allein das allein durch sich selbst bestimmte Einzelne zu sein. Aus der Perspektive des philosophischen Rahmens betrachtet, kann Hegel das officium sacerdotale, Christi Opfertod am Kreuz als die Entfaltung der Einheit von Gott und Mensch begreiflich machen. Diese muss im vollständigen Verlust der Göttlichkeit bestehen, so dass der Kreuzestod des Menschen Jesu nichts anderes ist als der Tod Gottes selbst. Noch darin, dass der Mensch Jesus durch andere Menschen, also fremdbestimmt ums Leben kommt, zeigt sich die vollständige Tilgung jeglicher Selbstbestimmung, sprich alles Göttlichen

Indem aber das allein durch sich selbst bestimmte Einzelne nur in seiner Unterschiedenheit von der allein durch sich selbst bestimmten Bestimmung ‚Bestimmung', das ist, was es ist, ist es als die Negation seiner selbst durch sich selbst *nicht* allein durch sich selbst bestimmtes Einzelnes. Wiederum als das Einzelne, das durch sich selbst das nicht allein durch sich selbst Bestimmte ist, ist es in seiner Unterschiedenheit von der allein durch sich selbst bestimmten Bestimmung ‚Bestimmung' nicht fremdbestimmt, sondern durch sich selbst bestimmt. Erst vermittels der Negation seiner selbst ist das von der allein durch sich selbst bestimmten Bestimmung ‚Bestimmung' unterschiedene, allein durch sich selbst bestimmte Einzelne so bestimmt, dass es auch in seiner Unterschiedenheit von der Bestimmung ‚Bestimmung' durch sich selbst bestimmt ist. Erst im Durchgang durch ihr absolutes Gegenteil ist die, von der allgemein bestimmten Selbstbestimmung unterschiedene einzelne Selbstbestimmung als die realisiert, die noch in dieser ihrer Unterschiedenheit allein durch sich selbst bestimmt ist. Auch in ihrer von ihrer *allgemeinen* Bestimmung absolut ge*sonderten Einzelheit* ist die allein durch sich bestimmte Bestimmung ‚Bestimmung', das was sie auch als allgemeine ist, nämlich allein durch sich selbst Bestimmtes. Das der allgemeinen Bestimmung von Selbstbestimmung Entsprechende ist das allein durch sich selbst bestimmte Einzelne allein durch sich selbst. Hegels Bestimmung des „absolut Konkreten" als das, welches in der Negativität „als unendliche Subjektivität identisch mit sich, aus derselben als absolute Rückkehr und allgemeine Einheit der allgemeinen und einzelnen Wesenheit für sich geworden ist," lässt sich als Ausdruck dessen verstehen, was zur Entfaltung der allgemein bestimmten Selbstbestimmung in das allein durch sich selbst bestimmte absolut Vereinzelte gesagt wurde. Die Bestimmung, in der Negativität als unendliche Subjektivität mit sich identisch zu sein, bringt zum Ausdruck, dass erst in der Negation seiner selbst das allein durch sich bestimmte Einzelne durch sich der durch sich selbst bestimmten

Bestimmung vollständig entspricht. In der Bestimmung, aus der Negativität als unendlicher Subjektivität als absolute Rückkehr und allgemeine Einheit der allgemeinen und einzelnen Wesenheit *für sich* geworden zu sein, spricht sich aus, dass die allgemein bestimmte Selbstbestimmung, die allgemeine Einheit der allgemeinen und einzelnen Wesenheit, in ihrer Unterschiedenheit von sich selbst, als das durch sich allein bestimmte Einzelne nichts anders ist, als sie in ihrer Allgemeinheit ist, nämlich das, was in seiner Unterschiedenheit von sich selbst mit sich identisch ist. In ihrer Entfaltung durchläuft die allgemein bestimmte Selbstbestimmung als Totalität die Momente, die ihre Binnendifferenzierungen ausmachen. In dem entfalteten allein durch sich bestimmten *Einzelnen* kommt die eine *allgemeine* allein durch sich selbst bestimmte Bestimmung, indem sie ihr Bestimmt-Sein durch das, von dem sie abge*sondert* ist, durchläuft, bei sich als dem allein durch sich selbst bestimmten Einzelnen an. Erst indem das Einzelne noch in seiner Unterschiedenheit von der allein durch sich selbst bestimmten Bestimmung durch sich selbst bestimmt ist, entspricht es der allgemeinen Bestimmung von Selbstbestimmung, *allein* durch sich selbst bestimmt zu sein.

Aus den Darlegungen zum philosophischen Rahmen lässt sich entnehmen, dass das in der Christologie, also in den *loci* von Christi Person, Werken und Ständen, Ausgeführte nicht nur einen notwendigen Zusammenhang in sich bildet, sondern es auch Gott selbst als eine ihm wesentlich zukommende Bestimmung zuzusprechen ist. Inkarnation, Tod und Auferstehung sind Bestimmungen Gottes selbst, ohne die er nicht Gott als der vollständig durch sich selbst bestimmte wäre. Dass Gott mittels der ihm in der Christologie zugesprochenen Bestimmungen allerdings nicht vollständig bestimmt ist, zeigt sich darin, dass Hegel die Auferstehung als die Rückkehr aus dem Bezogen-Sein auf anderes in die Beziehung auf sich selbst zugleich als den Übergang zur Pneumatologie auszeichnet, indem er sie als „die Idee des als ewigen aber lebendigen, und in der Welt gegenwärtigen Geistes" charakterisiert. Für die Beantwortung der Frage, weshalb mit dem Beweis, die allgemein bestimmte Selbstbestimmung sei in ihrer Unterschiedenheit von dem, was sie nicht ist, nicht durch dieses bestimmt, sondern allein durch sich selbst, weitere Entfaltungsschritte notwendig sind, enthält Hegels Qualifizierung des Geistes als „in der Welt gegenwärtigen" einen ersten Hinweis. Versteht man unter Welt die Sphäre der Natur und des endlichen Geists in ihren von der Selbstbestimmung des absoluten Geistes unterschiedenen, je besonderen Bestimmtheitsweisen, dann zeigt sich, dass dieser Unterschied des absoluten Geistes zu den weltlichen Bestimmtheitsweisen nicht als Moment von dessen Selbstbestimmung entfaltet ist. Als in der Welt seiender ist der absolute Geist Weltliches, neben von ihm unterschiedenem Weltlichen.

Zu Beginn des letzten Entfaltungsschritts, dem die dogmatische Lehre vom heiligen Geist zugeordnet wird, und der erst verständlich macht, wie Gottes Offenbarung sich so konzipieren lässt, dass er, indem er dem Menschen offenbar ist, einzig sich selbst offenbar ist, nimmt Hegel diesen Unterschied auf, indem er von dem in der Welt gegenwärtigen Geist sagt, er sei „die an sich seiende *Voraussetzung* für die endliche Unmittelbarkeit des einzelnen Subjekts, für dasselbe daher zunächst ein *anderes* und *angeschautes*". Weshalb aber ist der absolute Geist in der Welt so gegenwärtig, dass er *für* das einzelne Subjekt ist? Als das allein durch sich selbst Bestimmte ist der absolute Geist nicht auf die Weise bestimmt, wie dasjenige bestimmt sein muss, das in der Welt sein kann, nämlich als unmittelbar oder vermittelt durch anderes Bestimmtes. Insofern kann er so, wie er an und für sich ist, nicht in der Welt sein. Der Auferstandene, der auch in seiner Unter-schiedenheit von der Welt dennoch allein durch sich selbst bestimmte Gott, ist zum Himmel aufgefahren und hat die Welt verlassen. Für das einzelne Subjekt zu sein bedeutet nun, dass der Unterschied von An-sich-Sein und Für-das-Subjekt-Sein selbst nur für das Subjekt ist. Wenn der absolute Geist *für das einzelne Subjekt* ist, dann ist er nicht an und *für sich*. Dass der absolute Geist nicht an und für sich in der Welt gegenwärtig ist, kann auch daran abgelesen werden, dass Hegel das Resultat der Christologie als Idee des gegenwärtigen Geistes, sprich, als das von seiner Realität noch Unterschiedene auszeichnet. Allerdings hilft diese Auskunft Hegels nicht sehr viel weiter, da der absolute Geist in der Welt ein anderer wäre als der, der er an und für sich ist. Dass es dabei nicht bleiben kann, betont Hegel selbst, indem er fortfährt:

aber [Hervorhebung von mir, M.Z.] die Anschauung der an sich seienden Wahrheit, durch welches Zeugnis des Geistes in ihm es wegen seiner unmittelbaren Natur zunächst sich für das Nichtige und Böse bestimmt[37].

Hegel revoziert hiermit zwar nicht, dass der absolute Geist in der Welt gegen-wärtig ist, indem er für das einzelne Subjekt ist, aber er behauptet, dass die Bestimmung ‚Bestimmung', die als allgemein bestimmte Selbstbestimmung allein darin *vollständig* durch sich selbst bestimmt ist, dass sie das von sich als der einen Bestimmung, der Bestimmung ‚Bestimmung' unterschiedene Einzelne ist, nicht in derselben Weise für das einzelne Subjekt sein kann, wie anderes. Um die ange-führten Äußerungen Hegels nachvollziehen zu können, sei an das oben[38] zum natürlichen Denken Dargelegte erinnert. Für das einzelne Subjekt, beziehungs-weise den endlichen Geist ist etwas, indem es in dessen Denken durch allgemeine Bestimmung Bestimmtes ist. Die allgemeinen Bestimmungen sind das, was sie sind, nur *im* Denken, das heißt indem sie gedacht werden. *Für* das einzelne den-kende Subjekt sind sie nur, indem sie wiederum durch die gedachte Bestimmung ‚gedachte Bestimmung' bestimmt sind. Ist nun die vollständig durch sich be-stimmte Bestimmung ‚Bestimmung' als das von sich als Bestimmung unterschie-dene und allein durch sich selbst bestimmte Einzelne für das einzelne Subjekt, dann schließt das aus, dass die Bestimmung ‚Bestimmung', eine sein kann, die das, was sie ist, dadurch ist, dass sie eine im Denken des einzelnen Subjekts gedachte ist. Ist die Bestimmung ‚Bestimmung' in ihrer durch sich selbst be-stimmten Totalität für den endlichen Geist, dann ist sie in ihrem Bestimmt-Sein keine durch das natürliche Denken bedingte. Das hat zur Folge, dass für das

---

[37] Hegel, Enz., § 570.
[38] Vgl. oben, S. 239 f.

natürliche Denken Bestimmung als solche nicht durch die Bestimmung ‚gedachte Bestimmung' bestimmt sein kann und darin das natürliche Denken insgesamt negiert ist, dessen konstitutive Bestimmung es ist, in allgemeinen Bestimmung zu denken, die nur sind, was sie sind, indem sie gedacht werden. Interpretiert man die in ihrer Totalität durch sich bestimmte Bestimmung ‚Bestimmung', die darin das vollständig ihrer absoluten Selbstbestimmung entsprechende Einzelne ist, als die an sich seiende Wahrheit, dann kann Hegels Aussage, deren Anschauung sei das „Zeugnis des Geistes in" dem anschauenden Subjekt so verstanden werden, dass die durch sich selbst bestimmte Totalität des absoluten Geistes, nicht in der Weise für das Subjekt sein kann, die der Wesensart des Subjekts entspräche. Sie entspricht aber der Weise, in der der absolute Geist in der Welt ist, die dessen *eigener* Bestimmung gemäß nur die Gegenwart im einzelnen Subjekt sein kann. Wenn Hegel fortfährt, durch das Zeugnis des Geistes in ihm, bestimme sich das einzelne Subjekt wegen seiner natürlichen Unmittelbarkeit als Nichtiges und Böses, dann sei das hier in dem Sinne aufgefasst, dass mit der Bestimmung der Bestimmung ‚Bestimmung' als der absolut durch sich selbst bestimmten das natürliche Denken, für das die Bestimmung ‚Bestimmung' wie jede allgemeine Bestimmung nur bestimmt ist, indem sie gedacht wird, als Bestimmendes für die Bestimmung ‚Bestimmung' negiert wird. Auch diesen Entfaltungsschritt des in der Welt gegenwärtigen Geistes bestimmt Hegel noch als vorläufigen, indem er sagt, das in ihm Ausgeführte gelte „zunächst". Konsequenterweise schließt er dann wie folgt an:

und weiter [Hervorhebung von mir, M.Z.] nach dem Beispiel seiner Wahrheit, vermittels des Glaubens an die darin *an sich* vollbrachte Einheit der allgemeinen und einzelnen Wesenheit auch die Bewegung ist, seiner unmittelbaren Naturbestimmtheit und des eigenen Willens sich zu entäußern und mit jenem Beispiel und seinem *Ansich* in dem Schmerze der Negativität sich zusammenzuschließen.

Um Hegels Ausführungen als Fortbestimmung derjenigen Bestimmungen des in der Welt gegenwärtigen Geistes einsichtig machen zu können, die er als *zunächst* geltende kennzeichnet, muss auf das Resultat des vorhergehenden Schrittes zurückgeblickt werden. Dieses bestand darin, dass die Gegenwart der in ihrer Totalität durch sich selbst bestimmten Bestimmung ‚Bestimmung' im einzelnen Subjekt zur Folge hat, dass für dieses allgemeine Bestimmung nicht das ist, was sie in seiner unmittelbaren Beziehung auf sich selbst zu sein scheint. Es ist allgemeine Bestimmung nicht grundsätzlich dadurch allgemeine Bestimmung, dass sie vom einzelnen Subjekt gedacht wird. Die Gegenwart der absolut durch sich selbst bestimmten Bestimmung ‚Bestimmung' im einzelnen Subjekt, was gleichbedeutend damit ist, dass sie als solche *für* dieses ist, ist damit aber die Negation dieses Für-Seins, weil sie die Negation der Bedingungen einschließt, unter denen überhaupt etwas für das einzelne Subjekt sein kann. Ist die in ihrer Totalität durch sich selbst bestimmte Bestimmung ‚Bestimmung' dem einzelnen Subjekt gegenwärtig, das heißt wird sie von diesem gedacht, dann ist sie das nur, indem sie die Negation ihrer Gegenwärtigkeit im einzelnen Subjekt, das heißt ihres Gedacht-Seins ist.

Allein dadurch kann sie als allein durch sich selbst bestimmte in der Welt gegenwärtig sein. Der absolute Geist kann im endlichen nur gegenwärtig sein, wenn diese Gegenwärtigkeit die Negation ihrer selbst ist. Genauso gilt aber, dass diese Gegenwärtigkeit des absoluten Geistes im endlichen die Negation ihrer selbst ist, weil der absolute Geist als der in seiner Totalität allein durch sich selbst bestimmte nur als der in der Welt gegenwärtige vollständig bestimmt ist. Dadurch dass die Gegenwart des absoluten Geistes im endlichen Geist die Negation ihrer selbst ist, ist der absolute Geist auch als der in der Welt gegenwärtige der allein durch sich selbst bestimmte.

Hegels Beschreibung der Gegenwart des absoluten Geistes im einzelnen Subjekt als „die Bewegung […], seiner unmittelbaren Naturbestimmtheit und des eigenen Willens sich zu entäußern und mit jenem Beispiel und seinem Ansich in dem Schmerze der Negativität sich zusammenzuschließen", sei hier auf die dargelegte Entfaltung der in ihrer Totalität allein durch sich bestimmten Bestimmung ‚Bestimmung' als im natürlichen Denken gedachte bezogen. Dass diese Bewegung der Entäußerung auch der Zusammenschluss mit der Wahrheit an sich, der „an sich vollbrachte[n] Einheit der allgemeinen und einzelnen Wesenheit sei, lässt sich innerhalb des philosophischen Rahmens so begreiflich machen, dass die in ihrer Totalität vollständig durch sich selbst bestimmte Bestimmung ‚Bestimmung' darin zu ihrer vollständigen Bestimmung gelangt, dass sie ihr Gedacht-Sein in gedachten Bestimmungen als deren Negation durch sich selbst einschließen muss. Weshalb diese Bewegung durch den Glauben vermittelt ist, erklärt sich daraus, dass die Bestimmung ‚Bestimmung' eine in gedachten Bestimmungen gedachte sein muss, damit sie eine in ihrer Totalität vollständig durch sich bestimmte sein kann.

Im Gegensatz zur Christologie lassen sich Hegels Darstellung der Pneumatologie nur sehr vage die entsprechenden dogmatischen *loci* zuordnen. Deshalb sei unmittelbar zur Beantwortung der hier interessierenden Fragestellung fortgeschritten, inwieweit die Darstellung der Gottes-, Schöpfungslehre einschließlich der Anthropologie, der Christologie und der Pneumatologie als den einen Zusammenhang der Entfaltung der immanenten Trinität sich als eine solche Konzeption von Offenbarung verstehen lässt, die in der Lage ist, das epistemische Problem der Theologie zu lösen. Wenn Hegel in der Bestimmung der Bewegung, die das einzelne Subjekt ist, in dem der absolute Geist gegenwärtig ist, fortfährt, sie bestehe darin,

als vereint mit dem Wesen sich zu erkennen, welches […] durch diese Vermittlung sich als innewohnend im Selbstbewußtseyn bewirkt und die wirkliche Gegenwärtigkeit des an und für sich seyenden Geistes als des allgemeinen ist [,]

dann steht dabei im Hintergrund, dass erst mit der Entfaltung der vollständig durch sich selbst bestimmten Bestimmung ‚Bestimmung' im Denken mittels gedachter Bestimmungen diese nunmehr in ihrer Vollständigkeit allein durch sich selbst bestimmt ist, und somit die Entfaltung in Gedanken nur die vollständig entfaltete Selbstbestimmung der Bestimmung ist. Bereits indem die Bestimmung

‚Bestimmung' als *allein* durch sich selbst bestimmte *gedacht* wird, ist damit negiert, sie sei dadurch bestimmt, dass sie gedacht wird. Insofern schließt sich die noch nicht entfaltete Bestimmung ‚Bestimmung' des Anfangs mit deren vollständiger Entfaltung am Ende zusammen.

Auf Basis der genannten philosophischen Rahmenbedingungen kann nun einsichtig gemacht werden, weshalb sich Offenbarung strikt als die Beziehung des absoluten Geistes auf sich selbst und dennoch auch als Beziehung auf den Menschen auffassen lässt. Indem Hegel es gelingt, die dogmatischen Lehrstücke beginnend mit der strikt als Lehre von der immanenten Trinität gefassten Gotteslehre bis hin zur Pneumatologie als einen, allein aus der trinitarischen Verfasstheit Gottes sich ergebenden Zusammenhang zu begreifen, kann er im Rahmen der Pneumatologie behaupten, dass Gott nur darin Gott ist, nämlich der in jeder Beziehung allein durch sich selbst bestimmte, dass er Menschen offenbar ist. Nur indem Gott Menschen gegenwärtig, ihnen offenbar ist, kann er der sein, der auch als komplett weltlich bestimmtes Einzelnes der allein durch sich selbst bestimmte ist.

Hiermit ist auch das epistemische Problem der Theologie einer Lösung zugeführt. Indem der Selbstbezug Gottes sich als die in ihrer Totalität allein durch sich selbst bestimmte Bestimmung ‚Bestimmung' qualifizieren lässt, kann gesagt werden, dass sich die erkennende Bezugnahme auf Gott als eine solche begreifen lässt, in der sich Gott auf sich selbst bezieht. Ermöglicht wird diese Lösung durch die Konzeption der Dreieinigkeit Gottes als die allgemein bestimmte Selbstbestimmung, das heißt als die sich durch sich selbst bestimmende Bestimmung ‚Bestimmung'. Für diese gilt nämlich, dass sie als das durch sich selbst bestimmte Einzelne nur möglich ist, indem sie als be*sondere*, *nicht* alle Bestimmung, *sondern* nur die Bestimmung ‚*Bestimmung*' bestimmende von sich als allgemeiner unterschieden wird, die die Bestimmung von aller Bestimmung ist. Es ist diese Konzeption der Trinität Gottes, die, indem sie zeigt, dass Selbstbeziehung generell auch Fremdbeziehung ist, einsichtig macht, dass die Bestimmung Gottes durch allgemeine Bestimmung, die nicht seine immanente Selbstbestimmung ist, dennoch Moment seiner Selbstbestimmung in der vollständig entfalteten Totalität ihrer Momente sein kann.

4. Resümee

Da sowohl für Hegel als auch für Barth die Pneumatologie das dogmatische Lehrstück ist, in dem das epistemische Problem der Theologie im engeren Sinn behandelt wird, das heißt das Problem, wie sich menschliche Erkenntnis von Gott so begreifen lässt, dass sie in keiner Beziehung vom Menschen und in jeder von Gott abhängt, eignet es sich besonders, die Divergenzen zwischen dem Lösungsvorschlag Hegels und dem Barths herauszustellen. Auf den ersten Blick beschreibt Barth die Rolle des heiligen Geistes in der Offenbarung bis in einzelne Formulierung hinein in gleicher Weise wie Hegel:

Und Gottes Geist, der Heilige Geist, speziell in der Offenbarung, ist Gott selbst, sofern er nicht nur zum Menschen kommen, sondern *im Menschen* sein und so den Menschen für sich selbst öffnen, bereit und fähig machen und so seine Offenbarung an ihm vollstrecken kann. [...] Es ist Gottes Wirklichkeit, indem Gott selbst den Menschen nicht nur von außen, nicht nur von oben, sondern auch von innen, von unten her, *subjektiv gegenwärtig* wird. Es ist also Wirklichkeit, indem Gott nicht nur zum Menschen kommt, sondern *vom Menschen aus sich selber begegnet*. Gottes Freiheit, dem Menschen so gegenwärtig zu sein und also diese Begegnung herbeizuführen, das ist der Geist Gottes, der Heilige Geist in Gottes Offenbarung.[39]

Barths Ausführung zur Rolle des Heiligen Geistes in der Offenbarung bestätigen, in welch hohem Maße er der Pneumatologie die Funktion zuschreibt, als Lösung des epistemischen Problems der Theologie im engeren Sinn zu dienen. Vor allem die Formulierung, Gott begegne sich vom Menschen aus selber, zeigt an, dass Barth die in der Offenbarung sich ereignende Beziehung Gottes auf den Menschen als Selbstbeziehung Gottes verstanden wissen will. Auf dem Hintergrund der Offenbarungskonzepte stechen allerdings die Diskrepanzen zu Hegel ins Auge. Barths Lösungsstrategie für das epistemische Problem der Theologie im engeren Sinn besteht darin, Offenbarung so konzipieren, dass sie zwar einzelne Subjekte als Empfänger der Offenbarung voraussetzt, diese aber so bestimmt, dass sie von sich aus, das heißt von dem her, was sie als diese Subjekte auszeichnet, nichts zum Empfang der Offenbarung beitragen. Der all ihrer Vermögen beraubten Subjektivität der Empfänger entspricht passgenau das Handeln des Heiligen Geistes in seiner vollkommenen Vereinzelung. Könnte nämlich gesagt werden, was die vereinzelten offenbarenden Handlungen allgemein als solche auszeichnet, also was ihre allgemeine Bestimmung ist, wären sie dem Vermögen menschlicher Subjekte unterworfen, Begriffe zu bilden und Einzelnes zu subsumieren. Konsequenterweise sieht Barth dann auch in indexikalischen Ausdrücken[40] das geeignete Mittel, in menschlicher Sprache auf das je einzigartige Handeln Gottes in seiner Offenbarung zu verweisen. Der Inhaltsleere der deiktischen Ausdrücke korrespondiert die absolute Freiheit Gottes, dessen offenbarte inhaltliche Bestimmtheit nichts anderes ist als der deiktische Verweis auf seine prinzipielle Unbestimmbarkeit. Das bestimmende Prinzip der Lösung Barths bildet die Unterscheidung von Gott als unbedingt Handelndem und dem Mensch als unbedingt Empfangenden, denen jegliche weitere inhaltliche Bestimmtheit dann

---

[39] Barth, KD I/1, 473. Hervorhebungen von mir, M. Z.

[40] Als besonders sprechendes Beispiel sei Barth, KD I/1, 154 f. zitiert: „Das Problem des Wortes Gottes besteht darin, daß diesem bestimmten Menschen der Gegenwart durch die Verkündigung dieses bestimmten anderen Menschen an Hand dieses bestimmten biblischen Textes dieses bestimmte Offenbarwerden Gottes zuteil, daß also ein bestimmtes illic et tunc ein bestimmtes hic et nunc werde. Das Problem des Wortes Gottes ist also je und je ein ganz bestimmtes, einmaliges und einzigartiges Problem, und von diesem Problem ist zu sagen, daß es durch das Wort Gottes selbst gelöst wird, indem das Wort Gottes durch den Mund Gottes gesprochen, gleichzeitig ist, illic et tunc und (d.h. eben als illic et tunc gesprochenes) hic et nunc."

nur akzidentiell zukommt. Selbst die Trinitätslehre, die dafür Sorge tragen soll, dass Gottes kontingentem Handeln in seiner Offenbarung etwas in seinem Wesen entspricht, behandelt die in ihr aufgeführten inhaltlichen Bestimmungen Gottes lediglich als das Wesen Gottes verdeckende Gehalte. Dass Barth das gesamte dogmatische Material so arrangiert, dass es als Ausdruck, des benannten Prinzips zu verstehen ist, kann hier lediglich in Form einer These behauptet werden. Ein kurzer Blick auf die zentrale Rolle, die die *allgemeine* Bestimmung von Bestimmung, sprich der Begriff des Begriffs in Hegels Konzeption von Offenbarung spielt, genügt, um die gravierenden Unterschiede in den beiden Konzeptionen von Offenbarung zu sehen. Hegel teilt durchaus Barths kritische Einschätzung, dass das einzelne Subjekt von sich aus, also von dem her, was es ist, Gott nicht erkennen kann. Allerdings verfügt er mit der Wissenschaft der Logik über eine Theorie, die begreifbar macht, dass die allgemeine Bestimmung allgemeiner Bestimmung deren absolute Selbstbestimmung und keine durch das natürliche Denken einzelner Subjekte erfolgende ist. Indem die Bestimmung ‚Bestimmung‘ das bestimmende Prinzip der Lösung Hegels bildet, gelingt es ihr, die Selbstbestimmung Gottes so zu fassen, dass aus ihr ersichtlich wird, dass sie endlichem Geist offenbar ist, ohne damit die absolute Selbstbestimmung Gottes aus den Angeln zu heben, gelingt es ihr mithin, das epistemische Problem der Theologie zu lösen.

Subjektivitätstheorie und Metaphysik

Pannenbergs kritisch-konstruktive Anknüpfung an Schleiermachers Religionstheorie

Christine Axt-Piscalar

1. Subjektivitätstheorie und Metaphysik

Nach Pannenberg gehört es zum Signum der Neuzeit, dass sie im Blick auf die Begründung der Allgemeingültigkeit des Gottesgedankens gegenüber der klassischen Metaphysik, die vom Gottesgedanken und dem ontologischen Weltbegriff *ausgehend* argumentiert, eine grundlegende Umstellung vollzogen hat: Neuzeitliche Philosophie und Theologie versucht die Notwendigkeit des Gottesgedankens auf dem Boden der Selbsterkenntnis des Subjekts zu begründen.[1] Nun spricht sich Pannenberg dezidiert gegen eine Verabschiedung der Metaphysik aus, insofern sie das Eine und Ganze in seiner konstitutiven Bedeutung für das Selbst- und Weltverstehen zu denken hat,[2] und die Philosophie ihm zufolge hinter dem ihr eigentümlichen Anspruch zurückbleibt, wenn sie nicht den Überstieg zum Gedanken des Einen und Ganzen vollzieht. Und Pannenberg wendet sich ebenso gegen die Verabschiedung von einem ontologischen[3] Weltbegriff und den weitgehenden Rückzug von Philosophie und Theologie aus der Verständigung über den Weltbegriff, weil damit der umfassende Wahrheitsanspruch des Gottesgedankens, der Gott als alles bestimmende Wirklichkeit zu denken hat, unterlaufen wird. Seine eigene Theologie ist zudem *Offenbarungstheologie* in dem Sinne, dass sie die Selbstoffenbarung Gottes in Jesus Christus als den Begrün-

---

[1] W. Pannenberg, *Gottesgedanke und menschliche Freiheit*, Göttingen 1972, 11: „Für die philosophische Theologie der Neuzeit […] ist die Erkenntnis richtungweisend geworden, daß von der Natur kein sicherer Weg mehr zu Gott führt und darum die ganze Beweislast für die Wahrheit des Gottesglaubens auf das Verständnis des Menschen, auf die Anthropologie gefallen ist." Vgl. ferner W. Pannenberg, *Anthropologie in theologischer Perspektive*, Göttingen 1983, 11, wo Pannenberg das Subjektivitätsparadigma markiert, um die Moderne zu kennzeichnen, die „Gott als Voraussetzung menschlicher Subjektivität und insofern vom Menschen her gedacht hat, nicht mehr von der Welt her".

[2] Vgl. besonders W. Pannenberg, „Das Ende der Metaphysik und der Gottesgedanke", in: W. Pannenberg, *Metaphysik und Gottesgedanke*, Göttingen 1988, 7–19 sowie W. Pannenberg, „Das Problem des Absoluten", in: Pannenberg, Metaphysik und Gottesgedanke, 20–33.

[3] Pannenberg vertritt keinen substanzontologischen Weltbegriff, sondern eine Ereignisontologie.

dungszusammenhang einer trinitarischen Bestimmung Gottes und von daher die Trinitätslehre in ihrem spezifischen Wahrheitsanspruch gegenüber der philosophischen Gotteslehre und für die Verhältnisbestimmung von Gott, Welt und Mensch zur Geltung bringt. Auch wenn beziehungsweise *gerade weil* die genannten Aspekte zum eigentümlichen Profil von Pannenbergs Theologie und ihres Verhältnisses zur Philosophie gehört, greift er die Umstellung des neuzeitlichen Denkens auf die Anthropologie[4] und in diesem Zusammenhang insbesondere die Subjektivitätskonzeptionen des deutschen Idealismus konstruktiv-kritisch auf, um für die *konstitutive* Bedeutung des Gottesbezugs für die Selbst- und Welterkenntnis des Subjekts – am Ort des Ich und im Vollzug der Subjektivität – zu argumentieren und Gott als den vorausgesetzten ontologischen und erkenntnistheoretischen Grund und *so* als die konstitutive Bedingung der Möglichkeit von Selbst- und Welterkenntnis zur Geltung zu bringen.[5]

2. Die Bedeutung von Schleiermachers Subjektivitätstheorie im Kontext des Frühidealismus

Von daher knüpft Pannenberg an diejenigen idealistischen Konzeptionen an, die auf den „Grund im Bewusstsein" reflektieren[6] und auf diese Weise gedanklich einholen, dass und inwiefern in und mit dem Selbstvollzug des Subjekts der Gottesbezug mitgesetzt ist. Dabei würdigt er wiederum Schleiermacher als den einzigen Theologen, „der einen eigenen Beitrag zur Entwicklung der idealistischen Philosophie geleistet hat".[7] Diese Würdigung kommt Schleiermacher zu, weil es sich in seinem Denken „um einen großangelegten Entwurf subjektivitätstheoretischer Begründung und Rechtfertigung des religiösen Bewußtseins als Gottes-

---

[4] Vgl. W. Pannenberg, *Anthropologie in theologischer Perspektive*, Göttingen 1983.

[5] Es ist für Pannenbergs Verständnis seiner Theologie prägend, dass er dem philosophischen Überstieg zum Gottesgedanken im Ausgang von der Selbsterfahrung des Subjekts die Bedeutung zuerkennt, für die Allgemeingültigkeit des Gottesbezugs zu argumentieren.

[6] Neben Schleiermacher ist es vor allem Descartes, sodann Fichte und Hegel, die hier als wichtige Referenzgrößen zu nennen sind, und aus der jüngeren Philosophie Dieter Henrich, der in seinen Arbeiten zum „Grund im Bewußtsein" die idealistischen Subjektivitätstheorien auf die Notwendigkeit des metaphysischen Überstiegs aus der Verfasstheit des Selbstverhältnisses hin erhellt und daran anknüpfend eine eigenständige ausgearbeitete Konzeption von Subjektivitätstheorie entwickelt hat. Vgl. D. Henrich, „Fichtes ursprüngliche Einsicht", in: D. Henrich/H. Wagner (Hgg.), *Subjektivität und Metaphysik. Festschrift für Wolfgang Cramer*, Frankfurt a.M. 1966, 188–232; D. Henrich, *Der Grund im Bewußtsein. Untersuchungen zu Hölderlins Denken*, Stuttgart 1992; D. Henrich, *Dies Ich, das viel besagt. Fichtes Einsicht nachdenken*, Frankfurt a.M. 2019; sowie die in D. Henrich, *Fluchtlinien*, Frankfurt a.M. 1982 gesammelten philosophischen Essays. Zu Henrich vgl. unten die freilich sehr knappen Bemerkungen in Abschnitt 5.4.

[7] W. Pannenberg, *Theologie und Philosophie. Ihr Verhältnis im Lichte ihrer gemeinsamen Geschichte*, Göttingen 1996, 239.

bewußtsein handelt",[8] der als eine „auch philosophisch originelle Variante der idealistischen Subjektivitätstheorie" zu gelten habe.[9]

Die hervorgehobene Bedeutung, die Pannenberg Schleiermachers Subjektivitätstheorie im Kontext der philosophischen Konzeptionen von Subjektivität des Frühidealismus zuerkennt, weist darauf hin, dass Schleiermacher Abgrenzungen zur transzendentaltheoretischen Bestimmung von Subjektivität bei Kant und dem frühen Fichte vornimmt, die Pannenberg in ihren Grundintentionen teilt; und sie weist zudem darauf hin, dass Schleiermacher aus Sicht Pannenbergs eine eigentümliche Fortentwicklung in der Bestimmung von Subjektivität vollzieht, in der Pannenberg eigene Interessen grundgelegt sieht. Dabei geht es um die Frage, dass und wie Gottes- und Selbstverhältnis *ursprünglich* zusammengehören; und es geht insbesondere um die Frage, wie Welterfahrung und Weltbegriff in ihrer Bedeutung für das Selbstverhältnis und den Gottesgedanken sowohl in der ursprünglichen, präreflexiven Einheit von Gott, Selbst und Welt im Gefühl als auch für das entwickelte Erfahrungs-, Selbst- und Gottesbewusstsein zur Geltung gebracht werden.

2.1 Descartes' Intuition der Idee des Unendlichen: Die Vorausgesetztheit des Unendlichen als Grund der Selbstgewissheit

Vor allem der Bedeutung des Weltverhältnisses für das Selbstverhältnis und damit verknüpft der Bedeutung des Weltbegriffs für den Gottesgedanken kommt für Pannenbergs Würdigung von Schleiermachers Subjektivitätstheorie besonderes Gewicht zu.[10] Denn dies unterscheidet Schleiermachers Konzeption von derjenigen Descartes, die für Pannenberg in gewisser Weise paradigmatische Bedeutung für die These einer Gegenwart des Unendlichen im endlichen Bewusstsein hat, wie Pannenberg an Descartes' *dritter Meditation* erläutert.[11] Diese interpretiert er pointiert so, dass Descartes nicht die Selbstgewissheit des Ich zur Voraussetzung aller Selbst-, Welt- und Gotteserkenntnis mache, wie vielfach behauptet werde.[12] Vielmehr ziele Descartes Argumentation auf die Idee und die

---

[8] W. Pannenberg, *Problemgeschichte der neueren evangelischen Theologie in Deutschland. Von Schleiermacher bis zu Barth und Tillich*, Göttingen 1997, 69.

[9] Pannenberg, *Problemgeschichte*, 69. Pannenberg charakterisiert Schleiermachers Theologie insgesamt als „Neubegründung der Theologie als Theorie der Subjektivität"; Pannenberg, *Problemgeschichte*, 46.

[10] Pannenberg ist einer derjenigen, die Schleiermacher dezidiert als Denker einer Subjektivitätstheorie verstehen, die das Weltverhältnis in die Subjektivitätstheorie einholen und damit zugleich den Gottesgedanken in seiner Bedeutung für den Weltbegriff mitführen.

[11] Vgl. dazu F. Nüssel, „Pannenbergs Descartes-Interpretation", in: G. Wenz (Hg.), *Vom wahrhaft Unendlichen. Metaphysik und Theologie bei Wolfhart Pannenberg* (Pannenberg-Studien 2), Göttingen 2016, 90–104.

[12] Pannenberg verweist auf Hegels *Vorlesungen über die Geschichte der Philosophie*, die für diese Charakterisierung von Descartes' Philosophie einschlägig und wirkkräftig gewesen sei, indem Descartes Hegel zufolge „mit dem Ich als des schlechthin Gewissen, wie auch Fichte" anfange; und „dies, sagt er, ist das absolute Fundament aller Philosophie". G. W. F. Hegel, *Werke in 20 Bänden*, Bd. 20, Frankfurt a.M. 1971, 130 f.

Wirklichkeit des Unendlichen als *Voraussetzung* des Ich und seiner Gewissheit von sich selbst, so dass die Idee des Unendlichen in ihrer *konstitutiven* Bedeutung als Ursprung, Grund und Bedingung der Möglichkeit der Ichgewissheit des Ich und seiner Daseinsgewissheit zu stehen komme. Der Gottesgedanke bilde der *dritten Meditation* zufolge „die Bedingung der Möglichkeit für die Erfassung jedes endlichen Inhalts, auch des eigenen Ich".[13] Descartes habe gesehen, so Pannenberg, „daß die Ichgewißheit selbst schon den Gedanken des Unendlichen und damit die Wirklichkeit Gottes als Bedingung alles Endlichen voraussetzt".[14] In seiner Rezeption von Descartes' Argumentation kommt es Pannenberg auf die Vorausgesetztheit der Idee des Unendlichen an,[15] in der Descartes zufolge wiederum zugleich die Wirklichkeit des Unendlichen mitgesetzt ist,[16] als der konstitutiven Bedingung der Ichgewissheit des Ich in seinem Dasein wie auch in seinem Ich-Denken.

Dieses Anliegen macht Pannenberg in der Folge insbesondere kritisch gegen Kants Erkenntnistheorie geltend. Denn erst mit Kant und nicht schon mit Descartes rücke das transzendentale Ich in diejenige Funktion ein, die dem Gottesgedanken keine *konstituierende* Bedeutung zukommen lässt. Pannenberg kritisiert Kant vor allem in zwei Hinsichten. Er wendet sich gegen die Bedeutung, die Kant dem transzendentalen Ich für die Synthesisleistung der Mannigfaltigkeit der Verstandeserkenntnis und die Einheit des Subjekts zumisst.[17] Er kritisiert zudem, dass Kant das transzendentale Ideal zwar als einen *notwendigen* Gedanken der Vernunft, indes nur als *Postulat* der Vernunft, und nicht, wie es in Pannenbergs Interesse liegt, als vorausgesetzten Grund und *so* als Bedingung der Möglichkeit der Selbst- und Welterkenntnis zur Geltung bringt;[18] darüber hinaus

---

[13] Pannenberg, *Theologie und Philosophie*, 144.

[14] W. Pannenberg, *Systematische Theologie*, Bd. 3, Göttingen 1993, 187.

[15] Vgl. Chr. Axt-Piscalar, „Das wahrhaft Unendliche. Zum Verhältnis von vernünftigem und theologischem Gottesgedanken bei Wolfhart Pannenberg", in: J. Lauster/B. Oberdorfer (Hgg.), *Der Gott der Vernunft. Protestantismus und vernünftiger Gottesgedanke*, Tübingen 2009, 319–338, hier: 335.

[16] Pannenberg bestreitet in seiner Auseinandersetzung mit Descartes, dass die Idee des Unendlichen bereits ein Bewusstsein von *Gott* ist, sie sei vielmehr nur eine *unbestimmte* Intuition, die erst im Prozess der Erfahrung zu einem ausdrücklichen *Bewusstsein* von Gott wird. Insofern der Gottesgedanke nach Pannenberg *personale* Bestimmtheit hat, betont er – gegenüber der Philosophie –, dass es zum Bewusstsein des personalen Gottes im Lebenszusammenhang der Religion komme, insofern zu deren Eigentümlichkeit die Erfahrung Gottes als Wille und Macht gehöre. Die Philosophie habe hingegen immer Schwierigkeiten gehabt, das Eine personal zu bestimmen. Zu diesem Argument, das im Zuge der Spinoza-Jacobi-Debatte eine zentrale Rolle spielt, vgl. auch die Bemerkungen unter Abschnitt 5.

[17] Damit verknüpft ist seine Kritik an Kants Bestimmung von Raum und Zeit als *a-priori* gegebene subjektive Erkenntnisformen, während Pannenberg Raum und Zeit als Modi der Gegenwart des Absoluten und so als Konstitutions- und Erkenntnisgrund alles Endlichen in Raum und Zeit denkt.

[18] Vgl. Pannenberg, *Theologie und Philosophie*, 195: „Der Gottesgedanke ist nicht mehr konstitutiv für das menschliche Bewußtsein in seinem Verhältnis zu sich selbst und zur Welt,

gelange Kant lediglich zum *Gedanken* Gottes und nicht zur Erkenntnis der *Wirklichkeit* Gottes.[19]

Bei Descartes sieht Pannenberg den Umschlag in die von Kant zum Zug gebrachte These der konstituierenden Funktion des transzendentalen Ich für die Gotteserkenntnis (sowie die Selbst- und Welterkenntnis) nicht schon vollzogen. Deshalb kommt Descartes' Argumentation für Pannenberg eine bevorzugte Bedeutung innerhalb derjenigen neuzeitlichen Konzeptionen zu, die für den Gottesbezug im Ausgang vom Ichbewusstsein argumentieren, und zwar in der von Pannenberg herausgestellten Weise: dass Descartes gerade nicht die Ichgewissheit zum „absoluten Fundament" der Philosophie erhebe, sie vielmehr in Gott als vorgängigem Grund gegründet sein lässt.[20]

---

sondern nur noch als Grenzbegriff der theoretischen Vernunft". Pannenberg sieht indes durchaus die Parallele in der Funktion von Descartes' Idee des Unendlichen, die dieser mit der Bestimmung des vollkommenen Wesens (*ens perfectissimum*) verknüpft, und Kants transzendentalem Ideal als der *omnitudo realitatis*, die für die Bestimmung von etwas als etwas ein notwendiges Postulat der reinen Vernunft darstellt. An der Parallele in der Bestimmung der Funktion der *omnitudo realitatis* für die Erkenntnis von etwas als etwas wird zugleich erneut deutlich, dass es Pannenberg um die *Vorausgesetztheit* Gottes als den *ontologischen und erkenntnistheoretischen Grund* der Selbst- und Welterkenntnis geht. Als *solchen* macht auch Pannenberg den Gottesgedanken als „Bedingung der Möglichkeit" der Erkenntnis von etwas als etwas geltend, indem – mit Schleiermacher zu sprechen – alles Endliche durch die Bestimmung seiner Grenzen ist, was es ist, und es als „aus dem Unendlichen herausgeschnitten" zu begreifen ist. Vgl. Schleiermacher, *Über die Religion. Reden an die Gebildeten unter ihren Verächtern*, 1799, 241 – eine Passage, auf die Pannenberg wiederholt zurückkommt, wenn er Schleiermachers Religionstheorie würdigt. Die *Reden* werden zitiert nach der Ausgabe hg. v. G. Meckenstock, Berlin/New York 2001 mit Angabe der Seitenzahl der Originalpaginierung.

[19] Pannenberg sieht in der erkenntnistheoretischen Zurückhaltung Kants bzgl. der gedanklichen Näherbestimmung des transzendentalen Ideals auch den Einfluss reformierter Gotteslehre, die Gott und Welt strikt voneinander unterscheide und die Erhabenheit und Unerkennbarkeit Gottes betone. Vgl. Pannenberg, *Theologie und Philosophie*, 175 f., 195, 201. Dies ist aus theologischer Sicht insofern ein interessanter Hinweis, als Hegel Kants erkenntnistheoretische Reserviertheit bekanntlich nicht teilt und ohne Zweifel ein lutherisches Aussageinteresse im Gedanken der Selbstvermittlung Gottes in und mit der Welt aufgreift. Grundsätzlich gilt jedoch, dass Pannenberg gegenüber der Philosophie *prinzipiell* zur Geltung bringt, dass sie lediglich zum *Gedanken* Gottes gelangt, indes nicht die *Wirklichkeit* Gottes zu begründen vermag, was allein auf dem Boden des *Selbsterweises* Gottes, mithin, so Pannenberg, auf dem Boden der Religion möglich ist. Pannenbergs Interpretation von Schellings *Philosophie der Offenbarung*, die diese Frage im Kontext des Idealismus behandelt, kann in diesem Zusammenhang nicht weiter erörtert werden.

[20] Dass Pannenberg die Idee des Unendlichen bei Descartes nicht schon als *Gottes*gedanke ansieht, insofern der Gottesgedanke an die Vermittlung durch die Welterfahrung gebunden ist, so dass Descartes' Idee des Unendlichen lediglich als unthematisches Verwiesensein auf das Unendliche zu begreifen ist, das erst vermittelt über die Welterfahrung und im Lebenszusammenhang der Religion zum *Gottes*bewusstsein, mit dem auch allererst das Bewusstsein von der Wirklichkeit Gottes verknüpft ist, ausgebildet wird, sei hier erwähnt, indes nicht weiter ausgeführt. Vgl. dazu eingehender Nüssel, „Pannenbergs Descartes-Interpretation".

2.2 Die „weltlose Ichgewißheit" als Problem von Descartes' Ichtheorie

Indes Descartes' Konzeption krankt aus Pannenbergs Sicht daran, dass er eine „weltlose Ichgewißheit"[21] denkt, und das Verhältnis von Ich und Welt im Sinne des Descartes'schen Dualismus von *res cogitans* und *res extensa* konzipiert, so dass das Ich als ein an sich Seiendes gegen die Welterfahrung abstrakt verselbständigt gedacht wird. Damit bleibt die Welterfahrung in ihrer Bedeutung für die Ichgewissheit unterbestimmt.[22] Dem widerspricht nach Pannenberg in erkenntnistheoretischer Hinsicht die Bedeutung, die dem Eigenstand des Gegenstands für das Gegenstandsbewusstsein und die Vernunfterkenntnis zukommt; und dem widerspricht zudem die Bedeutung der Welterfahrung für die Entwicklung des Ichbewusstseins, das nicht als ein abstrakt vorausgesetztes, immer schon mit sich selbst identisches und die Einheit des Subjekts begründendes Ich – weder als empirisches noch als transzendentales Ich – behauptet werden könne.[23]

An der Bedeutung der Welterfahrung für die Selbsterfahrung hat Pannenberg wiederum ein dezidiertes Interesse, insofern er den Gottesgedanken in seiner Bedeutung für den Weltbegriff und die Welterfahrung des Subjekts zur Geltung zu bringen sucht.[24] Darin liegt ein zentrales Anliegen seiner Gotteslehre und seiner Theorie religiöser Erfahrung. Deshalb heißt es gegen Descartes gerichtet: „Die Theologie darf die Rolle der Welterfahrung bei der Konstitution der Selbstgewißheit des Ich nicht außer acht lassen, weil sie den Rahmen für die heilsgeschichtliche Vermittlung der Neukonstitution personaler Identität im Akt des Glaubens bildet".[25] Insofern argumentiert Pannenberg gegen eine „subjektivistische Verkürzung" von Gewissheit (im Sinne der Ichgewissheit und der Gottes-

---

[21] Pannenberg, *Systematische Theologie*, Bd. 3, 187.

[22] Vgl. Pannenberg, *Systematische Theologie*, Bd. 3, 187: „Descartes hat das Ich und seine Gewißheit zwar nicht gegenüber Gott, wohl aber gegenüber der Welterfahrung verselbständigt, damit aber implizit auch gegenüber jeder heilsgeschichtlichen (und als solche auch immer welthaften) Vermittlung der Konstitution der menschlichen Subjektivität von Gott her".

[23] Pannenberg bringt den Gedanken der Vermitteltheit des Ichbewusstseins – in Anknüpfung an Hegel und die Identitätstheorie von Locke – gegen die These des als *a-priori* gegebenen Ich zur Geltung und betont demgegenüber die *Genese* des Ichbewusstseins aus der Vermitteltheit durch die Weltwahrnehmung und die Sozialität mit dem personalen Anderen. Dies macht er zugleich als theologischen Vermittlungszusammenhang geltend: in und durch die Welterfahrung „handelt das Universum am Menschen", wie Schleiermacher sagt, dem Pannenberg hierin zustimmt.

[24] Zu Pannenbergs Interpretation von Descartes' Verständnis von Gott und Welt vgl. Pannenberg, *Theologie und Philosophie*, 150 f. Pannenberg kritisiert, dass Descartes zwar die geschaffenen Dinge als in ihrem Dasein „in jedem Augenblick" abhängig von Gott denkt, er jedoch wegen des bestimmenden Gedankens der Unveränderlichkeit Gottes Veränderung nur aus den wechselseitigen Einwirkungen der Dinge aufeinander und nicht als durch Gott bewirkt denken kann. Darin kommt eine Kritik zum Ausdruck, der Pannenberg in seiner eigenen Schöpfungslehre begegnet, indem er Gottesgedanke und Kontingenz zusammenzudenken und Ewigkeit und Zeit in vermittelter Weise aufeinander zu beziehen sucht.

[25] Pannenberg, *Systematische Theologie*, Bd. 3, 188.

gewissheit in der Ichgewissheit) und für „die Einbeziehung der Welterfahrung in das Verständnis der Entstehung von Gewißheit".[26]

3. Unmittelbares Realitätsbewusstsein – Realismus – höherer Realismus: Schleiermachers Rezeption und spezifische Modifikation von Jacobis These von einem unmittelbaren Realitätsbewusstsein

Vor dem Hintergrund seiner Kritik an der Bedeutung, die Kant dem transzendentalen Ich zumisst, und an Descartes Bestimmung des Ich als „weltlose Subjektivität", die auch gegenüber der Ichtheorie des frühen Fichte greift,[27] ist Pannenbergs Interesse an Schleiermachers Subjektivitätstheorie zu sehen, die ihre eigentümliche Pointe darin hat, dass und wie sie das Weltverhältnis und damit

---

[26] Pannenberg, *Systematische Theologie*, Bd. 3, 189.

[27] Vgl. *Anthropologie*, 196 f., wo Pannenberg Fichtes Gedanken des „Eingesetztseins" des Ich in die Einheit von setzendem und gesetztem Ich im Selbstbewusstsein in der *Wissenschaftslehre* von 1801 im Sinne einer „Manifestation Gottes" positiv aufgreift, um sogleich kritisch anzufügen, dass die „mystische Religionsphilosophie" des späten Fichte Resultat davon sei, dass die Vermitteltheit des Selbstbewusstseins durch die Welterfahrung bei Fichte unterbestimmt ist, indem das Selbstbewusstsein als vorausgesetzte Instanz verselbständigt gegenüber seiner Vermittlung durch die Welterfahrung gedacht werde. Gegenüber Schleiermachers *Reden* greift diese Kritik nicht wie im Folgenden gezeigt wird. Und auch in der *Glaubenslehre* steht das Moment des „Soseins" des Selbst in der Einheit des unmittelbaren Selbstbewusstseins für das Moment des in dieser konkreten Bestimmtheit Nicht-so-gesetzt-Habens ein, wie es sich aus der Welterfahrung des „sinnlichen Bewußtseins" ergibt. Vgl. Schleiermacher, *Der christliche Glaube. Nach den Grundsätzen der evangelischen Kirche im Zusammenhange dargestellt* (²1830), Berlin/New York 2008, § 4,1 (zitiert als *Glaubenslehre*). Pannenberg knüpft an dieses Interesse Schleiermachers an und arbeitet in der *Anthropologie in theologischer Perspektive* eine breit angelegte Erörterung zur Vermitteltheit des Selbst wie des Ich durch die Gegenstandswahrnehmung heraus, wobei die Vermittlung mit dem personalen Anderen und die Einbettung in den Zusammenhang von Kultur, Gesellschaft und Sprache als den nicht durch das Ich gesetzten beziehungsweise geschaffenen „Vorgegebenheiten", durch welche das Selbst sich als dieses entwickelt, in den Blick kommen. Insofern wird die über Kant und insbesondere Fichte hinausgehende Entwicklung der neuzeitlichen Subjektivitätstheorien gewürdigt, „weil man dazu überging, das Selbstbewußtsein nun als durch gegenständliche Erfahrung vermittelt zu verstehen und damit die Verselbständigung des Selbstbewußtseins und seine Vorschaltung vor die gesamte Welterfahrung aufzulösen, so daß es schließlich möglich wurde, den Entstehungsprozeß des Selbstbewußtseins selber im Zusammenhang der Welterfahrung zu erfragen und nachzuzeichnen", Pannenberg, *Anthropologie*, 197. Der zweite zentrale Gesichtspunkt, den Pannenberg in der eigenen Theorie von Ich und Selbst zur Geltung bringt, ist deren Leibgebundenheit. Hier knüpft er vor allem an die Einsichten von M. Merleau-Ponty an. Zu Pannenbergs Verständnis des Menschen im Kontext neuzeitlicher philosophischer Anthropologie, insbesondere der Philosophie Hegels, vgl. die eindrucksvolle Studie von G. Wenz, *Im Werden begriffen. Zur Lehre vom Menschen bei Pannenberg und Hegel*, Göttingen 2021.

verknüpft den Gottesgedanken in seiner Bedeutung für das Weltverhältnis im Selbstverhältnis verankert.

Schleiermachers Subjektivitätstheorie gewinnt ihr Profil durch die Rezeption und Modifikation von Friedrich Heinrich Jacobis These eines „unmittelbaren Realitätsbewusstseins". Er greift Jacobis Auffassung von einem „unmittelbaren Realitätsbewusstsein" als *ursprünglicher Einheit* von Gott, Selbst und Welt, die präreflexiv im „Gefühl" ihren eigentümlichen ‚Ort' hat, auf. Schleiermacher teilt auch Jacobis Kritik, mit der dieser gegen die transzendentale Erkenntnistheorie erkenntnistheoretisch einen Realismus geltend macht, der den Eigenstand des Gegenstands für die Erkenntnis zur Geltung bringt.[28] Diesen Realismus transformiert Schleiermacher wiederum in einen „höheren Realismus", den er für die *Religion als Religion* reklamiert,[29] indem er – gegen Jacobis Theismus in der Vorstellung von Gott als absoluter Persönlichkeit – Spinozas Gottesverständnis für das Verständnis des Unendlichen im Verhältnis zum Endlichen aufgreift und es zugleich modifiziert, nämlich insbesondere so, dass er die individuelle Besonderheit des Endlichen zu begründen sucht, die Spinoza im Gedanken der absoluten Substanz nicht überzeugend einzuholen vermag.[30]

Schleiermachers Spinoza-Rezeption hat ihm gleichwohl, insbesondere aus dem Lager der Theologen, den Vorwurf des Monismus eingebracht, der gegenüber seinem Gottesgedanken und seiner Subjektivitätstheorie, insofern der Gottesgedanke auf dieser aufruht, erhoben wird und sich insbesondere daran festmacht, dass Schleiermacher Gott nicht in personaler Bestimmtheit denkt. Eine Anknüpfung an Schleiermachers Subjektivitätstheorie muss sich mit dieser Kritik auseinandersetzen. Sie gewinnt dadurch paradigmatische Bedeutung: Denn zur Debatte steht hier die Frage, zu welchem Gottesgedanken der auf dem „Grundverhältnis"[31] – als der ursprünglichen, präreflexiven Einheit von Gott,

---

[28] Dies bringt der berüchtigte Satz Jacobis zum Ausdruck, dass man ohne Voraussetzung eines Realismus, wie er im Begriff des *Ding an sich* festgehalten sei, in Kants System „nicht hineinkommen, und *mit* jener Voraussetzung darinn nicht bleiben" könne (F. H. Jacobi, *Werke*, Bd. 2: *Schriften zum transzendentalen Idealismus*, unter Mitarbeit von C. Goretzki hg. v. W. Jaeschke und I.-M. Piske, Teilband 1, 209). Noch pointierter greift diese Kritik gegenüber dem Idealismus des frühen Fichte.

[29] Schleiermacher, *Reden*, 54: „[…] wie wird es dem Triumph der Spekulation ergehen, dem vollendeten und gerundeten Idealismus, wenn ihn Religion ihm nicht das Gegengewicht hält und ihn einen höhern Realismus ahnden läßt als den, welchen er so kühn und mit so vollem Recht sich unterordnet?" In diesem Zusammenhang huldigt Schleiermacher ausdrücklich Spinoza; Vgl. Schleiermacher, *Reden*, 54.

[30] Zu Recht hebt Pannenberg Schleiermachers Individualitätsgedanken in den *Reden* hervor, mit dem dieser das Unendliche als das Individuationsprinzip alles Endlichen denkt und in diesem für das Verständnis des Endlichen entscheidenden Punkt über Spinoza hinausgeht. Vgl. Pannenberg, *Theologie und Philosophie*, 241, Anm. 85.

[31] Wir gebrauchen den Begriff im Anschluss an D. Henrich und spielen damit (und im Verlauf des Beitrags mehrfach indirekt) zugleich auf einen zentralen Punkt in der Auseinandersetzung mit seiner Subjektivitätstheorie an, der aus theologischer Sicht zu diskutieren ist: Ob im Überstieg des Denkens zum Einen dieses als personal bestimmt zu denken ist oder

Selbst und Welt – aufruhende ‚Überstieg‘ des Denkens gelangt; und damit ist unmittelbar die Frage verknüpft, welches Verständnis des Endlichen – sowohl des Selbst als alles Endlichen – im Horizont des so erreichten Gottesgedankens begründet wird.

Damit sind die zentralen Aspekte genannt, vor deren Hintergrund auf Pannenbergs Interpretation von Schleiermachers Denken im Kontext des Frühidealismus genauer einzugehen ist. Dies wirft zugleich ein Licht auf die Bedeutung und Funktion, die Pannenberg der Subjektivitätstheorie für die Entwicklung der Gotteslehre unter neuzeitlichen Bedingungen zumisst; und es lässt erkennen, wodurch seine eigene Konzeption von einem „unthematischen Wissen" (im Gefühl), in welchem „Welt, Gott und Ich noch ungeschieden sind",[32] eigentümlich geprägt ist, und wie er das Gottesverständnis mit der Welterfahrung und über diese vermittelt mit der Selbsterfahrung des Subjekts verknüpft.

Pannenberg teilt nicht nur Schleiermachers Überzeugung, dass „Gott uns gegeben ist im Gefühl auf ursprüngliche Weise".[33] Er teilt auch die Überzeugung Schleiermachers, „daß Ihr keinen Gott haben könnt ohne die Welt".[34] Er verbindet diese beiden Auffassungen so, dass er das „Da-sein" ‚Gottes‘ im präreflexiven Gefühl als unbestimmten Horizont der Selbst- und Welterfahrung behauptet, die reflektierte Selbst- und Welterfahrung als vermittelt durch die Gegenstandswahrnehmung begreift, dafür das Unendliche als Bedingung der Möglichkeit voraussetzt und beides wiederum – und dies ist in besonderer Weise spezifisch für Pannenbergs Konzeption – eschatologisch ausrichtet, indem er das Unendliche als Ganzes so denkt, dass es als Ganzes die Teile als die, die sie sind, retroaktiv bestimmt, und zwar nicht nur erkenntnistheoretisch, sondern zugleich ontologisch.

---

nicht und wenn ja, welcher Sinn mit der personalen Bestimmung des Einen verknüpft ist. Henrich weist eine theistische Konzeption des Einen zurück, würdigt indes durchaus die Bedeutung der christlichen Trinitätslehre für die Frage der Bestimmung des „Einen" im Verhältnis zu Selbst und Welt und für das Selbstverständnis des Selbst. Wir greifen diese Frage unten erneut auf, wo wir auf den „Monismus" und Pannenbergs Interesse an der trinitarisch-personalen Bestimmung Gottes eingehen. Zu Henrich vgl. bes. D. Henrich, „Das Selbstbewußtsein und seine Selbstdeutungen. Über Wurzeln der Religion im bewußten Leben", in: D. Henrich, *Fluchtlinien*, 99–125, sowie D. Henrich, „Selbstbewußtsein und spekulatives Denken", in: D. Henrich, *Fluchtlinien*, 125–181.

[32] Pannenberg, *Systematische Theologie*, Bd. 1, Göttingen 1988, 128.

[33] Schleiermacher, *Glaubenslehre*, § 4,4.

[34] Schleiermacher, *Reden*, 129.

4. Pannenbergs Schleiermacher-Interpretation
in systematischer Perspektive

4.1 Das Unendliche im Endlichen

In seiner Darstellung von Schleiermachers Denken[35] hebt Pannenberg die zentrale Bedeutung hervor, die Jacobis These eines „unmittelbaren Realitätsbewusstseins, in welchem Gegenstands- und Selbstbewußtsein ursprünglich zusammengehören, aber auch das Bewußtsein des Endlichen und des Unendlichen"[36] für Schleiermachers eigene Konzeption[37] sowohl in den *Reden* als auch in der *Glaubenslehre* habe und ebenso für die Modifikationen, die Schleiermacher an Kants Erkenntnistheorie sowie an Schellings Systemdenken vollzieht. Pannenberg lässt im Blick auf Schleiermacher eine deutliche Präferenz für die *Reden* erkennen, nimmt aber durchaus wahr, dass und inwiefern die Religionstheorie der *Reden* auch für die *Glaubenslehre* bestimmend bleibt.

Schleiermacher stellt darauf ab, die Selbständigkeit und das Spezifische der Religion – im Unterschied zu Metaphysik und Moral, Denken und Handeln – zu bestimmen und Religiosität als eine „Anlage" im Menschen zu begründen, die zum Menschsein des Menschen gehört. In der These von der „Selbständigkeit der Religion" und ihrer Begründung – sowohl, was ihre subjektivitätstheoretische Verankerung als auch was ihre spezifische inhaltliche Bestimmtheit angeht – liegt für Pannenberg die „epochemachende Bedeutung" von Schleiermachers *Reden*: „Gerade als selbständiges Thema gehört Religion zur Integrität eines vollen und allseitig ausgebildeten Menschseins".[38]

---

[35] Vgl. Pannenberg, *Theologie und Philosophie*, 239–256, vgl. ferner Pannenberg, *Problemgeschichte*, 44–77.

[36] Pannenberg, *Theologie und Philosophie*, 239.

[37] Pannenberg folgt darin der Interpretation von E. Herms und grenzt sich damit ab gegen E. Hirschs Schleiermacherinterpretation vom späten Fichte her. Vgl. E. Herms, *Herkunft, Entfaltung und erste Gestalt des Systems der Wissenschaften bei Schleiermacher*, Gütersloh 1974.

[38] Pannenberg, *Problemgeschichte*, 49. Pannenberg teilt Schleiermachers Interesse, Religiosität als ein anthropologisches Fundamental auszuweisen. Er teilt auch seine Auffassung, dass für die Religion eine Besonderheit zu behaupten ist, wodurch sie als ein Eigenständiges spezifisch bestimmt ist im Unterschied zu Denken und Handeln. Er kritisiert an Schleiermachers Betonung der strikten (abstrakten) Selbständigkeit von Religion als ein Drittes neben Denken und Handeln, dass sich damit die Frage der Vermittlung von Gefühl, Denken und Handeln und folglich die nach der Einheit des Subjekts stelle, die Pannenberg mit der Bedeutung des *religiösen* Grundverhältnisses verknüpft. Mit Hegel kritisiert er zudem, dass Schleiermacher die Religion als *Form* in einer Weise verselbständigt, die sich in ihrem unmittelbaren Für-sich-Sein gegen die reflexive Vermittlung ihres Gehalts verschließe. Es fällt auf, dass Pannenberg zwar die Bestimmung des unmittelbaren Realitätsbewusstseins teilt und auch sein Verständnis als präreflexives Gefühl, indes doch eher vom „unthematischen Wissen" (als Gefühl) spricht, in welchem Gott, Selbst und Welt noch ungeschieden eins sind, das aber als offen für seine reflexive Bestimmtheit in der Vermittlung durch die Welterfahrung

Das Spezifische der Religion liegt Schleiermacher zufolge darin, wie in ihr das Verhältnis des Unendlichen und Endlichen wahrgenommen wird und welche Metaphysik des Endlichen sie mit sich führt. Das Unendliche wird in der Religion nicht „jenseits des Endlichen, sondern in ihm gegenwärtig" erfasst, wie Pannenberg betont herausstellt und damit die Abgrenzung zu Jacobis Theismus und Schleiermachers „Neigung zu Spinoza" markiert.[39] Für Schleiermachers Auffassung von der Gegenwart des Unendlichen im Endlichen steht die zentrale Passage aus den *Reden,* die Pannenberg bevorzugt zitiert, um die Pointe von Schleiermachers Religionstheorie herauszustellen: „Alles Endliche besteht nur durch die Bestimmung seiner Gränzen, die aus dem Unendlichen gleichsam herausgeschnitten werden müßen".[40] Sie soll „im Menschen nicht weniger als in allen andern Einzelnen und Endlichen das Unendliche sehen, deßen Abdruck, dessen Darstellung"[41] und „alles Einzelne als einen Theil des Ganzen, alles Beschränkte als eine Darstellung des Unendlichen hinnehmen".[42] Religion sei, so Pannenberg, „das Bewußtsein dieses Sachverhalts".[43]

4.2 Das Unendliche und die Totalität des Endlichen: das Verhältnis von Ganzem und Teilen

Pannenberg hebt zunächst hervor, dass Schleiermacher die Ausdrücke Universum, Ganzes, Unendliches äquivalent von der „Totalität des Endlichen" gebrauche, um sodann – ganz im Sinne des oben im Zusammenhang seiner Descartes-Interpretation betonten Anliegens – zugleich die *Vorausgesetztheit* des Unendlichen für alles Endliche zu unterstreichen: dass nämlich das „Ganze konstitutiv für die Bedeutung der Teile" sei; diese seien „definiert" durch das Ganze, aus dem sie als „herausgeschnitten" begriffen werden. Pannenberg unterstreicht in diesem Zusammenhang sogleich, dass Schleiermacher das Ganze nicht mit der Naturwelt und auch nicht mit dem Universum als Ganzem gleichsetze, sondern das Ganze durchaus von der Welt unterscheide, um den Vorwurf des Monismus

---

erscheint. Darin nimmt er Hegels Kritik am Für-sich-Sein des Gefühls auf, relativiert hingegen zugleich Hegels Anspruch für den philosophischen Begriff, indem er für die Religion die Gegenwart des „Absoluten" und die Religion als die angemessene *Form* der Teilhabe am Absoluten behauptet.

[39] Vgl. Pannenberg, *Theologie und Philosophie*, 241, wo es heißt: „Gegenstand der Religion ist nicht primär etwas Übernatürliches, Außerweltliches, sondern das ‚Universum', die Totalität alles Endlichen, insofern in ihm das Unendliche gegenwärtig ist". Zudem wird zustimmend Hegels Urteil angeführt, der „erkannte, daß Schleiermacher [...] nicht wie Jacobi das wahrhaft Absolute als ein „absolutes Jenseits" auffaßte, das nur im Glauben oder im Gefühl zu ergreifen sei, sondern in der Natur selbst, die „als Universum anerkannt" wird; Pannenberg, *Theologie und Philosophie*, 246, Zitat aus Hegel, *Die Differenz des Fichteschen und Schellingschen Systems der Philosophie* (1801), PhB 62 b, 89.

[40] Schleiermacher, *Reden*, 53.

[41] Schleiermacher, *Reden*, 51.

[42] Schleiermacher, *Reden*, 56.

[43] Pannenberg, *Theologie und Philosophie*, 241.

gegen Schleiermacher abzuwehren. Dies ist eine Klarstellung, die wichtig ist nicht nur für Pannenbergs Verständnis von Schleiermachers Gotteslehre, sondern auch für seine eigene *theologische* „Sinnhermeneutik", die mit der Bestimmung von Ganzem und Teilen[44] in erkenntnistheoretischer, geschichtshermeneutischer, identitätstheoretischer und ontologischer Bedeutung arbeitet.

Vor dem Hintergrund dieser zentralen Bedeutung, die der Kategorie von Ganzem und Teilen für Pannenbergs Gottesgedanken zukommt, ist es bedeutsam, wie er die „Stufen der Anschauung des Universums" in Schleiermachers *Reden* zusammenfasst. Diese bilden im Grunde genommen auch den „Grundriss" von Pannenbergs Schöpfungs- und Geschichtstheologie. Schleiermacher unterscheide im Sinne einer Stufung – auf der Grundlage der Anschauung des Unendlichen im Endlichen – die äußere Natur in ihren ungeheuren Massen, die in ihnen wirkenden Gesetze, das Lebendige bis hin zur Menschheit in ihrem Sein und innerem Leben sowie in ihrem geschichtlichen Werden, das *über* die Menschheit hinausweist, um diese Anschauung des Universums münden zu lassen in die Aussage der *Reden*: „Nach einer solchen Ahndung von etwas außer und über der Menschheit strebt alle Religion [...]".[45]

4.3 Anschauung des Unendlichen im Endlichen: die spezifische Bestimmtheit der religiösen Anschauung

Das Unendliche denke Schleiermacher so, dass es zur Religion durch ein „Handeln" des Universums auf uns komme, „welches uns der Gegenwart des Unendlichen im Endlichen gewahr werden läßt".[46] Von daher kommt in Schleiermachers Religionstheorie dem Anschauungsbegriff eine zentrale Bedeutung zu. Denn Schleiermacher stellt darauf ab, dass die Anschauung des Endlichen und das Handeln des Unendlichen in und durch das Endliche konstitutiv sind für die Religion, die das Endliche als Ausdruck des Unendlichen und das Endliche in Beziehung zum Unendlichen wahrnimmt. Dabei ist für die Anschauung festzuhalten, dass sie von einem Angeschauten *ausgeht*. „Alles Anschauen gehet aus von einem Einfluß des Angeschaueten auf den Anschauenden, von einem ur-

---

[44] Die Bedeutung, die der Bestimmung von Ganzem und Teilen für Pannenbergs eigene Konzeption zukommt, führt er selbst auf W. Dilthey zurück, der wiederum Schleiermacher rezipiert hat; damit betont er zugleich, dass sein Gedanke des Ganzen, das *für die Teile* und die *Totalität der Teile* konstitutiv ist, nicht primär auf Hegels Denken zurückgeht. Im Blick auf das Verhältnis von Ganzem und Teilen kommt es auf den gedanklichen Überschritt von der Totalität der Teile zu dem diese *als* Totalität konstituierenden und von der Totalität der Teile unterschiedenen und sie zugleich übergreifenden Ganzen an. Die Verhältnisbestimmung von Ganzem und Teilen bekommt bei Pannenberg zudem eine spezifische Pointe dadurch, dass er das Ganze unter der Bestimmtheit der Zukunft und *so* für die Teile zur Geltung bringt. Diese eschatologische Ontologie des Ganzen macht er in allen Bezügen, nämlich erkenntnistheoretisch, geschichtshermeneutisch und ontologisch, geltend.

[45] Pannenberg, *Theologie und Philosophie*, 241, Anm. 84.

[46] Pannenberg, *Theologie und Philosophie*, 242.

sprünglichen und unabhängigen Handeln des ersteren, welches dann von dem letzteren seiner Natur gemäß aufgenommen, zusammengefaßt und begriffen wird".[47]

Pannenberg sieht in Schleiermachers Bestimmung der Religion als *Anschauung des Unendlichen im Endlichen* das Proprium von Schleiermachers Anschauungsbegriff.[48] Er ist wiederum ausschlaggebend dafür, die der Religion eigentümliche Form und Bestimmtheit der Wahrnehmung des Unendlichen im Endlichen von derjenigen Weise zu unterscheiden, in der sich das Subjekt in Denken und Handeln, in Metaphysik und Moral, zum Unendlichen verhält. Damit wiederum ist der spezifische Anspruch verbunden, den Schleiermacher für die Religion – im Unterschied zu Denken und Handeln – reklamiert: dass Religion die wahrhafte Weise der Wahrnehmung des Unendlichen im Endlichen darstellt und so auch die wahrhafte Weise, das Endliche als Endliches in seinem Verhältnis zum Unendlichen wahrzunehmen. Denn, so interpretiert Pannenberg, „Metaphysik und Moral nehmen […] beide ihren Ausgangspunkt vom Endlichen und übersteigen das Endliche auf das Unendliche hin. Die Religion hingegen hat ihren Ausgangspunkt im Unendlichen, sofern es im einzelnen Endlichen manifest wird. Sie erfaßt also das Unendliche im Endlichen".[49]

Schleiermachers Verständnis des Anschauungsbegriffs grenzt Pannenberg ab von Kants Begriff der Anschauung, der auf den endlichen Gegenstand beschränkt sei und nicht die Durchsichtigkeit des Endlichen auf das Unendliche mit sich führt. Er grenzt ihn ebenso ab von Schellings Begriff der unmittelbaren „intellektuellen Anschauung" (des Absoluten) im Denken beziehungsweise „Urwissen", insofern Schleiermacher im Unterschied zu Schelling die Anschauung des Unendlichen *vermittelt* denke durch die Anschauung des Endlichen, „als Anschauung des Unendlichen im Endlichen, nämlich als Konstitutionsgrund des Endlichen".[50] Gegenüber Fichtes Erkenntnistheorie stelle Schleiermacher wiederum darauf ab, „*realistisch* die Einwirkung eines Gegenstandes auf uns für die Entstehung der Anschauung wie des Gefühls in uns" zu behaupten.[51] Hiermit

---

[47] Schleiermacher, *Reden*, 55.

[48] Das Gefühl ist in der ersten Auflage der *Reden* mit der Anschauung verknüpft, insofern die Anschauung Gefühle hervorruft. Pannenbergs Interpretation der *Reden* fokussiert – würdigend – auf die zentrale Bedeutung, die dem Anschauungsbegriff in der Erstausgabe der *Reden* zukommt.

[49] Pannenberg, *Problemgeschichte*, 50. Nur am Rand sei erwähnt, dass für den Schleiermacher der *Reden*, die christliche Religion, indem die Vermittlung von Unendlichem und Endlichen ihre christologisch begründete Zentralanschauung bildet, die Religion zu sich selbst bringt und insofern die Religion der Religionen ist. Auch diesen Gedanken greift Pannenberg in der eigenen Religionstheologie auf, indem er die Konzeption des wahrhaft Unendlichen für die trinitätstheologische Bestimmtheit der christlichen Religion zum Zuge bringt. Vgl. Chr. Axt-Piscalar, „Das wahrhaft Unendliche". Vgl. auch G. Wenz, „Vom wahrhaft Unendlichen. Metaphysik und Theologie bei Wolfhart Pannenberg", in: G. Wenz (Hg.), *Vom wahrhaft Unendlichen*, 15–70.

[50] Pannenberg, *Theologie und Philosophie*, 243.

[51] Pannenberg, *Theologie und Philosophie*, 243, Hervorhebung C. A.-P.

hänge wiederum zusammen, dass in der *Glaubenslehre* das „unmittelbare Selbstbewußtsein" – das als ein Grundgefühl von bestimmten einzelnen Gefühlen zu
unterscheiden sei –, für „die Struktur des Selbstbewußtseins (stehe), vergleichbar
der transzendentalen Apperzeption Kants, aber wie beim späten Fichte als konstituiert durch einen ihm transzendenten Grund, dessen sich das Selbstbewußtsein allerdings nur in Verbindung mit gegenständlicher Welterfahrung bewußt
wird".[52]

Damit ist die Pointe von Schleiermachers Theorie des „unmittelbaren Selbstbewusstseins"[53] herausgestellt, an der Pannenberg für seine eigene Konzeption
gelegen ist: Es ist die „Wechselwirkung mit der Welt", so unterstreicht Pannenberg, die Schleiermacher für das Verständnis der Subjektivität in Anschlag
bringt, womit dieser sich „gegen die transzendentalphilosophische Konzentration auf das Ich (richte), […] aber selber durchaus anthropologisch orientiert (sei)
im Sinne des unmittelbaren Realitätsbewußtseins, in welchem Selbstbewußtsein
und Weltbewußtsein immer schon verbunden sind".[54]

4.4 „Gott ist uns gegeben im Gefühl auf ursprüngliche Weise": Präreflexive Einheit von Gott, Selbst und Welt im Gefühl

Auch an die Bedeutung des „unmittelbaren Realitätsbewußtseins" als „Gefühl"
im Sinne des „unmittelbaren Selbstbewußtseins", das für die *präreflexive* Einheit
von Gott-, Selbst- und Welt steht und den Selbstvollzug des Subjekts *immer schon*
begleitet und erst durch Reflexion als *religiöses* Gefühl bewusst wird, so dass
auch allererst durch Vermittlung der Welterfahrung der Gottesbezug, der im
Gefühl immer schon präreflexiv unbestimmt mitgesetzt ist, *bewusst* und im Lebenszusammenhang der positiven Religion als *Gottes*bezug explizit und zur ge-
lebten religiösen Lebensform wird, knüpft Pannenberg für seine eigene Konzeption an.[55] Er interpretiert das „unmittelbare Selbstbewußtsein" als präreflexive

---

[52] Pannenberg, *Theologie und Philosophie*, 247 f.

[53] Auf die Bedeutung, die Schleiermacher in den *Reden* dem religiösen „Augenblick" für
die individuelle Erfahrung der Einheit von Gott, Selbst und Welt zumisst (vgl. Schleiermacher, *Reden*, 71–75), geht Pannenberg nicht eigens ein. Die besagte „Einheitserfahrung" wird
in der *Glaubenslehre* mit dem Verständnis des unmittelbaren Selbstbewusstseins im oben
beschriebenen Sinne, mithin nicht als augenblickhafte Erfahrung, sondern als den Selbstvollzug des Menschen stets, wenn auch unbewusst, begleitendes Moment beschrieben. Daran
knüpft Pannenberg in seinem Verständnis des „unthematischen Wissens" an.

[54] Pannenberg, *Theologie und Philosophie*, 249.

[55] Dieser Gedanke ist in den *Reden* deutlicher expliziert als in der *Glaubenslehre*. Indes
auch in der *Glaubenslehre*, so stellt Pannenberg mit Recht heraus, betont Schleiermacher die
Bedeutung der Vermittlung, die der Welterfahrung für die Entwicklung des sinnlichen Bewusstseins zukommt, durch welche die zunächst noch ununterschiedene Einheit von Selbst
und Welt (sowie das damit verknüpfte Gottesbewusstsein) sich erst sukzessive entwickelt.
Schleiermacher legt diesen Gedanken seiner Beschreibung der Entwicklung des individuellen
religiösen Bewusstseins zugrunde und orientiert daran zugleich die Typen der Religionen
(Polytheismus, Monotheismus, Christentum), die er danach bestimmt, wie sie das Verhältnis

„Selbstvertrautheit" des Menschen, in welcher „Gott, Mensch und Welt noch ungeschieden sind", und das mitgesetzte „Unendliche" noch nicht *als Gott* bewusst ist; eine Einheit im Gefühl, die der Selbst- und Welterfahrung des Menschen immer schon zugrunde liegt und gerade in dieser Bedeutung – der Selbst- und Welterfahrung immer schon zugrunde zu liegen – von Pannenberg subjektivitätstheoretisch und erkenntnistheoretisch zur Geltung gebracht wird. Er betont mithin, „daß schon die verworrene Intuition des Unendlichen, die unthematisch allem menschlichen Bewußtsein zugrunde liegt, in Wahrheit ein Gewärtigsein Gottes ist, obwohl darin noch nicht ausdrücklich Gott als Gott gewußt wird".[56]

„Gott" ist in der präreflexiven Einheit von Gott, Selbst und Welt im „unthematischen Wissen" (als Gefühl) immer schon „da", was Pannenberg aus theologischer Sicht als Implikation des Schöpfungsgedankens versteht, den er nicht nur im Sinne uranfänglicher Schöpfung, sondern als Allgegenwart und Allwirksamkeit Gottes[57] begreift. „Wenn nämlich der eine Gott Schöpfer des Menschen sein soll, dann muß der Mensch als selbstbewußtes Wesen auch in irgendeiner, noch so inadäquaten Form um diesen seinen Ursprung wissen. Sein Dasein als Mensch müßte die Signatur der Geschöpflichkeit tragen, und das könnte dem Bewußtsein des Menschen von sich selber nicht gänzlich verborgen bleiben".[58]

---

von Selbst und Welt und Gott ‚codieren'. Vgl. die „Lehnsätze aus der Religionsphilosophie" in Schleiermacher, *Glaubenslehre*, §§ 7–11.

[56] Pannenberg, „Das Problem des Absoluten", 25.

[57] Auch Schleiermacher begreift das Unendliche als *stets* wirkendes und *in allem* wirkendes. Vgl. *Reden*, 56: „Das Universum ist in einer ununterbrochenen Thätigkeit und offenbart sich uns jeden Augenblick. Jede Form die es hervorbringt, jedes Wesen, dem es nach der Fülle des Lebens ein abgesondertes Dasein giebt, jede Begebenheit, die es auch seinem reichen, immer fruchtbaren Schooße herausschüttet, ist ein Handeln deßelben auf Uns; und so alles Einzelne als einen Theil des Ganzen, alles Beschränkte als eine Darstellung des Unendlichen hinnehmen, das ist Religion." Dies bildet auch den Grundgedanken, den Schleiermacher in der *Glaubenslehre* für den Naturzusammenhang und die aus dem auf alles Endliche ausgeweiteten Endlichkeitsbewusstsein des schlechthinnigen Abhängigkeitsgefühls abgeleiteten göttlichen Eigenschaften der Ewigkeit, Allgegenwart, Allmacht, Allwissenheit (Schleiermacher, *Glaubenslehre*, §§ 52–55) behauptet. Der Unterschied, den Pannenberg gegenüber Schleiermachers Erhaltungslehre und den ihr korrespondierenden Eigenschaften Gottes markiert, hängt mit seinem Verständnis der Schöpfung als ursprünglichem Anfang sowie dem Kontingenzgedanken und der Bedeutung der Zukunft für den Gottesgedanken zusammen. Schleiermacher bleibt hingegen dem Gedanken der Unveränderlichkeit Gottes verhaftet und lehnt die Vorstellung von der Schöpfung als ursprünglichem Anfang ab, da diese nicht im schlechthinnigen Abhängigkeitsgefühl mitgesetzt ist, in dem wir uns immer schon vorfinden, so dass Schleiermacher die Schöpfungslehre in die Erhaltungslehre transformiert. Zu Schleiermacher vgl. Chr. Axt-Piscalar, „Schöpfungsglaube und Monotheismus in Schleiermachers Glaubenslehre", in: R. Barth/U. Barth/C.-D. Osthövener (Hgg.), *Akten des Schleiermacherkongresses 2009 Judentum und Christentum*. Akten des Internationalen Kongresses der Schleiermachergesellschaft in Halle, März 2009, Berlin/New York 2012, 288–309.

[58] Pannenberg, *Systematische Theologie*, Bd. 1, 173.

Das „unthematische Wissen"[59], so Pannenberg, das Gefühl der „Selbstver-
trautheit",[60] in welchem Gott, Selbst und Welt ungeschieden sind, ist mithin der
„Ort", an welchem ‚Gott' immer schon dem Menschen gegenwärtig ist und aller
Selbst- und Welterfahrung schon zugrunde liegt. Im Gefühl ist der „transzendente
Grund" – als Grund der *Einheit des Denkens und des Seins* – präsent, der nach
Schleiermacher in keiner Form des Denkens angemessen, sondern nur annähe-
rungsweise, approximativ, erfasst werden kann, was Schleiermacher mit Jacobi
gegen den Anspruch der idealistischen Philosophie und für den spezifischen Anspruch des unmittelbaren Selbstbewusstseins geltend macht. Pannenberg unterstreicht diesen Gedanken und den Anspruch für das unmittelbare Selbstbewusstsein, wenn er für Schleiermachers Argumentation herausstellt: „Kann der ‚transzendente Grund' allen Wissens [...] in keiner Formel des Denkens angemessen
ausgedrückt werden, so findet sich doch eine Entsprechung zu ihm im menschlichem Selbstbewußtsein, nämlich in der unmittelbaren Selbstvertrautheit des
Gefühls, das über allen Funktionen und Gegensätzen des Bewußtseins steht, in
welchem wir selber uns gleichwohl ‚ein Bedingtes und Bestimmtes' sind, so daß
das Gefühl als ‚*Repräsentation des transzendenten Grundes*' in uns ein Abhängigkeitsgefühl und damit religiös bestimmt ist".[61] Und Pannenberg betont sogleich
im Sinne des oben ausgeführten Interesses an der Bedeutung der Welterfahrung
für das Selbstverhältnis: „Das religiöse Bewußtsein stellt nun aber den transzendenten Grund nie rein dar, sondern immer nur in Verbindung mit gegenständlich
bestimmtem Bewußtsein".[62]

Für Schleiermachers Theorie des unmittelbaren Selbstbewußtseins ist zentral,
dass er von einem „*unmittelbaren* Selbstbewußtsein" als „Gefühl" handelt, das
mithin als präreflexiv, nicht schon durch Reflexion vermittelt ist, und gerade in
dieser Form präreflexiver Unmittelbarkeit Ort der Präsenz des Absoluten als der
Einheit von Denken und Sein ist. Pannenberg knüpft an diesen Gedanken an,
macht indes geltend, dass das Grundgefühl nicht als *Selbst*bewusstsein verstanden beziehungsweise bezeichnet werden solle, insofern es als ichlose Bewusstheit
im Sinne präreflexiver leibhafter Selbstvertrautheit zu begreifen sei.

---

[59] Die Formulierung nimmt Pannenberg von Karl Rahner auf. Auch dessen Konzeption
des im „unthematischen Wissen" immer schon gegenwärtigen „göttlichen Geheimnisses" als
– bei Rahner nun dezidiert transzendentaltheoretisch verstanden – Bedingung der Möglichkeit, um Endliches als solches und darin zugleich in seiner Beziehung zum göttlichen Geheimnis zu erfassen, wäre als ein weiterer Entwurf in der hier beschriebenen Linie von Subjektivitätstheorien zu erörtern. Dabei wäre dann auch Pannenbergs Anknüpfung und Kritik an
Rahner, die sich auf dessen erkenntnistheoretischen Kantianismus bezieht, zu berücksichtigen.

[60] So Pannenberg im Blick auf Schleiermacher mit Verweis auf die stoische *oikeiosis*-Lehre,
vgl. Pannenberg, *Problemgeschichte*, 66.

[61] Pannenberg, *Theologie und Philosophie*, 254.

[62] Pannenberg, *Theologie und Philosophie*, 254.

5. Die Bedeutung der personalen Bestimmtheit des Gottesgedankens

„Der Gottesgedanke ist nicht ablösbar von den Momenten einer wie auch immer verstandenen Personalität und eines irgendwie gearteten Willens", so hält Pannenberg in seiner kritischen Auseinandersetzung mit der Philosophie des Einen fest.[63] Die Vernunft könne zwar „die Notwendigkeit der Erhebung der Vernunft zum Gedanken Gottes" vollziehen, „nicht aber das Dasein Gottes vor allem menschlichen Bewußtsein und vor dem Dasein der Welt (begründen; dafür sei sie auf die Religion verwiesen, CAP). Damit hängt zusammen, daß die Metaphysik immer Schwierigkeiten gehabt hat, das absolute Eine als personal und mithin überhaupt als ‚Gott' zu denken".[64] Und gegenüber dem Begriff des Unendlichen bringt Pannenberg vor, dass er es nicht erlaubt, Gott „als Ursprung alles von ihm Verschiedenen zu denken".[65] Pannenberg stellt damit zum einen auf die spezifische Bestimmtheit des *theologischen* Gottesgedankens ab und macht zum andern geltend, dass das (spekulative) Denken des Einen im Überstieg über Selbst und Welt im Ausgang vom Grundverhältnis diese Bestimmungen nicht erreiche, beziehungsweise sie aus sich heraus ablehne. Anders gesagt, Pannenberg formuliert damit den spezifischen Anspruch für die theologische *trinitarische* Gotteslehre und die *Lebensform* der positiven, der christlichen Religion, den er gegenüber der Philosophie und dem Denken als einen Anspruch der Überbietung – im Sinne der Hegelschen Aufhebung – begreift.

5.1 Die personale Bestimmtheit des trinitarischen Gottesgedankens

Vor diesem Hintergrund ist nun noch etwas näher auf Pannenbergs Auseinandersetzung mit Schleiermachers „Monismus" einzugehen, insofern darin nicht nur sein eigenes Interesse an der personalen Bestimmung des Gottesgedankens, sondern auch die Frage akut wird, zu welchem Gottesgedanken der Überstieg aus dem Grundverhältnis der ursprünglichen Einheit von Selbst, Welt und Gott gelangt und welche Bedeutung dabei der religiösen Erfahrung Pannenberg zufolge zukommt. Im Blick auf Schleiermacher ist hier Jacobis Kritik an Spinozas Substanzphilosophie, die er als Paradigma des vollendeten Rationalismus begreift, mithin geltend macht, dass das Denken in seiner Vollendung notwendig in den Spinozismus mündet, also gar nicht anders kann, wenn es konsequent Systemdenken sein will, als im Spinozismus sich zu vollenden. Wie kurz dargelegt, bietet Jacobi das unmittelbare Realitätsbewusstsein und damit das Gefühl beziehungsweise den Glauben gegen den Anspruch des Systemdenkens auf und verknüpft mit diesem zugleich die These von Gott als absoluter Persönlichkeit. In ersterem ist Schleiermacher ihm gefolgt, in letzterem nicht.

---

[63] Pannenberg, *Das Problem des Absoluten*, 24.
[64] Pannenberg, *Das Ende der Metaphysik und der Gottesgedanke*, 18.
[65] Pannenberg, *Das Problem des Absoluten*, 30.

Pannenberg stimmt der von Schleiermacher vollzogenen Abgrenzung gegenüber Jacobis dezidiertem Theismus der absoluten Persönlichkeit Gottes zu. Er kritisiert Schleiermacher jedoch dafür, dass er wiederum die personale Bestimmtheit des Gottesgedankens, wie sie im Zusammenhang der christlichen Religion für den Gottesgedanken ausgesagt werden müsse, in seiner Religionstheorie und Gotteslehre nicht hinreichend eingeholt habe.[66] An dieser Kritik sind zwei Punkte von besonderem Interesse: Zum einen nimmt Pannenberg für den Lebenszusammenhang der positiven monotheistischen Religionen in Anspruch, dass in ihnen die personale Bestimmtheit des Gottesgedankens prägend ist und ein entsprechendes religiöses Bewusstsein ausgebildet wird; anders gesagt, dass die philosophische Reflexion des Einen darin hinter dem Gottesgedanken der monotheistischen[67] Religionen zurückbleibt, dass sie die personale Bestimmtheit für Gott gedanklich nicht einzuholen vermag. Damit geht wiederum der zweite Aspekt einher, den Pannenberg mit der personalen Bestimmtheit des Gottesgedankens verbindet: Er steht für ein Verhältnis von Gott und Geschöpf, das die Freiheit – im Sinne der relativen Selbständigkeit des Geschöpfs – konstituiert. Anders gesagt, ein nicht personal bestimmter Gottesgedanke bleibt hinter diesem Gedanken der Konstitution endlicher Freiheit zurück, will heißen, er vermag die endliche Freiheit des Subjekts nicht wahrhaft zu begründen.

Für die kritischen Bedenken, die Pannenberg gegenüber Schleiermachers Zurückhaltung gegenüber dem personalen Gottesgedanken vorbringt, ist mitzuführen, dass und wie Pannenberg Schleiermachers Verhältnisbestimmung von Unendlichem und Endlichem und seine Metaphysik des Endlichen versteht und sie entsprechend aufgreift. Er verwahrt Schleiermacher gegen den Vorwurf des Pantheismus im Sinne der Ineinssetzung von Gott und Welt; und er verwahrt ihn ebenso gegen den Vorwurf, er könne die individuelle Einzelheit nicht begründen. Für die *Reden* ist festzuhalten, dass eine ihrer zentralen Pointen darin liegt, die individuierte Besonderheit des Einzelnen im Horizont des Unendlichen – das Einzelne verstanden als Ausdruck des Unendlichen im Endlichen und seines Handelns im Endlichen – zu begreifen.

---

[66] Vgl. dann das Folgende 271 ff.

[67] Im Sinne der von Dieter Henrich bestimmten zwei Weisen der Selbstdeutung des „Grundverhältnisses" wäre von einer Typologie der Religionen derart zu sprechen, dass der eine Typus das „Grundverhältnis" auf einen personalen Gottesgedanken, der andere Typus es auf das All-Eine hin transzendiert. Siehe dazu unten 273 ff. Ähnlich unterscheidet E. Troeltsch religionstypologisch die ‚mystische' Religion von der prophetischen und christlichen Religion, die im Unterschied zu ersterer die individuelle Persönlichkeit des Einzelnen begründet. Vgl. bes. E. Troeltsch, *Die Absolutheit des Christentums und die Religionsgeschichte (1902/1912). Mit den Thesen von 1901 und den handschriftlichen Zusätzen* (= *Kritische Gesamtausgabe*, Bd. 5), hg. v. T. Rendtorff und S. Pautler, Berlin 1988, bes. 190–199.

5.2 Schleiermachers Vorbehalt gegenüber der personalen Gottesvorstellung

Schleiermacher hat die mit der personalen Rede von Gott verbundene Problemkonstellation gesehen. Das Argument war ihm im zeitgenössischen Kontext von Jacobis Argument gegen den gleichsam zwangsläufigen Monismus des philosophischen Systemgedankens bekannt. Ebenso war ihm die Kritik Fichtes und Spinozas am anthropomorphen Charakter der Rede von der Persönlichkeit Gottes präsent. Er hat die Frage der personalen Bestimmtheit des Gottesgedankens in den *Reden* „in der Schwebe"[68] gelassen und als Ausdruck der „Phantasie"[69] des Menschen verstanden. Dabei hat er deutlich gesehen, dass das Bewusstsein *endlicher Freiheit* mit dem personalen Gottesgedanken zusammenhängt, wenn er im Blick auf die spezifische Bestimmtheit der Anschauung des Universums festhält: Ob der Mensch

zu seiner Anschauung einen Gott hat, das hängt ab von der Richtung seiner Fantasie. In der Religion wird das Universum angeschaut, es wird gesetzt als ursprünglich handelnd auf den Menschen. Hängt nun Eure Fantasie an dem Bewußtsein Eurer Freiheit so daß sie es nicht überwinden kann dasjenige was sie als ursprünglich wirkend denken soll anders als in der Form eines freien Wesens zu denken; wohl, so wird sie den Geist des Universums personifiziren und Ihr werdet einen Gott haben.[70]

5.3 Vom Anspruch der religiösen Konzeption des Gottesgedankens

Aus Pannenbergs Sicht liegt darin, dass Schleiermacher die Frage der personalen Bestimmtheit des Gottesgedankens in der Schwebe lässt, ein wunder Punkt seiner Gotteslehre in den *Reden*, der sich dann in der *Glaubenslehre* zudem in seiner Ablehnung des Schöpfungsgedankens im Sinne ursprünglicher anfänglicher Schöpfung der Welt niederschlage. Da Schleiermacher die Ablehnung der Schöpfungslehre im Sinne eines ursprünglichen Anfangs und als Ausdruck der Freiheit des Schöpfers ablehnt, weil dies nicht als abgeleiteter Ausdruck im schlechthinnigen Abhängigkeitsgefühls mitgesetzt sei,[71] fällt Pannenbergs Kritikpunkt auch auf die Bestimmung des schlechthinnigen Abhängigkeitsgefühls und den in ihm mitgesetzten Gottesgedanken zurück: Pannenberg insinuiert, dass Schleiermacher die endliche Freiheit des Geschöpfs im Sinne relativer Selbständigkeit nicht

---

[68] Diese Formulierung ist so gewählt, um auf Schellings Verständnis der Phantasie anzuspielen.

[69] Dass Schleiermacher die Phantasie nicht als bloße subjektiv willkürliche Einbildungskraft versteht, belegt folgendes Zitat. „Ihr, hoffe ich, werdet es für keine Lästerung halten, daß Glaube an Gott abhängt von der Richtung der Fantasie; Ihr werdet wißen es daß Eure Fantasie das höchste und ursprünglichste ist im Menschen, und außer ihr alles nur Reflexion über sie; Ihr werdet es wißen daß Eure Fantasie es ist, welche für Euch die Welt erschaft, und daß Ihr keinen Gott haben könnt ohne Welt"; Schleiermacher, *Reden*, 130.

[70] Schleiermacher, *Reden*, 128 f.

[71] Vgl. dazu besonders den Beitrag: W. Pannenberg, *Schleiermachers Schwierigkeiten mit dem Schöpfungsgedanken* vorgetragen am 3. Mai 1996, in: Bayerische Akademie der Wissenschaften, Philosophisch-Historische Klasse (Hg.), *Sitzungsberichte*, Jahrgang 1996/3, 3–17.

adäquat konzipieren kann; dass dies an der Bestimmung Gottes als *unveränder-licher prima causa* als dem „Woher" des schlechthinnigen Abhängigkeitsgefühls liege; und dass sich darin spiegele, dass er das mit der personalen Bestimmtheit des Gottesgedankens verknüpfte Moment der *Kontingenz* geschöpflicher Wirk-lichkeit nicht angemessen einzuholen vermag. Zu ergänzen ist für diesen Zusam-menhang noch einmal, dass Pannenberg selbst Schöpfung nicht bloß als einen einmaligen ursprünglichen Akt Gottes begreift, sondern als stetiges Wirken Got-tes, das Kontingentes schafft.

Ob damit eine bestimmte Tendenz in Schleiermachers Denken getroffen ist, müsste eine eingehende Interpretation zeigen, die in diesem Zusammenhang nicht gegeben werden kann.[72] Das Bedenken, das hier aufkommt, ist, wie dar-gestellt, nicht neu, sondern begleitet die Rezeption von Schleiermachers Theo-logie im 19. Jahrhundert. Pannenberg, dies sei ausdrücklich vermerkt, eignet sich nicht die abwegige Kritik Hegels an, der die Bedeutung das schlechthinnige Ab-hängigkeitsgefühl nicht verstanden hat oder besser: nicht hat verstehen wollen, als er es in einem berüchtigten Wort als ein solches charakterisierte, das jeder Hund habe, indem er sich schlechthin abhängig vom Knochen fühle. Das schlechthinnige Abhängigkeitsgefühl tritt nur ineins mit dem Bewusstsein rela-tiver Freiheit auf. Dies unterstreicht Pannenberg; und er verteidigt Schleierma-cher gegen Hegels Anwurf zudem mit dem Verweis darauf, dass es beim unmit-telbaren Selbstbewusstsein gerade nicht um ein bloß subjektives, einzelnes Ge-fühl, sondern um die „Struktur des Selbstbewußtseins"[73] gehe.

Gleichwohl auch Pannenbergs Schleiermacher-Interpretation ist dadurch be-stimmt, die Frage der Unterschiedenheit Gottes von der Welt, die Pannenberg im Interesse an der individuellen Besonderheit und der *endlichen Freiheit des Sub-jekts* zur Geltung bringt, zu verfolgen. Dafür reicht es ihm zufolge nicht aus, das Eine als von der Totalität des Endlichen als Ganzem noch einmal Unterschie-denes und die Totalität des Endlichen als Einheit Begründendes zu erfassen. Pannenberg hält in einem *ersten* und grundlegenden Reflexionsschritt zum Ver-hältnis von Ganzem und Teilen dieses zwar fest: „Das Ganze kann nicht absolut und folglich nicht Gott sein, jedenfalls dann nicht, wenn es als Ganzes seiner Teile nicht nur seinerseits das Teilsein der Teile konstituiert, sondern auch umgekehrt auf die Teile angewiesen ist, deren Ganzes es ist. Das bedeutet: Das Ganze kann nicht als selbstkonstitutiv gedacht werden. Als Ganzes seiner Teile ist es geeinte Einheit, die einen Grund ihrer selbst als *einende Einheit* voraussetzt".[74] Er inter-

---

[72] Verwiesen sei auf Chr. Axt-Piscalar, „Schöpfungsglaube und Monotheismus". Hier wird dafür argumentiert, dass erst mit der Entfaltung des christlich frommen Selbstbewusst-seins in Teil II der *Glaubenslehre* die Begründung der individuellen Besonderheit des Einzel-nen erreicht wird und darin ein zentraler gedanklicher Fortschritt liegt gegenüber dem Selbst-verständnis, wie es in Teil I auf dem Boden des allgemeinen schlechthinnigen Abhängigkeits-gefühls beschrieben wird.

[73] Pannenberg, *Theologie und Philosophie*, 247.

[74] W. Pannenberg, *Die Bedeutung der Kategorie Teil und Ganzes für die Wissenschaftstheo-*

pretiert Schleiermachers Verhältnisbestimmung von Unendlichem und Endlichem in den *Reden* und der *Glaubenslehre* durchaus in dieser Perspektive. Indes bringt er darüber hinaus die *personale* Bestimmtheit des Gottesgedankens und diese wiederum so ein, dass allererst durch sie die *endliche Freiheit des Subjekts –* als Gegenüber zu Gott – durch den trinitarisch personalen Gottesgedanken begründet werde.[75]

Es ist von daher vielsagend, wenn Pannenberg gegenüber dem schlechthinnigen Abhängigkeitsgefühl der *Glaubenslehre* und dem in ihm mitgesetzten „Woher" (als Gott) Vorbehalte geltend macht. Am nachdrücklichsten kommt dies wohl dort zur Geltung, wo er Schleiermachers Christologie in der *Glaubenslehre* kritisiert. Hier kommt *in nuce* zum Ausdruck, was Pannenberg mit dem Anspruch der christlichen Religion und ihrem trinitarisch personalen Gottesverständnis verbindet. In Schleiermachers Christologie komme, so Pannenberg, ein zentraler Aspekt christlichen Gottesverhältnisses zu kurz: nämlich der Gesichtspunkt, „daß der Mensch Gott als ein *Gegenüber* erfährt und sich zu ihm als persönlichem Gegenüber verhält".[76] Genau dies jedoch bildet für Pannenberg, das Zentrum – mit Schleiermacher zu sprechen, die „Zentralanschauung" – der christlichen Religion, wie sie in der Vater-Anrede Jesu als Verhältnis von Jesu Selbstunterscheidung vom Vater manifest ist und dem religiösen Bewusstsein im Horizont des trinitarisches Gottesgedankens eröffnet wird.

5.4 Epilog: Vom Überstieg des spekulativen Denkens aus dem Grundverhältnis zum All-Einen

Als die bedeutendste Konzeption philosophischer Subjektivitätstheorie, die in der Fluchtlinie[77] der hier dargelegten Erörterungen zu verstehen und gerade auch für eine theologische Perspektive von besonderer Bedeutung ist, hat Dieter Henrichs philosophischer Entwurf zu gelten. Zum einen, weil er von der Annahme einer vom Reflexionswissen zu unterscheidenden ursprünglichen Vertrautheit des ich-losen Bewußtseins mit sich anhebt und von der Verfassung des „Grund-

---

rie, in: W. Pannenberg, *Philosophie – Religion – Offenbarung*. Beiträge zur Systematischen Theologie, Bd. 1, Göttingen 1999, 85–101, hier: 93 f.

[75] Hierin liegt der zentrale Punkt, den Pannenberg für den christlichen Offenbarungsgedanken zur Geltung bringt: Im Gottesverhältnis Jesu zum *Vater* kommt das Verhältnis des Menschen als Geschöpf so zur Darstellung (und wird für den Glaubenden darin eröffnet), dass Einheit in der Selbstunterscheidung, mithin Einheit als Einheit der Unterschiedenen begründet wird. Maßgeblich dafür ist derjenige Vollzug, in dem Jesus Gott als Vater auslegt und darin den Vollzug der Freiheit des Geschöpfs verwirklicht.

[76] W. Pannenberg, *Religiöse Erfahrung und christlicher Glaube*, in: W. Pannenberg, *Philosophie – Religion – Offenbarung*. Beiträge zur Systematischen Theologie, Bd. 1, 132–144, hier: 138. An der besagten Stelle fährt Pannenberg fort: „Man wird darin vielleicht den tiefsten Grund für den Ausfall der Trinitätslehre in Schleiermachers Theologie erblicken müssen".

[77] Wir gebrauchen den Begriff in Anspielung auf Dieter Henrichs gleichnamigen Band. Vgl. D. Henrich, *Fluchtlinien. Philosophische Essays*, Frankfurt a.M. 1982.

verhältnisses" ausgehend auf den ‚absoluten Grund' reflektiert. „Das *ganze* Grundverhältnis ist abkünftig. Es ist [...] unausdenkbar abkünftig".[78] Zum anderen, weil er dezidiert einen *ontologischen* Weltbegriff und nicht bloß einen intentionalen Sinnbegriff vertritt. Und schließlich zum dritten, weil er beides mit einer Theorie des Einen – als Grund der Einheit von Denken und Sein – im Überstieg aus dem Grundverhältnis verbindet, wobei Henrich den ‚letzten Gedanken' im spekulativen Vollzug durchgeklärter Selbstdurchsichtigkeit im Gedanken des All-Einen seinen Abschluss finden lässt.

An dieser Stelle soll das Verständnis des Einen interessieren, das Henrich mit dem Grundverhältnis verknüpft. Denn er merkt an, dass sich aus dem Grundverhältnis zwei Selbstdeutungen des Selbstbewusstseins mit gleichem Recht herleiten lassen. „Sie unterscheiden sich dadurch voneinander, daß sie in Kenntnis des unausdenklichen Ursprungs *entweder* die Einzelnheit der Person *oder* die Reinheit des bewußten Lebens als letzte Orientierung für den Menschen aufrichten".[79] Die eine sei notwendig monistisch, die andere streng monotheistisch, und beide seien „eine Ausdeutung des Grundverhältnisses im Blick auf den innerhalb seiner unausdenkbaren Ursprung".[80] „Religion und Ontologie des Monotheismus bestätigen im Grundverhältnis den Ansatz für eine Ontologie der Einzelnheit. Religion und Ontologie des Monismus bestätigen dagegen die reine Ereignishaftigkeit des bewußten Lebens im innerweltlichen Geschehen".[81] Und Henrich betont in diesem Zusammenhang auch, dass die christliche Trinitätslehre eine spezifische Verknüpfung beider Aspekte ermöglicht, sie jedenfalls gerade nicht *einseitig* als „Verstärkung des Personalismus"[82] verstanden werden könne.

Diese Erläuterungen von Henrich führen unmittelbar in die Problemkonstellation, die wir im Ausgang von Schleiermacher und seiner Theorie des Grundverhältnisses und in dessen Rezeption durch Pannenberg aufgemacht haben. Wir nehmen sie als Hinweis darauf, dass Pannenbergs Theologie des Einen, auf die er im Überstieg aus dem Grundverhältnis einer ursprünglichen Einheit von Gott, Selbst und Welt reflektiert, zur Geltung bringt, dass die christliche Trinitätslehre

---

[78] Henrich, *Fluchtlinien*, 110. Henrichs Bestimmung des Grundverhältnisses selbst, in dem die „Abkünftigkeit" manifest ist, weist Parallelen zu den Anliegen der hier ausgeführten Subjektivitätstheorien auf, indem er darauf reflektiert, was „im Selbstverhältnis unmittelbar bekannt ist" – im Sinne unmittelbarer ichloser Selbstvertrautheit – und den Weltbezug als im Grundverhältnis gleichursprünglich mitgesetzt betont, wenn es heißt: „Das Subjekt ist gleich ursprünglich damit, daß es sich zur Welt verhält, selbst auch ein Einzelnes in ihr und insofern, obgleich strukturgebend für das Grundverhältnis, in es auch einbegriffen"; Henrich, *Fluchtlinien*, 110. Schleiermacher spricht von einem „unmittelbaren Existentialverhältnis". F. Schleiermacher, *Sendschreiben an Friedrich Lücke*, in: F. Schleiermacher, WW I/2, 586, zitiert in der Ausgabe der *Glaubenslehre*, hg. v. M. Redeker, zu § 3,4.

[79] D. Henrich, *Das Selbstbewußtsein und seine Selbstdeutungen. Über Wurzeln der Religionen im bewußten Leben*, in: D. Henrich, *Fluchtlinien*, 117.

[80] Henrich, *Fluchtlinien*, 117.

[81] Henrich, *Fluchtlinien*, 118.

[82] Henrich, *Fluchtlinien*, 118.

dem Selbstverhältnis den einen Gott – im Zusammenhang von Religion und als gelebte Religion – „zuspielt", mit dem Anspruch, dass im Horizont dieses Gottesgedankens sich das Selbst in seiner individuellen Besonderheit und in seinem In-der-Welt-Sein sowie die Welt als Ganze in einer solchen Ordnung ‚verfügt' erfährt und erkennt, die solches – die individuelle Besonderheit, das Eingefügtsein des Einzelnen in die Welt und die Welt als ein sinnhaftes Ganzes – jetzt schon gewahren lässt und gewährt und eschatologisch zur Vollendung bringt. Anders gesagt: dass die christliche Trinitätslehre als Begründungszusammenhang endlicher Freiheit in ihrer individuellen Selbständigkeit entfaltet wird.

In der Fluchtlinie dürften Jacobi, Schleiermacher, Pannenberg und Henrich sich einig sein. Diskursiv auszutragen ist die Frage, wo in Anknüpfung und Widerspruch beziehungsweise Aufhebung die Stärken beziehungsweise die möglichen Schwächen der jeweiligen Konzeption liegen. An welchen Fragen entlang diese zu reflektieren sind, wollten die Ausführungen zumindest andeutungsweise zeigen. Wir schließen mit einem Pannenbergzitat, das sein Interesse an der Neubegründung der Metaphysik aus dem Selbstverhältnis im Überstieg zum absoluten Grund markiert und seine Schleiermacher-Interpretation konstruktiv-kritisch leitet: Es sei, so Pannenberg, gefordert „eine solche Metaphysik des Absoluten, die nicht nur auf dem Boden der Subjektivität deren Konstitution durch einen ihr vorgängigen Ursprung im Absoluten rekonstruiert, sondern den ‚Überstieg' zum Gedanken des Absoluten auf einer sowohl die Welterfahrung als auch das Selbstbewußtsein und ihre gegenseitige Vermittlung umfassenden Ausgangsbasis vollzieht".[83] Und zugleich müsse für eine neu zu begründende Metaphysik gelten, dass sie das Absolute „auch als Ursprung und Ziel endlicher Subjektivität zu denken hat, dann muß dieser Gedanke offenbar so gefaßt werden, daß die in der Subjektivität sich vollendende Selbständigkeit des Endlichen dazu nicht im Widerspruch steht, sondern geradezu als die Vollendung des Verhältnisses des Unendlichen und Absoluten zum Dasein des Endlichen und einer endlichen Welt überhaupt aufzufassen ist".[84] Damit sind nicht zuletzt auch diejenigen Bedingungen genannt, an denen Pannenbergs eigene Verhältnisbestimmung von Subjektivität und dem Grund im Bewusstsein sowie seine Gotteslehre zu messen sind.

---

[83] W. Pannenberg, *Metaphysik und Gottesgedanke*, Göttingen 1988, 46.
[84] Pannenberg, *Metaphysik und Gottesgedanke*, 47.

Antizipatorische Gedankenbestimmungen

Wolfhart Pannenbergs geschichtstheologische Transformation der Hegelschen Theorie des Absoluten

Gunther Wenz

1. Gottes unvorgreifliche Freiheit. Pannenbergs Vortrag beim Stuttgarter Hegel-Jubiläumskongress 1970

Anlässlich der zweihundertjährigen Wiederkehr seines Geburtstags versammelte sich vom 12. bis 15. Juli 1970 in Hegels Heimatstadt Stuttgart unter der Leitung Hans-Georg Gadamers „die crème de la crème der damaligen nichtanalytischen Philosophie"[1] zu einem großen wissenschaftlichen Kongress. Neben den Hauptvorträgen, die Karl Löwith (Philosophische Weltgeschichte?), Dieter Henrich (Hegel und Hölderlin), Hans Mayer (Hegels „Herr und Knecht" in der modernen Literatur [Hofmannsthal-Brecht-Beckett]) und Otto Pöggeler (Perspektiven der Hegelforschung) hielten, fanden sieben Kolloquien zu Themenkreisen Hegel'schen Denkens und seiner Wirkungsgeschichte statt: Naturwissenschaften, philosophische Spekulation und christliche Theologie, Kunstphilosophie und Gegenwart der Künste, Politische Philosophie, Marxistische Theorie, Neukantianismus und Phänomenologie sowie Philosophie der Wissenschaft. Wolfhart Pannenberg hielt das Grundsatzreferat in der zweiten Sektion, die von Michael Theunissen geleitet wurde; das Thema lautete: „Die Bedeutung des Christentums in der Philosophie Hegels". Als Korreferent sprach Adrian Peperzak (Hegels Philosophie der Religion und die Erfahrung des christlichen Glaubens); Martin Puder lieferte einen Diskussionsbeitrag zu Pannenbergs Referat. Die meisten Kongresstexte sind mit Ausnahme der Erörterungen zur Wissenschaftsphilosophie und eines Beitrags von Herbert Marcuse zur gesellschaftskritischen Zeitdiagnose von H.-G. Gadamer im Beiheft 11 der Hegel-Studien herausgegeben worden (Bonn 1974).

In seiner editorischen Einführung zum Kongressband hat Gadamer eigens erläutert, warum die Verhandlungen „mit den Naturwissenschaften und der Theologie begannen"[2]: Es „hieß, den Stier bei den Hörnern packen. Denn nir-

---

[1] J. Rohls, „Pannenberg und Hegel: Anknüpfung und Widerspruch", in: G. Wenz (Hg.), *„Eine neue Menschheit darstellen" – Religionsphilosophie als Weltverantwortung und Weltgestaltung* (Pannenberg-Studien, Bd. 1), Göttingen 2015, 177–202, hier: 178.

[2] H.-G. Gadamer, „Zur Einführung", in: H.-G. Gadamer (Hg.), *Stuttgarter Hegel-Tage*

gends sind die Vorurteile gegen Hegel so mächtig, wie in diesen beiden Hinsichten."[3] Hegels Naturphilosophie gelte nach erfolgter empirischer Wende und fortgeschrittener Spezialisierung der Naturwissenschaften als überholt, die dogmatische Rechtgläubigkeit seiner Religionsphilosophie sei theologisch nach wie vor zweifelhaft und umstritten. So war zu fragen, „wie weit der Hegelsche Versuch, die christlichen Wahrheiten auf den philosophischen Begriff zu bringen, mit dem Inhalt des Christentums und dem Anspruch der christlichen Offenbarung vereinbar ist – und wie weit es dennoch unvermeidlich bleibt, in die Rechenschaftsgabe der Theologie den Anspruch des philosophischen Begriffs einzulassen"[4]. W. Pannenberg hat sich dieser Aufgabe gestellt und die von Gadamer aufgeworfene Frage zu beantworten versucht. Im Unterschied zu seinem Korreferenten, nach dessen Urteil „die von Hegel entwickelte Form des Begreifens eine adäquate Darstellung des christlichen Glaubens"[5] unmöglich macht, da ihr Denkmodus „der Position des Glaubens wesentlich entgegengesetzt"[6] ist, wertet Pannenberg Hegels Philosophie als sehr förderlich und ist darum bemüht, traditionelle Vorurteile der Theologie abzubauen und als unhaltbar zu erweisen.[7]

Den Ausgangspunkt von Pannenbergs Überlegungen bildet der „Dualismus von kirchlichem Christentum und moderner Lebenswelt" (79) infolge der Spaltung der westlichen Christenheit im 16. Jahrhundert, der „das Problembewusstsein Hegels seit den Jahren seines Tübinger Theologiestudiums geprägt" (79) und seine Konzentration auf die religiöse Problematik motiviert habe. Diese zu bedenken schien ihm für eine Lösung der Probleme der modernen Gesellschaft und ihres Strebens nach politischer Emanzipation unerlässlich zu sein. Pannenberg belegt dies an Hegels Jugendschriften, an seinen frühen Kantkritiken sowie an späteren Äußerungen, denen zufolge das Prinzip der Freiheit, welches den Staat und alle Bereiche des Gemeinwesens durchdringen solle, mit dem Christentum in

---

1970. Vorträge und Kolloquien des Internationalen Hegel-Jubiläumskongresses. Hegel 1770–1790: Gesellschaft, Wissenschaft, Philosophie (Hegel-Studien, Beiheft 11), Bonn 1974, IX–XV, hier: XII.

[3] Gadamer, „Zur Einführung", XII.

[4] Gadamer, „Zur Einführung", XII.

[5] A. Peperzak, „Hegels Philosophie der Religion und die Erfahrung des christlichen Glaubens. Korreferat zu Pannenbergs Vortrag: Die Bedeutung des Christentums in der Philosophie Hegels", in: Gadamer (Hg.), *Stuttgarter Hegel-Tage 1970* (Hegel-Studien, Beiheft 11), 203–213, hier: 203.

[6] Peperzak, „Hegels Philosophie der Religion", 207. Auch M. Puder beurteilt in seinem Diskussionsbeitrag zu Pannenbergs Referat (Gadamer [Hg.], *Stuttgarter Hegel-Tage 1970* [Hegel-Studien, Beiheft 11], 215–218) das Bestreben Hegels, „den Glauben mit dem Wissen in inneren Einklang zu bringen" (216 f.), skeptisch, wenngleich aus anderen Motiven wie Peperzak.

[7] Neben dem Kongressband (Gadamer [Hg.], *Stuttgarter Hegel-Tage 1970* [Hegel-Studien, Beiheft 11], 175–202) und einem französischsprachigen Vorabdruck (Archives de Philosophie 33 [1970/71], 755–786) ist Pannenbergs Vortrag in dem Sammelband „Gottesgedanke und menschliche Freiheit" (Göttingen 1972, 78–113) veröffentlicht worden. Die nachfolgenden Seitenverweise im Text beziehen sich hierauf.

die Welt gekommen sei und ohne christliche Religion weder im individuellen noch im sozialen Bereich realisiert werden könne. Mit der Inkarnation Gottes in Jesus Christus sei menschliche Teilhabe an Gott und Partizipation an göttlicher Freiheit gestiftet sowie der Ungeist der Zertrennung von Gottheit und Menschheit im Geist der Versöhnung behoben. Dies und damit die Kernaussage des Christentums in Gedanken zu fassen habe Hegel als die vornehmste Aufgabe der Philosophie erachtet. Die Freiheit des modernen Bewusstseins und seiner politischen Verfassung könne nicht ohne Einsicht in die Wahrheit des menschgewordenen Gottes und seiner Selbstoffenbarung bestehen, wie sie in Jesus Christus in der Kraft des Geistes erschlossen sei. Statt angesichts aufklärerischer Religionskritik den Rückzug in die Innerlichkeit des frommen Gemüts anzutreten, habe das Christentum seine gottmenschliche Wahrheit in begrifflicher Form und in der Allgemeinheit des Gedankens zu fassen, um so der Kritik der Aufklärung überzeugend zu begegnen. Dies zu leisten sei nach Hegel die Grundaufgabe der Philosophie. Ihr erkenne er mithin „in der durch die Aufklärung heraufgekommenen Situation des neuzeitlichen Geistes eine Aufgabe von weltgeschichtlichem Format" (93) zu, ohne damit notwendigerweise den Anspruch zu verbinden, Religion durch Philosophie zu ersetzen.

Nach Pannenbergs Urteil hat „[w]ohl keiner der großen Denker der Neuzeit [...] so viel wie Hegel getan, um die christliche Religion wieder auf ihren gegen die Aufklärung verlorenen Thron zu setzen" (93): „Man sollte meinen, daß die christliche Theologie Grund genug gehabt hätte, die Philosophie Hegels als Rettung aus ihrer bedrängten Lage zu begrüßen, als Befreiung von den Angriffen der Verstandeskritik auf die Substanz des christlichen Glaubens und von dem Zwang, ihre Zuflucht vor diesen Angriffen in einer inhaltslosen Innerlichkeit zu suchen." (93) Doch stattdessen sei sie mit Kritik und pauschalen Vorwürfen überzogen worden, wobei der Pantheismusvorwurf der theologisch wirksamste gewesen sei. Mit ihm setzt sich Pannenberg unter Bezug vor allem auf den Erweckungstheologen F. A. G. Tholuck und seinen „philosophisch gebildetere(n) und differenzierter denkende(n) Freund" (104) Julius Müller auseinander, um seine Unhaltbarkeit zu erweisen. Von einer Gleichsetzung Gottes beziehungsweise des göttlichen Logos mit der Welt könne in Hegels Philosophie nicht die Rede sein. Er differenziere unter Aufnahme der trinitätstheologischen Tradition explizit zwischen einem gottinternen und einem gottexternen Anderssein. „Wer diese ausdrückliche Differenzierungen Hegels berücksichtigt, der kann nicht bestreiten, daß Hegel die innertrinitarische Bewegung Gottes und den Weltprozeß unterschieden hat. Den einzigen Vorwurf, den man an diesem Punkte mit Recht gegen Hegel erheben kann, ist, daß bei ihm das innere Leben des trinitarischen Gottes mit *logischer Notwendigkeit* zur Hervorbringung der Welt führt, mit der Notwendigkeit nämlich, derzufolge das in Gott gesetzte Anderssein sein Recht, nämlich das Recht der Verschiedenheit erhalten muß." (99) Doch sei, um auch in dieser Hinsicht nicht zu vorschnellen Urteilen zu gelangen, der Zusammenhang von Freiheit und Notwendigkeit und die Tatsache zu bedenken, dass nach Hegel die Welt keineswegs als Emanation, sondern als durch göttlichen Willen gesetztes Werk aus dem Wesen Gottes hervorgehe.

Mit dem Pantheismusvorwurf weist Pannenberg zugleich den Verdacht als unangemessen zurück, Hegel habe den Gedanken der Persönlichkeit Gottes negiert. Davon könne in seinem Denken ebenso wenig die Rede sein wie von einer Gleichschaltung von Schöpfer und Schöpfung. Es sei im Gegenteil so, dass Hegel durch den trinitarisch vermittelten Gedanken des Selbstseins im Anderen zu einem erneuerten Verständnis des Personalen durchgedrungen sein. Person ist nicht das unmittelbar auf sich selbst insistierende Individuum, sondern ein Subjekt, dass sich im anderen seiner selbst zu explizieren und auf differenzvermittelte Weise bei sich zu sein vermöge. Zwar könne man zweifeln, ob es Hegel gelungen sei, das Anderssein des anderen, in dem sich das Ich als Personsubjekt expliziere, wirklich als Anderssein zu denken, wie denn auch Anfragen bezüglich des Verhältnisses von Freiheit und Notwendigkeit in der Gott-Welt-Relation nicht einfach abwegig seien. Doch warnt Pannenberg nachdrücklich vor „Konsequenzmacherei" (106), für die der gegen Hegel vonseiten der Theologie vorgebrachte Pantheismusverdacht ein besonders abschreckendes Beispiel biete.

Seine Warnung von konsequenzmacherischen Pauschalvorwürfen hindert Pannenberg nicht, selbst theologische Kritik an Hegel zu üben. Sie setzt auf ihre Weise bei der Frage nach dem Verhältnis von Freiheit und Notwendigkeit im geistigen Leben Gottes an, um zu der These fortzuschreiten, die Freiheit lasse sich nicht auf die Logizität des Begriffs festlegen, der „nicht die höchste Form des Gedankens" (108) sei. Nur wenn eine solche Festlegung vermieden werde, könne dem Kontingenzmoment und dem Moment der Unmittelbarkeit in der der Gottheit Gottes mit Wesensnotwendigkeit eignenden Freiheit und zugleich der Tatsache von Singulärem und Individuellem Rechnung getragen werden, welches nicht mit Notwendigkeit auf den Begriff zu bringen sei. Als die „einzig ernsthafte Alternative" (109 f.) zum begrifflichen Ansatz der philosophischen Theologie Hegels, die das Wesen Gottes als notwendige Grundlage seiner Freiheit denke, erscheint Pannenberg der antizipatorische Vorgriff auf Gottes absolute Zukunft, um aus ihr heraus das göttliche Wesen selbst zu verstehen. „Nur als absolute Zukunft der Freiheit ließe sich Freiheit denken, die nicht der Notwendigkeit einer vorgängigen Wesensnatur unterliegt." (110) Zugleich habe zu gelten, dass absolute Zukunft zum Wesen der Freiheit gehört, „weil absolute Freiheit keine Zukunft außer sich selbst hat und so ihre eigene Zukunft ist" (110, Anm. 93).

Nach Pannenbergs Einschätzung bildet die „Herabsetzung des Begriffs zum Vorgriff" (111, Anm. 96), mit der dem kontingenten, formellen Moment im Akt der Freiheit (vgl. 110, Anm. 94) und mit dem Moment des Zufälligen dem „Pluralismus der individuellen Realisierung der Freiheit" (110), dem „selbstständige(n) Recht des Historischen gegenüber der logischen Form des Begriffs" (110) und der „Unabgeschlossenheit alles vergangenen und gegenwärtigen Wesens" (110) sowie seiner „Verwiesenheit auf eine noch offene Zukunft" (110) Geltung verschafft werden soll, „nicht etwa nur eine äußerlich gegen das Denken Hegels vorzubringende Antithese. Vielmehr erweisen sich", so Pannenberg, „die Hegelschen Gedankenbestimmungen in ihrer dialektischen Natur an ihnen selbst als antizipatorisch" (111, Anm. 98). Nicht zuletzt an der „Wissenschaft der Logik"

lasse sich zeigen, „daß die logischen Bestimmungen die am Schluß der ‚Phänomenologie des Geistes‘ gewonnene Idee des absoluten Wissens oder der Wahrheit
als Identität von Subjekt und Objekt inhaltlich formulieren, sie jedoch dabei
nicht einholen und gerade so über sich hinaustreiben. In der Weise wie das absolute Wissen unmittelbar auftritt – als Sein – hat es noch nicht seine adäquate
Gestalt gefunden, und diese Inadäquanz wird der Reflexion auf das in jener
anfänglichen Bestimmung faktisch ‚Gesetzte‘ offenbar. Damit wird der Weg frei
für eine neue Formel des absoluten Wissens, die sich ihrerseits der Reflexion auf
das in ihr Gesetzte als bloße Antizipation enthüllen wird, die wieder über sich
hinaustreibt." (111) Bleibt hinzuzufügen, dass die „Herabsetzung" des Begriffs
zum Vorgriff bei Pannenberg mit der Annahme verbunden ist, dass Religion
nicht vollständig auf den Begriff zu bringen sei. Die Aufhebung religiöser Vorstellung in absolutes Begreifen, wie Hegel sie fordere, könne philosophisch nicht
geleistet werden, weil Philosophie dem endlichen Bewusstsein verbunden bleibe
und ihre Bestimmungen sich „letztlich als Vorgriff auf diejenige Wahrheit (erweisen), die in der Geschichte der Religion thematisch" (111 f., Anm. 96) werde.
Diese Einsicht ergibt sich nach Pannenberg aus einer Reflexion auf die „Implikationen der gesetzten Bestimmungen und des Verfahrens ihrer Entwicklung"
(111 f.).

2. Unaufgehobene Differenz.
Die unter Anleitung Pannenbergs angefertigten
Hegeldissertationen von Traugott Koch und Peter Cornehl

Gottes Freiheit, sagt Pannenberg in seinem beim Stuttgarter Hegel-Jubiläums-
kongress 1970 gehaltenen Vortrag „Die Bedeutung des Christentums in der Philosophie Hegels", realisiert sich nicht in der Weise jener Notwendigkeit, wie sie
der Logizität des Begriffs und seiner Entwicklung inhäriert, sondern übersteigt
alles, was sie hervorbringt und was auf den Begriff zu bringen der Philosophie
aufgetragen ist. Der philosophische Begriff müsse entsprechend als Vorgriff, der
Vollzug des Denkens als eine proleptische Bestimmung von Gedanken und Ge-
dankenzusammenhängen verstanden werden, mittels derer das Sinnganze vernünftig antizipiert werde. Diese Argumentationsfigur begegnet bei Pannenberg
nicht erst 1970, sondern strukturanalog bereits in früheren Jahren, stets verbunden mit einer expliziten Hochschätzung des Philosophen. Zum Beleg sei beispielsweise auf diverse Vorarbeiten zu Kollegien über die „Theologie der Vernunft"
verwiesen, die Pannenberg im WS 1963/64 und SS 1967 an der Evangelisch-
Theologischen Fakultät zu Mainz gehalten und dann im SS 1969 in München in
modifizierter Form erneut angeboten hat.[8] Analog argumentiert Pannenberg in

---

[8] Vgl. G. Wenz, „Theologie der Vernunft. Zum unveröffentlichten Manuskript einer
Münchner Vorlesung Wolfhart Pannenbergs vom Sommersemester 1969", in: *Zeitschrift für*

dem Vortrag „Glaube und Vernunft", den er in den Jahren 1965 und 1966 vor den theologischen Fachschaften in Marburg und in Hamburg gehalten hatte und der im ersten Band der gesammelten Aufsätze zu „Grundfragen Systematischer Theologie" veröffentlicht worden ist.[9] Die für den Druck überarbeitete Einleitung schließt teilweise wörtlich an das Mainzer Vorlesungsmanuskript zur „Theologie der Vernunft" an und bietet einen weiteren direkten Beleg für die zeitig ausgebildete Anlage der Hegelrezeption und -kritik Pannenbergs; als indirekte Zeugnisse hierfür könnten die unter seiner Anleitung angefertigten Dissertationen zum Thema angeführt werden.

Zwei der insgesamt vier Dissertationen, die auf Anregung Pannenbergs hin während seiner 1961 beginnenden Lehrtätigkeit an der Johannes Gutenberg-Universität erarbeitet wurden[10], sind signifikanterweise dem Denken Hegel gewidmet. Traugott Koch, dessen Rigorosum im Dezember 1964 stattfand, interpretierte Hegels Theologie nach Maßgabe der „Wissenschaft der Logik"[11], Peter Cornehl, dessen Promotionsverfahren im Juli 1966 zum Abschluss kam, untersuchte die Eschatologie in der deutschen Aufklärung, bei Hegel und in der Hegelschen Schule.[12] Beide Monographien belegen nicht nur das frühe und intensive Interesse an Hegels Denken im Umkreis Pannenbergs, sondern zeigen zugleich

---

Neuere Theologiegeschichte 19 (2012), 269–292. In der Typologie des Vernunftverständnisses, die Pannenberg in seiner Vorlesung entwickelt, wird Hegels Denken – im Mittelpunkt des ersten Kollegs steht ein ausführlicher Kommentar zur „Phänomenologie des Geistes" – dem Typ reflektierender Vernunft zugeordnet, auf den nur noch derjenige der sogenannten geschichtlichen Vernunft folgt. Zum Verhältnis reflektierender Vernunft zu dem, was Hegel Reflexionsphilosophie nennt, vgl. Wenz, „Theologie der Vernunft", 281 ff., wo Pannenbergs Hegelverständnis in Grundzügen rekonstruiert wird. Schon damals beurteilte er die Annahme einer dialektischen Selbstvollendung des Begriffs im absoluten Wissen als abwegig, weil sie unterschlage, dass jeder Begriff des Absoluten stets nur Vorgriff, proleptische Antizipation des im Begriff zu Begreifenden sein könne. Um von diesem Abweg ferngehalten zu werden, bedürfe die Vernunft der Religion, die sie weder theoretisch noch praktisch substituieren könne: Die Religion verschafft der Vernunft einen Begriff einer in allem Begreifen vorausgesetzten und unbehebbaren Unbegreiflichkeit ihres Sinngrundes und hindert sie dadurch, sich zu totalisieren und sich in verkehrter Weise in sich zu verschließen. Die Religion bewahrt der Vernunft ihre Offenheit und weist sie in die Geschichte ein, die sie auch und gerade dann nicht hinter sich lassen kann, wenn sie sie zu verstehen sucht. Zur Vernünftigkeit geschichtlicher Vernunft in Bezug auf Sprache, Wissenschaft, Glaube etc. wie sie Pannenberg im zweiten Teil seiner Vorlesung entwickelt, vgl. Wenz, „Theologie der Vernunft", 287 ff.

[9] W. Pannenberg, „Glaube und Vernunft", in: W. Pannenberg, *Grundfragen systematischer Theologie. Gesammelte Aufsätze*, Göttingen 1967, 237–251.

[10] Vgl. die Liste der Erst- beziehungsweise Zweitgutachten Pannenbergs bei Promotions- und Habilitationsverfahren von 1961–2005 in: G. Wenz (Hg.), *„Eine neue Menschheit darstellen" – Religionsphilosophie als Weltverantwortung und Weltgestaltung*, 263–269, hier: 263.

[11] T. Koch, *Differenz und Versöhnung. Eine Interpretation der Theologie G. W. F. Hegels nach seiner „Wissenschaft der Logik"*, Gütersloh 1967.

[12] P. Cornehl, *Die Zukunft der Versöhnung. Eschatologie und Emanzipation in der Aufklärung, bei Hegel und in der Hegelschen Schule*, Göttingen 1971. Die nachfolgenden Seitenverweise im Text und in Anmerkung 13 beziehen sich hierauf.

deutlich die kritischen Vorbehalte an, unter denen die Rezeption erfolgte. Cornehls Studie verweist bereits durch ihren Titel, der ursprünglich „Die Gegenwart des Absoluten und die Zukunft des Eschatons" lautete und dann in „Die Zukunft der Versöhnung" verändert wurde, programmatisch auf die zu erwartende Kritik: Hegel habe durch Aufhebung der futurischen in eine rein präsentische Eschatologie den christlichen Versöhnungsgedanken um seine Zukunftsdimension gebracht.

Die „Eliminierung der Zukunft aus dem Begriff der Versöhnung" (18) ist für Cornehl, späterer Professor für Praktische Theologie an der Universität Hamburg, bei aller Faszination der Hegelschen Konzeption theologisch ebenso inakzeptabel wie die tendenzielle Ablösung der ideellen Bedeutung des Lebens, Sterbens und Auferstehens Jesu Christi von der Realität und Individualität seiner konkreten Person und ihres geschichtlichen Geschicks (vgl. bes. 132 ff.). Hegel habe intendiert, Versöhnung real zu denken und dabei weder die ihr widerstehenden Mächte des Negativen von Üblem und Bösem, Tod und Teufel abzuschwächen, noch einen der beiden zu versöhnenden Momente zu vernichten gesucht (vgl. 160 ff.). Diese Intention habe er mit bemerkenswerter Konsequenz und ungleich differenzierter verfolgt, als es die traditionelle Kritik der Theologie vermuten lasse, etwa, wenn sie ihm pauschalen Pantheismus unterstelle. „Je mehr man sich auf die Sache des Hegelschen Denkens im einzelnen einläßt, umso mehr vergeht einem der Mut zu schnellem Urteil." (160) Gleichwohl meint Cornehl abschließend feststellen zu müssen, „daß auch Hegel selber seinem eigenen Kriterium nicht gerecht geworden ist, nicht gerecht werden konnte" (161). Es habe sich gezeigt, „daß die völlige Präsenz des Eschaton als Überwindung des Todes nur auf Kosten der Verharmlosung des *Todes*, durch seine Herabsetzung zur Metapher, gelang und daß die Einholung der Zukunft in die ewige Gegenwart des Geistes keineswegs überzeugend das Problem der bleibenden Angewiesenheit auf die noch ausstehende Aufhebung des Todesgeschicks für den Einzelnen durch Gottes Macht eliminieren konnte. In der Geschichtsphilosophie zeigt sich, daß der von Hegel bezogene Standpunkt der vollendeten Geschichte den Abschluss und die Auflösung aller Rätsel der Geschichte, die schlüssige Erklärung der Notwendigkeit des Leidens der Unschuldigen nur auf Kosten des *Subjektes*, durch die Preisgabe des Individuums an die ‚Schlachtbank' der Geschichte sich erzwingen ließ." (161 f.)

Cornehl steigert seine Kritik zu dem Vorwurf, Hegels System weise, indem es das Ganze auf einen abgeschlossenen Begriff zu bringen versuche, totalitäre Züge auf, so dass mit Theodor W. Adorno von einer „erpreßten Versöhnung" (161 f.) zu sprechen sei. Allerdings will er diesem und der sog. Kritischen Theorie gegenüber darauf insistieren, „das, was der negativen Dialektik an Affirmation zugrunde liegt, auch wirklich als solche kenntlich zu machen" (355). Dazu sei es nötig, „Gegenwart und Zukunft der Versöhnung dadurch zusammen zu denken, dass Versöhnung als *Prozeß der Aufhebung* der Entzweiung in die Wahrheit begriffen wird. Diese Aufhebung wäre als ein Geschehen zu beschreiben, auf das der Mensch unbedingt angewiesen ist, über das er gleichwohl selber selbst (sic!)

nicht verfügt, weder als Subjekt noch als Kollektiv, und von dem er doch faktisch lebt." (357)[13]

In seiner 1966 konzipierten, 1971 publizierten Untersuchung zu Eschatologie und Emanzipation in der Aufklärung, bei Hegel und in der Hegelschen Schule „Die Zukunft der Versöhnung" hat Cornehl wiederholt auf die ältere, 1967 veröffentlichte Dissertation von Traugott Koch Bezug genommen und zwar durchweg affirmativ. Dieser, späterer Professor für Systematische Theologie an der Universität Hamburg, hatte seine Kritik an Hegel konstruktiv aus dem „theologische(n) Sinn der Hegelschen Logik"[14] und einigen ihrer Bestimmungen des Absoluten zu entwickeln versucht. Philosophie sei nach Hegel Denken Gottes. Gott zu denken hinwiederum vermöge nur eine neue Logik, welche die Bestimmung des Denkens an sich selbst zu denken habe und zwar in der Einheit von Denken und Gedanken, von Denken und Sein, Form und Gehalt. „Darin liegt die grundsätzliche Bedeutung der ‚Wissenschaft der Logik' für Hegels ganze Philosophie." (17) Indem sie die jeweilige Bestimmtheit der einzelnen Denkbestimmungen nicht als selbstverständlich nimmt, sondern eigens bedenkt, erkennt sie deren differenzbestimmte Endlichkeit, um eine Gedankenfolge zu entwickeln, durch deren Verlauf das endliche Denken über seine Endlichkeit hinausgeführt und zum Unendlichen erhoben wird und sich erhebt, in dessen Absolutheit sich alles Begreifen vollendet und mit aller Differenz auch diejenige von Denken und Sein behoben ist.

Im Absoluten als dem Grund und Ziel der „Wissenschaft der Logik" erfüllen sich Wirklichkeit und Wahrheit und werden eins. Hinzuzufügen ist, was sich nach Maßgabe der Hegelschen Logik von selbst versteht, dass nämlich nicht das Individuum des einzelnen Denkers als das eigentliche „Subjekt" des Denkens zu gelten hat, weil dessen Hingabe an die „Sache" des Denkens die Voraussetzung einer logischen Gedankenentwicklung darstellt, welche das Absolute erschließt. Gedacht ist das Absolute nur, wenn das Denken seines Gedankens das im Gedanken Gedachte als von diesem selbst erschlossen denkt. Das Denken Gottes hat Gottes eigenes Denken und damit auch dies zu bedenken, nämlich dass es nur von Gott her und in der Weise göttlicher Selbsterschließung möglich ist.

Koch weiß sich Hegels Programm einer philosophischen Theologie verpflichtet; seine kritische Anfrage ist auf das Problem gerichtet, ob es Hegel in seiner als spekulative Metaphysik und Theorie des Absoluten konzipierten Logik gelingt, den Prozess der Erhebung des Endlichen zum Unendlichen, der in der Realphi-

---

[13] Die an Hegel zu stellende Frage, „ob die in der realisierten Eschatologie liegende Behauptung, das Ganze einer versöhnten Subjektivität in einer versöhnten Welt als gegenwärtige Wirklichkeit voraussetzen zu können, nicht Schein war" (321), ist Cornehl zufolge „in verschärfter Form" (321) an Hegels Schüler zu richten, die das schon beim Meister bestehende Dilemma zugesteigert hätten, was schließlich zum Zerfall der Hegelschule in zwei einander entgegengesetzte Teile geführt habe.

[14] T. Koch, *Differenz und Versöhnung*, 29 ff., hier: 29. Die nachfolgenden Seitenverweise im Text beziehen sich auf dieses Werk.

losophie zur Durchführung kommt, „in einem endgültigen Resultat zu vollenden" (24): „Erreicht es Hegel, die Identität so zu denken, dass *in* ihrem Erfassen
die Differenz und damit die Endlichkeit (auch des Denkens) vollgültig überwunden, ‚aufgehoben' ist?" (24) Nach Koch kann diese Frage nur im Nachvollzug des
Hegelschen Denkprozesses beantwortet werden und nicht von außen her, etwa
durch pantheistische Vorurteile oder unter der im späten Neukantianismus und
anderwärts begegneten Prämisse, „Hegel habe das transzendentale Ich-denke
Kants absolut gesetzt" (37, Anm. 27), ohne im Übrigen den reflexionsphiloso-
phischen Standpunkt wirklich überwinden zu können.

Der Prozess des Denkens und der Fortgang der in ihm gedachten Gedanken
ist in Hegels Logik nicht einlinig deduktiv, sondern zugleich reduktiv, als pro-
gressiver „Rückgang in den Grund" (98, Anm. 55) zu fassen. Koch verweist in
diesem Zusammenhang auf entsprechende Aussagen Pannenbergs in dem Aufsatz „Was ist Wahrheit" von 1962[15], wo die These Hegels, dass Ursprung und
Verlaufsprozess der Logik erst am Ende und vom Ende her bewahrheitet und zu
einer alle Widersprüche in sich aufhebenden Einheit gebracht werde, als in enger
Berührung mit dem biblischen Wahrheitsverständnis stehend gewürdigt wird.
Allerdings moniert Pannenberg „den Verlust des Zukunftshorizontes im Denken
Hegels"[16], in dessen Konsequenz es zwangsläufig zu einer tendenziellen Geringschätzung geschichtlicher Geschehenskontingenz und zu einer bleibenden Prä-
dominanz des Allgemeinen dem Individuellen und Besonderen gegenüber kommen musste. Diese und vergleichbare Systemdefizite seien durch Hegel irrige
Meinung hervorgerufen, „um der Einheit der Wahrheit willen der Zukunft kein
eigenes Wahrheitsrecht mehr zubilligen zu können"[17]: „Und darin ist ja auch
geistesgeschichtlich das Scheitern seines Systems begründet."[18]

Koch teilt die Hegelkritik Pannenbergs und schreibt sie unter Bezug auf die
Lehre von der absoluten Selbstvermittlung des Begriffs u.a. durch den Hinweis
fort, dass das gesamte logische Beginnen in einem absoluten Prius gründe, dessen
einheitsstiftende Funktion in und für den differenzierten und differenzbestimm-
ten Prozess des Denkens nur antizipativ zu erkennen sei: „Das Werden als absolute Einheit lässt sich nicht definierend fassen. Als das Versöhnende und über
allem Widerspruch Erhabene, weil ihn Lösende, entzieht sich … die absolute
Einheit dem bestimmenden Denken; nie wird sie zu seinem Begriff." (106) In
seiner Absolutheit erkannt wird das Absolute als das „sich allem Begreifen Ent-
ziehende" (172). Gott lässt sich erkennen und denken; doch ist sein Begriff derjenige der Unbegreiflichkeit, weil die Identität von Identität und Differenz, welche das göttliche Wesen ausmacht, jeden Begriff ihrer Einheit auf eine unaufhebbare Differenz hin transzendiert, die unbegreiflich ist. Die Wahrheit Gottes geht

---

[15] W. Pannenberg, „Was ist Wahrheit?", in: W. Pannenberg, *Grundfragen systematischer Theologie. Gesammelte Aufsätze*, Göttingen ²1971, 202–222, hier: 218 ff.

[16] Pannenberg, „Was ist Wahrheit?", 219.

[17] Pannenberg, „Was ist Wahrheit?", 219.

[18] Pannenberg, „Was ist Wahrheit?", 219.

nicht im logischen Denken auf; sie ist „als das uns Unbegreifbare zu denken und zu denkender Erfahrung zu bringen" (174).

3. Michael Theunissen und Falk Wagner. Affirmation und Kritik von Pannenbergs Hegelrezeption

Neben Hegels Logik sind die §§ 553–577 der Enzyklopädie der philosophischen Wissenschaften, deren Drittauflage 1830 (¹1817; ²1827) erschien, für die Theologie in besonderer Weise bemerkenswert. Ihrer Exegese und der anschließenden Konstruktion des Philosophiebegriffs hat Michael Theunissen in seinem Werk „Hegels Lehre vom absoluten Geist als theologisch-politischer Traktat" einführende Bemerkungen zur Kritik sowohl der politischen als auch der theologischen Hegelkritik vorangestellt. Kennzeichnend für die theologische Hegelkritik sei, so Theunissen, die beständige Klage, der Philosoph habe in seinem Identitätsdenken dem Nichtidentische, Differenten, Singulären, Kontingenten, Unmittelbaren und Unbegreiflichen nicht angemessen Rechnung getragen und zwar obwohl er Identität als Identität von Identität und Differenz zu denken beanspruchte. In der Regel sei diese Klage, die mit der in Adornos „Negative(r) Dialektik" erhobenen im Wesentlichen koinzidiere, sehr pauschal vorgetragen worden. „Mit wenigen Ausnahmen […] haben es sich die Theologen aller Konfessionen, vornehmlich aber die evangelischen, bei ihrer Abrechnung mit Hegel bisher allzu leichtgemacht"[19]; für sie treffe das Wort von Marx am meisten zu, dass Hegel wie ein „toter Hund" behandelt worden sei. Zu den rühmlichen Ausnahmen zählt Theunissen auf katholischer Hans Küng und auf evangelischer Seite neben Karl Barth, der freilich Hegels Philosophie dann doch zum „puren Identitätssystem" (39) erklärt habe, „insbesondere Pannenberg und seine Schüler" (34).

Nichtsdestoweniger übt Theunissen an der „aus der Schule Pannenbergs hervorgegangenen Arbeit" (39) Traugott Kochs und ihrer „nicht zufällig mit ausdrücklichem Bezug auf Adorno" (39) vorgetragenen Hegelschelte scharfe Kritik. Auch nach Kochs Urteil – neben Adorno lasse der seinem Gegner in Kontrastharmonie verbundene Martin Heidegger grüßen – sei Hegel differenzvergessen. Behoben werden könne seine Differenzvergessenheit nur durch Anerkennung unvordenklichen Seins, das allem logischen Beginnen zuvorkomme, und eines eschatologischen Vorbehalts, der den Selbstabschluss des Begriffs verhindere. Obwohl sich Kochs theologische Hegelkritik als immanente, mit begrenzten Korrekturen operierende Kritik ausgebe, sei sie in Wirklichkeit „ein Gewaltstreich, der das ganze Gedankengebäude Hegels umwirft" (41) und nur mit demjenigen vergleichbar, den einst der späte Schelling gegen den vermeintlichen Logismus seines vormaligen Freundes und nachmaligen Gegners meinte führen zu sollen.

---

[19] M. Theunissen, *Hegels Lehre vom absoluten Geist als theologisch-politischer Traktat*, Berlin 1970, 34. Die nachfolgenden Seitenverweise im Text beziehen sich hierauf.

Der Verweis auf den späten Schelling gibt Anlass, eines Vortrags zu gedenken, den Theunissen fünf Jahre nach Erscheinen seiner Monographie zu „Hegels Lehre vom absoluten Geist" beim Stuttgarter Hegelkongress 1975 über „Die Aufhebung des Idealismus in der Spätphilosophie Schellings" gehalten und 1976 in erweiterter Form im „Philosophischen Jahrbuch" publiziert hat. Der Beitrag ist Walter Schulz gewidmet, auf dessen „bahnbrechende(s) Werk"[20] über „Die Vollendung des deutschen Idealismus in der Spätphilosophie Schellings" der Titel direkten Bezug nimmt. Der Ersatz des Vollendungs- durch den Aufhebungsbegriff verdankt sich nach Theunissen der Absicht, im Verein mit Affirmation und Perfektion auch dem Moment bestimmter Negation entsprechend Ausdruck zu verleihen. Pannenberg hat den Text intensiv und mit erkennbarer Zustimmung gelesen, wie sein „[m]it herzlichen Grüßen" des Autors versehenes Handexemplar (Pannenberg-Bibliothek Nr. 02148) beweist. Konnte er sich doch namentlich durch Theunissens Darstellung der Hegelkritik des späten Schelling in seiner eigenen Auffassung bestätigt finden.

Dies gilt offenkundig und in besonderer Weise für die These, dass die logische Bewegung des Begriffs in Hegels System nur dann in Gang kommt und in Gang gehalten wird, „wenn ihr Ziel im vorhinein antizipiert" (14) wird. Hegel sei der irrigen Meinung gewesen, „als entfalte sich die logische Bewegung ausschließlich aus der immanenten Abfolge der Denkbestimmungen" (17), obwohl er doch „nicht nur immer schon, sondern auch immer wieder, das heißt nicht nur am Anfang, sondern auch im Fortgang der Logik, auf intellektuelle Anschauung zurückgreifen muss, um sich des Erfahrungsgehalts seiner Kategorien zu versichern" (17). Ohne intellektuelle Anschauung als „Organ der Antizipation" (14; 16) bleibe Hegels Denken auf der Strecke beziehungsweise regrediere in einen Logismus, dem es unendlich an Sein mangle (vgl. 16)[21]. Diese – Hegels selbst nicht einfachhin fremde – Einsicht habe Schelling geltend gemacht. Die konkrete Erfahrung von seinshaltiger Ganzheit in begrifflich bestimmter Gedankenentwicklung „setzt eine Antizipation eben der konkreten Totalität voraus" (19). Es bedarf keines aufwändigen Verfahrens, um sich davon zu überzeugen, dass diese Annahme sowohl mit Pannenbergs eigener Hegelkritik als auch mit der konstruktiven Anlage seines Systems übereinkommt.[22]

---

[20] M. Theunissen, „Die Aufhebung des Idealismus in der Spätphilosophie Schellings", in: *Philosophisches Jahrbuch* 83 (1976) 1–29, hier: 5. Die nachfolgenden Seitenverweise im Text beziehen sich hierauf.

[21] Unter Verweis auf das 1975 in Erstauflage erschienene Werk Manfred Franks *Der unendliche Mangel an Sein. Schellings Hegelkritik und die Anfänge der Marxschen Dialektik*, München ²1992, hier: 159 ff. Exemplarische Belege für Schellings kritischen „Nachweis eines erkenntnistheoretischen Zirkels in Hegels Gedanken reflexiver Selbstvermittlung" (Frank, *Der unendliche Mangel*, 169) bringt Frank auf den Seiten 169 ff. bei.

[22] Vgl. M. D. Krüger, „Schellings Spätphilosophie und Pannenbergs Geschichtstheologie. Thesen zu ihrem Verhältnis", in: G. Wenz (Hg.), *Vom wahrhaft Unendlichen. Metaphysik und Theologie bei Wolfhart Pannenberg*, Göttingen 2016, 141–161. Ferner: Th. Oehl, „Die theologische Insuffizienz des Begriffs. Zur Systemkonzeption Wolfhart Pannenbergs", in: G.

Die weitreichende Übereinstimmung zwischen Pannenberg und Theunissen wird auch durch dessen Exegese und konstruktive Explikation der Absolutheitstheorie der Enzyklopädie bestätigt und zwar trotz der an Kochs Logikdissertation geübten Kritik. Die Eintragungen, die Pannenberg in seinem Handexemplar vorgenommen hat (Pannenberg-Bibliothek Nr. 02055), lassen vermuten, dass ihn diese nur bedingt überzeugte, ja dass er die von Theunissen an Hegel geübte Kritik von der Kochschen für sachlich gar nicht weit entfernt hielt. Mehrmals hat er kritische Thesen Theunissens eigens mit einem direkten beziehungsweise in-

---

Wenz, *Vom wahrhaft Unendlichen*, 233–263. Warum Pannenberg trotz dieser Übereinstimmung der Schellingschen Spätphilosophie eher zurückhaltend begegnete und ob beziehungsweise inwieweit hierfür Theunissens Vorbehalte ihr gegenüber (vgl. Theunissen, „Die Aufhebung des Idealismus in der Spätphilosophie Schellings", bes. 19 ff.) einflussreich waren, wäre ebenso einer speziellen Untersuchung wert wie die Frage nach dem genauen Einfluss der Theunissen'schen auf die Pannenberg'sche Hegelrezeption. Dass wechselseitige Affinitäten bestanden, ist offenkundig. Man vergleiche dazu etwa Theunissens bibliographischen Bericht „Die Verwirklichung der Vernunft. Zur Theorie-Praxis-Diskussion im Anschluss an Hegel", der 1970 als Sonderheft in der Philosophischen Rundschau erschienen ist und sich mit dem Vermerk „In dankbarer Erinnerung an Stuttgart" unter Nr. 03290 in der Pannenberg-Bibliothek befindet. Beiden, Theunissen und Pannenberg, liegt an der „Wahrnehmung des spezifisch christlichen Hintergrundes, auf dem Hegel Theorie und Praxis gruppiert" (M. Theunissen, „Die Verwirklichung der Vernunft. Zur Theorie-Praxis-Diskussion im Anschluss an Hegel", in: *Philosophische Rundschau*, Beiheft 6 [1970], 59), und beide sind der Auffassung, dass Hegel „die von Praxis umgriffenen Theorie, die ihm mit der Bindung an das Christentum aufgegeben war, mit der reinen keineswegs durchweg (habe) vermitteln können" (M. Theunissen, „Die Verwirklichung der Vernunft. Zur Theorie-Praxis-Diskussion im Anschluss an Hegel", in: *Philosophische Rundschau*, Beiheft 6 [1970], 88), weil er den antizipativen Charakter des christlichen Versöhnungsgedankens nicht konsequent genug beachtet habe und daher tendenziell der Gefahr erlegen sei, seine Gegenwart ins Absolute zu verklären (vgl. M. Theunissen, „Die Verwirklichung der Vernunft. Zur Theorie-Praxis-Diskussion im Anschluss an Hegel", in: *Philosophische Rundschau*, Beiheft 6 [1970], 89).
     „Zur Kritik der Kritischen Theorie" vgl. M. Theunissen, *Gesellschaft und Geschichte*, Berlin 1969. Die von ihm konstatierte „Ableitung der Kritischen Theorie von der Intention ihres Programms" (Theunissen, *Gesellschaft und Geschichte*, 28), dessen geschichtsphilosophische Ausrichtung er im Grundsatz ebenso teilt wie die beabsichtigte Praxiorientierung, führt Theunissen auf eine Tendenz zur Renaturalisierung der Geschichte infolge einer praxistheoretischen Überforderung empirischer Subjektivität zurück. Indem anstelle Gottes der Mensch beziehungsweise die Menschheitsgattung zum einheitsstiftenden Wirksubjekt der Geschichte erklärt werde, gehe die Entlastung, welche Religion gewähre, verloren und mit ihr der eschatologische Vorbehalt, unter der alles menschliche Reden und Handeln bezüglich des Ganzen zu stellen sei, wenn es nicht ins Totalitäre entarten solle. In methodischer Hinsicht fragt Theunissen: „Wie kann die Kritische Theorie das jeweils gegenwärtige Ganze vor sich haben und gleichwohl selbst am gegenwärtigen Geschichtsprozess teilnehmen?" Pannenberg hat diese Anfrage in seinem Handexemplar (Pannenberg-Bibliothek 03060), das mit einem Dank Theunissens für „Christliche Theologie und philosophische Kritik" versehen ist, durch eine Randmarkierung eigens hervorgehoben. Theunissen schließt mit der Vermutung, „dass Geschichtsphilosophie nicht nur aus der Theologie hervorgegangen, sondern nach wie vor nur als solche möglich" (Theunissen, *Gesellschaft und Geschichte*, 40) sei. Auch diese Bemerkung war ganz im Sinne Pannenbergs, wie nachdrückliche Unterstreichungen zeigen.

direkten Verweis auf Kochs Abhandlung versehen, etwa wenn eine bleibenden Unaufgehobenheit von Kontingenz, unmittelbarer, singulärer Individualität etc. im Hegel'schen System, mangelnde Berücksichtigung kritischer Faktizität oder ein Defizit an eschatologischer Zukunftsausrichtung geltend gemacht wurde. Dass sich in der Identität von Identität und Differenz, die Sein und Denken bildeten, die umgreifende Identität dem Denken entziehe (vgl. 47), habe auch Koch gesagt und in Entsprechung zu Theunissen eine Revision des Gedankens gefordert, „das System können seine eigenen Voraussetzungen einholen" (53). Völlige Übereinstimmung herrsche im Übrigen, um nur noch dieses Beispiel zu geben, in dem von Pannenberg am Rande mit der Note „sehr gut" qualifizierten Grundsatz: „indem der Mensch um seiner Freiheit willen dem Gott das Gesetz logischer Notwendigkeit auferlegt, stößt er den, der ihn allererst zur Freiheit befreien soll, in die Unfreiheit." (59) Sachbezüge dieses Diktums zum späten Schelling und seiner Hegelkritik herzustellen, dürfte ebenso wenig schwerfallen wie der Aufweis weiterer konzeptioneller Gemeinsamkeiten zwischen Theunissen und Pannenberg.[23]

Die theologische Hegelkritik Pannenbergs sowie Kochs und Cornehls liegt mit der von Theunissen geübten inhaltlich im Großen und Ganzen auf einer Linie. Bedarf es eines Zusatzbeweises für die Richtigkeit dieser Annahme, dann ist er, wenngleich gewissermaßen *ex negativo*, leicht anhand der Hegelarbeiten Falk Wagners zu erbringen, die zwar, sofern es sich um akademische Qualifikationsarbeiten handelte, ebenfalls aus der Pannenbergschule hervorgegangen sind, deren Autor aber im Grunde von Anfang an andere Wege eingeschlagen hatte als die vom Lehrer vorgezeichneten. Was er von Theunissens Hegeldeutung und insbesondere von dessen Interpretation der Hegelschen Logik hielt, hat Wagner in der ihm eigenen Deutlichkeit wiederholt bekundet.[24] Auch Pannen-

---

[23] Nach Urteil beider ist die Versöhnung Gottes und des Menschen im Gottmenschen Jesus Christus, dem auferstandenen Gekreuzigten, perfekt vollbracht, jedoch auch proleptisch-antizipative Weise und mithin so, dass für das Christentum samt Menschheit und Welt eschatologische Zukunftsoffenheit besteht und die „Rückverlegung einer als vollkommen gedachten Zukunft in die Gegenwart" (M. Theunissen, *Hegels Lehre vom absoluten Geist*, 442) nicht infrage kommt.

[24] Vgl. M. Theunissen, *Sein und Schein. Die kritische Funktion der Hegelschen Logik*, Frankfurt a.M. 1978, ²1980; F. Wagner, „Hegel als verkannter Theoretiker von Unmittelbarkeit?", in: *Philosophisches Jahrbuch* 87 (1980), 171–191. Weil es Theunissen nicht gelinge, eine überzeugende immanente Interpretation der Bedeutungsgehalte der Logik zu leisten, trage er seinen eigenen philosophischen Ansatz von außen an sie heran, um ihn durch Hegel äußerlich bestätigen zu lassen. Vgl. F. Wagner, „Logische Form und philosophischer Gehalt: zu neuen Hegel-Büchern", in: *Zeitschrift für philosophische Forschung* 38 (1984), 123–136, hier: 128 ff. Zu der Ende der 80er Jahre des vergangenen Jahrhunderts mit Wagners Wechsel von München nach Wien eintretenden Abkehr von einer hegelorientierten Theorie des Absoluten und zur tendenziellen Transformation seines ursprünglichen Ansatzes in eine empirische Religionswissenschaft vgl. u.a. J. Dierken, „Philosophische Theologie als Metaphysik der Endlichkeit. Variationen einiger Grundmotive Falk Wagners", in: Chr. Danz/J. Dierken/M. Murrmann-Kahl (Hgg.), *Religion zwischen Rechtfertigung und Kritik. Perspektiven*

bergs theologische Hegelkritik beurteilte er mehr als kritisch, wie im Laufe der
Zeit immer deutlicher zutage trat, bis es zum Abschied nicht nur von München,
sondern auch von einer auf Hegel basierenden Theorie des Absoluten kam.

Begonnen hatte Wagner seine akademische Karriere mit einer Arbeit zum
Thema „Der Gedanke der Persönlichkeit Gottes bei Fichte und Hegel"; es war
die erste Dissertation, die bei Pannenberg nach seinem Wechsel von Mainz an die
neu gegründete Evangelisch-Theologische Fakultät der Ludwig-Maximilians-
Universität München angefertigt wurde. Das Rigorosum fand am 13.12.1969
statt, als Korreferent fungierte Trutz Rendtorff. Bereits damals gab es „in der
Hegeldeutung gravierende Differenzen zwischen Doktorvater und Doktorand.
Zwar hatte sich Wagner von der linkshegelianischen Lesart à la Strauß abgegrenzt. Aber zugleich hatte er im letzten Kapitel seiner Dissertation dem von
Pannenberg eher hochgeschätzten Rechtshegelianer Marheineke die Repristination eines vorkritischen Theismus vorgeworfen und im Blick auf Rosenkranz
und Michelet von der Pseudoproduktivität von Missverständnissen gesprochen.
Auf Drängen des Doktorvaters hatte das Kapitel zur Hegelschule aus der Dissertation zu verschwinden."[25]

---

philosophischer Theologie, Frankfurt a.M. u.a. 2005, 81–103. Zur Bedeutung des Denkens
von G. Dux für Wagners Wende vgl. F. Wagner/M. Murrmann-Kahl (Hgg.), *Ende der Religion – Religion ohne Ende? Zur Theorie der „Geistesgeschichte" von Günter Dux*, Wien 1996.
Ob man in Bezug auf Wagners Kehre nicht von einer Absage an Hegel, sondern lediglich von
einem „Wandel vom harten Hegelianismus zum weichen Hegelianismus" (U. Barth, „Von der
spekulativen Theologie zum soziologischen Religionsbegriff. Versuch einer Annäherung an
das Denken Falk Wagners", in: *Zeitschrift für Neuere Theologiegeschichte* 7 [2000] 251–282,
hier: 280) zu sprechen hat, kann im gegebenen Zusammenhang dahingestellt bleiben. Man
vergleiche im Einzelnen die Beiträge von Chr. Axt-Piscalar („Theo-logische Religionskritik
und Theorie des Absoluten. Falk Wagners spekulatives theologisches Programm und sein
Scheitern") sowie W. Gräb („Wagners empirische Wende. Die Hinwendung zur sozio-kulturellen Lebenswelt der christlichen Religion – und die Praktische Theologie") in: Chr.
Danz/M. Murrmann-Kahl (Hgg.), *Spekulative Theologie und gelebte Religion. Falk Wagner
und die Diskurse der Moderne*, Tübingen 2015, 111–132 bzw. 149–162.

[25] J. Rohls, „Falk Wagner im Kontext der protestantischen Theologiegeschichte der Nachkriegszeit", in: Chr. Danz/M. Murrmann-Kahl (Hgg.), *Spekulative Theologie und gelebte
Religion*, 13–43, hier: 29. Die Studien zum Gedanken der Persönlichkeit Gottes in der Hegelschule erschienen separat: vgl. F. Wagner, „Der Gedanke der Persönlichkeit Gottes bei Ph.
Marheineke. Repristination eines vorkritischen Theismus", in: *Neue Zeitschrift für Systematische Theologie und Religionsphilosophie* 10 (1968), 44–88; F. Wagner, „Zur Pseudoproduktivität von Missverständnissen in der Hegel-Schule. Der Gedanke der Persönlichkeit
Gottes bei K. Rosenkranz und K. L. Michelet", in: *Neue Zeitschrift für Systematische Theologie und Religionsphilosophie* 12 (1970), 313–337. Zur Genese des theologischen Entwurfs
von Pannenberg und zu Wagners Mainzer Studienzeit bei seinem späteren Doktorvater vgl. J.
Rohls, „Wagner im Kontext", 19 ff. Rohls zitiert Wagner gemäß seinem Beitrag in dem von C.
Henning und K. Lehmkühler herausgegebenen Sammelwerk *Systematische Theologie der
Gegenwart in Selbstdarstellungen* (Tübingen 1998, 277–299, hier: 281) mit den Worten, er habe
sich „die inhaltliche Position seiner (sc. Pannenbergs) Geschichtstheologie niemals zu eigen
machen können". Gleichwohl habe er wesentliche Motive übernommen: „erstens die entschiedene Kritik an der Dialektischen Wort-Gottes-Theologie, zweitens die damit verbun-

Wagner versuchte in seiner Dissertation zu zeigen, dass das philosophische Denken Hegels, dessen Genese er in Grundzügen rekonstruierte, fähig sei, „den Begriff der Persönlichkeit Gottes so zu denken, dass er der Unendlichkeit und Absolutheit Gottes standhält"[26]. In Betracht kommt dabei neben der „Phänomenologie des Geistes" insbesondere Hegels Religionsphilosophie, deren Trinitätslehre die Grundlage des erstrebten Beweises darstellt. Konzeptionelle Differenzen zum Doktorvater treten in der publizierten Dissertation nicht zutage, jedenfalls nicht auf direkt erkennbare Weise. Ja, Wagner kritisiert, wenngleich unter Vorbehalten, die Hegelsche Aufhebung der Religion in das absolute Wissen als abstrakt und vermerkt wie Koch und Cornehl, Hegel habe „die in der Religion bestehende Dialektik des ‚Schon' und ‚Noch-nicht' einseitig nach der Seite des ‚Schon' hin" (194 f.) aufgelöst: „Im Begriff des absoluten Wissens als des in sich vollendeten Begriffs eskamotiert Hegel das Bewusstsein der Vorläufigkeit, das aber gerade für den Begriff der christlichen Versöhnung konstitutiv ist, ohne den Hegel das absolute Wissen gar nicht in seiner Wahrheit und Allgemeingültigkeit erfassen könnte." (195) Später hat Wagner diese und ähnliche Aussagen revoziert. Von einer Unaufhebbarkeit der Religion und ihrer Vorstellungsgehalte in den philosophischen Begriff oder davon, dass „die Unabgeschlossenheit der Versöhnung ein wesentliches Moment des Begriffs der christlichen Versöhnung selbst" (194) sei, ist nicht mehr die Rede. Obwohl er seine gesammelten Studien zu Begriff und Thema der Theologie seinem „Lehrer" als „Zeichen des Dankes

---

dene Überzeugung einer engen Verbindung von Theologie und Philosophie, drittens de(n) Anschluss der Theologie an andere Disziplinen wie den Sozialwissenschaften und viertens das Konzept einer Theologie der Vernunft." (J. Rohls, „Wagner im Kontext", 21) Letzteres fiel dann bei Wagner allerdings erheblich anders aus als bei Pannenberg: vgl. dazu etwa F. Wagner, „Vernünftige Theologie und Theologie der Vernunft. Erwägungen zum Verhältnis von Vernunft und Theologie", in: *Kerygma und Dogma* 24 (1978), 262–284, bes. 275 ff. Nach Wagner ist Pannenbergs geschichtstheologisches Vernunftkonzept durch die faktische Differenz von Vernunft und offener Geschichtswirklichkeit konstitutiv bedingt mit der Folge, „daß die als geschichtlich gekennzeichnete Vernunft nicht bloß endlich ist, sondern auch über eine mit Elementen der Vernunft versetzten Begriff des Verstandes nicht hinaus kommt" (279). Pannenbergs Vernunftverständnis sei reflexionsphilosophisch-antispekulativ; sein Verständnis einer geschichtlich offenen Vernunft unterbiete „bereits den *Anspruch* der spekulativen Vernunft" und zwar dadurch, „daß die als geschichtlich bezeichnete Vernunft auf die faktisch gegebene Differenz von Vernunft und Wirklichkeit, Vorgriff und antizipierter Zukunft der Wahrheit festgelegt wird" (281). Pannenbergs Weigerung, der Hegel'schen Forderung einer Aufhebung der religiösen Vorstellung in den philosophischen Begriff zu folgen, wertet Wagner als einen Beleg des von ihm konstatierten Sachverhalts (vgl. F. Wagner, „Die Aufhebung der religiösen Vorstellung in den philosophischen Begriff. Zur Rekonstruktion des religionsphilosophischen Grundproblems der Hegelschen Philosophie", in: *Neue Zeitschrift für Systematische Theologie und Religionsphilosophie* 18 [1976], 44–73; vgl. in diesem Zusammenhang die Kritik an Theunissen, dessen Position Wagner „der harmonisierenden Hegel-Interpretation der ‚orthodox'gesinnten Alt-Hegelianer" [71] zurechnet).

[26] F. Wagner, *Der Gedanke der Persönlichkeit Gottes bei Fichte und Hegel*, Gütersloh 1971, 137. Die nachfolgenden Seitenverweise im Text beziehen sich hierauf.

für jahrelange und vielfältige Förderung und als Ausdruck der Verbundenheit"[27]
widmete, zeigt ihr Inhalt unmissverständlich, dass er weder Pannenbergs Hegelverständnis noch dessen theologische Gesamtkonzeption zu teilen vermochte.[28]

Pannenberg hat die bestehende Differenz nicht nur registriert, sondern auch
auf sie reagiert: „Wagner", so heißt es unter Bezug auf dessen Studien zu Begriff
und Thema der Religion in Geschichte und Gegenwart[29], „scheint der Meinung
zu sein, daß das Denken des Absoluten als absolut die Schranke der Gebundenheit aller sonstiger Bewusstseinsgehalte an die Subjektivität des Bewußtseins
überwinde"[30]; nur unter dieser Voraussetzung halte er offenbar die von ihm konstatierte Aporie des religiösen Bewusstseins, seinen Grund nicht an sich selbst,
sondern nur auf eigener Basis als derjenigen eines Begründeten denken zu können, für behebbar. Pannenberg bezweifelt zum einen, dass die besagte Aporie
eine Aporie der Religion und nicht lediglich der neuzeitlichen Religionstheorie
sei, und erklärt das Fehlen dieser Unterscheidung zu einem „Hauptmangel des
Buches von Wagner"[31]. Zum andern stelle sich die Frage, „warum ... der Gedanke des Absoluten der subjektiven Bedingtheit entnommen sein (soll), wenn
doch der Gott des religiösen Bewußtseins ihr nach Wagner immer verhaftet
bleibt, obwohl er als freies Gegenüber zum Menschen geglaubt wird"[32]. Wagner
Annahme, das Absolute lasse sich so denken, dass sich sein Gedanke als von ihm
selbst erschlossen und begrifflich qualifiziert offenbart, beruhe auf bloßer Behauptung und entbehre eines theoretischen Beweises. „Der Gedanke des Absoluten bleibt sogar entschiedener im Reflexionszusammenhang menschlichen
Denkens eingebunden als der Gott der Religion, weil das Absolute ein philosophischer Gedanke ist, bei dem wie bei allen philosophischen Gedanken die Relativität auf das denkende Subjekt immer mitgedacht werden muss, während dem
religiösen Bewußtsein als intentionalem Bewußtsein die Reflexion auf die Subjektivität seines Redens von Gott äußerlich bleibt."[33] Indem Wagner den als

---

[27] F. Wagner, *Was ist Theologie? Studien zu ihrem Begriff und Thema in der Neuzeit*, Gütersloh 1989, 7. Vgl. dazu Chr. Danz/M. Murrmann-Kahl, „Spekulative Theologie und gelebte Religion – ein Widerspruch?", in: Chr. Danz/M. Murrmann-Kahl (Hgg.), *Spekulative
Theologie und gelebte Religion*, 1–9, hier: 1 f. : „Von den Theologen war für Wagner zweifellos
Wolfhart Pannenberg die bestimmende Gestalt, den er sogar als seinen ‚Lehrer' bezeichnen
konnte, wiewohl er niemals dessen Lehre vertreten, sondern die Geschichtstheologie Pannenbergs vielmehr durchweg kritisch in den Blick genommen hat. Andererseits kann man
gewiss sagen, dass Wagner nirgendwo anders eine akademische Karriere in der Theologie
hätte machen können als im Umfeld dieses Münchener Theologen."
[28] Vgl. u.a. auch F. Wagners Beitrag „Zur vernünftigen Begründung und Mitteilbarkeit des
Glaubens", in: J. Rohls/G. Wenz (Hgg.), *Vernunft des Glaubens. Wissenschaftliche Theologie
und kirchliche Lehre*. Festschrift zum 60. Geburtstag von W. Pannenberg, Göttingen 1988,
109–137.
[29] F. Wagner, *Was ist Religion? Studien zu ihrem Begriff und Thema in Geschichte und
Gegenwart*, Gütersloh 1986, hier: bes. 572 ff.
[30] W. Pannenberg, *Systematische Theologie*, Bd. 1, Göttingen 1988, 174, Anm. 121.
[31] Pannenberg, *Systematische Theologie*, Bd. 1, 141, Anm. 30.
[32] Pannenberg, *Systematische Theologie*, Bd. 1, 174, Anm. 21.
[33] Ebd.

Selbstauslegung des Absoluten zu denkenden Gedanken des Absoluten in einen Gegensatz zur Subjektivität des religiösen Bewusstseins stelle, eliminiere er die vom Menschen vollzogene Erhebung zugunsten der einseitig vom Gedanken des Absoluten ausgehenden Bewegung und falle so hinter den Religionsbegriff Hegels zurück, für den Erhobenwerden und Sich-Erheben einen Zusammenhang bildeten: „Das ist", wie abschließend „nicht ohne Ironie"[34] festgestellt wird, „hegelianisierender – Barthianismus"[35].

Was ein Begriff begreift, erschließt sich nach Pannenberg nicht rein begrifflich, sondern durch Reflexion auf seinen Sachgehalt. Der Begriff des Absoluten mache diesbezüglich keine Ausnahme: Auch er sei nicht anders zu erfassen als durch Reflexion auf die Einheit von Denken und Sein, die seine Absolutheit ausmacht, und auf den Vollzug ihrer Realisierung. Während Wagner jedenfalls in seiner Münchener Zeit die Unterstellung einer „Differenz zwischen einem denkenden Denken und einem darin gedachten Denken"[36] als inadäquat für ein spekulatives Denken Hegelschen Zuschnitts beurteilt, geht Pannenberg von der Notwendigkeit einer solchen Grundannahme aus und rechnet, wie möglicherweise der späte Wagner auch, mit einer „unhintergehbare(n) Differenz zwischen der Selbstauslegung des Absoluten und dem Gedanken dieser Selbstauslegung"[37]: Zwischen Gottes Offenbarung und ihrem theologisch-philosophischen Begriff ist zu unterscheiden wie „zwischen Gott und Gottesgedanken, wie er im menschlichen Bewusstsein konzipiert wird"[38].

---

[34] J. Rohls, „Wagner im Kontext", 35.

[35] Pannenberg, *Systematische Theologie*, Bd. 1, 174, Anm. 12.

[36] M. Murrmann-Kahl, „„Radikale Umorientierung der systematischen Theologie'? – Zu Falk Wagners Hegel-Lektüren", in: Chr. Danz/M. Murrmann-Kahl (Hgg.), *Spekulative Theologie und gelebte Religion*, 69–87, hier: 72.

[37] Murrmann-Kahl, „„Radikale Umorientierung der systematischen Theologie'?", 77 f. Zur Entwicklung von Wagners Denken vgl. K. Mette, *Selbstbestimmung und Abhängigkeit. Studien zu Genese, Gehalt und Systematik der bewusstseins- und kulturtheoretischen Dimensionen von Falk Wagners Religionstheorie im Frühwerk*, Tübingen 2013. Die mit seinem Wechsel von München nach Wien 1988 verbundene Abkehr von einer namentlich durch Hegel inspirierten Theorie des Absoluten hat Wagner selbst vor allem auf seine Gespräche mit dem Religionsphilosophen Günter Dux und die von diesem begründete sog. historisch-genetische Theorie zurückgeführt. Mette vermutet, „dass sich die tatsächliche Motivlage für die Wandlungen der Wagnerschen Gedankenwelt ungleich vielschichtiger darstellen dürfte, als Wagner hier suggeriert" (250): „Damit dürfte sie Recht haben." (F. W. Graf, „Rez. des Buches von Mette", in: *Zeitschrift für Neuere Theologiegeschichte* 21 [2014], 304–310, hier: 310). Ausgewählte Aufsätze Wagners haben unter dem Titel *Christentum in der Moderne* unlängst J. Dierken und Chr. Polke herausgegeben (Tübingen 2014). Texte aus Wagners Nachlaß wurden von Chr. Danz und M. Murrmann-Kahl ediert: *Zur Revolutionierung des Gottesgedankens. Texte zu einer modernen philosophischen Theologie*, Tübingen 2014. Vgl. dazu die Besprechung von F. W. Grafs in: *Zeitschrift für Neuere Theologiegeschichte* 22 (2015), 322–326, wo das Fehlen eines ein Jahr nach Wagners Habilitation (WS 1971/72) für ein Oberseminar Pannenbergs verfassten Textes über „Bedeutung und Sinn bei Kant und Hegel" moniert wird: „ein Text, der Falk Wagner sehr wichtig war, weil er hier im Medium der Kant- und Hegel-Deutung abermals zu seinem Mainzer akademischen Lehrer auf entschiedene Distanz gehen wollte" (325).

4. Der Begriff als Vorgriff. Pannenberg und Wilhelm Dilthey

Pannenberg war ein ausgewiesener Kenner Hegel'scher Philosophie. Gleichwohl wollte er nie als Hegelianer bezeichnet werden. „I never became a Hegelian, but I decided that theology has to be developed on at least the same level of sophistication as Hegel's philosophy and for that purpose I studied his writings carefully and repeatedly."[39] Von der sorgfältigen und wiederholten Beschäftigung mit Hegels Schriften geben die zahlreichen Werkbände in Pannenbergs persönlicher Bibliothek ebenso Zeugnis wie die vielen Lehrveranstaltungen[40], die er insbesondere der Hegelschen Religionsphilosophie gewidmet hat.[41] Die Art und Weise der Hegelrezeption und -kritik Pannenbergs zeichnet sich zeitig ab, wie an einschlägigen seiner Schriften und an Dissertationen aufgezeigt wurde, die in der Mainzer Zeit und bald danach unter seiner Anleitung zum Thema entstanden. An dieser Linie hat sich später abgesehen von Teilaspekten nichts mehr geändert. Die Grundhaltung bleibt gleich: Im opus magnum der dreibändigen Systematischen Theologie gehört, wie das Namensregister belegt, Hegel „zu den am häufigsten erwähnten Autoren"[42]; obwohl er „zumeist mit Zustimmung erwähnt"[43] wird, fehlt es nicht an Kritik, die sachlich völlig mit den bereits früh geltend gemachten Vorbehalten übereinkommt.

Eigens und in breit angelegter Form zu Hegels Denken publiziert hat Pannenberg nach seinem Stuttgarter Vortrag von 1970 erst wieder in „Theologie und Philosophie"[44] von 1996 und in seiner „Problemgeschichte der neueren evangelischen Theologie in Deutschland"[45] vom darauffolgenden Jahr. „Beide Werke basieren auf älteren Vorlesungen, die Pannenberg wiederholt gehalten hat."[46] Ihre Hegel betreffenden Teile hat Jan Rohls ausführlich zur Darstellung gebracht und analysiert[47] mit dem Ergebnis, dass die namentlich gegenüber der „Wissen-

---

[38] Axt-Piscalar, „Theo-logische Religionskritik und Theorie des Absoluten", 119.

[39] W. Pannenberg, „An Autobiographical Sketch", in: C. E. Braaten/Ph. Clayton (Hgg.), *The Theology of Wolfhart Pannenberg*, Minneapolis 1988, 11–18, hier: 16.

[40] Vgl. die einschlägige Liste in: G. Wenz (Hg.), *„Eine neue Menschheit darstellen". Religionsphilosophie als Weltverantwortung und Weltgestaltung*, 251–262.

[41] Der Autor dieses Buches hat das zweistündige Seminar im WS 1970/71 über Hegels Philosophie der Religion und des Christentums besucht, nachdem er im Semester zuvor schon am Proseminar über Christentumskritik als Einführung in die Systematische Theologie am Beispiel Joachim Kahls, *Das Elend des Christentums oder Plädoyer für eine Humanität ohne Gott*, mit einer Einführung von G. Szesny, Hamburg 1968 (Neuauflage: Marburg 2014) teilgenommen und eine Proseminararbeit zum Thema „Christologie und historischer Jesus bei Paul Tillich" angefertigt hatte.

[42] Rohls, „Pannenberg und Hegel: Anknüpfung und Widerspruch", 177.

[43] Rohls, „Pannenberg und Hegel: Anknüpfung und Widerspruch", 177.

[44] Vgl. W. Pannenberg, *Theologie und Philosophie. Ihr Verhältnis im Lichte ihrer gemeinsamen Geschichte*, Göttingen 1996, 226 ff., 257 ff.

[45] Vgl. W. Pannenberg, *Problemgeschichte der neueren evangelischen Theologie in Deutschland. Von Schleiermacher bis zu Barth und Tillich*, Göttingen 1997, 260 ff.

[46] Rohls, „Pannenberg und Hegel: Anknüpfung und Widerspruch", 196.

[47] Vgl. Rohls, „Pannenberg und Hegel: Anknüpfung und Widerspruch", 183 ff.

schaft der Logik" als der Grundlage des Systems erhobene Einwände zwar „erweitert und präzisiert"[48], im Grundsatz aber beibehalten wurden. Erneut als problematisch kritisiert wird insbesondere, „daß der Begriff (als adäquate Gestalt des Absoluten) nicht nur ‚an sich' auf jeder Stufe des Weges zu seiner Erfassung schon da ist, sondern daß das Auftreten und die Abfolge der vorläufigen Gestalten des Absoluten und deren Auflösung als ein Tun nicht des reflektierenden Philosophen, sondern es Begriffs selber zu verstehen seien"[49]. Auf überzeugende Weise beheben lässt sich dieses Problem nach Pannenberg nur durch die besagte Herabsetzung des Begriffs zum Vorgriff. „Auch der Begriff – so sehr er auch Begriff einer Sache ist – ist nur ein Vorgriff auf die Wahrheit, nämlich auf die Einheit seiner selbst und seines Gegenstandes."[50] Dies gelte auch für den Begriff des Absoluten und die absolute Idee, wie philosophische Metaphysik und Ontotheologie sie begrifflich erfassten.[51] Die Ausführungen zu „Religion und Christentum bei Hegel" und zur „Problematik von Hegels Gottesidee" in Pannenbergs „Problemgeschichte der neueren evangelischen Theologie in Deutschland" bestätigen, wie Rohls im Einzelnen gezeigt hat, diesen Befund und die nach Pannenbergs Urteil gegebenen Notwendigkeit, den Hegelschen Begriff zum Vorgriff zu transformieren und zwar so, dass diese Transformation nicht als eine äußerlich gegen die spekulativen Gedankenbestimmungen vorgebrachte Antithese, sondern als ihrer inneren Dialektik gemäß erscheint.

Lassen sich die Gedankenbestimmungen der Hegelschen Philosophie als einer Theorie des Absoluten an sich selbst als antizipativ erweisen, dann muss die Signatur der nachhegelschen Philosophie und namentlich ihre Wendung zur Anthropologie Pannenberg zufolge nicht notwendigerweise einen abstrakten Gegensatz zu Hegel indizieren, sondern kann nach seinem Urteil nicht nur mindestens ebenso gut, sondern besser noch aus dem Zusammenhang mit ihr begriffen werden. Mit Hegel über Hegel hinaus, lautet die Devise. Im elften Kapitel von „Theologie und Philosophie" sind die Stationen des Weges detailliert beschrieben, der nach Maßgabe dieser Devise im Zuge der Wende zur Anthropologie zu gehen ist. Als einer der wichtigen Wegweiser und bedeutenden Weggefährten kommt dabei Wilhelm Dilthey in Betracht, der allgemein „als der Begründer der modernen Geisteswissenschaften in Deutschland"[52] und als einflussreicher Theo-

---

[48] Rohls, „Pannenberg und Hegel: Anknüpfung und Widerspruch", 190.

[49] Pannenberg, *Theologie und Philosophie*, 273.

[50] Pannenberg, *Theologie und Philosophie*, 275. Zur „Signatur der nachhegelschen Philosophie" und zur „Wendung zur Anthropologie" vgl. 294 ff.

[51] Vgl. dazu im Einzelnen G. Wenz, „Vom wahrhaft Unendlichen. Metaphysik und Theologie bei Wolfhart Pannenberg", in: G. Wenz (Hg.), *Vom wahrhaft Unendlichen. Metaphysik und Theologie bei Wolfhart Pannenberg*, Göttingen 2016, 15–70, hier bes. 52 ff.

[52] U. Herrmann, Art. „Dilthey, Wilhelm (1833–1911)" in: *Theologische Realenzyklopädie*, Bd. 8, 752–763, hier: 752. Zu den Entwicklungsphasen vom frühen, unvollendet gebliebenen Versuch einer Grundlegung für das Studium der Gesellschaft und der Geschichte „Einleitung in die Geisteswissenschaften" von 1883 bis zu dem 1910 publizierten, ebenfalls nicht vollendeten zweiten Hauptwerk „Der Aufbau der geschichtlichen Welt in den Geisteswissenschaf-

retiker der Hermeneutik im Anschluss an Schleiermacher gilt, dessen Leben und Werk er umfassende Studien gewidmet hat.[53] Auch mit der Jugendgeschichte Hegels und den Grundlagen seines angeblichen „mystischen Pantheismus"[54] hat sich Dilthey intensiv beschäftigt. Hinzu kommen, um nur noch dieses zu nennen, eingehende Studien zu „Weltanschauung und Analyse des Menschen seit Renaissance und Reformation" sowie zur deutschen Geistesgeschichte im 17. und 18. Jahrhundert, die im II. und III. Band der Gesammelten Schriften vereint sind. Der I. Band bietet Diltheys „Einleitung in die Geisteswissenschaften" von 1883[55], die Pannenberg zumindest in Teilen sehr genau studiert hat.

In einem ersten einleitenden Buch bietet Dilthey eine „Übersicht über den Zusammenhang der Einzelwissenschaften des Geistes, in welcher die Notwendigkeit einer grundlegenden Wissenschaft dargetan wird" (vgl. 1 ff.), im zweiten Teil handelt er von „Metaphysik als Grundlage der Geisteswissenschaften" (vgl. 121 ff.), ihrer einstmaligen Herrschaft und ihrem gegenwärtigen Verfall. Die metaphysische Stellung des Menschen zur Wirklichkeit ist nach Diltheys Urteil unter den Bedingungen des modernen Bewusstseins in Auflösung begriffen beziehungsweise bereits aufgelöst (vgl. 351 ff.). Aktuellen Bestand habe die Metaphysik, deren Begriff im Sinne der ersten Philosophie des Aristoteles aufgefasst wird (vgl. 127 ff.), weder in den modernen Natur- noch auch in den modernen Geisteswissenschaften. Beide seien erfahrungswissenschaftlich orientiert und fragten nicht länger nach einem alles bedingt Seiende bedingenden Sein von ontologischer Unbedingtheit beziehungsweise nach dem ipsum esse der Gottheit als des letzten und höchsten Gegenstandes der traditionellen Metaphysik (vgl.

---

ten" vgl. M. Jung, *Dilthey zur Einführung*, Hamburg 1996. Für Diltheys Genese zum Klassiker der Hermeneutik sind neben den Schleiermacher-Studien die programmatischen Analysen von 1900 über „Die Entstehung der Hermeneutik" von entscheidender Wichtigkeit. Vgl. dazu und zu Diltheys Auseinandersetzung mit Husserl und Hegel, dessen Jugendgeschichte er ein eigenes Werk gewidmet hat, Jung, *Dilthey zur Einführung*, 139 ff.

[53] Die beiden Halbbände des zweiten Bandes von Schleiermachers Leben finden sich unter Nr. 01916 in der Pannenberg-Bibliothek: W. Dilthey, *Leben Schleiermachers*, Bd. 2: *Schleiermachers System als Philosophie und Theologie*, hg. v. M. Redeker, Berlin 1966. Zu den wissenschaftstheoretischen Implikationen und Folgen der Preisschrift Diltheys zur Hermeneutik Schleiermachers von 1860, die im Bd. XIV/2 der Gesammelten Schriften (Göttingen/ Berlin 1966, 595 ff.) erschienen ist, sowie seiner eigenen Theorie des Sinnverstehens vgl. P. Krausser, *Kritik der endlichen Vernunft. Wilhelm Diltheys Revolution der allgemeinen Wissenschaft und Handlungstheorie*, Frankfurt a.M., 1968.

[54] Vgl. W. Dilthey, *Gesammelte Schriften*, Bd. 4: *Die Jugendgeschichte Hegels und andere Abhandlungen zur Geschichte des deutschen Idealismus*, Stuttgart/Göttingen ⁴1968, 1–282, hier: 43 ff.

[55] W. Dilthey, *Gesammelte Schriften*, Bd. 1: *Einleitung in die Geisteswissenschaften. Versuche einer Grundlegung für das Studium der Gesellschaft und der Geschichte*, Leipzig/Berlin ²1923 (Pannenberg-Bibliothek Nr. 02420). Die nachfolgenden Seitenverweise im Text beziehen sich hierauf. Vgl. auch *Gesammelte Werke*, Bd. 18: *Die Wissenschaften vom Menschen, der Gesellschaft und der Geschichte. Vorarbeiten zur Einleitung in die Geisteswissenschaften (1865–1880)*, hg. v. H. Johach und F. Rodi, Göttingen 1977.

211 ff.). Naturwissenschaftlich sei bis auf weiteres „der Mechanismus an die Stelle der Gottheit" (364) getreten, und auch geisteswissenschaftlich habe man das traditionelle Bemühen aufgegeben, das Leben des Einzelmenschen, der Gesellschaft und Geschichte metaphysisch zu konstruieren. Humane Individualität und Sozialität würden „hinfort aus der menschlichen Natur verstanden" (379), von der sie herrührten, um im natürlichen Kontext des Extrahumanen geschichtlich wirksam zu sein, wobei sowohl für die Individual- als auch für die Universalhistorie der Entwicklungsgedanke grundlegend werde (vgl. 380). „So geht der Fortschritt der Geisteswissenschaften durch das natürliche System zur entwicklungsgeschichtlichen Ansicht." (382; bei D. teilweise gesperrt)

Empirische Orientierung und analytische Untersuchungsmethodik bleiben wie für alle entwicklungsgeschichtlichen Betrachtungen auch für diejenigen konstitutiv, welche den Menschen im Blick haben. Dies schließt nach Dilthey nicht aus, sondern ein, dass sie in anthropologischer Hinsicht zu der Einsicht führen, dass der Mensch gemäß seiner Wesensnatur alles lediglich Naturhaft-Physische transzendiert und insofern eine meta-physische Größe darstellt. Anthropologie sei als Wissenschaft zwar nicht traditionelle Metaphysik, wohl aber Meta-Physik und als solche mit der Physik und den sonstigen Wissenschaften sowohl verbunden als auch geisteswissenschaftlich unterschieden, wie es der Sonderstellung des Menschen im Kosmos entspreche.[56]

In dem Abschnitt über Wilhelm Dilthey und seine Hermeneutik der geschichtlichen Erfahrung nimmt Pannenberg in „Theologie und Philosophie" nach biographischen und werkgeschichtlichen Notizen auf die „Einleitung in die Geisteswissenschaften" von 1883 Bezug. Sie wird als ein abgebrochenes Werk auf halbem Wege hin zu einer Hermeneutik der geschichtlichen Erfahrung beschrieben. Ihr geplanter zweiter Teil sei nicht erschienen, weil Dilthey sein Konzept einer an den Erfahrungen des persönlichen Lebens und Erlebens orientierten beschreibenden Psychologie fortentwickeln musste, um die intendierte Kritik der historischen Vernunft konstruktiv leisten zu können. Motivierend wirkte die Einsicht, dass jedes Einzelerlebnis seine Bedeutung und Bedeutsamkeit „durch seine Beziehung auf das Ganze des Lebens"[57] gewinnt. Ohne eine Antizipation des Künftigen,

---

[56] Was die genaue Abgrenzung der Geisteswissenschaften von den Naturwissenschaften und die Verschiedenheit des Aufbaus beider betrifft, so geben hierüber vor allem die Studien in Bd. 7 der Gesammelten Schriften nähere Auskunft. Vgl. W. Dilthey, *Gesammelte Schriften*, Bd. 7: *Der Aufbau der geschichtlichen Welt in den Geisteswissenschaften*, Stuttgart/Göttingen ⁵1968 (Pannenberg-Bibliothek Nr. 02425). Vgl. ferner den ebenfalls in Pannenbergs Besitz befindlichen (02424) 5. Band der Gesammelten Schriften: W. Dilthey, *Die geistige Welt. Einleitung in die Philosophie des Lebens*, Erste Hälfte: *Abhandlungen zur Grundlegung der Geisteswissenschaften*, Stuttgart/Göttingen ⁵1968. Den ausführlichen Vorbericht des Herausgebers (VII–CXVII) mit wichtigen Details zu Biographie und Werkgeschichte hat Pannenberg genau gelesen. Sein Interesse an Dilthey betraf vor allem das Verhältnis von Anthropologie und Geschichte sowie die Kritik der historischen Vernunft im Zusammenhang einer hermeneutischen Theorie geschichtlichen Sinnverstehens.

[57] Pannenberg, *Theologie und Philosophie*, 311.

welche rückwirkende Relevanz für das in der Vergangenheit Erlebte hat, gibt es kein bedeutsames aktuelles Erleben. Es ist ein Vorgriff auf das individuelle Daseinsganze und auf die natur- und sozialgeschichtliche Totalität von Menschheit und Welt nötig, um die Gegenwart als sinnvoll zu erleben und zu verstehen.

Der Begriff des Lebensganzen, dessen Zukunft von der geschichtlichen Sinnhaftigkeit von Gegenwärtigem und Vergangenem proleptisch zu antizipieren sei, stellt den Schlüsselbegriff der Pannenbergschen Diltheyrezeption dar. Trotz verbleibender offener Fragen „bedeutet seine Reflexion auf die Geschichtlichkeit der Metaphysik im Rahmen der für alle (s.c. Diltheys) Lebenserscheinungen geltenden Geschichtlichkeit doch einen wichtigen Fortschritt philosophischer Einsicht, auch über Hegel hinaus"[58]. Im Unterschied zu dessen Denken sei im Dilthey'schen das Bewusstsein eigener Endlichkeit unverstellt in die Philosophie eigegangen mit der Folge, dass diese sich nicht als geschlossenes System, sondern geschichtsoffen präsentiert, wie es der Signatur der nachhegelschen Philosophie und ihrer Wendung von der Theologie hin zur Kosmologie und mehr noch zur Anthropologie entspricht.

---

[58] Pannenberg, *Theologie und Philosophie*, 315.

Darstellung und Funktion des Idealismus in den Theologiegeschichtsentwürfen Iwands, Pannenbergs und Falk Wagners

Folkart Wittekind

1. Einleitung und Übersicht

Falk Wagner hat seine Sicht auf Positionen der Theologie- und Philosophiege-schichte entschieden seinem eigenen Programm – nämlich das autonome Selbst-denken der Moderne in einer Theorie des Absoluten seinen rechtfertigenden Grund finden zu lassen – untergeordnet. Positive Orientierung für die Theologie versprach ihm einzig eine Denkweise, die selbst diesem Programm folgt, und das war von Anfang an und immer mehr (jedenfalls bis zur ‚Wiener Wende') einzig die logisch fundierte Theoriekonzeption des absoluten Begriffs, wie sie Hegel philosophisch entwickelt hat. Lässt man sich auf seine Sicht einer behaupteten ‚Sachorientierung' der Theologie ein, folgt man schon unbewusst dieser Marsch-route. Dass die Genese nichts über die Geltung von theologischen Aussagen entscheidet, war einer der zentralen wiederkehrenden Einwände Wagners gegen die theologiegeschichtliche Selbstverortung, ja noch mehr Selbstbegründung der Theologie. Diese hatte er in der Dauerberufung der meisten Theologen in den 50er und 60er Jahren auf Karl Barth und die dialektische Theologie vor Augen. Der Vorrang des Wortes Gottes und der Offenbarung vor anthropologischen Funktionen und allgemeinen Begründungen wurde hier mit Verweis auf Karl Barths Wiederentdeckung einer ‚eigentlichen' Theologie in einer Weise be-schworen, dass das theologisch-wissenschaftliche Dringen auf einsichtige Belege und rationale Argumente dagegen keine Chance hatte.[1]

---

[1] Vgl. J. Rohls, „Falk Wagner im Kontext der protestantischen Theologiegeschichte", in: C. Danz/M. Murrmann-Kahl (Hgg.), *Spekulative Theologie und gelebte Religion*, Tübingen 2015, 13–43, bes. 13–15; zum Bezug auf andere Theologiegeschichtsschreibung vgl. 18 f. (zu Hirsch) und 29 f. (zu Pannenberg). Die Kategorien von Barthianismus (und sich diesem antimodernistisch anverwandelnden Luthertums) vs. liberale Theologie sollen im Folgenden durch die Frage, wie weit die ‚neuevangelische Wendetheologie' am Ende selbst zu ihrer Überwindung in den 1960er Jahren beigetragen hat, aufgeweicht werden. Mit der Frage nach dem Welt- und Wirklichkeitsbezug des Wortes Gottes löst die dritte Generation der Barthi-aner die zweite ab; der Dissens (zwischen den verschiedenen ‚Schulen') lautet theologiege-schichtlich gesehen nur, *wie* (binnentheologisch, z.B. schöpfungstheologisch) man diese Frage formuliert.

Gleichwohl ist zu fragen, ob es sinnvoll ist, in der Rezeption der Theologie Falk Wagners diesem Modell zu folgen, das heißt darüber nachzudenken, wie das Programm eines an sich selbst gedachten Absoluten – als Grund für das menschliche Denkenkönnen eines solchen an sich selbst gedachten Absoluten – theologisch einleuchtender formuliert werden kann. Im Folgenden wird dagegen für eine theologiegeschichtliche Einordnung auch der Theologie Wagners und des genannten Programms plädiert. Damit ist es allerdings nötig, dem inhaltsbezogenen Hegelianismus (und seinem andauernden spekulativen Überbietungsanspruch) auszuweichen und ihn selbst als Funktion der Argumentation in einem bestimmten historischen Kontext darzustellen. Im Folgenden geht es also bewusst nicht um die geltungslogische Rekonstruktion der Theorie des Absoluten – und die Funktion der einzelnen idealistischen Denksysteme in diesem inhaltlichen Kontext –, sondern um die theologische – und damit theologiegeschichtlich einzuordnende – *Funktion der Behauptung*, dass die Theologie auf einer solchen spekulativen Logik des Absoluten aufbauen soll.

Dadurch wird der Weg zur Wagnerdeutung allerdings voraussetzungsreich: In einem ersten Teil (2.) wird Wagners eigene Theorie theologiegeschichtlicher Konstruktion von vergangenen Positionen der Theologie kurz aufgerufen. Die sich als notwendig ergebende Kritik an dieser Theorie führt dann über zu einer Darlegung der eigenen Sicht auf die Konstruktion der modernen Theologiegeschichte (3.). Diese Sicht bietet die Grundlage für die theologiegeschichtliche Einordnung von Falk Wagners theologischem Denken, und zwar über die ‚Ahnenreihe' Barth, Iwand und Pannenberg. Erst im Anschluss daran wird das eigentliche Thema, nämlich die Bedeutung der Idealismus-Rezeption für die Sicht auf die Theologie und ihre Geschichte, aufgeworfen. Dies geschieht in einer kurzen Erinnerung an die grundlegenden Positionen in der ersten Hälfte des 20. Jahrhunderts (4.), daran schließt sich ein Kapitel über Iwands Theologiegeschichte an (5.). Dieses leitet über zu einer Darstellung von Pannenbergs Umformung von Iwands Sicht und ihren theologischen Hintergründen (6.). Erst dann (7.) kommt die Darstellung wieder zu Falk Wagner zurück und versucht, dessen Ausstieg aus der Theologiegeschichte auf der Basis der dialektischen Wort-Gottes-Theologie und deren Aufklärungs-, Kant- und Hegelrezeption zu erklären sowie die verschiedenen Funktionen der Elemente der Idealismusrezeption bei Wagner zu bestimmen. Es folgt ein kurzer Schluss (8.), der noch einmal die These formuliert, die dem Folgenden insgesamt zugrunde liegt, nämlich, dass Wagners Theologie nicht als eine Außenseiterposition innerhalb der protestantischen Theologie zu beschreiben ist, sondern als eine im Kontext der theologiegeschichtlichen Entwicklung der (dialektischen Theologie der) Nachkriegszeit ableitbare und erklärbare Fassung der Aufgabe der Theologie.

2. Wagners Aussagen zur Konstruktion der Theologiegeschichte

Die stark auf die produzierende und konstruierende Tätigkeit des Theologen eingehenden Ausführungen zur Theologiegeschichte aus den Jahren 1972–1974 sind mit den grundlegenden Äußerungen zum Theologiebegriff von 1979 (die dann das Religions- und das Theologiebuch prägen) zusammenzusehen.[2] „Der religiöse Inhalt wird von dem subjektiven Glaubensvollzug des religiösen Bewußtseins abgelöst und an sich selbst [!] erfaßt." Wagner unterscheidet dieses Erfassen in ‚darstellendes Tun' vor der Neuzeit in Mittelalter und Reformation sowie ‚konstruierendes Tun' seit der auf dem Bewusstsein beziehungsweise dem Religionsbegriff aufbauenden Theologie des Neuprotestantismus. Die dialektische Theologie kritisiert diesen Ausgang beim Bewusstsein und versucht wenigstens, „die theologischen Inhalte an sich selbst zu erfassen" (363). Da ihr dies aber nicht wirklich gelungen ist, muss sie ihrerseits kritisiert werden: Sie

> *mußte* [kursiv i.O.] nämlich die Inhalte insofern ein weiteres Mal verstellen, als sie diese gar nicht an sich selbst entfaltet hat. Vielmehr hat sie die Inhalte so (re-)konstruiert, daß sie mit der absoluten Selbstbestimmung gleichgeschaltet werden mußten. Aus dieser Gleichschaltung und Verstellung sind die Inhalte zu befreien. Dies kann nur so geschehen, daß die *Inhalte an und aus sich gedacht* [kursiv i.O.] werden. (366)

Letzteres bildet den Übergang zur theo-logischen Theologie, deren Leitsatz lautet: „Die theo-logische Theorie besagt, daß die Inhalte der Theologie nicht ohne Theorie erfaßt werden können [d.h. sich ihres konstruierenden beziehungsweise konstruierten Charakters bewusst werden müssen]; sie erhalten ihre Bedeutung nur [!] durch die Theorie, wobei es aber darauf ankommt, eine den Inhalten selbst adäquate Theorie zu entwickeln." (369) Die letzte Forderung kann nur dadurch eingelöst werden, dass das freie Produzieren selbst zum Inhalt wird beziehungsweise geworden ist.

Versucht man, die damit grob skizzierten Zugriffsweisen Wagners theologiegeschichtlich zu verifizieren, wird es schwierig. Zunächst zeigt sich bereits an der Lutherdeutung der theologische Hoheitsanspruch über die Religion, der als umfassende Religionskritik artikuliert wird. Luthers Theologie, besonders die Rechtfertigungslehre, aber auch der Gegensatz von Gesetz und Evangelium, wird als allgemeine Theorie des religiösen Bewusstseins, nämlich als korrekte Durchführung der Kritik an diesem gedeutet. Die Theologie Luthers wird von Wagner zum Ort der gedanklichen Logik und Allgemeinheitsfähigkeit des Gottesbegriffs erklärt. Luther kommt als Neubeginn einer Auffassung der christlichen Religion zu stehen, die erst langsam mittels einer theologischen Kritik am

---

[2] Das folgende Zitat (wie die danach im Text erfolgenden Seitenangaben) aus: F. Wagner, „Einleitung in die theo-logische Theologie. Religion – Theologie als Theorie des religiösen Bewußtseins – Theo-logische Theorie [1979]", in: F. Wagner, *Zur Revolutionierung des Gottesgedankens*. Texte zur modernen philosophischen Theologie, aus dem Nachlass ediert von Christian Danz und Michael Murrmann-Kahl, Tübingen 2014, 319–398, hier: 351.

Religionsgedanken das richtige Verständnis des Gottesgedankens herstellt. Der Weg ist dabei der, die Inhalte der offenbarten Religion der Vernünftigkeit des Gedankens zu unterstellen, um so die strikte Allgemeingültigkeit und Geltung des Christentums als Religion zu gewährleisten. Damit ist der Rahmen für Wagners Auffassung der Theologiegeschichte der Neuzeit gespannt. Ihr Thema ist das Verhältnis von Religion und Theologie beziehungsweise der vernünftige Zugriff auf Religion. Die Theologie der Neuzeit hat Recht, insofern sie Religion reflexiv thematisiert. Sie ist aber weithin zu kritisieren, weil sie in der Thematisierung die Objektivität der Religion setzt und die Kritik der Religion nicht ausreichend durchführt. Gegen die Thematisierung der Religion als Objekt der Theologie setzt Wagner die behauptete Objektivität der Selbstexplikation Gottes.

Wagners Bild der neuzeitlichen Theologiegeschichte als auf dem Religionsbegriff aufbauend ist die Basis für seine kritische Überwindung in einer eigenen Theologie. Wagner hat die gesamte Theologie dieser Art als positionell bezeichnet. Ein genaueres Bild dieser positionellen Zeit gibt er nicht. Immer wieder durchbricht die logische Konstruktion die theologiegeschichtliche Annäherung. Die frühe Bemerkung, dass sich die positionelle Zeit selbst in logischen Stufen[3] entwickele, ist – wenn ich das richtig sehe – nie näher ausgeführt worden. Pietismus und Neologie zunächst, Kant, Fichte und Schleiermacher sodann, die verfehlte und unzeitgemäße Hegelrezeption in der nur so genannten spekulativen Theologie weiterhin, die radikale Religionskritik bei Feuerbach, Marx, Nietzsche und Freud anschließend, die Kant-Rezeption in der Theologie Ritschls und seiner Schüler schließlich sind solche identifizierbaren Stufen in Wagners Tableau, ohne dass sich ein historischer Entwicklungszusammenhang – und eine eigenständige Funktion des Idealismus in ihm – ergäbe. Der Terminus spekulative Theologie, den Wagner ab und zu als Idealbegriff verwendet, bezieht sich allein auf das Denken Hegels, von dem aber auch nur die dialektische Logik des Begriffs als Strukturprinzip des Gottesgedankens übernommen wird, nicht die soteriologische und ekklesiologische Funktionalisierung der Religion.

Auch die Überwindung des Religionsparadigmas und der positionellen Theologie, also das theologiegeschichtliche Ende der neuzeitlichen Religions-Theo-

---

[3] Vgl. F. Wagner, „Einleitende Bemerkungen zur Theologiegeschichte des 19. und 20. Jahrhunderts [nach 1974 f.]", in: F. Wagner, *Zur Revolutionierung*, 121–133, hier: 126: „Die Stufen dieses Prozesses [nämlich der Steuerung des theologiegeschichtlichen Prozesses durch das sich selbst bestimmende Subjekt] begrifflich und strukturell offenzulegen, darin besteht das Vorhaben…" Weiterhin 127: „Der positionelle Charakter dieser Theologien rührt daher, daß das Selbstbewußtsein nicht als solches, sondern jeweils als inhaltlich bestimmtes entfaltet wird. Diese inhaltliche Bestimmung begründet den Wechsel der Positionen." Die folgende Zusammenfassung bezieht sich neben diesem Text auch auf die grundlegende frühe Studie Wagners: F. Wagner, „Die Bedeutung der Theologie für die inhaltliche Gestaltung des Religionsunterrichts [1969]", in: F. Wagner, *Zur Revolutionierung*, 15–120. Diese soll im Folgenden hinsichtlich ihrer Funktion und Bedeutung für die Werkgenese und Wagners Sicht seiner Theologie im Kontext der neueren Theologiegeschichte analysiert werden, vgl. im Folgenden ab Anmerkung 35.

logie, bleibt relativ unklar. Barth und Tillich haben zwar die Notwendigkeit einer Abkehr erkannt, aber ihre eigene Theologie erfüllt die Ansprüche nicht. Pannenberg dringt ebenfalls in richtiger Weise auf eine objektive Füllung des Gottesgedankens, aber seine Idee einer Universalgeschichte verfällt demselben Verdikt. Es bleibt die zu der Selbststilisierung als Außenseiter führende Folgerung Wagners, der Entwurf einer angemessenen, den Gottesgedanken objektiv und an sich selbst denkenden, deshalb allgemeingültigen Theologie habe noch nicht einmal angefangen. In der Kritik an der Wort-Gottes-Theologie des 20. Jahrhundert wird die Notwendigkeit betont, über die christliche Gemeinde als Erkenntnisort hinauszugehen zur allgemeinen Vernunft. Wagner bezieht sich dazu unter durchgehender Berufung auf Pannenbergs Autoritätskritik auf die griechisch-metaphysische philosophische Tradition der Gotteslehre. Offenbarung soll als allgemeiner Strukturbegriff des trinitarischen Gottes selbst, nicht als anthropologisch-soteriologischer Anknüpfungsbegriff gedacht werden. Dazu wird die neuzeitliche Tradition der Kritik an unreflektierten Voraussetzungen im Gottesgedanken aufgenommen. Deshalb gilt es, die Wort-Gottes-Theologie mit den Denkmitteln der Philosophie (nämlich insbesondere der Philosophie des deutschen Idealismus) weiterzuführen. Dies geschieht zunächst, indem die Gott-ist-tot-Theologie der 1960er Jahre aufgenommen und Jüngels Kreuzestheologie weitergeführt wird. Wagner nimmt dazu die schöpfungstheologischen, eschatologisch sich auswirkenden Durchsetzungs- und Allmachtselemente am Gottesbegriff, also ihre soteriologischen Bestandteile, in ein immanent-trinitarisches Geschehen zurück. Der Tod Gottes am Kreuz ist kein Geschehen, das der Welt permanent funktional zugutekommt (so in Jüngels spekulativer, Soteriologie und Kosmologie zusammenführender Deutung), sondern die externe Bedingung der Möglichkeit für ihre Freiheit. Nicht das religiöse Subjekt, sondern der theologische Denker bestimmt die Relation Gottes zur Welt. Die Allgemeingültigkeit des Freiheitsbegriffs, der auf der Ebene seiner Realisierung nicht theologisch besetzt werden soll, nötigt zur theologischen Voraussetzungskonstruktion der Selbstoffenbarung Gottes in seinem Tod – und wirkt nicht, wie bei Jüngel, als bleibende Struktur durch Gottes Tod als letzte Überwindung des Todes. Freiheit der Welt ist für Wagner nur möglich, wenn das Ende des Allmachts-Gottes objektiv durch ihn selbst geschehen ist.

Diese behauptete Objektivität des Grundgeschehens in der Selbsttötung Gottes am Kreuz markiert dann auch Wagners Denken über die Geschichte. In den Überlegungen zur Bedeutung des historischen Jesus ist er so vorgegangen, die historischen Kenntnisse als Setzungen der menschlichen Vernunft hinzustellen. Die Überwindung dieses Selbstvoraus-Setzungsverhältnisses in aller geschichtlichen Erkenntnis führt allerdings zu einer freischwebenden Rekonstruktion der Gottes-Geschichte im Umfeld von AT und NT. Dass sich Gott am Kreuz Jesu dem Tod hingibt und damit die Allmacht des Gottesgedankens von sich aus überwindet, mag ein frommer und möglicherweise auch spekulativ befriedigender Gedanke sein. Aber wie sieht es mit der Historizität dieser Idee aus? In Wagners Darstellung weiß man nie genau, ob es sich um eine historische Entwicklung

religionsgeschichtlicher Art handelt oder um eine objektiv zu verstehende Entwicklung in Gott selbst. Doch woher soll man, jenseits der doch auch bloß behaupteten spekulativen Dialektik, davon wissen können?

Diese Kritik führt zu Wagners Überlegungen zur Struktur der Theologiegeschichte. Wagner hat darauf beharrt, dass jedes theologiegeschichtliche Wissen
selbst eine Rekonstruktion sei, die sich der Rekonstruktionstätigkeit des theologischen Subjekts verdankt. Das ist sicher richtig. Er hat aber daraus den
Schluss gezogen, diese Tätigkeit sei selbst nach der Struktur allgemeiner Vernunft
zu denken. Gegen die positionelle Theologiegeschichtsschreibung sei ein meta-
positioneller Überschritt zu setzen, der die Ebene der streitenden Standpunkte –
nämlich mit Hilfe der Theologiegeschichte um die eigene Position kämpfend –
grundsätzlich verlässt. Auch mit dieser Idee hat Wagner versucht, die Objektivität des an sich gedachten Absoluten, also seine eigene Position, zu rechtfertigen. Dagegen ist zweierlei zu sagen: Erstens ist dieser Überschritt grundsätzlich
nicht möglich. Jede Position innerhalb der Theologie bezieht sich ableitend auf
die Geschichte, aus der sie herkommt. Hier besteht ein Zirkel, dem ausweichen zu
wollen nur zur unangemessenen Problemreduktion führen kann. Und zweitens
bleibt die Theologie grundsätzlich an das Phänomen Religion als eines eigenen
Sprach-, Sinn- und Erfahrungsfeldes gebunden. Wagners Überschritt setzt immer
wieder diese Anbindung außer Kraft und macht den Gottesgedanken zu einem
Spielort spekulativer Letztbegründungsideen, wobei deren Bezug auf Religion,
Frömmigkeit und religiöse Sprache vergessen ist. Die religiöse Wirklichkeit beziehungsweise Objektivität Gottes (im Gegensatz zur philosophisch-metaphy-
sisch-spekulativen) verdankt sich aber, so wird hier gegen Wagner angenommen,
allein dem Funktionieren des religiösen Sprachspiels selbst.

3. Überlegungen zur theologischen Strukturierung
der Theologiegeschichte

Die Überwindung eines selbst konstruierten Religionsbegriffs, auf dem die Theologie als Wissenschaft aufbaut – beziehungsweise den sie als ihr Gegenstandsfeld
betrachtet – dürfte also nicht möglich sein. Dann aber erscheint es als sinnlos, die
moderne Theologiegeschichte über den Grundgegensatz einer Religionstheologie und einer theologischen Theo-logie zu konstruieren. Richtig bleibt zweifellos,
dass die Periodisierung der modernen Theologiegeschichte nicht nur nach allgemeinen kulturgeschichtlichen Großbegriffen vorzunehmen ist, sondern nach
internen Organisationsprinzipien des theologischen Denkens. Die theologische
Theologie kann als ein Moment der modernen Religionstheologie verstanden
werden, wenn die Gesamtgeschichte der nachmetaphysischen Theologie durch
Stufen einer Reflexivität des Religionsbegriffs in der Theologie gegliedert wird.[4]

---

[4] Vgl. zum Folgenden auch F. Wittekind, „Rationale Theologie – nichtrationaler Glaube.

Die Ablösung von traditionellen, durch biblische Heilsgeschichte geprägten Inhalten vollzieht sich danach in drei Schritten. Die Aufklärung unterwirft die Inhalte der Religion der Frage nach ihrer vernünftigen Funktion. Sie ersetzt im Fortgang des 18. Jahrhunderts die zentralen Gegenstände des Christentums durch ihre rationale Deutung. Moralbegründung, Rechtssetzung, Welteinrichtung und Weltlenkung, Ermöglichung von Sprache, Kunst, Kultur, Erziehung und Geschichte sind verschiedene, nebeneinanderstehende Versuche einer direkten Erklärung. Auch die Ermöglichung frommer Innerlichkeit, Darstellung von Affekten oder unbedingte Bindung an biblische Bilder gehören dazu. Für diese Stufe mag Wagners Behauptung einer Positionalität zutreffen, und zwar in dem zurückgenommenen Sinn, dass eine rationale Entscheidung zwischen verschiedenen Deutungen dessen, was mit den religiösen Gehalten eigentlich gemeint ist, nicht möglich ist. Es wird keine Metaebene installiert, die über die Verwendung der Religion begründet Auskunft geben könnte.

Genau dies aber ist es, was sich durch Kants Kritik (nicht seine inhaltliche Deutung der Religion) und die Philosophie des deutschen Idealismus ändert. Begründete Aussagen sind nur auf der Basis einer reflexiven Sicht des Bewusstseins als Ganzem möglich. Daraus wird die Religion in ihrer Gesamtfunktion bestimmt. Die Frage des 19. Jahrhunderts ist also die nach der Funktion der Religion innerhalb des Geistes. Für die Deutung der Inhalte ergibt sich daraus eine doppelte Bezugsstruktur. Sie haben einerseits eine Funktion innerhalb des jeweiligen Ansatzes für Religion und beziehen sich darüber hinaus immer auch auf die Sachebene innerhalb der Struktur des Bewusstseins insgesamt. Jede Theologie entwirft untergründig ein solches doppeltes Bild der Gehalte. Das erklärt, warum Religion einerseits immer als Ausdruck, als vielfältig, als symbolisch und nicht direkt wahrheitsbezogen aufgefasst werden kann, andererseits aber trotz dieser Anerkennung ihrer symbolischen Funktion immer an der ‚tieferen‘ Wahrheit der Religion festgehalten wird. Theologie ist in verschiedenen Mischungen der Ebenen möglich, sie kann die verschiedenen inhaltlichen Bezüge aus der Aufklärungszeit aufnehmen und in verschiedene Gesamtbilder des menschlichen Geistes integrieren, sie kann nach verschiedenen Realisierungsbezügen suchen, z.B. in der Individualität, Gemeinschaft, Ursprungs- oder Entwicklungsgeschichte. Und das Modell kann noch die radikale Religionskritik aus anthropologischer Funktionalisierung erklären. Auch hier bleibt zweifellos eine Positionalität theologischen Denkens erhalten, es wird aber in die Theologie selbst integriert und als mögliche Vielfalt dessen dargestellt, dass sich die Theologie immer auf ein bestimmtes Gesamtbild der Religion innerhalb des Bewusstseins bezieht.

Eine Grundlegung der Theologie als Wissenschaft in enzyklopädischer Absicht", in: G. Schreiber (Hg.), *Interesse am Anderen. Interdisziplinäre Beiträge zum Verhältnis von Religion und Rationalität*, Berlin/Boston 2019, 537–556, bes. 546–550.

Die dritte Stufe innerhalb der Entwicklung der Theologie ergibt sich schließlich dadurch, dass die Einbindung der zugrundeliegenden Religionsphilosophie in ein Gesamtbild des Geistes aufgegeben wird. Die Theologie erhebt den Anspruch, die Funktion der Religion in eigener, theologischer Hoheit bestimmen zu können. Der Bezug zur Philosophie, Geschichtstheorie und Psychologie wird der theologischen Aussage und Begründung untergeordnet. Daraus ergibt sich die bekannte Ablehnung des Religionsbegriffs als eines anthropologischen Basisbegriffs der Theologie. Es kommt darauf an, die Theologie aus der übergeordneten Einheit eines geistbezogenen Denkens herauszulösen. Die beanspruchte Selbständigkeit ist ein Pendant zum Verlust der Klage über die Einheit und zur Forderung, eine Kultursynthese wiederherzustellen. Es ist mir dabei wichtig, dass die Berufung auf die Sache selbst, nämlich auf Gott als eigentlichen Gegenstand der Theologie, verstanden wird als Ausdruck davon, dass die Theologie einen eigenen Begriff der Religion entwickelt und darauf aufbaut. Der Punkt ist also nicht die Rückkehr zu Gott, sondern die Unterstellung des Religionsbegriffs unter die theologische Konstruktion. Die scheinbar rückwärtsgewandte Behauptung, jetzt werde wieder von Gott als der Sache geredet, dient allein der Abweisung fremder Deutungen. Die Theologie wird dadurch zu einem immanenten Bestandteil des Systems Religion, das sich von anderen Deutungssystemen (Recht, Politik, Ethik, Kunst etc.) apart setzt und auf sich selbst als letztem Bezugspunkt der Deutung beharrt. Trotz der behaupteten Bezugnahme auf den Glauben ist es aber wichtig zu beachten, dass die Struktur der Konstruktion weitergeführt wird. Theologie ist nicht selbst Glaube, sondern die Reflexion der Inhalte des Glaubens im Hinblick auf einen Religionsbegriff, der von der Theologie selbst konstruiert und mithilfe der Inhalte dargestellt und begrifflich gefasst wird. Gleichwohl verrutscht damit das eigentliche Interesse der Theologie: Es geht nicht mehr um die Funktion der Religion, sondern um die Selbstbegründung der Theologie als Wissenschaft. Der Leitbegriff der Theologie im 20. Jahrhundert lautet nicht Religion, sondern Theologie. Ich plädiere mithin dafür, die Idealismusrezeption in der Theologie des 20. Jahrhunderts in einem solchen neuen Paradigma zu verorten. Rezipiert werden zwar die Grundlegungsfiguren des Idealismus, aber sie werden nicht auf das Bewusstsein in seiner Selbstbezüglichkeit bezogen, sondern als Selbständigkeitserklärungen für die theologische Konstruktion des Gegenstandsfelds ‚Religion‘ benutzt.

Es bedarf nun einer weiteren Strukturierung der Theologiegeschichte des 20. Jahrhunderts, die dann auch für die Einordnung von Wagners Ansatz und seiner individuellen Benutzung des Idealismus wichtig ist. Auf dem Hintergrund der genannten Bemühung um eine begründete Selbständigkeit der Theologie und der Religion kommt es zu einer historisch kontingenten, aber erklärbaren Abfolge von grundlegenden Fragestellungen. Zunächst geht es um die Begründung und Abgrenzung der Religion als eines eigenen, in der Theologie reflektierten Sprachfeldes. Dafür stehen die Theologien von Barth, Bultmann, Tillich, Hirsch und anderer in den 1880er Jahren geborenen Theologen. Im Rückgriff und in Auseinandersetzung mit wichtigen Übergangsgestalten (ich nenne hier stellvertretend Karl Heims christologische Gewissheitstheorie) werden im Kontext des Neoidealismus verschiedenste philosophische Grundlegungen (Fichte bei Hirsch, Schelling bei Tillich, ein wenig Hegel bei Barth) bemüht. Auch da, wo wie bei Tillich und Hirsch umfassende Grundlegungen angestrebt werden, scheint mir der Unterschied zum rezipierten Idealismus doch der zu sein, dass die Grundlegung selbst explizit theologisch besetzt wird – bei Tillich in der teleologischen Beanspruchung der Absolutheit des Vollzugs, bei Hirsch in der von ihm realistisch genannten Voraussetzung für die Selbstbegründung und Selbstgewissheit des Bewusstseins.

Setzt sich die erste Generation noch begründet mit der bisherigen Grundlegung des Geistes auseinander – ein Moment, welches diese Theologien bis heute paradigmatisch macht –, so wird die geleistete Selbständigkeitserklärung der Theologie danach zu einem nicht mehr eigens begründungsbedürftigen Selbstläufer. Die Theologie kreist um sich selbst, sie baut in eigener Regie ein Weltbild auf, das nach außen hin keiner Gegenzeichnung bedarf. Wort Gottes und Offenbarung werden zu Beschwörungen der Eigenständigkeit der Theologie, die alten Inhalte wie Schöpfung, Vorsehung und Endzielbestimmung werden theologisch hergeleitet und brauchen einer allgemeinen Rechtfertigung nicht unterzogen zu werden. Grundlegungsfiguren werden unbefragt gesetzt, insbesondere in der Christologie werden die frommen Bilder von Inkarnation, Erlösungswerk am Kreuz und Auferstehung als selbstverständlich genommen. Es sind diese Theologien – sowie ihre einseitige Interpretation der Theologie der Lehrer –, die das Bild der Wissenschaft in der Nachkriegszeit bestimmen, ich nenne nur Iwand, Diem oder Vogel oder als Vorbild die Andeutungen in Bonhoeffers Spätwerk, die die religiöse Sicht der Dinge von der theologischen Deutung der Wirklichkeit in Gott völlig trennen und eine religionslose Menschheit in der (nur noch theologisch gewussten) Gotteswelt für möglich halten.

Geht man nun zu dem Neuaufbau der Theologie über, den die Generation aus den späten 1920er und frühen 1930er Jahren in Auseinandersetzung beziehungsweise Anknüpfung mit der Wort-Gottes-Theologie leistet, so soll die These formuliert werden, dass es darum geht, die Anbindung der theologischen Weltkonstruktion an das allgemeine Wirklichkeitsverständnis zu leisten. Die Struktur des Schlagworts ‚Kirche für die Welt' ist beispielhaft. Das Selbstbewusstsein, mit und innerhalb der Kirche beziehungsweise der Theologie auf der rechten Seite zu stehen und die Welt von dort aus deuten und gestalten zu können, wird fraglos vorausgesetzt. Insofern sehe ich auch hier einen deutlichen Ausgang von dem Paradigma des 20. Jahrhunderts, nämlich der Selbstbestimmung der Theologie. Was dabei spezifisch die Theologien von z.B. Moltmann, Pannenberg, auch Sölle oder Jüngel, auszeichnet, ist der Versuch, zu einem rationalen Wiederanschluss der Theologie an das allgemeine Wirklichkeitsverständnis zu kommen. Dabei wird die Grundlegung aber nicht im allgemeinen humanen Bewusstsein genommen, sondern in der Theologie. Moltmann benutzt die Barthsche Eschatologie, um von da aus an ethische Handlungsmodelle anzuknüpfen, Jüngel benutzt die Trinitätslehre, um durch die Schöpfungslehre und die Christologie hindurch die

Wirklichkeit der Welt theologisch als Geheimnis zu strukturieren und human an ihre moderne Autonomie anzuknüpfen, Sölle durchdenkt, ausgehend von Bultmann und Gogarten, mit Hilfe der Christusbindung des Selbstbewusstseins die Struktur moralischer Entscheidung. Auch bei Pannenberg werden Trinität, Christologie und Eschatologie verknüpft zu einer universalgeschichtlichen Deutung der allgemeinen Wirklichkeit und es wird diese Deutung als objektiv zu rechtfertigen in den Streit der Weltanschauungen eingebracht.

4. Zur theologiegeschichtlichen Entwicklung der theologiegeschichtlichen Sicht auf die idealistische Philosophie

Wagners bewusster geltungsbezogener Ausstieg aus den theologiegeschichtlichen Zusammenhängen hat selbst einen erklärbaren historischen Ort. Denn auch Wagners Hegelrezeption, selbst in der Behauptung eines inhaltlichen Ausstiegs aus den geschichtlichen Zusammenhängen, steht in einem historischen Bild der Gesamtentwicklung der Theologie, auch wenn sie nur eine negative Folie für die rational-spekulative Absolutheitsspekulation abgibt. Wagner hat sich hier in weiten Teilen auf Pannenbergs Überlegungen zur Theologiegeschichte bezogen, mit denen dieser bereits Hegel zu einem positiven Gegenbild gegen die neuzeitliche Theologie und ihre Kantrezeption stilisiert hatte. Pannenbergs Programm, die Theologie als eine rationale Wissenschaft mit allgemeiner Geltung zu formulieren und kritisch gegen alle Setzungen der (bisherigen) wissenschaftlichen Theologie vorzugehen, die nicht auf vernünftige Begründung hoffen können, war auch das Programm Wagners, selbst wenn am Ende hinsichtlich der Einzelheiten deutliche Unterschiede zu markieren sind.

Wie ist die Bedeutung des Idealismus in der Theologie beurteilt worden? In der konservativen Theologie am Ende des 19. Jahrhunderts werden Weichen gestellt: Die Aufklärung ist eine verirrte Zeit rationaler Bestreitung des Gegebenseins von Transzendenz, die vom Idealismus beerbt und z.T. monistisch radikalisiert wird, eine „religiöse Verödung und Verwüstung war eingetreten, wie selten zuvor"[5]. Das Erbe der Reformation ist hier vergessen und dagegen die „Autonomie, die Emanzipation des Subjekts"[6] gesetzt. Sünden- und Gottvergessenheit werden als unmoralische Selbstüberhebung interpretiert, die Stoßrichtung ist also eine sittliche Kritik an der modernen Zeit. Erst die nachidealistische, neupietistische und konfessionalistische Erweckungs- und Repristinationstheologie hat dagegen zum Evangelium, zur Sittlichkeit und sozialen Einbindung zurückgelenkt. Noch ein liberaler Theologe wie Horst Stephan zeigt sich von solchen Verwerfungen

---

[5] F. H. R. Frank, *Geschichte und Kritik der neueren Theologie insbesondere der systematischen seit Schleiermacher*, Erlangen/Leipzig 1895, 53.

[6] Frank, *Geschichte und Kritik*, 47.

beeindruckt.[7] Zwar interpretiert er den Idealismus paradigmatisch als Ort von Humanität, Allgemeingültigkeit und Freiheitsgrundlegung, weil diese nie rein menschlich immanent, sondern immer transzendenzabhängig, theonom gemeint seien. Er nimmt damit die moralische Verwerfung des Idealismus zurück. Aber auch bei ihm wird ein religiöses Defizit des Idealismus beschrieben, das auf die Aufklärungstheologie zurückgeht: Allgemeingültigkeit des Religiösen verhindert individuelle Frömmigkeit, kirchliche Bindung und geschichtliche Tradition. Dass beides (noch) nicht angemessen zusammengedacht werde, ist das Organisationsprinzip der Theologiegeschichte, wobei immer wieder positiv auf die Bedeutung der im 19. Jahrhundert sich neu formierenden Fachtheologie mit Rückgriff auf Reformation und Orthodoxie verwiesen werden kann. Gegen solche sich noch in der Anerkennung des Idealismus verbergende Diskreditierung der Aufklärungszeit hat Emanuel Hirsch seine große Theologiegeschichte verfasst: Sie sieht ein progressives Verhältnis von Aufklärung und Idealismus, sie erkennt mit der Zentralstellung des Idealismus für die Konstruktion der modernen Theologiegeschichte zugleich die wegweisende Bedeutung der Aufklärung an, sie verbindet alle Tendenzen seit Beginn der Aufklärung zu einem Gesamtbild der Ablösung von der kirchlich und traditionell gebundenen Theologie und ihren Vorurteilen hin zu einer rein an der Wahrheit humaner Selbstbesinnung orientierten Theologie, und sie ist sich sicher, darin zugleich die einzig mögliche Grundlegung der Religion und Theologie zu besitzen, wobei auf das philosophische Denken des Idealismus und seine Grundlegungsversuche zurückgegriffen werden muss.[8] Hirsch sieht deshalb bekanntlich in fast allen Theologieversuchen des 19. Jahrhunderts nur ein unernstes Ausweichen vor der die Neuzeit seit der Aufklärung beherrschenden Wahrheitsfrage, während Aufklärung und idealistische Philosophie genau dadurch ausgezeichnet sind, dass sie die Wahrheitsfrage ins Zentrum des theologischen Nachdenkens rücken und – im Idealismus – sich um eine wahrheitsfähige Grundlegung des menschlichen Selbstbewusstseins überhaupt bemühen. Hirschs Orientierung an Fichtes Philosophie, die er zu einer Grundlegung ethischer Individualität umarbeitet, lasst ihn allerdings – darin ein Erbe der in Holls Lutherinterpretation gipfelnden Kantdeutung der Ritschlschule – eine ausgesprochene Systemaversion entwickeln, die sich gegen seinen Freund Tillich, dessen Schelling- und Hegelrezeption, damit aber auch gegen Schelling und Hegel selbst richtet. Hegel wird zum Beispiel einer zwar der Wahrheit verpflichteten, aber darin rein rationalen Denkart, die dem innerlichkeitsbezogenen Wesen religiöser Selbstdeutung nicht adäquat ist. In entschiedenem Gegensatz zu der sich damit in der liberalen und der ritschlschen Theologie durchsetzenden positiven Anknüpfung an Aufklärung und Idealismus hat dann Karl Barth eine genau umgekehrte Bewertung des geschichtlichen Prozesses neuzeitlicher Säku-

---

[7] H. Stephan, *Geschichte der evangelischen Theologie seit dem Deutschen Idealismus*, Berlin 1938.

[8] E. Hirsch, *Geschichte der neuern evangelischen Theologie im Zusammenhang mit den allgemeinen Bewegungen des europäischen Denkens*, Band 1–5, Gütersloh 1949–1951.

larisierung und Freiheitsbeanspruchung vorgenommen, und zwar als fortschreitendes menschlich-selbstbezogenes Vergessen der göttlichen Offenbarung.[9] Reformation und Orthodoxie werden damit in neuer Weise zu theologischen Normbewegungen, und zwar weil sie gerade zeitlich vor der Anthropologisierung der Theologie in ihrer religionsbezogenen Begründung gearbeitet haben, was Barth bekanntlich zum Ausweis ihrer inhaltsbezogenen Sachlichkeit stilisiert. Allerdings gibt es doch bei Barth positive Anknüpfungen auch an Hegel und die durch ihn beeinflussten theologischen Positionen im 19. Jahrhundert.[10] Damit wollte er der ethischen Kantrezeption der Ritschlschule und der Rede von Kant als dem Philosophen des Protestantismus ein alternatives Protestantismuskonzept entgegensetzen. Hegels Kritik an Kant und Fichte im Sinne einer in der logischen Bewegung des Begriffs begründeten Grundlegung der Philosophie, welche die Setzung des denkenden Subjekts als feste Grundlage der Philosophie überwindet, wird zum Instrument einer theologischen Binnenkritik an einer religionsphilosophisch begründeten Theologie. Bei Barth bleibt dabei die Differenz zwischen Hegel und einer sachbezogenen Offenbarungstheologie allerdings jederzeit bewusst, was eine zu weitgehende Identifizierung mit Hegels Philosophie durchgehend verhindert.

5. Iwands Sicht der Theologiegeschichte

Pannenberg wie auch Wagner haben sich in ihren eigenen Überlegungen zur Grundlegung der Theologie und Theologiegeschichte hauptsächlich auf die genannten klassischen Positionen des frühen 20. Jahrhunderts bezogen, insbesondere die Barths und Bultmanns. Für die Rekonstruktion der Zusammenhänge ist es aber ebenso wichtig, die dazwischenliegende Weiterentwicklung des Barthianismus in den Blick zu nehmen, auf deren Basis Pannenberg – als Schüler Heinrich Vogels und Hans Joachim Iwands[11] – argumentiert. Insbesondere Iwands differenzierte Aufnahme der Wort-Gottes-Theologie Barths und ihres Gegensatzes zur neuzeitlichen Theologie spielt hier eine entscheidende Rolle, zumal Pannenberg möglicherweise die (inzwischen edierte) zweisemestrige Theologiegeschichtsvorlesung Iwands nach seinem Wechsel nach Göttingen gehört hat.[12]

---

[9] K. Barth, *Die protestantische Theologie im 19. Jahrhundert. Ihre Vorgeschichte und ihre Geschichte*, Zürich 1946.

[10] Hinweise auf die Entstehung der theologiegeschichtlichen Hegeleinordnung bei Barth finden sich bei J. Rohls, „Barth und der theologische Liberalismus", in: M. Beintker/C. Link/M. Trowitzsch (Hgg.), *Karl Barth in Deutschland (1921–1935). Aufbruch – Klärung – Widerstand*, Zürich 2005, 285–312.

[11] H. J. Iwand, *Theologiegeschichte des 19. und 20. Jahrhunderts. „Väter und Söhne" [1948–50]*, bearbeitet, kommentiert und mit einem Nachwort versehen von G.C. den Hertog (= Nachgelassene Werke Neue Folge, Bd. 3), Gütersloh 2001.

[12] Vgl. die biographischen und werkgeschichtlichen Beiträge zur Pannenberg-Forschung von Gunther Wenz in den von ihm herausgegebenen Pannenberg-Studien, hier besonders G.

Während Karl Barth den Ausgang beim Wort Gottes erkenntnistheoretisch als eine Neubegründung des Glaubens versteht und damit in neukantianischen Bahnen einer transzendentalen Bedingung der Möglichkeit (im Glauben zu erkennen) denkt (auch wenn er dafür einen Grundgegensatz von Glauben und dem übrigen Bewusstsein konstatiert, um gegen transzendentale Theorien theologisch vorgehen zu können), so nimmt Iwand die Offenbarung Gottes in Jesus Christus nicht erkenntnistheoretisch, sondern ontologisch-realistisch als Wirklichkeit, die im Glauben nur anerkannt werden muss. Iwand deutet an, dass für alle Wirklichkeit der Begriff nicht ausreicht, dass Geschichte immer mehr (beziehungsweise realer) ist als der Begriff oder die Idee der Geschichte, die der Mensch sich macht, und zwar deshalb, weil ein antimonistisches Moment in der Wirklichkeit existiert, das jede Einheitskonstruktion vom menschlichen Denken aus verhindert.[13] Für Iwand ist dieses reale dualistische Moment im Zuge seiner eigenständigen Fortführung der Lutherrenaissance die Wirklichkeit der Sünde, welche jede Person beherrscht, sofern sie sich nicht der alternativen Wirklichkeit Christi überlässt. Iwand reduziert die erkenntnistheoretische Problematik der Offenbarungstheologie (und damit ihren internen konstruktiven Charakter, der an der Bedingung von Offenbarung für Glauben hängt) und ihren konstruktiven Gegensatz gegen den Religionsbegriff (der gerade in der Überbietung der Selbstbegründung von Glauben durch ihre Offenbarungsbegründung liegt) auf die Behauptung einer hinter aller Konstruktion (durch die Religion) liegenden gegebenen ‚Wirklichkeit‘, die nur erlebt werden muss.[14] Von dieser Wirklichkeitsgegebenheit her kommt Iwand zu einer ganz anderen Einstellung zu den Denkern des 18. und 19. Jahrhunderts als Barth selbst: Während dieser in *allen* anthropologisch und rational gestützten Theorien nur ein Abweichen von dem speziellen Offenbarungserkennen des Glaubens sehen kann, vermag Iwand die vergangenen Theorien als Versuche aufzunehmen, sich der behaupteten ‚Wirklichkeit‘ zu nähern, auch wenn sie alle vor dem radikal passiven Charakter des Glaubenserkennens, das Iwand propagiert, versagt haben.[15] Iwands Hintergrund ist der eines sich

---

Wenz, „Vorschein des Künftigen. Wolfhart Pannenbergs akademische Anfänge und sein Weg zur Ekklesiologie", in: G. Wenz (Hg.), *Kirche und Reich Gottes. Zur Ekklesiologie Wolfhart Pannenbergs*, Göttingen 2017, 13–47.

[13] Vgl. Iwand, *Theologiegeschichte*, 49 f.

[14] Vgl. das Zusammenziehen von Lutherlektüre, antimodernem Erkenntniserlebnis und barthianischer Interpretation bei Iwand, *Theologiegeschichte*, 62 f.: „…, daß hinter der durchgestrichenen Religion – dem Heiligtum des neunzehnten Jahrhunderts – erst die echte Begegnung mit dem lebendigen Gott, erst das wahre Heiligtum liegen könnte."

[15] Iwand verklausuliert diese Kritik durch das Reden von der „Klammer […], innerhalb deren erst die Absetzung der neuen Zeit von der alten sinnvoll ist. Es hat keinen Sinn, nur Nein zu sagen; Sinn hat das Nein, wenn auch deutlich wird, wo das Ja […] liegt, das dem Nein zugrunde liegt." (Iwand, *Theologiegeschichte*, 59 f.). Außerdem behauptet er eine enge Anknüpfung an Barths Theologiegeschichte, weil sie keine Ideengeschichte sei, sondern die echten, lebendigen Personen in den Mittelpunkt stelle (vgl. Iwand, *Theologiegeschichte*, 29). Hier machen sich bereits existenzialistische Authentizitätsannahmen bemerkbar, die an

intellektualisierenden konservativen Luthertums, das bestrebt ist, auf der Höhe
der Zeit zu argumentieren und dabei den (rechten reformatorischen) Glauben
gegen moderne Abweichungen rational zu verteidigen. In diesem Sinn rezipiert
Iwand, von seinen Lehrern Stange und Rudolf Hermann beeinflusst, die gegenwärtige (geschichtsphilosophisch-idealistische) Schleiermacher-Renaissance, die
erkenntniskritische Theologie in der Nachfolge Kants, wie sie für Iwand besonders in Karl Heims christologischem Überbietungsanspruch Kants sichtbar
wird, und die Lutherrenaissance mit ihrer ethisch-gewissensbezogenen, auf Kant
aufbauenden Deutung Marin Luthers. Sie alle haben, so Iwand, durch einzelne
Einsichten zur wahren, nämlich zur eigentlichen Theologie werdenden Theologie
der Gegenwart (die den Menschen von Jesus Christus her definiert) beigetragen;
es gelte aber zu zeigen, dass der gemeinsame Fluchtpunkt all dieser Bemühungen
in einer an der Offenbarung durch Christus ausgerichteten anthropologischen
Fundamentaltheologie liegt, die Anspruch auf allgemeingültige vernünftige Anerkennung erheben und so die Verletzungen des Menschseins durch die moderne
Zeit im Sinn einer letztgültigen Neubegründung heilen kann. Es ist deutlich, dass
Pannenberg diesen Anspruch aufnimmt und Iwands christologische Fundamen-
talanthropologie erweitert zu einer Sicht auf die Wirklichkeit als Ganzes. Dazu
hat er sich besonders eines weiteren, bei Iwand angelegten Kunstgriffs bedient,
nämlich der Unterscheidung einer falschen Ethisierung des Religionsverständnisses und einer notwendigen, an Hegel anknüpfenden Re-Dogmatisierung.
Denn Iwand geht von verschiedenen Grundthemata der Theologie aus, um welche die Arbeit des 19. Jahrhunderts kreist. Das neue Religionsverständnis wird
von Schleiermacher, die Geschichtssicht von Schelling und Hegel, die Ethik von
Kant, die historische Christologie von Strauß grundgelegt. Von da aus ziehen
sich thematische Fäden durch das 19. und 20. Jahrhundert, die in der Übergangs-
zeit in verschiedenen Theolog(i)en kulminieren – Heim, Troeltsch, Otto, Schweit-
zer, Bultmann, Holl und Althaus werden aufgerufen.[16] Resultiert Iwands Abneigung gegen die Ethik aus einer Lutherrezeption, die die Wirklichkeit des rechtfertigenden Gottes gegen die autonomen Anstrengungen des Menschen setzt, so
seine Auszeichnung Hegels (gegen Kant und den Neukantianismus) als des eigentlichen (und erst noch kommenden) Philosophen des 20. Jahrhunderts aus
dessen Versuch, die Wahrheit der vorausgesetzten Wirklichkeit Gottes in Christus (so Iwands Rekonstruktion) im Kontext der Philosophie, das heißt begrifflich
zu erweisen und damit das Sein der Wirklichkeit und ihr denkendes Erkennen
wieder zu einen.[17] Kant wird dabei nur als Hintergrund einer als umfassend dia-
gnostizierten Ethisierung der Theologie aufgerufen. Die von Iwand als falsch
behauptete Umdeutung des soteriologischen ‚pro me' der Reformation zur Konstitutionsfunktion jedes Gottesgedankens durch das menschliche Bewusstsein

---

Barths Darstellung gerade den Verlust jeder geistes- und kulturgeschichtlichen Annäherung
und jedes Überblicks zugunsten einer vermeintlich höheren ‚theologischen' Kritik feiern.
 [16] Vgl. Iwand, *Theologiegeschichte*, 268–271.
 [17] Vgl. den Hegelabschnitt in Iwand, *Theologiegeschichte*, 176–200, bes. 196–198.

trägt ebenfalls zur Herabstufung Kants bei.[18] Damit sind einige der Elemente einer theologiegeschichtlichen Einordnung und Verwertung der idealistischen Denker aufgerufen, die im Kontext einer umfassenden fundamentalen Beanspruchung einer immer vorausgesetzten Wirklichkeit Gottes gegen die Selbstbegründungen menschlicher Vernunft (und ihrer Freiheit) auch in der Theologie Pannenbergs wichtig werden.

Zu fragen ist allerdings noch, wie mit der durchgehend negativen Bewertung Barths durch Pannenberg umzugehen ist, die sich von dem enthusiastischen Anknüpfen an Barth, wie es bei Iwand zu sehen ist, doch deutlich unterscheidet. Damit ist auch die Ausgangsthese in Frage gestellt, dass bei der Rekonstruktion von Wagners Idealismusinterpretation zunächst der theologiegeschichtliche Hintergrund innerhalb der Wort-Gottes-Theologie zu beachten ist. Zu zeigen wäre, dass eine solche negative Beurteilung Barths auch innerhalb der dialektischen Theologie selbst möglich ist, ohne den Rahmen des offenbarungstheologischen Denkens zu verlassen. Dazu wird hier auf Thielicke verwiesen, der von Falk Wagner in seinem frühen Aufsatz als Prototyp einer barthianischen Behauptungstheologie bis in die Gegenwart genannt wird.[19] Thielicke ist ein entschiedener Anhänger der Wort-Gottes-Theologie und reproduziert von hier aus die Barthsche Kritik z.B. an Rudolf Bultmann, ist aber auf der anderen Seite ein ebenso heftiger Kritiker der theologischen Position von Karl Barth.[20] Thielicke entwickelt gegen Barth die kritischen Vorwürfe, die sich auch bei Pannenberg finden: Barths Rede von der Offenbarung Gottes sei autoritär, nicht mit der Wirklichkeit der Welt und der Lebenswelt der Menschen vermittelt; sie repräsentiere damit strukturell die totalitären Züge der Zeit, in der sie entstand. Denn, so Thielicke, es sei zwar der Ausgang von der Offenbarung theologisch richtig, aber sie dürfe nicht einfach dem menschlichen Denken abstrakt (und so autoritär) *entgegengesetzt* werden, sondern müsse mit diesem verbunden werden, und zwar so, dass an den einzelnen wichtigen Themen menschlicher Selbstbeschreibung die Bedeutung der Offenbarung Gottes inhaltlich aufgezeigt wird. Thielickes Rekonstruktion der Theologiegeschichte verläuft deshalb gänzlich unhistorisch – es geht nicht um theologische Entwicklungen, sondern um an den einzelnen Denkern festgemachte Problemfelder des Verhältnisses von Glauben und Denken (darin dem Vorgehen Iwands ähnlich). Dabei wird die Geltung der Offenbarung theologisch jederzeit vorausgesetzt – sie ist aber nicht rein intellektuell in der

---

[18] Vgl. H. J. Iwand, „Wider den Mißbrauch des ‚pro me' als methodisches Prinzip in der Theologie", in: *Evangelische Theologie* 14 (1954), 120–125.

[19] Vgl. Wagner, „Die Bedeutung der Theologie", 44, Anmerkung 93: „Ein jüngstes Beispiel eines solchen autoritären, weil die neuzeitliche Subjektivität (das ‚cartesische Ich') nicht ernst nehmenden Vorgehens der Theologie bietet H.Thielicke".

[20] H. Thielicke, *Glauben und Denken in der Neuzeit. Die großen Systeme der Theologie und Religionsphilosophie*, Tübingen 1983.

Theologie zu bearbeiten, sondern ein ‚wirkliches' Moment im gesamten menschlichen Leben und damit auch weiter zu fassen als nur als kirchliche Ideologie.[21]
Damit zeigt sich an Thielicke ein weiteres Mal der Abstand der Schülergenera-
tion zu Karl Barth: Geht es diesem um den erkenntnistheoretischen Erweis der
Möglichkeit, den Glauben aus dem Wort Gottes abzuleiten, so wird der Bestand
beziehungsweise die Wirklichkeit dieses Wortes als Ausgangspunkt theologischen Nachdenkens bei den Nachfolgern bereits einfach vorausgesetzt. Damit
ergeben sich neue Aufgaben der Theologie, denn nun gilt es, die theologische
Ausgangsvoraussetzung in ihrer Bedeutung für die Lebenswirklichkeit des Menschen zu bewähren. Die Wirklichkeit der Offenbarung wird mit der Wirklichkeit
der Welt in Beziehung gesetzt. Welt und Geschichte werden gedacht als unter dem
Wort stehend. Dieses Denken aber geschieht mit allgemeingültigem Anspruch
und ist damit rationaler Kritik ausgesetzt beziehungsweise muss ihr standhalten.

6. Pannenbergs Sicht auf den Idealismus und seine Funktion für die Theologie

Die Grundlage von Pannenbergs theologischem Denken besteht in der festen
Annahme, dass die Wirklichkeit – alle Wirklichkeit – der Welt fundiert ist in der
dahinterliegenden Wirklichkeit Gottes.[22] Er hat diese Überzeugung zu bewähren
versucht in argumentativem Ausgriff auf philosophische und theologische Theorien seit der Antike, die dazu Hilfestellungen boten. Die Theologie Iwands
konnte mit einigen Ausweitungen und Neuarrangements wichtiger Argumente
als Folie benutzt werden. Insbesondere die bereits bei Iwand betonte christologische Voraussetzung für alles Denken des Menschen war eine solche argumentative Grundlage. Sie brauchte nur ihrer anthropologischen Beschränkung enthoben und auf das Ganze der Wirklichkeit angewendet zu werden.[23] Dazu konn-

---

[21] Vgl. die entsprechende positive Kennzeichnung der Aufgaben in der Schleiermacher-
Darstellung Thielicke, *Glauben und Denken in der Neuzeit*, 186 f.

[22] Zu einem Epiphanie-Erlebnis im Jahr 1945 als dem „entscheidenden Datum in Pannenbergs Jugend" vgl. G. Wenz, „Vorschein des Künftigen", 15, Anmerkung 3 mit einer Text-
wiedergabe aus W. Pannenberg, „An autographical sketch", in: C. E. Brayton/Ph. Clayton
(Hgg.), *The theology of Wolfhart Pannenberg*. Twelve American Critiques, with an Autobio-
graphical Essay and Response, Minneapolis 1988, 11–18. Im Folgenden benutze ich frühe
Texte Pannenbergs aus den 50er und 60er Jahren. Vgl. aber auch die späten monographischen
Ausarbeitungen zur Theologiegeschichte: W. Pannenberg, *Theologie und Philosophie. Ihr
Verhältnis im Lichte ihrer gemeinsamen Geschichte*, Göttingen 1996, sowie W. Pannenberg,
*Problemgeschichte der neueren evangelischen Theologie in Deutschland. Von Schleiermacher
bis Barth und Tillich*, Göttingen 1997.

[23] Hinzugefügt sei, dass der zweite Strang des von Pannenberg aufgenommenen dialektischen Denkens, nämlich die schöpfungstheologisch-eschatologische Christologie und Wort-
Gottes-Theologie von Heinrich Vogel, mit ihren dynamischen Momenten dann (verbunden
mit der wirklichkeitsbezogenen, nämlich historisch-religionsgeschichtlichen Anbindung der

ten die in der Hegelrezeption bereits angedeuteten erkenntnistheoretischen Versuche Iwands herangezogen werden, das Denken des Menschen mit der Wirklichkeit des Seins zu vereinen, und zwar im Ausgang von der Umwendung der lutherischen Rechtfertigungs- und Gnadenlehre zu einer antimodernen Theorie passiver Selbsterkenntnis. Während die Ethik-Kritik bei Iwand noch im Vordergrund steht, hat Pannenberg beide Stränge zusammengeführt; die interne anthropologische Passivitätskonstruktion, mit der Christus als Wirklichkeit der Person anerkannt werden muss, wird auf das Ganze der Wirklichkeit übertragen. Kants Ethik wird zur entscheidenden falschen modernen Weichenstellung hin zu einer anthropologisch fundierten Theologie, und Hegels Kantkritik damit zum Anhaltspunkt einer möglichen philosophisch haltbaren Kantkritik, die auch theologisch rezipiert werden muss. Hegel wird dadurch zum Gewährsmann für die notwendige theologische Wende zu einem – gegen die moderne Erkenntnistheorie gerichteten – Ausgang bei der göttlich fundierten Wirklichkeit, deren vorausgesetztes Dasein allem Wissen, Denken und Konstruieren zugrundeliegt. Aus dieser internen Korrektur resultiert Pannenbergs Reserve gegen den Wort-Gottes-Begriff, der wegen seiner auditiven und kommunikativen Konnotation nur auf personale Wirklichkeit zu passen schien. Diese Reserve läuft parallel zur Kritik an einer ethischen, also anthropologischen Begründung der Theologie überhaupt, wie sie sich in der Debatte mit Ebeling dann gegen einen führenden Vertreter der Wort-Gottes-Theologie wendet. Die Ausweitung der Struktur von Iwands Christologie auf die Wirklichkeit als Ganzes führte schnell zu einer entsprechend erweiterten Sicht auf die geistesgeschichtliche Tradition. Hier war Iwand als überzeugter Lutheraner im Kontext neuzeitlicher Interpretation der reformatorischen Theologie geblieben. Pannenberg dagegen hatte – im Ausgang von seiner Dissertation[24] über die spätmittelalterlichen Theologien im Vorfeld der Reformation und ihr Verständnis von der Freiheit Gottes und der davon abhängigen (und keinen Gegensatz bildenden) Freiheit des Menschen – seit den 50er

---

Ideen in der biblischen Geschichtstheologie Gerhard von Rads) in die universale Geschichtssicht des Programms von ‚Offenbarung als Geschichte' mündet. Dieser Aspekt fehlt in dem umfassenden Sammelband dazu: G. Wenz (Hg.), *Offenbarung als Geschichte. Implikationen und Konsequenzen eines theologischen Programms*, Göttingen 2018.

[24] W. Pannenberg, *Die Prädestinationslehre des Duns Skotus im Zusammenhang der scholastischen Lehrentwicklung*, Göttingen 1954. Das Thema der in Heidelberg bei Edmund Schlink (mit einem Gutachten Heinrich Vogels) abgeschlossenen Dissertation war aus einem Seminar bei Iwand erwachsen, dazu G. Wenz, „Vorschein des Künftigen", 22 mit einem Zitat (vgl. G. Wenz, „Vorschein des Künftigen", 22, Anmerkung 12) aus Pannenbergs eigener Schilderung. Dass aufgrund der notwendigen Kritik an der Erkenntnistheorie ein Rückgriff auf antike Metaphysik nötig sei und dass deshalb die eigenständige moderne Reflexion des Wesens der Neuzeit diese nicht zu einem gegen das klassische Denken abgeschlossenen Bereich erklären dürfe, war die Grundlage für Pannenbergs Kritik an Blumenbergs Neuzeitdeutung, in welcher Kritik Pannenberg Gedanken seiner Dissertation aufnahm. Vgl. W. Pannenberg, „Die christliche Legitimität der Neuzeit [1968]", in: W. Pannenberg (Hg.), *Gottesgedanke und menschliche Freiheit*, Göttingen 1972, 114–128.

Jahren bereits Umrisse einer Theologiegeschichte skizziert, die gegen den inner-
protestantischen Streit gerichtet war, ob man sich auf die (humanistische) Aufklärung, auf eine kantisch gelesene Reformation, oder aber eine antimodern
verstandene Reformation und Orthodoxie beziehen soll. Pannenbergs Programm war weit umfassender ausgelegt und bezog die Philosophiegeschichte seit
der Antike mit ein.[25] Entscheidend war, dass er die positiven Orientierungspunkte
der angezielten neuen Theologie in die – biblisches und antikes Denken verei-
nende – Spätantike und ihre mittelalterlichen Folgen verlegte. Hier schien ihm
der Versuch, den Gottesgedanken rational einsichtig und mit allgemeiner Geltung theologisch zu denken, vorbildhaft verwirklicht. ‚Neuzeitlich' an der spätmittelalterlichen Theologie war der Versuch, die Freiheit Gottes mit der Freiheit
des Menschen im Kontext der Welt als Gottes Schöpfung zu verbinden. Daran
anknüpfend hat die sich selbst recht verstehende Theologie – die nämlich die
philosophischen Denktraditionen aufnimmt und ihre moderne kritische Selbstbeschränkung kritisch überbietet – darin ihren Zweck, dass sie die Freiheit des
modernen Menschen (theologisch) besser begründen kann, als deren ‚gottlose'
säkulare Selbstbegründung es vermag.[26] Die Reformation, die von ihr vorgeschlagene soteriologische Funktionalisierung der Theologie sowie die daran anknüpfenden neuzeitlichen Einschränkungen der Religion auf anthropologische
Fragen, insbesondere Kant mit seinem Doppelspiel von theoretischer Kritik und
praktischer Affirmation des idealen Gottesgedankens, bekamen bei Pannenberg
eine ganz andere Funktion: Er deutete sie als kritischen Einspruch gegen nicht
ausreichend begründete theologische Ansprüche und damit als neuzeitliche Phänomene einer Ideologiekritik an reinen Autoritätsbehauptungen. Es sind insbesondere diese kritischen Inanspruchnahmen, auf die sich Wagner in seiner theologiegeschichtlichen Pannenbergrezeption immer wieder bezieht. Allerdings war
Pannenberg zugleich der Meinung, dass die positiven Versuche (protestantischer)
Theologie seit der Reformation – nämlich der Kritik an kosmologischen Denk-
gebäuden dadurch auszuweichen, dass man die Religion anthropologisch neu
begründet – allesamt in die falsche Richtung führen. Auch dieser Kritik (an der
bisherigen theologischen Durchführung der Kritik) hat sich Wagner angeschlossen. Erst Hegel hat für Pannenberg im neuzeitlichen Zusammenhang das alte,
hellenistisch-philosophische Programm umfänglich wieder aufgenommen, näm-

---

[25] Vgl. W. Pannenberg, „Heilsgeschehen und Geschichte [1959]", in: W. Pannenberg (Hg.),
Grundfragen systematischer Theologie. Gesammelte Aufsätze, Göttingen 1967.

[26] Pannenberg nennt dies die begriffliche Erfassung (gegen die moderne Philosophie) einer
„konkrete[n], inhaltsvolle[n] Freiheit" (W. Pannenberg, „Christliche Theologie und philosophische Kritik [1968]", in: W. Pannenberg [Hg.], *Gottesgedanke und menschliche Freiheit,*
Göttingen 1972, 48–77, hier: 74), zu welcher Aufgabe eine ent-a-theisierte Philosophie („Integration der philosophischen Kritik nur als Metakritik der Philosophie", Pannenberg,
„Christliche Theologie", 70) und eine ent-positivierte, ihrer nicht bewiesenen Setzungen ent-
kleidete Theologie erst wieder zusammenkommen sollen. In diesem Programm stimmte Wagner voll und ganz mit seinem Lehrer überein, auch wenn die einzelnen Positionen (Begriff,
Freiheit, Begründung) von Anfang an anders bestimmt waren.

lich die Geltung des Gottesgedankens im Kontext einer Sicht der Welt (beziehungsweise der Wirklichkeit) als Ganzes zu bewähren. Schellings geschichtsspekulativer Idealismus sowie einige ausgewählte, von Pannenberg immer wieder zitierte Sätze aus Schleiermachers Reden vervollständigen den bei Hegel vorliegenden idealistischen Bruch mit der ethischen Anthropologie. Der ethisch-kantisch beherrschten Theologie im 19. und 20. Jahrhundert, bis hin zu Ebeling, wurden einige Theologen, die sich auf den Idealismus bezogen (Dorner, Troeltsch, Tillich) als positive Außenseiter entgegengestellt. Dem entspricht philosophisch, dass der Neukantianismus und ihm folgend weite Teile der modernen Philosophie, wie z.b. der Existentialismus, ebenso die Wirklichkeit der Freiheit in der Moderne aus der subjektbezogenen Selbstbegründung abgeleitet haben.[27] Beschreibt man so, wie Hegel für Pannenberg zur Leitfigur der neuen Theologie (darin ist Wagner seinem Lehrer gefolgt) wird, dann darf allerdings nicht Pannenbergs grundsätzliche theologische Kritik an Hegel unterschlagen werden.[28] Denn Hegel hat die Bewährung von Gottes Gottsein im Ganzen der Wirklichkeit einseitig dem ausgeführten begrifflichen Denken geopfert. An dieser Stelle erweitert Pannenbergs Programm sowohl die hellenistische Antike als auch den Idealismus durch die Einbeziehung des (immer wieder als normativ behaupteten) biblischen Geschichtsdenkens.[29] ‚Gott im Ganzen der Wirklichkeit‘ heißt für Pannenberg, die reale Universalgeschichte als Ort seiner dynamischen, geschichtlichen Selbsterschließung zu sehen und damit sowohl die Kontingenz der noch laufenden Geschichte als auch die Freiheit des Menschen angemessen zu berücksichtigen. Erst mit diesen (auf Heinrich Vogel[30] zurückführbaren) Zusätzen ist die

---

[27] „Es ist immer wieder versucht worden, der Frage nach der die subjektive Freiheit selbst konstituierenden und ermächtigenden Wirklichkeit zuvorzukommen durch Insistieren auf der Autonomie des Subjekts. In dieser vom transzendentalen Idealismus eingeschlagenen Richtung hat noch die Existenzphilosophie die Lösung für die Problematik der Subjektivität gesucht." (Pannenberg, „Christliche Theologie", 74)

[28] Vgl. J. Rohls, „Pannenberg und Hegel: Anknüpfung und Widerspruch", in: G. Wenz (Hg.), *‚Eine neue Menschheit darstellen'* – *Religionsphilosophie als Weltverantwortung und Weltgestaltung.* Eröffnung der Wolfhart-Pannenberg-Forschungsstelle an der Münchener Hochschule für Philosophie, Philosophische Fakultät SJ, Göttingen 2015, 177–202.

[29] Daraus resultiert eine andere Linie der modernen Philosophie, die die Geschichtlichkeit der Vernunft zu begreifen versucht und sich damit von Kant und der ‚ungeschichtlichen' Aufklärung zu lösen versucht. Die Prozesshaftigkeit des Denkens im Idealismus kann in diese Linie einbezogen werden, die aber erst in Dilthey zu einem Höhepunkt führt, an den wieder angeknüpft werden kann. Vgl. dazu W. Pannenberg: „Glaube und Vernunft [1965/67]", in: Pannenberg, *Grundfragen*, 237–251, bes. 246–251.

[30] Iwands Entgegensetzung der Wirklichkeit Gottes zur Wirklichkeit der Welt bleibt aufgrund ihres jederzeit präsentischen Charakters statisch, die Christusoffenbarung abgeschlossen. Vgl. dagegen W. Pannenberg, „Die Offenbarung Gottes in Jesus von Nazareth (1963)", in: J. M. Robinson/J. B. Cobb (Hgg.), *Theologie als Geschichte*, Zürich/Stuttgart 1967, 135–169, hier: 152: „Die Offenbarung Gottes in Jesus von Nazareth ist nicht ein einzelnes, isoliertes Ereignis supranaturalen Ursprungs [...]. Sie ist das Ende eines Weges." Im folgenden Text wird der damit angedeutete Erkenntnisweg mit der (religions-)geschichtlichen Entwicklung parallelisiert.

Pannenbergsche Fassung des Selbsterschließungsgedankens erreicht. Hegels Logik, so postulierte Pannenberg (hier möglicherweise schon auch gegen seinen Schüler)[31], verkenne, dass die Geschichte erst noch ablaufe und jeder Begriff deshalb nur ein Vorgriff sein könne – und außerdem sei die Bewegung des logischen Schließens und der Dialektik selbst überhaupt nur möglich als „Vorgriff auf die Wahrheit, die in der Geschichte der Religion thematisch ist"[32]. Damit wird das geschichtlich gegebene Ganze der Wirklichkeit in Pannenbergs universalgeschichtlicher Fassung (und nicht das Absolute als Begriff des Begriffs) zum Pendant des umfassend erweiterten und als Gegenstand rationalen und allgemeingültigen Denkens ausgegebenen Selbstoffenbarungsgedankens. Pannenberg knüpft also im Prinzip an Barths Kritik der Theologie seit der Aufklärung an, aber verleiht der Religions- und Anthropologiekritik ein anderes Gesicht. Die Kritik am modernen Atheismus läuft über den Gedanken einer Vergötzung der Endlichkeit – denn setzt man dieser nicht die Transzendenz gegenüber, wird das Endliche zum einzigen umfassenden Ganzen. Es geht also nicht um die menschliche Bemächtigung des Gottesgedankens, sondern um die Einengung der philosophischen und theologischen Gottesidee auf den Menschen als einen bloßen Teilbereich der Wirklichkeit. Solche Einschränkungen der Allgemeinheit des Gottesgedankens kritisiert der junge Pannenberg als autoritär und unmodern. Gott ist nicht nur der Gott des Menschen und seines Gewissens, sondern er ist immer bereits auch der Gott der Welt, der ganzen Wirklichkeit und damit der ganzen Geschichte. Die bei Barth noch mitschwingende Auseinandersetzung mit der neukantianischen Erkenntnistheorie und der Frage nach den Gründen des Wissens von Gott ist damit ‚überwunden'. Pannenberg setzt, noch mehr als Barth, das Sein Gottes beziehungsweise das Denken unter seiner vorausgesetzten Selbsterschließung als Ausgangspunkt der Theologie einfach voraus. Es geht,

---

[31] Pannenberg hat gegen die Selbstbegründung des Menschen (beziehungsweise seines Denkens und Handelns) immer die „tragende Wirklichkeit" Gottes als notwendige Voraussetzung behauptet (W. Pannenberg, „Die Frage nach Gott [1965]", in: Pannenberg, *Grundfragen*, 361–386), vgl. auch im Kontext: „Und sofern der sie ermöglichende Grund weder im Menschen selbst, noch in der vorfindlichen Welt liegen kann, ist er als die das Dasein des Menschen und seiner Welt tragende Wirklichkeit in diesem Dasein immer schon vorgängig vorausgesetzt", Pannenberg, „Die Frage nach Gott", 377. Ich sehe nicht, wie man diese kausallogisch handfeste Behauptung mit dem vernunftkritischen Verweis auf die kommende Zukunft Gottes (als dieses ‚tragenden Grundes'?) ausgleichen kann. Hier liegt ein Einfallstor für Wagners weiterführende Adaption der Christologie als einer radikalen ‚Gott-ist-tot-Theologie', die den Grund zugleich denkt, wie auch in die Selbständigkeit des Begründeten überführt.

[32] W. Pannenberg, „Die Bedeutung des Christentums in der Philosophie Hegels (1970)", in: Pannenberg, *Gottesgedanke*, 78–113, hier: 112, Anmerkung 96. Vgl. aber auch bereits die Hegelkritik (Pannenberg, „Glaube und Vernunft", 248). Vgl. dazu ausführlich G. Wenz, „Vom wahrhaft Unendlichen. Metaphysik und Theologie bei Wolfhart Pannenberg", in: G. Wenz (Hg.), *Vom wahrhaft Unendlichen. Metaphysik und Theologie bei Wolfhart Pannenberg*, Göttingen 2016, 15–70, bes. 52–64. Wenz weist darauf hin, dass Pannenberg seine Hegelkritik zugleich als bessere Hegeldeutung versteht (Wenz, „Vom wahrhaft Unendlichen", 63 f.).

davon ausgehend, nur darum, die Denkbarkeit dieses allgemeinen Seins Gottes unter den Bedingungen der Welt und des menschlichen Wissens zu erweisen. Pannenberg hat nicht umsonst immer mehr[33] die Diskussion mit vormodernen, metaphysischen Konzeptionen gesucht, wie sie in der neuthomistisch orientierten katholischen Dogmatik bis heute im Vordergrund stehen. Aber auch hier darf nicht seine Erweiterung der Metaphysik durch Geschichtsphilosophie übersehen werden, mit der er seinen Anspruch auf Zeitgemäßheit und Modernität gerechtfertigt hat. Die allgemeingültige Denkbarkeit der vorausgesetzten metaphysischen Existenz Gottes umfasst auch noch – gegen die klassische Metaphysik – die Geschichte und mit ihr die Möglichkeit der Freiheit der Menschen. Bis in die Veröffentlichungen der 1970er Jahre steht diese Betonung einer autoritätskritischen (weil in weitestmöglicher Allgemeinheit begründeten) Theologie im Vordergrund. Auch das Freiheitsthema ist also für Pannenberg ein Ort des allgemeingültigen Nachweises der göttlichen Macht und Wirklichkeit. Gegenüber der autonomen Freiheit der säkularen Philosophie beharrt er darauf, dass ein vernünftiger Freiheitsgedanke nur im Ausgang von Gottes Selbsterschließung in der Geschichte gedacht werden kann – dies nennt er eine „konkrete inhaltsvolle Freiheit".[34]

---

[33] Die hier vorgeschlagene Deutung widerspricht insofern genetisch der gegenwärtigen Tendenz, das Gesamtwerk Pannenbergs unter einer solchen metaphysisch-philosophischen Perspektive zu lesen, vgl. Wenz, „Vom wahrhaft Unendlichen". Gunther Wenz weist allerdings zuletzt selbst darauf hin, dass Ulrich Wilckens als früher Angehöriger des ‚Pannenberg-Kreises', aus dem das Programm von ‚Offenbarung als Geschichte' erwuchs, eine Selbsteinordnung der entsprechenden Theologie als genuine Fortsetzung der Wort-Gottes-Theologie mit ihrem Ausgang bei der Selbstoffenbarung Gottes vornimmt (vgl. G. Wenz, „Pannenbergs Kreis. Genese und erste Kritik eines theologischen Programms", in: G. Wenz, *Offenbarung als Geschichte*, 17–57, 52 f., Anmerkung 33). Es wird nicht deutlich, wieweit sich Wenz der vorgetragenen Deutung anschließt. Vgl. auch C. Axt-Piscalar, „Das wahrhaft Unendliche. Zum Verhältnis von vernünftigem und theologischem Gottesgedanken bei Wolfhart Pannenberg", in: J. Lauster/B. Oberdorfer (Hgg.), *Der Gott der Vernunft. Protestantismus und vernünftiger Gottesgedanke*, Tübingen 2009, 319–338. Sie deutet die hier genetisch als barthianisch behaupteten Elemente als Hinterfangen des philosophischen Gottesdenkens durch eine biblische Theologie. Dass man für eine genetische Pannenberg-Rezeption nicht bei der merkwürdigen Vorstellung von der Ganzheit, aus der alles Wirkliche als Teil nur herausgeschnitten sei, ausgehen darf, ergibt sich meines Erachtens aus der durchgehenden Dominanz der Christologie für dieses Ganze. Dies lässt sich nur durch den theologischen Einfluss Vogels und Iwands erklären. Vgl. z.B. Pannenberg, „Die Offenbarung Gottes in Jesus von Nazareth", 169: „Das ist bis heute das einzige Kriterium für die Wahrheit der Offenbarung Gottes in Jesus von Nazareth, daß sie sich nachträglich immer wieder bewahrheitet an der Erfahrung der Wirklichkeit, in der wir leben. Solange das Ganze der Wirklichkeit von Jesus her tiefer und überzeugender verständlich wird als ohne ihn, solange bewahrheitet sich […], daß in Jesus der schöpferische Ursprung aller Dinge offenbar ist."

[34] Pannenberg, „Christliche Theologie", 74 passim.

7. Wagners Sicht des Idealismus und seine theologische Funktionalisierung

Wagner hat, so die These, weite Teile dieser Sicht aufgenommen. Sie liegt auch, und das gilt es zu zeigen, noch den von ihm vorgenommenen Umformungen zugrunde. Die folgenden Bemerkungen beziehen sich dabei – damit gleichzeitig eine Grundlage für weitere werkgenetische Forschung bietend – auf Wagners frühe ausführliche Ausarbeitung seiner Theologie im Kontext einer Grundlegung eines modernen Religionsunterrichts (von 1969).[35] Dabei werden die übergeordneten, fundamentalen theologischen Weichenstellungen, die die jeweilige (pannenbergsche und wagnersche) Bedeutung von Aufklärung, Idealismus und dialektischer Theologie tragen, einander gegenübergestellt.

Aufbau und Argumentation des Textes ist nicht ganz einfach zu durchschauen. Grundsätzlich besteht er aus zwei Teilen; in einem ersten geht es um die Kritik der Wort-Gottes-Theologie, in einem zweiten um einen eigenen Vorschlag, wie Theologie unter den Erkenntnisbedingungen der modernen (idealistischen) Philosophie verfahren soll (95–120). Während im zweiten Teil zunächst die philosophischen Grundlagen geklärt werden und dann kritisch auf Jüngels Kreuzestheologie als Sprungbrett zur eigenen theologischen Logik Bezug genommen wird, ist der erste Teil in sich komplexer angelegt. Er besteht noch einmal aus zwei verschiedenen Abschnitten zur Kritik an der Wort-Gottes-Theologie, eingeleitet durch kurze Bemerkungen zum Religionsunterricht als Ausgangspunkt des Nachdenkens im Sinne einer breiten, strikt allgemeinheitsfähigen Grundlegung dessen, was im Religionsunterricht gelehrt werden soll (16–20). Es verunklart die Funktion des Textes, dass dieser Aufhänger des Religionsunterrichts im weiteren Fortgang nicht mehr vorkommt; auch am Ende wird nicht noch einmal darauf rekurriert.[36] Wendet man sich dem ersten Teil in seinen beiden Abschnitten zu, so wird seine Funktion als Durchgangsmoment in seinen verschiedenen Unterabteilungen deutlich: Wagner befragt verschiedene Annahmen und Positionen der Wort-Gottes-Theologie hinsichtlich ihrer inneren Logizität und Haltbarkeit; er kommt dabei jeweils zu einer kritischen Einschätzung, die auf eine Weiterentwicklung drängt. Entscheidend scheint mir dabei, dass die am Ende der jeweiligen Darstellung gegebene Kritik, die dann noch einmal gebündelt wird in dem

---

[35] Wagner, „Die Bedeutung der Theologie". Seitenzahlen ohne weitere Angaben im Folgenden beziehen sich auf diesen Text. Zur Deutung ist im Folgenden als Grundlage zu vergleichen die Einschätzung des Textes in der Einleitung zum genannten Band, 9–11: „Zwar konnte Wagner Wolfhart Pannenberg als seinen akademischen Lehrer bezeichnen, was im Hinblick auf die Förderung seiner Universitätskarriere berechtigt sein mag. Wo Wagner allerdings inhaltlich auf Pannenberg zu sprechen kommt, überwiegt durchgängig die kritische Distanzierung. Für ein Lehrer-Schüler-Verhältnis fehlt das zentrale Moment der Aneignung und Propagierung der Lehre des Lehrers." Diese Aussage gilt es anhand des Textes zu überprüfen.

[36] Allerdings wird in kurzen Nebenbemerkungen darauf verwiesen, 59.

Übergang von Teil eins zu Teil zwei, übereinstimmt mit kritischen Einwänden Pannenbergs gegen die Wort-Gottes-Theologie und dabei bestimmte Positionen Pannenbergs durchaus positiv, also ohne kritische Einwände, aufnimmt. So endet die Darstellung der Kritik an der ‚natürlichen Theologie' mit dem Hinweis, der Gottesgedanke könne nur sinnvoll gedacht werden, wenn „der für ihn konstitutive Bezug zum Ganzen der Wirklichkeit nicht abgeblendet wird." (32)[37] Die dialektische Kritik an dem Religionsbegriff wird mit Pannenbergs Forderung einer Fundierung der Religionskritik in einem allgemeinen Begriff der Religion und seiner religionsgeschichtlichen Konkretisierung beantwortet (37 mit Anmerkung 72). Und die Kritik an der Philosophie von der Offenbarungstheologie aus wird schließlich mit dem Hinweis auf Pannenbergs positive Deutung des Hellenismus für das christliche Dogma (44 mit Anmerkung 92) aufgefangen, sowie mit dem ebenfalls Pannenberg aufnehmenden antikritischen Einwand, dass das neuzeitliche Wirklichkeitsverständnis die Aufnahme der auf alle Gehalte anzuwendenden Erkenntniskritik Kants und des Idealismus fordere. Nicht der Offenbarungsanspruch selbst, sondern nur seine „autoritäre, weil blinden Gehorsam fordernde[]" (44) Gestalt wird mit der Korrektur versehen, dass es falsch sei, wenn sie „die philosophische Analyse des Wirklichkeits- und Wahrheitsverständnisses ignoriert beziehungsweise allein die philosophisch-ethische als theologisch relevant erklärt" (45). (Damit wird auch Pannenbergs Kritik an der ethischen Theologie aufgenommen.[38]) Entsprechend geht Wagner in den Barths und Bultmanns Wort-Gottes-Theologie analysierenden anschließenden Textteilen vor.[39] Besonders der zusammenfassende Schlussabschnitt zur notwendigen Entpositivierung des Gottesgedankens argumentiert über Seiten hinweg mit kritischen Pannenberg-Texten und beschreibt die Notwendigkeit einer metaphysisch-philosophischen Fundierung der Theologie in weitgehend pannenbergischen Formulierungen.[40] Dabei wird, gleichsam als Angebot einer gemeinsamen Arbeitsgrundlage, betont: „Dieses auf dem Boden des neuzeitlichen Denkens einzig als Selbstoffenbarung Gottes mögliche Offenbarungsverständnis kann ohne Einbeziehung der

---

[37] Mit Bezug auf Pannenbergs Barth-Kritik in dem Aufsatz: Pannenberg, „Die Frage nach Gott".

[38] Der erste Absatz des nächsten Abschnitts über Barth und Bultmann unter dem Titel „Die Gestalten der Theologie des Wortes Gottes" (45 f.) formuliert noch einmal eine ausführliche Zusammenfassung der einzelnen Punkte und der Kritik, mit Hinweis auf Pannenbergs Aufsatz ‚Christliche Theologie und philosophische Kritik', dessen theologiegeschichtliche Grundaussagen in einer längeren Anmerkung wiedergegeben werden, 42 f., Anmerkung 89.

[39] Vgl. für Barth 59 mit Anmerkung 142, daran anschließend die Punkte 2. und 3. der Barthkritik gelten mit Pannenberg der autoritären und die menschliche Subjektivität auf die Spitze treibenden Form von Barths Theologie, erst in Punkt 4. und 5. wird die eigene Funktion der Christologie als Kritik an Barths Christologie geltend gemacht und unter 6. mit Hegel negativitätslogisch fundiert. Zu Bultmann vgl. die Kritik mit Pannenberg 87 bei Anmerkung 232.

[40] Vgl. 88–95, von den Anmerkungen 236 bis 247 auf diesen Seiten betreffen nur zwei keine Pannenberg-Texte.

religionsphilosophischen und anthropologischen Thematik nicht zureichend begründet werden" (92).[41] Als Ergebnis dieser Übersicht lässt sich also feststellen, dass Wagner in diesem Text durchaus Zustimmung zu zentralen Lehren und Einsichten Pannenbergs formuliert, die sich insbesondere auf die kritische Funktion der Aufklärung, der Philosophie Kants und des Idealismus für die Weiterführung einer (Selbst-)Offenbarungstheologie bezieht sowie auf den Anspruch, mithilfe der Philosophie eine Theologie zu entwickeln, die den Gottesgedanken als umfassende Grundlegung des Wirklichkeits- (und Wahrheits-)verständnisses im Ganzen vernünftig denken kann.[42]

Der erste Teil des Textes also versucht in der Kritik an der Wort-Gottes-Theologie in umfassender Weise an Pannenberg anzuknüpfen. Wenn hier auf Kant und den Idealismus Bezug genommen wird (wie in dem Abweis einer ethischen Religionsphilosophie), dann im Kontext der auch von Pannenberg geübten Kritik. Umso wichtiger sind im zweiten Teil die Passagen, in denen sich Wagner in eigener Weise, also zur Grundlegung seiner eigenen theologischen Begründung moderner Freiheit in einer (doppelt) negativitätslogisch verfassten Christologie (einfacher gesagt, mit einer realistisch-objektiven Lesart des Todes Gottes im Kreuz Christi), auf die idealistische Philosophie bezieht (97–110). Dabei fällt als erstes auf, dass Wagner die Differenzierungen in der theologischen Bedeutung, die bei Iwand und Pannenberg zu beobachten waren, wieder aufhebt. Wie bei Barth und Hirsch wird die idealistische Philosophie als ganze (d.h. seit Descartes und unter Einschluss der Transzendentalphilosophie Kants) betrachtet und in eine einheitliche Linie gebracht. Allerdings wird sie weder rein positiv (wie bei Hirsch) noch rein negativ (wie bei Barth) aufgefasst, sondern in einer präzisen

---

[41] Vgl. genauso 93: „Es zeigt sich also, daß der Offenbarungsanspruch der Theologie des Wortes Gottes nur dann seines autoritären und rational nicht kontrollierbaren Charakters entkleidet werden kann, wenn sich die Theologie nicht länger dagegen sperrt, die religionsphilosophische, religionsgeschichtliche und anthropologische Thematik in den Themenkreis der systematischen Theologie wieder aufzunehmen." Mit dieser für den gesamten Text zentralen Aussage ist die größtmögliche Zustimmung zu Pannenberg ausgedrückt, sie wird in das Stichwort der Entpositivierung gefasst und diese wiederum mit einem über zwei Seiten laufenden Zitat Pannenbergs erklärt.

[42] Ob der Text im Zusammenhang von Wagners Arbeit an dem Frankfurter Religionspädagogik-Institut erklärbar ist, scheint mir fraglich. Auch für eine reine „Selbstfindung der eigenständigen Position" (16) scheint mir der Kritikweg arg umständlich. Zu überlegen wäre vielleicht, ob der Text so etwas wie der Entwurf oder die Grundlage für eine weitere Zusammenarbeit mit Pannenberg sein sollte, vielleicht im Blick auf eine Habilitation. Zum Ganzen ist Wagners Erinnerung von 1997/98 zu vergleichen: F. Wagner, „Falk Wagner", in: C. Henning, K. Lehmkühler (Hgg.), *Systematische Theologie der Gegenwart in Selbstdarstellungen*, Tübingen 1998, bes. 280–286, insbesondere die Hinweise auf die Differenzen mit Pannenberg nach der Dissertation und die erneute (‚selbstbewusste') Kontaktaufnahme (F. Wagner, „Falk Wagner", 284). Auch die Wahl des endgültigen Themas der Habilitation, Schleiermachers Dialektik, könnte neben der geschilderten Eile der Absicht geschuldet sein, über die notwendige – als gemeinsam vorausgesetzte – Kritik an der Religionstheologie mit Pannenberg zusammenzukommen.

Funktion für die Theologie beziehungsweise die theologische Erfassung des Gottesgedankens. Denn die erkenntnistheoretische Arbeit der Philosophie dient
dazu, die theologische Rationalität der Gotteslehre kritisch zu sichern. Die Theologie (beziehungsweise die erst zu entwerfende, aber doch vorausgesetzte Theologie) bleibt also der Rahmen, von dem aus dann allerdings gesagt werden kann,
dass in der Philosophie (gegen die Mainstream-Theologie) „eine von der Theologie bisher [!] so nicht gesehene, aber […] de facto geleistete, eigentlich christliche
[!] Interpretation des Gottesgedankens" (98) vorliegt. Diese eigentliche Christlichkeit der erkenntnistheoretischen Kritik besteht in der Einbeziehung des Ge-
dachtwerdens in den Gottesgedanken selbst. Wagner interpretiert also die Kritik
nicht als anthropologische Verunmöglichung eines theologisch-metaphysischen
Zugriffs auf (das eigentliche Sein) Gott(es), sondern im Gegenteil als Aufdeckung
eines modernegemäßen Denkens in der Theologie, welches gleichwohl an dem
Sein Gottes festhält beziehungsweise (wie im Gedanken der Selbstoffenbarung
angelegt) immer schon von ihm ausgeht. Er übersteigert also die theologische
Kritik, die Pannenberg an der Philosophie übt, dahin, dass die Philosophie in
ihrer eigentlichen Absicht (d.h. durch den Theologen wohlverstanden) die bessere Theologie darstellt. Dazu nimmt er den Gedanken der umfassenden Wirk-
lichkeits- und Wahrheitserkenntnis auf, interpretiert ihn aber absolutheitstheoretisch im Sinne eines sich im Denken realisierenden absoluten Ausgangspunk-
tes, der das Denken und das Sein im Begriff der Wirklichkeit und Wahrheit
umfasst. Mit Hegel wird der Begriff als Einheitspunkt gesetzt und die universalgeschichtliche Wirklichkeit als prozessuales Offenbaren Gottes in der Welt zu-
rückgestellt. Dadurch kann nicht, wie bei Pannenberg, die Erfassung der universalgeschichtlichen Wirklichkeit (als Wirklichkeit Gottes) zum normativen Kritikpunkt an der rationalen Theologie werden. Wagner sieht die Entwicklung der
bei Descartes beginnenden Erkenntniskritik durch das Verfahren bestimmt, „daß
sie um der Gewißheit wahrer Erkenntnis willen Gott als sinnstiftende Einheit des
Subjektiven und Objektiven voraussetzen." (105) In dieser Sicht nimmt er Pannenbergs Hegelinterpretation auf und wendet sie (mit Hegel) zurück auf den
gesamten neuzeitlichen Prozess der Reflexion des Denkens. Diese Zurückwen-
dung der Bedeutung von Erkenntniskritik von Hegel auf Kant steht inhaltlich
parallel zur erweiterten Konzeption des Gedankens des Absoluten selbst, wobei
man durchaus mit Wagner beanspruchen könnte, mit dieser Idee nichts weiter
getan zu haben als Pannenbergs Theologie zu korrigieren, indem die Offenbarung Gottes in größtmöglicher Allgemeinheit denkerisch ausgewiesen wird. Beiden gemeinsam ist deshalb die Meinung, dass dies Absolute noch vor dem Versuch, es rational zu rekonstruieren, bereits als Ausgangspunkt aller solcher Versuche vorauszusetzen ist. Allerdings ist damit, so würde ich meinen, der Sinn der
erkenntnistheoretischen Religionskritik offenbarungstheologisch auf den Kopf
gestellt.[43] Im Anschluss an die theologische Vereinnahmung der hegelisch gedeu-

---

[43] Wagners Theologie ist nirgends als liberal zu bezeichnen, wenn man mit liberaler Theo-

teten Erkenntnistheorie geht Wagner in dem Text zu einer Darstellung und Kritik von Jüngels Kreuzestheologie über. Er stellt seinen eigenen, in Absetzung davon entwickelten Versuch damit in den theologischen Kontext der Wort-Gottes-Theologie der 1960er Jahre, in welcher der Bezug des sich offenbarenden (und als solcher vorausgesetzten) Gottes zur Welt über trinitätstheologische Figuren, steile autonomiebezogene Inkarnationsvorstellungen oder ethische Eschatologiebewegungen hergestellt wird. Wagners hegelische Deutung des Todes Jesu als eines tatsächlichen, ernstzunehmenden Todes Gottes (nämlich als Negation der menschlichen Selbstnegation in der Gottesbeziehung)[44] passt sich in diese Versuche ein. Erst von dem nicht vorstellungshaft, sondern von Gott aus als real (nämlich „wirklich den Verlust Gottes meinen[d]", 116) gedachten Begriff von Gottes Tod aus lässt sich nicht nur der Begriff Gottes überhaupt rational denken. Sondern er lässt sich auch so nur wirklich mit der modernen Autonomie des Menschen vereinbaren. Wie Pannenberg denkt Wagner die (trinitarische) Bewegung in Gott zur Inkarnation als Bedingung und Begründung wahrer menschlicher Freiheit: „Der Mensch konnte freilich nur dadurch selbständig werden, daß Gott selbst sich zu einem Geschöpf machte und Mensch wurde." (116) Im Verlauf des christologischen Prozesses kommt es dann über den freiwilligen Tod Jesu durch die nichtwissenden Menschen zur Anerkennung, Gott getötet zu haben, und dadurch zur Möglichkeit der Freiheit im Selbstbewusstsein der Menschen.[45] Am Ende kommt Wagner, Pannenbergs Begriff aufnehmend, zu der Aussage, dass „Begriff und Logizität inhaltsvoller [!] Freiheit durch das Christusgeschehen in die Welt gekommen sind." (120) Der Unterschied besteht nur darin, dass Pannenberg mit seinem rationalen theologischen Begründungsanspruch kritisch auf säkulare moderne Freiheitsbeanspruchung reagiert und eine inhaltlich gefüllte Freiheit gegen die moderne Autonomie setzt, während Wagner versucht, auf dem gleichen Weg zu einer theologischen Rechtfertigung des säkularen, von Gott gelösten Freiheitsbegriffs der Moderne zu kommen. Wagner beansprucht, den inhaltlich identischen Begriff nur anders, rational allgemein zu begründen. Er nimmt aber der Intention nach das pannenbergsche Programm im Kontext des Barthianismus der 1960er Jahre auf.[46]

---

logie eine solche bezeichnet, die von der an den Menschen gebundenen Fähigkeit zu religiöser Selbstdeutung ausgeht und den Gottesgedanken als notwendiges funktionales Moment einer solchen Religion interpretiert. Für Wagner und Pannenberg war vielmehr der offenbarungstheologische Kritikgedanke grundlegend, dass mit einer solchen Fassung der Gottesgedanke von vornherein anthropologisch verfremdet ist. Aber was soll hier ‚verfremdet' eigentlich heißen?

[44] Vgl. 66.

[45] „Indem der Mensch den Gottesmord als sein Tun im Umweg über die Vergebung seines Tuns als die Anerkennung des Gottesmordes durch Jesus anerkennt, ist er erst wahrhaft [!] frei und lebt im Bewußtsein Gottes als des Heiligen Geistes." (119) Neben den durchlaufenden Hegelbezügen wäre zu überlegen, ob Wagner hier auch Freudsche Thesen aufnimmt und für die spekulative Gotteslehre theologisch wendet.

[46] Die gegenseitigen Verwerfungen betreffen also nur die letzten christologischen Ausläu-

Damit seien nun von der Textauslegung ausgehend die wichtigsten Elemente der Idealismusrezeption Wagners noch einmal zusammengestellt und mit den entsprechenden funktionalen Äquivalenten bei Pannenberg verglichen. Als erstes sei auf die beiden gemeinsame Ausgangsbasis eingegangen, nämlich die Voraussetzung, dass Gott die alles bestimmende Wirklichkeit ist. Wagners Werk ist nicht zu verstehen, wenn man diese religiöse Überzeugung nicht als Grundlegung gelten lässt. Ihre theologisch-wissenschaftliche Fassung ist allerdings nicht auf einer Ebene mit klassischen Beweisen der Existenz Gottes zu sehen, sondern gilt der Grundlegung des Systems Religion/Theologie im Ganzen. Wagner kann deshalb darauf beharren, dass „die Theologie, soll sie sich nicht selbst preisgeben, was dann allerdings konsequent wäre, auch ‚angesichts atheistischer Kritik' [dies ein Zitat von Pannenberg] von Gott reden muß." (96) Die vorausgesetzte Geltung des Gottesgedankens ist das, was die Identität und Möglichkeit der Theologie als Wissenschaft herstellt.[47] Diese Gemeinsamkeit kann dadurch unterstrichen werden, dass Wagner sogar den Anspruch Pannenbergs aufnimmt, dass die Theologie unter den gegenwärtigen Bedingungen der Ort sei, an dem die alte Metaphysik zeitgemäß erneuert wird, und dass damit von der Theologie aus eine Kritik an der modernen, ethisch, sprachanalytisch oder erkenntnistheoretisch restringierten Philosophie notwendig sein könnte.[48]

---

fer des Programms. Insofern stimmt Jan Rohls' Einschätzung, dass Wagner nirgend anders als bei Pannenberg theologisch hätte Karriere machen können. Pannenbergs Kritik an Wagner als eines hegelianisierenden Barthianers wäre also zu erwidern mit dem Hinweis, dass auch Pannenberg selbst ein Barthianer ist, der in seiner hegelianisierenden Barthrezeption diesen Hegel mit Metaphysik und Kosmologie sowie Religionsgeschichte und Universalgeschichtsspekulation verunreinigt.

[47] Mir scheint, dass diese Voraussetzung auch für Wagners späte Theologie noch gilt: Nicht die Voraussetzung Gottes als der alles bestimmenden Wirklichkeit, sondern nur die spekulativ-vernünftige Explizierbarkeit dieser Voraussetzung wird in Frage gestellt. Aber auch eine Theologie für die Religion der Individuen funktioniert nur, wenn ihre Identität und Begründetheit (in einem vorausgesetzten ‚Sein' Gottes) bereits feststehen, sonst könnte man es – wie in diesem frühen Zitat angedeutet – ja auch lassen.

[48] „Es könnte sogar sein, daß die Theologie gerade ‚angesichts der modernen Krise der Metaphysik', [...] das Erbe der Metaphysik mitzuverwalten hätte." (91) Wagner argumentiert hier mit Bezug auf die kritischen Aufsätze Pannenbergs. Zum Aufbau und zum Anlass dieser umfangreichen Überlegungen, ausgehend vom Religionsunterricht, lässt sich vermuten, dass Wagner einerseits auf die Kritik an Pannenbergs Programm von ‚Offenbarung als Geschichte' durch die Barthianer reagiert (vgl. dazu Wenz, „Pannenbergs Kreis", 37–42) und so etwas wie eine Metakritik der Offenbarungstheologie bietet, andererseits sein eigenes Programm einer Einbeziehung von Kreuz und Auferstehung in den philosophischen Gottesbegriff ausarbeitet. Dies ist aber, folgt man dem Duktus des Textes, eindeutig (noch) nicht als Kritik an Pannenberg gemeint, sondern als eigener, sozusagen parallel ausgearbeiteter, trinitätstheologischer Vorschlag. Selbst das Programm wird mit Anklängen an Pannenbergs Aufgabenbestimmung formuliert: „Einen möglichen Weg, Gott als Grund und Ursprung der menschlichen Freiheit zu denken, sehe ich [!] darin, daß man den zunächst philosophisch artikulierten Gedanken vom Tod Gottes mit der neutestamentlich-christlichen Vorstellung des in Jesus Christus Mensch gewordenen, gestorbenen und auferstandenen Gottes vermit-

Allerdings gehen Pannenberg und Wagner dann unterschiedliche Wege, was die Fragestellung angeht, die sich aus dem vorausgesetzten Gottesgedanken ergibt. Pannenberg konstruiert, indem er sich von der Aufklärung abgrenzt, auf dem Weg über den nachkantischen Supranaturalismus: Dieser habe zuerst versucht, die allgemeine humane Gültigkeit der christlichen Offenbarung zu belegen. Darauf aufbauend verfolgt Pannenberg zwei Wege, wobei der erste über Schleiermacher, Erweckungstheologie, Ritschl und Herrmann bis zur Dialektischen Theologie der Allgemeinheitsfrage ausweicht, weil sie die Subjektivität des Menschen zum Fundament der Objektivität Gottes macht und nicht, wie es Pannenberg für richtig hält, umgekehrt. Wagner hingegen geht direkt auf die Allgemeingültigkeit des Gottesgedankens zu, indem er seinen Nachweis der allgemeinen Vernunft unterstellt. Anders als bei Pannenberg wird die natürliche Theologie nur für veraltet erklärt, wenn sie ihre Erkenntnisbedingungen nicht reflektiert. Der Kampf aller nachidealistischen Theologie gegen die natürliche Theologie (also die Linie Schleiermacher bis Barth) wird – schon aufgrund der anhaltenden Feindverschiebung – für ein Missverständnis erklärt. Man könnte nun meinen, dass Pannenberg von Wagners Kritik mitgetroffen wird. Dies ist aber nicht der Fall. Vielmehr läuft die Kritik an der Offenbarungstheologie auf ihre Selbstisolierung und Zirkelhaftigkeit hinaus, insofern der Gottesgedanke nur im Kontext von Verkündigung und Kirche gültig ist. Dagegen wird – mit Pannenberg – die Forderung gestellt, der Gottesgedanke sei für das Ganze der Wirklichkeit als konstitutiv zu rechtfertigen. An die Stelle der christlichen Offenbarung, deren allgemeine Bedeutung Pannenberg im Kontext des Ganzen der Wirklichkeit erweisen will, tritt also bei Wagner der Bezug auf den christlichen trinitarischen Gott, der allgemeinvernünftig gedacht werden soll. An dieser Stelle beruft sich Wagner methodisch auf die Einsicht, dass jeder theologische Gottesgedanke gedacht wird, sich also der Forderung seiner erkenntnistheoretischen Legitimierung unterstellen muss. Dies wird begründet allgemein mit der Anthropologisierung der Religion in der Aufklärung und insbesondere der Philosophie Kants und des deutschen Idealismus.[49] Diese allgemeine Forderung ist grundlegender als der inhaltliche Hegelianismus, der dann die Durchführung des Programms bestimmt. Damit zeigt sich, dass sich sowohl Pannenbergs als auch Wagners Forderung des Nachweises der Allgemeingültigkeit des Gottesgedan-

---

telt." (109, man könnte in der folgenden trinitätstheologischen Kritik an Jüngel (115) den Versuch sehen, die Kritik an Pannenberg zu formulieren, ohne ihn zu nennen)

[49] „Denn Kant, Fichte, Schelling und Hegel haben, wenn auch jeweils anders akzentuiert, die für das neuzeitliche Denken [...] grundlegende Einsicht formuliert, daß – in aller Kürze gesagt – die Vernunft als das ‚ich denke' die logische Wirklichkeit für jeden idealen, will sagen: gedachten Zusammenhang darstellt." (61) In der Dissertation wird diese Konstruktion Hegel zugeschrieben: „Nach Hegel stellt die Philosophie von Descartes über Spinoza, Leibniz, die Aufklärung, Kant, Fichte u.a. die Bewegung dar, in deren Verlauf sich der absolute Geist als sich begreifender Begriff schließlich in Hegels eigener Philosophie weiß." (F. Wagner, *Der Gedanken der Persönlichkeit Gottes bei Fichte und Hegel*, Gütersloh 1971, 192).

kens aus der (internen) Absetzung von der Wort-Gottes-Theologie ergeben, und zwar nicht gegen deren Grundannahme einer zugrundeliegenden Offenbarung Gottes, sondern nur gegen die Art der Begründung dieser Annahme. Pannenberg verlegt diesen Nachweis in die Konstitutionsfunktion Gottes für die Wirklichkeit, womit er zugleich beansprucht, ein allgemeineres Bild dieser Wirklichkeit zu erstellen als die Dialektiker, die nur binnentheologisch von ihr reden. Wagner hat diese Folgerung aus der Forderung strikt gezogen. Die Legitimation der Rede von Gott ist kein kosmologisches, sondern ein erkenntnistheoretisches Problem (wobei durch das System Hegels hindurch die Theorie des Absoluten auch die alten Funktionen einer kosmologischen Metaphysik aufnimmt, insofern also Wagner der Meinung sein kann, dass die Theorie des Absoluten nur eine allgemeinere Begründung derselben Intuition – dass Gott die alles bestimmende Wirklichkeit ist – darstellt). Es gilt also, eine solche allgemeine erkenntnistheoretische Begründung des Gottesgedankens (in seiner christlich-trinitarischen Fassung) *vor* seiner Anwendung auf die Welt und den Menschen (96) zu geben. Beide Theologen kritisieren von da aus die auf Schleiermacher aufbauende Religionstheologie der Moderne. Für Pannenberg allerdings gilt, dass diese keine objektive, also von der Konstruktion unabhängige Allgemeingültigkeit erreichen kann. Wagner hält dies selbst noch für eine unkritische Konstruktion und versucht, die objektive Allgemeingültigkeit des Gottesgedankens über sein vernünftiges Gedachtwerden ‚als vom Gedachtwerden unabhängig' zu erreichen. In der hier vorgelegten Deutung Wagners werden also, um das Abhängigkeitsverhältnis Wagners zu Pannenberg und über ihn zur Wort-Gottes-Theologie zu erweisen, zwei inhaltlich zunächst wenig übereinstimmende Aussagenkomplexe parallelisiert, nämlich die universalgeschichtlich-kosmologische Wirklichkeitsbehauptung bei Pannenberg und die strikte erkenntnistheoretische Anlage der Theorie des Absoluten bei Wagner. Beide beanspruchen, mit dem jeweiligen Grund das moderne Freiheitsbewusstsein besser begründen zu können, Pannenberg als inhaltsvolle Freiheit, Wagner als vom Absoluten selbst freigelassene und insofern erkenntnistheoretisch umfassend gerechtfertigte Freiheit.

Von hier aus kann übergegangen werden zur zweiten Reihe von Pannenbergs Konstruktion, die über Hegel läuft und über ihn hinausgehend eine theologische Lehre von der objektiv erkennbaren universalgeschichtlichen Offenbarung Gottes fordert. Wagner hat die geschichtsbezogenen Bestandteile dieser Lehre bei Pannenberg immer abgelehnt und durch seine eigene Christologie erkenntnis- und absolutheitstheoretisch ersetzt. Gleichwohl liegen hier die Wurzeln von Wagners *theologischem* Hegelianismus, unbeschadet seiner philosophischen Beeinflussung durch Wolfgang Cramer, Bruno Liebrucks und die linken kritischen Hegelianer. Denn Pannenberg bemüht sich zu zeigen, wie der Gottesgedanke so gedacht werden kann, dass seine objektive Realität allgemeingültig im Kontext der Wirklichkeit nachgewiesen werden kann. Es gilt, Barths Idee der sich offenbarenden Souveränität Gottes gegenüber der Welt so zu denken, dass sowohl der Gegensatz von Gott und Welt als auch die von Gott aus geschehende Überwindung des Gegensatzes darin enthalten sind. Deshalb muss man denkend über die

Endlichkeit hinausgehen, um sie überhaupt angemessen denken zu können. Barths Offenbarungslehre wird mit der Kosmologie der Schöpfungslehre verknüpft. Pannenberg hat nun zwar Hegel als Kritik an Barths Gottesgedanken benutzt, geht aber dann selbst theologisch über Hegel hinaus, weil dieser fälschlich dem sich selbst setzenden Subjekt des frühen Fichte verhaftet bleibe. Die christliche Trinitätslehre denkt Gott nicht von einem selbständigen Subjekt aus, sondern als Wechselbeziehung der göttlichen Personen in Gott. Von da aus kann dann auch Schöpfung als freie Setzung der geschichtlichen Wirklichkeit und als Hineingehen Gottes in diese Geschichte gedacht werden. Pannenbergs Hegelrezeption hat also ihre Funktion im Kontext einer theologischen Weiterentwicklung der Offenbarungslehre.

Aber Wagner hat die Hegelrezeption erkenntnistheoretisch aufgenommen und verschärft. Er hat Pannenbergs Ausgang bei Barths Offenbarungsverständnis als Hintergrund der theologischen Konstruktion dadurch interpretiert, dass er die Offenbarung mit dem allgemeinen Erkenntnisprozess identifizierte. Dadurch rutscht in der Durchführung des Aufbaus des Gedankens die Funktion der Barthrezeption hinüber zu der Anknüpfung an den deutschen Idealismus. Wagner führt aus, dass „den Denkern des deutschen Idealismus die Einsicht gemeinsam ist, daß der Mensch um der Gewißheit des Grundes wahrer Erkenntnis willen Gott als absolute Einheit des Idealen und des Realen, des Subjektiven und Objektiven voraussetzen müsse" (104). In dieser Formulierung ist die Struktur von Pannenbergs barthianischer Hegelrezeption wiedererkennbar, nur dass die Stelle der Welt und des Endlichen durch die wahre Erkenntnis ersetzt ist. Die philosophische frühneuzeitliche Tradition der Entpositivierung des traditionellen christlichen Gottesgedankens zugunsten seiner Funktionalisierung in einem rationalen System wird von Wagner zum geistesgeschichtlichen Aufbauort des theologischen Denkens erklärt.

Wagner hat allerdings die erwähnte Aufbaufunktion des deutschen Idealismus, der die grundlegende Begründungsfigur des Gott-Erkenntnisverhältnisses erkannt hat, weitergeführt mit der Idee, dass Gott an sich selbst gedacht werden müsse, um seine begründende Funktion einsehen zu können. Damit wird Hegels logische Konstruktion an die Stelle gesetzt, die in Pannenbergs Überlegungen die trinitarische Objektivität Gottes einnimmt, mithilfe derer er sich geschichtlich in der Welt durchsetzt. Pannenbergs Rekurs auf die Trinitätslehre als Ziel einer angemessenen gegenwärtigen Theologie wird also aufgenommen, der Unterschied besteht darin, dass Pannenbergs christliche Abgrenzung von Hegel, die er vornimmt, um die Identität der Offenbarung Gottes in der Welt als objektiv-allgemeingültig denken zu können (also den Gottesgedanken nicht in weltliche Prozesse aufzulösen), sich bei Wagner als Schritt hin zu einer Identifikation von Hegels Logik mit der Trinitätslehre vollzieht. Dies funktioniert nur, weil Wagner den Tod Gottes am Kreuz einerseits als *Moment* eines spekulativen dialektischen Prozesses versteht, andererseits darin aber eine substantielle Differenz zwischen dem Sein Gottes vor dem Kreuz und dem Verlust dieses Seins nach dem Kreuz denkt. Die Trinitätslehre wird damit zur bildhaften Darstellung ihrer Selbstaufhebung in Bezug auf Gott und so zum Denkmodus grundsätzlicher Freiheit der Welt von ihrem Schöpfer nach dem Tod Christi (wobei der Gottesgedanke gerade aufbewahrt wird in der freigelassenen Sozialstruktur menschlicher Gesellschaft.)

Als letzter Punkt ist deshalb die – von Wagner ebenfalls als Hegeldeutung angekündigte – Begründung der Autonomie der Welt im Tod Gottes aufzurufen. Die Bedeutung der Tod-Gottes-These besteht darin, die Säkularität der modernen Welt mit dem Festhalten an einer starken Gotteslehre zu verbinden. Innerhalb der Theorie steht also die Freiheit als argumentativ zu begründendes Element bei Wagner dort, wo bei Pannenberg die universalgeschichtliche Durchsetzung Gottes beschrieben wird. Wagner bezieht sich für die inhaltliche Funktion auf die Diskussion der 60er Jahre, führt dies an Jüngel aus und verweist auf dessen Auseinandersetzung mit Sölle. Die starke Abgrenzung gegen Jüngel, dem immer wieder „blanke Behauptung" vorgeworfen wird, darf nicht dazu führen, Wagner auch von heute aus eine besondere Außenseiterposition in der Theologie einzuräumen. Denn Wagners Abgrenzung geht davon aus, dass das Geschehen des Kreuzes selbst eine objektive Bedeutung für die Welt besitzt. Indem Wagner zeigen will, dass Hegels Logik die einzig allgemein vernünftige Explikationsweise des Kreuzes ist, geht es ausschließlich um die theoretischen Mittel, mit denen die vorausgesetzte göttliche Offenbarung in der Welt gedacht werden kann. Von heute aus gesehen ist damit die Differenz zu Jüngel nicht groß. Denn Wagners Behauptung, wer „wirklich mit der Rede vom Tod Gottes ernst macht", müsse konsequent annehmen, dass „der als Jesus offenbarte Gott gestorben, d.h. tot ist" (beides 115), setzt selbst die Begründung der Freiheit in eine mythologische Erzählung, deren Sachhaltigkeit fraglich ist.[50] Wagners Ausführungen über den wirklichen Tod Gottes, mit der der alttestamentarisch-jüdisch-spinozistische Gott sich selbst verändert, sind in ihrer objektiven Redeart nur als völlig willkürlich zu bezeichnen. Zwar beansprucht Wagner, „nur auf diese Weise kommt der Rede von Gottes Auferstehung [gemeint ist: in der Anerkennung der Freiheit des Menschen] Einsichtigkeit und Notwendigkeit zu." (116) Doch funktioniert diese Behauptung nur, wenn man von der Existenz und Selbständigkeit eines der Geschichte übergeordneten Subjekts ‚Gott', welches sich in der Welt frei offenbart, ausgeht. Der beanspruchte Hegelianismus ebenso wie die allgemeinere Berufung auf die Philosophie des Idealismus ist nur die scheinbar bessere begriffliche Ausarbeitung von Denkvoraussetzungen, die Wagner und Pannenberg mit der vordergründig bekämpften Wort-Gottes-Theologie völlig fraglos gemeinsam sind.

---

[50] Das gilt ebenso für Peter Reisingers Darstellung der Gedankenfolge, also unabhängig von der Frage, wem die Autorschaft an dieser mythologischen Gott-ist-tot-Erzählung in spekulativer, radikal menschliche Freiheit begründender Absicht zuzusprechen ist: P. Reisinger, „Sündenfall und Tod Gottes", in: M. Berger/M. Murrmann-Kahl (Hgg.), *Transformationsprozesse des Protestantismus. Zur Selbstreflexion einer christlichen Konfession an der Jahrtausendwende*, Gütersloh 1999, 166–183.

Zusammenfassend lässt sich also sagen, dass hinsichtlich der Idealismusrezeption Wagners zwei unterschiedliche Themenkomplexe zu unterscheiden sind. Der erste baut auf Pannenbergs Deutung der Funktion der Philosophie für die Theologie auf und enthält selbst schon mehrere Momente. Zunächst wird die Philosophie – und zwar sowohl der Antike, des Mittelalters als auch der Neuzeit – als notwendiger Ort verstanden, an dem die Allgemeingültigkeit der christlichen Gottesidee zu erweisen ist. Dieser Bezug auf die Philosophie allgemein steht im Kontext einer Kritik an der Wort-Gottes-Theologie, die (in der Interpretation Pannenbergs und Wagners) den Offenbarungsgedanken als Aufrichtung einer Sondergruppensemantik, als höchste Subjektivität im Versuch, die Subjektivität des Religiösen zu überwinden, versteht. Sodann der Bezug auf Hegel: er dient hier noch der inhaltlichen Weiterentwicklung einer trinitarischen Denkfigur, nämlich der Strukturierung des allgemeinen Weltbezugs Gottes durch die in Gott selbst gedachte immanente Trinität, die ganz den Gedanken der 50er und 60er Jahre verpflichtet ist. Wagner nimmt spezifisch die Pannenbergsche Hegelrezeption auf und verschärft diese zu einer erkenntnistheoretischen Grundfigur theologischen Denkens. Allerdings wird drittens damit der von Iwand ausgehende und bei Pannenberg bewahrte Gegensatz von Ethik und allgemeinem Denken (beziehungsweise Kant und Hegel beziehungsweise Anthropologie und Kosmologie) überwunden und die transzendentale und idealistische Vorgeschichte zu Hegel hin in die Hegelrezeption re-integriert. Neben dieser ersten Linie steht dann zweitens die für Wagners eigene Theologie entscheidende Hegelanknüpfung in dem Versuch, die Christologie und die im Tod Christi abgebildete umfassende Selbstbeschränkung Gottes als Begründung für eine wahrhafte Freiheit des Menschen in der Welt (der Moderne) zu denken. Erst mit der Verselbständigung der Denkfigur des sich selbst negierenden Gottes als Ermöglichung der modernen Freiheit wird die Rationalität jeder nicht-hegelischen Religionsphilosophie, auch innerhalb des deutschen Idealismus, in Frage gestellt.

8. Zusammenfassung

Meine These ist also, dass Falk Wagners Rezeption des Idealismus ihre Funktion innerhalb der Weiterentwicklung der Wort-Gottes-Theologie des 20. Jahrhunderts hat. Wagner ist hier theologisch von Pannenberg abhängig, insbesondere von dessen Versuch, die Allgemeingültigkeit des Gottesglaubens durch die Behauptung seiner Objektivität im Rahmen der Wirklichkeit nachzuweisen. Voraussetzung dafür ist der Versuch, die Konsolidierung der Theologie als einer eigenständigen Wissenschaft, die auf dem Offenbarungsgedanken beruht, zu verwenden, um von dort aus allgemeingültige Aussagen über die Welt treffen zu können. Pannenberg wendet dies kosmologisch-universalgeschichtlich, Wagner als Begründung moderner Autonomie. Bei Pannenberg fällt eine theologische Anerkennung der modernen Welt und ihres erkenntnistheoretischen Begründungsanspruchs deshalb aus, dafür war sein Bezug auf den Suprarationalismus bezeichnend. Wagner dagegen stellt die Forderung allgemeiner Denkbarkeit als erkenntnistheoretische Maxime für den Gottesgedanken auf. Doch bleibt er den theologischen Voraussetzungen doppelt verhaftet, insofern er einerseits die Rationalität der Selbstexplikation des Absoluten als deckungsgleich mit der Wirklichkeit und dem menschlichen Denken betrachtet und insofern weiterhin glaubt, von der sich darin voraussetzenden Wirklichkeit Gottes einfach ausgehen zu können. Andererseits geht auch seine Begründung der Freiheit im Tod Gottes von der Objektivität und Realität dieses Geschehens aus. Es ist weder eine reine Strukturbeschreibung, weil es logische Wechsel an die Religionsgeschichte anbindet, noch ist es eine religionsgeschichtliche Beschreibung von menschlichen Bewusstseinsabfolgen, weil es davon ja gerade unabhängig sein soll.

Die aufgestellte Deutungsbehauptung hat auch die Funktion, den von Wagner als Wende aufgefassten Wechsel der Theorieperspektive ab der späten Münchener Zeit mit einzuordnen. Diese Wende scheint die Sicht auf Wagner als einen Außenseiter der Theologie zu bestätigen. Das selbst eingestandene ‚Scheitern‘ macht die Suche nach der Theologie des Absoluten zu einem personalen Konzept, das sich den normalen Schulen der Theologie nicht zuweisen lässt. Hier soll dagegen die Auffassung vertreten werden, dass die Wende darin besteht, dass sich zwei Elemente in Wagners Theorie stark voneinander trennen, deren Zusammenfügung der frühe Wagner im Kontext der (damaligen) Theologie Pannenbergs als selbstverständlich annahm. Es handelt sich dabei um Pannenbergs Versuch, die von ihm als Student kennengelernte theologisch dominierende Offenbarungstheologie (Vogel, Iwand, Schlink) durch einen vernunftmäßig ausweisbaren Allgemeinheitsanspruch zu einer umfassenden Theorie der Wirklichkeit zu erweitern. Wagner hat als spekulativ gebildeter Hegelianer diese Wirklichkeitstheorie der universalen Geschichtskonzeption durch den Anspruch einer vernunftmäßig ausweisbaren Theorie des Absoluten hinterfüttert. Die Funktion ist jedoch dieselbe – nämlich Offenbarung durch eine Verallgemeinerung des Geltungsbereichs als notwendig und unhintergehbar und zudem als unabhängig von subjektiv-anthropologischen Erkenntnisfaktoren zu behaupten. Der theologische Stachel der Theorie des Absoluten liegt so gesehen in der Behauptung, dass Gott und seine Offenbarung identisch sind mit der Denkbarkeit des Absoluten in einer von der menschlichen Vernunft konstruierten Theorie.[51] Doch genau diese

---

[51] Vgl. zu den einzelnen Stadien der Bedeutung und Rekonstruktion des Übergangs in den absoluten Begriff durch Wagner M. Murrmann-Kahl, „„Radikale Umorientierung der Systematischen Theologie‘? Zu Falk Wagners Hegel-Lektüren", in: C. Danz/M. Murrmann-Kahl (Hgg.), *Spekulative Theologie und gelebte Religion*, Tübingen 2015, 69–87. Zu ergänzen wäre vielleicht, dass die Phänomenologie und deren Übergang von Religion zum absoluten Wissen beziehungsweise vom seiner selbst bewussten Begriff zum absoluten Begriff bereits in der Dissertation ausführlich thematisiert wird, und zwar auch bereits kritisch. (Vgl. dazu den Hinweis von Gunther Wenz in diesem Band, 292 f.) Ich verstehe diese Stelle in der Dissertation nicht (wie Wenz) als geschichtsphilosophisch und insofern als ein (vorgetäuschtes?) Einstimmen mit Pannenberg, sondern (wie Wagner selbst sagt) als „von einem theologischen Interesse geleitet" (196). Dieses theologische Interesse liegt hier bereits in der Differenz von

tragende Brücke von Theologie und umfassender vernünftiger Theorie fällt am
Ende dahin, und zwar, so soll hier als Erklärung angeboten werden, weil (bereits
bei Pannenberg) die Frage, was denn das Eigentliche der Religion gegenüber der
vernünftig-allgemeinen Theorie ausmacht, zugunsten der Allgemeinheitsbe-
hauptung selbst immer in den Hintergrund geschoben wurde. Wagner hat dieses
Fehlen eines eigentlichen Religionsbegriffs zwar in seiner späten Münchener Zeit
erkannt, ihn aber dadurch ersetzt, dass er die Rezeption soziologisch-psycholo-
gisch-funktionaler Religionstheorie verbunden hat mit seinem eigenen, durch
eine bestimmte theologische Neuzeittheorie (und die anwendungsbezogene spekulative Geisttheorie) hervorgerufenen Verständnis von Freiheit als Realisie-
rungsort der Offenbarung. Wagners Abgrenzung von der (eigenen) Theorie des
Absoluten läuft parallel mit einer allgemeinen Schelte der Theologentheologie,
als einer solchen Theologie nämlich, mit der theologisch individuell vorliegende
Privatreligion gegen den eigenen, eigensinnigen Vollzug der Partizipanten an
Religion gedeutet werden kann. Jeder Versuch, Religion inhaltlich zu bestimmen
(nämlich auf theoretischer Ebene durch ein wissenschaftlich denkendes Subjekt),
wird in dieser Zeit von ihm so beurteilt. Der Ausfall der Begründung von Religion in einer Theorie des Absoluten führt zur Auflösung der quasi-objektiven
Gotteslehre, an der bis dahin entschieden festgehalten wurde. Mit Schleiermacher wird nun auch der Gottesgedanke als Ausdruck der Individualität religiös
funktionalisiert. Wagner versteht Religion ausschließlich noch als restlos plura-
lisiertes, individuelles Geschehen. Warum es dies allerdings dann überhaupt noch
geben soll, wird nicht gefragt. Hier beruft sich Wagner einerseits einfach auf ein
soziologisch erstelltes Bild der Neuzeit. Das Verständnis der Freiheit hängt nicht
mehr am Anerkanntwerden durch das Absolute, sondern wird – jedenfalls für die
Religion – in Richtung Beliebigkeit aufgelöst und damit individualistisch post-
modernisiert. Ein Eigenrecht des Religiösen (das theoretisch-wissenschaftlich
aufgeklärt werden kann), möglicherweise ein über die Grenze von alter metaphysischer Zeit und Neuzeit beziehungsweise Aufklärung hinüberführender Eigensinn der Religion wird nicht zugestanden, es wird auch religionsgeschichtlich
nicht nach solchen Verbindungselementen gefragt. Wagners – hier kritisch gegen
die Theologie – behauptete Neuzeitreligion ist eine pure Setzung. Es rächt sich
hier das (durch das einseitige Hoffen und Setzen auf die rational-spekulative
Lehre vom Absoluten hervorgerufene) Fehlen einer eigenständigen theologischen und theoretischen Bemühung um das Wesen der Religion, ihrer Selbstdeutung und ihrer Reflexivität, also ihres durch den Zusammenhang von Inhalt und

---

Tod Gottes am Kreuz Christi und sozialethischem Realisierungsaspekt im Freiheitsbewusstsein. Ich stimme also Murrmann-Kahls Hinweis auf die Verbindung der Wiener Theologie
mit der frühen Tod-Gottes-Konzeption zu, sehe aber darin ein bleibendes grundlegendes
Konstitutionsmoment der Theologie Wagners, in dem die Objektivität der Selbstoffenbarung
Gottes festgehalten wird. Die Frage ist dann nur die, ob man dieses Moment mit Mitteln der
Absolutheitstheorie vollständig, also unter Aufhebung der Differenz von Gedanke und Gehalt, explizieren kann.

existenzieller Bedeutung gegebenen, von der Philosophie als einer rein vernünftigen Konstruktion getrennten Sprache.[52] Andererseits aber fragt sich, warum eine solche nicht theoriefähige, rein individuelle, also doch in den Bereich des Geschmacks, über den bekanntlich nicht zu debattieren ist, abgleitende Sicht der Religion noch des Nachdenkens wert ist. Hier zeigt sich, wie oben bereits angemerkt, ein weiteres Mal der Hintergrund der Theologie Wagners in der Wort-Gottes-Theologie, wie sie auch in Pannenbergs Motivation der Theologie zum Tragen kommt: Die Annahme, dass Gott als ,objektive‘, unabhängig von anthropologischem Nachvollzug, soteriologischer Bemächtigung oder erkennendem Denken vorauszusetzende Größe immer bereits gegeben ist, wenn die Theologie ihr Werk beginnt.[53]

Damit wird Wagners Theorie des Absoluten und noch ihr von ihm selbst behauptetes Scheitern eingeordnet in den Versuch Pannenbergs, auf dem Boden des Barthianismus die Geltung von dessen Ausgangsbehauptung – nämlich einer Begründung von Religion und Theologie in einer Offenbarung (beziehungsweise Selbsterschließung) Gottes – inhaltlich universal für alle denkbare Wirklichkeit und methodisch allgemein als Aussage der Vernunft selbst zu erweisen. Die Kritik an Barth, die Pannenberg und Wagner gemeinsam ist, gilt nicht der Offenbarungstheologie als solcher, sondern der kirchlich-kerygmatischen Beharrung auf dem Gegensatz von Christusoffenbarung und Mensch beziehungsweise Welt. Die behauptete Subjektivität der Theologie Barths und ihr immer wieder von Pannenberg und Wagner angegriffener Charakter autoritärer Setzung besteht danach nicht überhaupt in dem Voraussetzen von Offenbarung, sondern nur in der Weigerung, diese Annahme im Rahmen universaler Vernünftigkeit und Wirklichkeitsauffassung denkend zu bewähren.[54]

Trotz der anregenden denkerischen Potentiale einer auf strikte Allgemeingültigkeit zielenden Offenbarungstheologie dürfte eine solche Theologie heute überholt sein – nicht, wie von ihren Anhängern immer wieder gemutmaßt, wegen

---

[52] Vgl. auch die Kritik an Wagner von Chr. Axt-Piscalar, „Theo-logische Religionskritik und Theorie des Absoluten. Falk Wagners spekulatives theologisches Programm und sein Scheitern“, in: Chr. Danz/M. Murrmann-Kahl (Hgg.), *Spekulative Theologie und gelebte Religion*, Tübingen 2015, 111–132, bes. 129. Allerdings halte ich auch die (pannenbergsche) Rede von der Offenbarung als Grund der Religion nicht für einen ausreichenden Ersatz.

[53] Insofern dürfte es schwierig sein, aus Wagners später Selbstkritik (wirklich brauchbares) Kapital für eine anthropologisch-funktionale Religionstheorie zu schlagen, wie es Wilhelm Gräb tut: W. Gräb, „Wagners empirische Wende. Die Hinwendung zur soziokulturellen Lebenswelt der christlichen Religion – und die Praktische Theologie“, in: C. Danz/M. Murrmann-Kahl (Hgg.), *Spekulative Theologie und gelebte Religion*, 149–162; jetzt in: W. Gräb, *Vom Menschsein und der Religion. Eine praktische Kulturtheologie*, Tübingen 2018, 173–183.

[54] An dieser Stelle steht als Pannenberg-Zitat der Satz: „Für Religionsphilosophie und systematische Theologie stellt sich ja die Frage nach einer Selbstbekundung göttlicher Wirklichkeit, die nicht nur von Menschen früherer Kulturen irgendwann einmal als solche erfahren worden ist, sondern für heutiges Daseinsverständnis als Selbstbeweis göttlicher Wirklichkeit überzeugen kann.“ (92)

einer Auslieferung des Kritikers an den modernen, den ‚heutigen' Zeitgeist, sondern wegen der immer deutlicher erkennbaren intellektuellen Schwierigkeiten, die an dem Dauerversuch hängen, die eigenen wissenschaftlichen Setzungen als *sachhaltig* zu verschleiern und eine ‚wahre' Konstruktion des Gottesgedankens hinter der religiös-falschen zu suchen. Die Theologie hängt nicht an der Objektivität des Gottesgedankens oder an der Voraussetzung der Offenbarung. Die behauptete Sachhaltigkeit ist selbst nur eine Setzung. Der grundsätzliche Behauptungscharakter einer Theologie, die nicht auf der Religion als einem anthropologischen Phänomen aufbaut, die Gott nicht als Größe religiöser symbolischer Kommunikation, sondern als realen Gegenstand (wie auch immer durch spekulative Selbstoffenbarungsstrukturen erkenntnistheoretisch aufgeladen) versteht, lässt sich auch durch die intensivste Idealismusrezeption nicht beheben.

Anerkennung

Zur Hegel-Rezeption von Falk Wagner

Jörg Dierken

1. Absolutes und Anerkennung – oder: Warum Hegel?

Für Falk Wagner[1] war die Beschäftigung mit den Denkern der Klassischen Deutschen Philosophie das zentrale Bildungserlebnis. Es erschloss ihm tragfähige Auswege aus der streng-hierarchischen Frömmigkeit der ‚Heliand'-Pfadfinderschaft, in der er in seiner Jugend sozialisiert wurde.[2] Nachdem deren soldatischer Tunnelblick in Schule und frühem Studium durch etwas freiere Denkmuster im Schüler- und Enkelkreis der Dialektischen Theologie geweitet worden war, fand er die Basis seines eigenen konzeptionellen Denkens im Umfeld des Promotionsstudiums in der – gemeinsam mit dem Freund Peter Reisinger erfolgten – Aneignung zentraler Texte der Deutschen Klassik, insbesondere Hegels. Hintergrund waren die begrifflich- oder soziologisch-spekulativen, ihrerseits von der Auseinandersetzung mit jener Klassik geprägten Denkwelten seiner Frankfurter philosophischen Lehrer Wolfgang Cramer, Bruno Liebrucks und Theodor W. Adorno. Hinzu kam die theologische Atmosphäre im Mainzer Umfeld Wolfhart Pannenbergs, dessen religionsgeschichtlich verankerte Offenbarungstheologie auch auf Hegels Geschichtsphilosophie rekurriert. Während jene Philosophen in Wagners Denken markante Spuren hinterlassen haben, blieb Wagner in deutlicher Distanz zum Denken seines theologischen Doktorvaters und späteren Mentors auf dem über die Habilitation verlaufenden Weg ins akademische Gewerbe.[3]

---

[1] Eine chronologische Bibliographie der von Falk Wagner zum Druck gebrachten Texte hat M. Murrmann-Kahl zusammengestellt: M. Murrmann-Kahl, „Bibliographie", in: Ch. Danz/J. Dierken/M. Murrmann-Kahl (Hgg.), *Religion zwischen Rechtfertigung und Kritik. Perspektiven philosophischer Theologie*, Frankfurt a.M. 2005, 203–223; weitere Texte aus dem Nachlass haben Ch. Danz und M. Murrmann-Kahl herausgegeben: F. Wagner, *Zur Revolutionierung des Gottesgedankens. Texte zu einer modernen philosophischen Theologie*, aus dem Nachlass ediert von Ch. Danz und M. Murrmann-Kahl, Tübingen 2014.

[2] Vgl. Wagners Selbstdarstellung: „Falk Wagner", in: Chr. Hennig/K. Lehmkühler (Hgg.), *Systematische Theologie der Gegenwart in Selbstdarstellungen*, Tübingen 1998, 276–299. Vgl. als knappes Porträt die Einführung von J. Dierken und Ch. Polke in der Studienausgabe: J. Dierken/Ch. Polke, „Einführung", in: F. Wagner, *Christentum in der Moderne. Ausgewählte Aufsätze*, hg. v. J. Dierken und Ch. Polke, Tübingen 2014, 1–29.

[3] Daneben gibt es auch markante Nähen, v.a. in der Überzeugung der Nähe von Religion und Vernunft und der Kritik der Dialektischen Theologie. Vgl. dazu J. Rohls, „Falk Wagner

Dieser Dissens, der bereits im Umfeld der Dissertation über die Persönlichkeit Gottes bei Fichte und Hegel[4] aufbrach, hat auch Gründe in einer unterschiedlichen Hegel-Rezeption. Pannenbergs Sicht, wonach die Religions-, Kultur- und Geistesgeschichte auf die Verifikation des christlichen Gottes und seiner in der theologischen Lehrtradition artikulierten Heilsmächtigkeit hinauslaufen, hat Wagner mit zunehmender Schärfe zurückgewiesen. Er sah Theologie und Christentum vor eine tiefe Umformungskrise[5] gestellt, in der die Errungenschaften von Aufklärung und Moderne aufzunehmen und unter massiven Veränderungen des Traditionsbestands fortzuschreiben sind. Ein Schlüsselmotiv dabei ist die Freiheit. Es brachte Wagner in scharfe, vielfach polemische Opposition zu theologischen und sonstigen Denkern, für die eine Semantik der Autorität und göttlichen Allgewalt maßgeblich waren. Ähnliches gilt für solche Autoren, die dem modernen Prinzip der Autonomie nur halbherzig folgen oder es geradezu umdrehen. Die Liste entsprechender Namen ist sehr, sehr lang.

Anders als Pannenberg verfolgte Wagner kein gleichsam rechtshegelianisches Programm,[6] in dem das theologisch-philosophische Denken unterschwellig von einem tendenziell über alles erhabenen, mithin los-gelösten Absoluten geleitet ist und als Medium seines Selbsterweises fungiert. Auch Religion und Geschichte sind für Wagner keine Manifestationsräume eines vorgegebenen Absoluten. Trotz seiner Distanz zu rechtshegelianischen Programmen, die methodisch im Prinzip des subjektiven Wissen-Könnens oder Selbstbewusstseins als epistemische Bedingung aller Gehalte gründet, geht es bei Wagners Hegel-Rezeption aber darum, Gott als solchen – oder mit Wagner: ‚an ihm selbst'[7] – zu denken. An Hegel fasziniert ihn, dass Gott nicht nur in der Perspektive des Gottesbewusst-

---

im Kontext der Theologiegeschichte der Nachkriegszeit", in: Ch. Danz/M. Murrmann-Kahl (Hgg.), *Spekulative Theologie und gelebte Religion. Falk Wagner und die Diskurse der Moderne*, Tübingen 2015, 13 ff.

[4] F. Wagner, *Der Gedanke der Persönlichkeit Gottes bei Fichte und Hegel*, Gütersloh 1971, passim. Aus der Dissertation sind mehrere theologiegeschichtliche Studien ausgegliedert und separat publiziert worden, die die Leitfrage der Dissertation an wichtigen Gestalten der spekulativen Theologie des 19. Jahrhunderts untersuchen. Wagner zeigt darin, dass sie im Wesentlichen ältere, orthodoxe Positionen im Gewande spekulativer Begriffsbildung repristinieren.

[5] Dieses auf E. Hirsch zurückgehende Stichwort tritt in Wagners späteren Texten zunehmend hervor (vgl. etwa F. Wagner, „Geht die Umformungskrise des deutschsprachigen modernen Protestantismus weiter?", in: *Zeitschrift für Neuere Theologiegeschichte* 2 [1995], 225–254; F. Wagner, *Metamorphosen des modernen Protestantismus*, Tübingen 1999, 1 ff.) – das damit verbundene Programm ist der Sache nach auch dem frühen Wagner keineswegs fremd und weist manche Berührung zu seiner Kritik ‚positioneller' Theologie auf. Dazu weitere Hinweise an späterer Stelle.

[6] Ein solches Programm schimmert durch die auf ihre Weise kundige Arbeit von M. Schnurrenberger, *Der Umweg der Freiheit. Falk Wagners Theorie des christlichen Geistes*, Tübingen 2019, hindurch.

[7] Diese Formel durchzieht das gesamte frühere Werk Wagners, wenn es um den Gottesgedanken zu tun ist.

seins als sein Ausdruck zu stehen kommt, sondern dass Hegel mit allem Nachdruck darauf drängt, Gott als Gott zu denken – und zwar in seiner ursprünglichsten Bestimmung aktualer Freiheit und Selbständigkeit. Freilich wäre für den frühen Wagner bereits die Formel ‚Gott als Gott‘ kritikpflichtig, da sie mit der gedanklichen Differenz einer prädikativen Bestimmung des grammatischen Subjekts arbeitet und mithin gerade verfehlt, was sie beansprucht. Es geht ihm vielmehr darum, im Denkvollzug selbst den Gehalt ‚Gott‘ präsent zu machen. Damit kommt dem Denken eine für die Wirklichkeit – die bekanntlich nach Hegels Logik dem Absoluten gleicht[8] – zentrale Bedeutung zu. Denken wird zu deren Selbstvollzug und fungiert als Schlüssel dazu. Dieser denk- oder ideenontologische Zug Wagners enthält Cramersches Erbe, insofern Cramer bemüht war, Gott als Gott im Denkvollzug aus ihm selbst heraus in der Genetisierung von Bestimmtheit überhaupt gegenüber Unbestimmtheit zu explizieren.[9] Dem folgte der späte Wagner nach seinem Übergang nach Wien in den 1990er Jahren nicht mehr. Für ihn war Gott allenfalls noch der prädikative Ausdruck einer umfassenden sozialen und ethischen Struktur: der Freiheit als ‚vermittelte Selbstbestimmung‘.[10] Diese Struktur entspricht der Logizität von Anerkennung. Anerkennung zählte schon beim früheren Wagner der Münchener Jahre zu den Pointen seiner Theorie des Absoluten und wurde mit begrifflichen Mitteln expliziert. Doch der späte Wagner rückte für sein Anerkennungsdenken soziologische und kulturtheoretische Denkmuster an die Stelle der spekulativen – und zwar in Verbindung mit einer entschlossenen ‚Enttheologisierung‘ und ‚Entsubstantialisierung‘.[11]

Damit, dass Gott ‚an ihm selbst‘ gedacht werden muss, dass dies nur auf dem Boden des vom kantischen ‚Ich denke‘ beziehungsweise ‚Wissen-Können‘ aus fortentwickelten spekulativen Vernunftdenkens geschehen kann und dass Anerkennungsfiguren zu den zentralen – freiheitsethischen – Pointen solchen Denkens des Absoluten gehören, sind drei Hauptmotive für Wagners Hegel-Rezeption benannt.[12] Deren Zusammenhang lässt sich durch zwei weitere Motive präzisieren. Das erste stellt auf die in der Moderne besonders fokussierten Vollzüge subjektiver Spontaneität ab, die unbeschadet ihrer Unbedingtheit mit der Begrenztheit des Endlichen zu verbinden sind. Davon zeugt auf verklausulierte Weise der Begriff der Religion. Und das zweite bezieht sich auf die innere Ver-

---

[8] Vgl. G. W. F. Hegel, *Wissenschaft der Logik II, Die Lehre vom Wesen*, Dritter Abschnitt, hg. v. E. Moldenhauer und K.M. Michel, Frankfurt a.M. 1969–1971, 186 ff.

[9] Vgl. etwa W. Cramer, *Gottesbeweise und ihre Kritik*, Frankfurt a.M. 1967, v.a. 54 ff.; F. Wagner, „‚Vernunft ist die Bedingung der Offenbarung.‘ Zur theologischen Bedeutung von Wolfgang Cramers Theorie des Absoluten“, in: F. Wagner, *Christentum*, 281; F. Wagner, „Wolfgang Cramers Theorie des Absoluten und der christliche Gottesgedanke (urspr. 1990)“, in: F. Wagner, *Religion und Gottesgedanke*, Frankfurt a.M. 1996, 181–218.

[10] Vgl. Wagner, *Metamorphosen*, 114 ff. u.ö.

[11] Vgl. Wagner, *Metamorphosen*, 17, 165 f., 179 u.ö.

[12] Dass ebenso Fichte ein Theoretiker der Anerkennung ist, hat sich bei Wagner kaum niedergeschlagen.

bindung von Absolutheitstheorie und Anerkennung, die zu einer Verzahnung von Spekulation und Ethik führt. Der damit einhergehende Übergang von Begriffs- zu Gesellschaftstheorie erlaubt es grundsätzlich, Theologie in Soziologie zu übersetzen – oder mit Hegel: von metaphysischer Logik in Sittlichkeit. Diese sozialphilosophischen Motive lassen sich von Wagners Umgang mit linkshegelianischen Intuitionen aus erhellen.

Wenngleich Wagners Hegel-Rezeption auf ein Denken des Absoluten ‚an ihm selbst‘ zielt, gelten ihm alle religiösen Gottesvorstellungen als Erzeugnisse eines subjektiven Bewusstseins, das sich darüber in der Regel nicht einmal bewusst ist. Diese Einsicht findet sich schon in Hegels Analysen des vielstufigen religiösen Verhältnisses von Gottesbewusstsein und Gottesgedanken. Sie wird in der linkshegelianischen Tradition noch einmal zugespitzt. Deren religionskritische Zentralthese besagt bekanntlich, dass Religion eine Projektion des religiösen Bewusstseins ist, die sich genetisch auf entzweite Selbst- und Sozialverhältnisse zurückführen lasse und dem Bewusstsein eine irreale Form von Trost und Versöhnung biete.[13] Diese These macht sich Wagner grundsätzlich zu Eigen und arbeitet sie systematisch aus – weit über die historischen Kronzeugen hinaus.[14] Das betrifft ebenso deren erkenntnistheoretische Pointe, wonach ohne Bewusstseinsvollzüge keine Gehalte sein können, wie auch deren sozialethische Konsequenz, dass die religiös auf dem Umweg über Gott erfolgende Anerkennung des Menschen gesellschaftlich-geschichtlich zu realisieren sei. Den inneren Zusammenhang beider Teilaspekte stiftet für Wagner die Überbietung der genetischen Religionskritik durch eine – nämlich seine – theologische, wonach der Gottesgedanke immer ‚von Gnaden‘ des religiösen Bewusstseins sei, solange sich dieses nicht zum reinen Vernunftdenken erhoben und in die logische Selbstexplikation seines selbstgründenden absoluten Gehalts entäußert hat.[15] Um die letztere Herausforderung zu meistern, rekurriert Wagner in immer neuen Anläufen auf eine logische Struktur, wie sie das Ende von Hegels Wesenslogik und die darüber exponierte Grundstruktur der Begriffslogik entfaltet: ‚Selbstexplikation an der Stelle des Andersseins‘ – so die das gesamte Œuvre durchziehende Formel. Darin sieht er in seiner früheren Phase sowohl das logische Fundament von Freiheit als Anerkennung als auch das sachliche Zentrum des Christentums, die Menschwerdung Gottes und seine Realisierung als Geist der Freiheit, gebündelt. Auch wenn ihm in seiner späten Phase das Zutrauen in die rein begrifflichen Denkfiguren abhandengekommen ist, schimmert eine Grundintuition von Hegels Geistphilosophie, nämlich dass religiöse Vorstellungen und Gehalte zugleich die

---

[13] Vgl. dazu F. Wagner, *Was ist Religion? Studien zu ihrem Begriff und Thema in Geschichte und Gegenwart*, Gütersloh 1986, 90 ff.

[14] Dafür steht das umfangreiche zweite Kapitel des Religionsbuchs (Wagner, *Was ist Religion?*, 165–439).

[15] Das ist die ebenso detailliert wie polemisch durchgeführte Überbietungsthese der theologischen Religionskritik aus dem Religionsbuch, vgl. v.a. das dritte Kapitel, Wagner, *Was ist Religion?*, 441–589. Vgl. auch Wagner, *Revolutionierung*, 366 ff.

Strukturlogik von Sozialverhältnissen symbolisieren und mit deren Empirie normative Interferenzen bilden, auch in späten Texten durch. Die Tonlage klingt freilich nun eher gedämpft und spekulative Höhenflüge werden mit soziologischer Bodenhaftung geerdet. Die Motivik einer um Anerkennung gravitierenden, in letzter Geltung stehenden Freiheitstheorie hält sich jedoch durch.[16] Das in Hegels Systematik angelegte Grundmuster, nach dem mentale Gehalte mit sozialen Strukturen korrespondieren, hat Bestand. Auch das macht die Attraktivität Hegels für Wagner aus.

Dem unterschiedlichen Arrangement dieser Motivkreise sei nun an der Systematik von Wagners Münchener Früh- und Wiener Spätwerk weiter nachgegangen, verbunden mit Blicken auf die Umbrüche im spekulativen Maschinenraum seines Denkens. Angesichts der Fülle von Wagners Texten sowie der Vielzahl weiterer Referenzautoren bedarf es dabei eines etwas abstrahierenden Zugriffs.

2. „Theo-logische Theologie"

Mit der etwas kryptischen Formel „Theo-logische Theologie", die Wagner in seiner Münchener Zeit nicht nur für Vorlesungsüberschriften[17] nutzte, verbindet sich ein komplexes systematisches Programm. In seinem Zentrum steht ein solches Verständnis des Absoluten, das in erkenntnistheoretischer Hinsicht alle externen Voraussetzungen des Denkens des Gottesgedankens in seine spekulative Selbstexplikation einholt, das in religionsphilosophischer Hinsicht den ‚logischen Anfang' des Christentums in der Menschwerdung Gottes mit einer ‚Revolutionierung' des Gottesgedankens verbindet und das in geisttheoretisch-ethischer Hinsicht dies in eine Neugestaltung der soziokulturellen Welt im Zeichen von Autonomie und Anerkennung übersetzt. Schon hieraus wird ersichtlich, dass dies Programm interne begriffliche Konsistenz mit einer Dynamik der Umkehrung verbinden will. Deren Ort ist allerdings nicht primär eine *sub specie Dei* entworfene ‚objektive' Heilsgeschichte oder ein Geschehen ‚subjektiver' Umkehr als Modus der Heilsaneignung im Sinne des *ordo salutis* – ebenso wenig wie die spekulative Theologie einer spekulativ reformulierten Dogmatik gleicht. Wenn das Programm auch Anklänge hieran enthält, so geht dies mit einer erheblichen Umformungspragmatik einher.

Die Systematik des Münchener Wagner gliedert sich in die Trias eines Entdeckungs-, Begründungs- und Realisierungszusammenhangs der Theo-logischen

---

[16] Das gilt z.T. auch für die Terminologie.

[17] So prägnant im Titel der Münchener Vorlesung von 1979: „Einleitung in die Theologische Theologie. Religion – Theologie als Theorie des religiösen Bewußtseins – Theologische Theologie" (Wagner, *Revolutionierung*, 319 ff.).

Theologie.[18] Diese Trias bildet das Gliederungsgerüst der Vorlesungen und zahlreichen Einzelarbeiten – vom Religionsbuch bis zu etlichen Aufsätzen.[19]

Der Entdeckungszusammenhang[20] umfasst einerseits geistes- und theologiegeschichtliche Standortbestimmungen, andererseits Analysen zur Religionsthematik. Beides wird mit einer Fülle kultur- und sozialhistorischer Erwägungen in zeitdiagnostischer Absicht verbunden. In beiden Hinsichten geht es Wagner nicht um Deskription, vielmehr wird durch Aufweis innerer Widersprüche der Boden für grundlegende Überschreitungen bereitet. *Cum grano salis* lässt sich der Aufweis von Negativität mit Hegels kritischer Methode, in allem Endlichen die Endlichkeit aufzuzeigen,[21] vergleichen – von ferne mag auch die Funktion des elenchtischen Gesetzesgebrauchs aus der lutherischen Tradition nachklingen. Dabei ist es insbesondere um die Spannungen zu tun, die mit der um sich wissenden Endlichkeit des Menschen in seiner antagonistischen Sozialwelt verbunden sind. Ebendarum geht es in der Religion.[22] In ihr suche der Mensch angesichts seiner Widersprüchlichkeit und Endlichkeit nach einer – schließlich versöhnenden oder erlösenden – Begründung in einem göttlichen grundlosen Grund. Die religiöse *ratio* entspricht der des kosmologischen Arguments. Sie ist ebenso unausweichlich wie aporetisch: Ersteres basiert auf dem menschlichen Interesse an Selbstverständigung, letzteres auf dem Umstand, dass der religiös intendierte Gott ein vom religiösen Bewusstsein Gedachtes ist und mithin von diesem abhängig

---

[18] Diese von Wagner immer wieder herausgestellte Trias lässt sich an der posthum edierten Vorlesung von 1979 (Wagner, *Revolutionierung*, 319 ff.) gut erkennen, sie dokumentiert damit den Aufriss des Gesamtzusammenhangs von Wagners früher Systematik – wenngleich etliche Detailargumente in Einzelaufsätzen wesentlich differenzierter ausgearbeitet sind. Die Vorlesung zeigt aber auch, dass der zweite und der dritte Teil dieser Trias gliederungstechnisch zusammengezogen werden konnten.

[19] Sie sind insbesondere in den Band eingegangen: F. Wagner, *Was ist Theologie? Studien zu ihrem Begriff in der Neuzeit*, Gütersloh 1989, passim.

[20] Vgl. zum Folgenden insbesondere Wagner, *Revolutionierung*, 324 ff.

[21] Vgl. G. W. F. Hegel, *Differenz des Fichteschen und Schellingschen Systems der Philosophie*, in: G. W. F. Hegel, *Jenaer Kritische Schriften (I). Differenz des Fichteschen und Schellingschen Systems der Philosophie – Rezensionen aus der Erlanger Literatur-Zeitung – Maximen des Journals der Deutschen Literatur*, neu hg. v. H. Brockrad und H. Buchner, Hamburg 1979, 9; G. W. F. Hegel, *Über das Wesen der philosophischen Kritik überhaupt, und ihr Verhältnis zum gegenwärtigen Zustand der Philosophie insbesondere, Einleitung in das Kritische Journal der Philosophie*, in: G. W. F. Hegel, *Jenaer kritische Schriften (II). Wesen der philosophischen Kritik – Gemeiner Menschenverstand und Philosophie – Verhältnis des Skeptizismus zur Philosophie – Wissenschaftliche Behandlungsarten des Naturrechts*, neu hg. v. H. Brockrad und H. Buchner, Hamburg 1983, 1 ff.

[22] So auch zu Recht K. Mette, „Die Endlichkeit des Geistes. Wagners Münchener Religionstheorie als Exposition der These von der Notwendigkeit seiner spekulativ-logischen Gestalt der Systematischen Theologie", in: Ch. Danz/M. Murrmann-Kahl (Hgg.), *Spekulative Theologie*, 91 ff.; vgl auch die Dissertation der Verfasserin: K. Mette, *Selbstbestimmung und Abhängigkeit, Studien zu Genese, Gehalt und Systematik der bewusstseins- und kulturtheoretischen Dimensionen von Falk Wagners Religionstheorie im Frühwerk*, Tübingen 2013, passim.

bleibt. Religion ist für Wagner im Kern Gottesbewusstsein; andere Auffassungen, die etwa auf kulturelle Symbolisierungen abstellen, hat er scharf seziert.[23] Die Pointe der religionstheoretischen Argumentation besteht denn auch darin, dass das religiöse Bewusstsein unter Negation seines Differenzverhältnisses zu seinen Gehalten in „Theo-Logie" aufzuheben sei.[24] Ähnlich wie bei Hegel gelten die Negationen insbesondere den sinnlichen Elementen der Vorstellungsstruktur.[25] Gott ist für Wagner ein Gedanke, sein Modus ist sein Gedachtsein. Dass Gott nicht ‚wie gegeben' gedacht werden könne, sondern nur ‚wie gedacht' – er mithin den Status einer kantischen Idee hat –, ist auch die Pointe von Wagners theologiegeschichtlichen Überlegungen.[26] Sie sehen seit Pietismus und Aufklärung die Vollzüge des subjektiven religiösen Lebens im Mittelpunkt der Theologie, sei es in normierender, sei es in darstellender Absicht. Das aber habe zu einer Vielzahl perspektivisch gebundener Ansätze geführt, für die jeweils eine spezifische subjektive ‚Position' maßgeblich sei – ein unbegriffener Pluralismus, der dem freigelassenen Konkurrenzprinzip der kapitalistischen bürgerlichen Gesellschaft gleiche. Demgegenüber sei es darum zu tun, dass die Subjektivität des theologischen Bewusstseins sich in die theologischen Gehalte entäußere und diese ‚an ihnen selbst' zur Sprache bringe. Das gelinge allerdings nicht, wenn – wie in der Dialektischen Theologie Barths – Gott als besonderes, allem anderen gegenüberstehendes Subjekt fokussiert werde. Vielmehr müsse Gott allgemeiner so gedacht werden, wie er als Gedankengehalt ist. Der religiöse Gehalt soll sich als Vernunftwahrheit in Selbstübereinstimmen darstellen.[27] Für dieses Programm, das die Ontotheologie reformuliert, rekurriert Wagner auf Hegels Logik als sich genetisch aufstufendes Kategoriensystem.

Es steht im Zentrum des Begründungszusammenhangs. Religion wird darin auf ihren argumentativen Gehalt konzentriert, subjektive Gemützustände in ihrer stimmungsmäßigen Vielfalt sowie die Dialektik des diskursiven Bewusstseins und seiner Gegenstände sind darin ‚aufgehoben'. Dieser Gehalt solle sich nun selbst explizieren und dabei seine Bestimmtheit ‚aus' ihm heraus entwickeln, seine Wahrheit soll sich mithin im Vollzug des Denkens des Gehalts als selbstübereinstimmend zeigen.[28] Dieses gleichsam ideen- oder denkontologische Programm[29] wird nicht primär an seinslogischen Formativen aus Hegels Logik durchgeführt. Vielmehr fokussiert Wagner die wesenslogische Grundkonstella-

---

[23] Davon zeugt am ausführlichsten das Religionsbuch (Wagner, *Was ist Religion?*).

[24] Wagner, *Was ist Religion?*, 587.

[25] Vgl. F. Wagner, „Die Aufhebung der religiösen Vorstellung in den philosophischen Begriff. Zur Rekonstruktion des religionsphilosophischen Grundproblems der Hegelschen Philosophie", in: Wagner, *Was ist Theologie?*, 204–232, hier: 228 ff.

[26] Vgl. exemplarisch Wagner, *Revolutionierung*, 351 ff.

[27] Vgl. Wagner, *Revolutionierung*, 374 u.ö.

[28] Vgl. Wagner, *Revolutionierung*, 369 ff.

[29] Vgl. Wagner, „Propädeutische Bemerkungen zum Ausdruck ‚Gott'", in: Wagner, *Revolutionierung*, 164–172, hier: 164 ff.

tion einer Asymmetrie von Sein und Schein, in der der Schein als Manifestationsfolie des Seins zu dessen Negativem herabgestuft wird. Insbesondere geht es um deren dritten Abschnitt, der der ‚Wirklichkeit' gilt.[30] Er enthält die drei Kapitel zum ‚Absoluten' mitsamt ‚Attribut' und ‚Modus', zur ‚Wirklichkeit' als Schlüssel zu den Modalkategorien sowie zum ‚absoluten Verhältnis', in dem die Verhältnisse der ‚Substantialität' und ‚Kausalität' in das der ‚Wechselwirkung' überführt werden. Im Fokus von Wagners wiederholten, hoch filigranen Analysen dieses komplexen Abschnitts steht die Thematik einer selbsttätigen Bestimmtheitsgenerierung ohne Rekurs auf ein vorgegebenes Anderes – oder traditioneller formuliert: der Prozess von Selbstbestimmung schlechthin.[31] Klassische Charaktere des Absoluten wie Aseität, Freiheit, Aus-und-durch-sich-Sein, *causa sui* usw. werden erahnbar, und zwar ohne dass diese in negierender Absetzung von einem Nichtabsoluten wie Welt oder Mensch als Manifestationsfolie thematisch werden. Dahinter steht durchaus die unbedingte Spontaneität des Selbstbewusstseins – mit Fichte gesprochen: sein Vermögen des Sich-Setzens; allerdings anders als beim stets kritisierten Fichte[32] nicht an seinem Ort, sondern über dessen aufgehobene Endlichkeit hinaus am ortlosen Ort des Absoluten. Die entscheidende Pointe von Wagners Explikation solch absoluter Selbstbestimmung ist ihre Negation: Ein Absolutes, das nur seine Selbstbestimmung ist, „scheitert",[33] wenn es singuläres, gleichsam suisuffizientes Selbstsein sein soll. Wagners an Hegel angelehnte Argumentation besagt, dass dem Absoluten, um Selbstbestimmen sein zu können, die Bestimmtheit ‚Selbstbestimmen' – und eben keine andere – immer schon vorausgesetzt ist. Von dieser Voraussetzung bleibt es noch in deren Negation abhängig. Freilich gilt dasselbe in umgekehrter Weise für die Voraussetzung, die in ihrer Negation auf ihr relational Anderes, die gesetzte Selbstbestimmung, bezogen ist. Über eine Fülle von Zwischenschritten werden Voraussetzung und Gesetztes, Selbstbestimmen und seine Bestimmtheit als Momente eines ‚absoluten Verhältnisses' identifiziert und in ‚Wechselwirkung' überführt. Hier werden die Momente schließlich ebenso kongruent wie aufeinander bezogen: Selbstbestimmen und seine Voraussetzung werden strukturgleich und entsprechen einander, und dies Entsprechungsverhältnis zu ihrem Anderen macht zugleich ihr Eigensein aus. Wagners Generalformel hierfür lautet: „Selbstexplikation an der Stelle des Andersseins".[34] Das Scheitern des Absoluten erweist

---

[30] Vgl. Wagner, „Kann die Theologie eine ‚Theorie der Wirklichkeit' sein?", in: Wagner, *Revolutionierung*, 173–238, hier: 174 ff.

[31] Vgl. Wagner, *Revolutionierung*, 378 ff. u. ö.

[32] Vgl. zu Wagners Fichte-Bild U. Barth, „Metakritische Anmerkungen zu Falk Wagners Fichte-Verständnis", in: Ch. Danz/M. Murrmann-Kahl (Hgg.), *Spekulative Theologie*, 45 ff.

[33] Wagner, *Revolutionierung*, 383 u. ö.

[34] Wagner, *Revolutionierung*, 388 u. ö. Diese Formel, die auch mit der des „Beisichselbstseins im anderen" und der der „Selbstexplikation im anderen" verkürzt werden kann (Wagner, *Revolutionierung*, 384 u. ö.), ist im ganzen Werk Wagners zu finden, wenn auch mit gewissen Verschiebungen des Bezugsfelds vom Ende der Wesenslogik hin zur Subjektivitätsstruktur der Begriffslogik. Vgl. dazu die Ausführungen im folgenden Abschnitt.

sich als hochproduktiv – ja, geradezu rettend. Logisch ist hiermit – genauer mit der Wechselwirkung, die den Wechselwirkenden entspricht – der Übergang von der asymmetrischen Struktur der Wesenslogik in die grundsätzlich symmetrische Struktur der begriffslogischen Subjektivität verbunden. Und religionstheoretisch stellt dieses Scheitern den logischen Anfang des Christentums dar. Darin findet der Gott einseitiger, allmächtiger Selbstbestimmung sein Ende. Er expliziert sich in der Menschwerdung an der Stelle seines Anderen, des Menschen. Die weiteren Schritte des Begründungszusammenhangs bestehen nun darin, die logische Struktur der Selbstexplikation an der Stelle des Andersseins auf beiden Seiten, also der des Selbst- und Andersseins zu entwickeln und damit ein Grundverhältnis wechselseitiger Freiheit heraufzuführen – der Nukleus der Struktur von Anerkennung.[35] Theo-Logisch kommt dies zum Ausdruck, indem aus der christologischen „Revolutionierung des Gottesgedankens"[36] heraus Gott neu als Subjektivität gedacht und das christologische Welt/Mensch-Verhältnis im Selbstsein Gottes verankert wird. Diese Verankerung des Weltverhältnisses Gottes in seinem Selbstsein kommt in der trinitarischen Durchführung des Gottesgedankens zum Ausdruck, für die Wagner auf die Subjektivitätsstruktur aus Hegels Begriffslogik rekurriert.[37] Die Kategorien des Allgemeinen, Besonderen und Einzelnen beinhalten auf dreifache Weise jene Selbstexplikation am Orte von Selbstsein, Anderssein und ihrem Verhältnis; damit soll grundgelegt sein, dass die gleichsam kreatürlichen Welt/Mensch-Relationen, für deren Struktur der weitere Gang der Begriffslogik steht, in Gott ‚an ihm selbst' fundiert sind. Das entspricht durchaus den Motiven der trinitätstheologischen Tradition. Neben der Trinität hat Wagner insbesondere die Christologie mit begrifflich-spekulativen Mitteln zu reformulieren und die Gestalt Jesu Christi als exemplarisches Subjekt zu fassen gesucht.[38] Andere dogmatische Lehrstücke wie Schöpfung, Sünde und Versöhnung, welche grundsätzlich eine Strukturentsprechung zum ganzen Gott als Subjektivität im Sinne seiner logischen Objektivierung als kopräsentes Anderssein beinhalten und sodann den Übergang zur Idee als logischem Fundament des Geistes bilden, kommen eher in kritischen Auseinandersetzungen mit entsprechenden dogmatischen Traditionsbeständen zum Ausdruck.[39]

---

[35] Vgl. Wagner, *Revolutionierung*, 385 ff.

[36] Auch diese häufig wiederkehrende Formel ist bereits früh entwickelt und wird durch veränderte Theoriekonstellationen fortgeschrieben. Ihre Prominenz hat sie zum Titel der Nachlassedition v.a. früher Texte werden lassen (Wagner, *Revolutionierung*), und sie bildet noch die Überschrift eines zentralen Kapitels von Wagners letzter Buchveröffentlichung, vgl. Wagner, *Metamorphosen*, 120.

[37] Vgl. F. Wagner, „Religiöser Inhalt und logische Form. Zum Verhältnis von Religionsphilosophie und Wissenschaft der Logik am Beispiel der Trinitätslehre", in: F. Wagner, *Christentum*, 414 ff.

[38] Vgl. F. Wagner, „Christologie als exemplarische Theorie des Selbstbewußtseins", in F. Wagner, *Christentum*, 371 ff.

[39] Vgl. exemplarisch die weiteren Texte, die im dritten Teil von F. Wagner, *Christentum* wieder abgedruckt sind; vgl. auch weitere Texte aus F. Wagner, *Zur gegenwärtigen Lage des Protestantismus*, Gütersloh 1995.

Damit ist der Übergang zum Realisierungszusammenhang gemacht, der die ethischen Pointen von Wagners Theo-logie entfaltet. Diese kommt erst hier, im Kontext der Pneumatologie, zu ihrer eigentümlichen Wirklichkeit – und berührt auch Kontingentes, das für alles Empirische charakteristisch ist. Dennoch herrscht ein starkes normatives Gefälle, in manchem dem Theorem der Heiligung nicht unähnlich. Doch das Sollen ist ein Implikat der Wirklichkeit Gottes als Geist, dessen Realität gemäß der christologischen Anerkennung des Menschen in entsprechende Vollzüge menschlicher Anerkennung überführt und hierin existent wird. Durch das ‚Scheitern' des asymmetrischen Macht-Gottes im logischen Anfang des Christentums, in dem die christologische *theologia crucis* gleichsam an den Ort des mit der größten Sünde, der unmittelbaren Selbstbestimmung, beladenen Gottes gezogen wird, sowie durch die handlungspraktische Aneignung des Gottes der Anerkennung im Geist anerkannter Anerkennung wird die „Struktur der Selbstexplikation im Anderssein präsent".[40] Diese gedoppelte Selbstdarstellung, nämlich Gottes an der Stelle des Menschen und des Menschen an der Stelle Gottes, wird als sozialer Prozess intersubjektiver Anerkennung realisiert – und zwar im wechselseitigen Abgleich von Allgemeinem und Besonderem. Das geistphilosophisch reformulierte Sittengesetz wird auf den Ort der sozialen Vollzüge der Gesellschaft bezogen.[41] Diese sei insgesamt als Subjektivität strukturiert, und deren Sittlichkeit lasse sich auch systemtheoretisch explizieren.[42] ‚Selbstbestimmung an der Stelle des Andersseins' wird zu einer „Globalformel", die theologische Sachverhalte durch „Selbstanwendung" in soziale Sachverhalte zu übersetzen erlaube und Theologie zur „universalen Sinndeutung" befähige.[43] Für die Konkretion wird mehr noch als Hegels Sittlichkeit Luhmanns Systemtheorie herangezogen, trotz mancher damit verbundener Spannungen, jedenfalls in der Optik der Systemtheorie. Deren Systematik sozialer Systeme will weniger subjektlogisch-invariant als vielmehr historisch-kontingent sein, und ihr Theorem der in stets asymmetrischen System-Umwelt-Relationen vollzogenen *Autopoiesis* impliziert Reibungen mit Wagners Anerkennungs-Figuren, die auf ideale Symmetrien abstellen. Am ehesten sieht Wagner Anerkennung als ‚vermittelte Selbstbestimmung' in den Formen moderner Staatlichkeit mit dem normativen Grund im Vernunftrecht, mithin im Menschenwürde- und Menschenrechtsprinzip, realisiert, während in den eher ökonomisch

---

[40] Wagner, *Revolutionierung*, 391.

[41] Dieses insbesondere den späten Wagner prägende Motiv findet sich bereits früh angelegt.

[42] Vgl. dazu den frühen Aufsatz zu N. Luhmann: F. Wagner, „Systemtheorie und Subjektivität. Ein Beitrag zur interdisziplinären Forschung", in: F. Wagner, *Christentum*, 161. In gewissem Kontrast dazu steht die späte Auseinandersetzung mit Luhmann, die zur soziologischen Ortsbestimmung der Religion als Ausdruck des Verhältnisses von Individuum und Gesellschaft beim späten Wagner beiträgt. Vgl. F. Wagner, „Kann die Moderne der Religion die Religion der Moderne ertragen? Religionssoziologische und theologisch-philosophische Erwägungen im Anschluß an Niklas Luhmann", in: F. Wagner, *Christentum*, 337 ff.

[43] Wagner, *Revolutionierung*, 394 u.ö.

dominierten Systeme die für den Kapitalismus maßgebliche ,unmittelbare Selbstbestimmung' dominiere. Ihr gilt bleibende Kritik.[44] Einen Beitrag hierzu erwartet Wagner auch vom religiösen Bewusstsein. *Sub specie mentis* lasse es sich nunmehr angemessen in seiner ,unglücklichen' Differenzstruktur verstehen und damit in seiner „Faktizität ... erklären":[45] nämlich als ein individuelles Leiden an der Differenz von Begründungs- und Realisierungszusammenhang oder traditioneller: von implizitem Sollen und manifestem Sein. Die kritisierte Religion wird als Bewusstsein ethischer Defizite gerechtfertigt – und zugleich in deren Abbau hinein aufgehoben. Er besteht in einer „Übersetzung" der Theo-logie in Sozialtheorie, die zugleich deren „Selbstanwendung" ist.[46]

3. „Metamorphosen"

Von diesem hoch komplexen, aber auch tendenziell in sich geschlossenen Konzept hat Wagner in seiner Wiener Zeit zwar etliche Motive und Formeln weiter verwendet, aber von der Gesamtsystematik hat er sich distanziert. Er deutete dies als „empirisch-historische Wende".[47] Ob diese Selbstdeutung wirklich passt, mag dahingestellt bleiben. In strengem Sinn historisch oder empirisch arbeitet auch der späte Wagner nicht, selbst wenn Theologiegeschichte, Religionssoziologie und gar Themen im Grenzgebiet zur Praktischen Theologie, aus deren Kontext eine bereits ältere empirische Wende in der Theologie stammt, verstärkt in den Fokus traten.[48] Doch es dominiert weiterhin die begrifflich-systematische Argumentation,[49] allerdings in einem erheblich anderen Idiom. Individualität gewinnt gegenüber dem Allgemeinen ein neues Gewicht, die soziale Praxis von Religion wird rehabilitiert, an die Stelle von Theo-Logie tritt nunmehr eine Programmatik konsequenter ,Enttheologisierung'. Wagner führte seine Wende u.a. auf Gespräche mit Günter Dux zurück.[50] Darin sei ihm vor Augen geführt worden, dass sich Religion einem ,subjektivischen Schema' verdanke, welches die Wirklichkeit nicht als funktional-relationalen und sinnfreien Zusammenhang fasse, sondern als Resultat handelnder Agenzien. Selbst hinter der subtilsten Theorie des Absoluten steckt danach ein in diesem Schema vorgestellter Gott.[51]

---

[44] Darin dürfte ein Erbe Adornos stecken.

[45] Wagner, *Revolutionierung*, 393.

[46] Wagner, *Revolutionierung*, 395.

[47] Vgl. die biographische Selbstbeschreibung, „Falk Wagner", 296.

[48] Vgl. nur Wagner, *Metamorphosen*, 191 ff.; dazu W. Gräb, „Wagners empirische Wende. Die Hinwendung zur soziokulturellen Lebenswelt der christlichen Religion – und die Praktische Theologie", in: Ch. Danz/M. Murrmann-Kahl (Hgg.), *Spekulative Theologie*, 149 ff.

[49] Diese Argumentationsweise hat ein Pendant in den hochtheoretischen Ausführungen von Wagners soziologischen Gewährsautoren, insbesondere N. Luhmann, in etwas abgeschwächter Form auch G. Dux.

[50] Vgl. dazu die biographische Selbstbeschreibung, „Falk Wagner", 293.

[51] Vgl. dazu F. Wagner, „Kritik und Krise der Religion. Überlegungen zu Günter Dux'

Gewichtiger noch dürfte für jene Wende gewesen sein, dass Wagner den Anspruch, mit Hegels Logik den Selbstvollzug des Absoluten im theo-logischen Denken zu vergegenwärtigen, aufgegeben hat. Dieser Anspruch zergeht in der Einsicht in die Endlichkeit auch eines spekulativen Denkens Gottes. Diese *cum grano salis*: kritizistische Einsicht hat Wagner nun konsequenter verfolgt. Das Denken kann eben nur den Gedanken des Selbstvollzugs des Absoluten denken, nicht aber diesen selbst betreiben. Es kann darin auch die Differenz fassen, dass der Gedanke des Selbstvollzugs nicht dieser selbst ist, und es kann noch diese Differenz von Selbstvollzug und Gedanke gleichsam als Platzhalter des Absoluten im Denken denken und damit eine bloß äußere Reflexion des Absoluten negieren.[52] In dieser Negation kann es in der diskursiven Form des Bewusstseins auf bewusstseinskritische Weise agieren und dadurch über eine bloß externe Beschreibung des Absoluten hinausgehen. Doch auch diese Transzendierung bleibt an die Differenz des Denkens gebunden. Das Absolute in seinem Selbstvollzug wird damit nicht erfasst. Es wird Thema einer – allerdings nicht weiter explizierten – negativen Theologie.[53]

Die Einsicht in die unhintergehbare Differenz des Gedankens des Selbstvollzugs des Absoluten und dieses Vollzugs selbst hat Wagner in einer erneuten Interpretation der Kategorie der ‚absoluten Notwendigkeit‘, dem Schlussabschnitt der modaltheoretischen Explikation der ‚Wirklichkeit‘ aus Hegels Wesenslogik, gewonnen.[54] In dieser Notwendigkeit werden die Differenzen der Modalkategorien aufgehoben. Notwendigkeit und Zufälligkeit werden angesichts des Fehlens äußerer Bestimmungsgegensätze in ihrer „absoluten Negativität" ununterscheidbar, was solche Notwendigkeit „blind" werden lässt.[55] Und doch stellen die Gegensätze als „Nichts" ihres Anderen zugleich ein „freies Anderssein" dar.[56] Es ist von keinen externen Relationen abhängig, weil es diese vollständig in sich befasst. Das ist der Ausgangspunkt für das folgende ‚absolute Verhältnis‘, das über

---

historisch-genetischer Theorie der Religion", in: F. Wagner, *Ende der Religion – Religion ohne Ende? Zur Theorie der „Geistesgeschichte" von Günter Dux*, Wien 1996, 15 ff.

[52] Vgl. Wagner, *Metamorphosen*, 118, 150 ff. Die angedeutete negative Theologie entspricht gleichsam der Programmatik einer Enttheologisierung im Blick auf das Absolute.

[53] Vgl. Wagner, *Metamorphosen*, 159.

[54] Vgl. F. Wagner, „Absolute Notwendigkeit. Ein Beitrag zur Art der Aufhebung der kritizistischen Bestreitung des kosmo-ontotheologischen Arguments", in: Wagner, *Gottesgedanke*, 127 ff. Vgl. zum Folgenden M. Murrmann-Kahl, „Radikale Umorientierung der Systematischen Theologie'? – Zu Falk Wagners Hegel-Lektüren", in: Ch. Danz/M. Murrmann-Kahl (Hgg.), *Spekulative Theologie*, 69 ff.

[55] Hegel, *Wissenschaft der Logik* II, 216. Die Bedeutung der Kategorie der absoluten Notwendigkeit erklärt sich auch daher, dass sie im Zentrum des auf die kosmotheologische Rückschlusslogik vom Kontingenten zum Notwendigen folgenden ontologischen Arguments steht, um dessen Erhellung Wagner sich wiederholt bemühte. Vgl. etwa F. Wagner, „Kritik und Neukonstitution des kosmologischen und ontologischen Gottesbeweises in der Philosophie Hegels", in: F. Wagner, *Gottesgedanke*, 89 ff.

[56] Wagner, *Gottesgedanke*, 89 ff.

verschiedene Stufen in der ‚Wechselwirkung' zur Egalisierung seiner Seiten führt, insofern sie ihr Verhältnis zueinander ebenso in sich haben. In seiner frühen Phase versuchte Wagner, diese ‚absolute Notwendigkeit' als „Sichselbstsetzen" zu verstehen:[57] Die zur Qualifikation der Notwendigkeit beanspruchte modale Differenz stehe als Anker des bestimmenden Für-Bezugs in einem Verhältnis von Setzen und Voraussetzen, und dieses tendenziell absolute Verhältnis gelange schließlich zur Egalität seiner Elemente. Der späte Wagner bestreitet hingegen, dass Hegels absolute Notwendigkeit „sich selbst aus[legt]": Der „Behauptung" Hegels, die Selbstauslegung des modaltheoretisch gedachten Absoluten sei als „Sich-selbst-Setzen" zu denken, „läßt sich nicht folgen".[58] „Ein Sich-selbst-Setzen müßte eigener unmittelbarer Selbstvollzug sein".[59] Diese Bestreitung rekurriert auf die Unmittelbarkeit des Selbstvollzugs und arbeitet gegenüber dem absolutheitstheoretischen Programm einer Totalvermittlung mit einem veränderten Kriterium. Damit trifft sie das spekulative Zentrum von Wagners früherem Denken. Gewissermaßen in stärker kritizistischem Gefälle heißt es nun, dass sich allenfalls der Gedanke des Sich-selbst-Setzens über die Differenz von Setzen und Voraussetzen denken lasse, ähnlich wie der Gedanke eines Selbstvollzugs über die gedanklich-negationstheoretisch explizierbare Differenz dieses Denkvollzugs zum intendierten Gehalt. Wagners spekulative Theorie des Absoluten wird in eine negative Dialektik von dessen Denken zurückgenommen. Logik wird bewusstseinstheoretisch geerdet. Ob die damit fokussierten Bewusstseins- und Sozialverhältnisse eine geltungstheoretische Erbschaft jenes Absoluten antreten oder erst durch dessen Ende eröffnet werden, macht die unterschiedlichen Akzente in Wagners Metamorphosen aus.[60]

Im Blick auf die absolutheitstheoretischen Pointen von Hegels Logik kann der späte Wagner einerseits davon sprechen, dass sie eine „Theo-Logik" beinhalte, während er andererseits die „Auslegung" des Hegelschen Gedankens des Absoluten mit dessen „Destruktion" zusammenfallen sieht.[61] Die bereits früh formulierte Figur eines ‚Scheiterns' des Absoluten wird mithin fortgeschrieben und radikalisiert. Deren negative Pointe wird im nunmehr enttheologisierten Absoluten zum positiven Resultat. Dem entspricht eine Fassung der Revolutionierung des Gottesgedankens, die im Kreuz des Menschgewordenen den Tod Gottes als definitives Ende erblickt.[62] Gott ersteht nicht mehr als Träger oder Repräsentant

---

[57] F. Wagner, „Kann die Theologie eine „Theorie der Wirklichkeit" sein?", in: F. Wagner, *Gottesgedanke*, 191.

[58] Wagner, *Gottesgedanke*, 150.

[59] Wagner, *Gottesgedanke*, 150.

[60] So kann Wagner einerseits in verschiedenen Wendungen von einem definitiven Ende und Tod jenes Absoluten oder Macht-Gottes sprechen, aber seine Pointe gerade auch in einer Umformung in sittliche Anerkennungsverhältnisse erblicken. Vgl. nur Wagner, *Metamorphosen*, 113 ff., 159 ff., 165 u. ö.

[61] Wagner, *Gottesgedanke*, 70, Wagner, *Metamorphosen*, 118 u. ö.

[62] Vgl. Wagner, *Metamorphosen*, 163.

der Subjektivitätsstruktur. Gleichwohl kommt über das ‚Scheitern' des Absolu-
ten und den ‚Tod' Gottes eine Struktur in letzte Geltung, die – mit gewissen
Modifikationen – bereits der frühe Wagner kannte: Selbstexplikation an der
Stelle des Andersseins. Sie wird nunmehr als Grundstruktur der Begriffslogik
beschrieben und als ein ‚monodualistisches' Verhältnis von gleich-gültigen Selbständigen gefasst.[63] Dies ist die dritte und höchste Grundstruktur von Hegels
Theo-Logik gegenüber dem seinslogisch-dualistischen Verhältnis von Etwas und
Anderem als Korrelation gleich-gültiger Abhängiger – insofern die Bestimmtheit
ihres Eigenseins vom Anderen dependiert – und dem wesenslogisch-monistischen
Verhältnis von einem einseitig Selbständigen (Gott) und dem zu dessen Manifestation beanspruchten einseitig Abhängigen (Welt/Mensch). Jene „neue Struktur
einer kopräsenten Korrespondenz von selbstständigem Selbstsein und selbstän-
digem Anderssein" ist nunmehr der logische Kern von Anerkennung.[64] Ihn fasst
der späte Wagner als prädikatives Absolutes: Anerkennung und die Struktur der
Freiheit gelten als unübersteigliche Verhältnisse, die den Kern der – sozialen –
Wirklichkeit ausmachen oder zumindest ausmachen sollen. Neu ist, dass diese
Anerkennungsstruktur sich nicht mehr auf ein Gottesverhältnis des religiösen
Bewusstseins bezieht, sondern konsequent als Inbegriff gelebter Sozialverhältnisse gedacht wird. Hintergründig mag nunmehr die wirklichkeitsbestimmende
Relation von Individualität und Sozialität die Stellung eines Absoluten einnehmen, denn hinter diese Relation zurückgehen lässt sich für Wagner nicht. Doch
wie das Gottesverhältnis des religiösen Bewusstseins in kritischen, gleichsam be-
wusstseinsphänomenologischen Figuren beschrieben wird, wird die Wirklichkeit
in soziologischen, genauer systemtheoretischen Figuren expliziert und nicht in
logisch-kategorialen Strukturen des rein-begreifenden Denkens. Das sozialphi-
losophische Formativ der wechselseitigen Anerkennung als sachliche Pointe und
sozialer Ort bleibt allerdings, wenn auch mit gewissen Verschiebungen. Sie betreffen den intellektualistischen Primat des reinen Denkens als primäre Form des
Absoluten, in den Vordergrund rückt hingegen die Sphäre des Praktischen. Dies
führt allerdings nicht dazu, dass – wie etwa bei Kant – das Praktische zum spezifischen Kontext einer auch begrifflichen Verständigung über das Göttliche
wird.[65] Eher findet Hegels Theorem der Aufhebung der Religion in die Sittlichkeit
starke Resonanz, die früher favorisierte Aufhebung der religiösen Vorstellung in
den philosophischen Begriff mündet in dessen Destruktion. Die Systematik von
Hegels absolutem Geist verschwindet hinter den Linien des objektiven Geistes –
und damit auch die Frage einer reflexiven Vergegenwärtigung oder Symbolisie-
rung des prädikativen Absoluten der Anerkennung.

---

[63] Vgl. Wagner, *Gottesgedanke*, 83 ff. – Mündlich konnte Wagner dafür auch die Kunst-
form ‚Duo-Monismus' verwenden.

[64] Wagner, *Metamorphosen*, 118.

[65] Etwa im Sinne der These Kants, dass die praktische Vernunft der angemessene Ort zur
Verständigung über das Göttliche ist.

Die markantesten Umbrüche zeigen sich im Umkreis der Religionsthematik.[66] Vor dem Hintergrund einer bereits früh angelegten, aber nunmehr erheblich ausgeweiteten systemtheoretisch-soziologischen These, wonach Religion das Verhältnis von Personalität und Sozialität im Unterschied zu anderen sozialen Systemen aus der Perspektive der Individuen thematisiere, wird Religion als Ausdruck von Individualität in ihrem Verhältnis zur Gesellschaft gewürdigt.[67] Diese verstärkte Wertschätzung des Individuellen geht mit harscher Kritik der entpersonalisierenden Tendenzen der modernen sozialen Systeme, insbesondere der Ökonomie, einher. Das verbindet sich mit der normativen Pointe, dass Religion auf Anerkennungsverhältnisse in der Struktur kopräsenter Korrespondenz von personalem Selbst- und sozialem Anderssein dränge. Damit sind nicht nur gewisse Umbesetzungen vom früheren Vorrang des Allgemeinen zu dem des Individuellen verbunden, sondern auch Distanzierungen gegenüber dem ehemaligen spekulativen Gehaltsprimat. Parallel dazu wird die Kritik der Sachdominanz der traditionalen ‚Theologentheologie‘ und ihrer theologiegeschichtlichen Herkunftslinien verstärkt.[68] Diese sei – ähnlich wie beim frühen Wagner – umzuformen, allerdings nun zugunsten einer religionstheologischen Sensibilität für individuelle Ausdrucksformen. Neben der indirekten, soziologisch induzierten ethischen Normativität von Religion kennt der späte Wagner noch eine Anti-Normativität in Sachen Religion: nämlich die Negation ihrer gegenständlichen Gehalte. So seien „trinitarische, christologische und ekklesiologische Vorstellungen, die zu machtvoll handelnden Wesen oder Subjekten verselbständigt werden, […] auf das Konto eines vergangenen Weltbildes abzubuchen" – oder „so umzuformen, dass sie für die Explikation des religiösen Verhältnisses von personalem Selbstsein und sozialem Anderssein […] tauglich sind".[69] In solcher Anti-Normativität entnehme die Religion der „Lebenswelt" den „Stoff ihres Themas", um darin die „immanente Transzendenz" von Selbstüberschreitungen des Personalen und Sozialen darzustellen.[70] Im Blick auf Theologie und Kirchen wird massiv auf religionstheologische oder -hermeneutische Kompetenz gedrängt, die Theologie soll zu einer „religionstheologisch verankerten Praxistheorie" umgeformt werden.[71] Der ideenontologische Hegelianer präsentiert sich nun nicht nur als gleichsam phänomenologischer Dialektiker des Bewusstseins und seiner sozialen Welt, sondern lässt auch Näherungen zum Antipoden Schleiermacher er-

[66] Vgl. Wagner, *Metamorphosen*, 75 ff., 167 ff.

[67] Vgl. zu dem soziologischen Hintergrund etwa F. Wagner, „Kann die Moderne der Religion die Religion der Moderne ertragen? Religionssoziologische und theologisch-philosophische Erwägungen im Anschluß an Niklas Luhmann", in: Ders., *Christentum*, 337 ff.; Wagner, *Metamorphosen*, 167 ff.

[68] Vgl. Wagner, *Metamorphosen*, 7 ff., 52 ff., 191 ff.

[69] Wagner, *Metamorphosen*, 72.

[70] Wagner, *Metamorphosen*, 72.

[71] Wagner, *Metamorphosen*, 213.

kennen,[72] etwa in der Würdigung des Individuellen und der funktionalen Deutung der soziologisch vermessenen Religion als Lebensausdruck. Dass Wagner gleichwohl der für Religion elementaren Dimension des Symbolischen fern geblieben ist und deren Gehalte in immer noch stark begrifflichen, wenngleich nunmehr negativen Zugriffen thematisiert werden, mag eine Spur der jugendlichen Prägung sein – und zwar in fortwirkender Bearbeitung.

4. Fazit

Bei allen Umbrüchen sind die Kontinuitäten im Denken Wagners nicht zu übersehen. Dazu gehört das Interesse, Religion und Christentum auf gegenwärtige Lebenswirklichkeit hin umzugestalten. Dabei haben die Meisterdenker der Deutschen Klassik maßgebliche Orientierung geboten, weil sie Religion als Angelegenheit der Vernunft in weitestem Sinn verstanden und zugleich auf Leitbegriffe des modernen Lebens bezogen haben. Im Zentrum steht die Freiheit. Deren subjektiver Vollzug gipfelt in intersubjektiver Anerkennung. Dass Religion in diesem Gefälle gedacht werden kann, dafür steht bei Wagner insbesondere Hegel, am Ende auch Schleiermacher – umgeben von Einflüssen neuerer soziologischer Denker, die die Gesellschaft für Wagner subjektlogisch denken lassen wie Luhmann oder eine solche Logik auf Distanz bringen wie Dux. Allerdings erfährt das Verständnis der Religion erhebliche Veränderungen. Beim früheren Wagner tendiert es zu einer Aufhebung der Religion in philosophisch-begriffliches Denken, beim späten in Richtung der anti-normativen Negation ihrer Gehalte zugunsten einer soziologisch fassbaren Funktion des Ausdrucks des Personalen im Schnittfeld zum Sozialen.

Es fragt sich freilich, ob das religiöse Bewusstsein sich hierin selbst finden kann. Das betrifft nicht nur die Steilheit manch absolutheitstheoretischer Figur in affirmativer oder polemischer Bezugnahme, sondern auch die geschichtlich-kulturelle Partikularität rein begrifflicher Theorie. Hinzu kommt, dass Anerkennung – Realität des Religiösen im Sozialen – bei Wagner zumeist im Zeichen eines normativen Symmetrieideals thematisch wird, weniger indes in den perspektivischen Asymmetrien, in denen Verhältnisse der Anerkennung oder ihrer Verweigerung empirisch erscheinen.

Vor diesem Hintergrund seien zwei Vorschläge zur Veränderung des Theoriedesigns bei der Aneignung von Wagners Denken gemacht. Der erste betrifft Wagners Alternative von Spekulation und Sozialtheorie, von Theorie und Praxis. Sie muss nicht das letzte Wort haben. Vielmehr kann Religion auf der einen Seite als Moment des objektiven Geistes in kommunikativen Prozessen beschrieben und

---

[72] Vgl. hierzu Wagners biographische Selbstdarstellung, Wagner, *Metamorphosen*, 295; U. Barth, „Die Umformungskrise des modernen Protestantismus. Beobachtungen zur Christentumstheorie Falk Wagners", in: U. Barth, *Religion in der Moderne*, Tübingen 2003, 167 ff.

beurteilt werden. Das verbindet sich mit Handlungsimpulsen zur Gestaltung sozialer Verhältnisse, deren offene Dynamik durchaus im Gefälle von Anerkennung liegt. Auf der anderen Seite geht mit aller Relationalität eine Tendenz zur reflexiven Schließung einher. Insofern gibt es eine grundsätzliche Plausibilität, Religion auch in den vom objektiven Geist noch einmal abgesetzten Formen des absoluten Geistes zu fassen. Dessen reflexiv-kontemplatives Element und jenes kommunikativ-handlungspraktische Element können sich im Idealfall gegenseitig ergänzen und die Tendenzen zur Schließung gegenüber Beliebigkeit und zur Öffnung gegenüber selbstreferentieller Abgeschlossenheit balancieren.

Der zweite Vorschlag betrifft die von Wagner kaum berührte Form des Symbolischen. Sie gehört zum Lebenselixier der Religion, und mit ihr ist immer auch Gegenständlichkeit verbunden, allerdings in einer prozessualen Negationsdynamik. Symbolische Gehalte transzendieren ihre Gestaltungen und sind doch jenseits ihrer nicht zu haben. Um das Symbolische wird eine Religionstheologie nicht herumkommen, und zwar gerade in der Durchdringung der Dialektik von religiösen Bewusstseinsformen und intentionalen Gehalten. Hier sind gerade die produktiven Spannungen und Reibungspunkte zu fokussieren, von denen Prozesse der Selbstüberschreitung motiviert werden. Doch ebenso gilt es, die Sensibilität für Ambivalenzen zu kultivieren – schon aufgrund der asymmetrischen Brechungen aller Anerkennungssymmetrien, etwa in der subtilen Psychologie des Strebens nach Anerkennung angesichts verletzender Verweigerung. Solche Ambivalenzsensibilität war nicht unbedingt Wagners Sache – so sehr er mit der Einsicht in die Differenz des Gedankens des Absoluten gegenüber diesem selbst etwas Ähnliches thematisiert hat, nämlich die kritizistische Grenzdialektik des Endlichen, deren andere Seite vom Unendlichen besetzt wird. Diese Grenzdialektik gehört zu den Grundbeständen der christlichen Religion und setzt transzendierende Dynamiken frei. Darin liegt ein Schlüssel zum Symbolischen – wie auch zum konstruktiven Umgang mit Ambivalentem. Man muss ihn nur richtig umdrehen.

„Das Zeugnis des Geistes ist das Denken"

Anregungen zu einem Dialog zwischen A. Plantinga und G. W. F. Hegel

J. Winfried Lücke

1. Einleitung

Eine Rezeption der Denker des Deutschen Idealismus im Werk des bedeutenden Religionsphilosophen A. Plantinga zu suchen erscheint auf den ersten Blick ebenso wenig aussichtsreich wie ein rein systematischer Abgleich seiner Thesen mit dem Werk G. W. F. Hegels: Denn nicht nur taucht Hegels Name – soweit ich sehen kann – in Plantingas veröffentlichtem Werk praktisch nicht auf.[1] Die Tatsache, dass die gegenwärtige Hegelliteratur Plantinga fast vollständig zu ignorieren scheint,[2] suggeriert zudem, dass sich eine Engführung beider Denker nicht einmal in exegetischer Hinsicht lohnt.

Ein solches eher pessimistisches Urteil lässt sich aber durch einen genaueren Blick leicht entschärfen. Denn zum einen finden sich erstaunliche Gemeinsamkeiten in dem, was beide *expressis verbis* ablehnen: In der speziellen Metaphysik sind beide eingeschworene Antimaterialisten[3], in der Epistemologie kritisieren beide den klassischen Fundamentalismus wie einen kantisch inspirierten Antirealismus.[4] Und in der Religionsphilosophie schließlich verwerfen beide Autoren Variationen der ebenfalls von Kant herstammenden These, dass Gott kein Ge-

---

[1] Das einzige, mir bekannte Hegelzitat findet sich in: A. Plantinga, „Advice to Christian Philosophers", *Faith and Philosophy* 1 (1984), 253–271, hier: 268 (= Plantinga, Advice). An anderen Stellen nennt Plantinga Hegels Namen, etwa in ders., „How to be an Anti-Realist", *Proceedings and Addresses of the American Philosophical Association* 56 (1982), 47–70, hier: 68 (= Plantinga, Anti-Realist); und ferner in: Alvin Plantinga/Michael Tooley, *Knowledge of God*, Malden MA/Oxford 2008, 19 (= Plantinga/Tooley, *Knowledge*). Auf diese Stellen werde ich weiter unten näher eingehen.

[2] Ausnahmen sind etwa K. Ameriks, „Recent Work on Hegel: The Rehabilitation of an Epistemologist?", *Philosophy and Phenomenological Research* 52 (1992), 177–202, hier: 180 Fn. 8; und ferner Torsten Spies, *Die Negativität des Absoluten. Hegel und das Problem der Gottesbeweise*, Marburg 2006, 41.

[3] Vgl. etwa Plantinga/Tooley, *Knowledge*, 17–69; und G. W. F. Hegel, *Enzyklopädie der philosophischen Wissenschaften im Grundrisse (1830)*, in: ders., *Gesammelte Werke. Band 20*, unter Mitarbeit v. U. Rameil hg. v. W. Bonsiepen u. H.-Chr. Lucas, Hamburg 1992, § 389A, 388 f. (= Hegel, Enz., GW 20).

[4] S. u. Abschn. 3.1.

genstand möglicher Erkenntnis sei.[5] Deshalb mag es auch kaum verwundern, dass beide der Gottesbeweistradition – insbesondere dem ontologischen Argument – eine Wertschätzung entgegenbringen, die heute wie damals (zumindest in Kontinentaleuropa) eher marginal zu sein scheint.[6] Zum anderen lässt sich bei Plantinga nicht nur eine indirekte Rezeption und Kritik objektiv-idealistischer Entwürfe nachweisen – bspw. über seine Rezension von Th. Nagels *Mind and Cosmos*.[7] Die Ähnlichkeiten zwischen Plantingas ‚Reformierter Epistemologie' und F. H. Jacobis Variante des Fideismus deuten zumindest an, dass Hegel wohl auch zu Plantinga etwas zu sagen gehabt hätte.

Diese Bemerkungen geben nun m.E. Anlass zu der provokanten Frage, wie Plantingas Ansatz wohl aussehen würde, hätte er sich von einer kontrafaktischen hegelschen Kritik überzeugen lassen. In den folgenden Überlegungen werde ich Grundzüge einer möglichen Antwort umreißen. Dazu werde ich in einem ersten Schritt zunächst das Ausgangsproblem und den Ansatz von Plantingas Religionsepistemologie skizzieren (Abschn. 2). Deren Grundannahmen werde ich dann in einem zweiten Schritt in einer hegelianischen Perspektive kritisch würdigen (Abschn. 3).

2. Die Grundfrage von Plantingas Religionsepistemologie

Plantingas Ansatz lässt sich am besten charakterisieren, wenn man zunächst das Problem formuliert, für das er eine Lösung anbietet. Es besteht im Kern in der Frage, *ob* und *wie* theistischen Überzeugungen ‚positiv epistemischer Status' zukommt.[8] Das heißt genauer, ob Meinungen und Überzeugungen, die etwa Gottes

---

[5] S. u. Abschn. 3.2.

[6] Vgl. u.a. A. Plantinga, „Two Dozen (or so) Theistic Arguments", in: D.-P. Baker (Hg.), *Alvin Plantinga*, Contemporary Philosophy in Focus, Cambridge 2007, 203–227 (= Plantinga, *Two Dozen*); und G. W. F. Hegel, *Wissenschaft der Logik. Zweiter Band. Die subjektive Logik oder die Lehre vom Begriff (1816)*, in: ders., *Gesammelte Werke. Band 12*, hg. v. F. Hogemann u. W. Jaeschke, Hamburg 1981, 129 (= Hegel, WL II, GW 12).

[7] Vgl. A. Plantinga, „Why Darwinist Materialism is Wrong", *The New Republic* vom 16. Nov. 2012, zitiert nach https://newrepublic.com/article/110189/why-darwinist-materialism-w rong (letzter Aufruf, 2.8.2022).

[8] Vgl. A. Plantinga, *Warranted Christian Belief*, New York 2000, vii–xvi (= Plantinga, *WCB*). Im Anschluss an ebd., 241 verstehe ich die Wendung ‚positiv epistemischer Status' als generischen Ausdruck, der die Erfüllung mehrerer epistemischer Normen ausdrücken kann, die aber nicht unbedingt als aufeinander reduzibel verstanden werden müssen.

Natur und Wirken zum Inhalt haben[9], relevante epistemische Normen in einer Weise erfüllen, die sie zumindest rational akzeptabel macht.

Epistemische Normen definieren sich dabei im Allgemeinen vom Ziel rationalen oder kognitiven Lebens her. Dieses besteht – grob gesprochen – im Erwerb wahrer Propositionen und der großmöglichsten Vermeidung von Irrtümern.[10] ‚Positiv epistemischer Status' kommt einer Meinung von hier aus gesehen nur dann zu, wenn sie in einer Art und Weise gebildet wurde, die in der Regel (und zumindest höchstwahrscheinlich) diesen Zweck erreicht.

Schon diese Beschreibungen deuten auf deren Voraussetzungen und Teilfragen hin. *Erstens* wird vorausgesetzt, dass theistische Überzeugungen überhaupt ein Gegenstand epistemischer Bewertung sein können, womit etwa non-kognitivistische Religionstheorien ebenso ausgeschlossen werden wie starke Fassungen negativer Theologie.[11] *Zweitens* müssen das Wesen der relevanten epistemischen Normen definiert und deren Erfüllungsbedingungen genannt werden.

Plantingas Diskussion konzentriert sich hierbei insbesondere auf drei Gruppen von Normen, die er allgemein ‚Rechtfertigung', ‚Rationalität' und ‚warrant' – oder in der neuesten Übersetzung[12] – ‚Gewährleistung' nennt. Unter ‚Rechtfertigung' versteht Plantinga (im Anschluss an J. Locke) die Verpflichtung einer Person, eine kontroverse Aussage nur dann zu akzeptieren, wenn sich entsprechende *Belege* für sie finden lassen – etwa in Form von deduktiven, induktiven oder abduktiven Argumenten aus rational akzeptablen, nicht-inferentiellen Meinungen.[13] Mit ‚warrant' bezeichnet er hingegen diejenige Bedingung, deren Erfüllung eine wahre Überzeugung zu einer Erkenntnis werden lässt.[14]

Plantingas erste große Entwürfe diskutieren nun weitestgehend die Frage, ob der Gottesglaube im angegebenen Sinne gerechtfertigt sein kann beziehungsweise muss.[15] Spätestens ab Plantingas *Warranted Christian Belief* verschiebt sich

---

[9] Ich setze hier noch keine weiter bestimmte inhaltliche Ausdeutung der für die Kennzeichnung Gottes relevanten Vollkommenheitsattribute voraus. B. Davies ordnet Plantingas m.E. zu Recht einer Strömung der gegenwärtigen Religionsphilosophie zu, die Gott in erster Linie von seinen personalen Merkmalen her versteht. Die spezifische Differenz zur menschlichen Personalität soll dann wesentlich in der Unbeschränktheit seines Wissens, seines Willens und seiner Fähigkeiten liegen. Vgl. B. Davies, *An Introduction to the Philosophy of Religion. Third Edition*, Oxford 2004, 9–14.

[10] Zu dieser (relativ) unproblematischen Bestimmung des Ziels kognitiven Lebens vgl. W. P. Alston, *Beyond „Justification". Dimensions of Epistemic Evaluation*, Ithaca/London 2005, 29–38.

[11] Dieser Frage widmet sich Plantinga besonders in Plantinga, *WCB*, Teil I.

[12] Vgl. A. Plantinga, *Gewährleisteter christlicher Glaube*, übers. v. J. Schulte, Berlin/Boston 2015.

[13] Vgl. Plantinga, *WCB*, 81–92.

[14] Vgl. ebd., xi. Zu Plantingas Analyse des Rationalitätsbegriffs, auf den ich hier nicht eingehen kann, vgl. ebd., 108–134.

[15] Vgl. hierzu besonders A. Plantinga, „Reason and Belief in God", in: A. Plantinga/N. Wolterstorff (Hgg.), *Faith and Rationality. Reason and Belief in God*, Notre Dame 1983, 16–93.

der Fokus hingegen auf die Frage nach dessen ‚warrant'-Status. Dabei kann
Plantinga nicht nur darauf aufbauen, dass der Gottesglaube eine wesentlich stärkere Norm erfüllt, wenn er in diesem Sinne ‚gewährleistet' ist. Einwände, die dem
Gottesglauben Rechtfertigung aufgrund mangelnder Belege absprechen, setzen
für Plantinga zudem eine defektive epistemologische Hintergrundtheorie voraus;
und die nach deren Kritik übrig bleibenden epistemischen Pflichten sind nach
Plantinga für Gläubige leicht zu erfüllen.[16]

Der Nachweis, dass theistischen Überzeugungen prinzipiell Wissensstatus zukommen kann, hängt für Plantinga hingegen wesentlich an zwei Forderungen:
Zum einen weist er allgemein darauf hin, dass die Einlösung epistemischer Normen in konkreten Fällen immer vor dem Hintergrund allgemeiner metaphysischer Annahmen bewertet wird, die im Zentrum des Selbstverständnisses der
involvierten Personen stehen.[17] Plantinga geht dabei davon aus, dass diese Annahmen zwar nicht (im starken Sinne) beweisbar, aber prinzipiell fallibel sind.[18]
Grundsätzlich sind diese für ihn aber in erstpersonaler Perspektive so lange un-
problematisch, bis das Gegenteil mit starken Gründen erwiesen wird.

Zum anderen setzt die mögliche Zuschreibung des ‚warrant'-Status ein prä-
zises Verständnis der dritten Wissensbedingung voraus. Im Rahmen der beiden
Vorgängerbände von *Warranted Christian Belief* beansprucht Plantinga eine er-
folgreiche Begriffsanalyse entwickelt zu haben, die nicht wie seine möglichen
Konkurrenten an Gegenbeispielen scheitert. Relativ zu Anfang von *Warrant and
Proper Function* fasst Plantinga seine Analyse folgendermaßen zusammen:

[T]o a first approximation, we may say that a belief *B* has warrant for *S* if and only if the
relevant segments (the segments involved in the production of *B*) are functioning properly
in a cognitive environment sufficiently similar to that for which *S*'s faculties are designed;
and the modules of the design plan governing the production of *B* are (1) aimed at truth
and, (2) such that there is a high objective probability that a belief formed in accordance
with those modules (in that sort of cognitive environment) is true; and the more firmly *S*
believes *B* the more warrant *B* has for *S*.[19]

Setzt man die Gültigkeit von Plantingas komplexer Analyse voraus, lässt sich der
Zusammenhang zwischen metaphysischen Hintergrundannahmen und der epis-

---

[16] Zu Plantingas Kritik am Evidentialismus und dem darin vorausgesetzten klassischen
Fundamentalismus vgl. Plantinga, *WCB*, 93–102.

[17] „What you properly take to be rational, at least in the sense of warranted, depends on
what sort of metaphysical and religious stance you adopt. It depends on what kind of beings
you think human beings are, what sorts of beliefs you think their noetic faculties will produce
when they are functioning properly, and which of their faculties or cognitive mechanisms are
aimed at the truth." (Plantinga, *WCB*, 190). Vgl. dazu auch W. Löffler, „An Underrated
Merit of Plantinga's Philosophy", in: D. Schönecker (Hg.), *Plantinga's ‚Warranted Christan
Belief'. Critical Essays with a Reply by Alvin Plantinga*, Berlin/Boston 2015, 65–81.

[18] Zu Plantingas offen formulierten Fallibilismus vgl. u.a. A. Plantinga, *Warrant and Proper Function*, New York 1993, 41 (= Plantinga, *WPF*).

[19] Ebd., 19.

temischen Bewertung von Überzeugungen gut verdeutlichen. Denn diese setzt dann wesentlich ein genaueres Verständnis voraus, was der kognitive ‚design plan' konkret enthalten soll. So folgt etwa aus dem Naturalismus in Konjunktion mit neo-darwinistischen Prinzipien, dass unsere Erkenntnisvermögen lediglich ein Produkt blinder Anpassungsleistungen auf Basis zufälliger Genmutation sind und daher in erster Linie dem Überleben dienen.[20] Umgekehrt impliziert für Plantinga, wie sich zeigen wird, die Annahme von Gottes Existenz, dass Menschen in Gottes Ebenbild erschaffen wurden und daher die Fähigkeit besitzen, zuverlässig wahre Überzeugungen über Gott zu bilden. Kurz: Aus der Wahrheit des Theismus folgt nach Plantinga der ‚warrant'-Status theistischer Überzeugungen, aus Atheismus und Naturalismus hingegen das Gegenteil. In Plantingas Worten: „(Probably) Christian belief has warrant if and only if it is true."[21]

Bevor auf die Details von Plantingas Religionsepistemologie eingegangen wird, möchte ich noch zwei Anmerkungen hinzufügen, die für das Verständnis unverzichtbar sind und dessen Stärken offenlegen.[22] Zum einen möchte Plantinga mit dem zitierten rechtfertigungstheoretischen Bikonditional zeigen, dass etwa diejenigen, die den christlichen Glauben für irrational halten, weil er etwa scheinbar ein Ausdruck von Wunschdenken darstellt, ihren Vorwurf zunächst entweder durch ein inhaltlich atheistisches Argument oder durch den Nachweis des Naturalismus begründen müssen. Zum anderen argumentiert Plantinga ausführlich für die These, warum gerade diese Bedingung nicht erfüllt ist beziehungsweise sein kann. Denn nicht nur scheitern für ihn alle klassischen atheistischen Einwände; der Naturalismus ist nach Plantinga nicht einmal eine kohärente Position.[23] Und solange dies der Fall ist, dürfen Gläubige ihre Überzeugungen nicht nur für rational, sondern sogar für einen erfolgreichen Wissensanspruch halten.[24]

---

[20] Vgl. Plantinga, *WCB*, 228.

[21] A. Plantinga: „Rationality and public evidence: a reply to Richard Swinburne", in: *Religious Studies* 37 (2001), 215–222, hier: 216.

[22] Zu Plantingas Zielsetzungen in *Warranted Christan Belief* im Kontext seines Gesamtansatzes vgl. auch D. Schönecker, „The Deliverances of *Warranted Christian Belief*", in: D. Schönecker (Hg.), *Plantinga's ‚Warranted Christan Belief'. Critical Essays with a Reply by Alvin Plantinga*, Berlin/Boston 2015, 1–40.

[23] In Plantinga, *WCB*, Teil IV diskutiert Plantinga ausführlich die stärksten epistemischen und inhaltlichen Gründe gegen den christlichen Glauben, darunter auch das Problem der Übel in der Welt. Ergänzend dazu begründet er die Kompatibilität des Gottesglaubens mit den Ergebnissen der Naturwissenschaft in: A. Plantinga, *Where the Conflict Really Lies. Science, Religion, and Naturalism*, Oxford 2011. Zur Inkohärenz des Naturalismus vgl. u.a. in Plantinga/Tooley, *Knowledge*, 20–69.

[24] Plantingas ‚warrant'-Analyse zeigt dabei deutlich, dass zuverlässige kognitive Prozesse zwar mit hoher Wahrscheinlichkeit zu wahren Überzeugungen führen. Sie sind aber nicht deren Wahrmacher. Die Wahrheits- und die ‚warrant'-Bedingung von Wissen sind also für Plantinga logisch unabhängig. Dadurch kann er geschickt Einwänden begegnen, die ihm zirkuläre Begründungen nachzuweisen versuchen. Eine ausführliche Diskussion möglicher Zirkelvorwürfe findet sich in: O. Wiertz, „Is Plantinga's A/C Model an Example of Ideologically Tainted Philosophy?", in: D. Schönecker (Hg.), *Plantinga's ‚Warranted Christan Belief'. Critical Essays with a Reply by Alvin Plantinga*, Berlin/Boston 2015, 83–113.

3. Plantingas Ansatz in hegelscher Perspektive

Ein kritischer Abgleich zwischen den Überzeugungen zweier Philosophen setzt trivialerweise gemeinsame Grundannahmen voraus. Unglücklicherweise ist Hegels Verhältnis zum Theismus klassischer Prägung bekanntlich spätestens seit der Spaltung der Hegelschule heiß umstritten, sodass von vornherein nicht einmal klar ist, ob Hegel und Plantinga beim Thema ‚Gott' und ‚Religion' überhaupt über denselben Gegenstand sprechen. Und Plantinga scheint Hegel an manchen Stellen selbst Atheismus unterstellen zu wollen.[25]

Die folgenden Überlegungen können nun kaum beanspruchen, diese exegetischen Probleme endgültig zu lösen. Stattdessen werde ich versuchen, der zentralen methodischen Vorgabe Hegels zu folgen, in der Diskussion einer konträren Position den Nachweis zu führen, dass deren Prämissen nur im Rahmen des je eigenen Ansatzes in letzter Konsequenz vertreten werden können.[26]

Soweit ich sehen kann, sind es mind. drei Annahmen, an deren Wahrheit die Plausibilität von Plantingas Ansatz hängt. Wie wir schon gesehen haben, setzt er im Allgemeinen (i) die meta-epistemologische These voraus, dass sich Rechtfertigungsbedingungen bestimmter Überzeugungstypen und deren Einlösung immer nur vor dem Hintergrund bestimmter metaphysischer Überzeugungen analysieren lassen. Im Falle des Gottesglaubens muss er daher (ii) den Nachweis führen, dass sich tatsächlich eine Implikationsbeziehung zwischen der Überzeugung von Gottes Existenz und seiner Erkenntnis im Menschen nachweisen lässt. Dabei muss dieser Nachweis (iii) eine plausible allgemeine Wissensanalyse anbieten und deren Erfüllung anhand konkreter Meinungsbildungsprozesse plausibel machen können.

Wie würden diese Vorgaben konkret eingelöst werden, wenn Plantinga sich von Hegels Ansatz hätte überzeugen können? Für die folgende Skizze einer möglichen Antwort wähle ich eine Passage, die m.E. diejenigen hegelschen Überzeugungen enthält, die sich für eine Diskussion von Plantingas Thesen anbieten. Hegel schreibt dort:

---

[25] Vgl. etwa Plantinga/Tooley, *Knowledge*, 19. Diese Stelle wird instruktiv kommentiert in G. de Anna, „Can there Be Supernaturalism without Theism? Contra Tooley's Thesis", in: Dariusz Łukasiewicz/R. Pouivet (Hgg.), *The Right to Believe: Perspectives in Religious Epistemology*, Berlin 2012, 179–212, hier: 187.

[26] „Die wahrhafte Widerlegung muß in die Kraft des Gegners eingehen und sich in den Umkreis seiner Stärke stellen; ihn ausserhalb seiner selbst angreifen und da Recht zu behalten, wo er nicht ist, fördert die Sache nicht." (Hegel, *WL II*, GW 12, 15) Über das Verhältnis des wahren Ansatzes zu einem falschen sagt Hegel demgemäß: „Das *wahre* System kann daher auch nicht das Verhältniß zu ihm haben, ihm nur *entgegengesetzt* zu seyn; denn so wäre diß entgegengesetzte selbst ein einseitiges. Vielmehr als das höhere muß es das untergeordnete in sich enthalten." (ebd., 14, Kursivierungen sind Sperrungen im Original.)

Plato und Aristoteles lehren, daß [1] *Gott nicht neidisch* ist und die Erkenntnis seiner und der Wahrheit den Menschen nicht vorenthält. Was wäre es denn [2] anders als *Neid*, wenn Gott das Wissen von Gott dem Bewußtsein versagte; er hätte demselben somit alle Wahrheit versagt; denn Gott ist [3] allein das Wahre; was sonst wahr ist und etwa kein göttlicher Inhalt zu sein scheint, ist nur wahr, insofern es [3.1] in ihm gegründet ist und [3.2] aus ihm erkannt wird; das übrige daran ist zeitliche Erscheinung. Die Erkenntnis Gottes, der Wahrheit, ist allein [4] das den Menschen über das Tier Erhebende, ihn Auszeichnende und ihn Beglückende oder vielmehr Beseligende, nach Plato und Aristotles wie nach der christlichen Lehre.[27]

Hegels Text enthält im Kern drei Behauptungen: So geht Hegel *erstens* davon aus, dass sich schon aus Gottes Existenz begründen lässt, warum er sich zu erkennen gibt. Ein solcher Nachweis verfährt dabei negativ, indem er die Inkohärenz der gegenteiligen Annahme aus dem Gottesbegriff herausstellt (= [1] und [2]). Dies setzt für Hegel *zweitens* insgesamt die zentralen Prämissen voraus, dass Gott in einem herausragenden Sinn das Wahrheitsprädikat zukommt (= [3]) und dies wiederum für vernunftbegabte Lebewesen das höchste Gut darstellt. Und die Fähigkeit, dieses in der Gotteserkenntnis zu erwerben, ist für Hegel schließlich *drittens* dasjenige, was vernunftbegabte Lebewesen *als solche* auszeichnet (= [4]).

Auf Basis dieser Behauptungen und gemäß der o.g. methodischen Vorgabe der ‚immanenten Kritik' werde ich im Folgenden zum einen dafür argumentieren, dass sich für einige, wenn nicht jede der hegelschen Behauptungen affine Prämissen in Plantingas Ansatz finden lassen. Zum anderen sollen an den Stellen, wo Plantinga sichtlich von Hegel abweicht, die Gründe angegeben werden, die Plantinga vielleicht in der jeweiligen Hinsicht zu einem Kurswechsel hätten bewegen können.

3.1 Idealismus und Theismus

Ich beginne mit der sicherlich strittigsten von Hegels Behauptungen, die in seiner Identifikation von ‚Gott' und ‚Wahrheit' liegt. Da sie m.E. zugleich eine Aussage über das Verhältnis theistischer Überzeugung und dem sog. ‚absoluten Idealismus' erlaubt, eignet sie sich am besten, um zunächst zu zeigen, warum sich Hegel mit Plantinga überhaupt ins Gespräch bringen lässt.

Was damit gemeint ist, wird besonders deutlich, wenn man darauf hinweist, dass für Hegel nicht in erster Linie Propositionen Wahrheitsträger sind. Genauer ist eine bestimmte Entität für Hegel genau dann ‚wahr', wenn sie dem entspricht, was sie ihrer Natur beziehungsweise ihrem ‚Begriff' nach ist.[28] Eine Person ist

---

[27] G. W. F. Hegel, *Hinrichs-Vorrede (1822)*, in: ders., *Berliner Schriften (1818–1831)*, hg. v. W. Jaeschke, Hamburg 1997, 62–86, hier: 84 (= Hegel, HV). Kursivierungen sind Sperrungen im Original und die Nummerierung der Aussagen stammt von mir, W. L.

[28] In diesem Sinne bestimmt Hegel „objektive Wahrheit" als „die dem Begriffe entsprechende Realität" (Hegel, *WL II*, GW 12, 200). Diese Entsprechungsrelation wird für Hegel in sog. „*Begriffs-Urtheil*[en]" explizit, in welchen „das Prädicat nicht nur die Objectivität des Begriffs, sondern die beziehende Vergleichung des Begriffs der Sache und der Wirklichkeit

demnach etwa nach Hegel genau dann ein ‚wahrer' Freund, wenn sie alle Vorzüge mitbringt, die sie als echten Freund identifizierbar machen[29] – etwa indem sie das gute Leben des Anderen als solches zur Bedingung des Gelingens des je eigenen Lebens macht und es entsprechend mit allen Mitteln zu befördern versucht.

Das Wahrheitsprädikat drückt dabei zugleich aus, welche Bestimmungen einer Entität diese für uns epistemisch zugänglich macht: Eine bestimmte Entität x ist nur dann für uns *als ein F* erkennbar, wenn sie erstens ihren Begriff F (gut oder schlecht) exemplifiziert; und wenn zweitens die Prinzipien, die x zu einem F machen, *dieselben* sind, die unseren wahren propositionsförmigen Gedanken über x konstituieren.[30] Da für Hegel nun für *jedes* Individuum gilt, dass dessen Identität daran hängt, ein Exemplar einer natürlichen Art oder ‚Gattung' zu sein und in diesem Sinne ‚seinen' Begriff zu instantiieren,[31] lässt sich die Erkennbarkeitsthese für Hegel ohne weiteres generalisieren: Jeder Sachverhalt (beziehungsweise das darin involvierte Individuum mit seinen Eigenschaften) ist demnach mind. prinzipiell erkennbar.

Diese weite und weniger kontroverse Grundintuition des ‚Idealismus'[32] gehört nun bezeichnenderweise auch zu Plantingas Grundüberzeugungen. Er teilt nämlich die Kernintuition des sog. ‚semantischen Antirealismus', der zufolge es keine Proposition geben kann, von der nicht gewusst werden kann, unter welchen Bedingungen sie wahr ist. Sie drückt für ihn eine fundamentale philosophische

---

derselben" (ebd.) zum Ausdruck bringt. Werturteile dieser Art sind für Hegel die höchste Form des Urteilens, weil in ihnen die eigentliche Natur einer Sache in ihrer Exemplifikation deutlich wird. Vgl. ebd., 87 f. Zu Hegels Wahrheitsbegriff vgl. insbesondere die instruktiven Erläuterungen in: Chr. Halbig, *Objektives Denken. Erkenntnistheorie und Philosophy of Mind in Hegels System*, Stuttgart-Bad Cannstatt 2002, Kap. 5. (= Halbig, Objektives Denken)

[29] Zu diesem Beispiel vgl. ebd., 185 f.

[30] In korrekten Urteilen hat ein Subjekt „Vernunft", das heißt die „Gewißheit, daß seine Bestimmungen eben so sehr gegenständlich, Bestimmungen des Wesens der Dinge, als seine eigenen Gedanken sind" (Hegel, *Enz.* §439, GW 20, 434). Zum komplexen Verhältnis zwischen ontologischer und propositionaler Wahrheit, die nach Hegel wesentlich eine Identitätsbeziehung ausdrückt, vgl. bes. Halbig, *Objektives Denken*, 196–217. Eine interessante zeitgenössische Wiederaufnahme dieser letztlich aristotelischen These findet sich in: J. Haldane, „Realism with a metaphysical skull", in: J. Conant/U. M. Żegleń (Hgg.), *Hilary Putnam. Pragmatism and realism*, London/New York 2002, 97–104.

[31] „*Alle Dinge* sind eine *Gattung* (ihre Bestimmung und Zweck) in einer *einzelnen* Wirklichkeit von einer *besondern* Beschaffenheit; und ihre Endlichkeit ist, daß das Besondere derselben dem Allgemeinen gemäß sein kann oder auch nicht." (Hegel, *Enz.* §179, GW 20, 190 f., Kursivierungen sind Sperrungen im Original.). Im Anschluss an F. Knappik verstehe ich daher im Folgenden Hegels Begriffsrealismus als eine Form des Essentialismus natürlicher Arten. Vgl. F. Knappik, „Hegel's Essentialism. Natural Kinds and the Metaphysics of Explanation in Hegel's Theory of the ‚Concept'", *European Journal of Philosophy* 24 (2016), 760–787.

[32] Mit Franz v. Kutschera halte ich die Erkennbarkeitsthese für die Kernannahme aller Formen des Idealismus. Vgl. F. von Kutschera, *Die Wege des Idealismus*, Paderborn 2006, 253. Worin sich Hegels Idealismus von gewöhnlichen Formen des (subjektiven) Idealismus unterscheidet, wird weiter unten noch deutlicher werden.

Einsicht aus, die aber zugleich im theoretischen Rahmen dazu tendiert, falsch interpretiert zu werden.[33]

Ein solcher Fehlschluss liegt für ihn etwa dann vor, wenn man in einem ersten Schritt die Erkennbarkeitsthese als *definiens* für die Richtigkeit von Aussagen heranzieht und in einem zweiten Schritt – etwa mit H. Putnam – ‚Erkennbarkeit' als Akzeptanz oder ‚Behauptbarkeit' einer Aussage im Rahmen der anerkannten Methoden einer (idealen) Sprecher- beziehungsweise Forschergemeinschaft interpretiert.[34] Die Korrektheit einer Aussage würde dann für Plantinga in letzter Hinsicht an *unseren* epistemischen und linguistischen Praktiken hängen und nicht am dem, was in der Welt tatsächlich der Fall ist. Dieses Resultat nennt Plantinga auch prägnant „creative anti-realism".[35]

Gegen eine solche Interpretation der Erkennbarkeitsthese wendet Plantinga nun ein, dass sie nicht nur zu unerwünschten Konsequenzen führt, sondern letztlich an der Selbstanwendung scheitert.[36] Ungleich interessanter als Plantingas retorsives Argument, das Hegels Kritik an Vorgängerversionen des ‚kreativen Antirealismus' stark ähnelt, sind aber die Konsequenzen, die Plantinga daraus zieht. Denn die Erkennbarkeitsthese scheint zwar *prima facie* mit dem negativen Resultat von Plantingas Diskussion der Antirealismen von Putnam und Rorty inkompatibel zu sein. Dies sind sie aber für ihn nur unter der Annahme, dass die Wahrheit einer *jeden* beliebigen Aussage lediglich für *endliche* Personen prinzipiell einsichtig sein muss.[37] Plausibel wird eine solche Annahme aber dann, wenn man eine Person heranzieht, deren Erkenntnisfähigkeit nicht im selben Maße restringiert ist. Die korrekte „synthesis"[38] der Erkennbarkeitsthese mit der Falschheit des gewöhnlichen ‚kreativen Antirealismus' liegt mithin für Plantinga in der Überzeugung der Existenz eines allwissenden Wesens.

---

[33] Vgl. Plantinga, *Anti-Realist*, 67. Zum semantischen Antirealismus in Abgrenzung zum ontologischen und epistemologischen vgl. J. Haldane, „Mind-World Identity Theory and the Anti-Realist Challenge", in: J. Haldane/C. Wright (Hgg.), *Reality, Representation, and Projection*, New York 1993, 15–37, bes. 15–18 (= Haldane, „Mind-World Identity").

[34] Vgl. Plantinga, *Anti-Realist*, 49–54.

[35] Ebd., 49.

[36] Vgl. ebd., 64–67. Die unerwünschte Konsequenz besteht für Plantinga (u.a.) darin, aus der Definition von Wahrheit als ‚berechtigter Behauptbarkeit' innerhalb einer idealen Sprechergemeinschaft zusammen mit der Annahme ihrer Nicht-Existenz deren notwendige Existenz impliziert. Die Kernidee von Plantingas Selbstanwendungsargument lässt sich analog zu Hegels Kantkritik verstehen. Vgl. dazu etwa L. B. Puntel, „Transzendentaler und absoluter Idealismus", in: D. Henrich (Hg.), *Kant oder Hegel? Über Formen der Begründung der Philosophie. Stuttgarter Hegel-Kongreß 1981*, Stuttgart 1983, 198–229.

[37] Ein elegantes Argument für diese Prämisse findet sich bei Quentin Smith, der dafür argumentiert, dass es menschlichen Personen beziehungsweise Personengruppen es zwar möglich ist, einzelne Propositionen einer maximal konsistenten Konjunktion wahrer Aussagen zu kennen, aber nicht die Konjunktion als Ganze. Vgl. Q. Smith, „The Conceptualist Argument for God's Existence", *Faith and Philosophy* 11 (1994), 38–49, hier: 40.

[38] Plantinga, *Anti-Realist*, 68. Bezeichnenderweise fällt hier Hegels Name.

Diese Gedankensequenz bietet für Plantinga nicht nur Prämissen für ein the-
istisches Argument, dass die Existenz abstrakter Gegenstände als Gedanken
Gottes interpretiert.[39] Sie bildet zugleich einen guten Ausgangspunkt für die Erläuterung und Begründung der genannten hegelschen Aussagen. Wenn nämlich
u.a. alle wahren Propositionen den Gehalt von Gottes Denken bilden, so leuchtet
es zugleich ein, warum – wie Hegel sagt – alles, was der Fall ist, in letzter Instanz
‚aus Gott' erkannt wird (s. oben Aussage [3.2]).[40] Zugleich weicht Hegel aber
spezifisch von Plantingas Begründung ab, indem er die ‚Wahrheit' von Individuen und deren Erkennbarkeit von *der* ‚Wahrheit' abhängig macht, die mit Gott
identisch sein soll (s. oben Aussage [3.1]).

Wie Hegel zu dieser *prima facie* wenig durchsichtigen Aussage kommt, wird
vielleicht deutlicher, wenn man auf einen Problembestand zurückgreift, der Plantinga wohl vertraut ist. Abstrakte Gegenstände – wie Propositionen und Eigenschaften – zeichnen sich nämlich, wenn es sie denn gibt, dadurch aus, dass sie
wesentlich nicht raumzeitlich und auch nicht kontingenterweise existieren. Damit sind sie aber nicht nur in den genannten Hinsichten scheinbar mit Gott
gleichen Wesens und vielleicht sogar von ihm ontologisch unabhängig. Vielmehr
scheint Gott in seiner Existenz und seiner Wirksamkeit von einigen von ihnen
sogar abhängig zu sein, nämlich dann, wenn man annimmt, dass wahre Aussagen
und (essentielle) Eigenschaften von Gott unterschiedene Abstrakta sind.[41]

Nun kann Plantinga sicherlich beanspruchen, durch seinen quasi-augustini-
schen Konzeptualismus einen Teil des Problems beseitigt zu haben. Denn dieser

---

[39] Vgl. ebd. und ferner Plantinga, *WPF*, 121. Einen verwandten Nachweis der Implikationsbeziehung zwischen Antirealismus und Theismus entwickelt J. Haldane (u.a. im Anschluss an M. Dummett) in: J. J. C. Smart/J. Haldane, *Atheism and Theism*, 2. Auflage,
Malden MA/Oxford 2003, 232–240.

[40] Plantinga argumentiert an anderer Stelle, dass die Aussagen ‚Gott hat eine Natur',
worunter er den Inbegriff seiner essentiellen Eigenschaften versteht, und ‚Es gibt abstrakte
Gegenstände, darunter Eigenschaften und notwendige Aussagen' sich gegenseitig implizie-
ren. Vgl. A. Plantinga, *Does God have a Nature?*, Milwaukee 1980, 140–146 [= Plantinga,
DN]. Für Plantinga ist jedenfalls klar, dass die erstere die letztere Aussage impliziert. Der
Umkehrschluss gilt für ihn hingegen auch, denn zur individuellen Essenz Gottes gehört die
Eigenschaft, jede wahre Aussage zu wissen. Wenn daher eine beliebige Aussage (inklusive der
Aussagen über die Existenz von Abstrakta) wahr ist, gehört es zur Natur Gottes dies zu
wissen; woraus wiederum folgt, dass Gott eine (individuelle) Essenz besitzt. Daraus folgert
Plantinga: „From this point of view, then, exploring the realm of abstract objects can be seen
as exploring the nature of God." (ebd., 144)

[41] Gott könnte nur nämlich nach Plantinga dann so sein, wie er ist beziehungsweisedem-
gemäß wirksam sein, wenn es diese essentiellen Eigenschaften beziehungsweise die wahren
Aussagen darüber gibt. Vgl. zu diesem Problem ebd., 6–8 und ferner 34 f. Wie W. L. Craig
zeigt, führt dieses Problem zugleich zu einer möglichen Inkonsistenz im Gottesbegriff, nämlich dann, wenn Aseität als essentielle Eigenschaft Gottes im genannten Sinne angenommen
wird. Vgl. W. L. Craig, *God Over All. Divine Aseity and the Challenge of Platonism*, Oxford
2016, 43. Nach Craig wurde das theologische Problem der Abstrakta spätestens seit der
Patristik explizit diskutiert. Vgl. ebd., 34–38.

macht es zu einer notwendigen Bedingung der *Existenz* von Abstrakta, dass sie Teil des propositionalen Gehalts mind. eines göttlichen Gedankens sein müssen. Dies lässt aber die Frage von deren *Erkennbarkeit* gänzlich unberührt. Gemäß den Minimalbedingungen von Wissen sind sie nämlich nur dann erkennbar, wenn sie Teil eines *bestehenden* Sachverhalts beziehungsweise einer *korrekten* Proposition sind, die diesen zum Ausdruck bringt.

Plantinga behauptet aber nun explizit, dass eine Proposition nicht deshalb korrekt ist, weil Gott sie denkt.[42] Eine solche These wirkt auf den ersten Blick harmlos, auf den zweiten Blick hingegen nicht. Denn offensichtlich impliziert sie, dass es mind. *eine* Eigenschaft von Propositionen gibt, die von Gott *vollständig* unabhängig sein soll, nämlich deren Richtigkeit. Da aber für Plantinga nichts Eigenschaften haben kann, was nicht zugleich existiert, folgt in seinem theoretischen Rahmen wiederum die notwendige Existenz von notwendig wahren Propositionen.[43]

Dies betrifft damit unmittelbar auch diejenigen Aussagen, die Gott jeweils selbst betreffen – einschließlich solcher, die etwa die Beziehungen zwischen seinem Denken und dem Gehalt ausdrücken. Die ontologische Abhängigkeit Gottes von abstrakten Objekten würde sich also auch im Rahmen von Plantingas Konzeptualismus von neuem stellen, die aber seiner Meinung nach der „sovereignty-aseity intuition"[44] des Theismus fundamental widerspricht.

Hegels kontrovers klingende Rede von Gott als ‚der' Wahrheit scheint mir nun eine Lösung für das vorliegende Problem zu bieten – zumindest dann, wenn man sie im Lichte von Prämissen liest, die im klassischen Theismus wohlbekannt sind. In diesem Sinne könnte man einem ersten Schritt mit Hegel die Bedingungen definieren, unter denen Aussagen überhaupt richtig sein können. Nach dem oben Gesagten sind sie es dann, wenn sie diejenigen Züge von Individuen treffen, die sie *als solche* auszeichnen und die darin den Maßstab ihrer ‚Wahrheit' bilden.[45]

---

[42] Vgl. Plantinga, *Anti-Realist*, 69. Diese Annahme würde nach Plantinga implizieren, dass Aussagen über freie Handlungen nicht von den Akteuren selbst wahr gemacht werden würden.

[43] Für jede beliebige korrekte Aussage *p* lässt sich ja die höherstufige Aussage bilden: ‚*p* ist wahr'. Aus diesem Grund hält Plantinga auch den Nominalismus für irrelevant für das theologische Problem von Abstrakta. Vgl. Plantinga, *DN*, 86.

[44] Ebd., 34.

[45] Diese Prämisse formuliert etwa Thomas im Anschluss an Aristoteles, dass ein „Ding" auch insofern „wahr" genannt wird, „als es die Verwirklichung der ihm eigenen Natur im eigentlichen Sinne erreicht" (Thomas von Aquin, *Summa contra gentiles*, Buch I, Kap. 60, hg. und übers. v. K. Albert und P. Engelhardt unter Mitarbeit von L. Dümpelmann, Darmstadt 1974, 225 [= Thomas von Aquin, *SCG I*]). Die ontologische Wahrheit eines Dinges ist dann zugleich der Grund für propositionale Wahrheit, „insofern ein solches Ding von Natur aus befähigt ist, ein wahres Urteil über sich zu bewirken" (ebd.). Freilich setzt die Möglichkeit wahrer Urteile auch für Thomas seitens des Subjekts voraus, dass das Strukturprinzip des urteilsförmigen Gedankens *dasselbe* ist, was die (spezifische) Identität des extramentalen Individuums konstituiert, das Inhalt des Gedankens ist. Vgl. dazu bes. Haldane, „Mind-World Identity" und ferner Fn. 30.

Der Konflikt mit der Aseität Gottes lässt sich dann in einem zweiten Schritt beseitigen, indem man den Maßstab aller Dinge, den sie in ihrer Natur und ihrem Artbegriff besitzen, und dessen Erfüllung mit der Natur Gottes *identifiziert*.[46] In diesem sagt Sinne Hegel im religionsphilosophischen Kolleg von 1821 über das Absolute, es sei das *„alles* in sich *befassende Allgemeine, Konkrete* – die natürliche und geistige Welt nach dem ganzem Umfang und der unendlichen Gegliederung [sic!] ihrer Wirklichkeit"[47]. Individuen sind mithin nicht nur deshalb *aus* Gott erkennbar, weil die Existenz korrekter Aussagen von Gottes Denken abhängig ist, sondern weil ihre jeweilige Wahrheit in der „absolute[n] WAHRHEIT dieses Reichtums"[48] selbst gründet (s.o. Aussage [3.1]).

Freilich wird diese Argumentationsskizze nicht alle kritischen Fragen beantworten können. Dennoch möchte ich kurz auf drei ihrer Konsequenzen hinweisen. Im Kern bietet sie eine Lösung, die Plantingas Konzeptualismus mit seiner Kritik am Voluntarismus beziehungsweise ,Possibilismus'[49] in einer Weise verbindet, die zugleich der Aseitätsintuition gerecht wird. Denn erstens macht sie sowohl die Wahrheit einer Sache wie die Wahrheit von Aussagen über sie von Gott selbst abhängig, weil sie zumindest implizit zum Ausdruck bringen, was Gott in seiner Natur ausmacht. Da aber Gott trivialerweise nicht bewirken kann, dass er ein anderer ist, als er ist,[50] folgt zugleich die Falschheit der Annahme, Gott könne

---

[46] Freilich impliziert diese These eine Variation der klassischen These von der absoluten Einfachheit Gottes, die Plantinga aber für inkompatibel mit Gottes Personalität hält, da sie implizieren würde, Gott wäre – als eine Eigenschaft – ein abstraktes Objekt ohne Kausalkräfte. Vgl. Plantinga, *DN*, 26–61. Diese Schlussfolgerung ist aber keineswegs zwingend. Vgl. u.a. B. Leftow, „Is God an Abstract Object?", in: *Noûs* 24 (1990), 581–598.

[47] G. W. F. Hegel, *Vorlesungen. Ausgewählte Nachschriften und Manuskripte, Bd. 3: Vorlesungen über die Philosophie der Religion, Teil 1: Einleitung. Der Begriff der Religion*, hg. v. W. Jaeschke, Hamburg 1983, 130 (= Hegel, VPR 3). Diese Aussage hat keine pantheistischen Konsequenzen, wenn man, wie Hegel selbst, zwischen dem *„göttliche[n] Leben"*, in dem die ganze Welt „sub specie aeterni" betrachtet wird, und dem „Leben der Welt" als Theophanie oder der „Erscheinung" (ebd., 141) Gottes unterscheidet.

[48] Ebd., 130. Man vergleiche dies mit Thomas' Behauptung, Gottes einfache Natur enthalte die Vollkommenheiten aller Gattungen. Vgl. Thomas von Aquin, *SCG I*, Kap. 28, 118–127.

[49] ,Possibilismus' bedeutet in der uneingeschränkten Form für Plantinga, dass jede (notwendig) wahre Aussage falsch sein könnte, wenn Gott es wollte. Vgl. Plantinga, *DN*, 94. In der schwächeren Version lautete sie lediglich, dass Gott eine notwendig wahre Aussage zu einer kontingenten machen könnte. Vgl. ebd., 103. Die stärkere Version schreibt Plantinga Descartes zu und argumentiert, dass sie eine notwendige Konsequenz des Aseitätsgedankens ist – nämlich dann, wenn man Aseität allein von Gottes Souveränität und Kontrolle über alle Dinge versteht. Vgl. ebd., 92–95.

[50] Daher blockiert die Identifizierung auch Plantingas Schluss von der Aseität auf den universellen Possibilismus. Bezeichnenderweise endet Plantingas eigene Diskussion des Problems abstrakter Objekte aporetisch, denn er hält keine der traditionellen Lösungen für zufriedenstellend. Sein Desiderat, die Implikationsbeziehung zwischen Gottes Natur und notwendigen Wahrheiten als eine asymmetrische Erklärungs- beziehungsweise ,grounding'-Beziehung aufzufassen (vgl. ebd., 146), scheint mir in Hegels Lösung zumindest im Ansatz eingelöst.

nicht nur die Modalität notwendiger Wahrheiten ändern, sondern sie auch falsch machen, wenn er wollte. Zweitens hat sie direkte Konsequenzen für das Verständnis von Gottes Denken und Erkennen. Denn, wenn Gott die alethische Norm aller Dinge und Propositionen in sich selbst trägt, dann ist der Blick auf seine eigene Natur hinreichend, um alles zu erkennen, was der Fall ist beziehungsweise sein kann. Sein Wesen ist damit als

> wahrhaft absoluter Begriff, als Idee des unendlichen Geistes zu fassen [...], dessen *Gesetzt-seyn* die unendliche, durchsichtige Realität ist, worin er seine *Schöpfung*, und in ihr sich selbst anschaut.[51]

Daraus ergibt sich schließlich drittens eine plausible Erläuterung des sog. ‚absoluten Idealismus‘, durch den Hegels System zumeist eingeordnet wird[52]: ‚Idealistisch‘ ist er, weil er annimmt, dass alles, was existiert, seinen Begriff exemplifizieren muss, der immer zugleich Inhalt göttlichen Selbstdenkens ist. Darüber hinaus ist er ‚absolut‘, weil ihm gemäß es selbst für Gott metaphysisch unmöglich ist, zu bewirken oder zu ändern, dass die Dinge ihrem Wesen nach so sind, wie sie sind – und dies selbst auch unter der Voraussetzung, dass Gottes Natur und sein Denken ihren Maßstab bilden.

3.2 Theistische Metaphysik und Gotteserkenntnis

Als erste Zwischenkonklusion lässt sich damit festhalten, dass Hegel wie Plantinga der Meinung ist, dass die Überzeugung von Gottes Existenz und die These der prinzipiellen epistemischen Zugänglichkeit der Wirklichkeit sich gegenseitig implizieren. Dieser allgemeine Gedanke beschränkt sich aber nun keineswegs auf kontingente und endliche Individuen, sondern erstreckt sich für beide vielmehr auf Gott selbst.

Wie sich oben gezeigt hat, erfordert Plantingas Ansatz genau diese These und mir scheint, er würde auch in deren konkreten Begründung bei Hegel Zuspruch finden. Ein kurzer Blick auf sein Argument kann das leicht bestätigen. Knapp zusammengefasst argumentiert Plantinga auf Basis der zentralen Prämisse, dass, wenn der Theismus wahr ist, ein Wesen existiert, dem alle klassischen Vollkommenheitsattribute zukommen und dessen Erkenntnis den höchsten Wert reali-

---

[51] Hegel, *WL II*, GW 12, 36. Zur klassischen These, dass Gott im Denken seiner selbst zugleich das Wesen aller Dinge denkt, vgl. auch Thomas, *SCG I*, Kap. 49, 188 f.; und K. Düsing, *Das Seiende und das göttliche Denken. Hegels Auseinandersetzung mit der antiken Ersten Philosophie*, Paderborn 2009.

[52] Zum Verhältnis zwischen epistemologischen Realismus und absoluten Idealismus vgl. bes. Halbig, *Objektives Denken*, 367–371.

siert. Sein Gedankengang lässt sich wie folgt wiedergeben[53]: Wenn die genannte Prämisse wahr ist, dann weiß Gott nach Plantinga von diesem Gut und will beziehungsweise kann es bewirken, dass von ihm verschiedene Wesen existieren, die wahre und berechtigte Überzeugungen über ihn ausbilden können. Wenn dem aber so ist, dann verfügen diese Wesen über gut funktionierende Erkenntnisvermögen; und diese sind von Gott so eingerichtet, dass deren Umsetzung in den entsprechenden Umständen (erfolgreich) wahre Überzeugungen hervorbringt – zumindest dann, wenn Plantingas ‚warrant'-Analyse korrekt ist. Dann aber erfüllen besagte Überzeugungen alle notwendigen ‚warrant'-Bedingungen und sind daher Fälle von Wissen – wenn der Theismus wahr ist.

Plantingas Argument hat m.E. ein klares Äquivalent in den oben zitierten hegelschen Aussagen [2] und [3]. Zusammengenommen formulieren sie Plantingas Argument lediglich in einen indirekten Nachweis für die Gotteserkenntnis um: Würde man nach Hegel von der Annahme ausgehen, Gott sei uns epistemisch unzugänglich, so würde daraus folgen, dass er uns intendiert das höchste Gut vorenthalten würde. Im Anschluss an Platon und Aristoteles stuft Hegel diese Konsequenz nicht etwa nur als Geiz, sondern als Neid ein. Die Zuschreibung eines Lasters würde in jedem Falle zu einem inkonsistenten Gottesbegriff führen, denn sie widerspräche der Vollkommenheit, die Hegel im obigen Zitat offensichtlich mit dem Wahrheitsprädikat verbindet.[54]

Freilich zeigen sich im genauen Wortlaut besonders zwei wichtige Unterschiede: Denn wo Plantinga direkt auf Basis personaler Merkmale argumentiert, sind diese bei Hegel lediglich implizite Prämissen.[55] Darüber hinaus sind die Konklusionen bei beiden unterschiedlich stark: Wohl um einen strikt libertarischen Freiheitsbegriff aufrechtzuerhalten, argumentiert Plantinga lediglich für deren größtmögliche Wahrscheinlichkeit, während Hegel ihr bisweilen eine Form von Notwendigkeit zuschreibt.[56]

---

[53] Vgl. im Folgenden Plantinga, *WCB*, 188 f. Die beste und ausführlichste Rekonstruktion und Diskussion dieses Arguments hat m.E. Chr. Weidemann vorgelegt. Vgl. Chr. Weidemann, *Die Unverzichtbarkeit natürlicher Theologie*, Freiburg/München 2007, Kap. 4.2 (= Weidemann, *Natürliche Theologie*).

[54] Zur Vollkommenheit Gottes als ‚absolute Idee' vgl. etwa: G. W. F. Hegel, *Vorlesungen. Ausgewählte Nachschriften und Manuskripte, Bd. 5: Vorlesungen über die Philosophie der Religion, Teil 3: Die vollendete Religion.* hg. v. Walter Jaeschke, Hamburg 1984, 8 (= Hegel, *VPR* 5); und ferner auch Hegel, *Enz.* § 193A, GW 20, 202.

[55] Die Frage nach der ‚Personalität' von Hegels Gottesbegriff ist bekanntlich heiß umstritten. Vgl. die instruktive Diskussion des Problems in: W. Pannenberg, „Die Bedeutung des Christentums in der Philosophie Hegels", in: H.-G. Gadamer (Hg.), *Stuttgarter Hegel-Tage 1970. Vorträge und Kolloquien des Internationalen Hegel-Jubiläumskongresses. Hegel 1770–1970: Gesellschaft, Wissenschaft, Philosophie*, Bonn 1974, 175–202 [= Pannenberg, Bedeutung]. Ich bemerke hier nur am Rande, Pannenbergs positive Antwort durch die Tatsache gestützt wird, dass Hegel (u.a.) in der Rekonstruktion der Schöpfungslehre im Manuskript zur religionsphilosophischen Vorlesung von 1821 personale Gottesattribute wie „Güte" (Hegel, *VPR 5*, 24), „Weisheit" (ebd., 27) und „Liebe" (ebd., 79) hervorhebt. Ob die Verwendung dieser Attribute univok oder analog zu verstehen ist, lasse ich hier offen.

[56] Vgl. Plantinga, *WCB*, 188; und ferner u.a. Hegel, *VPR 3*, 140.

Beide Unterschiede weisen nun sicherlich auf mögliche inhaltliche Divergenzen im jeweiligen Gottesbild hin und würden daher eine ausführliche Diskussion erfordern.[57] Die deutlichen Affinitäten der hegelschen Formulierung des Arguments zu Grundüberzeugungen des klassischen Theismus zeigen aber zumindest deutlich, dass seine Prämissen ihn nicht unmittelbar auf einen heterodoxen Gottesbegriff verpflichten.

3.3 Gotteserkenntnis und die Rolle religiösen ‚Denkens'

Die eigentlichen Unterschiede zwischen Plantinga und Hegel finden sich in jedem Falle an anderer Stelle. Dies zeigt sich deutlich, wenn man sich im Detail ansieht, unter welchen Bedingungen für Plantinga die Konklusion seines Arguments akzeptiert werden sollte. Denn es hatte sich schon oben gezeigt, dass für Plantinga Gotteserkenntnis nur dort vorliegen kann, wo die Elemente der dritten Wissensbedingung erfüllt sind. Dies erfordert wiederum, dass Plantingas ‚warrant'-Analyse nicht nur allgemein plausibel ist, sondern auch auf theistische Überzeugungsbildung anwendbar ist. Vor dem Hintergrund von Hegels Ansatz lässt sich aber m.E. beides bezweifeln.

Zwar könnte Plantinga bei Hegel sicherlich einige Anhaltspunkte seiner eigenen ‚warrant'-Analyse finden. Denn *erstens* ergibt sich aus dem letztlich aristotelischen Rahmen[58] von Hegels *Psychologie*, dass sich kognitives Leben durch die *intrinsische* Ausrichtung auf Wahrheit auszeichnet.[59] Genauer behauptet Hegel, es liege in dem, was uns als geistige Wesen ausmacht, dessen gewahr zu sein, dass der Gehalt einiger unserer kognitiven Zustände zugleich die Natur der Dinge selbst trifft.[60] Und ‚Erkennen' bezeichnet für Hegel denjenigen Prozess, der uns ermöglicht, diesem unserem Begriff gerecht zu werden.

---

[57] Pannenberg identifiziert Hegels scheinbar logischen Nezessitarismus als das eigentliche Problem seines Gottesbegriffs, weist aber zugleich daraufhin, dass dies ein Grundproblem der klassischen Schöpfungslehre ist und keineswegs nur Hegel betrifft. Vgl. Pannenberg, *Bedeutung*, 191–199. Allerdings müssen sich die Kritiker der These, Gott handle allein im Einklang mit dem, was und wer er ist, die Frage gefallen lassen, was eigentlich genau die Alternative sein soll. Nimmt man sie beim Wort, müsste dies bedeuten, Gott hätte im Sinne von dem Wissen und den Absichten eines *Anderen* handeln können müssen, *die nicht zugleich seine eigenen sein können*. Eine solche Handlung nennt man aber ‚fremdbestimmt'. Vgl. zu dieser Verteidigungslinie bes. F. Hermanni, „Hegels Philosophie der vollendeten Religion", in: Chr. Erhard/D. Meißner/J. Noller (Hgg.), *Wozu Metaphysik? Historisch-Systematische Perspektiven*, Freiburg 2017, 381–424, bes. 402 f. (= Hermanni, *Vollendete Religion*).

[58] Eine interessante zeitgenössische Rekonstruktion des aristotelischen Begriffs vernünftigen Lebens findet sich u.a. in M. Boyle, „Wesentlich vernünftige Tiere", in: A. Kern/Ch. Kietzmann (Hgg.), *Selbstbewusstes Leben. Texte zu einer transformativen Theorie der menschlichen Subjektivität*, Berlin 2017, 78–119.

[59] Vgl. Hegel, *Enz.* §§ 224 f. GW 20, 222 f.; ders., *Enz.* § 439, GW 20, 434; und ferner ders., *WL II*, GW 12, 198 f.

[60] Vgl. ebd., 199; und zu Hegels Begriff des ‚Erkennens' bes. Halbig, *Objektives Denken*, 77–105.

Aber nicht nur trifft Hegels Ansatz das irreduzibel teleologische Element von Plantingas ‚warrant'-Analyse. Im Einklang mit Plantingas Kritik am Evidentialismus betont Hegel die Haltlosigkeit der Forderung, gerechtfertigter religiöser Überzeugungsgenese müssten Gottesbeweise zugrunde liegen. „Dergleichen Behauptung käme" – so Hegel – „mit der überein, daß wir nicht eher essen könnten [...] und wir mit der Verdauung warten müßten, bis wir das Studium der Anatomie und Physiologie absolvirt hätten."[61] Daher würde Hegel Plantinga darin zustimmen, dass Menschen ganz natürlich und auf zuverlässige Weise religiöse Überzeugungen ausbilden und dafür nicht auf die Arbeit des natürlichen Theologen zu warten hätten.

Gleichzeitig zeigen sich in diesen beiden Hinsichten die schärfsten Unterschiede zwischen Hegel und Plantinga. Denn Plantinga meint, die teleologischen Eigenschaften kognitiver Prozesse könnten nur allein von den Absichten ihres göttlichen Autors her analysiert werden,[62] während Hegel sie von der Identität und dem ‚Begriff' rationaler Akteure her versteht. Diese Lebens- und Existenzform ist es mithin, die diejenigen Ziele definiert, die jeweils die *unsrigen* sind und uns von anderen Arten von Individuen spezifisch unterscheidet. Erfüllt wird die Wahrheitsausrichtung für Hegel – wie gesagt – durch Erkennen, dessen Höchstform für Hegel im ‚Denken' besteht.

Plantinga meint nun auch, dass das, was die spezifische Form des unseres Lebens auszeichnet, in unserer Fähigkeit besteht, Begriffe und Urteile zu bilden und daraus Schlussfolgerungen zu ziehen. Ganz anders als Plantinga geht aber Hegel davon aus, dass die Zuschreibung der „Aristotelian Rationality"[63] zugleich für den Inhalt und die Begründung unserer Überzeugungen relevant ist. Dies deutet sich in Hegels Aussage [4] an, wenn Hegel behauptet, die „Erkenntnis Gottes" und „der Wahrheit" sei „allein das den Menschen über das Tier Erhebende, ihn Auszeichnende"[64].

Warum sich Hegels inhaltliche Qualifikation unserer Urteils- und Schlusspraxis im Denken auch für Plantingas Religionsepistemologie nahelegt, zeigt ein genauerer Blick auf einen entscheidenden Problembereich. Schon oben wurde darauf hingewiesen, dass Plantingas Ansatz zu zeigen beansprucht, wie die ‚warrant'-Bedingungen genau durch theistische Überzeugungsbildung eingelöst werden. Im Anschluss an Thomas v. Aquin und Calvin behauptet er, dass unsere fundamentalen Meinungen über Gott durch Umstände veranlasst werden, in denen uns Grundzüge Gottes in einer Art indirekten Präsenz unmittelbar einsichtig werden, etwa indem uns Gottes Wirksamkeit in der Welt durch eine ganz bestimmte Wahrnehmungssituation zugänglich wird.[65] So kann für Plantinga

---

[61] Hegel, *Enz.* § 2A, GW 20, 41.

[62] Vgl. besonders Plantinga, *WPF*, Kap. 11; und ferner Plantinga/Tooley, *Knowledge*, 20–30.

[63] So Plantingas Bezeichnung in Plantinga, *WCB*, 109.

[64] Hegel, *HV*, 84. Vom „*Denken*" sagt Hegel daher in derselben Schrift, es sei „Merkzeichen des göttlichen Ursprungs des Menschen" (ebd., 64).

[65] Vgl. Plantinga, *WCB*, 175.

etwa der Blick auf eine gewaltige Bergkuppe oder den Himmel in einer Person unvermittelt die Überzeugung bewirken, dass Gott dies alles erschaffen habe.

Um eine solche ‚Manifestations-Überzeugung'[66] ausbilden zu können, reicht freilich die bloße Wahrnehmungsfähigkeit nicht aus. Vielmehr müssen wir – so Plantinga – mit einer Art ‚Sinn' für das Göttliche (= „*sensus divinitatis*"[67]) ausgestattet worden sein, der uns in den genannten Umständen eine solche Einsicht ermöglicht. Wichtig ist dabei, dass die Rede vom ‚Sinn' analog zu unserer Wahrnehmungsfähigkeit verstanden werden muss. Denn Überzeugungen dieses Typs sind für Plantinga weder ein Produkt expliziter oder impliziter Schlussfolgerungen; noch müssen wir bei der Bildung solcher Meinungen selbst etwas über deren Genese und die Natur der beteiligten Vermögen wissen.[68] ‚Denken' im hegelschen Sinne spielt daher für Plantinga hier keine Rolle.

Hier scheint mir die Kohärenz von Plantingas Modell fraglich und zwar genau aufgrund derjenigen Elemente, die Plantinga gerade für einen Vorzug hält. Plantingas rechtfertigungstheoretischer Externalismus erfordert es geradezu, dass wir uns in bestimmten Situationen schlicht mit bestimmten fundamentalen Überzeugungen ‚vorfinden'[69], ohne dass uns deren Ursprung auch nur im Ansatz transparent sein muss. Wie können wir dann aber sicher sein, dass etwa Meinungen über Gottes Präsenz in der Welt zumindest mit hoher Wahrscheinlichkeit zutreffend sind? Plantinga kann zwar aufgrund seines o.g. Arguments behaupten, deren Zuverlässigkeit werde durch unseres kognitiven ‚Designs' sichergestellt, das wiederum einer Intention Gottes entspricht. Eine solche Perspektive kann aber eine Person gerade nicht einnehmen, die noch nicht über höherstufige Meinungen über die involvierten kognitiven Prozesse verfügt.[70]

Aufgrund des obliquen Selbstbewusstseins in Meinungs- und Überzeugungsbildung scheint aber die Frage nach der Zuverlässigkeit für die Person selbst unvermeidlich: Die Überzeugung, dass die Dinge so-und-so sind, enthält mind. implizit ein Urteil darüber, dass der Inhalt der Überzeugung tatsächlich einen bestehenden Sachverhalt ausdrückt. Dazu muss man aber offensichtlich in der Lage sein, ebenfalls zumindest implizit dessen gewahr zu sein, was es heißt eine Überzeugung zu haben und wie sie sich zu den Dingen verhalten kann, die sie zum Inhalt hat.[71] Um dann aber das Urteil darüber zu fällen, dass der Inhalt

---

[66] So nennt W. Alston diesen Überzeugungstyp. Vgl. W. Alston, „Plantinga's Epistemology of Religious Belief", in: J. E. Tomberlin/P. v. Inwagen (Hgg.), *Alvin Plantinga*, Dordrecht (u.a.) 1985, 289–311, hier: 290; und ders., *Perceiving God. The Epistemology of Religious Experience*. Ithaca/London 1991, 1.

[67] Plantinga, *WCB*, 172. Diese Bezeichnung übernimmt Plantinga von Calvin.

[68] Vgl. ebd., 175–179.

[69] „[W]e find ourselves with them [= „theistic beliefs", W. L.], just as we find ourselves with perceptual and memory beliefs" (ebd., 172 f.).

[70] „It is not the case […] that a person who acquires belief by way of the *sensus divinitatis* need have any well-formed ideas about the source or origin of the belief, or any idea that there is such a faculty as the *sensus divinitatis*." (ebd., 179).

[71] Zum impliziten Selbst- und Normbewusstsein in kognitiven Akten vgl. im Folgenden

meiner Überzeugung die Sache trifft, muss freilich der Typ des Prozesses, der zu ihm führt, in der Regel zu einer korrekten Meinung führen.[72] Eine Wahrnehmungsüberzeugung, dass *p*, wird in diesem Falle von einer Person ausgebildet, weil sie sieht, dass *p* der Fall ist. Und die so bewusst gewordene Rechtfertigungsbedürftigkeit scheint erstpersonal noch deutlicher zu werden, je größer die Stärke der jeweiligen Überzeugung ist.

Im Falle einer Überzeugung der Form ‚Gott hat dies alles erschaffen' kann aber von der Person offensichtlich nicht mit dem Hinweis begründet werden, dass der *sensus divinitatis* sie hervorgerufen habe. Sie muss vielmehr zumindest anfangs völlig agnostisch sein, was dessen Ursprung, Natur und Zweck anbelangt. Plantinga weist aber selbst an anderer Stelle auf die Konsequenzen einer solchen bewussten Urteilsenthaltung hin und gibt dabei in etwa folgendes Beispiel:[73] Nehmen wir an, Astronauten würden auf dem Mars landen und ein Gerät vorfinden, dass in deutscher Sprache Informationen senden würde. Mit Hilfe der beteiligten deutschen Kollegen findet man heraus, dass das Gerät – eine Art Radio – globale Wetternachrichten und andere Informationen sendet. Freilich wissen die Astronauten in diesem Moment weder, um was für ein Gerät es sich handelt, noch ob die Informationen tatsächlich korrekt sind.

Für Plantinga können die Astronauten aber in diesem Szenario die Wahrscheinlichkeit der Richtigkeit der einzelnen Informationen nicht höher als 0.5 einschätzen und müssten daher sogar die Zuverlässigkeit des Gerätes für verschwindend gering oder zumindest für prinzipiell nicht einschätzbar halten, bis sie jede einzelne der Aussagen überprüft haben.[74] Im Falle der genannten theistischen Überzeugungen steht aber überhaupt keine Kontrollinstanz zur Verfügung außer demjenigen Vermögen, das sie zuerst hervorgebracht hat. Ebenso wie es für die Astronauten sinnlos wäre, die Richtigkeit der Aussagen des Geräts durch diese Aussagen selbst zu prüfen, wäre es für eine gläubige Person ungerechtfertigt, auf die fraglichen Überzeugungen selbst zu verweisen – und dies

---

auch A. Kern, *Quellen des Wissens. Zum Begriff vernünftiger Erkenntnisfähigkeiten*, Frankfurt a. M. 2006, 263–269.

[72] Im Anschluss an Thomas' *De Veritate* I.9 argumentiert P. Lee auf dieser Prämisse generell gegen Plantingas Externalismus. Vgl. P. Lee, „Evidentialism, Plantinga, and Faith and Reason", in: L. Zagzebski (Hg.), *Rational Faith. Catholic Responses to Reformed Epistemology*, Notre Dame 1993, 140–167, bes. 145 f. Ein ähnlicher Gedanke lässt sich m.E. aus Hegels Charakterisierung vernünftigen Lebens extrapolieren. Vgl. oben Fn. 30 und Hegel, *Enz.* § 465, GW 20, 463 f.

[73] Vgl. Plantinga, *WCB*, 224 f. Eine der folgenden Kritiklinie analoge Argumentation entwickelt L. Zagzebski gegen G. Mavrodes' Externalismus. Vgl. L. Zagzebski, „Religious Knowledge and the Virtues of the Mind", in: Dies. (Hg.), *Rational Faith. Catholic Responses to Reformed Epistemology*, Notre Dame 1993, 199–225, hier: 217–219.

[74] Ich variiere hier leicht das Beispiel in Plantinga, *WCB*, 224 f. Plantinga benutzt das Beispiel um zu zeigen, dass die humesche Annahme, dass der Ursprung und Zweck unserer Erkenntnisvermögen als solcher uns völlig unbekannt ist, zu einem nicht-überwindbaren Misstrauen gegenüber unseren Erkenntniskräften führen muss.

selbst dann, wenn sie sich im Moment ihrer Ausbildung mit der Gewissheit vor-
findet, dass sie wahr ist.[75]

Umgekehrt scheint mir nun Hegels These von der Rationalität in der Religion
die richtigen Weichenstellungen zu geben, um die genannten Probleme zu vermeiden. Trotz der Komplexität von Hegels Theorie möchte ich zumindest kurz
andeuten, wie sie Plantingas Ansatz einholen und kohärent formulieren könnte.
Im Kern zeichnet sie sich durch zwei Grundzüge aus: *Erstens* sind für Hegel
Denkakte immer auf einen bestimmten Gehalt bezogen, der sich in Begriffen
ausdrücken lässt, die sich gleichermaßen auf Arten mentaler und nicht-mentaler
Gegenstände beziehen. Kategorien wie ‚Sein‘, ‚Dasein‘, ‚Etwas‘, ‚Endlichkeit‘
etc. sind demnach oberste Begriffe, die konkrete natürliche Gattungen übersteigen.[76] Dass wir auf diese Kategorien nicht verzichten können, liegt folglich daran,
dass wie sie selbst in reflexiven Urteilen über mentale Akte – seien sie kognitiver
Natur oder nicht – unweigerlich voraussetzen. Daher wird *zweitens* deutlich, dass
das Begriffs- und Urteilsbildung für Hegel ein potentiell reflexives Vermögen ist,
das sich selbst *als solches* zum Inhalt haben kann, aber freilich nicht muss.[77]

Vor diesem Hintergrund würde Hegel nun auch die Genese von ‚Manifestations-Überzeugungen‘ betrachten. Dies würde mind. zwei Ebenen beinhalten,
wie etwa folgende Passage aus der Strauss-Nachschrift des religionsphilosophischen von Kollegs 1831 verdeutlicht:[78]

Der Mensch ist sich seiner und der Welt bewußt, aber indem er beide nur als Zufällige
findet, so genügen sie ihm nicht, und er erhebt sich zu einem Anundfürsichseienden, Notwendigen, was die Macht ist über diese Zufälligkeit. Dies kann in der einfachsten Form des
Gefühls geschehen, wie wenn der Mensch gen Himmel blickt.[79]

---

[75] Plantinga schreibt ‚Manifestations-Überzeugungen‘ tatsächlich eine solche Gewiss-
heitserfahrung zu. Vgl. ebd., 183. Analoges gilt für ihn aber auch für die Überzeugung, dass
unsere Erkenntnisvermögen zuverlässig sind, und die soll gerade für ihn durch die agnostisch
bis reflexiv skeptische Haltung außer Kraft gesetzt werden können. Vgl. ebd., 226.

[76] Vgl. u.a. Hegel, *Enz.* §19A, GW 20, 61 f. In diesem Sinne schreibt Hegel: „[I]n jedem
Satze von ganz sinnlichem Inhalte: diß Blatt *ist* grün, sind schon Kategorien, *Seyn, Einzelnheit*, eingemischt" (ders., *Enz.* §3A, GW 20, 42).

[77] Die potentielle, aber nach Hegel nicht unmittelbar transparente Reflexivität ist für ihn
die Voraussetzung dafür, eine Kategorienlehre im Rahmen der Logik entwickeln zu können.
Vgl. Hegel, *Enz.* §19A, GW 20, 62. Zu den Eigenschaften logischer Kategorien und der
Funktion der ‚Logik‘ vgl. bes. V. Hösle: *Hegels System. Der Idealismus der Subjektivität und
das Problem der Intersubjektivität*, Hamburg 1987, 61–74. (= Hösle, Hegels System)

[78] Die komplexen Verhältnisbestimmungen von Endlichem und Unendlichem (beziehungsweise dem ‚Wahren‘) im Rahmen des religiösen Selbst- und Weltverständnisses bei
Hegel hat F. Schick besonders präzise analysiert und für die Interpretation von Hegels Religionsbegriff fruchtbar gemacht. Vgl. F. Schick, „Zur Logik der Formen bestimmter Religion in Hegels Manuskript zur Religionsphilosophie von 1821", *Neue Zeitschrift für Systematische Theologie und Religionsphilosophie* 55 (2013), 407–436, bes. 411–417.

[79] G. W. F. Hegel: *Vorlesungen. Ausgewählte Nachschriften und Manuskripte, Bd. 4: Vorlesungen über die Philosophie der Religion, Teil 2: Die bestimmte Religion*, hg. v. W. Jaeschke,
Hamburg 1985, 616 (= Hegel, *VPR* 4).

Auf der abstrakten Ebene würden solche Überzeugungen für Hegel kategoriale Verhältnisse abbilden, deren Einsicht es einem Gläubigen ermöglicht zu sehen, dass etwa Endliches und Kontingentes nicht ohne Unendliches und absolut Notwendiges zu existieren vermag.[80] Dieses kategoriale Wissen würde dann auf der zweiten Ebene den Hintergrund bilden, vor dem die Abhängigkeitsverhältnisse in einer bestimmten Wahrnehmungssituation transparent werden. Der gewaltige Himmel über mir *zeigt* in diesem Sinne die Macht desjenigen an, von dem alles Endliche abhängt. In solchen Präsenserfahrungen muss freilich eine Person nach Hegel nicht dazu in der Lage sein, auf das abstrakte Wissen selbst zu reflektieren.[81] Ihr dispositionelles, kategoriales Bewusstsein muss sich nach Hegel nicht einmal in expliziten Aussagen geltend machen, sondern kann sich genauso gut „in Form des Gefühls"[82] beim Blick zum Himmel zum Ausdruck bringen.

In diesem Sinne kann es für Hegel durchaus der Fall sein, dass ich mich mit einer ‚Manifestations-Meinung' schlicht ‚vorfinde'. Aufgrund der zumindest potentiellen Reflexivität und Unhintergehbarkeit des kategorialen Denkens kann weder der Ursprung dieser Meinungen einer Person vollständig intransparent sein; noch ist diese darin gleichermaßen mit Zweifeln an dessen Zuverlässigkeit ausgesetzt. Denn selbst die sinnvolle Formulierung von Zweifeln würde es implizit voraussetzen.

3.4 Rationalität und die epistemischen Konsequenzen des Sündenzustands

Damit sind freilich nur die Umrisse von Hegels Theorie religiösen Denkens nachgezeichnet. Allerdings gibt die Skizze m.E. die richtigen Ausgangsvoraussetzungen, um ein weiteres Problem in den Griff zu bekommen, das sichtlich die Kohärenz von Plantingas Modell gefährdet. Schon oben hatte sich gezeigt, dass Plantingas Argument zu dem Schluss kommt, dass sich Gott, wenn er existiert, aufgrund seiner Vollkommenheit zu erkennen gibt. Dabei sieht sich er freilich unmittelbar mit dem Einwand konfrontiert, dass das tatsächliche Wissen von Gott nicht nur inhaltlich divergiert, sondern von einigen Personen überhaupt nicht geteilt, ja nicht einmal für möglich gehalten wird.[83]

Da nun Hegel, wie wir gesehen haben, ganz ähnlich wie Plantinga argumentiert, stellt sich natürlich das Problem religiöser Diversität für ihn im selben Maße. Anders als Plantinga ist Hegels Rede vom ‚religiösen Denken' explizit als ein Modell für religiöse Überzeugungsbildung *als solche* konzipiert, deren im-

---

[80] Die Einsicht in solche kategorialen Verhältnisse können dann für Hegel in Rahmen von Gottesbeweisen in eine Schlussform übersetzt werden. Vgl. u.a. ebd., 615 f.; und ferner bes. Hegel, *Enz.* § 50A, GW 20, 87–90.

[81] „Allerdings geht diese Erhebung im Denken vor, aber es kann nicht oft genug gesagt werden: ein anderes ist Denken, ein anderes, ein Bewußtsein darüber haben." (Hegel, *VPR* 4, 616).

[82] Vgl. ebd.

[83] Zum Problem religiöser Diversität, vgl. bes. Weidemann, *Natürliche Theologie*, 143–145 und (mit Bezug auf Plantinga) 425 f.

plizite Rationalität sich für Hegel unterschiedlich explizieren lässt. Demnach kann Hegel behaupten, dass „Religion" „die Art und Weise" darstellt, „wie alle Menschen sich der Wahrheit bewußt werden"[84]. Wesentlich für ihn ist dabei der Gehalt religiöser Überzeugungen, der das ihnen gemeinsame Bezugsobjekt ausdrückt, das durch wahrheitsfähiges Denken (mind.) implizit erfasst wird.

Hätte Plantinga nun gut daran getan, zumindest diesen hegelschen Grundprämissen zu folgen? Zumindest hätten sie zur Vermeidung der Schwierigkeiten geführt, in die sich Plantingas eigener Antwortversuch unweigerlich verstrickt.

Plantinga selbst diskutiert das Phänomen religiöser Diversität bezüglich der Frage, ob deren Kenntnisnahme unter der Voraussetzung des alethischen Exklusivismus einen erfolgreichen „defeater"[85] für den christlichen Glauben darstellt. Vereinfacht gesprochen besteht sein Problem darin, ob christliche Überzeugungen mit derselben Glaubensstärke vertreten werden dürfen beziehungsweise überhaupt berechtigt sind, wenn man (i) zur Kenntnis genommen hat, dass es tatsächlich konträre religiöse Meinungen gibt, die von ebenso intelligenten Personen vertreten werden, und wenn (ii) für keinen religiösen Glauben Beweise im starken Sinne vorliegen.[86]

Obwohl für Plantinga religiöse Diversität ein genuin epistemologisches Problem darstellt, lässt sich sein Lösungsvorschlag ohne weiteres als eine Antwort auf das o.g. Problem verstehen. Sein zentraler Gedanke lässt sich knapp so zusammenfassen: Für ihn kann religiöse Pluralität nur dann die Berechtigung christlichen Glaubens unterminieren, wenn Christen die Gründe der Akzeptanz ihrer Überzeugung für genauso stark (oder schwach) halten müssen, wie diejenige der konträren Meinungen.[87] Dagegen gibt Plantinga aber zu verstehen, dass es im Selbstverständnis christlicher Gläubiger liegt, dass sie ihre Überzeugung einer genuin nicht-inferentiellen und – ihrer Meinung nach – zuverlässigen Quelle verdanken.[88] Da nun basale Überzeugungen, deren Berechtigung in erstpersonaler Perspektive nicht in Frage steht, wesentlich stärker sind als die bloße Kenntnisnahme alternativer Meinungen, besteht nach Plantinga für Gläubige kein Grund, die Glaubensstärke der je eigenen Überzeugung bis zur Urteilsenthaltung zu minimieren.

Nun muss auch Plantinga zugeben, dass sich in seinem Modell eigentlich alle möglichen Theismen dem *sensus divinitatis* verdanken müssten. Plantinga gesteht dies nun zu,[89] gibt aber zu bedenken, dass *christliche* Überzeugungen einen be-

---

[84] Hegel, *VPR* 3, 88; ferner, ders., *Enz* § 573A, GW 20, 556.

[85] Zur Plantingas ‚defeater'-Analyse vgl. insbesondere Plantinga, *WCB*, 359–367.

[86] Vgl. ebd., 440. Im Folgenden konzentriere ich mich auf Plantingas Antwort auf G. Guttings Einwand aus der religiösen Pluralität. Vgl. ebd., 447–456.

[87] Vgl. ebd., 450–456. ‚Gründe' sind hier für Plantinga nicht nur propositionaler oder argumentativer Natur.

[88] Vgl. ebd., 453–455.

[89] Vom *sensus divinitatis* heißt es bei Plantinga, er sei „a natural, inborn sense of God, or of divinity, that is the origin and source of the world's religions" (ebd., 148).

sonderen, übernatürlichen Ursprung besitzen. Sein Kerngedanke besteht darin, dass Christen diese in einem mehrstufigen Prozess ausbilden:[90] Zunächst hören oder lesen sie die (für Plantinga) letztlich von Gott inspirierte Hl. Schrift. Unter diesen Umständen ruft dann der Hl. Geist in ihnen *Glauben* im vollen Sinne hervor.[91] Zu dessen kognitiver Seite gehört nach Plantinga genuin das, was Hegel in einem ganz ähnlichen Kontext „Sympathie" nennt – jene „unmittelbare Gewissheit", „daß der Geist, das Gemüt es aussprechen: ‚Ja, das ist die Wahrheit' [...]."[92]

Plantinga zufolge können Andersgläubige zumindest in der Perspektive von Christen nicht gleichermaßen auf Formen göttlicher Inspiration zurückgreifen, da ihrer Überzeugung nach die Erbsünde den *sensus divinitatis* irreparabel beschädigt hat und Personen nur durch regenerierende Wirkung des Hl. Geistes zur Einsicht geführt werden können.[93] Folgen diese Überlegungen nun aus der akzeptierten Wahrheit des *christlichen* Theismus, dann gilt für Plantinga, dass eine Person an diesem Bild festhalten darf, solange der Theismus nicht schlüssig widerlegt wurde.

Diese Antwortstrategie wirkt schon *prima facie* wie eine *ad hoc*-Erklärung. Doch selbst wenn man ihr zumindest eine Anfangsplausibilität zugesteht, muss sie auf höherer Stufe unweigerlich zu Zweifeln an der Berechtigung christlichen Glaubens führen – und zwar *in der erstpersonalen Perspektive der Gläubigen selbst*. Denn die Überzeugung von den kognitiven Effekten der Erbsünde würde einem Christen selbst Grund geben, an der Zuverlässigkeit seiner eigenen Vermögen zu zweifeln. Denn woher würde er wissen, dass etwa der Gedanke der Inkarnation – und mit ihm alle anderen christlichen Wahrheiten – nicht selbst Produkt postlapsarischer, kognitiver Dysfunktion oder teuflischer Taten ist?[94]

Auf diesen, von K. Lehrer vorgebrachten Einwand repliziert Plantinga nur mit dem Hinweis, dass der Hl. Geist nicht nur von der Wahrheit des *credo* Zeugnis

---

[90] Vgl. ebd., 249–252.

[91] Der besteht für Plantinga freilich nicht nur in der bloßen Akzeptanz der Sätze des *credo*, sondern auch im Wissen um deren Bedeutsamkeit für das individuelle Leben des Gläubigen. Vgl. ebd., 246–249.

[92] Hegel, *VPR* 5, 184. Ganz ähnlich heißt es bei Plantinga: „We read Scripture, or something presenting scriptural teaching, or hear the gospel preached, or are told of it by parents, or encounter a scriptural teaching as the conclusion of an argument [...], or in some other way encounter a proclamation of the Word. What is said simply seems right; it seems compelling; one finds oneself saying, ‚Yes, that's right, that's the truth of the matter; this is indeed the word of the Lord.'" (Plantinga, *WCB*, 250)

[93] In diesem Sinne versteht Plantinga religiöse Pluralität geradezu als ein Ausdruck des Sündenzustands: „From a Christian perspective, this situation of religious pluralism is itself a manifestation of our miserable human condition [...]." (ebd., 456) Zu den „noetischen Effekten der Sünde" nach Plantinga vgl. auch ebd., Kap. 7.

[94] Vgl. zu dieser Kritik bes. K. Lehrer, „Proper Function vs. Systematic Coherence", in: J. L. Kvanvig (Hg.), *Warrant in Contemporary Epistemology: Essays in Honor of Plantinga's Theory of Knowledge,* Lanham (u.a.) 1996, 25–45, hier: 28–30. (= Lehrer, Proper Function)

ablegt. Vielmehr ruft er auch die höherstufige Überzeugung hervor, dass man den Glauben dem Hl. Geist selbst zu verdanken hat.[95] Nun liegt eine solche Antwort im Rahmen von Plantingas Modell sicherlich nahe. Es ist aber leicht zu sehen, dass diese Antwort ebenfalls in eine Sackgasse führt. *Erstens* nämlich führt Plantingas Zulassung der Produktion von Meta-Überzeugungen schnell in einen Regress: Denn woher *weiß* ein Christ, dass es der Hl. Geist ist, der in ihm die Überzeugung zweiter Stufe hervorruft, und nicht etwa der Teufel? Jeder Regressabbruch mit erneutem Verweis auf den Hl. Geist erscheint hier schlicht willkürlich.[96] *Zweitens* führt sie zielgerade zur Unlösbarkeit von inter- und innerkonfessionellen Meinungsverschiedenheiten und gefährdet daher die Kohärenz des christlichen Überzeugungssystems selbst. Arianer könnten etwa die Geschöpflichkeit Christi mit Kol 1, 15 zu begründen versuchen;[97] orthodoxe Christen könnten sich – bspw. mit Verweis auf Joh 15, 26 – darauf berufen, dass der Hl. Geist lediglich vom Vater ausgehe. Entgegen der Meinung von Plantinga könnten schließlich einige Christen aller Konfessionen ihre Überzeugung von der absoluten Einfachheit Gottes ganz traditionell durch Ex 3, 14 untermauern. Und in all diesen Fällen stünde ihnen die Möglichkeit offen, ihre jeweiligen Meinungen dadurch zu rechtfertigen, dass der Hl. Geist sie persönlich in ihnen ebenso hervorgerufen habe wie die Meta-Überzeugung, dass ihr Autor tatsächlich der Hl. Geist ist. Sie könnten darüber hinaus die Existenz der Gegenmeinungen lediglich als Nebenprodukt des durch die Sünde zerstörten *sensus divinitatis* verstehen.

Hätte Plantinga nun Hegels Modell ernst genommen, hätte sich in doppelter Hinsicht ein Ausweg aus dieser Lage gefunden. Denn zum einen hatte sich schon oben gezeigt, dass Hegels Theorie den epistemischen Status religiöser Überzeugungen wesentlich von ihrem *Gehalt* und dessen Wahrheit beziehungsweise möglicher Einseitigkeit her bewertet. Daher vermeidet er schon von vorneherein das schon genannte *proton pseudos* von Plantingas ‚warrant'-Analyse, die die Berechtigung in erster Linie von der Funktionalität der beteiligten Vermögen her erklärt.[98] Auch wenn man Hegel nicht in der Hierarchisierung der Religionsformen

---

[95] „For the Christian doesn't accept just *theism*; she also accepts the rest of the Christian story, including fall (along with corruption of the image of God), redemption, regeneration, and the consequent repair and restoration of that image. She believes she knows these truths by way of divine revelation. But she also knows, so she thinks, the truth of theism by way of divine revelation." (Plantinga, *WCB*, 283)

[96] Aufgrund des wesentlich *übernatürlichen* Ursprungs stellt sich zudem die oben aufgeworfene Zuverlässigkeitsfrage in reflexiver Perspektive, wie J. Beilby gezeigt hat, in verschärftem Maße. Vgl. J. Beilby, „Plantinga's Model of Warranted Christian Belief", in: s D.-P. Baker (Hg.), *Alvin Plantinga*, Contemporary Philosophy in Focus, Cambridge 2007, 125–165, hier: 151–153.

[97] Sie könnten sich sogar auf den Umstand berufen, dass in der scheinbaren Identifikation des Wortes mit Gott in Joh 1,1 im griechischen Text bekanntlich der bestimmte Artikel unterdrückt wird. Dies lässt eine arianische Deutung der Göttlichkeit des Wortes zu. Vgl. D. B. Hart, *Tradition and Apocalypse. An Essay on the Future of Christian Belief*, Grand Rapids 2022, 113 f.

[98] Vgl. Lehrer, *Proper Function*, 30–36.

folgen möchte, wird man wenigstens zugeben müssen, dass in seinem Modell die Rationalität alternativer religiöser Meinungen deutlich ernster genommen wird, als dies bei Plantinga der Fall ist.[99]

Dies könnte zum anderen gerade durch Hegels Rekonstruktion des christlichen Narrativs unterstützt werden. Selbst *wenn* nämlich konträre religiöse beziehungsweise a-religiöse Meinungen eine Folge des Sündenzustands wären, wären sie für Hegel gerade deshalb ein Ausdruck menschlicher Rationalität, wie ein kurzer Blick auf seine Deutung von Gen 3 zeigen kann.[100] Bekanntlich geht er dabei allgemein davon aus, dass der Genuss der Früchte vom Baum der Erkenntnis und die daraus folgende paradoxe Angleichung an Gott nicht direkt eine Übertretung eines göttlichen Verbots darstellt. Sie ist für ihn vielmehr eine Allegorie derjenigen Entwicklung, durch die sich die menschliche Lebensform endgültig von der der Tiere unterscheidet.[101] Anders als bei Tieren, deren Verhalten sich instinktiv und nicht-intendiert nach der ihnen eigenen Natur richtet, zeichnet sich menschliche Handlungsfähigkeit für Hegel nämlich wesentlich durch die bewusste Unterscheidung von ‚gut' und ‚böse' aus.

Unabhängig von Hegels Wortlaut lässt sich sein allgemeiner Gedanke auch so ausdrücken, dass Menschen in der Lage sind, in Entscheidungssituationen *selbstbewusst* die Güte der jeweiligen Handlungen beziehungsweise deren Resultate zu beurteilen.[102] Wert*urteile* dieser Form sind dabei sowohl situationsunabhängig als auch objektiv in dem Sinn, dass mögliche Handlungsresultate zumindest in der Perspektive des Akteurs in letzter Instanz als intrinsisch gut verstanden werden, um überhaupt allgemein erstrebenswert zu sein.[103] Der letzte Horizont und Maßstab dieser Güte bildet dabei für Hegel das Gelingen geistigen Lebens selbst, der folglich in Entscheidungssituationen *implizit* mitintendiert ist.[104]

---

[99] Darüber hinaus bietet Hegels religionsphilosophische Erklärung der Vielfalt und Entwicklung religiöser Überzeugungssysteme eine Antwort auf das theologische und epistemologische Problem religiöser Diversität. Vgl. hierzu besonders F. Hermanni, „Kritischer Inklusivismus. Hegels Begriff der Religion und seine Theorie der Religionen", *Neue Zeitschrift für Systematische Theologie und Religionsphilosophie* 55 (2013), 136–160.

[100] Vgl. im Folgenden u.a. Hegel, *VPR* 5, 220–228; ders., *Grundlinien der Philosophie des Rechts*, in: ders., *Gesammelte Werke. Band 14,1*, hg. v. K. Grotsch u. E. Weisser-Lohmann, Hamburg 2009, § 139A, 121 f. (= Hegel, GPR, GW 14/1); und zur Deutung Hermanni, *Vollendete Religion*, 403–407.

[101] Vgl. Hegel, *VPR* 5, 221–223. Dass der Sündenzustand ‚vererbt' werden soll, ist für Hegel daher lediglich ein uneigentlicher Ausdruck dafür, dass er zum „„Mensch[en] als Mensch[en]'" (ebd., 225) gehört.

[102] Die folgenden Überlegungen sind wesentlich von H. Tegtmeyer inspiriert, der Gen 3 – analog zu Hegel – als eine Allegorie der Konstitution menschlicher Personalität und Handlungsfähigkeit detailliert rekonstruiert. Vgl. H. Tegtmeyer, „Sünde und Erlösung. Die Konstitution von Personalität im jüdisch-christlichen Denken", in: F. Kannetzky/H. Tegtmeyer (Hgg.), *Personalität. Studien zu einem Schlüsselbegriff der Philosophie*, Leipzig 2007, 187–212 (= Tegtmeyer, *Sünde*).

[103] Vgl. ebd., 195 f. Dem entspricht, was Hegel einen ‚vernünftigen Willen' nennt. Vgl. u.a. Hegel, *VPR* 5, 138 und 223.

[104] In diesem Sinne verstehe ich die schwierige Formulierung Hegels, dass der „Mensch" in

Gleichzeitig folgt Hegel paradoxerweise der biblischen Erzählung darin, dass er gerade die Wahl- und Handlungsfähigkeit des Menschen als Ausdruck des Sündenzustands auffasst,[105] die – ebenso wie für Plantinga – auch epistemische Konsequenzen haben kann. Was dies bedeutet, wird durch den Hinweis deutlich, dass das jeweils leitende Gütekriterium für Handlungen immer am Selbstverständnis des Akteurs hängt, das aber aufgrund des wesentlich *urteilsbasierten* Handelns immer implizit generalisiert wird. Ein solches defektives Selbstverständnis tritt genau dann auf, wenn jeweils die egozentrierten Wünsche und Präferenzen – bewusst oder unbewusst – als allgemein verbindlich für alle anderen aufgefasst werden.

Diese Form der Verkehrung der Ordnung von Eigen- und Allgemeinwillen zeigt sich nun für Hegel nicht allein im ungebrochenen ‚natürlichen Willen'[106]. Sie tritt besonders dann zu tage, wenn die bloße Fähigkeit zu wählen selbst als genuines Gütekriterium *per se* verstanden wird.[107] Ein bestimmtes Handlungsziel ist dann nicht mehr deshalb erstrebenswert, weil es in sich gut ist, sondern es ist gut, weil wir es zum Inhalt unserer Wünsche machen können.

Diese tendenzielle Fehlbewertung menschlicher Willkür hat nun ein theoretisches Äquivalent im falsch verstandenen Bewusstsein der Fallibilität unserer Überzeugungen. Für Hegel zeigt sie sich besonders dann, wenn sie durch die Zusatzannahme erklärt wird, dass das, was tatsächlich der Fall ist, für uns prinzipiell unzugänglich bleibt, und unsere Meinungen daher veridisch unentscheidbar sind.[108] Diese Annahme beansprucht freilich selbst wahr zu sein, weshalb sie für Hegel notwendig in ‚Subjektivismus' umschlagen muss. Denn aufgrund des Inhalts der Annahme hat ihr Vertreter in letzter Instanz keine anderen Begründungsressourcen als den Hinweis, dass es eben *seine Meinung* ist. Mithin zeigt sich für Hegel gerade in dieser scheinbar demütigen Behauptung die Anmaßung, selbst festlegen zu können, was richtig und was falsch ist – eine Haltung, deren bewusste Aneignung Hegel auch ‚Ironie' nennt.[109]

---

planender Mühe „sich zu dem machen muss, was er ist" (ebd., 227). Vgl. auch Tegtmeyer, *Sünde*, 197.

[105] Im Vorlesungsmanuskript von 1821 heißt es daher prägnant: „*Eintreten des Bewußtseins; Erkenntnis des Guten und Bösen, zugleich Schuld.* [...] Sowohl etwas, das nicht sein soll, d.h. bleiben als Erkenntnis, als auch wodurch der Mensch göttlich ist; Erkennen heilt die Wunde, die es selber ist [...]." (Hegel, *VPR* 5, 42; Kursivierungen sind Sperrungen im Original).

[106] Vgl. ebd., 223 f.

[107] Vgl. Hegel, *GPR* § 15A, GW 14/1, 38 f.; und ders., *GPR* § 139, GW 14/1, 121. Dies hat ein klares Äquivalent in der traditionellen Rede von der ‚Hochmut' des Menschen, die auch nach Plantinga eine der Ursache des Sündenfalls bildet. Vgl. Plantinga, *WCB*, 211 f.

[108] Vgl. Hegel, *GPR* § 140A, GW 14/1, 129 f. H. Tegtmeyer bezeichnet in einem ähnlichen Kontext den Fallibilismus als „theoretischen Nihilismus" (Tegtmeyer, *Sünde*, 204 Fn. 39).

[109] Vgl. Hegel, *GPR* § 140A, GW 14/1, 132–134; und bzgl. der Gotteserkenntnis, ders., *VPR* 3, 200–205; und ders., *Enz* § 571A, GW 20, 554. Die Details von Hegels Analyse und Kritik analysiere ich ausführlich in der Perspektive der neueren Theorie intellektueller Laster in: J. W. Lücke, „Zwischen Fallibilismus und Hochmut. Ein lasterepistemologischer Blick auf Hegels Analyse der ‚Ironie'", *Philosophisches Jahrbuch* 129 (2022), 70–88.

Was zeigt nun dieser kurze Exkurs zu Hegels Deutung des Sündenfalls? Zum einen wird deutlich, dass Plantinga bei Hegel bestätigt finden würde, dass die Erbsünde tatsächlich kognitive Effekte zeitigen *kann*. Zum anderen unterminiert sie gerade die Behauptung, diese würden sich exemplarisch auch in Anders- und Nichtgläubigen beziehungsweise scheinbar heterodoxen Christen zeigen, denen man ein ernsthaftes Wahrheitsinteresse gerade nicht absprechen kann. Vielmehr würde sie in diesem Falle zu der Erinnerung führen, dass wir uns hinsichtlich unserer Fallibilität alle im Sündenzustand befinden. Insofern diese dazu führt, uns ernsthaft um echte Gotteserkenntnis zu bemühen und sie vielleicht sogar zu erreichen, ist der Fall tatsächlich eher eine ‚glückliche Schuld'.[110]

4. Abschluss: Christlicher Glaube und Philosophie

Für Hegel wie für Plantinga ist das Wissen um Gott dasjenige, was den Menschen seiner Natur nach auszeichnet. In der zurückliegenden Diskussion hat sich nun gezeigt, wie und warum Hegel glaubt, dass sie gleich in mehrfacher Hinsicht ein Ausdruck von Rationalität ist.

Nicht nur Hegels komplexe Deutung der Erzählung vom Sündenfall gibt ihm Grund zur Annahme, die Fähigkeit zur Gotteserkenntnis bezeichne das Wesen des Menschen „nach Plato und Aristoteles wie nach der christlichen Lehre".[111] Sie bestätigt sich für ihn auch in der *philosophischen* Aneignung religiöser und spezifisch christlicher Überzeugungen. Bezeichnenderweise formuliert Hegel hier Ideen, die sich bisweilen auch bei Plantinga finden, und daher abschließend kurz beleuchtet werden sollen.

Mit Blick auf die bislang betrachteten Typen von theistischen Überzeugungen lassen sich bei Hegel grob gesprochen zwei Formen der philosophischen Reflexion ausmachen: Zum einen lässt sich der implizite inferentielle Gehalt in der Bildung von ‚Manifestations-Meinungen' in gültige Schlussformen übersetzen. Die traditionellen Typen von Gottesbeweisen – wie bspw. das sog. ‚kosmologi-

---

[110] Für Hegel ist er es auch v.a. deshalb, weil sie die in der Natur menschlichen Lebens wurzelnden Erlösungsbedürftigkeit anzeigt. Ohne diese wäre nämlich nach Hegel für keinen Menschen die eigentliche Signifikanz des Kreuzestodes Christi einsichtig, der wiederum Gottes trinitarische Natur erschließt. Vgl. Hermanni, *Vollendete Religion*, 415–417. Diese Bedeutsamkeit beschreibt Hegel in geradezu anselmianischen Superlativen: „Aber in den Herzen, Gemütern ist es nun fest, daß es sich nicht um eine moralische Lehre handelt, überhaupt nicht um Denken und Wollen des Subjekts in sich und aus sich, sondern das Interesse ist ein unendliches Verhältnis zu Gott, […] und eine Befriedigung nicht in der Moralität, Sittlichkeit, Gewissen, sondern eine solche Befriedigung, außerhalb deren nichts Höheres ist – das Verhältnis zu Gott selbst." (Hegel, *VPR* 5, 245) Man vergleiche dies mit den Prämissen von Plantingas ‚Felix-Culpa-Theodizee'. Vgl. A. Plantinga, „Supralapsarianism, or ‚O Felix Culpa'", in: P. v. Inwagen (Hg.), *Christian Faith and the Problem of Evil*, Grand Rapids/ Cambridge 2004, 1–25.

[111] Hegel, *HV*, 84.

sche Argument' – explizieren in diesem Sinne die Zusammenhänge etwa zwischen kontingenten Individuen und deren absolut notwendigen Grund und sind daher für Hegel – wenn auch formal defiziente – „Auslegungen und Beschreibungen der Erhebung des Geistes von der Welt zu Gott".[112]

Ganz analog zu seiner Kritik und Interpretation der Gottesbeweise fasst Hegel zum anderen auch die Aneignung der Geschichte Christi. *Prima facie* würde Plantinga dabei gleich in doppelter Hinsicht Übereinstimmungen mit dem eigenen Ansatz finden. Denn erstens glaubt Hegel ebenso wenig wie Plantinga, historische Zeugnisse könnten spezifisch christliche Überzeugungen hinreichend beglaubigen. Eine Einsicht etwa in das Wesen der gottmenschlichen Einheit Christi wird für Hegel nicht etwa dadurch geleistet, indem auf Basis von neutestamentlichen Aussagen, die zuvor als zuverlässig ausgewiesen werden müssten, ein probabilistisches Argument für Tod und Auferstehung von Jesus Christus entwickelt wird.[113] Für die Bildung des christlichen Glaubens im vollen Sinne ist für Hegel vielmehr zweitens ein Prozess vonnöten, der im christlichen Verständnis in der Präsenz des Hl. Geistes hervorgerufen wird.[114]

Nun hat sich oben schon gezeigt, dass sich zumindest Plantingas epistemologische Interpretation dieses Prozesses in Probleme verstrickt, die auf höherer Stufe Hegels Wendung bestätigen, dass auch der Teufel die Bibel lese.[115] Zwar könnte Plantinga mit Hegel sagen, ein echtes Verständnis christlicher Aussagen sei eben noch nicht durch perfekte Kenntnisse des biblischen Wortlauts gewährleistet. Die Aussage aber, dies werde durch den Hl. Geist hervorgerufen, kann aber ebenso wenig befriedigen, wie die Anschlussbehauptung, der Hl. Geist bewirke ebenso die höherstufige Überzeugung von seiner Präsenz im Gläubigen selbst.

In hegelscher Perspektive lassen sich solche Probleme nur im Rekurs auf eine philosophische Aneignung des eigentlichen Gehalts christlicher Überzeugungen beseitigen. Anders als Plantingas Modell, das sich weniger auf die Inhalte als auf die Genese christlicher Überzeugungen konzentriert, versucht Hegel dabei zu zeigen, dass eine solche Aneignung zum Selbstverständnis christlichen Glaubens gehört. Für ihn beginnt sie spätestens mit der theologischen Interpretation des Kreuzestods, die im Rahmen der Bildung des kirchlichen Lehramts tradiert wurde.[116] Zu ihr gehört für ihn wiederum unweigerlich die erste philosophische

---

[112] Vgl. Hegel, *Enz.* § 50A, GW 20, 88; und zu seiner kritischen Würdigung der Gottesbeweise bes. Hösle, *Hegels System*, 188–197.

[113] Vgl. u.a. Hegel, *VPR* 5, 78–80. Historische Argumente bilden für Hegel zudem keine Grundlage für den Gewissheitsgrad echten Glaubens. Vgl. ebd., 85. Eine ähnliche Schlussfolgerung zieht Plantinga aus seiner Kritik an Swinburnes induktivem Argument für Inkarnation und Auferstehung. Vgl. Plantinga, *WCB*, 268–280.

[114] Vgl. u.a. Hegel, *VPR* 5, 85.

[115] „[A]uch der Teufel zitiert die Bibel, aber das macht eben noch nicht den Theologen." (ebd., 185 Fn.).

[116] Vgl. u.a. ebd., 86, 163 f. und 256 f.

Artikulation und Verteidigung des christlichen Gottesgedankens in der Patristik und der hochmittelalterlichen Scholastik, deren Bedeutung Hegel spätestens seit 1822 immer wieder hervorhebt.[117]

Bezeichnenderweise ist dieser Vorgang nach Hegel kein theologiegeschichtlicher Unfall, der dem Einfluss mittel- und neuplatonischer Metaphysiken auf die frühe Kirche zuzurechnen ist. Er ist vielmehr für Hegel eine Art Zeichen der Ankunft des Parakleten, wie er in einer eigenwilligen Interpretation von Joh 15, 26 beziehungsweise 16,7 zu verstehen gibt. Demnach erfüllt sich gerade in der frühen philosophischen Aneignung des christlichen Glaubens und Gottesbildes Christus' Versprechen, nach seinem Tod werde der Hl. Geist kommen und seine Jünger alles über ihn lehren.[118] Das philosophische „*Nachdenken*"[119] ist dabei für Hegel selbst ein Ausdruck von Vernunft und mithin das, was eben den Menschen in seinem Wesen ausmacht. Für Hegel ist Religion daher – anders als für Plantinga – nichts „von außen Gewirktes" oder „in den Menschen Gesetztes"[120]. In der Lehre vom *Testimonium internum Spiritus Sancti* liegt für ihn vielmehr, die „wichtige Bestimmung", „daß die Religion nicht mechanisch in den Menschen hineingebracht ist, sondern in ihm selbst, in seiner Vernunft, Freiheit überhaupt liegt"[121].

Ist eine solche Auffassung Plantingas Religionsepistemologie völlig fremd? Mir scheint, er wäre der These nicht abgeneigt, dass selbst noch philosophische Argumente eine implizite theologische Signifikanz besitzen. So behauptet Plantinga in einem neueren Interview, der Hl. Geist könne auch in der Akzeptanz eines theistischen Arguments präsent sein.[122] Hegel selbst hätte freilich auch hierfür eine Wendung parat:

„Das Zeugnis des Geistes ist das Denken"[123].

---

[117] Vgl. Hegel, *HV*, 82 f.; ders., *VPR* 3, 47 f., 64 f.; und ders., *Vorlesungen. Ausgewählte Nachschriften und Manuskripte, Bd. 9: Vorlesungen über die Geschichte der Philosophie, Teil 4: Philosophie des Mittelalters und der neueren Zeit*, hg. v. P. Garniron u. W. Jaeschke, Hamburg 1986, 10–16 und 29 f.

[118] Vgl. ebd., 14 f.

[119] Vgl. Hegel, *Enz.* § 2A, GW 20, 40. Plantinga selbst verweist an anderer Stelle explizit auf Hegels Begriff der Philosophie als ‚Nachdenken' und kommentiert ihn folgendermaßen: „Philosophy is in large part a clarification, systematization, articulation, relating and deepening of pre-philosophical opinion." (Plantinga, *Advice*, 268) Ganz analog versteht er eine der Aufgaben von theistischen Argumenten. Vgl. Plantinga, *Two Dozen*, 209.

[120] Hegel, *VPR* 3, 307.

[121] Ebd.

[122] Vgl. T. Dougherty/A. Plantinga: „An Interview on Faith and Reason", in: J. L. Walls/T. Dougherty (Hgg.), *Two Dozen (or so) Arguments for God. The Plantinga Project*, Oxford 2018, 446–459, hier: 448 f.

[123] Hegel, *VPR* 5, 268. Für wertvolle kritische Rückfragen, Anregungen und Verbesserungsvorschläge zu früheren Fassungen und zu Teilüberlegungen zum Verhältnis Plantinga-Hegel sei an dieser Stelle Chr. Halbig, Fr. Hermanni, Chr. Illies, J. Noller, B. Nonnenmacher, H. G. Melichar, Fr. Schick, H. Tegtmeyer und M. Zelger ganz herzlich gedankt.

Bibliographie

Alston, William P., „Plantinga's Epistemology of Religious Belief", in: J.E. Tomberlin/P. van Inwagen (Hgg.), *Alvin Plantinga*, Dordrecht/Boston/Lancaster 1985, 289–311.

Alston, W. P., *Perceiving God. The Epistemology of Religious Experience*, Ithaca/London 1991.

Alston, W. P., *Beyond „Justification". Dimensions of Epistemic Evaluation*, Ithaca/London 2005.

Ameriks, Karl, „Recent Work on Hegel: The Rehabilitation of an Epistemologist?", in: *Philosophy and Phenomenological Research* 52 (1992), 177–202.

Apelt, Ernst Friedrich/Schleiden, Matthias Jacob/Schlömilch, Oskar/Schmid[t], Eduard Oskar (Hgg.), *Abhandlungen der Fries'schen Schule*, Erstes Heft, Leipzig 1847; Zweites Heft, Leipzig 1849.

Apfelbacher, Karl-Ernst, *Frömmigkeit und Wissenschaft. Ernst Troeltsch und sein theologisches Programm* (Beiträge zur Ökumenischen Theologie 18), München/Paderborn/ Wien 1978.

Axt-Piscalar, Christine, „Das wahrhaft Unendliche. Zum Verhältnis von vernünftigem und theologischem Gottesgedanken bei Wolfhart Pannenberg", in: J. Lauster/B. Oberdorfer (Hgg.), *Der Gott der Vernunft. Protestantismus und vernünftiger Gottesgedanke*, Tübingen 2009, 319–338.

Axt-Piscalar, Chr., „Schöpfungsglaube und Monotheismus in Schleiermachers Glaubenslehre", in: R. Barth/U. Barth/C.-D. Osthövener (Hgg.), *Akten des Schleiermacherkongresses 2009 Judentum und Christentum*, Berlin/New York 2012, 288–309.

Axt-Piscalar, Chr., „Theo-logische Religionskritik und Theorie des Absoluten. Falk Wagners spekulatives theologisches Programm und sein Scheitern", in: Chr. Danz/M. Murrmann-Kahl (Hgg.), *Spekulative Theologie und gelebte Religion. Falk Wagner und die Diskurse der Moderne*, Tübingen 2015, 111–132.

Barth, Karl, *Der Römerbrief* (Zweite Fassung), 1922, in: H.-A. Drewes (Hg.), *Karl Barth Gesamtausgabe*, Bd. 47/Abt. II, hgg. v. C. van der Kooi/K. Tolstaja, Zürich 2010.

Barth, K., *Die Kirchliche Dogmatik*, 1. Bd.: *Die Lehre vom Wort Gottes*, 1. Halbbd., Zürich 1964.

Barth, K., *Die protestantische Theologie im 19. Jahrhundert. Ihre Vorgeschichte und ihre Geschichte*, 6. Aufl., Zürich 1994.

Barth, K., „Autobiographische Skizzen", in: B. Jaspert (Hg.), *Karl Barth – Rudolf Bultmann Briefwechsel 1911–1966*, Zürich 1971.

Barth, Roderich, *Absolute Wahrheit und endliches Wahrheitsbewußtsein. Das Verhältnis von logischem und theologischem Wahrheitsbegriff – Thomas von Aquin, Kant, Fichte und Frege*, Tübingen 2004.

Barth, R., „Das Psychologische in Rudolf Ottos Religionstheorie", in R. Barth/C.-D. Osthövener/A. von Scheliha (Hgg.), *Protestantismus zwischen Aufklärung und Moderne. Festschrift für Ulrich Barth*, Frankfurt a. M. 2005, 371–388.

Barth, R., „Johann Nicolaus Tetens über das Gefühl", in: A. Beutel/M. Nooke (Hgg.), *Religion und Aufklärung. Akten des Ersten Internationalen Kongresses zur Erforschung der Aufklärungstheologie (Münster, 30. März bis 2. April 2014)*, Tübingen 2016, 461–477.

Barth, R., „Rationalisierungen des Irrationalen. Rudolf Ottos Auseinandersetzung mit Neodarwinismus und Naturalismus", in: G. Schreiber (Hg.), *Interesse am Anderen. Interdisziplinäre Beiträge zum Verhältnis von Religion und Rationalität* (Theologische Bibliothek Töpelmann 187), Berlin/Boston 2019, 599–618.

Barth, Ulrich, „Von der spekulativen Theologie zum soziologischen Religionsbegriff. Versuch einer Annäherung an das Denken Falk Wagners", in: *Zeitschrift für Neuere Theologiegeschichte* 7 (2000), 251–282.

Barth, U., „Die Umformungskrise des modernen Protestantismus. Beobachtungen zur Christentumstheorie Falk Wagners", in: Ders., *Religion in der Moderne*, Tübingen 2003, 167–200.

Barth, U., „Der Letztbegründungsgang der ‚Dialektik'. Schleiermachers Fassung des transzendentalen Gedankens, in: Ders., *Aufgeklärter Protestantismus*, Tübingen 2004, 353–385.

Barth, U., *Gott als Projekt der Vernunft*, Tübingen 2005.

Barth, U., „Religionsphilosophisches und geschichtsmethodologisches Apriori. Ernst Troeltschs Auseinandersetzung mit Kant", in: Ders., *Gott als Projekt der Vernunft*, Tübingen 2005, 359–394.

Barth, U., „Gott als Grenzbegriff der Vernunft. Kants Destruktion des vorkritisch-ontologischen Theismus", in: Ders., *Gott als Projekt der Vernunft*, Tübingen 2005, 235–262.

Barth, U./Danz, Christian/Gräb, Wilhelm/Graf, Friedrich Wilhelm (Hgg.), *Aufgeklärte Religion und ihre Probleme. Schleiermacher – Troeltsch – Tillich*, Berlin/New York 2013.

Barth, U., „Metakritische Anmerkungen zu Falk Wagners Fichte-Verständnis", in: Chr. Danz/M. Murrmann-Kahl (Hgg.), *Spekulative Theologie und gelebte Religion. Falk Wagner und die Diskurse der Moderne*, Tübingen 2015, 45–67.

Baur, Ferdinand Christian, *Die christliche Gnosis oder die christliche Religionsphilosophie in ihrer geschichtlichen Entwicklung*, Tübingen 1835, Nachdruck Darmstadt 1967.

Baur, F. Chr., *Die christliche Lehre von der Dreieinigkeit und Menschwerdung Gottes in ihrer geschichtlichen Entwicklung. Dritter Theil: Die neuere Geschichte des Dogma, von der Reformation bis in die neueste Zeit*, Bd. III.2, Nachdruck der Ausgabe Tübingen 1843, Hildesheim/Zürich/New York 2005.

Baur, F. Chr., *Vorlesungen über die christliche Dogmengeschichte*, Bd. 1, 1. Abt., Leipzig 1865.

Baur, F. Chr., *Vorlesungen über die christliche Dogmengeschichte*, Bd. 3, *Das Dogma der neueren Zeit*, Leipzig 1867.

Beilby, James, „Plantinga's Model of Warranted Christian Belief", in: D.-P. Baker (Hg.), *Alvin Plantinga*, Cambridge 2007, 125–165.

Biedermann, Alois Emanuel, *Christliche Dogmatik*, 2. Auflage, Bd. 1, Berlin 1884.

Biedermann, A.E., *Die freie Theologie oder Philosophie und Christenthum in Streit und Frieden*, Tübingen 1844.

Biedermann, A.E., *Unsere junghegelsche Weltanschauung oder der sogenannte neuste Pantheismus*, Zürich 1849.

Bornhausen, Karl, „Das religiöse Apriori bei Ernst Troeltsch und Rudolf Otto", in: *Zeitschrift für Philosophie und philosophische Kritik* 139 (1910), 193–206.

Boss, Marc, *Au commencement la liberté. La religion de Kant réinventée par Fichte, Schelling et Tillich*, Genf 2014, 341–363.

Bousset, Wilhelm, „Kantisch-Friessche Religionsphilosophie und ihre Anwendung auf die Theologie", in: *Theologische Rundschau* 12 (1909), 471–488.

Boyle, Matthew, „Wesentlich vernünftige Tiere", in: A. Kern/Ch. Kietzmann (Hgg.), *Selbstbewusstes Leben. Texte zu einer transformativen Theorie der menschlichen Subjektivität*, Berlin 2017, 78–119.

Braeunlich, Hans, *Das Verhältnis von Religion und Theologie bei Ernst Troeltsch und Rudolf Otto. Untersuchungen zur Funktion der Religion als Begründung der Theologie*, Bonn 1978.

Buntfuß, Markus, *Die Erscheinungsformen des Christentums. Zur ästhetischen Neugestaltung der Religionstheologie bei Herder, Wackenroder und De Wette*, Berlin 2004.

Buntfuß, M., „Rudolf Ottos (neu)romantische Religionstheologie im Kontext der ästhetischen Moderne", in: J. Lauster/P. Schüz/R. Barth/C. Danz (Hgg.), *Rudolf Otto. Theologie – Religionsphilosophie – Religionsgeschichte*, Berlin/New York 2013, 447–460.

Claussen, Johann Hinrich, *Die Jesus-Deutung von Ernst Troeltsch im Kontext der liberalen Theologie*, Tübingen 1997, 37–62.

Cornehl, Peter, *Die Zukunft der Versöhnung. Eschatologie und Emanzipation in der Aufklärung, bei Hegel und in der Hegelschen Schule*, Göttingen 1971.

Craig, William Lane, *God Over All. Divine Aseity and the Challenge of Platonism*, Oxford 2016.

Cramer, Wolfgang, *Gottesbeweise und ihre Kritik*, Frankfurt a. M. 1967.

Cramer, W., Art. „Das Absolute", in: H. Krings/H. M. Baumgartner/Ch. Wild u.a. (Hgg.), *Handbuch philosophischer Grundbegriffe*, Bd. 1, München 1973, 1–19.

Danz, Christian, „Mystik als Element der Religion. Zur Bedeutung und systematischen Funktion des Mystikbegriffs für die Religionsphilosophie und Theologie Paul Tillichs", in: G. Hummel/D. Lax (Hgg.), *Mystisches Erbe in Tillichs philosophischer Theologie* (Tillich-Studien 3), Münster/Hamburg/London 2000, 14–32.

Danz, Chr., „‚Alle Linien gipfeln in der Religion des Paradox'. Tillichs religionsgeschichtliche Konstruktion der Religionsphilosophie", in: C. Danz/W. Schüßler (Hgg.), *Religion – Kultur – Gesellschaft. Der frühe Tillich im Spiegel neuer Texte (1919–1920)*, Wien 2008, 215–231.

Danz, Chr., „L'inconditionnalité en soi et l'existence historique de l'esprit. Remarques de la *Freiheitsschrift* par Paul Tillich", in: A. Roux (Hg.), *Schelling en 1809. La liberté pour le bien et pour le mal*, Paris 2010, 259–275.

Danz, Chr., „Theologischer Neuidealismus. Zur Rezeption der Geschichtsphilosophie Fichtes bei Friedrich Gogarten, Paul Tillich und Emanuel Hirsch", in: J. Stolzenberg/O.-P. Rudolph (Hgg.), *Wissen, Freiheit, Geschichte*, Amsterdam/New York 2012, 199–215.

Danz, Chr., „Zwischen Transzendentalphilosophie und Phänomenologie. Die methodischen Grundlagen der Religionstheorien bei Otto und Tillich", in: J. Lauster/P. Schüz/R. Barth/C. Danz (Hgg.), *Rudolf Otto. Theologie – Religionsphilosophie – Religionsgeschichte*, Berlin/Boston 2014, 335–345.

Danz, Chr./Murrmann-Kahl, M. (Hgg.), *Zur Revolutionierung des Gottesgedankens. Texte zu einer modernen philosophischen Theologie*, Tübingen 2014.

Danz, Chr., *Religion als Freiheitsbewußtsein. Eine Studie zur Theologie als Theorie der Konstitutionsbedingungen individueller Subjektivität bei Paul Tillich*, Berlin/Boston 2015.

Danz, Chr./Murrmann-Kahl, M., „Spekulative Theologie und gelebte Religion – ein Widerspruch?", in: Chr. Danz/M. Murrmann-Kahl (Hgg.), *Spekulative Theologie und gelebte Religion*, Tübingen 2015, 1–9.

Danz, Chr., „Freiheit als Autonomie. Anmerkungen zur Fichte-Rezeption Paul Tillichs im Anschluss an Fritz Medicus", in: M. Hackl/C. Danz (Hgg.), *Die Klassische Deutsche Philosophie und ihre Folgen*, Göttingen 2017, 217–230.

Danz, Chr., „Freedom, Sin and the Absoluteness of Christianity. Reflections on the Early Tillich's Schelling-Reception", in: *International Journal of Philosophy and Theology* 80.1–2 (2019), 115–126.

Daub, Carl, *Die dogmatische Theologie jetziger Zeit oder die Selbstsucht in der Wissenschaft des Glaubens und seiner Artikel*, Heidelberg 1833.

Davies, Brian, *An Introduction to the Philosophy of Religion*, 3. Auflage, Oxford 2004, 9–20.

De Anna, Gabriele, „Can there Be Supernaturalism without Theism? Contra Tooley's Thesis", in: D. Łukasiewicz/R. Pouivet (Hgg.), *The Right to Believe. Perspectives in Religious Epistemology*, Berlin 2012, 179–212.

Dierken, Jörg, „Philosophische Theologie als Metaphysik der Endlichkeit. Variationen einiger Grundmotive Falk Wagners", in: Chr. Danz/J. Dierken/M. Murrmann-Kahl (Hgg.), *Religion zwischen Rechtfertigung und Kritik. Perspektiven philosophischer Theologie*, Frankfurt a. M. u.a. 2005, 81–103.

Dierken, Jörg/Polke, Christian, „Einführung", in: *F. Wagner, Christentum in der Moderne. Ausgewählte Aufsätze*, hgg. v. J. Dierken und Ch. Polke, Tübingen 2014, 1–29.

Dierken, J./Polke, Chr. (Hgg.), *Christentum in der Moderne*, Tübingen 2014.

Dilthey, Wilhelm, *Gesammelte Schriften*, Bd. 1: *Einleitung in die Geisteswissenschaften. Versuche einer Grundlegung für das Studium der Gesellschaft und der Geschichte*, Leipzig/Berlin ²1923.

Dilthey, W., *Gesammelte Schriften*, Bd. 4: *Die Jugendgeschichte Hegels und andere Abhandlungen zur Geschichte des deutschen Idealismus*, Stuttgart/Göttingen ⁴1968.

Dilthey, W., *Gesammelte Schriften*, Bd. 7: *Der Aufbau der geschichtlichen Welt in den Geisteswissenschaften*, Stuttgart/Göttingen ⁵1968.

Dilthey, W., *Gesammelte Schriften*, Bd. 18: *Die Wissenschaften vom Menschen, der Gesellschaft und der Geschichte. Vorarbeiten zur Einleitung in die Geisteswissenschaften (1865–1880)*, hgg. v. H. Johach und F. Rodi, Göttingen 1977.

Dilthey, W., *Leben Schleiermachers*, Bd. 2: *Schleiermachers System als Philosophie und Theologie*, hg. v. M. Redeker, Berlin 1966.

Dilthey, W., *Die geistige Welt. Einleitung in die Philosophie des Lebens*, Erste Hälfte: *Abhandlungen zur Grundlegung der Geisteswissenschaften*, Stuttgart/Göttingen ⁵1968.

Dilthey, W., *Einleitung in die Geisteswissenschaften. Versuch einer Grundlegung für das Studium der Gesellschaft und der Geschichte*, Erster Bd. (=GS I), Stuttgart/Tübingen 1990.

Döring, Sabine (Hg.), *Philosophie der Gefühle*, Frankfurt a. M. 2009.

Dougherty, Trent/Plantinga, Alvin, „An Interview on Faith and Reason", in: J. L. Walls/T. Dougherty (Hgg.), *Two Dozen (or so) Arguments for God. The Plantinga Project*, Oxford 2018, 446–459.

Drescher, Hans-Georg, „Ernst Troeltsch und Paul de Lagarde", in: *Mitteilungen der Ernst-Troeltsch-Gesellschaft* 3 (1984), 95–115.

Drescher, H.-G., *Ernst Troeltsch. Leben und Werk*, Göttingen 1991.

Dunning, Stephen, „Particularity not Scandalous: Hegel's Contribution to Philosophy of Religion", in: D. Kolb (Hg.), *New Perspectives on Hegel's Philosophy of Religion*, Albany/New York 1992, 143–158.

Dupré, Louis, „Transition and Tensions in Hegel's Treatment of Determinate Religion", in: D. Kolb (Hg.), *New Perspectives on Hegel's Philosophy of Religion*, Albany/New York 1992, 81–92.

Düsing, Klaus, *Das Seiende und das göttliche Denken. Hegels Auseinandersetzung mit der antiken Ersten Philosophie*, Paderborn 2009.

Elert, Werner, *Der Kampf um das Christentum. Geschichte der Beziehungen zwischen dem evangelischen Christentum in Deutschland und dem allgemeinen Denken seit Schleiermacher und Hegel*, München 1921.

Feigel, Friedrich K., *Das Heilige. Kritische Abhandlung über Rudolf Ottos gleichnamiges Buch*, Haarlem 1929 (²1948).

Fichte, Johann Gottlieb, *Die Wissenschaftslehre. Zweiter Vortrag im Jahre 1804*, hgg. v. R. Lauth u. J. Widmann, Hamburg 1986.

Frank, Franz Hermann Reinhold, *Geschichte und Kritik der neueren Theologie insbesondere der systematischen seit Schleiermacher*, Erlangen/Leipzig 1895.

Frank, Manfred: *Der unendliche Mangel an Sein. Schellings Hegelkritik und die Anfänge der Marxschen Dialektik*, München ²1992.

Franz, Erich, *Goethe als religiöser Denker*, Tübingen 1932.

Fries, Jakob Friedrich, *Wissen, Glaube und Ahndung* (1805), neu hg. v. L. Nelson 1905, 2. Aufl., Göttingen 1931.

Fries, J. F., *Neue Kritik der Vernunft*, 3 Bde., Heidelberg 1807.

Fries, J. F., *Neue oder anthropologische Kritik der Vernunft*; 3 Bde., Heidelberg 1828 u. 1831.

Fries, J.F., *Die Geschichte der Philosophie dargestellt nach den Fortschritten ihrer wissenschaftlichen Entwicklung*, 2 Bde., Halle 1837 u. 1840.

Gadamer, Hans-Georg, „Zur Einführung", in: H.-G. Gadamer (Hg.), *Stuttgarter Hegel-Tage 1970. Vorträge und Kolloquien des Internationalen Hegel-Jubiläumskongresses. Hegel 1770–1790: Gesellschaft, Wissenschaft, Philosophie* (Hegel-Studien, Beiheft 11), Bonn 1974, IX–XV.

Geldsetzer, Lutz, „Jakob Friedrich Fries' Stellung in der Philosophiegeschichte", in: *Jakob Friedrich Fries. Philosoph, Naturwissenschaftler und Mathematiker. Verhandlungen des Symposions ‚Probleme und Perspektiven von Jakob Friedrich Fries' Erkenntnislehre und Naturphilosophie‘ vom 9.–11. Oktober 1997 an der Friedrich-Schiller-Universität Jena*, hgg. v. W. Hogrebe u. K. Herrmann, Frankfurt a. M. 1999, 13–56.

Ghia, Guido, „Mistica dell'identità e trascendenza del totalmente altro. Rudolf Otto lettore di Fichte", in: *Archivio di Filosofia/Archives of Philosophy* 86.3 (2018), 17–26.

Glasenapp, Helmuth v., „Rez. Rudolf Otto, West-östliche Mystik", in: *Theologische Literaturzeitung* 52 (1927), 361–363.

Goethe, Johann Wolfgang, „Ernst Stiedenroth Psychologie zur Erklärung der Seelenerscheinungen 1ster T. Berlin 1824", in: *J.W. Goethe, Sämtliche Werke* (Münchner Ausgabe) 12, 355–357.

Gooch, Todd A., „‚Das Schaudern ist der Menschheit bestes Teil‘. Über die Goethe-Rezeption Rudolf Ottos", in: J. Lauster/P. Schüz/R. Barth/C. Danz (Hgg.), *Rudolf Otto. Theologie – Religionsphilosophie – Religionsgeschichte*, Berlin/New York 2013, 307–318.

Gouwens, David J., „Barth and Kierkegaard", in: G. Hunsinger/K.L. Johnson (Hgg.), *The Wiley Blackwell Companion to Karl Barth*, Barth in Dialogue, Volume II, Hoboken, NJ, 2020, 551–564.

Gräb, Wilhelm, „Wagners empirische Wende. Die Hinwendung zur sozio-kulturellen Lebenswelt der christlichen Religion – und die Praktische Theologie", in: Chr. Danz/M. Murrmann-Kahl (Hgg.), *Spekulative Theologie und gelebte Religion. Falk Wagner und die Diskurse der Moderne*, Tübingen 2015, 149–162.

Gräb, W., *Vom Menschsein und der Religion. Eine praktische Kulturtheologie*, Tübingen 2018.

Graf, Friedrich Wilhelm, *Die Wiederkehr der Götter. Religion in der modernen Kultur*, München 2004.

Graf, F. W., „Die historische Dauerreflexion der (Post-)Moderne und die Geltungsansprüche der Christentümer", in: R. Bernhardt/G. Pfleiderer (Hgg.), *Christlicher Wahrheitsanspruch – historische Relativität: Auseinandersetzungen mit Ernst Troeltschs Ab-*

solutheitsschrift im Kontext heutiger Religionstheologie (Christentum und Kultur, Bd. 4), Zürich 2004, 15–45.

Graf, F. W./Christophersen, A., „Neukantianismus, Fichte- und Schellingrenaissance. Paul Tillich und sein philosophischer Lehrer Fritz Medicus", in: *Zeitschrift für Neuere Theologiegeschichte* 11 (2004), 52–78.

Graf, F. W., „Rez. von K. Mette, Selbstbestimmung und Abhängigkeit. Studien zu Genese, Gehalt und Systematik der bewusstseins- und kulturtheoretischen Dimensionen von Falk Wagners Religionstheorie im Frühwerk", in: *Zeitschrift für Neuere Theologiegeschichte* 21 (2014), 304–310.

Graf, F. W., „Rez. von Chr. Danz/M. Murrmann-Kahl (Hgg.), Zur Revolutionierung des Gottesgedankens. Texte zu einer modernen philosophischen Theologie", in: *Zeitschrift für Neuere Theologiegeschichte* 22 (2015), 322–326.

Gunkel, Hermann, „Was will die ‚religionsgeschichtliche' Bewegung?", in: *Deutsch-Evangelisch* 5 (1914), 285–397.

Guyer, Paul und Rolf-Peter Horstmann, „Idealism", in: *The Stanford Encyclopedia of Philosophy*, https://plato.stanford.edu/archives/fall2020/entries/idealism.

Halbig, Christoph, *Objektives Denken. Erkenntnistheorie und Philosophy of Mind in Hegels System*, Stuttgart-Bad Cannstatt 2002.

Haldane, John, „Mind-World Identity Theory and the Anti-Realist Challenge", in: J. Haldane/C. Wright (Hgg.), *Reality, Representation and Projection*, New York 1993, 15–37.

Haldane, J., „Realism with a Metaphysical Skull", in: J. Conant/U.M. Zeglen (Hgg.), *Hilary Putnam. Pragmatism and Realism*, London/New York 2002, 97–104.

Harnack, Adolf v., „Die Neuheit des Evangeliums bei Marcion", in: *Die Christliche Welt* 43 (1929), 362–370.

Hart, David Bentley, *Tradition and Apocalypse. An Essay on the Future of Christian Belief*, Grand Rapids 2022.

Hauer, Jakob Wilhelm, „Rez. zu Otto: West-östliche Mystik", in: *Die Christliche Welt* 43 (1929), 662–670, 721–726.

Hegel, Georg Wilhelm Friedrich, „Differenz des Fichteschen und Schellingschen Systems der Philosophie", in: *G. W. F. Hegel, Jenaer Kritische Schriften (I). Differenz des Fichteschen und Schellingschen Systems der Philosophie – Rezensionen aus der Erlanger Literatur-Zeitung – Maximen des Journals der Deutschen Literatur*, neu hgg. v. H. Brockard und H. Buchner, Hamburg 1979.

Hegel, G. W. F., „Über das Wesen der philosophischen Kritik überhaupt, und ihr Verhältnis zum gegenwärtigen Zustand der Philosophie insbesondere, Einleitung in das Kritische Journal der Philosophie", in: Ders., *Jenaer kritische Schriften (II). Wesen der philosophischen Kritik – Gemeiner Menschenverstand und Philosophie – Verhältnis des Skeptizismus zur Philosophie – Wissenschaftliche Behandlungsarten des Naturrechts*, neu hgg. v. H. Brockard und H. Buchner, Hamburg 1983.

Hegel, G. W. F., *Vorlesungen. Ausgewählte Nachschriften und Manuskripte*, Bd. 3: *Vorlesungen über die Philosophie der Religion*, Teil 1: *Einleitung. Der Begriff der Religion*, hg. v. W. Jaeschke, Hamburg 1983.

Hegel, G. W. F., *Vorlesungen. Ausgewählte Nachschriften und Manuskripte*, Bd. 4: *Vorlesungen über die Philosophie der Religion*, Teil 2: *Die bestimmte Religion*, hg. v. W. Jaeschke, Hamburg 1985.

Hegel, G. W. F., *Vorlesungen. Ausgewählte Nachschriften und Manuskripte*, Bd. 5: *Vorlesungen über die Philosophie der Religion*. Teil 3: *Die vollendete Religion*, hg. v. W. Jaeschke, Hamburg 1995.

Hegel, G. W. F., *Vorlesungen. Ausgewählte Nachschriften und Manuskripte*, Bd. 9: *Vorlesungen über die Geschichte der Philosophie*, Teil 4: *Philosophie des Mittelalters und der neueren Zeit*, hg. v. P. Garniron und W. Jaeschke, Hamburg 1986.

Hegel, G. W. F., „Hinrichs-Vorrede (1822)“, in: Ders., *Berliner Schriften (1818–1831)*, hg. v. W. Jaeschke, Hamburg 1997, 62–86.

Hegel, G. W. F., *Göschel-Rezension*, in: Ders., *Berliner Schriften*, hg. v. W. Jaeschke, Hamburg 1997, 318–353.

Hegel, G. W. F., *Gesammelte Werke*, hg. v. der Nordrhein-Westfälischen Akademie der Wissenschaften, Hamburg 1968 ff.

Hegel, G. W. F., *Theorie-Werkausgabe*, auf der Grundlage der Werke von 1832–1845 neu edierte Ausgabe, Redaktion E. Moldenhauer und K. M. Michel, Bd. 11, Frankfurt a. M. 1970.

Heinemann, Lars Chr., *Sinn – Geist – Symbol. Eine systematisch-genetische Rekonstruktion der frühen Symboltheorie Paul Tillichs*, Berlin/Boston 2017.

Heinz, Marion, „Johann Georg Sulzer und die Anfänge der Dreivermögenslehre bei Kant“, in: F. Grunert/G. Stiening (Hgg.), *Johann Georg Sulzer (1720–1779). Aufklärung zwischen Christian Wolff und David Hume*, Berlin 2011, 83–100.

Henrich, Dieter, „Fichtes ursprüngliche Einsicht“, in: *Subjektivität und Metaphysik. Festschrift für Wolfgang Cramer*, hgg. v. D. Henrich und H. Wagner, Frankfurt a. M. 1966, 188–232.

Henrich, D., *Fluchtlinien. Philosophische Essays*, Frankfurt a. M. 1982.

Henrich, D., *Der Grund im Bewußtsein. Untersuchungen zu Hölderlins Denken*, Stuttgart 1992.

Henrich, D., *Dies Ich, das viel besagt. Fichtes Einsicht nachdenken*, Frankfurt a. M. 2019.

Hermanni, Friedrich, „Der unbekannte Gott. Plädoyer für eine inklusivistische Religionstheologie“, in: C. Danz/F. Hermanni (Hgg.), *Wahrheitsansprüche der Weltreligionen. Konturen gegenwärtiger Religionstheologie*, Neukirchen-Vluyn 2006, 149–169.

Hermanni, F., „Kritischer Inklusivismus. Hegels Begriff der Religion und seine Theorie der Religionen“, in: *Neue Zeitschrift für Systematische Theologie und Religionsphilosophie* 55 (2013), 136–160.

Hermanni, F., „Arbeit am Göttlichen. Hegel über die Evolution des religiösen Bewusstseins“, in: F. Hermanni/B. Nonnenmacher/R. Schick (Hgg.), *Religion und Religionen im Deutschen Idealismus* (Collegium Metaphysicum 13), Tübingen 2015, 155–183.

Hermanni, F., *Metaphysik. Versuche über letzte Fragen* (Collegium Metaphysicum 1), 2. Auflage, Tübingen 2017.

Hermanni, F., „Hegels Philosophie der vollendeten Religion“, in: Chr. Erhard/D. Meißner/J. Noller (Hgg.), *Wozu Metaphysik? Historisch-Systematische Perspektiven*, Freiburg 2017, 381–424.

Herms, Eilert, *Herkunft, Entfaltung und erste Gestalt des Systems der Wissenschaften bei Schleiermacher*, Gütersloh 1974.

Herrmann, Ulrich, Art. „Dilthey, Wilhelm (1833–1911)“, in: *Theologische Realenzyklopädie*, Bd. 8, 752–763.

Hick, John, *An Interpretation of Religion. Human Responses to the Transcendent*, 2. Auflage, New Haven/London 2004.

Hirsch, Emanuel, *Geschichte der neuern evangelischen Theologie im Zusammenhang mit den allgemeinen Bewegungen des europäischen Denkens*, Bde. 1–5, Gütersloh 1949–1951.

Holzhey, Helmut, „Art. Neukantianismus“, in: HWPh Bd. 6 (1984), 747–754.

Hösle, Vittorio, *Hegels System. Der Idealismus der Subjektivität und das Problem der Intersubjektivität*, Hamburg 1987.

Hunsinger, George, „Barth and Luther", in: G. Hunsinger/K.L. Johnson (Hgg.), *The Wiley Blackwell Companion to Karl Barth*, Barth in Dialogue, Volume II, Hoboken, NJ, 2020, 461–472.

Hüttenhoff, Michael, „Kritik religionstheologischer Kriterien", in: R. Bernhardt/G. Pfleiderer (Hgg.), *Christlicher Wahrheitsanspruch – historische Relativität: Auseinandersetzungen mit Ernst Troeltschs Absolutheitsschrift im Kontext heutiger Religionstheologie* (Christentum und Kultur, Bd. 4), Zürich 2004, 191–208.

Iwand, Hans Joachim, „Wider den Mißbrauch des ‚pro me' als methodisches Prinzip in der Theologie", *Evangelische Theologie* 14 (1954), 120–125.

Iwand, H. J., *Theologiegeschichte des 19. und 20. Jahrhunderts. „Väter und Söhne"*, bearbeitet, kommentiert und mit einem Nachwort versehen von G.C. den Hertog (= Nachgelassene Werke Neue Folge, Bd. 3), Gütersloh 2001.

Jacobi, Friedrich Heinrich, *Werke*, Bd. 2: *Schriften zum transzendentalen Idealismus*, unter Mitarbeit von C. Goretzki hgg. v. W. Jaeschke u. I.-M. Piske, Teilbd. 1, Hamburg 2004.

Jaeschke, Walter, *Hegel-Handbuch. Leben – Werk – Schule*, Stuttgart/Weimar 2003.

Jaeschke, W./Arndt, Andreas, *Die Klassische Deutsche Philosophie nach Kant. Systeme der reinen Vernunft und ihre Kritik 1785–1845*, München 2012.

Jones, Rufus M., *Vom Sinn und Endzweck des Lebens*, übersetzt von R. Conrad Schiedt, mit einem Geleitwort von R. Otto, Leipzig 1929 (^{2}1947).

Jung, Matthias, *Dilthey zur Einführung*, Hamburg 1996.

Kahl, Joachim, *Das Elend des Christentums oder Plädoyer für eine Humanität ohne Gott*, mit einer Einführung von G. Szesny, Hamburg 1968 (Neuauflage: Marburg 2014).

Kannetzky, Frank/Tegtmeyer, Henning (Hgg.), Personalität. Studien zu einem Schlüsselbegriff der Philosophie, Leipzig 2007, 187–212.

Kant, Immanuel, *Gesammelte Schriften*, hg. von der Preußischen Akademie der Wissenschaften, Berlin 1902 ff.

Kattenbusch, Ferdinand, *Von Schleiermacher zu Ritschl. Zur Orientierung über die Dogmatik des 19. Jahrhunderts*, 3. Auflage, Gießen 1903.

Kern, Andrea, *Quellen des Wissens. Zum Begriff vernünftiger Erkenntnisfähigkeiten*, Frankfurt a. M. 2006.

Knappik, Franz, „Hegel's Essentialism. Natural Kinds and the Metaphysics of Explanation in Hegel's Theory of ‚the Concept'", in: *European Journal of Philosophy* 24 (2016), 760–787.

Koch, Traugott, *Differenz und Versöhnung. Eine Interpretation der Theologie G.W.F. Hegels nach seiner „Wissenschaft der Logik"*, Gütersloh 1967.

König, Christian, *Unendlich gebildet. Schleiermachers kritischer Religionsbegriff und seine inklusivistische Religionstheologie anhand der Erstauflage der ‚Reden'* (Collegium Metaphysicum 16), Tübingen 2016.

König, Johann Friedrich, *Theologia positiva acroamatica*, hg. u. übers. v. A. Stegmann, Tübingen 2006.

Krausser, Peter, *Kritik der endlichen Vernunft. Wilhelm Diltheys Revolution der allgemeinen Wissenschaft und Handlungstheorie*, Frankfurt a. M., 1968.

Krüger, Malte Dominik, „Schellings Spätphilosophie und Pannenbergs Geschichtstheologie. Thesen zu ihrem Verhältnis", in: G. Wenz (Hg.), *Vom wahrhaft Unendlichen. Metaphysik und Theologie bei Wolfhart Pannenberg*, Göttingen 2016, 141–161.

Kutschera, Franz v., *Die Wege des Idealismus*, Paderborn 2006.

Laube, Martin, „Rudolf Otto und die Religionsgeschichtliche Schule", in: J. Lauster/P. Schüz/R. Barth/C. Danz (Hgg.), *Rudolf Otto. Theologie – Religionsphilosophie – Religionsgeschichte*, Berlin/New York 2013, 219–234.

Lauster, Jörg, „Die Selbständigkeit der Religion", in: Barth, U./Danz, Chr./Gräb W./Graf, F.W. (Hgg.), *Aufgeklärte Religion und ihre Probleme. Schleiermacher – Troeltsch – Tillich*, Berlin/New York 2013, 431–448.

Lee, Patrick, „Evidentialism, Plantinga, and Faith and Reason", in: L. Zagzebski (Hg.), *Rational Faith. Catholic Responses to Reformed Epistemology*, Notre Dame 1993, 140–167.

Leftow, Brian, „Is God an Abstract Object?", in: *Noûs* 24 (1990), 581–598.

Lehrer, Keith, „Proper Function vs. Systematic Coherence", in: J. L. Kvanvig (Hg.), *Warrant in Contemporary Epistemology. Essays in Honor of Plantinga's Theory of Knowledge*, Lanham, MD 1996, 25–45.

Lempp, Otto, „Schleiermachersche Schule", in: F. M. Schiele/L. Zscharnack (Hgg.), *Religion in Geschichte und Gegenwart 5*, Tübingen 1913, 314–316.

Lessing, Gotthold Ephraim, *Die Erziehung des Menschengeschlechts*, in: Ders., *Werke*, hg. v. G. Göpfert, Bd. VIII, München 1979, 489–510.

Lessing, Hans-Ulrich, *Die Idee der Kritik der historischen Vernunft. Wilhelm Diltheys erkenntnistheoretisch-logisch-methodologische Grundlegung der Geisteswissenschaften*, Freiburg i.Br. 1984.

Leuze, Reinhard, *Die außenchristlichen Religionen bei Hegel*, Göttingen 1975.

Löffler, Winfried, „An Underrated Merit of Plantinga's Philosophy", in: D. Schönecker (Hg.), *Plantinga's ‚Warranted Christan Belief‘. Critical Essays with a Reply by Alvin Plantinga*, Berlin/Boston 2015, 65–81.

Lohmann, Johann Friedrich, *Karl Barth und der Neukantianismus. Die Rezeption des Neukantianismus im „Römerbrief" und ihre Bedeutung für die weitere Ausarbeitung der Theologie Karl Barths*, Berlin/New York 1995.

Lohmann, J. F., „Kant, Kierkegaard und der Neukantianismus", in: M. Beintker (Hg.), *Barth Handbuch*, Tübingen 2016, 42–48.

Lücke, J. Winfried, „Zwischen Fallibilismus und Hochmut. Ein lasterepistemologischer Blick auf Hegels Analyse der ‚Ironie'", in: *Philosophisches Jahrbuch* 129 (2022), 70–88.

Lütgert, Wilhelm, *Die Religion des deutschen Idealismus und ihr Ende*, 4 Bde., Gütersloh 1923–1930.

Luther, Martin, *Weimarer Ausgabe*, Weimar 1884 ff.

Marheineke, Philipp, *Die Grundlehren der christlichen Dogmatik als Wissenschaft*, 2. Auflage, Berlin 1827.

Marheineke, Ph., *Einleitung in die öffentlichen Vorlesungen über die Bedeutung der Hegelschen Philosophie in der christlichen Theologie*, Berlin 1842.

McKinnon, Lawrence, *Der deutsche Idealismus in den Frühschriften von Karl Barth, Friedrich Gogarten und Emil Brunner*, München 1975.

Medicus, Fritz, „Kants Philosophie der Geschichte", in: *Kant-Studien* 7 (1902), 1–22, 171–229.

Medicus, F., *J. G. Fichte. Dreizehn Vorlesungen gehalten an der Universität Halle*, Berlin 1905.

Medicus, F., „Kant und die gegenwärtige Aufgabe der Logik", in: *Kant-Studien* 12 (1907), 50–74.

Medicus, F., „Rez.: Schelling, F.W.J. v., Werke, Auswahl in drei Bänden […], hg. v. Otto Weiss", in: *Kant-Studien* 13 (1908), 317–328.

Medicus, F., „Paul Tillich", in: *Neue Züricher Zeitung*, 19. März 1929, Nr. 527, Abendausgabe.

Medicus, F., „Zu Paul Tillichs Berufung nach Frankfurt", in: P. Tillich, *Impressionen und Reflexionen. Ein Lebensbild in Aufsätzen, Reden und Stellungnahmen* (= Gesammelte Werke, Bd. XIII), Stuttgart 1972, 562–564.

Mette, Kathrin, *Selbstbestimmung und Abhängigkeit, Studien zu Genese, Gehalt und Systematik der bewusstseins- und kulturtheoretischen Dimensionen von Falk Wagners Religionstheorie im Frühwerk*, Tübingen 2013.

Mette, K., „Die Endlichkeit des Geistes. Wagners Münchener Religionstheorie als Exposition der These von der Notwendigkeit seiner spekulativ-logischen Gestalt der Systematischen Theologie", in: Chr. Danz/M. Murrmann-Kahl (Hgg.), *Spekulative Theologie und gelebte Religion. Falk Wagner und die Diskurse der Moderne*, Tübingen 2015, 91–110.

Mokrosch, Reinhold, *Theologische Freiheitsphilosophie. Metaphysik, Freiheit und Ethik in der philosophischen Entwicklung Schellings und in den Anfängen Tillichs*, Frankfurt a. M. 1976.

Murrmann-Kahl, Michael, „Bibliographie", in: Ch. Danz/J. Dierken/M. Murrmann-Kahl (Hgg.), *Religion zwischen Rechtfertigung und Kritik. Perspektiven philosophischer Theologie*, Frankfurt a. M. 2005, 203–223.

Murrmann-Kahl, M., „‚Radikale Umorientierung der systematischen Theologie'? – Zu Falk Wagners Hegel-Lektüren", in: Chr. Danz/M. Murrmann-Kahl (Hgg.), *Spekulative Theologie und gelebte Religion*, Tübingen 2015, 69–87.

Nelson, Leonard, *Die kritische Ethik bei Kant, Schiller und Fries. Eine Revision ihrer Prinzipien*, Göttingen 1914.

Neugebauer, Georg, *Tillichs frühe Christologie. Eine Untersuchung zu Offenbarung und Geschichte bei Tillich vor dem Hintergrund seiner Schellingrezeption*, Berlin/New York 2007, 146–155.

Neugebauer, G., „Freiheit als philosophisches Prinzip – Die Fichte-Interpretation des frühen Tillich", in: *Wissen, Freiheit, Geschichte. Die Philosophie Fichtes im 19. und 20. Jahrhundert. Beiträge des sechsten internationalen Kongresses der Johann-Gottlieb-Fichte-Gesellschaft in Halle (Saale) vom 3.–7. Oktober 2006*, Bd. II (= Fichte-Studien, Vol. 36), hgg. v. J. Stolzenberg und O.-P. Rudolph, Amsterdam/New York 2012, 181–198.

Neugebauer, Matthias, *Lotze und Ritschl. Reich-Gottes-Theologie zwischen nachidealistischer Philosophie und neuzeitlichem Positivismus*, Frankfurt a. M. 2002.

Noller, Jörg, „*domina ratio*. Zur Rolle der Philosophie bei Luther und Erasmus", in: J. Noller/G. Sans (Hgg.), *Luther und Erasmus über Freiheit*, Freiburg/München 2020, 112–129.

Noller, J., „Vernünfteln: Kant und die Rationalität des Bösen", in: *Deutsche Zeitschrift für Philosophie* 68/1 (2020), 28–50.

Nonnenmacher, Burkhard, *Hegels Philosophie des Absoluten. Eine Untersuchung zu Hegels „Wissenschaft der Logik" und reifem System*, Tübingen 2013.

Nonnenmacher, B., „Tillichs gläubiger Realismus im Spannungsfeld von Reformation und Revolution", in: R. Asmar/Ch. Danz/M. Leiner/M. L. Weaver (Hgg.), *Reformation und Revolution in der Wahrnehmung Paul Tillichs*, Tillich Research 18 (2019), 173–188.

Nüssel, Friederike, „Pannenbergs Descartes-Interpretation", in: G. Wenz (Hg.), *Vom wahrhaft Unendlichen. Metaphysik und Theologie bei Wolfhart Pannenberg* (Pannenberg-Studien 2), Göttingen 2016, 90–104.

O'Hanlon, Daniel J., *The Influence of Schelling on the Thought of Paul Tillich*, Rom 1957.

Oehl, Thomas, „Die theologische Insuffizienz des Begriffs. Zur Systemkonzeption Wolfhart Pannenbergs", in: G. Wenz (Hg.), *Vom wahrhaft Unendlichen. Metaphysik und Theologie bei Wolfhart Pannenberg*, Göttingen 2016, 233–263.

Osthövener, Claus-Dieter, „Adolf von Harnack als Systematiker", in: *ZThK* 99 (2002), 296–331.

Osthövener, C.-D., „Ottos Auseinandersetzung mit Schleiermacher", in: J. Lauster/P. Schüz/R. Barth/Ch. Danz (Hgg.), *Rudolf Otto. Theologie – Religionsphilosophie – Religionsgeschichte,* Berlin/Boston 2014, 179–190.

Otto, Rudolf, *Die Anschauung vom heiligen Geiste bei Luther. Eine historisch-dogmatische Untersuchung,* Göttingen 1898.

Otto, R., *Naturalistische und religiöse Weltansicht,* Tübingen 1904 ([2]1909; nachgedruckt als [3]1929).

Otto, R., *Goethe und Darwin. Darwinismus und Religion,* Göttingen 1909.

Otto, R., *Kantisch-Fries'sche Religionsphilosophie und ihre Anwendung auf die Theologie. Zur Einleitung in die Glaubenslehre für Studenten der Theologie,* Tübingen 1909 ([2]1921).

Otto, R., „Mythus und Religion in Wundts Völkerpsychologie", in: *Theologische Rundschau* 13 (1910), 251–275; 293–305.

Otto, R., *Das Heilige. Über das Irrationale in der Idee des Göttlichen und sein Verhältnis zum Rationalen,* Breslau 1917, München [23-25]1936.

Otto, R., „Mystische und gläubige Frömmigkeit", in: *Zeitschrift für Theologie und Kirche* (1922), 255–256.

Otto, R., „Zum Verhältnisse von mystischer und gläubiger Frömmigkeit", in: ZThK 32 (1922), 255–265.

Otto, R., „Das Überpersönliche im Numinosen", in: R. Otto, *Aufsätze das Numinose betreffend,* Stuttgart/Gotha 1923, 42–50.

Otto, R., „Profetische Gotteserfahrung", in: R. Otto, *Aufsätze das Numinose betreffend,* Stuttgart/Gotha 1923, 136–153.

Otto, R., „Das ‚Ganz andere' und das Absolute", in: R. Otto, *Aufsätze das Numinose betreffend,* Stuttgart/Gotha 1923, 29–33.

Otto, R., „Was ist Sünde?", in: R. Otto, *Aufsätze das Numinose betreffend,* Stuttgart/Gotha 1923, 179–186.

Otto, R., „Östliche und westliche Mystik", in: *Logos* 13 (1924), 1–30.

Otto, R., „Indischer Theismus", in: *Zeitschrift für Missionskunde und Religionswissenschaft* 40 (1925), 289–307.

Otto, R., „Meister Eckehardt's Mystik im Unterschiede von östlicher Mystik", in: *Zeitschrift für Theologie und Kirche* 6 (1925), 325–350; 418–436.

Otto, R., *West-östliche Mystik. Vergleich und Unterscheidung zur Wesensdeutung,* Gotha 1926.

Otto, R., „Brief von Rudolf Otto an Jakob Wilhelm Hauer (9.3.1929)", in: *BA Koblenz* 45, NL Hauer, 237 f.

Otto, R., „Das Ganz-andere in außerchristlicher und christlicher Theologie und Spekulation", in: R. Otto, *Das Gefühl des Überweltlichen (sensus numinis),* München 1932, 212–240.

Otto, R., „Der neue Aufbruch des sensus numinis bei Schleiermacher. Wilhelm Herrmann zum Gedächtnis", in: R. Otto, *Sünde und Urschuld. Und andere Aufsätze zur Theologie,* München 1932, 123–139.

Otto, R., „Der sensus numinis als geschichtlicher Ursprung der Religion", in: R. Otto, *Das Gefühl des Überweltlichen (sensus numinis),* München 1932, 11–57.

Otto, R., „Profetische Gotteserfahrung", in: R. Otto, *Das Gefühl des Überweltlichen (sensus numinis),* München 1932, 61–78.

Otto, R., „Rationale Theologie gegen naturalistischen Irrationalismus", in: R. Otto, *Sünde und Urschuld. Und andere Aufsätze zur Theologie,* München 1932, 190–225.

Pannenberg, Wolfhart, *Die Prädestinationslehre des Duns Skotus im Zusammenhang der scholastischen Lehrentwicklung,* Göttingen 1954.

Pannenberg, W., „Heilsgeschehen und Geschichte (1959)", in: W. Pannenberg, *Grundfragen systematischer Theologie. Gesammelte Aufsätze*, Göttingen 1967, 22–78.

Pannenberg, W., „Die Offenbarung Gottes in Jesus von Nazareth (1963)", in: J. M. Robinson/J. B. Cobb (Hgg.), *Theologie als Geschichte*, Zürich/Stuttgart 1967, 135–169.

Pannenberg, W., „Glaube und Vernunft", in: *W. Pannenberg, Grundfragen systematischer Theologie. Gesammelte Aufsätze*, Göttingen 1967, 237–251.

Pannenberg, W., „Was ist Wahrheit?", in: Ders., *Grundfragen systematischer Theologie. Gesammelte Aufsätze*, Göttingen ²1971, 202–222.

Pannenberg, W., „Die christliche Legitimität der Neuzeit (1968)", in: W. Pannenberg (Hg.), Gottesgedanke und menschliche Freiheit, Göttingen 1972, 114–128.

Pannenberg, W., „Die Bedeutung des Christentums in der Philosophie Hegels", in: Ders., *Gottesgedanke und menschliche Freiheit*, Göttingen 1972, 78–113.

Pannenberg, W., „Die Bedeutung des Christentums in der Philosophie Hegels", in: H.-G. Gadamer (Hg.), *Stuttgarter Hegel-Tage 1970. Vorträge und Kolloquien des Internationalen Hegel-Jubiläumskongresses. Hegel 1770–1970: Gesellschaft, Wissenschaft, Philosophie*, Bonn 1974, 175–202.

Pannenberg, W., „Christliche Theologie und philosophische Kritik", in: W. Pannenberg (Hg.), *Gottesgedanke und menschliche Freiheit*, Göttingen 1972, 48–77.

Pannenberg, W., „Die Subjektivität Gottes und die Trinitätslehre. Ein Beitrag zur Beziehung zwischen Karl Barth und der Philosophie Hegels", in: *Kerygma und Dogma* 23 (1977), 25–40.

Pannenberg, W., *Anthropologie in theologischer Perspektive*, Göttingen 1983.

Pannenberg, W., „An autographical sketch", in: C. E. Brayton/Ph. Clayton (Hgg.), *The Theology of Wolfhart Pannenberg. Twelve American Critiques, with an Autobiographical Essay and Response*, Minneapolis 1988, 11–18.

Pannenberg, W., „Das Ende der Metaphysik und der Gottesgedanke", in: W. Pannenberg, *Metaphysik und Gottesgedanke*, Göttingen 1988.

Pannenberg, W., „Das Problem des Absoluten", in: W. Pannenberg, *Metaphysik und Gottesgedanke*, Göttingen 1988, 20–33.

Pannenberg, W., *Systematische Theologie*, Bd. 3, Göttingen 1993.

Pannenberg, W., *Theologie und Philosophie. Ihr Verhältnis im Lichte ihrer gemeinsamen Geschichte*, Göttingen 1996.

Pannenberg, W., „Schleiermachers Schwierigkeiten mit dem Schöpfungsgedanken, vorgetragen am 3. Mai 1996", in: Bayerische Akademie der Wissenschaften, Philosophisch-Historische Klasse (Hg.), *Sitzungsberichte*, Jahrgang 1996/3, 3–17.

Pannenberg, W., *Problemgeschichte der neueren evangelischen Theologie in Deutschland. Von Schleiermacher bis zu Barth und Tillich*, Göttingen 1997.

Pannenberg, W., „Die Bedeutung der Kategorie Teil und Ganzes für die Wissenschaftstheorie", in: W. Pannenberg, *Philosophie – Religion – Offenbarung. Beiträge zur Systematischen Theologie*, Bd. 1, Göttingen 1999, 85–101.

Pannenberg, W., „Religiöse Erfahrung und christlicher Glaube", in: W. Pannenberg, *Philosophie – Religion – Offenbarung. Beiträge zur Systematischen Theologie*, Bd. 1, Göttingen 1999, 132–144.

Peperzak, Adrian, „Hegels Philosophie der Religion und die Erfahrung des christlichen Glaubens. Korreferat zu Pannenbergs Vortrag: Die Bedeutung des Christentums in der Philosophie Hegels", in: Gadamer (Hg.), *Stuttgarter Hegel-Tage 1970* (Hegel-Studien, Beiheft 11), 203–213.

Pfleiderer, Otto, *Religionsphilosophie auf geschichtlicher Grundlage*, Berlin 1878.

Pfleiderer, O., *Religion und Religionen*, 2. Auflage, München 1911.

Plantinga, Alvin, *Does God have a Nature?*, Milwaukee 1980.

Plantinga, A., „How to Be an Anti-Realist", in: *Proceedings and Addresses of the American Philosophical Association* 56 (1982), 47–70.

Plantinga, A., „Reason and Belief in God", in: A. Plantinga/N. Wolterstorff (Hgg.), *Faith and Rationality. Reason and Belief in God*, Notre Dame 1983, 16–93.

Plantinga, A., „Advice to Christian Philosophers", in: *Faith and Philosophy* 1 (1984), 253–271.

Plantinga, A., *Warrant and Proper Function*, New York 1993.

Plantinga, A., „Rationality and Public Evidence: a Reply to Richard Swinburne", in: *Religious Studies* 37 (2001), 215–222.

Plantinga, A., „Supralapsarianism, or 'O Felix Culpa'", in: P. van Inwagen (Hg.), *Christian Faith and the Problem of Evil*, Grand Rapids/Cambridge 2004, 1–25.

Plantinga, A., „Two Dozen (or so) Theistic Arguments", in: D.-P. Baker (Hg.), *Alvin Plantinga*, Cambridge 2007, 203–227.

Plantinga, A./Tooley, Michael, *Knowledge of God*, Malden MA/Oxford 2008.

Plantinga, A., *Where the Conflict Really Lies. Science, Religion, and Naturalism*, Oxford 2011.

Plantinga, A., „Why Darwinist Materialism is Wrong", New Republic vom 16. Nov. 2012, zitiert nach https://newrepublic.com/article/110189/why-darwinist-materialism-wrong (letzter Aufruf, 26.7.2019).

Plantinga, A., *Gewährleisteter christlicher Glaube*, übers. v. J. Schulte, Berlin/Boston 2015.

Plaul, Constantin, *Verstehen und Religion im Werk Wilhelm Diltheys. Theologische Dimensionen auf kulturphilosophischer Grundlage* (Beiträge zur historischen Theologie 188), Tübingen 2019.

Puder, Martin, „Diskussionsbeitrag zu Pannenbergs Vortrag", in: Hans-Georg Gadamer (Hg.), *Stuttgarter Hegel-Tage 1970* (Hegel-Studien, Beiheft 11), Bonn 1976, 215–218.

Puntel, Lorenz Bruno, „Transzendentaler und absoluter Idealismus", in: D. Henrich (Hg.), *Kant oder Hegel? Über Formen der Begründung der Philosophie*. Stuttgarter Hegel-Kongreß 1981, Stuttgart 1983, 198–229.

Rat der Evangelischen Kirche in Deutschland: *Christlicher Glaube und religiöse Vielfalt in evangelischer Perspektive*, Gütersloh 2015.

Rathje, Johannes, *Die Welt des freien Protestantismus. Ein Beitrag zur deutsch-evangelischen Geistesgeschichte dargestellt an Leben und Werk von Martin Rade*, Stuttgart 1952.

Reischle, Max, „Rez. Otto, Rudolf: Naturalistische und religiöse Weltanschauung", in: *Theologische Literaturzeitung* 30 (1905), 19–22.

Reisinger, Peter, „Sündenfall und Tod Gottes", in: M. Berger/M. Murrmann-Kahl (Hgg.), *Transformationsprozesse des Protestantismus. Zur Selbstreflexion einer christlichen Konfession an der Jahrtausendwende*, Gütersloh 1999, 166–183.

Ringleben, Joachim, *Gott im Wort. Luthers Theologie von der Sprache her*, Tübingen 2010.

Ritschl, Albrecht, *Die Entstehung der altkatholischen Kirche. Eine kirchen- und dogmengeschichtliche Monographie*, Bonn 1850; ²1857.

Ritschl, A., *Theologie und Metaphysik. Zur Verständigung und Abwehr*, Bonn 1881.

Rohls, Jan, „Barth und der theologische Liberalismus", in: M. Beintker/C. Link/M. Trowitzsch (Hgg.), *Karl Barth in Deutschland (1921–1935). Aufbruch – Klärung – Widerstand*, Zürich 2005, 285–312.

Rohls, J., „'Goethedienst ist Gottesdienst'. Theologische Anmerkungen zur Goethe-Verehrung", in: J. Golz/J. H. Ulbricht (Hgg.), *Goethe in Gesellschaft. Zur Geschichte einer literarischen Vereinigung vom Kaiserreich bis zum geteilten Deutschland*, Köln 2005, 33–62.

Rohls, J., „,Das Christentum' Die Religion der Religionen?", in: A. Arndt/U. Barth/W. Gräf (Hgg.), *Christentum – Staat – Kultur*. Beiträge des Schleiermacher Kongresses 26.–29.3.2006 (Schleiermacher-Archiv 22), Berlin/New York 2008, 41–89.

Rohls, J., *Offenbarung, Vernunft und Religion, Ideengeschichte des Christentums*, Bd. I, Tübingen 2012.

Rohls, J., „Falk Wagner im Kontext der protestantischen Theologiegeschichte der Nachkriegszeit", in: Chr. Danz/M. Murrmann-Kahl (Hgg.), *Spekulative Theologie und gelebte Religion*, Tübingen 2015, 13–43.

Rohls, J., „Pannenberg und Hegel: Anknüpfung und Widerspruch", in: G. Wenz (Hg.), *„Eine neue Menschheit darstellen" – Religionsphilosophie als Weltverantwortung und Weltgestaltung* (Pannenberg-Studien Bd. 1), Göttingen 2015, 177–202.

Rollmann, Hans, „Duhm, Lagarde, Ritschl und der irrationale Religionsbegriff der Religionsgeschichtlichen Schule. Die Vita hospitis Heinrich Hackmanns als geistes- und theologiegeschichtliches Dokument", in: *Zeitschrift für Religions- und Geistesgeschichte* 34 (1982), 276–279.

Ruddies, Hartmut, „,Das große Programm aller wissenschaftlichen Theologie'. Bemerkungen zur Schleiermacher-Rezeption Ernst Troeltschs", in: U. Barth (Hg.), *200 Jahre „Reden über die Religion"*. Akten des 1. Internationalen Kongresses der Schleiermacher-Gesellschaft, Halle, 14.–17. März 1999, Berlin/New York 2000, 748–769.

Sandkühler, Hans Jörg, „Idealismus", in: Ders. (Hg.), *Enzyklopädie Philosophie*, Bd. 2, Hamburg 2009.

Schelling, Friedrich Wilhelm Joseph, *Philosophische Untersuchungen über das Wesen der menschlichen Freiheit*, hg. v. T. Buchheim, Hamburg ^{2}2011.

Schelling, F. W. J., *Sämmtliche Werke*, 14 Bde., hg. v. K. F. A. Schelling, Stuttgart/Augsburg 1856–61.

Schick, Friederike, „Zur Logik der Formen bestimmter Religion in Hegels Manuskript zur Religionsphilosophie von 1821", in: *Neue Zeitschrift für Systematische Theologie und Religionsphilosophie* 55 (2013), 407–436.

Schleiermacher, Friedrich Daniel Ernst, *Über die Religion. Reden an die Gebildeten unter ihren Verächtern (1799)* [=KGA I/2], in: F.D.E. Schleiermacher, *Schriften aus der Berliner Zeit 1796–1799*, hg. v. G. Meckenstock, Berlin/New York 1984, 185–326.

Schleiermacher, F. D. E., *Über die Religion. Reden an die Gebildeten unter ihren Verächtern. Zum Hundertjahr-Gedächtnis ihres ersten Erscheinens in ihrer ursprünglichen Gestalt neu herausgegeben und mit Übersichten und mit Vor- und Nachwort versehen von Rudolf Otto*, Göttingen 1899.

Schleiermacher, F. D. E., *Die Weihnachtsfeier. Ein Gespräch (1806)*, in: Ders., KGA 5, *Schriften aus der Hallenser Zeit 1804–1807*, hg. v. H. Patsch, Berlin/New York 1995, 39–98.

Schleiermacher, F. D. E., „Sendschreiben an Friedrich Lücke", in: Ders., *Sämtliche Werke*, I/2, Berlin 1836, 577–604.

Schleiermacher, F. D. E., *Der christliche Glaube. Nach den Grundsätzen der evangelischen Kirche im Zusammenhange dargestellt* (^{2}1830), Berlin/New York 2008.

Schlippe, Gunnar v., *Die Absolutheit des Christentums bei Ernst Troeltsch auf dem Hintergrund des Denkfelder des 19. Jahrhunderts*, Neustadt a. d. Aisch 1966.

Schmidt, Jochen/Schulz, Heiko (Hgg.), *Religion und Irrationalität. Historisch-systematische Perspektiven* (Religion in Philosophy and Theology 71), Tübingen 2013.

Schmidtke, Sabine, *Schleiermachers Lehre von Wiedergeburt und Heiligung. ,Lebendige Empfänglichkeit' als Schlüsselfigur der ,Glaubenslehre'* (Dogmatik in der Moderne 11), Tübingen 2015.

Schmidt-Leukel, Perry, „Die Herausforderung der Religionsgeschichte für die Theologie. Zur Aktualität von Ernst Troeltsch", in: R. Bernhardt/G. Pfleiderer (Hgg.), *Christlicher Wahrheitsanspruch – historische Relativität: Auseinandersetzungen mit Ernst Troeltschs Absolutheitsschrift im Kontext heutiger Religionstheologie* (Christentum und Kultur, Bd. 4), Zürich 2004, 111–128.

Schmidt-Leukel, P., *Gott ohne Grenzen. Eine christliche und pluralistische Theologie der Religionen*, Gütersloh 2005.

Schnurrenberger, Matthias, *Der Umweg der Freiheit. Falk Wagners Theorie des christlichen Geistes*, Tübingen 2019.

Schönecker, Dieter, „The Deliverances of *Warranted Christian Belief*", in: Ders. (Hg.), *Plantinga's ,Warranted Christan Belief*. Critical Essays with a Reply by Alvin Plantinga*, Berlin/Boston 2015, 1–40.

Schreiber, Gerhard (Hg.), *Interesse am Anderen. Interdisziplinäre Beiträge zum Verhältnis von Religion und Rationalität* (Thelologische Bibliothek Töpelmann 187), Berlin/Boston 2019.

Schröder, Markus, *Die kritische Identität des neuzeitlichen Christentums. Schleiermachers Wesensbestimmung der christlichen Religion*, Tübingen 1996.

Schröder, Tilman Matthias, *Naturwissenschaften und Protestantismus im Deutschen Kaiserreich. Die Versammlungen der Gesellschaft Deutscher Naturforscher und Ärzte und ihre Bedeutung für die Evangelische Theologie*, Stuttgart 2008.

Schumann, Friedrich Karl, *Der Gottesgedanke und der Zerfall der Moderne*, Tübingen 1929.

Schüßler, Werner/Sturm, Erdmann, *Paul Tillich. Leben – Werk – Wirkung*, Darmstadt 2007.

Schüßler, W., „,My very highly esteemed friend Rudolf Otto'. Die Bedeutung Rudolf Ottos für das religionsphilosophische Denken Paul Tillichs", in: *International Yearbook of Tillich Research* 8, Berlin/Boston 2013, 153–174.

Schütte, Hans Walter, *Lagarde und Fichte. Die verborgenen spekulativen Voraussetzungen des Christentumsverständnisses Paul de Lagardes*, Gütersloh 1965.

Schüz, Peter, „Rudolf Otto und Paul Tillich – biographische und theologische Überlegungen", in: T. Dietz/H. Matern (Hgg.), *Rudolf Otto. Religion und Subjekt* (Christentum und Kultur 12), Zürich 2012, 197–236.

Schüz, P., *Mysterium Tremendum. Zum Verhältnis von Angst und Religion nach Rudolf Otto* (Beiträge zur historischen Theologie 178), Tübingen 2016.

Schüz, P., „,Approssimazione infinita'. Il sacro e la teologia Cristiana", in: *Archivio di Filosofia/Archives of Philosophy* 86.3 (2018), 17–26.

Schüz, P., „Heilige Scheu als religiöses Urphänomen. Das Dämonische und das Numinose", in: C. Danz/W. Schüssler (Hgg.), *Das Dämonische. Kontextuelle Studien zu einer Schlüsselkategorie Paul Tillichs* (Tillich Research 15), Berlin/Boston 2018, 41–68.

Schwöbel, Christoph, „Gott-Denken-Glauben. Aspekte eines spannungsreichen Verhältnisses", in: Ch. König/B. Nonnenmacher, *Gott und Denken. Zeitgenössische und klassische Positionen zu zentralen Fragen ihrer Verhältnisbestimmung. Für Friedrich Hermanni zum 60. Geburtstag*, Tübingen 2021, 37–56.

Sieg, Ulrich, *Deutschlands Prophet. Paul de Lagarde und die Ursprünge des modernen Antisemitismus*, München 2007.

Smart, John Jamieson Carswell/Haldane, John, *Atheism and Theism*, 2. Auflage, Malden, MA/Oxford 2003.

Smith, Quentin, „The Conceptualist Argument for God's Existence", in: *Faith and Philosophy* 11.1 (1994), 38–49.

Sockness, Brent W., „Brilliant misslungen: Die historische Apologetik der Absolutheits-schrift", in: R. Bernhardt/G. Pfleiderer (Hgg.), *Christlicher Wahrheitsanspruch – histo-rische Relativität: Auseinandersetzungen mit Ernst Troeltschs Absolutheitsschrift im Kon-text heutiger Religionstheologie* (Christentum und Kultur, Bd. 4), Zürich 2004, 169–187.

Sommer, Günter F., *The Significance of the late Philosophy of Schelling for the Formation and Interpretation of the Thought of Paul Tillich*, Duke University 1960.

Spies, Torsten, *Die Negativität des Absoluten. Hegel und das Problem der Gottesbeweise*, Marburg 2006.

Steinacker, Peter, „Die Bedeutung der Philosophie Schellings für die Theologie Paul Til-lichs", in: H. Fischer (Hg.), *Paul Tillich. Studien zu einer Theologie der Moderne*, Frank-furt a. M. 1989, 37–61.

Stephan, Horst, *Geschichte der evangelischen Theologie seit dem Deutschen Idealismus*, Berlin 1938.

Strauß, David Friedrich, *Das Leben Jesu kritisch bearbeitet*, Bd. 1, Nachdruck der Aus-gabe Tübingen 1835, Darmstadt 2012.

Strauß, D. F., *Streitschriften zur Verteidigung meiner Schrift über das Leben Jesu und zur Charakteristik der gegenwärtigen Theologie*, 3. Heft, Nachdruck der Ausgabe Tübingen 1837, Hildesheim/New York 1980.

Strauß, D. F., *Charakteristiken und Kritiken. Eine Sammlung zerstreuter Aufsätze aus den Gebieten Theologie, Anthropologie und Aesthetik*, Leipzig 1839.

Strauß, D. F., *Die christliche Glaubenslehre in ihrer geschichtlichen Entwicklung und im Kampfe mit der modernen Wissenschaft*, unveränderter Nachdruck der Ausgabe 1840/41, Bd. 1, Frankfurt a. M. 1984.

Tegtmeyer, Henning, *Sünde und Erlösung. Die Konstitution von Personalität im jüdisch-christlichen Denken*, in: F. Kannetzky/H. Tegtmeyer (Hgg.), Personalität. Studien zu einem Schlüsselbegriff der Philosophie, Leipzig 2007, 187–212.

Theunissen, Michael, *Gesellschaft und Geschichte*, Berlin 1969.

Theunissen, M., *Hegels Lehre vom absoluten Geist als theologisch-politischer Traktat*, Ber-lin 1970.

Theunissen, M., „Die Verwirklichung der Vernunft. Zur Theorie-Praxis-Diskussion im Anschluss an Hegel", in: *Philosophische Rundschau*, Beiheft 6 (1970), 1–89.

Theunissen, M., „Die Aufhebung des Idealismus in der Spätphilosophie Schellings", in: *Philosophisches Jahrbuch* 83 (1976) 1–29.

Theunissen, M., *Sein und Schein. Die kritische Funktion der Hegelschen Logik*, Frankfurt a. M. 1978, [2]1980.

Thielicke, Helmut, *Glauben und Denken in der Neuzeit. Die großen Systeme der Theologie und Religionsphilosophie*, Tübingen 1983.

Tholuck, Friedrich August Gotttreu, *Guido und Julius. Die Lehre von der Sünde und vom Versöhner, oder: Die wahre Weihe des Zweiflers*, Hamburg 1823; 2. Auflage, Hamburg 1825.

Thomas von Aquin, *Summa contra gentiles*, Buch I, hgg. und übers. v. K. Albert und P. Engelhardt unter Mitarbeit von L. Dümpelmann, Darmstadt 1974.

Thurner, Mathias, *Die Geburt des ‚Christentums‘ als ‚Religion‘ am Ende des 19. Jahrhun-derts. Ernst Troeltschs Theologie und ihre Quellen im Kontext einer globalen Religions-geschichte* (Theologische Bibliothek Töpelmann 193), Berlin/New York 2021.

Tillich, Paul, „Fichtes Religionsphilosophie in ihrem Verhältnis zum Johannesevange-lium", in: Ders., *Frühe Werke*, Berlin/New York 1998, EW IX, 4–19.

Tillich, P., „Welche Bedeutung hat der Gegensatz von monistischer und dualistischer Welt-anschauung für die christliche Religion?", in: Ders., *Frühe Werke*, Berlin/New York 1998, EW IX, 28–93, 94–153.

Tillich, P., „Die religionsgeschichtliche Konstruktion in Schellings positiver Philosophie, ihre Voraussetzungen und Prinzipien" (1910), in: Ders., *Frühe Werke*, Berlin/New York 1998, EW IX, 156–272.

Tillich, P., „Gott und das Absolute bei Schelling" (1910), in: *Religion, Kultur, Gesellschaft. Unveröffentlichte Texte aus der deutschen Zeit (1908–1933)*, 1. Teil, Berlin/New York 1999, EW X, 9–54.

Tillich, P., „Die christliche Gewißheit und der historische Jesus" (1911), in: Ders., *Briefwechsel und Streitschriften. Theologische, philosophische und politische Stellungnahmen und Gespräche*, EW VI, 31–50.

Tillich, P., „Mystik und Schuldbewußtsein in Schellings philosophischer Entwicklung" (1912), in: Ders., *Frühe Hauptwerke*, Stuttgart ²1959, GW I, 13–108.

Tillich, P., „Die Kategorie des ‚Heiligen' bei Rudolf Otto", in: *Theologische Blätter* 2 (1923), 11–12 (= *Gesammelte Werke* XII, 184–186).

Tillich, P., „Rechtfertigung und Zweifel" (1924), in: *Gesammelte Werke* VIII, 85–100.

Tillich, P., „Der Religionsphilosoph Rudolf Otto" (1925), in: Ders., *Gesammelte Werke* XII, 179–183.

Tillich, P., „Der Protestantismus als kritisches und gestaltendes Prinzip" (1929), in: Ders. (Hg.), *Protestantismus als Kritik und Gestaltung*, Darmstadt 1929.

Tillich, P., „Schelling und die Anfänge des existentialistischen Protestes" (1954), in: P. Tillich, *Main Works/Hauptwerke*, Bd. 1: Philosophische Schriften, Berlin/New York 1989, MW I, 391–402.

Tillich, P., *Auf der Grenze*, in: *Begegnungen. Paul Tillich über sich selbst und andere, Gesammelte Werke*, Bd. XII, hg. v. Renate Albrecht, Stuttgart/Frankfurt a. M. ²1980, 13–57.

Tillich, P., *Systematische Theologie*, Bd. III, Chicago 1963; Stuttgart 1966.

Tillich, P., *Briefwechsel und Streitschriften. Theologische, philosophische und politische Stellungnahmen und Gespräche*, Frankfurt a. M. 1983.

Troeltsch, Ernst, *Schriften zur Theologie und Religionsphilosophie (1888–1902)*, hg. v. Ch. Albrecht in Zusammenarbeit mit B. Biester, L. Emersleben und D. Schmid, in: Ders., *Kritische Gesamtausgabe (=KGA)*, Bd. 1, Berlin/New York 2009.

Troeltsch, E., *Die Selbständigkeit der Religion*, KGA Bd. 1, 364–535.

Troeltsch, E., „Geschichte und Metaphysik", in: *Zeitschrift für Theologie und Kirche* 8 (1898), 1–69

Troeltsch, E., „Zur theologischen Lage", in: *Die Christliche Welt* 12 (1898), 627–631; 650–657.

Troeltsch, E., *Die Absolutheit des Christentums und die Religionsgeschichte (1902/1912). Mit den Thesen von 1901 und den handschriftlichen Zusätzen*, KGA Bd. 5, hgg. v. T. Rendtorff und S. Pautler, Berlin 1988.

Troeltsch, E., *Was heisst „Wesen des Christentums"?* (1903), in: Ders., *Gesammelte Schriften*, 2. Bd.: *Zur religiösen Lage, Religionsphilosophie und Ethik*, Neudruck der 2. Auflage, 1922, Aalen 1962, 386–451.

Troeltsch, E., *Rückblick auf ein halbes Jahrhundert der theologischen Wissenschaft*, in: Ders., *Gesammelte Schriften (=GS)*, Bd. II, 193–226.

Troeltsch, E., *Die Bedeutung des Protestantismus für die Entstehung der modernen Welt*, 2. Auflage, München/Berlin 1911.

Troeltsch, E., „Empiricism and Platonism in the Philosophy of Religion. To The Memory of William James", in: *The Harvard Theological Review* 5 (1912), 401–422.

Troeltsch, E., „Empirismus und Platonismus in der Religionsphilosophie. Zur Erinnerung an William James", GS Bd. II, 364–385.

Troeltsch, E., „Vorwort" (1913), GS Bd. II, VII–VIII.

Troeltsch, E., „Rezension zu Hermann Süskind, Christentum und Geschichte bei Schleiermacher", in: *Theologische Literaturzeitung* 38 (1913), 21–24.

Troeltsch, E., *Der Historismus und seine Probleme (1922)*, KGA Bd. 16,1–2, hg. v. F.W. Graf in Zusammenarbeit m. M. Schloßberger, Berlin/New York 2008.

Troeltsch, E., *Der Historismus und seine Probleme. Erstes Buch: Das logische Problem der Geschichtsphilosophie*, GS Bd. III.

Troeltsch, E., *Die Stellung des Christentums unter den Weltreligionen (1924)*, in: F. Voigt (Hg.), *Ernst Troeltsch Lesebuch. Ausgewählte Texte*, Tübingen 2003, 45–60.

Troeltsch, E., *Aufsätze zur Geistesgeschichte und Religionssoziologie*, GS Bd. IV.

Vatke, Wilhelm, „Beitrag zur Kritik der neueren philosophischen Theologie", in: *Hallische Jahrbücher für deutsche Wissenschaft und Kunst* 3 (1840), Sp. 5 ff.

Vatke, W., *Die menschliche Freiheit in ihrem Verhältnis zur Sünde und zur göttlichen Gnade*, Berlin 1841.

Vogt, Friedemann, „Die Schleiermacher-Rezeption 1890–1923", in: M. Ohst (Hg.), *Schleiermacher Handbuch*, Tübingen 2017, 455–464.

Wagner, Falk, „Der Gedanke der Persönlichkeit Gottes bei Ph. Marheineke. Repristination eines vorkritischen Theismus", in: *Neue Zeitschrift für Systematische Theologie und Religionsphilosophie* 10 (1968), 44–88.

Wagner, F., „Zur Pseudoproduktivität von Missverständnissen in der Hegel-Schule. Der Gedanke der Persönlichkeit Gottes bei K. Rosenkranz und K.L. Michelet", in: *Neue Zeitschrift für Systematische Theologie und Religionsphilosophie* 12 (1970), 313–337.

Wagner, F., *Der Gedanke der Persönlichkeit Gottes bei Fichte und Hegel*, Gütersloh 1971.

Wagner, F., „Die Aufhebung der religiösen Vorstellung in den philosophischen Begriff. Zur Rekonstruktion des religionsphilosophischen Grundproblems der Hegelschen Philosophie", in: *Neue Zeitschrift für Systematische Theologie und Religionsphilosophie* 18 (1976), 44–73.

Wagner, F., „Vernünftige Theologie und Theologie der Vernunft. Erwägungen zum Verhältnis von Vernunft und Theologie", in: *Kerygma und Dogma* 24 (1978), 262–284.

Wagner, F., „Hegel als verkannter Theoretiker von Unmittelbarkeit?", in: *Philosophisches Jahrbuch* 87 (1980), 171–191.

Wagner, F., „Logische Form und philosophischer Gehalt: zu neuen Hegel-Büchern", in: *Zeitschrift für philosophische Forschung* 38 (1984), 123–136.

Wagner, F., *Was ist Religion? Studien zu ihrem Begriff und Thema in Geschichte und Gegenwart*, Gütersloh 1986.

Wagner, F., *Die vergessene spekulative Theologie. Zur Erinnerung an Carl Daub anläßlich seines 150. Todesjahres*, Zürich 1987.

Wagner, F., „Zur vernünftigen Begründung und Mitteilbarkeit des Glaubens", in: J. Rohls/G. Wenz (Hgg.), *Vernunft des Glaubens. Wissenschaftliche Theologie und kirchliche Lehre*. Festschrift zum 60. Geburtstag von W. Pannenberg, Göttingen 1988, 109–137.

Wagner, F., „Wolfgang Cramers Theorie des Absoluten und der christliche Gottesgedanke (urspr. 1990)", in: Ders., *Religion und Gottesgedanke*, Frankfurt a. M. 1996, 181–218.

Wagner, F., *Was ist Theologie? Studien zu ihrem Begriff und Thema in der Neuzeit*, Gütersloh 1989.

Wagner, F., „Geht die Umformungskrise des deutschsprachigen modernen Protestantismus weiter?", in: *Zeitschrift für Neuere Theologiegeschichte* 2 (1995), 225–254.

Wagner, F., *Zur gegenwärtigen Lage des Protestantismus*, Gütersloh 1995.

Wagner, F., „Absolute Notwendigkeit. Ein Beitrag zur Art der Aufhebung der kritizisti-schen Bestreitung des kosmo-ontotheologischen Arguments", in: Ders., *Religion und Gottesgedanke. Philosophisch-theologische Beiträge zur Kritik und Begründung der Religion*, Frankfurt a. M. 1996, 127–155.

Wagner., F./Murrmann-Kahl, M. (Hgg.), *Ende der Religion – Religion ohne Ende? Zur Theorie der „Geistesgeschichte" von Günter Dux*, Wien 1996.

Wagner, F., „Kritik und Krise der Religion. Überlegungen zu Günter Dux' historisch-genetischer Theorie der Religion", in: Wagner, F./Murrmann-Kahl, M. (Hgg.), *Ende der Religion – Religion ohne Ende? Zur Theorie der „Geistesgeschichte" von Günter Dux*, Wien 1996, 17–123.

Wagner, F., „Kritik und Neukonstitution des kosmologischen und ontologischen Gottes-beweises in der Philosophie Hegels", in: Ders., *Religion und Gottesgedanke. Philoso-phisch-theologische Beiträge zur Kritik und Begründung der Religion*, Frankfurt a. M. 1996, 89–126.

Wagner, F., „Falk Wagner", in: C. Henning/K. Lehmkühler (Hgg.), *Systematische Theo-logie der Gegenwart in Selbstdarstellungen*, Tübingen 1998, 276–299.

Wagner, F., *Metamorphosen des modernen Protestantismus*, Tübingen 1999.

Wagner, F., „Vorlesung über Christologie", in: Ch. Danz/M. Murrmann-Kahl (Hgg.), *Zwischen historischem Jesus und dogmatischem Christus*, 2. Aufl., Tübingen 2011, 355–359.

Wagner, F., „Propädeutische Bemerkungen zum Ausdruck ‚Gott'", in: Ders., *Zur Revo-lutionierung des Gottesgedankens. Texte zur modernen philosophischen Theologie*, aus dem Nachlass ed. v. Ch. Danz und M. Murrmann-Kahl, Tübingen 2014, 164–172.

Wagner, F., „Kann die Theologie eine ‚Theorie der Wirklichkeit' sein?", in: Ders., *Zur Revolutionierung des Gottesgedankens. Texte zur modernen philosophischen Theologie*, aus dem Nachlass ed. v. Ch. Danz und M. Murrmann-Kahl, Tübingen 2014, 173–238.

Wagner, F., „Einleitung in die theo-logische Theologie. Religion – Theologie als Theorie des religiösen Bewußtseins – Theo-logische Theorie", in: Ders., *Zur Revolutionierung des Gottesgedankens. Texte zur modernen philosophischen Theologie, aus dem Nachlass ed.* Ch. Danz und M. Murrmann-Kahl, Tübingen 2014, 319–398.

Wagner, F., „Systemtheorie und Subjektivität. Ein Beitrag zur interdisziplinären For-schung", in: Ders., *Christentum in der Moderne. Ausgewählte Aufsätze*, hgg. v. J. Dier-ken und Ch. Polke, Tübingen 2014, 161–192.

Wagner, F., „‚Vernunft ist die Bedingung der Offenbarung.' Zur theologischen Bedeutung von Wolfgang Cramers Theorie des Absoluten", in: Ders., *Christentum in der Moderne. Ausgewählte Aufsätze*, hgg. v. J. Dierken und Chr. Polke, Tübingen 2014, 281–305.

Wagner, F., „Kann die Moderne der Religion die Religion der Moderne ertragen? Reli-gionssoziologische und theologisch-philosophische Erwägungen im Anschluß an Niklas Luhmann", in: Ders., *Christentum in der Moderne. Ausgewählte Aufsätze*, hgg. v. J. Dierken und Ch. Polke, Tübingen 2014, 337–367.

Wagner, F., „Christologie als exemplarische Theorie des Selbstbewußtseins", in: Ders., *Christentum in der Moderne. Ausgewählte Aufsätze*, hgg. v. J. Dierken und Ch. Polke, Tübingen 2014, 371–405.

Wagner, F., „Religiöser Inhalt und logische Form. Zum Verhältnis von Religionsphilo-sophie und Wissenschaft der Logik am Beispiel der Trinitätslehre", in: Ders., *Christen-tum in der Moderne. Ausgewählte Aufsätze*, hgg. v. J. Dierken und Ch. Polke, Tübingen 2014, 414–445.

Weidemann, Christiane, *Die Unverzichtbarkeit natürlicher Theologie*, Freiburg/München 2007.

Welker, Michael, „Barth und Hegel. Zur Erkenntnis eines methodischen Verfahrens bei Barth", in: *Evangelische Theologie* 43 (1981), 307–328.

Wenz, G., *Subjekt und Sein. Die Entwicklung der Theologie Paul Tillichs*, München 1979.

Wenz, G., *Sinn und Geschmack fürs Unendliche. F. D. E. Schleiermachers Reden über die Religion an die Gebildeten unter ihren Verächtern* (Sitzungsberichte der Bayerischen Akademie der Wissenschaften, phil.-hist. Kl. 3), München 1999.

Wenz, G., „Theologie der Vernunft. Zum unveröffentlichten Manuskript einer Münchner Vorlesung Wolfhart Pannenbergs vom Sommersemester 1969", in: *Zeitschrift für Neuere Theologiegeschichte* 19 (2012), 269–292.

Wenz, G., „Liste der Erst- und Zweitgutachten W. Pannenbergs bei Promotions- und Habilitationsverfahren von 1961–2005", in: *„Eine neue Menschheit darstellen" – Religionsphilosophie als Weltverantwortung und Weltgestaltung*, Göttingen 2015, 263–269.

Wenz, G., „Vom wahrhaft Unendlichen. Metaphysik und Theologie bei Wolfhart Pannenberg", in: Ders. (Hg.), *Vom wahrhaft Unendlichen. Metaphysik und Theologie bei Wolfhart Pannenberg*, Göttingen 2016, 15–70.

Wenz, G., „Vorschein des Künftigen. Wolfhart Pannenbergs akademische Anfänge und sein Weg zur Ekklesiologie", in: Ders. (Hg.), *Kirche und Reich Gottes. Zur Ekklesiologie Wolfhart Pannenbergs*, Göttingen 2017, 13–47.

Wenz, Gunther (Hg.), *Offenbarung als Geschichte. Implikationen und Konsequenzen eines theologischen Programms*, Göttingen 2018.

Wenz, G., *Im Werden begriffen. Zur Lehre vom Menschen bei Pannenberg und Hegel*, Göttingen 2021.

Wiertz, Oliver, „Is Plantinga's A/C Model an Example of Ideologically Tainted Philosophy?", in: D. Schönecker (Hg.), *Plantinga's ‚Warranted Christan Belief'. Critical Essays with a Reply by Alvin Plantinga*, Berlin/Boston 2015, 83–113.

Wilke, Annette, *Ein Sein – Ein Erkennen. Meister Eckharts Christologie und Śaṅkaras Lehre vom Ātman. Zur (Un-) Vergleichbarkeit zweier Einheitslehren* (Studia Religiosa Helvetica, Series Altera 2), Bern 1995.

Wilke, A., „Keine Urmotive, nur Besonderungen. Rudolf Otto's West-Östliche Mystik, die Problematik des interreligiösen Dialogs und der Vergleich Eckhart-Śaṅkara", in: *Zeitschrift für Religions- und Geistesgeschichte* 49 (1997), 34–70.

Wittekind, Folkart, „Die geschichtsphilosophische Grundlegung eines ethischen Glaubensverständnisses in Troeltschs Absolutheitsschrift – oder: Das Reich Gottes als Universalgeschichte", in: R. Bernhardt/G. Pfleiderer (Hgg.), *Christlicher Wahrheitsanspruch – historische Relativität: Auseinandersetzungen mit Ernst Troeltschs Absolutheitsschrift im Kontext heutiger Religionstheologie* (Christentum und Kultur, Bd. 4), Zürich 2004, 131–168

Wittekind, F., „Rationale Theologie – nichtrationaler Glaube. Eine Grundlegung der Theologie als Wissenschaft in enzyklopädischer Absicht", in: G. Schreiber (Hg.), *Interesse am Anderen. Interdisziplinäre Beiträge zum Verhältnis von Religion und Rationalität*, Berlin/Boston 2019, 537–556.

Yamin, George J., *In the Absence of Fantasia Troeltsch's Relation to Hegel*, Gainesville 1993.

Zagzebski, Linda, „Religious Knowledge and the Virtues of the Mind", in: Dies. (Hg.), *Rational Faith. Catholic Responses to Reformed Epistemology*, Notre Dame 1993, 199–225.

Zeller, Eduard, „Ueber das Wesen der Religion", in: *Theologische Jahrbücher* 4 (1845), 61–71.

Personenregister

Dogmatik in der Moderne

herausgegeben von
Christian Danz, Jörg Dierken, Hans-Peter Großhans
und Friederike Nüssel

Die Reihe *Dogmatik in der Moderne* widmet sich materialdogmatischen Themen. In ihr werden Untersuchungen präsentiert, die das durch die Moderne gestellte Problemniveau eines unverzichtbaren, aber unterschiedlich ausfallenden Erfahrungsbezugs und der perspektivischen Pluralität methodischer Ansätze im Blick auf materialdogmatische Fragen reflektieren. Was folgt aus den nebeneinander vertretenen offenbarungstheologischen, subjektivitätstheoretischen, geschichtstheologischen, idealistischen, hermeneutischen, sprachanalytischen, konfessionellen, kontextuellen und anderen Ansätzen für die Rechenschaft über das Christliche? Wie lassen sich seine Gehalte heute im Kontext religionspluralistischer europäischer Gesellschaften, aber auch angesichts der Herausforderungen der christlichen Ökumene entfalten? Die Reihe *Dogmatik in der Moderne* versteht sich als Forum für Untersuchungen, denen es darum geht, die unterschiedlichen fundamentaltheologischen und methodischen Konzeptionen der jüngeren Zeit für das Verständnis der einzelnen Themen und Probleme der christlichen Lehre fruchtbar zu machen und darin zu bewähren – oder aus der Ausarbeitung der materialen Dogmatik Rückwirkungen und also neue Anregungen für die Prolegomena zur Dogmatik bzw. Fundamentaltheologie zu erhalten.

ISSN: 1869-3962
Zitiervorschlag: DoMo

Alle lieferbaren Bände finden Sie unter *www.mohrsiebeck.com/domo*

Mohr Siebeck
www.mohrsiebeck.com